高等学校教材
国家自然科学基金重点项目（42130309）及青年项目（41907253）资助
中国地质大学（武汉）研究生课程与精品教材建设项目（YJC2020303）资助
中国地质大学（武汉）本科教学质量工程项目（2020G10、2020G23）资助

空间统计理论与方法

郑贵洲　主编

林伟华　周　超　胡楚丽　副主编

電子工業出版社
Publishing House of Electronics Industry
北京·BEIJING

内 容 简 介

本书以空间数据为基础、空间分布为特征、统计方法为主线，内容由浅入深、由易到难、由简到繁，分为描述性统计方法、经典统计分析、传统空间统计、地统计学、空间统计新方法及空间统计应用6个层次：描述性统计方法包括集中趋势度量、离散程度度量、频率分布、概率函数等；经典统计分析包括主成分分析、层次分析、因子分析、聚类分析、判别分析、线性规划方法及时间序列分析；传统空间统计包括点/线/面模式空间统计、空间回归分析、空间插值方法及空间可达性分析等；地统计学包括区域化变量、变异函数及克里金估值方法等；空间统计新方法包括贝叶斯模型、元胞自动机、深度神经网络、超限学习机及支持向量机等；空间统计应用涉及人口、经济、环境、气象、地质、矿产、灾害等案例。

全书结构合理、系统科学、内容丰富，使用了大量的图形、表格、符号、公式等帮助表达空间统计思想。本书通过大量的项目应用实例展示了空间统计方法的应用价值，较系统地反映了空间统计方法和技术的最新进展和成果。本书提供配套的电子课件，读者可登录华信教育资源网（www.hxedu.com.cn）注册后免费下载。

本书可用作高等院校地理、测绘、遥感、生态、环境、经济、数学地质、矿产勘查等专业的本科生及研究生教材，也可供地质矿产、国土管理、城市规划、测绘遥感、交通旅游、地理科学、环境等领域的研究者和技术人员参考。

图书在版编目（CIP）数据

空间统计理论与方法 / 郑贵洲主编. —北京：电子工业出版社，2022.7
ISBN 978-7-121-43803-5

Ⅰ. ①空…　Ⅱ. ①郑…　Ⅲ. ①应用统计学－高等学校－教材　Ⅳ. ①C8

中国版本图书馆 CIP 数据核字（2022）第 107932 号
审图号：GS 京（2022）0613 号

责任编辑：冉　哲　　文字编辑：底　波
印　　刷：北京七彩京通数码快印有限公司
装　　订：北京七彩京通数码快印有限公司
出版发行：电子工业出版社
　　　　　北京市海淀区万寿路 173 信箱　邮编 100036
开　　本：787×1 092　1/16　印张：20.5　字数：524.8 千字
版　　次：2022 年 7 月第 1 版
印　　次：2025 年 8 月第 5 次印刷
定　　价：76.00 元

凡所购买电子工业出版社图书有缺损问题，请向购买书店调换。若书店售缺，请与本社发行部联系，联系及邮购电话：（010）88254888，88258888。

质量投诉请发邮件至 zlts@phei.com.cn，盗版侵权举报请发邮件至 dbqq@phei.com.cn。

本书咨询联系方式：ran@phei.com.cn。

前 言

高性能计算、智能处理、空间信息技术、大数据技术的发展推动了空间统计方法的创新和变革。传统空间统计方法已不再适应空间数据分析与处理的需求。中国地质大学（武汉）地理信息类专业在国内较早开设了空间统计类课程。“空间统计与分析”是地理信息科学、地理科学专业主干课，是遥感科学与技术、地理空间信息工程、软件工程及测绘工程专业选修课。“高级空间统计与分析”是面向地图制图学与地理信息工程、地图学与地理信息系统、资源与环境等学科方向研究生开设的学位课。本书可以作为上述课程的教材，同时也可供地质矿产、国土管理、城市规划、测绘遥感、交通旅游、地理科学、环境科学等领域的研究者和技术人员参考。

本书作者长期从事 GIS 的教学和科研工作，近年来，在工作实践中面向应用，注意总结经验，组织了多项空间统计相关的科研项目，主持国家重点研发计划项目及“863”计划子专题，主持海洋地质保障工程和“天然气水合物资源勘查与试采工程”国家专项（简称“127 工程”）子课题，系统掌握空间统计理论与方法，在教学和科研过程中积累了丰富的实践经验和应用案例。本书注重理论与实践、研究与应用、教学与科研的结合，将科研思维反哺教材研究、科研数据转为教材资源、科研成果融入教材案例，将科研项目研究的新方法、新思想、新技术引入教材编写。本书内容经典、专业性强、范围广泛、知识全面。

本书分 13 章，第 1 章为空间统计绪论，介绍空间统计概念、特征、内容及发展历史等；第 2 章为描述性统计方法，包括集中趋势度量、离散程度度量、频率分布、概率函数等；第 3 章为经典统计分析，包括主成分分析、层次分析、因子分析、聚类分析、判别分析、线性规划方法及时间序列分析；第 4~9 章为传统空间统计，包括点/线/面模式空间统计、空间回归分析、空间插值方法及空间可达性分析等；第 10、11 章为地统计学相关内容，包括地统计学理论基础和克里金估值方法；第 12 章为空间统计新方法，包括贝叶斯模型、元胞自动机、深度神经网络、超限学习机及支持向量机等；第 13 章为空间统计应用，内容涉及人口、经济、环境、气象、地质、矿产、灾害等案例。本书提供配套的电子课件，读者可登录华信教育资源网（www.hxedu.com.cn）注册后免费下载。扫描书中的二维码可以查看相应的彩图效果。

本书第 1、4、5、6、9、10、11、12 章由郑贵洲编写，第 3、7 章由林伟华编写，第 2 章及第 13 章的 13.3 节由周超编写，第 8 章由胡楚丽编写，参加本书编写的人员还有田忠斌、杨文府、刘小松、申永利、陈富强、许章炎等，郑贵洲负责全书内容体系设计及统稿，第 9、12、13 章吸收了研究生龚子美、熊良超及本科生姚颖洁毕业设计论文部分内容，研究生李春燕、陈梽兴等承担了资料搜集及数据整理工作。在此向被引用资料的作者和学生表示感谢！

由于作者水平有限，加上很多内容正处在研究探索之中，书中错误在所难免，欢迎同行专家和读者批评指正。

作　者

《空间统计理论与方法》编委会

主　编	郑贵洲	中国地质大学（武汉）
副主编	林伟华	中国地质大学（武汉）
	周　超	中国地质大学（武汉）
	胡楚丽	中国地质大学（武汉）
编　委	田忠斌	山西省煤炭地质物探测绘院
	杨文府	山西省煤炭地质物探测绘院
	刘小松	山西省煤炭地质物探测绘院
	申永利	河南省地质矿产勘查局测绘地理信息院
	陈富强	河南省地质矿产勘查局测绘地理信息院
	许章炎	中国地质大学（武汉）

目　录

第1章　空间统计绪论

1.1　空间统计的基本概念

1.1.1　统计与统计学

统计语源最早出自中世纪拉丁语的 Status，意思是各种现象的状态和状况。由这一语根组成意大利语 Stato，表示国家的概念，也含有国家结构和国情知识的意思，译为国情学。根据这一语根，最早作为学名使用的“统计”出现在 18 世纪德国政治学教授亨瓦尔（G. Achenwall）于 1749 年所著《近代欧洲各国国家学纲要》一书序言中，把国家学名定为 Statistika（统计）这个词。原意是指“国家显著事项的比较和记述”或“国势学”，认为统计是关于国家应注意事项的学问。此后，各国相继使用“统计”这个词，并把这个词译成各国的文字，法国译为 Statistique，意大利译为 Statistica，英国译为 Statistics，日本最初译为政表、政算、国势、形势等，直到 1880 年在太政官中设立了统计院，才确定以“统计”二字正名。1903 年，由钮永建、林卓南等翻译了横山雅南所著的《统计讲义录》一书，把“统计”这个词从日本传到我国。1907 年，彭祖植的《统计学》在日本出版，同时在国内发行，这是我国早期的一本统计学书籍。“统计”一词就成了记述国家和社会状况的数量关系的总称。

统计是指人类对事物数量的认识形成的定义，包括对某一现象有关数据的搜集、整理、计算、分析、解释、表述等活动，例如，人口统计、国家相关数据统计等。在实际应用中，统计一词在不同的场合下具有不同的含义，人们对统计一词的理解一般有统计工作、统计资料和统计科学三种含义。

（1）统计工作。统计工作是人们为了认识、研究客观事物，利用科学的方法搜集、整理、归纳、分析和提供客观事物总体数量方面资料的实践过程，是对事物规律性的数量表现做出统计上的解释，也称统计实践或统计活动。例如，国家行政机关、企事业单位为满足社会、经济、政治、科学等方面的管理需要或科学研究，需要对社会经济现象的数量方面进行搜集、整理和分析。统计工作是随着人类社会的发展、治国和管理的需要而产生和发展起来的，至今已有四五千年的历史。在现实生活中，统计工作作为一种认识社会经济现象总体和自然现象总体的实践过程，一般包括统计设计、统计调查、统计整理和统计分析 4 个环节。

统计活动及形成的统计数据都具有客观性、数量性、总体性和变异性特征。客观性表明统计数据是客观事物数量的反映；数量性表明统计数据的数量和规模；总体性表明要对现象总体中各单位普遍存在的事实进行大量观察和综合分析；变异性表明总体各单位的特征表现存在着差异，而且这些差异并不是事先可以预知的。

（2）统计资料。统计资料是通过统计工作形成的、用来反映社会经济现象的统计数据和统计分析的总称。统计工作所取得的各项数字资料及有关文字资料一般包括统计报表、统计图表、统计手册、统计年鉴、统计公报、统计资料汇编和统计分析报告以及与之相联系的其他有关统计信息的载体。统计资料是反映一定社会经济现象总体或自然现象总体的特征或规律的数字资料、文字资料、图表资料及其他相关资料的总称，包括调查取得的原始资料和经过一定程度整理、加工的次级资料。例如，国家统计局及地方各级统计机构定期向社会公布的有关国民经济和社会发展情况的资料、各类统计年鉴和统计信息、各类分析报告以及有关的电子文档等。

（3）统计科学。统计科学是研究如何搜集、整理和分析统计资料的理论与方法，是统计工作经验的总结和理论概括，是系统化的知识体系。统计学是应用数学的一个分支，主要通过概率论建立数学模型，对观察系统收集的数据进行量化分析、总结，进而进行推断和预测，为相关决策提供依据和参考。它被广泛应用于各门学科，从物理、社会科学到人文科学，甚至被用于工商业及政府的情报决策。

统计工作、统计资料、统计科学三者之间既有联系，又有区别。它们之间是统计的实践与理论的关系，统计的实践活动过程与其结果的关系。统计工作的成果是统计资料，统计资料和统计科学的基础是统计工作，统计科学既是统计工作经验的理论概括，又是指导统计工作的原理、原则和方法。原始的统计工作即人们收集数据的原始形态已经有几千年的历史了，而它作为一门科学，是从 17 世纪开始的。在英语中，统计学家和统计员是同一个单词，但统计学并不直接产生于统计工作的经验总结。每一门学科都有其建立、发展的客观条件，统计科学则是基于统计工作经验、社会经济理论、计量经济方法融合、提炼、发展而来的一门边缘性学科。

统计学是指系统地阐述统计实践活动基本原理和研究方法的理论，是以现象的数量特征为研究对象，利用自身特有方法发现现象应有规律的一门方法论科学。它是收集数据、分析数据和由数据得出结论的一组概念、原则和方法，是一门收集与分析数据，并且根据数据进行推断的艺术与科学。

统计学又分为描述统计学和推断统计学。描述统计学主要研究数据收集、处理、汇总、图表描述、概括与分析等统计方法。给定一组数据，统计学可以摘要并描述这份数据。推断统计学是研究如何利用样本数据来推断总体特征的统计学方法，观察者以数据的形态建立出一个用于解释其随机性和不确定性的数学模型，以此来推论研究中的步骤及母体。这两类方法都可以被称为应用统计学。随着生物医学研究的不断发展，统计学方法被广泛应用于认识、推断和解释生命过程中的各种现象。20 世纪早期，哥本哈根卡尔堡实验室的 J. Schmidt 发现不同地区所捕获的同种鱼类的脊椎骨和鳃线的数量有很大不同，甚至在同一海湾内不同地点所捕获的同种鱼类也存在同样的现象。然而，鳗鱼的脊椎骨的数量变化不大。J. Schmidt 在从欧洲各地、冰岛、亚速尔群岛及尼罗河等几乎分离的海域里所捕获的鳗鱼的样本中计算发现了几乎一样的均值和标准偏差值。由此，J. Schmidt 推断，所有各个不同海域内的鳗鱼是由海洋中某公共场所繁殖的。运用统计学方法可以帮助人们分析信息，达到去伪存真、去粗取精，正确认识世界的目的。

1.1.2 空间统计与空间统计学

空间统计研究起步于 20 世纪 70 年代，空间统计的核心就是认识与地理位置相关的数据间的空间依赖、空间关联等关系，通过空间位置建立数据间的统计关系。空间统计是针对具有空间分布特征数据的统计分析理论与方法，是在数学计算中直接使用空间和空间关系（如距离、面积、体积、长度、高度、方向、中心性和其他数据空间特征）的统计方法。空间统计具有明显的多学科交叉特征，其显著特点是思想多源、方法多样、技术复杂，并且随着相关学科的发展而发展。

空间统计被用于各种不同类型的分析，包括模式分析、形状分析、表面建模、表面预测、空间回归、空间数据集的统计比较、空间相互作用的统计建模和预测等。空间统计类型包括描述性统计、推论性统计、探索性统计、地统计学统计和经济计量统计。

空间统计分析是以地理实体为研究对象，以空间统计模型为工具，以地理实体空间相关性和空间变异性为出发点，来分析地理对象的空间格局、空间关系、时空变化规律，进而揭示其成因的一门新科学。空间统计分析包括空间数据的统计分析和数据的空间统计分析。

空间数据的统计分析着重于空间物体和现象的非空间特性的统计分析，用于解决如何以数学统计模型来描述和模拟空间现象和过程，即将地理模型转换成数学统计模型，以便于定量描述和计算机处理。空间数据的统计分析着重于常规的统计分析方法，尤其是多元统计分析方法。而空间数据所描述的事物的空间位置在这些分析中不存在制约作用，如趋势面拟合被广泛应用于地理数据的趋势分析。但在这类分析中，仅考虑了样本值的大小，并没有考虑这些样本在地理空间的分布特征及其相互间的位置关系。从这个意义上讲，空间数据的统计分析在大部分情况下与一般的数据分析并无本质差别，但是对空间数据的统计分析结果的解释必然要依托于地理空间进行，在多数情况下，分析的结果是以地图方式来描述和表达的。因此，空间数据的统计分析尽管在分析过程中没有考虑数据抽样点的空间位置，但描述的仍然是空间过程，揭示的也是空间规律和空间机制。

数据的空间统计分析则直接从空间物体的空间位置、联系等方面出发，研究既具有随机性又具有结构性，或者具有空间相关性和依赖性的自然现象。所有与空间数据的结构性和随机性、空间相关性和依赖性、空间格局与变异有关的研究，并对这些数据进行最优无偏内插估计或者模拟这些数据的离散性、波动性，都是数据的空间统计分析的研究内容。数据的空间统计分析不是抛弃了经典统计分析的理论和方法，它是在经典的统计分析基础上发展起来的。数据的空间统计分析与经典统计分析的共同之处在于，它们都在大量采样的基础上，通过对样本属性值的频率分布、均值、方差等关系及其相应规则的分析，确定其空间分布格局与相关关系。数据的空间统计分析与经典统计分析的区别在于，数据的空间统计分析既考虑样本值的大小，又重视样本空间位置及样本间的距离。经典统计分析模型是在观测结果相互独立的假设基础上建立的，但实际上地理现象之间大部分不具有独立性。空间数据具有空间依赖性和空间异质性，扭曲了经典统计分析的假设条件，使得经典统计分析模型对空间数据的分析会产生虚假的解释。数据的空间统计分析的基础是空间对象间的相关性和非独立的观测，它们与距离有关，并且随着距离的增加而变化。这些现象被经典统计分析所忽视，但成为数据的空间统计学的核心。

空间统计学（Spatial Statistics）又称地统计学（Geostatistics）或地质统计学，是一个新的统计学分支，始于20世纪50年代初，到20世纪60年代，在法国著名统计学家G. Matheron的大量理论研究工作基础上形成。“地统计学”一词首先是G. Matheron于1962年采用的，他下过一个较早的定义：地统计学即以随机函数的形式在勘查与估计自然现象中的应用。随着地统计学的发展，1970年，G. Matheron又将地统计学定义为：以区域化变量理论在评估矿床上的应用（包括采用的各种方法和技术）。但地统计学近20年的发展表明，它不仅应用在地质学中，而且在土壤、农业、气象、海洋、生态、森林和环境治理方面皆有所涉及。空间统计学以区域化变量理论为基础，以变异函数（Variogram）为基本工具来研究那些分布于空间并呈现出一定的随机性和结构性的自然现象。凡是要研究某些变量（或特征）的空间分布特性并对其进行最优估计的，或者要模拟所研究对象的离散性、波动性等性质时，都可应用空间统计学的理论与方法。

1.1.3 经典统计学与空间统计学的区别

经典统计学与空间统计学有较大的区别。

① 经典统计学所研究的变量为随机变量，且该随机变量的取值按某种概率分布变化，而空间统计学研究的是区域化变量，该区域化变量根据自身在一个区域内空间位置的不同而取不同的值，即随机变量是与位置有关的随机函数。因此，空间统计学研究的变量具有随机性和结构性的特点。

② 经典统计学所研究的变量在理论上可进行大量重复观测实验，而空间统计研究的变量则不能进行重复实验。区域化变量一旦在某一空间位置上取得样本后，就不可能再在同一位置取得该样本，即区域化变量取值只有一次。

③ 在经典统计学中，待分析的变量一般应具有独立性，每次抽样必须独立进行，要求样本中各个取值之间相互独立，而空间统计中的区域化变量是在不同空间位置上的采样，因而近邻的样本之间通常不独立，具有某种程度的空间相关性。

④ 经典统计学以频率分布图为基础研究样本的各种数字特征（如均值、方差），并且对总体进行推断。空间统计学除要考虑样本的数字特征外，更重要的是要考虑变量空间分布理论和估算方法，研究区域化变量的空间分布特征。正是上述主要区别使得空间统计学与经典统计学相比具有较多优点与特色，并且在具体实践中得到迅速发展。

经典统计学与空间统计学的区别与联系如表 1.1-1 所示。

表 1.1-1 经典统计学与空间统计学的区别与联系

比较的内容		经典统计学	空间统计学
不同点	研究变量	随机变量	区域化变量
	变量特征	随机性	随机性和结构性
	研究样本	仅考虑样本值大小	考虑样本值的大小、样本空间位置和样本间的距离
	观测次数	变量可大量重复观测	变量不能重复实验
	假设前提	样本间相互独立	样本间有空间自相关
	研究目的	研究样本数字特征	研究样本数字特征和区域化变量的空间分布特征
共同点		基本思想一致：用样本估计总体	
联系		空间统计是经典统计的有效补充	

经典统计学在应用于地质变量时存在如下缺陷。

① 经典统计学在统计样本值的频率和作频率直方图时均不考虑各样本的空间分布。但在地质、采矿工作中，这种空间分布则是不容忽视的，若高观测值样本的空间位置都很接近，则意味着该处有矿化；反之，则认为无矿化。正因为经典统计学不考虑样本的空间分布，故它不能反映矿化强度在空间上的变化性。

② 经典统计学的研究对象必须是纯随机变量，而地质、采矿中所遇到的许多地质变量并不是纯随机变量，是既有随机性又有结构性（指在空间分布上有某种程度的相关性或连续性）的变量。

③ 经典统计学所研究的变量原则上都是可以无限次重复实验或大量重复观测的，但不能

应用于地质变量。严格地说，在矿体某处取到样本后就不可能在同一地方再次取到该样本。

④经典统计学一般要求每次抽采样本必须独立进行，但地质变量在两个相邻样本中的值不一定独立，往往存在某种程度的空间相关性。

因此在地质变量数据的应用分析中，空间统计学能够更全面地对样本进行分析并得出结论。当然空间统计学并不是抛弃所有的经典统计学理论，而是对这些理论加以完善，以便更适用于空间数据统计分析。

1.1.4 计量经济学与空间计量经济学

1. 计量经济学

“计量经济学”一词是挪威经济学家弗里希（R. Frisch）在 1926 年仿照“生物计量学”一词提出的。1930 年，弗里希成立了国际计量经济学学会，于 1933 年创办了《计量经济学》杂志。弗里希在《计量经济学》的创刊词中提出，用数学方法探讨经济学可以从几个方面着手，但任何一方面都不能与计量经济学混为一谈。计量经济学与经济统计学绝非一回事，它也不同于我们所说的一般经济理论（尽管经济理论大部分具有一定的数量特征）。计量经济学也不应被视为数学应用于经济学的同义词。计量经济学是以一定的经济理论和统计资料为基础，运用数学、统计学的方法与计算机技术，以建立经济计量模型为主要手段，定量分析研究具有随机性特性的经济变量关系的一门经济学学科。计量经济学是以数理经济学和数理统计学为方法论基础，对于经济问题试图用理论上的数量接近和经验（实证）上的数量接近这两者进行综合而产生的经济学分支。

2. 空间计量经济学

空间计量经济学的概念最早由 Paelinck 和 Klaassen（1979）提出，但仅为空间计量经济学定义了研究范围，并没有提出确切的定义，所定义的研究范围包括在空间模型中对空间相关性的设定、空间关系的不对称性、空间解释变量的不可或缺性、过去和将来的相互作用之间的区别以及空间模拟等。此后，在很多学者的努力下，空间计量经济学得到了发展，最终逐步形成了其理论框架体系。Anselin（1988）提出了新的空间计量经济学的定义：空间计量经济学是指在区域科学模型的统计分析中，研究由空间因素引起的各种特性及变化的一系列技术和方法，明确考虑由空间因素带来的对研究领域的影响。他指出，空间计量经济学利用经济理论将地理空间数据构建成计量经济模型并加以检验和运用，同时结合数学、统计学及计算机技术定量分析空间经济活动的相互作用（空间自相关）和空间异质（空间不均匀性）问题，是一门研究空间经济活动或经济关系数量规律的经济学学科。这个定义局限于城市和区域经济学建模的范畴，它没有预见到未来空间技术在经济学和其他主流社会学中的广泛应用。Anselin（2010）将城市和区域经济学建模的范畴去除了，从方法论和应用的角度来定义空间计量经济学，空间计量经济学被定义为：计量经济学的一个分支，主要研究横截面和时空数据中的空间效应，与地理位置、距离和拓扑相关的变量在模型设定、估计、诊断检验和预测中被明确地区别对待。

1.2 空间统计学的发展

可以将空间统计学的发展划分为 4 个时期：认识期、萌芽期、发展期和成熟期。

1．认识期（20 世纪 70 年代之前）

空间统计学发展始于计量革命及区域经济学者对空间概念重要性的认识。最早应用空间统计分析思想可以追溯到 160 多年前一次重大的公共卫生事件——1854 年英国伦敦霍乱大流行。在这次事件中，John Snow 利用基于地图的空间分析原理，将死亡病例与水井位置信息标注在伦敦地图中，通过相关分析，最后将污染源锁定在城市中心的一个水井的抽水机上。在他的建议下，市政府将该抽水机停用，此后霍乱病例大幅下降并得到有效控制。John Snow 利用空间分析思想控制疫情这件事情具有重要意义，它被看作空间统计分析与流行病学两个学科的共同起源。但此后很长一段时间由于缺乏刻画数据的空间相关性和异质性的方法，在分析空间属性数据时，人们往往把所涉及数据的自身空间效应作为噪声或误差来处理，这种对空间自相关和异质性刻画的缺乏，限制了以地图为基础的空间属性数据在公共卫生领域中应用的深入研究。直到 1950 年，Moran 首次提出用空间自相关测度来研究二维或更高维空间随机分布的现象；1951 年，南非学者 Krige 提出了空间统计学萌芽思想；1963 年，法国数学家 G. Matheron 对其进行完善，提出了地统计学的克里金方法。美国斯坦福大学的三位研究生于 1968 年开发的 SPSS（Statistical Product and Service Solutions）。

2．萌芽期（20 世纪 70 年代至 80 年代末）

1973 年，Cliff 和 Ord 最早对空间统计的自相关进行了诠释，并出版了有关空间统计分析的著作——《空间自相关》，明确定义了“空间自相关”概念，提出了空间依赖度统计评估步骤，奠定了空间回归模型的基础，为探索空间之间的关系提供了一种有效且富有统计意义的方法。1974 年 5 月，在荷兰统计协会年会上，Paelinck 首次提出空间计量经济学（Spatial Econometrics）的概念。1979 年，Paelinck 和 Klaassen 进一步确定了空间计量经济学的 5 个研究领域。此后，部分欧洲学者开始将空间计量应用于区域经济学。同年，第一本介绍空间计量学著作——《空间计量学》出版，该书对空间计量的特征及相应的研究方法做出系统描述。1979 年，Tobler 指出了地理空间相关性的存在，并在此基础上提出了地理学第一定律（Tobler's First Law）。1981 年，Cliff 和 Ord 出版了专著 *Spatial Process:Model and Application*，将空间效应融入普通线性回归模型中，形成空间自回归模型，并对空间自回归的一般模型、参数估计、假设检验进行了开拓性研究，形成了空间统计理论体系；Cliff 和 Ord 发现了空间权重技术的相关细节，引入了空间权重矩阵来构建 Moran 指数，并提出了用 *Z* 统计量检验 Moran 指数显著性的方法。1986 年，Goodchild 对 *Z* 统计方法进行了标准化，用于对空间自相关的 Moran 指数进行显著性检验。1988 年，Anselin 出版了 *Spatial Econometrics:Methods and Models*，该书作为空间计量经济学的经典教材被广泛引用，书中提出了空间自回归模型，对空间自回归模型进行了规范，写成了矩阵的形式，该模型逐渐被众多学者应用于区域分析，成为空间计量经济发展的里程碑。

空间统计学在萌芽期的发展主要集中于以 Moran 指数检验方法为主的相关性检验、模型设定、模型估计。

（1）相关性检验。Cliff 和 Ord（1981）提出了如何使用 Moran 指数统计量来检验普通最小二乘（OLS）回归残差的空间自相关性质。Hordijk 等（1974）研究了 Moran 指数统计量的性质和效果是否显著，并且将统计量用于检验各种模型形式的估计残差。Burridge 等（1980）提出了用极大似然方法构造检验统计量，如似然比（Likelihood Ratio，LR）检验统计量和拉格朗日乘数（Lagrange Multiplier，LM）检验统计量。

（2）模型设定。最初的研究集中在空间滞后模型（Spatial Lag Model，SLM）和空间误差模型（Spatial Error Model，SEM），后来的扩展模型有 Brandsma 和 Ketellapper（1979）等提出的双重参数模型（Biparametric Model）、Burridge（1981）提出的空间杜宾模型（Spatial Durbin Model，SDM）和 Haining（1978）提出的空间移动平均模型（Spatial Moving Average Model）。此后，空间异质性问题开始得到关注，Gasetti（1972，1986）提出了将空间异质性引入模型；Foster 和 Gr（1986）提出了采用适应性过滤方法对模型中的空间异质性进行处理。

（3）模型估计。将空间效应引入模型后，传统的 OIS 估计变得无效。模型估计的主要方法为极大似然（Maximum Likelihood，ML）估计法。Ord（1975）采用极大似然估计法估计了空间滞后和空间误差，利用极大似然估计法得到的估计量具有无偏性和一致性，从而克服了最小二乘法（Optical Least Squares，OLS）的缺陷。之后相关学者对极大似然估计法进行了扩展，考察了极大似然估计量在统计规范和实证方面的性质，对误差的空间自相关形式进行设定并推导出新的极大似然估计量，如设定误差的空间自相关性随着地理距离的增大而减少。此时工具变量法、贝叶斯方法也逐步被采用。Lars Hansen（1982）提出了广义矩估计法（Generalized Method of Moments，GMM），即在普通矩估计法的基础上加入非线性因素。Anselin（1988）介绍了基于极大似然估计法所构造的检验统计量——拉格朗日乘数（LM）检验。Griffith（1988）对 Cliff 和 Ord 最早提出的空间自回归分析模型进行了改进，将其与面积分析和网络数据联系起来。

（4）统计软件。研制出了简单的统计学软件，例如，英国剑桥大学的生物统计学研究所于 1989 年研制的 BUGS 软件。

3．发展期（20 世纪 90 年代）

这一时期，空间计量经济学处于稳定发展阶段，被广泛应用于各种经济学研究领域，A. K. Bera、J. P. LeSage、S. N. Durlauf 和其他主流计量经济学家开始意识到空间关系的重要性，在他们的经济研究中加入了空间关系并产生了一系列的研究成果。在这一阶段，区域经济学理论的发展主要表现在一些小样本性质规范推导的问题上，例如，估计量和检验统计量。而在样本量较少的情况下，选择模型、估计参数、检验模型、推广因变量模型等受到限制。这一时期主要进展如下。

（1）模型设定。随着空间统计分析的发展，局部空间分析逐渐成为研究的焦点。Getis 和 Ord（1992）提出局部的 G 统计量，聚集于空间异质性局域统计，并在 1994 年通过建立 G 统计量的方法检验 G 统计量的显著性。Anselin（1995）提出了空间自相关局部指标（Local Indicators Spatial Autocorrelation，LISA）。他们都强调了局部空间的影响，两个局部空间统计量都可以用来概括局部关联关系的水平，并在测量部分地方温度的高值—低值中应用。该阶段出现了空间误差分量模型，空间效应与非线性回归模型得到有效结合，空间效应被引入受限因变量模型，包括空间概率模型的研究和空间单位根问题的研究，例如，Durlauf（1994）提出了近邻溢出效应模型；Manski（1993）指出特定位置的观测对象可能会与其他观测对象存在关联的三种原因是内生效应、外生效应及相关效应，通过三种效应的组合形成了 Manski 模型；Case（1992）和 McMillen（1992，1995）等提出了空间概率模型（Spatial Probility Model）。空间异质性研究取得了重要进展，Fortheringham 和 Brunsdoneta 等（1996，1997，1998）提出了地理加权回归方法，通过随空间位置不同而变化模型的参数来处理空间异质性问题。此外，采用空间过滤方法处理空间异质性也取得了重要进展，例如，Florax（1996）提出了简单诊断测试（Simple Diagnostic Tests）；Getis 和 Ying（1997）提出了空间滤波（Spatial Filter）。

（2）模型估计。对模型估计量渐进性质的证明更加规范，例如，Kelejian 等（1999）对广义矩估计法和一般矩估计法进行了严格数理推导和证明。在模型估计方面，一方面表现为极大似然估计法在计算速度上的改进，如似然函数中的稀疏矩阵处理，另一方面体现在其他估计方法的应用上。Kelejian 和 Prucha（1998）建立了一个同时含有滞后自回归和空间误差自回归的模型，并采用两阶段最小二乘法（2-Stage Least Square，2SLS）估计模型，克服了 OLS 估计量的缺陷，能够得到模型参数的一致估计量。Anselin 认为，在包含一个被解释变量的滞后项作为解释变量的计量模型中，只要误差项不存在序列相关，OLS 估计量就能够保持一致性，但在空间自回归中，不管随机误差项是否相关，OLS 估计量仍是有偏、非一致性估计量。空间误差模型的 OLS 估计量是无偏、非有效、非一致性估计量。Kelejian 和 Prucha（1999）采用广义矩估计法（GMM）来估计空间自回归模型，对估计量在一些条件（不包括正态性假定）下进行了一致性证明。通过蒙特卡罗仿真实验，在各种分布假设下，空间回归系数的 GMM 估计都和在正态性假设下极大似然估计的结果一样好，克服了极大似然估计在样本很大时使用不方便的缺陷，获得的估计量满足小样本和大样本性质。Conley（1999）在空间横截面模型中用经济距离表示空间相关，通过 GMM 估计得到具有一致性和渐近正态性的估计量。Lesage（1997）提出了空间自回归模型的贝叶斯估计。LeSage 和 Pace（1999）对贝叶斯估计在空间计量中的应用进行了详细介绍。Dowd 和 LeSage（1999）研究了空间自回归模型和空间概率参数估计的贝叶斯方法。

（3）模型检验。随着各种检验方法对有限样本性质研究的深入，广泛应用的模拟实验方法为有限样本性质的研究提供了有效工具，例如，Anselin 通过众多精确的实验设计使用数目不多的样本进行了多次实验，考察了检验统计量的小样本性质，又提出了稳健的统计量形式，将其应用到实际分析研究中，极大地加强了模型的实用性。依据现实数据特征设置模拟实验条件，使模型实验更加符合现实情况。在空间效应检验方面，考虑空间自相关和异方差同时存在情况下的空间相关性检验，例如，Anselin 等（1996）基于 OLS 估计的残差，应用修正的 LM 检验来检验空间自相关模型的空间随机扰动项自相关问题和空间误差模型的空间自相关问题，通过蒙特卡罗仿真实验，表明修正的 LM 检验具有很好的有限样本性质；Anselin（1998）提出了空间模型极大似然估计量（Maximum Likelihood Estimation，MLE）的假设检验，即 Wald 检验、似然比检验（Likelihood Ratio Test，LR 检验），以解决存在空间自相关和空间异方差时的模型误设问题；Kelejian 和 Robinson（1998）提出了 KR-SPHET 检验，对空间自相关和异方差进行检验。

（4）统计软件。随着空间计量广泛用于实证研究，空间计量和统计相关统计软件也迅速发展起来。LeSage（1999）开发了 WebBook + Matlab Code。Anselin（1991）开发了 SpaceStat、Matlab Routines（Spatial Panel）。Griffith 和 Layne（1999）发明了一种可以得到 Moran 散点图的工具，通过这种工具来搜集局部 Moran 指数值，将 LISA 与散点图工具相结合，提供了不同类型空间局部关系水平的详细信息。

4．成熟期（21 世纪至今）

进入 21 世纪后，空间计量作为一种主流的计量经济研究方法被广泛认可。2006 年，空间计量经济学协会正式成立，同年创办了空间经济学专业期刊 *Spatial Economic Analysis*。2007 年 7 月，第一届国际空间经济计量年会在英国剑桥大学召开。计量经济学著作中开始出现空间计量经济学的正规介绍，大量空间计量专著出版，具有代表性的著作有：《空间计量经济学导论》《空间计量经济学前沿》《空间计量经济学与空间统计学》《空间计量经济学：方法与应用》。空间计量的研究方法被广泛用于多领域，空间计量分析不仅可用于城市经济学、区域经济学、经济地理学等，而且可用于公共经济学、劳动经济学、农业和环境经济学等。值得一提的是，最新的空间计量分析已被用于社会网络研究中，理论和方法趋于完善成熟，应用软件种类增多，并逐渐得到理论计量经济学领域的认可。21 世纪的主要进展如下。

（1）模型设定。最受关注的三种模型：空间面板数据模型、空间潜变量模型和流量模型。空间面板数据模型既能控制个体的异质性特征，又考虑了个体间的空间相关性，具有更优的估计性质，例如，Elhorst（2003）提出了空间面板数据模型的设定和估计，即面板数据空间滞后自回归模型和面板数据空间误差回归模型的固定效应或随机效应、固定系数或随机系数模型；Lee 和 Yu（2009）研究了面板数据的空间自回归（Spatial Autoregressive，SAR）模型，并且假设为固定效应的情况；Shi 和 Lee（2017）建立了一个包含内生随时间变化的权重矩阵和不可观测的公因子的空间面板数据模型。空间潜变量模型是空间回归模型之外另一种处理空间效应的方法，它避开严格假定的空间权重矩阵的设置，从结构方程模型的角度处理空间效应。流量模型也称为空间交互模型，该模型用于对地区之间的各种交通流量进行估计和预测，其核心假定是地区间的交通流量随着地理距离的延长而减少。

（2）模型估计。随着空间计量估计方法研究的深入，重点转为对已有主流方法的扩展，对空间计量回归模型估计方法渐进性质的研究，以及对各种估计方法的比较研究。Lee（2002）在对空间自回归模型进行研究后，认为在经济空间环境下，每个个体受其他个体的影响，OLS 估计量虽然在小样本下偏离，但是在大样本下具有一致性，甚至相对工具变量估计（Instrumental Variables，IV）和 ML 估计量，OLS 估计量更加渐近有效，并且更易于计算。Lee（2003）提出最优空间 2SLS 估计量是渐近最优工具变量估计量，并给出了拟合优度（或过度识别）检验。Lee（2007）在空间自回归模型中加入了外生的解释变量，构成了混合回归元的空间自回归模型，并且提出基于 GMM 的估计量是具有一致性和渐近正态性的，GMM 估计量比 2SLS 估计量更渐近有效。Kelejian 和 Prucha（2004）提出了 SARAR 模型的 IV 估计量，以及 IV 估计量的渐近正态性和有效性，通过蒙特卡罗仿真实验，表明 ML 估计量和渐近有效的 IV 估计量有相似的小样本性质。Liu 和 Lee（2013）提出了含有内生解释变量和许多工具变量的空间自回归模型的 2SLS 估计，为了改善渐近有效性，使用了很多有效的工具变量。开始考虑空间相关性和异质性的广义矩估计，例如，Lee（2001）在矩估计法的基础上提出了广义矩估计法来估计空间自回归和空间误差模型。GMM 比拟极大似然估计量（Quasi-Maximum Likelihood Estimation，QMLE）计算简便，GMM 估计量具有一致性和渐进正态性。最佳 GMM 估计量与 QMLE 估计量具有相同的极限分布。GMM 可以在不加大计算量的前提下应用于高阶空间自回归模型中。开展基于核密度估计的异方差自相关一致性估计方法的研究，例如，Lee（2005）指出在存在异方差的情况下，如果用极大似然估计来估计空间自回归模型时不考虑异方差的情况，则得到的结果一般不具有一致性。相反，用一定的矩条件得到的 GMM 估计量对于未知的异方差却比较的稳定，并且可以通过方差矩阵的一致估计量得到渐近有效的统计推断结果。广泛开展随机效用估计，例如，Baltagi、Song 和 Koh（2003）对带有空间误差项的面板类型的空间计量模型进行研究，采用极大似然估计进行随机效用的估计；Lee 和 Yu（2010）在面板数据中加入了空间滞后项，对随机效应进行估计。

（3）模型检验。空间计量检验步入成熟期，其标志是为检验和诊断空间计量模型的各种误设情况而进行的 LM 检验有了突破，确定了模型函数形式的 LM 检验方法，确定了空间误差自相关形式的 LM 检验方法、非嵌套假设的 LM 检验方法等，例如，Baltagi 和 Liu（2009）开展了空间计量模型空间相关性检验，当空间权重相等时，得出空间相关性检验的 LM 检验的值等于 $N/2(N-1)$，其中 N 为样本容量，这说明该检验统计量是样本容量 N 的函数，而不是空间相关程度的函数。对模型估计量渐进性质进行检验，例如，Anselin（2001）提出了 Rao's Score 检验（RS 检验）来检验回归模型中的空间相关性，在空间误差模型中，RS 检验具有标准的渐近特征，而 Wald 和 LR 检验没有这个特征；Lee（2004）研究了空间自回归模型（SAR）的 MLE 和 QMLE 的渐近性质；Kelejian 和 Prucha（2010）给出了 Moran 指数统计量大样本的渐近分布。利用蒙特卡罗仿真实验展示了空间相关数据的一些检验推断，例如，Lin 和 Baltagi（2007）、Bresson 和 Pirotte（2007）考察了模型中截面之间相关所导致的空间效应存在时，通过蒙特卡罗仿真实验表明当空间误差相关是真实的空间相关形式时，面板数据单位根检验的结果会存在一定的扭曲；Conley 和 Molinari（2007）利用蒙特卡罗仿真实验研究空间相关数据的检验问题，建立了一种基于参数 bootstrap 的设定检验，这种检验对于测量误差具有很好的表现；Pace 和 Lesage（2008）针对 OLS 估计量或空间误差估计量建立了一种空间 Hausman 检验，并且通过蒙特卡罗仿真实验来检验它的效果。

（4）空间过滤。空间过滤方法最早由 Griffith 提出，该方法首先通过地理权重矩阵构造空间过滤算子，然后采用空间过滤算子将模型中存在空间相关性的变量分解为空间相关和空间非相关两个成分，最后对过滤后的模型进行估计，例如，Badinger 等（2008）使用滤波技术和 GMM，讨论了欧盟 NUTS2 区域的趋同问题。

（5）统计软件。美国国家科学基金（NSF）资助的 CSISS（Center for Spatially Integrated Social Science）机构基于 ESRI 公司 MapObjects LT2 技术开发的 GeoDa 空间统计分析软件于 2003 年 2 月开始在 CSISS 的官方网站为非商业应用的用户提供免费下载。2005 年 4 月，Roger Bivand 发布了 R 语言的空间统计分析软件包 Spdep Package。

1.3 空间统计数据

数据是空间统计的基础，数据源调查的主要内容包括：能获得哪些数据？这些数据可划分为几种类型？它们之间有何联系？哪些是基础数据？哪些是可以由基础数据生成的合成数据和综合数据？在进行业务现状和数据现状分析的同时，也应估计其不远将来的变化与发展。源数据可能包括多种类型，如各类地图、航空相片、卫星图像、文字报告、统计数据等。

1.3.1 空间统计中的数据类型

通过大量研究，认为空间统计数据具有多维结构，如图 1.3-1 所示。它一般由空间、属性和时间三部分构成，对其进行建模，就是对空间、属性和时间三者的提问域和答案域都要给出回答。

1. 空间数据

空间数据的空间特性是指空间实体的空间位置及其与其他空间实体的空间关系。空间数据指明地物在地理空间中的位置，用于回答“Where”提问，主要用于描述空间实体、空间要素、空间现象、空间事件和空间过程等产生、存在和发展的空间位置、空间特征及空间关系。空间位置可以用绝对空间位置和相对空间位置来表示。绝对空间位置用来表示地物本身的地理位置，通常用笛卡儿坐标、地理经纬坐标、空间直角坐标(x,y,z)、平面直角坐标和极坐标等表示地理空间实体在一定的坐标参考系中的空间位置。相对空间位置用来表示多个地物之间的位置相互关系，通过距离和方向描述相对于其他参照系或地物的空间位置，如某观测站位于某高地 135° 方向 500m 处。空间关系则是地理空间实体之间存在的一些具有空间特性的关系，如拓扑关系、顺序关系和度量关系等。空间特征是空间数据最基本的特征，空间数据记录了地理空间实体对象的空间分布位置和几何形状等空间信息，所以在使用空间数据时首先需要考虑的就是空间特征，如模拟地震及模拟测井数据。空间数据主要通过点、线、面、体这 4 种实体以及描述它们之间空间关系的拓扑关系来表达。

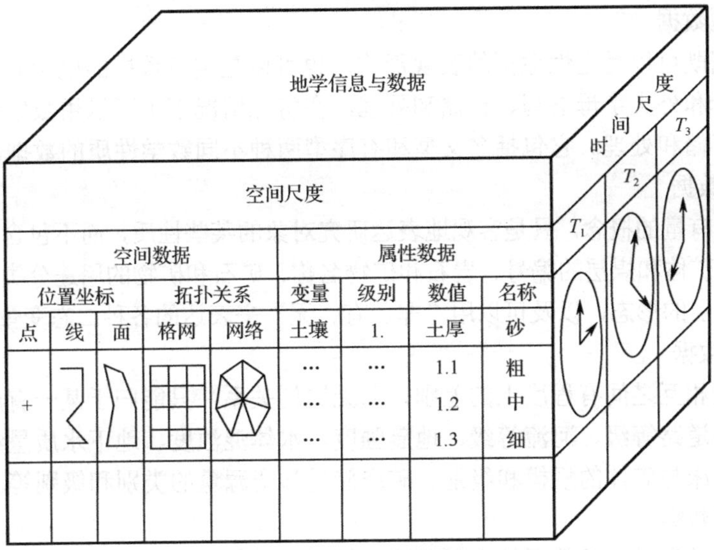

图 1.3-1　空间统计数据多维结构

（1）点实体：表示零维空间实体，在空间数据库中表示对点状实体的抽象，可以具体指单独的一个点位，如独立的地物；也可以表示小比例尺地图中逻辑意义上不能再分的集中连片和离散状态，当从较大的空间规模上来观测这些地理现象时，就能把它们抽象成点状分布的空间实体，如村庄、城市等；但在大比例尺地图上，对于同样的城市就可以描述十分详细的城市道路、建筑物分布等线状和面状实体。

（2）线实体：表示一维空间实体，有一定范围的点元素集合，表示相同专题点的连续轨迹。例如，可以把一条道路抽象为一条线，该线可以包含这条道路的长度、宽度、起点、终点以及道路等级等相关信息。道路、河流、地形线、区域边界等均属于线状实体。

（3）面实体：表示二维空间实体，表示平面区域大范围连续分布的特征，例如，土地利用中不同的地块、不同的土壤类型、大比例尺地图中的城市及农村等都可以被认为是面状实体。有些面状目标有确切的边界，如建筑物、水塘等，有些面状目标在实地上没有明显的边界，如土壤。

（4）体实体：表示三维空间实体。体是三维空间中有界面的基本几何元素。在现实世界中，只有体才是真正的空间三维对象。现在对三维空间的研究还处于初始阶段，以地质、大气、海洋污染等环境应用居多。

从地理现象到空间实体的抽象并不是一个可逆过程。对于同一个地理现象，可根据不同的抽象尺度（比例尺）、实际应用和视点将其抽象成不同的空间实体。

2. 属性数据

属性数据是指地学现象的数量、质量和分类等属性信息，包括用来描述地物的自然或人文属性的定性/定量指标的成分。属性数据主要用于描述与空间实体、空间要素、空间现象、空间事件和空间过程有关的属性特征，可以用字符型数据、数值型数据、日期型数据表示。例如，表述一个城镇居民点，若仅有位置坐标(x,y)，则只是一个几何点，要构成居民点的地理空间数据，还需要经济（人口、产值等）、社会（就业率等）、资源和环境（污染指数等）等属性数据。

（1）字符型数据

字符型数据既可以是定性数据的表现形式，也可以是定量数据的概括和归纳。它可以用汉字、拼音字母和外文字母书写、存储和处理，在特殊情况下也可以用数字或数字与字母混合形式书写、存储和处理。它包括名义型和有序型两种不同数学性质的数据。

① 名义型数据

这种数据没有量的概念，只是客观地表达研究对象的某些性质，而不包含相对重要性或相对幅度。例如，矿体和煤层的编号、岩石和矿物名称、矿石和矿物的用途分类、岩石和矿物的颜色、矿体和煤层的形态，以及可以用“非、有、无”来表达的各种二态变量等。

② 有序型数据

有序型数据相互之间有程度上的差别，而无比例关系，只能归于某一有序类别的非数字型数据。例如，道路等级、河流等级、地震强度、水体混浊度、地下水质量级别、煤的变质程度和煤级、矿床与矿体的规模和级别、矿产储量与资源量的类别和级别等。

（2）数值型数据

数值型数据首先是定量数据的表现形式，然后也可以是定性数据的转换形式，主要包括间隔型数据和比例型数据两种。数值型数据都是用数字来表达的。

① 间隔型数据

这种数据的特点是彼此之间不仅有大小和程度之别，而且其差异是相等的，并且没有自然零值。例如，海拔、地形坡度、气温、降雨量、河流流量、耕地面积、土壤侵蚀程度、人口数量、教育水平、农作物产量、国民生产总值、人均收入等。

② 比例型数据

这是具有绝对零值的间隔型数据，这种数据不可能有负值存在。它们所反映的数量概念最完整、意义最明确，不仅可以计算出同种数据之差，还可以计算出差的倍数。例如，人口出生率、森林覆盖率、环境污染率、矿体与煤层的厚度、地层的厚度、地球化学勘查数据、矿石和矿物的化学成分测定成果、矿石和围岩的物理性质及力学参数测定成果等。

（3）日期型数据

日期型数据专指那些以三段式字符描述和存储的数据，如用于标识日期的“年/月/日”、用于标识具体时间的“时/分/秒”、用于标识角度和地理经纬度的“度/分/秒”等，都可归入此类。这类数据量较少但很重要，存储和处理都较为麻烦。目前，一般的数据库管理软件除“年/月/日”可以进行数值转换处理外，其他都只能当作字符串来整体存储和调出，否则必须先转换为十进制数值型数据。在可能的情况下应当开发相应的数值转换处理程序。

3. 时间数据

时间数据指地理数据采集或地理现象发生的时刻或时段，这部分数据称为时态特征数据或时态数据，即在不同时间收集到的数据，这类数据是按时间顺序收集的。同一地物的多时段数据，可以动态地表现该地物的发展变化。时间数据可以按时间尺度划分为短期（如地震、洪水、霜冻）、中期（如土地利用、作物估产）、长期（如城市化、水土流失）和超长期（如地壳变动、气候变化）等类型。

1.3.2 空间数据统计特征

1. 基础性与共享性

人口过剩、环境污染、森林破坏、自然灾害、流行疾病、寻找最适合某种作物生长的土壤、查找最佳行车路线等都与地理因素有关。据悉，80%的信息与空间位置相关。地理空间数据是数据库的基础，是其他数据库的一个重要组成部分，也就是说，在进行军事数据库、政务数据库、财经数据库、资源数据库、人口数据库等建设时往往离不开地理空间数据。

所有空间信息使用同一种规范或标准进行表达，使得与空间信息打交道的人员可以使用同一种语言进行交流。在整个互联网环境内搭建一个畅通无阻的流通平台，可以使信息的交流与共享变得更加便捷，较好地解决了海量地理信息存储不便的问题，大大扩展了空间信息的共享范围。借助空间数据库系统，空间信息的应用范围更加广泛，实效性更能得到保障，准确性得以提高，信息的共享程度得到加强。

2. 模糊性与随机性

空间数据复杂性的一个特征就是不确定性，即模糊性。模糊性主要指介于有序和无序之间或无序与有序并存的现象，以及介于清楚和模糊之间或清楚和模糊并存的现象。这表明事物性态或类属上的亦此亦彼性、中介过渡性，即对于事物是否具有某种性态，是否属于某个类别等问题，不能得出非此即彼的明确结论。模糊性几乎存在于各种类型的空间信息中，在空间数据集中可能同时存在一种或一种以上的不确定性，使空间数据的不确定性呈现多重性，如空间位置的模糊性、空间相关性的模糊性以及模糊的属性值等。随机性描述事件发生的不确定性（某事件或将发生或不发生）。数据不确定性是指数据“真实值”不能被肯定的程度。传统的不确定性方法存在不足，如：概率统计通过概率考察随机事件发生的随机可能性；模糊集采用隶属度描述元素对概念的隶属模糊性；粗集以自己的上近似集和下近似集为基础，把包括两者在内的所有不确定位置的边界集笼统考虑。在空间数据挖掘和知识发现中，是像传统的经典数学一样同时抛弃随机性和模糊性？还是像概率统计一样仅考虑随机性而不考虑模糊性？或者是像模糊集一样仅考虑模糊性而不考虑随机性？或者像粗集一样把随机性和模糊性笼统考虑，而留下一个难以解决的边界集问题？因此，需要引入新的理论与有效的方法去研究空间数据的不确定性。同时，数据的属性空间分布、属性不确定性描述指标的建立以及定性数据与定量数据的转换等问题都有待深入探讨。精确点和模糊点的空间表示如图 1.3-2 所示。

3. 多尺度特征与生态谬论

尺度是空间数据的重要特征之一。正是由于空间数据具有多尺度特征，所以导致空间数据的综合难度加大，不利于数据管理和共享。地球系统是由各种不同级别子系统组成的复杂巨系统，各个级别的子系统在空间规模和时间长短方面存在很大差异，而且由于空间认知水平、精度和比例尺等的不同，地理实体的表现形式也不同，因此多尺度性成为地理空间数据的重要特征。在空间数据中，多尺度特征包括空间多尺度和时间多尺度两个方面。空间多尺度是指空间范围大小或地球系统中各部分规模的大小，可分为不同的层次。时间多尺度是指地学过程或地理特征有一定的自然节律性，其时间周期长短不一。空间多尺度特征表现在数据综合上，数据综合类似于数据抽象或制图概括，是指数据根据其表达内容的规律性、相关性和数据自身规则可以由相同的数据源形成再现不同尺度规律的数据，它包括空间特征和属性的相应变化。多尺度的地理空间数据反映了地球空间现象及实体在不同时间和空间尺度下具有的不同形态、结构和细节层次，应用于宏观、中观和微观各层次的空间建模和分析应用。

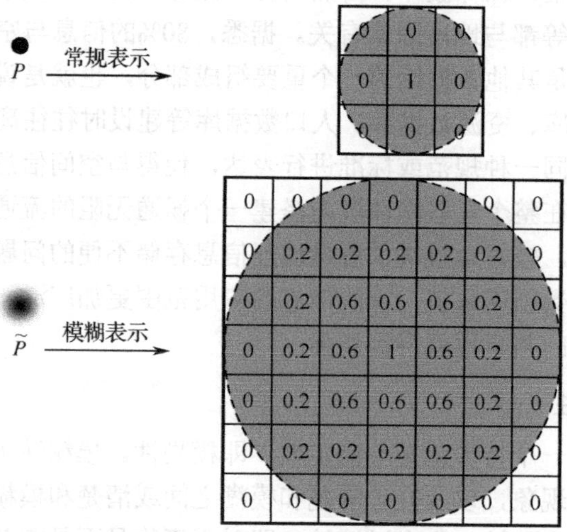

图 1.3-2 精确点和模糊点的空间表示

生态谬论是指根据整体的分析结果去推断个体，认为个体具有整体的特征与属性。生态谬论的要害是混淆了不同层次主体的行为模式。在研究设计中，分析单位是一个很重要的概念，从宏观到微观之间可能存在不同层次的分析单位。因此，从严格的意义上讲，宏观利益并不完全与微观利益相一致，宏观分析得到的统计结果只能说明宏观情况，并不能用宏观情况直接引申到微观情况。但是，如果将宏观汇总资料中所发现的变量关系直接用来解释微观主体的行为，便有可能产生生态谬论。如果直接引申，就意味着其中必须借助一个假设条件，即宏观行为与微观行为的模式相同。而这一假设在很多实际情况中并不能普遍成立，所以用宏观环境解释微观行为在方法论上要冒生态谬论的风险。纵观国内有关统计分析文献，反映出这个问题并没有被研究人员普遍意识到。很多研究论文根本不讨论宏观行为与微观行为是否存在差异，是否可以假设其相同，就简单地从宏观汇总数据的分析结果直接提供微观行为模式了。

4. 复杂性与多样性

空间数据源数据量大，时空类型不一致，数据噪声大。它既有空间特征（地学过程或现象的位置与相互关系），又有属性特征（地学过程或现象的特征）。空间数据不仅数据源丰富多样（如航天航空遥感、基础与专业地图和各种经济社会统计数据），而且结构复杂，空间分辨率不断提高。这些数据源中的数据可能具有不同的数据格式和意义，为有效地传输和处理这些数据，需要对结构化或非结构化数据的集成进行深入的研究。随着对地观测计划的不断发展，每天可以获得上万亿兆量级的关于地球资源、环境特征的数据，使对海量空间数据组织、处理和分析成为目前地理信息系统亟待解决的问题之一。地理信息系统要处理相对于文字、数字等更复杂的地理空间数据。

5. 区域性与多层性

地理信息系统一般都针对特定的地理区域，或者说与特定的地理区域相联系，以地理空间数据和信息为处理对象；而地理空间数据和信息又通常以区域为单位来组织。因此，区域性是地理空间数据的天然特征，特别是进行区域研究的地理信息系统，如陕西省生态环境数据库系统、塔里木河水资源管理信息系统、西安市房地产管理信息系统等，系统名称前往往都冠以区域名称，即指明了系统的区域性。区域沿地球表面展开，地球表面如此广阔，人们通常将地球表面分成很多图幅来制图，以致区域的分布及特点常需要若干幅水平相接的地图来表达。这一特点导致地理信息系统的数据处理必须具备图幅接边和读图剪切等功能，数据组织管理中需要有图幅管理或图库管理的功能。

地理空间数据还具有鲜明的层次性，而且其层次性包含两种含义。其一，不同比例尺的区域层次。地球上的区域层次是很多的。例如，小至村、镇，大至国家、洲。不同区域层次的地图必须采用不同的比例尺。其二，描述不同地理要素的专题层次或图层。专题图层相当于地图学中的专题地图，同一区域或同一图幅可以有多种专题图，如杭州市范围的交通旅游图、环境保护图、土地利用图、城市规划图等。在地理信息系统中，不同要素的地理空间数据也常常要分别地加以组织，形成同一区域的多重图层或专题数据层次，或者用于加强显示的功能性和灵活性，或者基于它们进行多因子叠合分析。

6. 多维性与海量特征

地理空间数据具有多维结构的特征。地理空间实体或地理现象本身具有各种性质，空间目标的属性特征也称为主题、专题，是与地理空间实体相联系的、具有地理意义的数据和变量，用于表达实体本质特征和对实体的语义定义，一般分为定性（如类型、名称、特征值）和定量（如数量、等级）两种。属性之间的相关关系则反映了实体间的分类分级语义关系，主要体现为属性多级分类体系中的从属关系、聚类关系和相关关系。地理空间数据不仅能描述空间三维和时间维，也可以表现空间目标的属性以及数据不同的测量方法、不同来源、不同载体等多维信息，实现多专题的信息记录。例如，在一个坐标位置上，既包括地理位置、海拔、气候、地貌和土壤等自然地理特征，也具有相应的社会经济信息，如行政界线、人口、产量、交通等。此外，一些空间对象或地理目标（如河流）同时又作为其他空间目标的分界线，也是空间数据多重属性的表现。在进行空间数据分析时，要重视并充分考虑地理空间数据的多维结构及其对空间关系的影响，为地理系统的综合研究提供技术支持。

空间数据量是巨大的，通常称为海量数据。之所以称为海量数据，是指它的数据量比一般的通用数据库要大得多。一个城市地理信息系统的数据量可能达几十 GB，如果考虑影像数据的存储，可能达几百 GB。这样的数据量在其他数据库中是很少见的。地理信息系统的海量数据，带来了系统运转、数据组织与存储、网络传输等一系列技术困难，自然也给数据管理增加了难度。正因为空间数据量巨大，所以需要在二维空间上划分块或图幅，在垂直方向上划分层来进行组织。

1.4 空间统计的主要内容

空间统计是对具有空间分布特征的数据进行统计分析的理论方法。空间统计学与经典统计学的内容往往是交叉的。空间统计学的研究目的是通过对地理空间中的地理对象进行统计分析进而描述、解释和预测地理现象的状态、过程及其发展方向。空间统计分析使用统计方法解释空间数据，分析数据在统计上是否是“典型”的或“期望”的。借助空间统计我们可以更好地理解地理现象，还可以准确判断具体地理模式的原因，并且可以处理大的、复杂的数据集，使得我们处理问题的方式变得简单。空间统计的主要内容包含以下几点。

（1）描述性统计分析：统计分析的基础，包括集中趋势度量、离散程度度量、频率分布、形态度量、概率函数、假设检验、参数检验及非参数检验等。集中趋势度量包括算术平均值、中数、众数、数学期望、中心、质心、加权中心和最小距离中心。离散程度度量包括极差、离差、方差、标准差、协方差、变异系数、标准距离和标准距离椭圆等。

（2）经典统计分析：包括主成分分析、因子分析、聚类分析、判别分析、线性规划方法及时间序列分析。

（3）探索性数据分析：能够让用户更深入地了解数据，认识研究对象，从而对与其数据相关的问题做出更好的决策。探索性数据分析主要包括确定统计数据属性、探测数据分布、全局和局部异常值（过大值或过小值）、寻求全局的变化趋势、研究空间自相关和理解多种数据集之间相关性。

（4）空间插值：基于探索性数据分析结果，选择合适的数据内插模型，由已知样点来创建表面，研究空间分布。

（5）空间回归：研究两个或两个以上变量之间的统计关系，通过空间关系，包括考虑空间的自相关性，把属性数据与空间位置关系结合起来，更好地解释地理事物的空间关系。

（6）地统计：空间统计中的地统计一向备受关注，取得了巨大的进展，包括变异函数及理论模型、克里金估值方法。所有的事情都存在不确定性，不确定性是可以传递的，由于测量或获取数据时会产生不确定性，最后带来的结果肯定具有不确定性。我们了解数据中的不确定性和研究这些不确定性是如何影响分析结果的，这是一个很重要的问题。地统计学中采用随机过程来模拟差值变异的情况，就是不确定性研究的成果之一。

1.5 空间统计学的应用

空间统计学在国内外诸多领域的生产实践中表明，除在找矿勘探、矿体圈定、储量计算、采矿设计、矿山生产、条件模拟、数值分析及地学科研等方面具有明显的优越性外，在石油地质、岩石学、地球化学、地震地质、海洋地质、遥感地质、生物学、农业、水文、古气候、古地理、气象学、环境、林业、医学等许多方面也都有成功应用的实例。因此，空间统计学在不到 50 年的研究和实践中，已发展成为研究自然界具有随机性和规律性双重特征变量的具有普遍性的科学方法。

1.5.1 空间统计学在地质学中的应用

1. 地统计学在固体矿产储量估算中的应用

地统计学在固体矿床储量估算方面，已发展成为储量估算的行业标准，并产生了一大批优秀成果和成熟软件。运用克里金法估算固体矿床资源储量包括数据分析、数据预处理、特异值处理、数据可视化、变异函数、克里金估值、储量估算等。地统计学中的克里金法是通过区域化变量来表征矿化现象，以矿化现象的空间结构为理论基础，以变异函数为工具的一种最优无偏估量的储量计算方法，其通过计算矿床的各个方向变异函数的块金值、基台值和变程来确定其加权因子。克里金法的储量计算按照开采要求，把矿体划分为许多体积相等、几何形态相同的块段，充分利用待估块段周围的品位或厚度的数据，考虑矿体中的样本与其他样本之间的方向性变化和空间关系，用加权平均法计算待估块段的平均参数。其所用的权系数与传统加权平均法的权不同，是一种无偏估计量，估计误差的方差最小，用克里金方程组解出最优权系数，可以在最大限度上减少平均参数的误差，提高估算储量的精度，具有传统的储量计算方法无可比拟的优越性。

2. 地统计学用于分析矿床空间分布特征

经典统计学没有考虑样本的空间位置，地统计学引入了变异函数。变异函数是地统计学的核心，它用样本的区域化变量的差异去表征变量的空间变化特征，反映区域化变量的空间变化特征。不同方向上的变异函数图形可以反映区域化变量的各向异性。通过对各个方向上的变异函数及其结构进行分析和比较，可以帮助我们判别区域化变量即成矿元素的空间分布特征，确定矿化沿各个方向变化的特点。运用地统计学方法，建立矿床数学地质模型，可以对矿体的空间分布特征有更加准确、直观的认识。

3. 地统计学在储量分类中的应用

储量分类可反映工业利用的可能性和对资源的了解程度，不同的储量级别在矿山建设中的作用也各不相同。因此，在矿床勘探程度评价中，应注意矿石储量分类是否正确。储量分类的基本准则是经济的可行性和地质的可靠性。传统的储量分类标准多用一些概念化的定性的名词术语描述，在实际工作中不便定量进行操作，使储量的分类确定受到影响，给矿山的设计和生产造成不便。地统计学含有最佳线性和非线性无偏估计方法，用它计算的矿产资源/储量能给出待估块段的平均品位和吨位。地统计学在矿石储量分级的研究中，主要是对克里金方差的研究。克里金方差是一个非常重要的参数，能够衡量估计精度，从而消除确定矿石储量可靠程度的主观性。因此，用地统计学定量地确定矿石储量分类是一种好的方法，也是国际通用的方法。

4. 地统计学在油藏模拟中应用

地统计学已被世界各国用于油气储层的随机建模。地统计学不仅能建立更精确的储层模型，而且能够衡量储层空间的不确定性，可对储层的关键参数空间分布的不确定性进行模拟，并把这种不确定性直接用于有风险的油藏管理。储层随机建模就是利用地质变量在空间一些点的观测值对该变量在各点处的值进行估计或模拟。目前，地统计学进入了一个新的时代，在大多数的油藏模拟项目中，起到了为油藏数值模拟阶段提供量化地质要素的作用。针对随机模拟，很多专家和学者不仅在理论上不断进行深化研究，并且在国内外许多油田中进行了现场实践应用，取得了较好的效果。

1.5.2 空间统计学在土壤学中的应用

1. 土壤空间自相关分析

空间自相关分析是土壤学常用的分析方法，地统计学的基础理论与方法主要包括：区域化变量、半方差函数、克里金空间插值技术。半方差函数可以用来描述研究土壤重金属分布的空间相关性，张朝生等（1995）对天津市平原地区土壤微量元素含量进行了空间自相关分析，结果发现多数土壤微量元素存在显著空间自相关关系，通过对不同滞后距及不同方向上的空间自相关图进行分析，证明表生与人为活动对表层土壤元素具有重要干扰作用。自相关分析也可用于土壤性质周期性空间结构的发现与描述，Kuperman（1998）以美国马里兰的一块受重金属污染的地区为例，调查了土壤线虫类和土壤微有机体的空间关系。

2．土壤特性空间变异的尺度效应

土壤特性空间变异的影响是有尺度范围的，土壤发育过程中的重要性随尺度而异。不同尺度下，同一变量的自相关程度相差很大，且随样点间距离的增大而加大，变异函数值的随机成分也在不断增加，更小尺度下的结构特征将被掩盖，而在多尺度下进行分析则有利于深入分析土壤特性的空间变异结构特征。土壤这种空间格局随尺度变化而变化的特征称为尺度效应。传统的土壤科学研究一般很少考虑尺度的作用，以及土壤变异在尺度推移中的变化和联系。李子忠等（2000）应用地统计方法研究了 3 种尺度土壤含水量和电导率的空间变异特征，发现不同尺度土壤含水量和电导率的空间变异结构差别较大，并认为用套合结构模型能更好地描述土壤性质的多尺度特征。

3．土壤物理特性空间变异分析

研究土壤物理特性的空间变异能促进土壤学定量和动态研究的深入及许多新技术的实际应用。国外很早就已经利用地统计学研究土壤水分、机械组成、容重等方面的问题了。Tsegay（1998）通过研究认为精耕细作能够影响土壤物理特性的空间变异，进而影响采样间距的大小。Webster 等（1980）在分析土壤物理特性空间变异规律的基础上，引进了新的土壤预测和模拟技术，并加以完善和丰富，大大推动了研究的向前发展。国内也有学者利用地统计学研究土壤物理特性的空间变异。徐吉炎等（1983）从事过沙质土壤方面的空间变异探讨。吕军、俞劲炎（1990）通过对水稻土的田间观测和分析，发现土壤物理特性的田间变异不是完全随机的。

4．土壤养分空间变异分析

土壤养分是衡量作物产量和质量的一个极其重要的指标，土壤养分空间变异的研究是土壤化学性质空间变异研究的主体部分，预测土壤养分及其空间变化特征是精确农业中精确施肥的一个目标。在精确农业中，确定最合适的施肥量是人们一直试图解决的问题。近年来，学者们在这方面做了大量的工作，Simmelsgaard 等（1997）研究了植被和土壤参数下的氮、磷、钾的精确施肥，来判断施肥后一定的精度下作物产量的反馈和变化；Bolland 等（1998）通过测定土壤中磷、钾等的含量来研究酸式碳酸盐土的磷、钾空间变异性，得出其空间变异系数较大。

5．土壤重金属元素空间变异分析

土壤中的重金属污染是土壤科学家必须解决的一个重要问题，土壤中重金属的空间变异性极高，分布极不规则，土壤重金属元素空间变异的研究方法大致有 3 种：时间序列分析法、随机方程法及地统计学法。地统计学应用于土壤重金属研究中，能探索土壤重金属的空间分布特征及其变异规律。克里金插值法为土壤特性的空间预测提供了一种无偏最优估值方法，因此，越来越多的研究者开始利用地统计学对受重金属污染的土壤进行克里金空间插值和制图。Facchinelli 等（2001）对意大利皮埃蒙地区进行的研究表明 Cr、Co 和 Ni 区域性分布和在大范围内的变异主要受母岩控制，而 Cu、Zn 和 Pb 则受人类活动的影响。

6．地统计学在土壤采样策略中的应用

传统野外田间格网定位采样既费钱又困难，在何地采样，采集多少样本，以及样本间距应为多少是土壤调查面临的难题，同时许多研究表明，田间土壤特性的平均值和变异程度受采样田块大小和测试方法的影响。因此在满足一定精度的前提下，可以通过合理的采样布点方法减少采样个数，节省野外采样和室内分析成本。利用传统方法来确定土壤采样模式并不是最优的，因为传统的统计学方法假定采样区的土壤特性变化是随机的，样本之间完全独立且服从某已知的概率分布，未考虑土壤特性的空间相关性和采样的空间位置，而地统计学能反映土壤局部的变化特征，满足土壤特性的非完全随机统计需要。

1.5.3 空间统计学在生态学中的应用

1．生态因子空间相关分析

自然现象存在空间变异性和空间自相关性，地统计学作为研究变量空间分布规律的理论和方法，已成为定量分析自然现象特征的有效手段：可广泛应用于描述生态因子的空间自相关性、绘制生态因子分布图以及设计抽样方案，分析自然因子普遍存在的空间相关程度、距离和方向等；利用其对可信程度和误差的评价，解决了定量地测度空间尺度和更精确地绘制自然因子的空间分布问题。生态现象所涉及的任何属性，如植被类型、生物量、土壤化学元素含量、污染物浓度等，均可以作为地统计模型的变量。

2．害虫治理防治研究

地统计学还能利用已有的数据或者不规则分布的抽样点资料，估计预测虫情，为害虫治理防治提供理论基础。Liebhold 等（1991）根据不同尺度的变异图，证明了舞毒蛾卵块在 25m～50km 范围聚集。Kemp 等（1989）研究证明了蝗虫在 1～100km 范围的距离存在空间相关性。刘庆年等运用地统计学的方法，分析了山东省滨州地区二代棉铃虫在 1965—2004 年间种群动态的时间序列结构特征和自相关性。周强等（1998）运用地统计学中的变异函数对水稻不同季节、不同生长期中褐飞虱若虫田间种群空间结构进行分析，表明褐飞虱若虫田间种群的空间分布为聚集型。

3．生物群落空间分布特征

地统计学方法可以用于研究离散现象的空间特征（群落、种群的格局分布）。区域化随机变量包含地形（海拔、坡度、坡向）、土壤、水分等环境因子，是分析种群、群落的空间异质性与环境因子关系的有力工具，不仅有利于生态系统尺度空间异质性和格局问题的研究，更有利于生态系统功能过程细化的研究。地统计学在生态学的应用主要集中在生态系统尺度以下，弥补了景观生态学在处理物种、种群和群落空间信息的不足。

1.5.4 空间统计学在环境学中的应用

1．污染物空间分布研究

地统计学中的半变异函数分析、模拟以及各种克里金插值技术是进行环境变量空间结构分析、模拟和估值的主要工具。通过描述和模拟污染物的空间分布特征以及估算未采样点处的取值，可以揭示出污染物在空间上的空间聚集性、不平衡性、分布迁移趋势及形成的影响因素。胡芳芳对北京市各区县的空气污染状况进行了空间统计分析，揭示了北京市空间污染的分布特征，并分析了其形成的影响因素。

2．环境污染空间相关分析

一个地区的空气污染与周边地区空间污染存在空间自相关性。空间相关分析可以揭示一个地区与周边各省市、各区县空气污染的空间自相关性以及主要污染物的空间分布特征，有效地认识空气污染的空间分布特征、内在规律性及其动态演变过程，为进一步有效改善空气质量提供思路。胡芳芳（2010）通过我国的环境空气污染指数法（Air Pollution Index，API）分析比较了北京市及周边各省市的空气污染指数，并利用空间统计的方法分析了北京市与周边省市在空气污染上的空间自相关性以及空间聚集效应。龚鹏鹏（2016）用空间统计学的方法分析揭示了北京市与周边各省的空气污染的自相关性和北京市空气污染的自相关性。罗畏、邹峥嵘利用空间统计分析方法对环境质量进行了评价，研究了其在空间上的分布特征并寻找其中的空间关联关系。

3．在土壤环境研究中的应用

自然界土壤分布极为复杂，同一质地的土壤在同一平面或不同深度上并不完全均质，其他土壤物理特性如天然密度、粒径组成等在各点的值也并不相同，这些土壤特征在空间分布上的非均一性就构成了土壤特性的空间变异性，使得土壤理化性质及污染物分布也具有复杂的空间变异性。由于地统计学方法能够有效刻画土壤多孔介质的空间变异性，所以，借助它可以很好地估计土壤中污染物的分布情况。近年来，国外学者又成功地将其研究方法运用于土壤污染物分布空间变异性的研究中。国内许多学者也将地统计学的理论和方法应用到土壤理化性质和土壤污染的研究中。

4．在水环境研究中的应用

水环境污染物迁移参数离散性和不确定性问题的研究是水环境污染物空间分布模拟和预测领域的前沿课题之一。地统计学被引入之前，基于传统地下水水流和水质迁移模型及经典统计学的求参方法已不能对迁移参数的空间变异性做出客观的分析与评价。仅仅使用单一确定性或纯粹的随机模型是难以描述一个完整的水环境污染物迁移参数空间变异图景的，而地统计学由于能够同时处理空间结构信息和随机信息，所以它是刻画这种不确定性的有效分析方法。

1.5.5　空间统计学在气象学中的应用

1．气象回归分析

20 世纪六七十年代，气象部门主要使用多个自变量与一个因变量的回归分析，用得较多的是逐步回归。进入 20 世纪 80 年代，由于计算技术和计算机技术的迅猛发展，以及实际工作的需要，出现了多个自变量（预报因子）与多个因变量（预报量）的回归分析、岭回归分析、主成分回归分析、最优子集回归分析等方法。这些方法逐渐在气象预报中得到应用。回归分析方法在短期天气预报的模式输出统计预报中应用最多，因为当前天气形势预报主要依靠数值天气预报方法，而气象要素预报更多的还是依赖数值天气预报产品的统计释用，即动力-统计释用方法。而在动力-统计释用方法中，回归分析是能够定量地处理随机变量之间相关关系的一种比较好的方法。

2. 气象相关分析

气象统计预报中最常用的是相关分析，包括气象要素间的单相关和复相关分析、两个气象场（可视为随机向量）之间的相关分析。近 30 年来在气象统计中用得较多的主要有典型相关分析（Canonical Correlation Analysis，CCA）和奇异值分解（Singular Value Decomposition，SVD）方法。典型相关分析是提取两个气象场的最大线性相关模态的方法。朱盛明、祝浩敏（1985）在数值预报的解释应用中用典型相关分析提取了有物理意义的预报因子生成了预报方程。陈嘉玲、谢炯光（1986）用典型相关分析做了中期冷空气预报。

3. 气象时间序列分析

在气象领域中，平稳时间序列（或平稳随机过程）分析是一种经典的统计方法，时间序列分析认为气象要素在随时间变化过程中任一时刻的变化前后是有关的。利用这种关系可以建立适当的数学模型来描述它们的变化规律，然后利用所建立的方程做出气象未来时刻的预测，如根据降雨量数据建立时间序列分析模型来预测未来降雨量的变化趋势。

4. 气象空间分析

20 世纪 60 年代，苏联学者使用普通统计方法研究空间气象场，提出了结构函数的概念和理论。在此基础上，Gandin 发展了著名的最优内插法，这一方法至今仍在数值天气预报中使用。随着地统计方法的兴起，克里金法逐步应用于气象领域，地统计学的理论与方法为气象场空间分布形态和插值研究奠定了一个新的基础。Courault 等（2015）则利用地统计学按照大气环流模型对法国东南部的气温做了空间插值，取得了比较理想的效果。岳文泽等（2005）采用普通克里金法和协同克里金法，对甘肃省 30 年平均降水量和蒸发量进行对比分析。

1.5.6 空间统计学在经济学中的应用

空间统计方法已经成为诸多学者作为研究空间因素的主要方法，在区域经济、房地产、环境保护、区域创新、人口研究等诸多领域得到了应用。空间统计的属性值可以是经济、房地产、人口等指标。

1. 社会经济要素聚集

空间聚集是城市和区域研究中最重要、最基本的内容之一。空间统计为研究空间聚集问题提供了丰富的舞台。经济要素的空间聚集问题再次成为理论界和实践者的重要关注领域。在经济地理和区域科学中，空间聚集往往通过地理集中或产业集中来衡量。Duranton 和 Overman（2005）基于点分析，研究了产业的垂直联系和空间聚集关系，并将产业间地理位置的近邻定义为联合地方化（Joint-localization）。刘同山（2012）通过分析北京市金融发展的空间相关性，对北京市金融的集聚效应和辐射效应进行研究，进而考察空间效应和空间布局形成的原因。

2. 土地利用和城市结构

地租理论是土地利用的基础理论之一。根据地租理论的表述，地租以及人口密度等会从城市中心商务区递减并形成单中心城市结构。土地利用研究往往和人口或经济要素问题联系在一起。人口、就业和经济活动的空间聚集为分析城市空间结构提供了基础。

3. 交通

交通研究也是与空间密切相关的问题。交通行为和交通线路都是发生在空间上的变量，因此空间异质性、空间相关性和分析单元可变性在交通研究中也有重要的影响。交通流的多少一般根据交通小区间的出行以及其他社会经济变量（如人口、就业或收入）来决定。

4. 房地产

房地产研究是空间统计发展的另一个重要领域。房地产市场价格在城市研究中有重要的作用。一般通过多元统计回归模型模拟房地产交易价格和房地产特征之间的关系来预测房地产市场价格。在房地产特征中，区位因素受很多因素的影响，是房地产研究中最复杂、最难以定量的一个特征。空间自回归模型通过有限地增加变量，就可以提高模型对地价模拟的准确度。空间统计提高了模型的解释性，为城市地价和房地产政策提供了新的参考变量。

第 2 章　描述性统计方法

空间数据特征主要从以下几个方面进行测度和描述：第一，分布的集中趋势，反映各数据向其中心值靠拢或聚集的程度；第二，分布的离散程度，反映各数据远离其中心值的趋势；第三，分布的形状，反映数据分布的偏斜程度和峰度。

2.1　集中趋势度量

集中趋势（Central Tendency）是指一组数据向某一中心值靠拢的倾向，测度集中趋势也就是寻找一组数据的代表值或中心值。本节介绍集中趋势的各个测度值，包括算术平均值、中数、众数、数学期望、平均中心、加权中心、质心和中位中心。

2.1.1　算术平均值

算术平均值是统计研究中常用的一种平均指标。样本算术平均值常用符号 $\bar{x}$ 表示，是样本观测值相加后除以观测值个数所得的商。

1. 算术平均值的应用条件

算术平均值适用于对称分布，尤其是正态分布资料。因为这时算术平均值位于分布的中央，能反映变量值的集中趋势。对于样本资料，当观测值个数较少，而其频数分布基本对称时，可判断其总体为正态或近似正态，也可用算术平均值作为其集中趋势指标。

2. 算术平均值的计算方法

算术平均值的计算方法是将所有观测值 $x_1, x_2, \cdots, x_n$ 直接相加再除以观测值的个数 n，可表达为

$$\bar{x} = \frac{x_1 + x_2 + \cdots + x_n}{n} = \frac{\sum_{i=1}^{n} x_i}{n} \tag{2.1-1}$$

例题　有 10 份废水样本，测得铬含量分别为 0.9、0.8、0.8、0.9、1.0、0.7、1.1、0.7、1.1 和 0.9（单位 mg/L），求废水样本的平均铬含量。

按式（2.1-1）计算可得：

$$\bar{x} = \frac{0.9 + 0.8 + 0.8 + 0.9 + 1.0 + 0.7 + 1.1 + 0.7 + 1.1 + 0.9}{10} = 0.89\text{（mg/L）}$$

10 份废水样本的平均铬含量为 0.89mg/L。

2.1.2　中数

中数是指将全部观测值按大小顺序排列之后，位次居中的那个数值。在全部观测值中，有一半比它大，一半比它小，用符号 M 表示。

当观测值个数 n 为奇数时，按式（2.1-2）计算中数：

$$M = x_{\frac{n+1}{2}} \tag{2.1-2}$$

当观测值个数 n 为偶数时，按式（2.1-3）计算中数：

$$M = \left(x_{\frac{n}{2}} + x_{\frac{n}{2}+1}\right)/2 \tag{2.1-3}$$

式中，$\frac{n+1}{2}$、$\frac{n}{2}$ 及 $\frac{n}{2}+1$ 为有序数列中观测值的位次；$x_{\frac{n+1}{2}}$、$x_{\frac{n}{2}}$ 及 $x_{\frac{n}{2}+1}$ 为相应位次上的观测值。

例题 测得某排污口 5 份水样的含铬浓度分别为 0.2、0.3、0.4、0.5 和 1.2（单位 mg/L），求其中数。

本例 n=5，为奇数，按式（2.1-2）计算，得

$$M = x_{\frac{5+1}{2}} = x_3 = 0.4\,(\text{mg/L})$$

中数为 0.4mg/L。

例题 某大气采样点 8 个气样 SO_2 含量测定结果分别为 0.03、0.10、0.17、0.18、0.20、0.20、0.31 和 0.42（单位 mg/m^3），求其中数。

本例 n=8，为偶数，按式（2.1-3）计算，得

$$M = \left(x_{\frac{8}{2}} + x_{\frac{8}{2}+1}\right)/2 = (x_4 + x_5)/2 = (0.18 + 0.20)/2 = 0.19\,(\text{mg/m}^3)$$

中数为 0.19mg/m^3。

2.1.3 众数

众数是指在一组观测值中重复出现次数最多的数值。在实际工作中，如果掌握大量调查资料，且只需知道一般的最常见的数值，就可以采用众数。有时由于资料搜集不全，也可以用众数作为平均指标。众数常用符号 M_0 表示。

1. 直接由原始数据确定众数

按分组或单项数列资料，可以直接确定众数。

例题 一组样本的观测值为 15、16、18、18、17、16、18、19、18 和 21，求众数。

本例重复出现次数最多的观测值是 18，因此本组观测值的众数 M_0=18。

2. 由组距式频数表示众数

对于组距式频数分布表资料，首先确定频数最大的一组为众数所在组，然后按式（2.1-4）计算众数的近似值。

$$M_0 = L + \frac{\Delta_1}{\Delta_1 + \Delta_2} i \tag{2.1-4}$$

式中，L 为众数所在组段的下限；i 为众数所在组段的组距；Δ_1 为众数所在组频数与前一组频数之差；Δ_2 为众数所在组频数与后一组频数之差。

例题 炼钢企业耗水量资料如表 2.1-1 所示，试求其众数。

表 2.1-1 炼钢企业耗水量资料

炼 1t 钢的耗水量/t	企业数/个
10～20	1
20～40	2
40～60	4
60～80	15
80～100	20
100～120	5
120～140	3
合计	55

本例中频数最大的组（众数所在组）的频数（本例为企业数）为20，即80～100组段，因此，L=80，i=20，Δ_1=20−15=5；Δ_2=20−5=15。按式（2.1-4）计算得：

$$M_0 = 80 + \frac{5}{5+15} \times 20 = 85\text{（t）}$$

炼钢企业炼1t钢耗水量的众数为85t。

2.1.4 数学期望

定义 设离散型随机变量X的概率分布为

X	X_1	X_2	$\cdots$	X_i	$\cdots$
P	P_1	P_2	$\cdots$	P_i	$\cdots$

即$P(X=X_i)=P_i$，i=1,2,$\cdots$，则和数为

$$\sum_i X_i P_i = X_1 P_1 + X_2 P_2 + \cdots + X_i P_i + \cdots \tag{2.1-5}$$

离散型随机变量X的数学期望记作$E(X)$。

例题 X的分布如下：

X	100	200
P	0.01	0.99

X的数学期望是：

$$E(X) = 100 \times 0.01 + 200 \times 0.99 = 199$$

显然，$E(X)$是一个实数，当X的概率分布为已知时，$E(X)$计算的结果实质上体现了X取值的真正的“平均”，也称为随机变量X的均值。

2.1.5 平均中心

平均中心为研究区域中所有要素的平均x坐标和y坐标。平均中心对于追踪分布变化以及比较不同类型要素的分布非常有用，计算公式为

$$\bar{x} = \frac{\sum_{i=1}^{n} x_i}{n}, \quad \bar{y} = \frac{\sum_{i=1}^{n} y_i}{n} \tag{2.1-6}$$

式中，x_i和y_i是要素i的坐标，n为要素总数。

土壤的肥沃程度与土壤中微量元素的含量密切相关，通常通过测定土壤中微量元素的种类和含量来确定土壤的肥沃程度。如图2.1-1所示是某地土壤分布和钾含量测量点空间分布图，如图2.1-2所示是钾含量等级分布图，如图2.1-3所示是钾含量测量点平均中心。

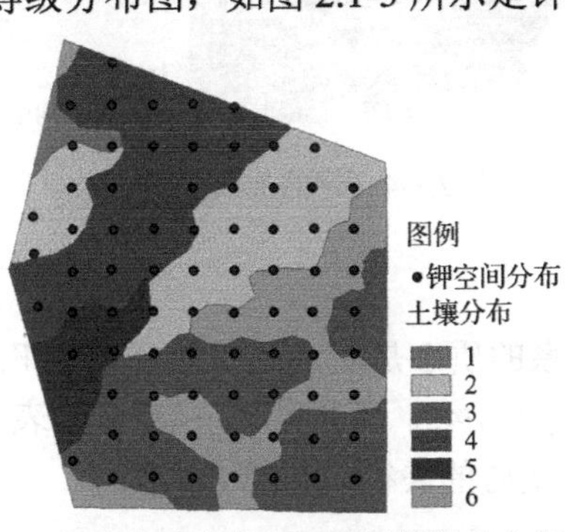

图2.1-1 某地土壤分布和钾含量测量点空间分布图

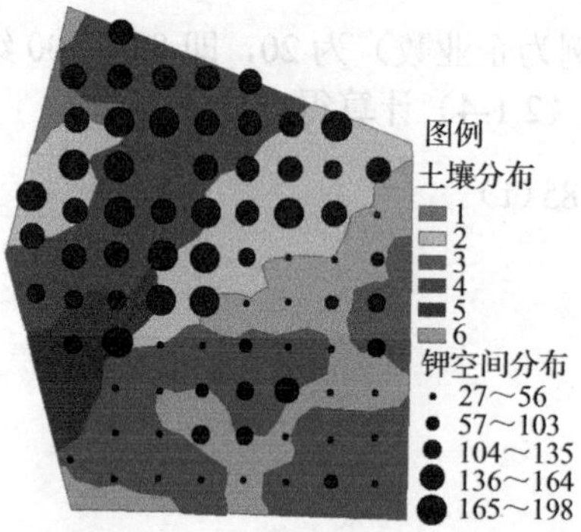

图 2.1-2　钾含量等级分布图

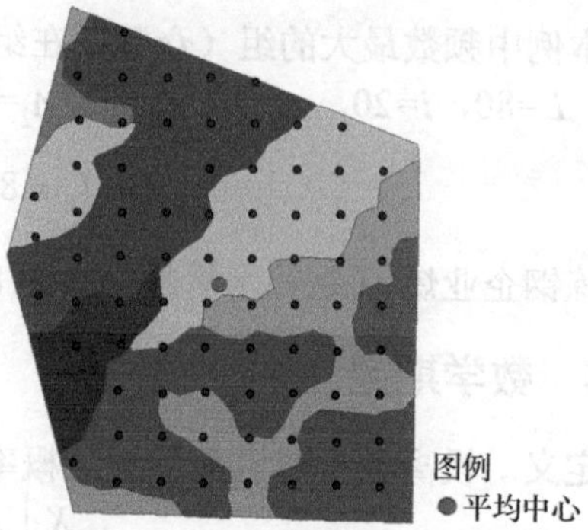

图 2.1-3　钾含量测量点平均中心

2.1.6　加权中心

在一个点数据集中，某一属性在每个点上的权重存在差异，例如，每个点所处的小区人口有多有少，或者到某个固定地点的距离有长有短，考虑这些权重因素的情况下，求得的点数据集的平均中心即为点的加权中心。也就是每个点的横坐标和纵坐标以另一个变量为权重求加权平均，计算公式为

$$\bar{x}_w = \frac{\sum_{i=1}^{n} w_i x_i}{\sum_{i=1}^{n} w_i}, \quad \bar{y}_w = \frac{\sum_{i=1}^{n} w_i y_i}{\sum_{i=1}^{n} w_i} \tag{2.1-7}$$

式中，w_i 为要素 i 处的权重。

土壤中钾元素测量点的含量加权中心计算方法是将每个点的横坐标和纵坐标分别与钾含量相乘，并累加，再除以所有点钾含量的总和，得到钾含量加权中心的横坐标和纵坐标，这样就可以计算出研究区域内钾的加权平均中心，如图 2.1-4 所示。

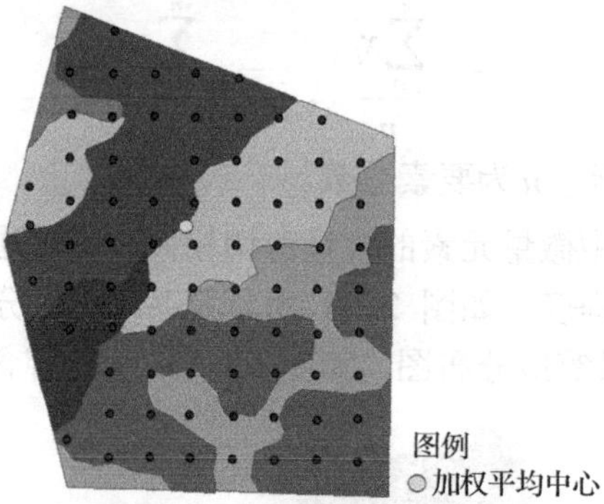

图 2.1-4　钾的加权平均中心

2.1.7　质心

质量中心简称质心。质点系的质心是质点系质量分布的平均位置。设质点系由 n 个质点组成，它们的质量分别是 $m_1, m_2, \cdots, m_n$。若用 $r_1, r_2, \cdots, r_n$ 分别表示质点系中各质点相对于某一固定点 O 的矢径，则用 r_σ 表示质心的矢径，计算公式为

$$r_\sigma = \frac{\sum_{i=1}^{n} m_i r_i}{\sum_{i=1}^{n} m_i} \tag{2.1-8}$$

若选择不同的坐标系，则质心坐标的具体数值就会不同，但质心相对于质点系中各质点的相对位置与坐标系的选择无关。质心仅与各质点的质量大小和分布的相对位置有关。质心与加权中心类似，只不过权重变为质量，纵坐标、横坐标变为矢径。

2.1.8 中位中心

中位中心也称最小总行程点，是指到各个离散点距离和为最小的一个点(x_m, y_m)，可表示为

$$\min \sum_{i=1}^{n} \sqrt{(x_i - x_m)^2 + (y_i - y_m)^2} \tag{2.1-9}$$

中位中心是一个很有用的概念，大量用在选址设计中。例如，为超市配送中心选址，要使该中心到超市各分店的距离最短。武汉市中心城区中百仓储超市分布位置如图 2.1-5 所示，细点为武汉市中心城区中百仓储超市各分店分布位置，粗点为武汉市中百仓储超市（细点）配送中心的最佳选址位置。

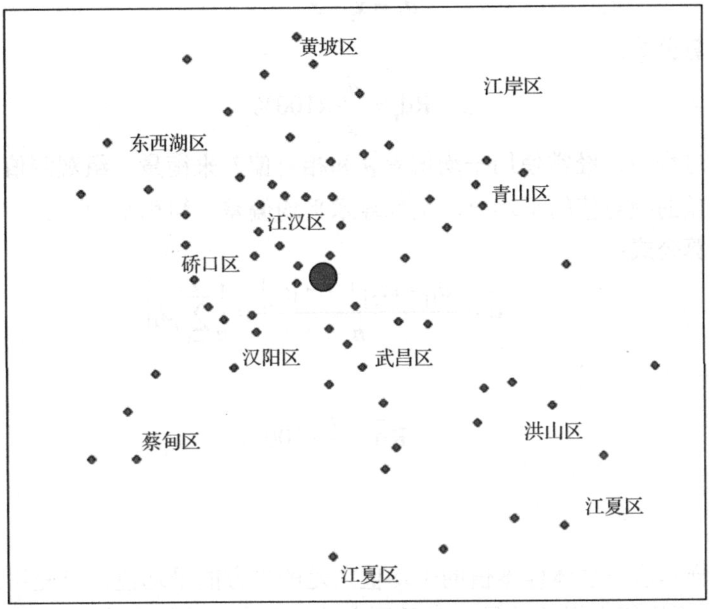

图 2.1-5　中位中心（粗点）

2.2 离散程度度量

集中趋势只是数据分布的一个特征，它所反映的是各变量值向其中心值聚集的程度。而各变量值之间的差异状况如何呢？这就要考察数据的离散程度了。数据的离散程度是数据分布的另一个重要特征，它所反映的是各变量值远离其中心值的程度。数据的离散程度越大，集中趋势的测度值对该组数据的代表性就越差，离散程度越小，其代表性就越好。

描述数据离散程度采用的测度值，根据所依据数据类型的不同，主要有极差、离差、方

差、标准差、协方差、变异系数、标准距离和标准差椭圆等。

2.2.1 极差

极差也称全距，用符号 R 表示。它是一组观测值中最大值与最小值之差，反映个体离散程度。极差越大，说明离散程度越大，反之，极差越小，说明离散程度越小，可表示为

$$R = x_{\max} - x_{\min} \tag{2.2-1}$$

用极差反映离散程度的大小，计算方便，容易理解。但除最大值和最小值外，极差不能反映组内其他数据的离散程度。此外，抽样调查时，抽取的单位数越多，抽到较大值或较小值的可能性就越大，因而极差也可能越大，当各组资料样本含量相差悬殊时，不宜用极差比较其离散程度。

2.2.2 离差

离差又称偏差，是一组观测值或估计量的平均值与真实值之差，是反映数据分布离散程度的度量之一，或者说是反映统计总体中各单位标志值差别大小程度的指标，常写作 $x_i - \bar{x}$，即参与计算平均值的变量值与平均值之差。偏差分为绝对偏差和相对偏差。

绝对偏差计算公式：

$$d_i = x_i - \bar{x} \tag{2.2-2}$$

相对偏差计算公式：

$$\mathrm{Rd}_i = \frac{d_i}{\bar{x}} \times 100\% \tag{2.2-3}$$

在一般分析过程中，经常使用平均偏差 $\bar{d}$ 和相对偏差来衡量一组观测值的精度。平均偏差是各个绝对偏差的绝对值的平均值，又称算术平均偏差，简称平均差。

平均偏差计算公式：

$$\bar{d} = \frac{|d_1| + |d_2| + \cdots + |d_n|}{n} = \frac{1}{n}\sum_{i=1}^{n}|d_i| \tag{2.2-4}$$

相对平均偏差计算公式：

$$\mathrm{R\bar{d}} = \frac{\bar{d}}{\bar{x}} \times 100\% \tag{2.2-5}$$

2.2.3 方差

方差是每个样本值与总体样本值的平均值之差的平方的平均值，方差用来计算每个变量（观测值）与总体平均值之间的差异。对于研究总体而言，应该考虑总体中每个变量值 X 与总体平均值 $\bar{x}$ 之差，即离均差 $x - \bar{x}$。由于 $\sum(x-\bar{x}) = 0$，仍不能反映变量波动的大小，故对离均差的平方求和，$\sum(x-\bar{x})^2$ 的大小除与变量波动的大小有关外，还与总体样本个数 N 的大小有关。即使两个总体的变异度相同，n 大则 $\sum(x-\bar{x})^2$ 也大。为了消除这一影响，将离均差平方和除以变量值个数，求其平均值，这个平均值就是方差。总体方差计算公式为

$$\sigma^2 = \frac{\sum(x-\bar{x})^2}{n} \tag{2.2-6}$$

式中，σ 为标准差，$\bar{x}$ 为总体样本的平均值；n 为总体样本个数。

例题 有一组观测值分别为16、18、20、22、24，按式（2.2-6）计算样本方差。

$$\bar{x}=\frac{16+18+20+22+24}{5}=20$$

$$\sum(x-\bar{x})^2=(16-20)^2+(18-20)^2+(20-20)^2+(22-20)^2+(24-20)^2=40$$

$$\sigma^2=\frac{\sum(x-\bar{x})^2}{n}=\frac{40}{5}=8$$

2.2.4 协方差

协方差表示的是两个变量的总体误差，它与只表示一个变量误差的方差不同。如果两个变量的变化趋势一致，即其中一个大于自身的期望值，另一个也大于自身的期望值，那么两个变量之间的协方差就是正值；如果两个变量的变化趋势相反，即其中一个大于自身的期望值，另一个小于自身的期望值，那么两个变量之间的协方差就是负值。

期望值分别为$E(X)$与$E(Y)$的两个实随机变量X与Y之间的协方差$\mathrm{Cov}(X,Y)$定义为

$$\begin{aligned}\mathrm{Cov}(X,Y)&=E\{[X-E(X)][Y-E(Y)]\}\\&=E\{XY-XE(Y)-YE(X)+E(X)E(Y)\}\\&=E(XY)-E(X)E(Y)-E(Y)E(X)+E(X)E(Y)\\&=E(XY)-E(X)E(Y)\end{aligned} \tag{2.2-7}$$

2.2.5 变异系数

变异系数又称离散系数，是变异指标和平均指标的比值，用来反映总体分布的离散趋势。它消除了总体平均水平的高/低和计量单位的不同对离散程度测度值的影响，可用于对不同类总体或不同水平总体的分布差异程度进行比较分析。

变异系数主要有全距系数、平均差系数、标准差系数等，其中最常用的是标准差系数。标准差系数是标准差与其相应的均值之比，用V_σ表示，是反映数据离散程度的相对指标，可表示为

$$V_\sigma=\frac{\sigma}{\bar{x}}\times 100\% \tag{2.2-8}$$

例题 某班两组学生成绩如表2.2-1所示，问哪组学生平均成绩的代表性较高？为什么？

表2.2-1 某班两组学生成绩

一组		二组	
成绩/分	人数/人	成绩/分	人数/人
64	1	70	1
70	3	73	3
76	4	76	3
82	3	79	1
88	1	82	1
合计	12	合计	9

通过计算可知，一组学生的平均成绩$\bar{x}_1$为76.0分，二组学生的平均成绩$\bar{x}_2$为75.3分。两组成绩的标准差σ_1和σ_2分别为6.4807分和3.3994分。根据式（2.2-8）计算标准差系数，得

$$V_{\sigma_1}=\frac{\sigma_1}{\overline{x}_1}\times 100\%=\frac{6.4807}{76.0}\times 100\%\approx 8.5\%$$

$$V_{\sigma_2}=\frac{\sigma_2}{\overline{x}_2}\times 100\%=\frac{3.3994}{75.3}\times 100\%\approx 4.5\%$$

显然，二组的标准差系数小于一组，即二组成绩的变异程度低于一组，所以二组平均成绩的代表性高于一组。标准差系数作为测度总体离散程度的指标，其重要的特点是不受计量单位和标志值水平的影响，消除了不同总体之间在平均水平和计量单位方面的不可比性。标准差系数大，说明该总体分布的离散程度大；反之，说明该总体分布的离散程度小。标准差系数适宜不同总体的比较。

2.2.6 标准距离

标准距离是用来度量空间要素分布的紧密度，表示该要素相对于中心的离散程度的值。该值用距离表示，因此，可通过绘制一个半径等于标准距离值的圆在地图上体现一组要素的紧密度。如图 2.2-1 所示为钾元素标准距离计算结果。

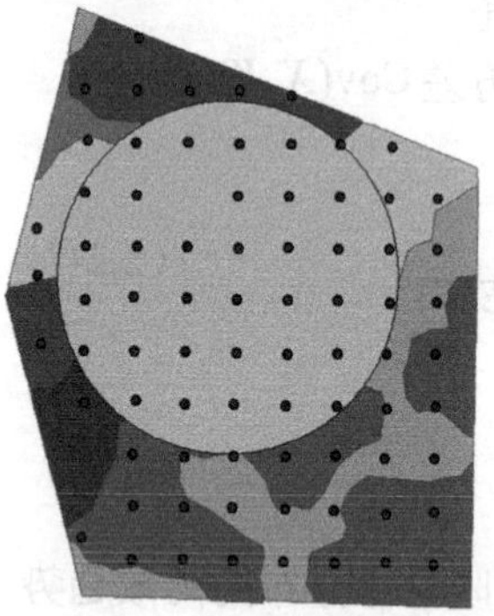

图 2.2-1 钾元素标准距离工具计算结果

标准距离计算公式为

$$\mathrm{SD}=\sqrt{\frac{\sum_{i=1}^{n}(x_i-\overline{x})^2}{n}+\frac{\sum_{i=1}^{n}(y_i-\overline{y})^2}{n}+\frac{\sum_{i=1}^{n}(z_i-\overline{z})^2}{n}} \tag{2.2-9}$$

式中，x_i、y_i 和 z_i 为要素 i 的坐标；$(\overline{x},\overline{y},\overline{z})$ 表示要素在三维坐标系统下的平均中心；n 为要素总个数。

2.2.7 标准差椭圆

标准差椭圆是 Furfey 于 1927 在标准距离圆基础上提出来的一种分析空间离散趋势的新方法。虽然标准距离圆可以有效地表示要素的空间离散分布趋势，但这种分析方法将要素的离散性看作均质无方向性，显然这种分析是不全面的。例如，人口分布就呈现不均匀的态势，在一条交通便利的道路附近，人口分布会很密集，并且会沿道路走向呈轴线的分布趋势，应用标准距离圆就很难分析出这种线性的分布趋势。

测量一组点或区域趋势的一种常用方法是分别计算 x 方向和 y 方向上的标准距离，这两个测量值可用于定义一个包含所有要素分布的椭圆轴。标准差椭圆用来度量一组要素的分布方向和分布趋势。这种方法是以每个要素的平均中心作为起点对 x 方向和 y 方向的标准差进行计算的，从而定义椭圆的轴，因此该椭圆被称为标准差椭圆。利用该椭圆可以查看要素的分布是否具有方向性。标准差椭圆由长轴、短轴、偏向角和椭圆中心构成。仍以人口分布为例，如图 2.2-2 所示的标准差椭圆，长轴代表在主方向上要素分布偏离人口重心的程度，表征空间数据分布的主要方向；短轴代表在次要方向上要素分布偏离人口重心的程度，表征空间数据分布最少

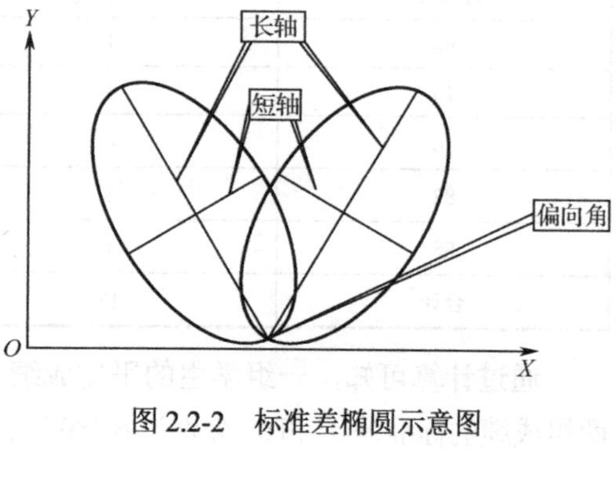

图 2.2-2 标准差椭圆示意图

的方向；偏向角代表要素分布的主要方向；标准差椭圆的中心反映了要素空间分布的中心。

计算标准差椭圆的具体步骤如下。

（1）计算平均中心坐标$\overline{x}_w$和$\overline{y}_w$，并按式（2.2-10）计算研究区域中各面积单元的相对中心的坐标：

$$x_i' = x_i - \overline{x}_w, \quad y_i' = y_i - \overline{y}_w \tag{2.2-10}$$

（2）按式（2.2-11）计算标准差椭圆方向偏角θ：

$$\tan\theta = \frac{\left(\sum_{i=1}^{n} x_i'^2 - \sum_{i=1}^{n} y_i'^2\right) \pm \sqrt{\left(\sum_{i=1}^{n} x_i'^2 - \sum_{i=1}^{n} y_i'^2\right)^2 + 4\left(\sum_{i=1}^{n} x_i' y_i'\right)^2}}{2\sum_{i=1}^{n} x_i' y_i'} \tag{2.2-11}$$

（3）通过反三角函数公式计算出偏向角θ后，按式（2.2-12）计算标准差椭圆的长轴与短轴σ_x和σ_y：

$$\sigma_x = \sqrt{\frac{\sum_{i=1}^{n}(x_i'\cos\theta - y_i'\sin\theta)^2}{n}}, \quad \sigma_y = \sqrt{\frac{\sum_{i=1}^{n}(x_i'\sin\theta + y_i'\cos\theta)^2}{n}} \tag{2.2-12}$$

例题 以珠三角地区的行政区划人口密度为权重计算标准差椭圆，计算得到 2000 年、2010 年和 2017 年这三个时期分地市的标准差椭圆和分区县的标准差椭圆，分别如图 2.2-3 和图 2.2-4 所示。对比珠三角地区这两个尺度的结果，地市尺度的标准差椭圆的扁率偏小，长轴、短轴接近，人口密度的方向性并不明显；区县尺度的标准差椭圆扁率偏大，人口密度有明显的方向性。区县尺度的椭圆长轴要大于地市尺度的椭圆长轴，并且这两个尺度的数据分布方向均为“东南-西北”；地市尺度的椭圆旋转角度要大于区县尺度的椭圆旋转角度；区县尺度的椭圆短轴要大于地市尺度的椭圆短轴，说明区县尺度的人口密度呈现的向心力比地市尺度的要明显，区县尺度人口密度的聚集程度更大，地市尺度的人口密度离散程度较大。对于地市尺度来说，这三个时期的标准差椭圆变化幅度很小，椭圆中心即为区域人口重心，与计算得到的珠三角地区地市尺度的人口重心基本一致，变化范围为人口流动量大的沿海城市；区县尺度下的变化范围有向内地延伸的趋势，说明珠三角地区在区县尺度上有人口向外扩散的趋势。

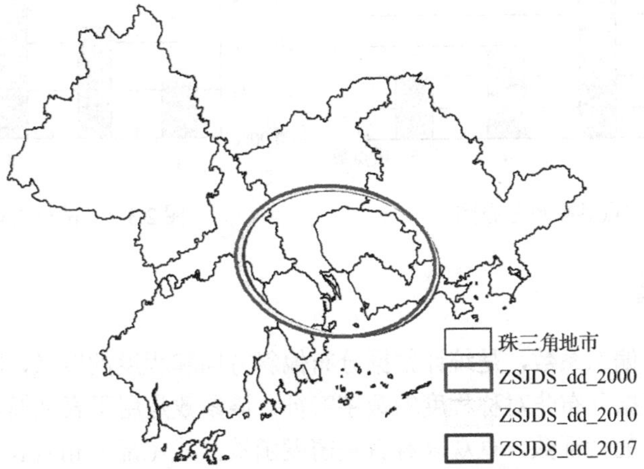

图 2.2-3　珠三角地区分地市的标准差椭圆

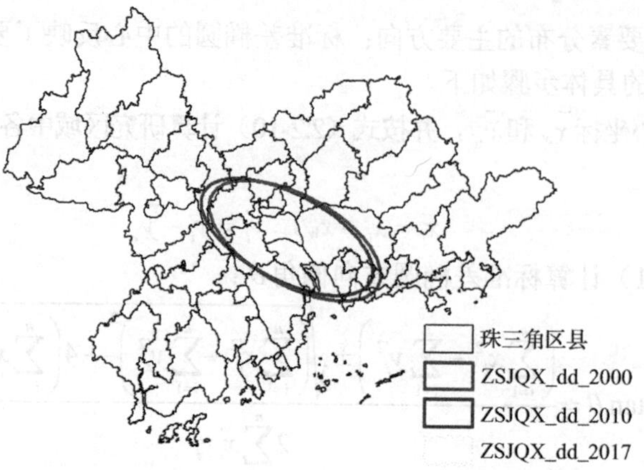

图 2.2-4　珠三角地区分区县的标准差椭圆

2.3　频率分布

将变量按大小顺序排列，并按一定间距分组，变量在各组中出现的次数称为频数，频数除以总次数称为频率。例如，某地区治理试点县分布按试点数分组，得到每组中试点县的频数和频率，如表 2.3-1 所示。将表格制作成图表的形式如图 2.3-1、图 2.3-2 所示。

表 2.3-1　某省山区 78 个县小流域治理试点县分布

试点数/个	频数/个	频率/%
1	9	11.6
2	18	23.1
3	27	34.6
4	14	17.9
5	10	12.8
合计	78	100.0

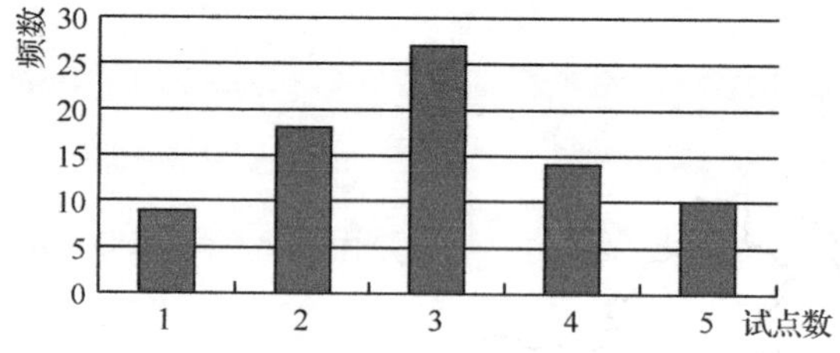

图 2.3-1　试点县频数分布图

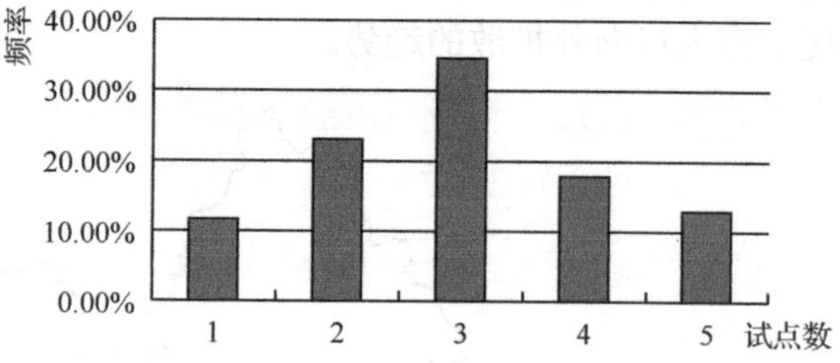

图 2.3-2　试点县频率分布图

2.4　形态度量

偏度也称偏态、偏态系数，是统计数据分布偏斜方向和程度的度量，即统计数据形态的度量。它反映了统计数据分布非对称程度的数字特征。该参数是用于表征概率分布密度曲线相对于平均值不对称程度的特征数，直观来看就是密度函数曲线尾部的相对长度。如果将原点移至算术平均值的位置，可以得到以平均值为中心的 m 阶中心距，假设 x_i 和 f_i 为各组数据的中值和频

数，则 m 阶中心距可表示为

$$\mu_m = \frac{\sum_{i=1}^{n}(x_i - \overline{x})^m f_i}{\sum_{i=1}^{n} f_i} \tag{2.4-1}$$

偏度利用三阶中心矩进行定义，计算公式为

$$S = \frac{\mu_3}{\sigma_3} \tag{2.4-2}$$

式中，S 为偏度；μ_3 为三阶中心矩；σ 为标准差。

在一般情形下，当统计数据为右偏分布时，$S>0$，且 S 值越大，右偏程度越高，属于正偏态，如图 2.4-1 所示；当统计数据为左偏分布时，$S<0$，且 S 值越小，左偏程度越高，属于负偏态，如图 2.4-2 所示。当统计数据为对称分布时，则有 $S=0$，如图 2.4-3 和图 2.4-4 所示。

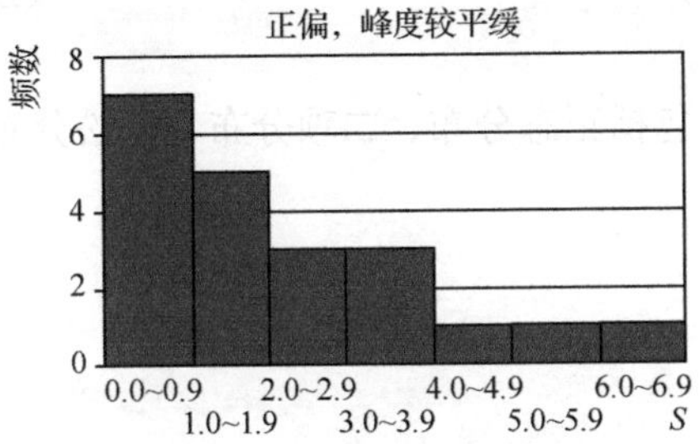

图 2.4-1　正偏态（右偏态）

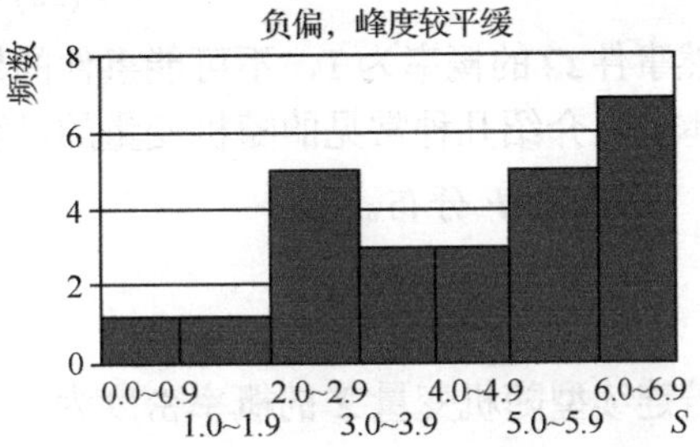

图 2.4-2　负偏态（左偏态）

峰度 K 用于衡量实数随机变量概率分布的陡峭程度。峰度高意味着方差增大是由低频度的大于或小于平均值的极端差值引起的，计算公式如下：

$$K = \frac{\mu_4}{\sigma^4} \tag{2.4-3}$$

式中，μ_4 是四阶中心矩；σ 为标准差。

峰度指标以正态分布的峰度为比较标准（正态分布的峰度 $K=0$），来比较不同频数分布的尖峭程度。当 $K>0$ 时，表示频数分布比正态分布更集中，分布呈尖峰态，平均值代表性更高，如图 2.4-3 所示；当 $K<0$ 时，表示频数分布比正态分布更分散，分布呈低峰态，平均值代表性较低，如图 2.4-4 所示。

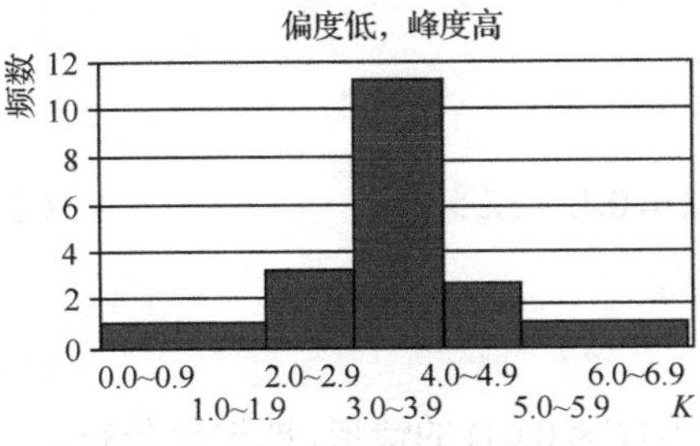

图 2.4-3　对称分布及尖峰态

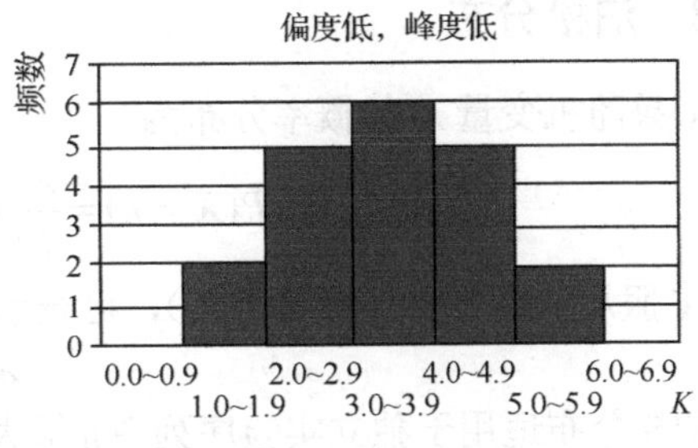

图 2.4-4　对称分布及低峰态

2.5 概率函数

概率函数以函数的形式给出每个观测值发生的概率，其理论上只对离散型变量有意义，实际上是对概率分布的数据描述。假定条件 S 下，重复做 n 次实验，f 是 n 次实验中事件 A 发生的频数。当实验的次数 n 很大时，如果频率 $\frac{f}{n}$ 稳定地在某一数值 a 的附近摆动，而且一般来说随着实验次数的增多，这种摆动的幅度变小，则称 A 为随机事件，并称数值 a 为随机事件 A 在条件 S 下发生的概率，可表示为

$$P(A)=a \tag{2.5-1}$$

显然，数值 a 为随机事件 A 在条件 S 下发生的可能性大小。

由于概率总是介于 0～1 之间的，因而由概率的定义可知，对于随机事件 A，总有：

$$0 \leqslant P(A) \leqslant 1$$

面对必然事件 $\varOmega$ 和不可能事件 $\varnothing$，显然有：

$$P(\varOmega)=1,\ P(\varnothing)=0 \tag{2.5-2}$$

即必然事件 $\varOmega$ 的概率为 1，不可能事件的概率为 0。

本节将介绍几种常见的随机变量的函数形式，包括正态分布、二项分布、泊松分布、χ^2 分布、t 分布和 F 分布。

2.5.1 正态分布

若连续型随机变量 X 的概率密度为

$$f(x)=\frac{1}{\sqrt{2\pi\sigma^2}}\mathrm{e}^{\frac{-(x-\mu)^2}{2\sigma^2}} \qquad (-\infty < x < \infty) \tag{2.5-3}$$

式中，μ 和 $\sigma(\sigma>0)$ 为常数，则称 X 服从参数为 μ、σ 的正态分布，可表示为 $X \sim N(\mu,\sigma^2)$。

2.5.2 二项分布

如果随机变量 X 的分布为

$$P(X=k)=C_n^k p^k q^{n-k} \qquad (k=0,1,2,\cdots,n) \tag{2.5-4}$$

式中，$0<p<1$，$q=1-p$，则称 X 服从二项分布（参数 n、p），可表示为 $X \sim B(n,p)$。

二项分布适用于独立实验序列。也就是说，在 n 次独立实验中，用于表示“A 发生的次数”的这个随机变量 X 服从二项分布。

2.5.3 泊松分布

如果随机变量 X 的概率分布为

$$P(X=k)=\frac{\lambda^k}{k!}\mathrm{e}^{-\lambda} \qquad (k=0,1,\cdots;\lambda>0) \tag{2.5-5}$$

则称 X 服从泊松分布（参数为 λ），可表示为

$$X \sim \pi(\lambda) \tag{2.5-6}$$

泊松分布适用于独立实验序列中 n 很大且 P 很小 $(P \leqslant 0.01)$ 的情形，即泊松分布是二项分布在 $nP \to \lambda(n \to \infty)$ 情形下的极限分布。因此，当 n 很大且 P 很小时，可用泊松分布来进行二项分布的近似估计。

2.5.4　χ^2 分布

若 n 个相互独立的随机变量 $\xi_1, \xi_2, \cdots, \xi_n$ 均服从标准正态分布，且 $\xi_i \sim N(0,1)$ $(i=1,2,3,\cdots,n)$，则定义随机变量：

$$\chi^2 = \sum_{i=1}^{n} \xi_i^2 \tag{2.5-7}$$

这个随机变量称为 χ^2 变量，它所服从的分布称为自由度是 n 的 χ^2 分布，可表示为 $\chi^2 \sim \chi^2(n)$。

χ^2 分布主要用于分类变量，根据样本数据推断总体的分布与期望分布是否有显著性差异，或者推断两个分类变量是否相关或相互独立。

2.5.5　t 分布

设随机变量 ξ 和 η 独立，且 $\xi \sim N(0,1)$，$\eta \sim \chi^2(n)$，定义随机变量 t：

$$t = \frac{\xi}{\sqrt{\eta/n}} \tag{2.5-8}$$

称之为自由度为 n 的 t 变量，它所服从的分布称为 t 分布，可表示为 $t \sim t(n)$。

t 分布可以用来判断两个连续变量的显著性，经常用于判断线性回归中的系数是否显著，如果不显著，则需要剔除该变量后重新进行拟合。一般情况是，t 检验的双侧 p 值若小于 5%，则视为显著，若大于 5%则视为不显著。

2.5.6　F 分布

设随机变量 ξ 和 η 独立，且 $\xi \sim \chi^2(m)$，$\eta \sim \chi^2(n)$，定义随机变量 F：

$$F = \frac{\xi/m}{\eta/n} = \frac{\xi}{\eta} \cdot \frac{n}{m} \tag{2.5-9}$$

称之为自由度为 (m,n) 的 F 变量，它所服从的分布称为 F 分布，可表示为 $F \sim F(m,n)$，其中 m 称为第一自由度，n 称为第二自由度。F 分布通常用于在两个正态分布样本的均值方差都未知的情况下求两个总体的方差比值。

2.6　假设检验

在参数估计问题中，常常在抽样前先对未知总体给出一些假定。例如，假定总体 X 服从正态分布，假定某个正态总体的方差为一个已知值，等等。在数理统计中，把这类关于总体分布的假定称为假设。抽样前所做的假设是否与实际相符合，可以用样本所提供的信息来检查，检查的方法与过程称为检验。假设检验就是研究如何根据抽样后获得的样本来检验抽样前所做出的假设的合理性。例如，假设全校学生的生活费支出的平均值为 500 元，然后从全校学生中抽取若干样本，根据样本信息检验平均生活费用支出是否为 500 元。

下面通过分析一个例子，引出假设检验中的基本概念与解决假设检验问题的一般步骤。

例题　某品牌纸盒包装饮料的包装上标明的容量为 250ml。根据以往经验可得标准差为 7ml。消费者协会从市场上随机抽取 50 盒该品牌饮料，测试发现平均容量为 248ml。试根据该样本的数据判断该品牌饮料的平均容量是否为 250ml。

该问题是要对该品牌饮料的平均容量是否为 250ml 进行检验。我们先提出假设：该品牌饮料的平均容量是250ml。该假设我们可能接受，也可能拒绝，要根据样本数据来做出判断。如果接受假设，就可以得出假设中的论断，即该品牌饮料的平均容量为 250ml；如果拒绝假设，就得出相反的结论，即该品牌饮料的平均容量不是 250ml。这两个结论为对立事件，我们只能得出其中的一个结论。前者称为原假设，后者称为备择假设，可表示为

$$H_0:\bar{X}=250\text{ml},\ H_1:\bar{X}\neq 250\text{ml} \tag{2.6-1}$$

假设提出以后，我们在假设为真的条件下进行分析。如果该品牌饮料的平均容量为250ml，则根据中心极限定理，我们随机抽取 50 盒样本的平均容量就应该服从正态分布，即 $\bar{x}\sim N(\bar{X},\mu^2)$，经过标准化 $Z=\dfrac{\bar{x}-\bar{X}}{\mu}\sim N(0,1)$，此时我们根据正态分布的特点可以知道，标准统计量 Z 应该集中在 0 的周围，距离 0 越远的地方，事件发生的概率越低。

为了进行分析和判断，我们提出“小概率事件”的概念，即给定显著性水平，如给定显著性水平 $\alpha=0.05$。查正态分布表可知 $F(1.96)=0.95$，在标准正态分布下，Z 在区间(−1.96,1.96)内的概率为 0.95，而在小于−1.96 或大于 1.96 区间内的概率总计为 0.05。而我们认为 0.05 为小概率，也就是说，在我们一次抽样后的 Z 是不可能在这样的概率区间内取值的。

根据我们的分析可知，本次抽出的样本标准统计量为

$$Z=\frac{\bar{x}-\bar{X}}{\mu}=\frac{248-250}{7\sqrt{50}}\approx -2.02$$

其取值小于−1.96，落在小概率区间内，即小概率事件在我们本次实验中发生了，违背了小概率原理，出现了矛盾。出现矛盾的原因就是我们的假设出了问题，因此我们要拒绝原假设，不能认为该品牌饮料的平均容量为 250ml。

2.6.1 原假设与备择假设

假设检验中，记原假设为 H_0，又称零假设，通常是指想收集证据予以推翻的假设；与原假设对立的假设为备择假设，记为 H_1，通常是指想收集证据予以支持的假设。

在假设检验中原假设和备择假设有三种形式。

（1）$H_0:\bar{X}=\bar{X}_0$，$H_1:\bar{X}\neq\bar{X}_0$。

（2）$H_0:\bar{X}\geqslant\bar{X}_0$，$H_1:\bar{X}<\bar{X}_0$。

（3）$H_0:\bar{X}\leqslant\bar{X}_0$，$H_1:\bar{X}>\bar{X}_0$。

假设中的 $\bar{X}$ 一般为规定总体参数的取值，或者为其历史的数据，或者为与其进行比较的对象的总体参数的数据等。原假设和备择假设为对立事件，并且含有等号的不等式均放在原假设中。

例题 一种零件的生产标准是直径为 10cm，为对生产过程进行控制，质量监测人员定期对一台加工机床进行检查，以确定这台机床生产的零件是否符合标准要求。如果零件的平均直径大于或小于 10cm，则表明生产过程不正常，必须进行调整。试陈述用来检验生产过程是否正常的原假设和备择假设。

解：设这台机床生产的所有零件平均直径的真值为 $\bar{X}$。如果 $\bar{X}=10$ 则表明生产过程正常，如果 $\bar{X}>10$ 或 $\bar{X}<10$ 则表明机床的生产过程不正常，研究者要检测这两种可能情况中的任何一种。因此，研究者想搜集证据予以支持的假设应该是“生产过程不正常”（因为如果研究者事先认为生产过程正常，也就没有必要去进行检测了），所以建立的原假设和备择假设应为：

$H_0:\bar{X}=10$（生产过程正常），$H_1:\bar{X}\neq 10$（生产过程不正常）。

2.6.2 两类错误

统计假设检验通过比较检验统计量的样本数值做出决策。统计量是随机变量，所做的判断不可能保证百分之百正确。通常，决策结果存在以下 4 种情形。

（1）原假设是真实的，判断结论是接受原假设，这是一种正确的判断。

（2）原假设是不真实的，判断结论是拒绝原假设，这也是一种正确的判断。

（3）原假设是真实的，判断结论是拒绝原假设，这是一种产生"弃真错误"的判断。

（4）原假设是不真实的，判断结论是接受原假设，这又是一种产生"取伪错误"的判断。

以上 4 种判断可归纳为统计决策表，如表 2.6-1 所示。

表 2.6-1 统计决策表

H_0	接受原假设	拒绝原假设
原假设 真实	判断正确 ($1-\beta$)	弃真错误 (α)
原假设 不真实	取伪错误 (β)	判断正确 ($1-\alpha$)

弃真错误也称为假设检验的"第一类错误"，取伪错误也称为假设检验的"第二类错误"。无论是第一类错误还是第二类错误，都是检验结论失真的表现，都是应尽可能加以避免的情形，如果不能完全避免，则也应该对其发生的概率加以控制。

第一类错误产生的原因是：在原假设为真的情况下，检验统计量刚好落入小概率的拒绝区域。发生第一类错误的概率就是显著性水平的大小，记为α，其取值可以事先取定。例如，α=0.05 表示发生第一类错误的可能性为 5%。在 100 次假设检验中，产生弃真错误的平均次数是 5 次；进一步降低显著性水平，取α=0.01，这时发生第一类错误的概率下降为 1%。

第二类错误是"以假为真"的错误，即把不正确的原假设当作正确的而将它接受了的错误。发生第二类错误的概率记为β。发生第二类错误的概率与发生第一类错误的概率是密切相关的，在样本一定的条件下，α 小，β 就大；α 大，β 就小。为了同时减小α 和β，只有增大样本容量，减小抽样分布的离散性，才能达到目的。

例如，在审判工作中，目前法律上采用无罪推定，也就是"原假设H_0：被告无罪，备择假设H_1：被告有罪"。法庭可能发生第一类错误是：被告无罪但判他有罪；第二类错误是：被告有罪但判他无罪。发生第一类错误的性质是"冤枉好人"，发生第二类错误的性质是"放过坏人"。为了减小"冤枉好人"的概率，应尽可能接受原假设，判被告无罪，这样就有可能增大了"放过坏人"的概率；反过来，为了不"放过坏人"，增大拒绝原假设的概率，相应地就会增加"冤枉好人"的可能性，这就是α 与β 的关系。

2.6.3 单侧检验和双侧检验

在给定显著性水平α 下，样本统计量的可能取值范围被分成两部分：小概率区域与大概率区域。小概率区域就是概率不超过显著性水平α 的区域，是原假设的拒绝区域；大概率区域是概率为$1-\alpha$ 的区域，是原假设的接受区域。如果样本统计量落入拒绝区域，我们就拒绝原假设，接受备择假设，认为样本数据支持备择假设的结论；如果样本统计量落入接受区域，我们就接受原假设，认为没有充分证据证明备择假设结论为真。

如果备择假设的总体均值不等于 $\overline{X}_0$，则拒绝区域在左、右两侧，称为双侧检验。

如果备择假设的总体均值小于 $\overline{X}_0$，则拒绝区域仅在左侧，称为左单侧检验。

如果备择假设的总体均值大于 $\overline{X}_0$，则拒绝区域仅在右侧，称为右单侧检验。

以上三种检验形式可以用图形来表示，如图 2.6-1 所示。

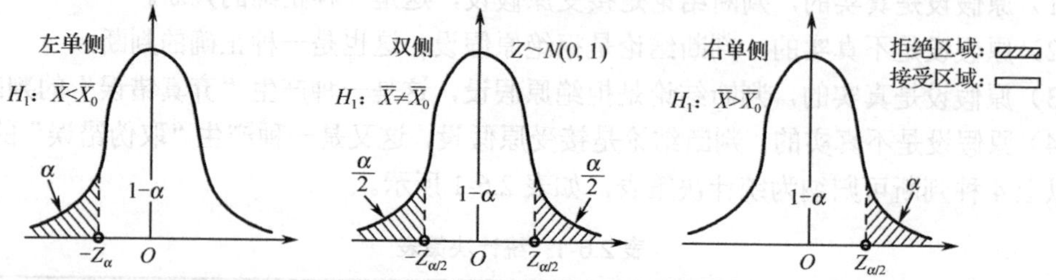

图 2.6-1　三种检验形式示意图

2.6.4　假设检验的步骤

假设检验的内容和形式尽管很多，但检验步骤一般如下。

（1）提出原假设 H_0 和备择假设 H_1（注意是单侧还是双侧检验）。

（2）构造检验统计量，并计算其取值。

（3）给定显著性水平 α，确定临界值（划分出拒绝区域和接受区域）。

（4）将检验统计量的值与临界值进行比较，做出接受还是拒绝原假设的统计决策。

2.7　参数检验

参数检验是指当总体分布已知（如总体为正态分布），根据样本数据对总体分布的统计参数进行推断。针对不同的统计参数，参数检验可大体分为样本均值检验和方差分析等，下面将逐一介绍。

2.7.1　样本均值与已知总体均值比较的假设检验

样本均值与已知总体均值比较的目的是推断样本所代表的未知总体均值 μ 与已知的总体均值 μ_0（一般为理论值、标准值或经大量观察所得的稳定值）是否相等。根据所掌握资料的条件，可分别采用 u 检验和 t 检验。

1. 样本均值与已知总体均值比较的 u 检验

u 检验的应用条件：总体方差 σ^2 已知，样本取自正态总体。当样本取自非正态总体或总体方差 σ^2 未知时，要求样本容量 n 足够大。

设 $X \sim N(\mu,\sigma^2)$，$x_1,x_2,\cdots,x_n$ 为 X 的一个简单随机样本，当总体方差 σ^2 已知时，统计量 u 的计算公式为

$$u=\frac{\overline{x}-\mu_0}{\sigma/\sqrt{n}} \tag{2.7-1}$$

当总体方差 σ^2 未知时，只要样本容量 n 足够大（一般 $n>30$），可用样本方差 s^2 代替总体方差计算统计量 u，计算公式为

$$u = \frac{\overline{x} - \mu_0}{s/\sqrt{n}} \quad (2.7\text{-}2)$$

下面举例说明 u 检验的具体方法和步骤。

例题 某标准物质 A 组分的浓度为 4.47μg/g，现用某种方法重复测定 A 组分 5 次，测定值分别为 4.28、4.40、4.42、4.37 和 4.35（μg/g）。若该方法在相应水平的总体方差 $\sigma^2 = (0.108\mu g/g)^2$，问该法测定结果是否偏低？

检验步骤如下。

（1）建立假设：

$$H_0: \ \mu = \mu_0 = 4.47$$

$$H_1: \ \mu < \mu_0$$

（2）确定检验显著性水平：

$$\alpha = 0.05$$

（3）按式（2.7-1）计算统计量 u：

$$u = \frac{\overline{x} - \mu_0}{\sigma/\sqrt{n}} = \frac{4.364 - 4.47}{0.108/\sqrt{5}} \approx -2.194$$

（4）推断。查 u 界值表，单侧 $\mu_{0.025} = 1.96$，则 $|\mu| > 1.96$，$0.025 > P > 0.01$，按 $\alpha = 0.05$ 显著性水平拒绝 H_0，接受 H_1，可认为该方法测定结果偏低，即测定中存在系统误差。

2. 样本均值与已知总体均值比较的 t 检验

在实际工作中，总体方差 σ^2 往往是未知的，常用样本方差 s^2 来估计总体方差。在此情况下，如果样本数量 n<30，则不能用 u 检验，应该用 t 检验。

根据 t 分布原理，统计量 t 的计算公式为

$$t = \frac{\overline{x} - \mu_0}{s/\sqrt{n}} \quad (2.7\text{-}3)$$

例题 已知某标准水样中 $CaCO_3$（碳酸钙）的含量为 20.70mg/L，现用某法测定该水样 11 次，测定结果分别为 20.99、20.41、20.10、20.00、20.99、20.91、20.60、20.00、23.00、22.00 和 22.44（mg/L），均值为 21.04mg/L，标准差为 1.05mg/L。问该法测定结果与 $CaCO_3$ 的真值之间有无显著性差异？

检验步骤如下。

（1）建立假设：

$$H_0: \ \mu = \mu_0 = 20.70$$

$$H_1: \ \mu \neq \mu_0$$

（2）确定检验显著性水平：

$$\alpha = 0.05$$

（3）按式（2.7-3）计算统计量 t：

$$t = \frac{\overline{x} - \mu_0}{s/\sqrt{n}} = \frac{21.04 - 20.70}{1.05/\sqrt{11}} \approx 1.074$$

（4）推断。以自由度 $\nu = 11 - 1 = 10$ 查 t 界值表，单侧 $t_{(0.05/2,10)} = 2.228$，则 $|t| < t_{(0.05/2,10)}$，$P > 0.025$。按 $\alpha = 0.05$ 显著性水平应接受 H_0。该方法测定结果与 $CaCO_3$ 的真值之间无显著性差异。

2.7.2 两样本均值比较的假设检验

两样本均值比较的目的是推断两样本分别代表的总体均值 μ_1 与 μ_2 是否相等，即检验 $\mu_1-\mu_2$ 是否等于 0。

1. 两样本均值比较的 *u* 检验

若已知两正态总体的方差 σ_1^2 和 σ_2^2，现分别从两总体中独立抽取容量为 n_1 和 n_2 的样本。根据抽样分布理论，$(\overline{x}_1-\overline{x}_2) \sim N\left(\mu_1-\mu_2, \dfrac{\sigma_1^2}{n_1}+\dfrac{\sigma_2^2}{n_2}\right)$，因此可按下式计算统计量 u

$$u=\frac{\overline{x}_1-\overline{x}_2}{\sqrt{\dfrac{\sigma_1^2}{n_1}+\dfrac{\sigma_2^2}{n_2}}} \tag{2.7-4}$$

式中，分子实为 $(\overline{x}_1-\overline{x}_2)-(\mu_1-\mu_2)$ 的简写，因为假设 $\mu_1-\mu_2=0$；分母为两样本均值差的标准误差，记为 $\sigma_{x_1-x_2}$。

若两总体不服从正态分布，则在大样本情况下，$(\overline{x}_1-\overline{x}_2)$ 近似地服从正态分布，因此也可按式（2.7-4）计算 u。

当两正态总体方差 σ_1^2 和 σ_2^2 未知时，只要两样本容量 n_1 和 n_2 均足够大，这时可用样本方差 s_1^2 和 s_2^2 分别代替 σ_1^2 和 σ_2^2。根据中心极限定理，$(\overline{x}_1-\overline{x}_2)-(\mu_1-\mu_2)/\sqrt{\dfrac{s_1^2}{n_1}+\dfrac{s_2^2}{n_2}}$ 在 H_0 成立时（$\mu_1-\mu_2=0$），近似服从标准正态分布，故可通过 u 检验来进行两样本均值的比较，此时按式（2.7-5）计算统计量 u：

$$u=\frac{\overline{x}_1-\overline{x}_2}{\sqrt{\dfrac{s_1^2}{n_1}+\dfrac{s_2^2}{n_2}}} \tag{2.7-5}$$

当两总体服从对数正态分布时，可将两样本观测值取对数，用其对数值的均值和方差计算统计量 u。

2. 两样本均值比较的 *t* 检验

对于取自正态总体的两样本，当两总体方差 σ_1^2 和 σ_2^2 未知时，我们常用样本方差 s_1^2 和 s_2^2 来估计 σ_1^2 和 σ_2^2。在两样本容量 n_1 和 n_2 较小时，两样本均值的比较不能用 u 检验而应采用 t 检验。如果两总体方差 σ_1^2 和 σ_2^2 相等，则统计量 t 可按下式计算：

$$t=\frac{\overline{x}_1-\overline{x}_2}{S_{x_1-x_2}} \tag{2.7-6}$$

式中，$S_{x_1-x_2}$ 为两样本均值差的标准误差，可按下式计算：

$$S_{x_1-x_2}=\sqrt{S_c^2\left(\frac{1}{n_1}+\frac{1}{n_2}\right)} \tag{2.7-7}$$

式中，S_c^2 为合并方差，可按下式计算：

$$S_c^2=\frac{(n_1-1)s_1^2+(n_2-1)s_2^2}{(n_1-1)+(n_2-1)} \tag{2.7-8}$$

下面通过一个例子来说明两样本均值比较的 t 检验的具体方法和步骤。

例题 研究用银盐法测定废水中的砷。筛选砷化氢吸收液时，选用三乙醇胺-氯仿和三乙基胺-氯仿两种吸收液进行比较，对同一废水各测定 11 次，前者测定结果的平均值为 2.97mg/L，标准差为 0.2mg/L，后者测定结果的平均值为 3.23mg/L，标准差为 0.18mg/L，问两种吸收液的吸收有无显著性差异？

检验步骤如下。

（1）建立假设：

$$H_0：\mu_1 = \mu_2$$

$$H_1：\mu_1 \neq \mu_2$$

（2）确定检验显著性水平：

$$\alpha = 0.05$$

（3）按式（2.7-6）计算统计量 t：

$$t = \frac{\overline{x}_1 - \overline{x}_2}{\sqrt{S_c^2\left(\dfrac{1}{n_1}+\dfrac{1}{n_2}\right)}} = \frac{2.97-3.23}{\sqrt{\dfrac{0.20^2+0.18^2}{11}}} \approx -3.205$$

（4）推断。以 $\nu = 11+11 = 22$ 查 t 界值表，单侧 $t_{(0.05/2,22)} = 2.074$，则 $|t| > t_{(0.05/2,22)}$，$P < 0.025$。按 α=0.05 显著性水平拒绝 H_0，接受 H_1，可认为两种吸收液的测定结果存在显著性差异。

2.7.3 多样本均值比较的假设检验

多样本均值比较的假设检验也可称为方差分析。方差分析是一种重要的统计方法，它的内容丰富，用途广泛，在实验数据分析中占有重要地位。这里只介绍方差分析在多样本均值比较方面的应用。

多样本均值比较应用方差分析要求实验数据必须具备下列条件：①各样本是相互独立的随机样本；②各样本来自正态总体，且各总体方差都相等。

方差分析的基本思想是把全部观测值之间的变异——总变异——按设计和需要分为两个或多个组成部分，再进行分析。下面通过例题进一步说明。

例题 不同季节某湖水中氯化物含量测定结果如表 2.7-1 所示，试比较不同季节湖水中氯化物含量有无显著性差异？

表 2.7-1 不同季节某湖水中氯化物含量测定结果 单位：mg/L

参数	春季	夏季	秋季	冬季	其他
x_{ij}	22.6	19.1	18.9	19.0	
	22.8	22.8	13.6	16.9	
	21.0	24.5	17.2	17.6	
	16.9	18.0	15.1	14.8	
	24.0	15.2	16.6	13.1	
	21.9	18.4	14.2	16.9	
	21.5	20.1	16.7	16.2	
	21.2	21.2	19.6	14.8	

续表

参数	春季	夏季	秋季	冬季	其他
$\sum_j x_{ij}$	171.9	159.3	131.9	129.3	$\sum_i\sum_j x_{ij}=592.4$
n_i	8	8	8	8	N=32
$\bar{x}_i$	21.49	19.91	16.49	16.16	$\bar{X}$=18.51
$\sum_j x_{ij}^2$	3724.51	3231.95	2206.27	2114.11	$\sum_i\sum_j x_{ij}^2=11276.84$

从表 2.7-1 的测定结果可以看到三种性质不同的变异。

（1）4 个季节 32 个湖水氯化物含量的测定值大小不等，称为总变异。其大小可以用各观测值 x_{ij}（第 i 组的第 j 个观测值）与总均值 $\bar{X}$ 的平均差的平方和来表示，即 $\mathrm{SS}_{总}=\sum_i\sum_j(x_{ij}-\bar{X})^2$。显然，它还与各样本容量 n_i 的大小有关，确切地说，它与总自由度 N–1 有关。

（2）每个季节湖水氯化物含量的 8 个测定值也大小不等，称为组内变异。引起这种变异的原因不是处理因素（本例是不同季节），而是随机误差。其大小可用各样本内部各观测值 x_{ij} 与各组均值 $\bar{x}_i$ 的平均差的平方和来表示，即 $\mathrm{SS}_{组内}=\sum_i\sum_j(x_{ij}-\bar{x}_i)^2$。显然，它还与各样本容量 n_i 的大小有关，确切地说，与组内自由度 N–K（其中 $N=\sum n_i$，K 为组数）有关，于是组内变异以组内均方 $\mathrm{MS}_{组内}=\mathrm{SS}_{组内}/(N-K)$ 来表示。

（3）4 个季节的各组均值 $\bar{x}_i$ 也不相同，称为组间变异。其大小可以用各组均值 $\bar{x}_i$ 与总均值 $\bar{X}$ 的离均差的平方和表示，即 $\mathrm{SS}_{组间}=\sum_i n_i(\bar{x}_i-\bar{X})^2$，同样，它与组间自由度 K–1 有关，于是组间变异以组间均方 $\mathrm{MS}_{组间}=\mathrm{SS}_{组间}/(K-1)$ 来表示。组间变异当然也包括随机误差，但如果季节因素确能影响湖水氯化物含量，组间变异就会明显大于组内变异，其统计意义可以用 F 来衡量。F 是两个方差之比，本例是 MS $_{组间}$与 MS $_{组内}$之比，可表示为

$$F=\frac{\mathrm{MS}_{组间}}{\mathrm{MS}_{组内}} \tag{2.7-9}$$

若季节因素对湖水氯化物含量没有影响，即这 4 个总均值相等，各组均值实际上取自同一总体，则 MS $_{组间}$可视为纯随机误差，即等于 MS $_{组内}$，理论上 F=1。但由于抽样误差的影响，一般也不是等于 1，而是接近 1。相反，若季节因素对湖水氯化物含量有影响，即各组均值来自不同的总体，那么 MS $_{组间}$会明显大于 MS $_{组内}$，于是 F 值明显大于 1。但要大到多少才能认为有统计意义呢？可查方差分析 F 界值表，按 P 值大小给出推断结论。

上例将总变异分为组间变异和组内变异两部分，可以证明，三种变异之间有如下关系：SS $_{总}$=SS $_{组间}$+SS $_{组内}$，必要时可将总变异分为更多部分。同理，SS $_{总}$也等于多部分 SS 之和。

2.8 非参数检验

前面所讨论的检验对象都是总体的未知参数，所以称为参数检验。而在某些场合需要检验某个样本是否来自某已知分布的总体，或者根据样本检验随机变量的独立性，或者判断某组样本是否属于同一总体，等等。这些都要用非参数检验。

2.8.1 分布的假设检验

对总体分布进行显著性检验的方法有很多，这里仅介绍 χ^2 检验。设总体 x 的分布函数 $F(x)$ 未知，$F_0(x)$ 为某个已知的分布函数。若有未知参数，则先根据实测样本进行估计。

原假设 $H_0: F(x)=F_0(x)$，备择假设 $H_1: F(x)\neq F_0(x)$。

在实数轴上取 $k-1$ 个点 $x_1,x_2,\cdots,x_{k-1}$，这 $k-1$ 个点将实数轴分成 k 个半开区间 $(-\infty,x_1),[x_1,x_2),\cdots,[x_{k-1},+\infty)$，每个区间称为一个组。统计样本观测值落入各组的个数，记为 m_i，m_i 表示样本观测值落在区间 $[x_{i-1},x_i)$ 内的个数。

如果原假设成立，则在 n 次实验中 X 的观测值落入第 i 组的理论次数应为

$$nP(x_{i-1}\leqslant X<x_i)=[F_0(x_i)-F_0(x_{i-1})]\times n=nP_i \tag{2.8-1}$$

式中，P_i 为 X 在 $[x_{i-1},x_i)$ 内取值的概率。

显然，在 n 次实验中，第 i 组的实际频数 m_i 与理论频数 nP_i 是有差异的。但一般来说，当 H_0 为真，n 较大时，这种差异 (m_i-nP_i) 应该较小，式（2.8-2）计算得到的值也应该较小。否则，有理由否定原假设。

$$\sum_{i=1}^{k}\frac{(m_i-nP_i)^2}{nP_i} \tag{2.8-2}$$

由于式（2.8-2）是基于样本的函数，对不同的样本，式（2.8-2）表示的量也是随机变量，用 χ^2 表示：

$$\chi^2=\sum_{i=1}^{k}\frac{(m_i-nP_i)^2}{nP_i} \tag{2.8-3}$$

皮尔森证明，当 $n\to\infty$ 时，上述统计量服从自由度为 $k-r-1$ 的 χ^2 分布，其中 r 是 $F_0(x)$ 中被估计的参数的个数。

由给定的 α 及自由度，查 χ^2 分布表，求得满足下列关系式的临界值 χ_α^2：

$$P(\chi^2\geqslant\chi_\alpha^2)=\alpha \tag{2.8-4}$$

根据样本计算 χ^2 的值，若 χ^2 大于或等于 χ_α^2，则拒绝 H_0；反之，则接受 H_0，即可以认为样本来自分布为 $F_0(x)$ 的总体。χ^2 检验要求样本容量 n 足够大，各组的频数不应太小，一般要求不小于 5，否则，将它与邻组合并，总组数 k 按合并后的组数计算。

例题 表 2.8-1 中，①、②两列是某随机变量 X 的容量 $n=269$ 的样本的频数分布，检验 X 是否服从正态分布 $N(\alpha,\sigma^2)(\alpha=0.05)$。$\Phi(u_i)$ 为正态分布的累积分布函数。

表 2.8-1 正态分布 χ^2 检验计算表

组序	分组	实测频数	$u_i=\frac{组上限-\bar{x}}{s}$	$\Phi(u_i)$	$P_i=\Phi(u_i)-\Phi(u_{i-1})$	$\frac{(m_i-nP_i)^2}{nP_i}$
	①	②	③	④	⑤	⑥
1	<0.6	1	−2.72	0.0033	0.0033	2.8821
2	0.6～0.7	5	−2.28	0.0113	0.0080	
3	0.7～0.8	5	−1.85	0.0322	0.0209	0.0684
4	0.8～0.9	12	−1.42	0.0778	0.0456	0.0059
5	0.9～1.0	16	−0.99	0.1611	0.0833	1.8335
6	1.0～1.1	32	−0.56	0.2877	0.1266	0.1246

续表

组序	分组	实测频数	$u_i=\frac{组上限-\bar{x}}{s}$	$\Phi(u_i)$	$P_i=\Phi(u_i)-\Phi(u_{i-1})$	$\frac{(m_i-nP_i)^2}{nP_i}$
7	1.1～1.2	50	−0.13	0.4483	0.1606	1.0701
8	1.2～1.3	46	0.3	0.6179	0.1696	0.0032
9	1.3～1.4	43	0.73	0.7673	0.1494	0.1965
10	1.4～1.5	24	1.16	0.8770	0.1097	1.0288
11	1.5～1.6	18	1.59	0.9441	0.0671	0.0001
12	1.6～1.7	14	2.03	0.9788	0.0347	0.2554
13	1.7～1.8	2	2.46	0.9931	0.0143	
14	>1.8	1	∞	1.0000	0.0069	
	合计	269			1.0000	7.4689

根据样本，用极大似然法估计正态分布中的两个参数：$\hat{\alpha}=1.230$，$\hat{\sigma}^2=0.232^2$。将表 2.8-1 中的最前面 2 组和最后面 3 组分别合并，使每组频数都不少于 5。此时总组数 $k=11$。由 $\alpha=0.05$，自由度 $\nu=11-2-1=8$，查 χ^2 分布表得 χ^2_α=15.51。

由表 2.8-1 求得 χ^2 的值为 7.47。因为 7.47<15.51，所以接受原假设，即可以认为随机变量 X 服从正态分布。

2.8.2 独立性检验

在非参数检验分析中，常常要考虑随机变量的独立性。在一般情况下，可通过分析物理成因和抽样方式做出判断。如果资料充分，也可运用独立性检验做出判断。

设 X 与 Y 为两个随机变量，将它们的取值范围分别划分成 r 个和 k 个互不相交的区间。统计样本观测值落入各区间的频数为 n_{ij}，即 n_{ij} 表示样本观测值中 X 落入 i 区间而 Y 落入 j 区间中的个数，如表 2.8-2 所示。

表 2.8-2 列联表

X / n_{ij} / Y	1	2	…	j	…	k	$\sum$
1	n_{11}	n_{12}	…	n_{1j}	…	n_{1k}	$n_{1\cdot}$
2	n_{21}	n_{22}	…	n_{2j}	…	n_{2k}	$n_{2\cdot}$
⋮	⋮	⋮	⋮	⋮	⋮	⋮	⋮
i	n_{i1}	n_{i2}	…	n_{ij}	…	n_{ik}	$n_{i\cdot}$
⋮	⋮	⋮	⋮	⋮	⋮	⋮	⋮
r	n_{r1}	n_{r2}	…	n_{rj}	…	n_{rk}	$n_{r\cdot}$
$\sum$	$n_{\cdot 1}$	$n_{\cdot 2}$	…	$n_{\cdot j}$	…	$n_{\cdot k}$	n

计算公式如下：

$$n_{i\cdot}=\sum_{j=1}^{k}n_{ij}\ ,\quad n_{\cdot j}=\sum_{i=1}^{r}n_{ij}\ ,\quad n=\sum_{j=1}^{k}\sum_{i=1}^{r}n_{ij} \tag{2.8-5}$$

H_0：X 与 Y 相互独立。

设$P_{ij}=P$（$X\in i$区间, $Y\in j$区间），X与Y相互独立，则应有

$$P_{ij}=P_{i\cdot}\cdot P_{j\cdot} \tag{2.8-6}$$

式中，$P_{i\cdot}$和$P_{\cdot j}$分别为X与Y的边际概率。因此，n次实验中，$X\in i, Y\in j$的理论频数为$nP_{ij}=nP_{i\cdot}\cdot P_{\cdot j}$。

可以证明，当$n\to\infty$时，统计量

$$\chi^2=\sum_{i=1}^{r}\sum_{j=1}^{k}\frac{(n_{ij}-nP_{i\cdot}\cdot P_{\cdot j})^2}{nP_{i\cdot}\cdot P_{\cdot j}} \tag{2.8-7}$$

服从自由度为$(r-1)(k-1)$的χ^2分布。统计量χ^2刻画了理论频数与实测频数之差，若H_0为真，则χ^2取值不应很大。

一般$P_{i\cdot}$和$P_{\cdot j}$未知，常用它们的极大似然估计$\frac{n_{i\cdot}}{n}$和$\frac{n_{\cdot j}}{n}$代替，式（2.8-7）写为

$$\chi^2=\sum_{i=1}^{r}\sum_{j=1}^{k}\frac{(n_{ij}-nP_{i\cdot}\cdot P_{\cdot j})^2}{nP_{i\cdot}\cdot P_{\cdot j}}=n\left(\sum_{i=1}^{r}\sum_{j=1}^{k}\frac{n_{ij}^{\ 2}}{n_{i\cdot}\cdot n_{\cdot j}}-1\right) \tag{2.8-8}$$

此时统计量χ^2服从自由度为$(r-1)(k-1)$的χ^2分布。

根据α和自由度$(r-1)(k-1)$查表得χ_α^2，再由样本计算χ^2值，如果$\chi^2>\chi_\alpha^2$，则拒绝H_0，否则，接受H_0。

上述独立性检验的方法不仅适用于定量资料，也适用于定性资料。

2.8.3 一致性检验

确定在一定显著性水平下各均值或各方差之间是否有显著性差异，若无显著性差异，则各均值或各方差是一致的，称为一致性检验。进行频率分析时，首先要求实测资料具有可靠性、代表性和一致性。这里的所谓一致性，就是要求实测资料属于同一总体。检验一致性的方法很多，这里只介绍使用较多的斯米尔诺夫检验。

设有两个具有连续分布函数$F_1(x)$和$F_2(x)$的总体，从中分别抽取两个独立容量分别为n_1和n_2的样本，现要求检验原假设：

$$H_0: F_1(x)=F_2(x) \qquad (-\infty<x<+\infty) \tag{2.8-9}$$

由两个子样本的经验分布函数$F_{n_1}(x)$和$F_{n_2}(x)$构造统计量如下：

$$D_{n_1,n_2}=\sup_x\left|F_{n_1}(x)-F_{n_2}(x)\right| \qquad (-\infty<x<+\infty) \tag{2.8-10}$$

斯米尔诺夫检验的理论基础是斯米尔诺夫定理：当样本容量n_1和n_2分别趋向于∞时，统计量D_{n_1,n_2}有极限分布函数如下：

$$Q(\lambda)=\lim_{\substack{n_1\to\infty\\ n_2\to\infty}}P\left(D_{n_1,n_2}<\frac{\lambda}{\sqrt{N}}\right)=\sum_{k=-\infty}^{\infty}(-1)^k\mathrm{e}^{-2k^2\lambda^2} \qquad (\lambda>0) \tag{2.8-11}$$

这里，$N=\frac{n_1n_2}{n_1+n_2}$。在原假设成立条件下，D_{n_1,n_2}不应很大。

由给定的显著性水平α，由斯米尔诺夫λ分布表查得λ_α，λ_α是满足$Q(\lambda_\alpha)=1-\alpha$的分位数。

根据样本，计算出经验分布函数$F_{n_1}(x)$及$F_{n_2}(x)$，再求出两者之差的绝对值，并找出最大离差D_{n_1,n_2}。若$D_{n_1,n_2}\geqslant\lambda_\alpha/\sqrt{N}$，则拒绝$H_0$，反之，则接受$H_0$。

第3章　经典统计分析

3.1　主成分分析

3.1.1　主成分分析原理

1．主成分分析的基本思想

主成分分析一般将初始众多具有一定相关性的变量，重新组合为一组新的相互无关的综合变量来代替初始变量。数学上的处理方法就是将初始变量做线性组合，作为新的综合变量，这种线性组合有很多，只需选取能尽可能多地反映初始变量信息的线性组合即可。通常，将选取的第一个变量的线性组合记为 F_1，满足它的方差 $\mathrm{Var}(F_1)$越大，表示 F_1 包含的信息越多，则 F_1 为第一主成分。如果第一主成分不足以代表原来 p 个变量的信息，再考虑选取第二个线性组合 F_2。同时为了有效地反映原来变量信息，F_1 已有的信息就不需要再出现在 F_2 中，即要求协方差 $\mathrm{Cov}(F_1,F_2)=0$，则 F_2 为第二主成分，以此类推，可以构造出第三主成分、第四主成分……第 p 主成分。

2．主成分分析的数学模型

设一份资料含有 n 个样本，每个样本共有 p 个变量组成 $n\times p$ 的数据矩阵：

$$\boldsymbol{X}=\begin{bmatrix} x_{11} & x_{12} & \cdots & x_{1p} \\ x_{21} & x_{22} & \cdots & x_{2p} \\ \vdots & \vdots & & \vdots \\ x_{n1} & x_{n2} & \cdots & x_{np} \end{bmatrix} \tag{3.1-1}$$

式中，第 j 行的 n 个样本定义为向量 $\boldsymbol{X}_j=\begin{bmatrix} x_{1j} \\ x_{2j} \\ \vdots \\ x_{nj} \end{bmatrix}$，$j=1,2,\cdots,p$。

主成分分析就是将 p 个变量综合成为 p 个新的变量（综合变量），可表示为

$$\begin{cases} F_1=a_{11}x_1+a_{12}x_2+\cdots+a_{1p}x_p \\ F_2=a_{21}x_1+a_{22}x_2+\cdots+a_{2p}x_p \\ \cdots \\ F_p=a_{p1}x_1+a_{p2}x_2+\cdots+a_{pp}x_p \end{cases} \tag{3.1-2}$$

上式简写为

$$F_j=a_{j1}x_1+a_{j2}x_2+\cdots+a_{jp}x_p \tag{3.1-3}$$

式中，$j=1,2,\cdots,p$。

我们要求模型满足以下条件。

（1）F_i 和 F_j 互不相关（$i\neq j$，$i,j=1,2,\cdots,p$）。

（2）F_1的方差大于F_2的方差大于F_3的方差，以此类推。

（3）$a_{k1}^2 + a_{k2}^2 + \cdots + a_{kp}^2 = 1$，$k = 1, 2, \cdots, p$。

于是，称F_1为第一主成分，F_2为第二主成分，以此类推，共有p个主成分。主成分又叫主分量。这里，我们称a_{ij}为主成分系数。

上述模型可用矩阵表示为

$$\boldsymbol{F} = \boldsymbol{AX} \tag{3.1-4}$$

式中，$\boldsymbol{F} = \begin{bmatrix} F_1 \\ F_2 \\ \vdots \\ F_p \end{bmatrix}$，$\boldsymbol{X} = \begin{bmatrix} x_1 \\ x_2 \\ \vdots \\ x_p \end{bmatrix}$，$\boldsymbol{A} = \begin{bmatrix} a_{11} & a_{12} & \cdots & a_{1p} \\ a_{21} & a_{22} & \cdots & a_{2p} \\ \vdots & \vdots & & \vdots \\ a_{p1} & a_{p2} & \cdots & a_{pp} \end{bmatrix} = \begin{bmatrix} \boldsymbol{a}_1 \\ \boldsymbol{a}_2 \\ \vdots \\ \boldsymbol{a}_p \end{bmatrix}$。$\boldsymbol{A}$称为主成分系数矩阵。

3.1.2 主成分分析基本步骤

设一份资料含有n个样本，每个样本有p个变量，该资料表达成矩阵为

$$\boldsymbol{X} = \begin{bmatrix} x_{11} & x_{12} & \cdots & x_{1p} \\ x_{21} & x_{22} & \cdots & x_{2p} \\ \vdots & \vdots & & \vdots \\ x_{n1} & x_{n2} & \cdots & x_{np} \end{bmatrix} \tag{3.1-5}$$

（1）对原始数据进行标准化处理：

$$x_{ij}^* = \frac{x_{ij} - \overline{x}_j}{\sqrt{\mathrm{Var}(x_j)}} \qquad (i = 1, 2, \cdots, n; j = 1, 2, \cdots, p) \tag{3.1-6}$$

式中，$\overline{x}_j = \dfrac{1}{n}\sum_{i=1}^{n} x_{ij}$，$\mathrm{Var}(x_j) = \dfrac{1}{n-1}\sum_{i=1}^{n}(x_{ij} - \overline{x}_j)^2$，$j = 1, 2, \cdots, p$。

（2）计算相关系数矩阵：

$$\boldsymbol{R} = \begin{bmatrix} r_{11} & r_{12} & \cdots & r_{1p} \\ r_{21} & r_{22} & \cdots & r_{2p} \\ \vdots & \vdots & & \vdots \\ r_{p1} & r_{p2} & \cdots & r_{pp} \end{bmatrix} \tag{3.1-7}$$

为了方便，假定原始数据标准化后仍用x表示，则经标准化处理后的数据的相关系数为

$$r_{ij} = \frac{1}{n-1}\sum_{t=1}^{n} x_{ti} x_{tj} \qquad (i, j = 1, 2, \cdots, p) \tag{3.1-8}$$

（3）用雅可比方法求相关系数矩阵$\boldsymbol{R}$的特征值$(\lambda_1, \lambda_2, \cdots, \lambda_p)$，以及相应的特征向量：

$$\boldsymbol{a}_i = (a_{i1}, a_{i2}, \cdots, a_{ip}) \qquad (i = 1, 2, \cdots, p) \tag{3.1-9}$$

（4）选择重要的主成分，并写出主成分表达式。

主成分分析可以得到p个主成分，但是，由于各个主成分的方差是递减的，包含的信息量也是递减的，所以实际分析时，一般不是选取p个主成分，而是根据各个主成分累计贡献率的大小选取前k个主成分，然后根据求出的特征向量$\boldsymbol{a}_i$写出相应的主成分表达式，见式（3.1-10）。

$$
\begin{cases}
F_1 = a_{11}x_1 + a_{12}x_2 + a_{13}x_3 + \cdots + a_{1p}x_p \\
F_2 = a_{21}x_1 + a_{22}x_2 + a_{23}x_3 + \cdots + a_{2p}x_p \\
\cdots \\
F_k = a_{k1}x_1 + a_{k2}x_2 + a_{k3}x_3 + \cdots + a_{kp}x_p
\end{cases}
\tag{3.1-10}
$$

这里的贡献率是指某个主成分的方差占全部方差的百分比，实际上也就是某个特征值占全部特征值合计的百分比：

$$
\text{贡献率}（i）= \frac{\lambda_i}{\sum_{i=1}^{p}\lambda_i} \tag{3.1-11}
$$

贡献率越大，说明该主成分所包含的初始变量的信息越强。主成分个数 k 的选取主要根据主成分的累积贡献率来决定，即一般要求累计贡献率达到 85%以上，这样才能保证综合变量能够包括初始变量的绝大多数信息。

另外，在实际应用中，选择了重要的主成分后，还要注意主成分实际含义的解释。主成分分析中一个很关键的问题是如何给主成分赋予新的意义，给出合理的解释。一般而言，这个解释是根据主成分表达式的系数结合定性分析进行的。主成分是初始变量的线性组合，在这个线性组合中，各变量的系数有大有小，有正有负，有的大小相当，因而不能简单地认为这个主成分是某个原来变量的属性的作用。线性组合中各变量系数的绝对值大，表明该主成分主要综合了绝对值大的变量。当有几个变量系数大小相当时，应认为该主成分是这几个变量的总和。这几个变量综合在一起应赋予怎样的实际意义，要结合具体实际问题给出恰当的解释，进而才能达到深刻分析的目的。

（5）计算主成分得分。

根据标准化的原始数据，按照各个样本，分别代入式（3.1-4），就可以得到 k 个主成分下的 n 个样本的各主成分得分：

$$
\begin{bmatrix}
F_{11} & F_{12} & \cdots & F_{1k} \\
F_{21} & F_{22} & \cdots & F_{2k} \\
\vdots & \vdots & & \vdots \\
F_{n1} & F_{n2} & \cdots & F_{nk}
\end{bmatrix}
\tag{3.1-12}
$$

（6）根据主成分得分的数据，可以进行进一步的统计分析。其中，常见的应用有主成分回归、变量子集合的选择、综合评价等。例如，可以根据各主成分的贡献率计算各个样本的加权平均，得到综合得分，最后进行评价。k 个主成分下的第 i 个样本的各主成分得分计算可表示为

$$
T_i = \frac{\sum_{j=1}^{k} F_{ij} \times \text{贡献率}(j)}{\sum_{j=1}^{k} \text{贡献率}(j)} \quad (1 \leqslant j \leqslant k) \tag{3.1-13}
$$

3.1.3 主成分分析应用实例

本应用实例利用主成分分析方法对湖南省衡阳市的生态安全进行定量评价，目的是找出制约衡阳市生态可持续发展的重要因子，为衡阳市经济的科学长远发展提出合理性建议。

1．指标样本数据的选取

根据生态安全评价指标选取的科学性、可比性、可操作性、简洁性等原则，在评价体系建立中主要考虑对生态环境影响较大的诸多因素，选取了 8 项能反映衡阳市社会、经济、生态状况的指标，分别设为 x_1～x_8，并根据《衡阳市统计年鉴（2011 年）》和《湖南省统计年鉴（2011 年）》，以及衡阳市统计信息网等，获取相关样本原始数据，见表 3.1-1。

表 3.1-1　衡阳市 2011 年原始数据

地区	人口密度/（人/km^2）	人口自然增长率/%	城市化水平/%	人均 GDP/（元/人）	人均耕地面积/（km^2/人）	亏损规模企业占比/%	规模工业增加值能耗降低率/%	第三产业比重/%
石鼓区	1989	0.6238	100	19898	0.0106	9.3750	25.2	67.0419
雁峰区	2360	0.6110	100	42486	0.0051	6.0000	22.9	38.8575
珠晖区	1338	0.4786	100	35178	0.0189	1.4706	29.76	48.2946
蒸湘区	2101	0.6394	100	41390	0.0103	7.9545	10.78	34.7009
南岳区	306	0.7286	100	29684	0.0333	0.0000	12.9	77.7681
衡山县	471	0.5683	29.59	18130	0.0533	3.7037	28.09	45.2303
衡阳县	473	0.5870	30.01	14328	0.0549	0.0000	26.78	32.7496
衡南县	423	0.6333	30.57	16146	0.0595	0.8065	32.37	28.3372
衡东县	383	0.3927	28.58	19781	0.0585	0.0000	30.76	44.6014
祁东县	566	0.7175	32.56	14138	0.0382	0.0000	37.43	31.0842
耒阳县	535	0.7627	41.53	21325	0.0317	4.3165	31.88	38.3312
常宁市	469	0.6244	41.08	17739	0.0440	0.9091	27.44	35.9755

2．原始数据标准化处理

对获取的原始数据进行标准化处理。

3．计算相关系数矩阵

根据相关系数矩阵计算式（3.1-8）计算得到样本相关系数矩阵 $\boldsymbol{R}$，数据见表 3.1-2。

表 3.1-2　衡阳市 2011 年样本相关系数数据

	x_1	x_2	x_3	x_4	x_5	x_6	x_7	x_8
x_1	1	−0.054	0.761	0.735	−0.887	0.823	−0.422	0.077
x_2	−0.054	1	0.083	−0.059	−0.22	0.151	−0.155	0.05
x_3	0.761	0.083	1	0.821	−0.885	0.564	−0.685	0.57
x_4	0.735	−0.059	0.821	1	−0.773	0.461	−0.659	0.18
x_5	−0.887	−0.22	−0.885	−0.773	1	−0.739	0.473	−0.299
x_6	0.823	0.151	0.564	0.461	−0.739	1	−0.4	0.168
x_7	−0.422	−0.155	−0.685	−0.659	0.473	−0.4	1	−0.458
x_8	0.077	0.05	0.57	0.18	−0.299	0.168	−0.458	1

4．计算相关系数矩阵 *R* 的特征值和特征向量

用雅可比方法求相关系数矩阵 $\boldsymbol{R}$ 的特征值（$\lambda_1,\lambda_2,\cdots,\lambda_p$）和相应的部分特征向量，数据见表 3.1-3。

表 3.1-3　衡阳市 2011 年原始样本相关系数矩阵的特征值和部分特征向量数据

主成分	特 征 值	特征向量元素							
1	4.56	0.412	0.057	0.443	0.399	-0.438	0.358	-0.334	0.198
2	1.215	-0.395	0.306	0.164	-0.099	0.125	-0.269	-0.375	0.697
3	1.056	-0.001	0.893	-0.116	-0.209	-0.156	0.252	0.091	-0.221
4	0.63	*	*	*	*	*	*	*	*
5	0.415	*	*	*	*	*	*	*	*
6	0.085	*	*	*	*	*	*	*	*
7	0.023	*	*	*	*	*	*	*	*
8	0.017	*	*	*	*	*	*	*	*

5．选择重要的主成分并写出主成分表达式

根据式（3.1-11），计算各 p 个主成分的贡献率，选择前 k 个累计贡献率达到 85%以上的主成分为前 3 个主成分，即选取特征值为 4.56、1.215 和 1.056，如表 3.1-4 所示。

表 3.1-4　指标特征值及其贡献率

主 成 分	特 征 值	贡献率/%	累计贡献率/%（成分序号区间）
1	4.56	56.995	56.995（1）
2	1.215	15.184	72.179（1～2）
3	1.056	13.197	85.376（1～3）
4	0.63	7.876	93.252（1～4）
5	0.415	5.182	98.434（1～5）
6	0.085	1.059	99.493（1～6）
7	0.023	0.289	99.782（1～7）
8	0.017	0.218	100（1～8）

根据式（3.1-10），其主成分表达式为

$$F_1 = 0.412x_1 + 0.057x_2 + 0.443x_3 + 0.399x_4 - 0.438x_5 + 0.358x_6 - 0.334x_7 + 0.198x_8$$

$$F_2 = -0.395x_1 + 0.306x_2 + 0.164x_3 - 0.099x_4 + 0.125x_5 - 0.269x_6 - 0.375x_7 + 0.697x_8$$

$$F_3 = -0.001x_1 + 0.893x_2 - 0.116x_3 - 0.209x_4 - 0.156x_5 + 0.252x_6 + 0.091x_7 - 0.221x_8$$

6．计算主成分得分和综合得分

根据标准化的原始数据，按照各个样本，分别代入主成分表达式，就可以得到各主成分下的各个样本的主成分得分。根据式（3.1-13）计算各个样本的综合得分并进行排名，结果见表 3.1-5。

表 3.1-5　衡阳市 2011 年生态安全评价综合得分与排名结果

区县	第一主成分得分 F_1	第二主成分得分 F_2	第三主成分得分 F_3	综合得分	排名
石鼓区	2.481	0.205	0.357	1.748	3
雁峰区	3.031	-1.212	-0.031	1.803	2
珠晖区	1.173	-0.451	-1.535	0.465	6

续表

区县	第一主成分得分 F_1	第二主成分得分 F_2	第三主成分得分 F_3	综合得分	排名
蒸湘区	3.427	−0.451	0.263	2.248	1
南岳区	1.192	2.340	−0.119	1.194	5
衡山县	−1.292	0.062	−0.252	−0.890	8
衡阳县	−1.962	−0.059	−0.136	−1.341	10
衡南县	−2.200	−0.424	0.382	−1.485	11
衡东县	−2.018	−0.263	−2.079	−1.715	12
祁东县	−1.928	−0.404	1.269	−1.163	9
耒阳县	1.686	−0.060	1.686	1.376	4
常宁市	−1.318	0.051	0.195	−0.840	7

3.2 层次分析

3.2.1 层次分析原理

层次分析（AHP）根据问题的性质和要达到的目标分解出问题的组成因素，并按因素间的相互关系将因素层次化，组成一个层次结构模型，然后按层分析，最终获得最低层因素对于最高层（总目标）的重要性权重。首先，把要解决的问题分层次系列化，即根据问题的性质和要达到的目标，将问题分解为不同的组成因素，按照因素之间的相互影响和隶属关系将其分层聚类组合，形成一个递阶的、有序的层次结构模型。然后，针对模型中每一层此因素的相对重要性根据人们对客观现实的判断给予定量表示，再利用数学方法确定每一层此因素相对重要性次序的权重。最后，通过综合计算各层因素相对重要性的权重，得到最低层（方案层）相对于最高层（总目标）的相对重要性次序的组合权重，以此作为评价和选择方案的依据。

3.2.2 层次分析基本步骤

1．建立层次结构模型

在深入分析实际问题的基础上，将有关的各个因素按照不同属性自上而下地分解成若干层次，同一层的诸因素从属于上一层的因素或对上层因素有影响，同时又支配下一层的因素或受到下层因素的作用，对于相邻的两层，称高层为目标层，低层为因素层。将决策的目标、考虑的因素（决策准则）和决策对象按它们之间的相互关系分为最高层、中间层和最低层，并绘出层次结构模型，如图 3.2-1 所示。

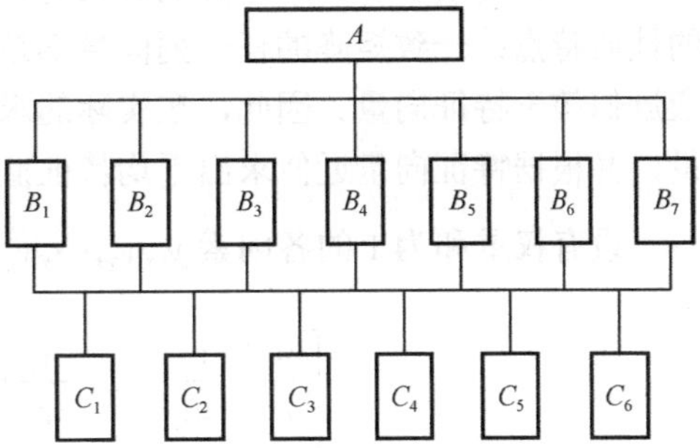

图 3.2-1　层次结构模型

（1）最高层，又称顶层、目标层，表示决策的目的、要解决的问题，通常只有一个因素或总目标。

（2）中间层，又称准则层、指标层，表示采取某种措施、政策、方案等实现预定总目标所涉及的中间环节，如要考虑的因素、决策的准则等。该层可以有一个或几个层次，当准则过多时（如多于 9 个）应进一步分解出子准则层。

（3）最低层，又称方案层、措施层，表示将选用的解决问题的各种措施、政策、方案等，通常有几个方案可选。

层次分析所要解决的问题是关于最低层对最高层的相对权重问题，按此相对权重可以对最低层中的各种方案进行排序，从而在不同的方案中进行选择或形成选择方案的原则。

2．构建判断矩阵

从层次结构模型的第 2 层开始，对于从属于（或影响）上一层每个因素的同一层诸因素，用成对比较法和 1～9 比例标度构建成对比较矩阵作为判断矩阵，直到最低层。

假设比较 n 个因素 $y=\{y_1,y_2,\cdots,y_n\}$ 对目标 z 的影响，从而确定它们在 z 中所占的百分比，每次取两个因素 y_i 和 y_j，用 a_{ij} 表示 y_i 与 y_j 对 z 的影响程度之比，按 1～9 比例标度来度量 a_{ij}，n 个被比较的因素构成一个成对比较（两两比较）的判断矩阵 $\boldsymbol{A}=(a_{ij})_{n\times n}$，可表示为

$$\boldsymbol{A}=\begin{bmatrix} a_{11} & a_{12} & \cdots & a_{1n} \\ a_{21} & a_{22} & \cdots & a_{2n} \\ \vdots & \vdots & & \vdots \\ a_{n1} & a_{n2} & \cdots & a_{nn} \end{bmatrix} \tag{3.2-1}$$

式中，$a_{ij}>0$，$a_{ji}=\dfrac{1}{a_{ij}}$，$a_{ii}=1$，$i,j=1,2,\cdots,n$。a_{ij} 的取值是根据 T. L. Satty 的做法获得的：使用数字 1～9 及其倒数作为比例标度，称为 1～9 比例标度。

3．层次单排序及其一致性检验

层次单排序是指根据判断矩阵计算对于上一层某个因素而言，本层与之有联系的因素的重要性次序权重，它是本层所有因素相对于上一层的重要性进行排序的基础。首先，需要在同一层因素中的每个判断矩阵计算最大特征值及对应的特征向量；然后，利用一致性指标、随机一致性指标和一致性比率做一致性检验。若检验通过，则特征向量（归一化后）即为权向量；若不通过，则需重新构建判断矩阵。

（1）计算判断矩阵的最大特征值及其特征向量

通常，精确计算判断矩阵的最大特征值及其特征向量比较复杂。正互反矩阵和一致矩阵的性质特点：一致矩阵的任一列向量都是特征向量，一致性尚好的正互反矩阵的各列向量都应近似等于特征向量。因此，在实际的求解中可取各列向量的算术平均值作为求解的特征向量，并根据特征向量近似求出平均特征值。

设有权重和为 1 的各因素 $y_1,y_2,\cdots,y_n$ 的权重 $w_i(i=1,2,\cdots,n)$，进行成对比较，即 $a_{ij}=\dfrac{w_i}{w_j}$，

有正互反矩阵 $\boldsymbol{A}=\begin{bmatrix} \dfrac{w_1}{w_1} & \dfrac{w_1}{w_2} & \cdots & \dfrac{w_1}{w_n} \\ \dfrac{w_2}{w_1} & \dfrac{w_2}{w_2} & \cdots & \dfrac{w_2}{w_n} \\ \vdots & \vdots & & \vdots \\ \dfrac{w_n}{w_1} & \dfrac{w_n}{w_2} & \cdots & \dfrac{w_n}{w_n} \end{bmatrix}$，若 $a_{ij}\cdot a_{jk}=a_{ik}$，则 $\boldsymbol{A}$ 为一致矩阵。令

$w=(w_1,w_2,\cdots,w_n)^{\mathrm{T}}$，则 $\boldsymbol{A}\boldsymbol{w}=\boldsymbol{w}\cdot\left(\frac{1}{w_1},\frac{1}{w_2},\frac{1}{w_n}\right)(w_1,w_2,\cdots,w_n)^{\mathrm{T}}=n\boldsymbol{w}$，排序向量 $\boldsymbol{w}$ 就是矩阵 $\boldsymbol{A}$ 的特征向量。

首先对矩阵 $\boldsymbol{A}$ 按列向量求和后进行归一化处理，得到 $\boldsymbol{A}'$，矩阵 $\boldsymbol{A}$ 中第 k 列每个度量 a_{ik} 的计算方法 a'_{ik} 见式（3.2-2）；然后对矩阵 $\boldsymbol{A}'$按行求和后进行归一化处理得到向量 $\boldsymbol{w}$，$\boldsymbol{w}$ 中的每个度量 w_k 计算方法见式（3.2-3）；最后根据 $\boldsymbol{A}\boldsymbol{w}=\lambda\boldsymbol{w}$，设 $\boldsymbol{A}\boldsymbol{w}$ 得到的向量为 $\boldsymbol{w}'$，按照式（3.2-4）计算出近似平均特征值 λ。

$$a'_{ik}=\frac{a_{ik}}{\sum_{i=1}^{n}a_{ik}}\qquad(k=1,2,\cdots,n)\tag{3.2-2}$$

$$w_k=\frac{\sum_{j=1}^{n}a'_{jk}}{\sum_{i=1}^{n}\sum_{j=1}^{n}a'_{ij}}\tag{3.2-3}$$

$$\lambda=\frac{1}{n}\sum_{i=1}^{n}\frac{w'_i}{w_i}\tag{3.2-4}$$

（2）计算一致性指标 CI

根据一致性指标 CI 的值进行判别：CI=0，表示有完全的一致性；CI 接近于 0，表示有满意的一致性；CI 越大，表示一致性越差。CI 可表示为

$$\mathrm{CI}=\frac{\lambda_{\max}-n}{n-1}\tag{3.2-5}$$

（3）计算一致性比率 CR

然而，仅依靠 CI 来作为矩阵 $\boldsymbol{A}$ 是否具有较好的一致性的指标是不够的，因为可能具有片面性，随着值的增大，误差将增大。为此，引入平均随机一致性指标 RI，并进一步计算一致性比率 CR 来衡量不一致问题。当 CR<0.1 时，认为矩阵 $\boldsymbol{A}$ 具有满意的一致性，否则就需要调整该矩阵，使之具有满意的一致性，可表示为

$$\mathrm{CR}=\frac{\mathrm{CI}}{\mathrm{RI}}\tag{3.2-6}$$

对于固定的 n，随机构建正互反矩阵 $\boldsymbol{A}$，其中，a_{ij} 是从 $1,2,\cdots,9,\frac{1}{2},\frac{1}{3},\cdots,\frac{1}{9}$ 中随机抽取的，这样的 $\boldsymbol{A}$ 最不一致，取充分大的子样（如 500 个样本，$A_1,A_2,\cdots,A_{500}$）得到对应的一致性指标 $\mathrm{CI}_1,\mathrm{CI}_2,\cdots,\mathrm{CI}_{500}$，然后取均值得到在固定 n 下的平均随机一致性指标 RI，可表示为

$$\mathrm{RI}=\frac{\mathrm{CI}_1+\mathrm{CI}_2+\cdots+\mathrm{CI}_{500}}{500}=\frac{\frac{\lambda_1+\lambda_2+\cdots+\lambda_{500}}{500}-n}{n-1}\tag{3.2-7}$$

4．层次总排序及其一致性检验

层次总排序计算某一层次所有因素对于最高层（总目标）相对重要性的权重，这一过程是从最高层到最低层依次进行的。

层次之间的结构模型如图 3.2-2 所示。

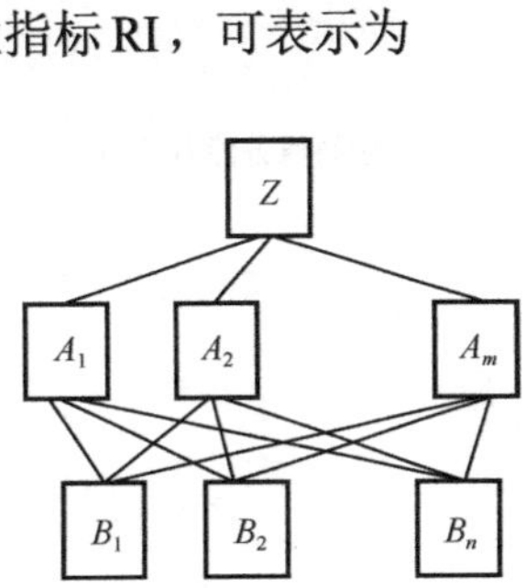

图 3.2-2　层次之间的结构模型

（1）层次总排序的计算

如图 3.2-2 所示，A 层 m 个因素 $A_1,A_2,\cdots,A_m$ 对总目标 Z 的排序为 $a_1,a_2,\cdots,a_m$，B 层 n 个

因素对其上层 A 中因素为 A_j 的层次单排序为 $b_{1j}, b_{2j}, \cdots, b_{nj} \quad (j=1,2,\cdots,m)$，则 B 层的第 i 个因素对总目标的权重为 b_i，B 层的层次总排序为 $(b_1, b_2, \cdots, b_n)$，可表示为

$$b_i = \sum_{j=1}^{m} a_j b_{ij} = a_1 b_{i1} + a_2 b_{i2} + \cdots + a_m b_{im} \qquad (i=1,2,\cdots,n) \tag{3.2-8}$$

（2）层次总排序的一致性检验

根据层次单排序一致性指标CI和一致性比率CR计算公式，计算 B 层 $B_1, B_2, \cdots, B_n$ 对上层 $A_j (j=1,2,\cdots,m)$ 的层次单排序一致性指标为 CI_j 和随机一致性指标为 RI_j，计算层次总排序的一致性比率为

$$\mathrm{CR} = \frac{a_1 \mathrm{CI}_1 + a_2 \mathrm{CI}_2 + \cdots + a_m \mathrm{CI}_m}{a_1 \mathrm{RI}_1 + a_2 \mathrm{RI}_2 + \cdots + a_m \mathrm{RI}_m} \tag{3.2-9}$$

若 $\mathrm{CR} < 0.1$，则认为层次总排序通过一致性检验，具有满意的一致性，否则需要重新调整那些一致性比率高的判断矩阵的元素取值。至此，根据最低层（决策层）的层次总排序做出最后决策。

3.2.3 层次分析应用实例

本应用实例利用层次分析方法对高校图书馆的学科服务能力进行评价，目的是找出被评价的高校图书馆学科服务的强项和不足，为学科服务工作的改进提供数据依据。

1. 构建图书馆的学科服务评价指标体系

学科服务是一个系统工程，它与图书馆各方面都有或多或少的关系。经过广泛查阅各种有关学科服务的文献，浏览国内外学科服务开展得较好的图书馆网站，并结合多位专家的意见，最终确定了学科服务评价指标体系。该指标体系包含人员保障、资源保障、环境保障等6个一级指标，下设20个二级指标，如表3.2-1所示。

表 3.2-1 学科服务评价指标体系

学科服务能力（Z）	人员保障（A_1）	人员学历（B_1）
		人员数量（B_2）
		外语水平（B_3）
		信息素养（B_4）
		沟通水平（B_5）
	资源保障（A_2）	学科网络资源（B_6）
		学科纸质资源（B_7）
	环境保障（A_3）	校领导支持程度（B_8）
		馆领导支持程度（B_9）
		部系领导支持程度（B_{10}）
		网络环境（B_{11}）
	制度保障（A_4）	规章制度（B_{12}）
		业务考核（B_{13}）
		奖惩机制（B_{14}）
		人员培训（B_{15}）

续表

学科服务能力（Z）	资金保障（A_5）	专项基金（B_{16}）
		年增长率（B_{17}）
	服务能力（A_6）	科研服务能力（B_{18}）
		教学服务能力（B_{19}）
		信息服务能力（B_{20}）

2. 构建每层的判断矩阵

学科服务评价指标体系中指标的重要性各不相同，为了减少人为因素的影响，指标重要性的判定采用 10 名专家评分取平均值的方法。采用成对比较法。获得各层相对于上一个层的判断矩阵，数据如表 3.2-2 至表 3.2-8 所示。

表 3.2-2 学科服务能力判断矩阵数据

	A_1	A_2	A_3	A_4	A_5	A_6
A_1	1	3	5	7	7	2
A_2	1/3	1	3	3	3	1/3
A_3	1/5	1/3	1	2	3	1/3
A_4	1/7	1/3	1/2	1	1	1/3
A_5	1/7	1/3	1/3	1	1	1/3
A_6	1/2	3	3	3	3	1

表 3.2-3 人员保障判断矩阵数据

	B_1	B_2	B_3	B_4	B_5
B_1	1	7	1	3	5
B_2	1/7	1	1/7	1/3	1/2
B_3	1	7	1	3	5
B_4	1/3	3	1/3	1	2
B_5	1/5	2	1/5	1/2	1

表 3.2-4 资源保障判断矩阵数据

	B_6	B_7
B_6	1	7
B_7	1/7	1

表 3.2-5 环境保障判断矩阵数据

	B_8	B_9	B_{10}	B_{11}
B_8	1	3	5	7
B_9	1/3	1	2	5
B_{10}	1/5	1/2	1	3
B_{11}	1/7	1/5	1/3	1

表 3.2-6 制度保障判断矩阵数据

	B_{12}	B_{13}	B_{14}	B_{15}
B_{12}	1	5	5	7
B_{13}	1/5	1	1	3
B_{14}	1/5	1	1	3
B_{15}	1/7	1/3	1/3	1

表 3.2-7 资金保障判断矩阵数据

	B_{16}	B_{17}
B_{16}	1	7
B_{17}	1/7	1

表 3.2-8 服务能力判断矩阵数据

	B_{18}	B_{19}	B_{20}
B_{18}	1	1	5
B_{19}	1	1	5
B_{20}	1/5	1/5	1

3. 层次单排序及其一致性检验

（1）计算判断矩阵的最大特征值及其对应的特征向量

对构建的每层判断矩阵采用近似的方法计算最大特征值及其对应的特征向量。根据式（3.2-2）、式（3.2-3）和式（3.2-4）求得学科服务能力判断矩阵的最大特征值 $\lambda_{\max}=6.258$，对应的特征向量为行和归一化处理结果 $\boldsymbol{w}=(0.4097,0.1538,0.0945,0.0556,0.0534,0.2330)^{\mathrm{T}}$，即为对应权重。

同理，可求出人员保障判断矩阵、资源保障判断矩阵、环境保障判断矩阵、制度保障判断矩阵、资金保障判断矩阵、服务能力判断矩阵的最大特征值及其对应的特征向量，具体计算结果如表 3.2-9 所示。

表 3.2-9 判断矩阵的最大特征值及其对应特征向量

判 断 矩 阵	最大特征值 $\lambda_{\max}$	对应的特征向量（权重）
学科服务能力	6.258	$(0.4097,0.1538,0.0945,0.0556,0.0534,0.2330)^{\mathrm{T}}$
人员保障	5.021	$(0.3705,0.0471,0.3705,0.1349,0.0770)^{\mathrm{T}}$
资源保障	2.000	$(0.8750,0.1250)^{\mathrm{T}}$
环境保障	4.077	$(0.5738,0.2388,0.1310,0.0563)^{\mathrm{T}}$
制度保障	4.074	$(0.6348,0.1514,0.1514,0.0624)^{\mathrm{T}}$
资金保障	2.000	$(0.8750,0.1250)^{\mathrm{T}}$
服务能力	3.000	$(0.4545,0.4545,0.0910)^{\mathrm{T}}$

（2）计算一致性指标 CI 和一致性比率 CR

根据式（3.2-5）计算得到学科服务评价判断矩阵的一致性指标 CI=0.0516，根据式（3.2-7）求出平均随机一致性指标 RI 标准值结果如表 3.2-10 所示。

表 3.2-10　平均随机一致性指标 RI 标准值结果

矩阵阶数	1	2	3	4	5	6	7	8	9	10
RI	0	0	0.52	0.89	1.12	1.26	1.36	1.41	1.46	1.49

计算得到学科服务能力判断矩阵的一致性比率 $CR = 0.0516/1.26 \approx 0.041$。同理可计算得到其他判断矩阵的一致性指标 CI 和一致性比率 CR，计算结果如表 3.2-11 所示。

表 3.2-11　层次单排序结果及其一致性检验结果

判断矩阵	矩阵阶数	λ_{max}	CI	CI 的含义	CR	CR 的含义
学科服务能力	6	6.258	0.0516	有满意的一致性	0.041	具有满意的一致性
人员保障	5	5.021	0.0053	有满意的一致性	0.0047	具有满意的一致性
资源保障	2	2.000	0	有完全的一致性	0	具有完全的一致性
环境保障	4	4.077	0.0259	有满意的一致性	0.0291	具有满意的一致性
制度保障	4	4.074	0.0245	有满意的一致性	0.0275	具有满意的一致性
资金保障	2	2.000	0	有完全的一致性	0	具有完全的一致性
服务能力	3	3.000	0	有完全的一致性	0	具有完全的一致性

4. 层次总排序及其一致性检验

根据式（3.2-8）和表 3.2-9 中各级指标的权重，计算二级指标相对于总体目标的权重，即层次总排序，其计算结果如表 3.2-12 所示。根据式（3.2-9）计算层次总排序的一致性比率为

$$CR = \frac{0.4097 \times 0.0053 + 0.1538 \times 0 + 0.0945 \times 0.0259 + 0.0556 \times 0.0245 + 0.0534 \times 0 + 0.2330 \times 0}{0.4097 \times 1.12 + 0.1538 \times 0 + 0.0945 \times 0.89 + 0.0556 \times 0.89 + 0.0534 \times 0 + 0.2330 \times 0.52} \approx 0.084$$

由于 CR<0.1，层次总排序通过一致性检验，具有满意的一致性。

表 3.2-12　层次总排序计算结果

总目标	一级指标	一级指标权重	二级指标	二级指标权重	总排序
学科服务能力（Z）	人员保障（A_1）	0.4097	人员学历（B_1）	0.3705	0.1517
			人员数量（B_2）	0.0471	0.1930
			外语水平（B_3）	0.3705	0.1518
			信息素养（B_4）	0.1349	0.0553
			沟通水平（B_5）	0.0770	0.0315
	资源保障（A_2）	0.1538	学科网络资源（B_6）	0.8750	0.1345
			学科纸质资源（B_7）	0.1250	0.0192
	环境保障（A_3）	0.0945	校领导支持程度（B_8）	0.5738	0.0542
			馆领导支持程度（B_9）	0.2388	0.0226
			部系领导支持程度（B_{10}）	0.1310	0.0124
			网络环境（B_{11}）	0.0563	0.0053
	制度保障（A_4）	0.0556	规章制度（B_{12}）	0.6348	0.0353
			业务考核（B_{13}）	0.1514	0.0084
			奖惩机制（B_{14}）	0.1514	0.0084
			人员培训（B_{15}）	0.0624	0.0035

续表

总 目 标	一 级 指 标	一级指标权重	二 级 指 标	二级指标权重	总 排 序
学科服务能力（Z）	资金保障（A_5）	0.0534	专项基金（B_{16}）	0.8750	0.0467
			年增长率（B_{17}）	0.1250	0.0067
	服务能力（A_6）	0.2330	科研服务能力（B_{18}）	0.4545	0.1059
			教学服务能力（B_{19}）	0.4545	0.1059
			信息服务能力（B_{20}）	0.0910	0.0212

最后，根据以上计算出的各项指标的权重结果，可针对某高校图书馆各项指标的专家评分，得到图书馆的学科服务能力的综合评价值，并且综合评价值越大，该图书馆的学科服务能力越强。

3.3 因子分析

3.3.1 因子分析原理

因子分析的基本思想是将观测变量进行分类，将相关性较高，即联系比较紧密的变量分在同一类中，而不同类变量之间的相关性则较低，那么每一类变量实际上就代表了一个基本结构，即公共因子。对于所研究的问题就是试图用最少个数的不可测的所谓公共因子的线性函数与特殊因子之和来描述原来观测的每个分量。这样就能相对容易地以较少的几个因子反映原资料的大部分信息，从而达到浓缩数据、以小见大、抓住问题本质和核心的目的。因子分析的核心是对若干综合指标进行因子分析并提取公共因子，再以每个因子的方差贡献率作为权重与该因子的得分乘积之和构造得分函数。

3.3.2 因子分析基本步骤

设一个样本资料含有 p 个变量 $x_1, x_2, \cdots, x_p$ 的 n 个样本，该样本数据资料表达成矩阵：

$$\boldsymbol{X}=\begin{bmatrix} x_{11} & x_{12} & \cdots & x_{1p} \\ x_{21} & x_{22} & \cdots & x_{2p} \\ \vdots & \vdots & & \vdots \\ x_{n1} & x_{n2} & \cdots & x_{np} \end{bmatrix} \tag{3.3-1}$$

（1）对原始数据进行标准化处理。

$$x_{ij}^{*}=\frac{x_{ij}-\overline{x}_j}{\sqrt{\mathrm{Var}(x_j)}} \quad (i=1,2,\cdots,n; j=1,2,\cdots,p) \tag{3.3-2}$$

式中，$\overline{x}_j=\dfrac{1}{n}\sum_{i=1}^{n}x_{ij}$；$\mathrm{Var}(x_j)=\dfrac{1}{n-1}\sum_{i=1}^{n}(x_{ij}-\overline{x}_j)^2$，$j=1,2,\cdots,p$。

（2）计算相关系数矩阵：

$$\boldsymbol{R}=\begin{bmatrix} r_{11} & r_{12} & \cdots & r_{1p} \\ r_{21} & r_{22} & \cdots & r_{2p} \\ \vdots & \vdots & & \vdots \\ r_{p1} & r_{p2} & \cdots & r_{pp} \end{bmatrix} \tag{3.3-3}$$

为方便，假定原始数据标准化后仍用 x 表示，则经标准化处理后的数据的相关系数为

$$r_{ij}=\frac{1}{n-1}\sum_{k=1}^{n}x_{ki}x_{kj}\quad (i,j=1,2,\cdots,p) \tag{3.3-4}$$

（3）是否适合进行因子分析的前提条件判断。

① 如果按式（3.3-3）计算出的相关系数矩阵中大部分相关系数小于 0.3，那么这些变量不适合进行因子分析。

② 进行 Bartlett's 球状检验或 KMO 检验。

Bartlett's 球状检验以初始变量的相关系数矩阵为出发点，假设相关系数为单位矩阵，如果该检验对应的 P 值小于给定的显著性水平 α，则应拒绝原假设，认为初始变量适合进行因子分析。

KMO 检验计算反映像相关矩阵对角线上某变量的 MSA 统计量，该统计量取值为 0～1，其值越接近 1，说明变量间的相关性越强，初始变量适合进行因子分析。统计量取值在 0.9 以上，表示非常合适；统计量取值为 0.8～0.9，表示合适；统计量取值为 0.7～0.8，表示一般；统计量取值为 0.6～0.7，表示尚可；统计量取值为 0.5～0.6，表示不太适合；统计量取值在 0.5 以下，表示极不合适。KMO 检验统计量 MSA 可表示为

$$\mathrm{MSA}_i=\frac{\sum\limits_{i\neq j}r_{ij}^{2}}{\sum\limits_{i\neq j}r_{ij}^{2}+\sum\limits_{i\neq j}r_{ij}'^{2}}\quad (i,j=1,2,\cdots,p) \tag{3.3-5}$$

式中，r_{ij} 为第 i 个变量与第 j 个变量的简单相关系数，r_{ij}' 为第 i 个变量与第 j 个变量在控制了剩余变量条件下的偏相关系数。

（4）计算因子载荷矩阵，并给出因子表达式。

利用主成分分析得到相关系数矩阵 $\boldsymbol{R}$ 的特征值 $(\lambda_1,\lambda_2,\cdots,\lambda_p)$ 和相应的标准正交化特征向量 $(\boldsymbol{u}_1,\boldsymbol{u}_2,\cdots,\boldsymbol{u}_p)$，一般根据各个主成分累计贡献率的大小选取前 k 个特征值和特征向量。另外，也可根据规定特征根数与特征根值的碎石图确定因子数。最后，计算包含 k 个因子的因子载荷矩阵 $\boldsymbol{A}$，见式（3.3-6），并由该矩阵写出因子表达式，见式（3.3-7）。

$$\boldsymbol{A}=\begin{bmatrix} a_{11} & a_{12} & \cdots & a_{1k}\\ a_{21} & a_{22} & \cdots & a_{2k}\\ \vdots & \vdots & & \vdots\\ a_{p1} & a_{p2} & \cdots & a_{pk}\end{bmatrix}=\begin{bmatrix} u_{11}\sqrt{\lambda_1} & u_{12}\sqrt{\lambda_2} & \cdots & u_{1k}\sqrt{\lambda_k}\\ u_{21}\sqrt{\lambda_1} & u_{22}\sqrt{\lambda_2} & \cdots & u_{2k}\sqrt{\lambda_k}\\ \vdots & \vdots & & \vdots\\ u_{p1}\sqrt{\lambda_1} & u_{p2}\sqrt{\lambda_2} & \cdots & u_{pk}\sqrt{\lambda_k}\end{bmatrix} \tag{3.3-6}$$

$$\begin{cases} x_1=a_{11}F_1+a_{12}F_2+\cdots+a_{1k}F_k\\ x_2=a_{21}F_1+a_{22}F_2+\cdots+a_{2k}F_k\\ \cdots\\ x_p=a_{p1}F_1+a_{p2}F_2+\cdots+a_{pk}F_k\end{cases} \tag{3.3-7}$$

（5）进行因子旋转，使得因子更具有命名可解释性。

如果因子载荷矩阵的因子载荷的绝对值在第 j 列的多行上都有较大的取值，则表明因子 f_j 能够同时解释许多变量的信息，且对每个变量只能揭示较少部分信息，但不能代表任何一个初始变量。为解决这个问题，可通过因子旋转处理，使得一个变量在尽可能少的因子上有

比较高的载荷。可采用最大方差旋转法进行正交旋转，使得新生成的变量仍保持不相干。最后按各因子对各初始变量的解释程度进行命名。

设因子载荷矩阵为 $\boldsymbol{A}$，旋转后的因子载荷矩阵为 $\boldsymbol{A}^*$，旋转变换正交矩阵为 $\boldsymbol{T}$。设 $\boldsymbol{A}^{*\mathrm{T}}=\boldsymbol{T}^{\mathrm{T}}\boldsymbol{A}^{\mathrm{T}}$，其中，$\boldsymbol{A}^{\mathrm{T}}=(\boldsymbol{a}_1,\boldsymbol{a}_2,\cdots,\boldsymbol{a}_p)$，$\boldsymbol{A}^{*\mathrm{T}}=(\boldsymbol{a}_1^*,\boldsymbol{a}_2^*,\cdots,\boldsymbol{a}_p^*)$，则求$V$ 最大时的$\boldsymbol{A}^*$即可，见式(3.3-8)。

$$
\begin{aligned}
&V=V_1+V_2+\cdots+V_n \\
&V_j=\frac{1}{p}\sum_{i=1}^{p}(d_{ij}^2-\bar{d}_j)^2 \\
&d_{ij}=\frac{a_{ij}^*}{h_i},\quad \bar{d}_j=\frac{1}{p}\sum_{i=1}^{p}d_{ij}^2 \\
&h_i=\sqrt{\boldsymbol{a}_i^{\mathrm{T}}\boldsymbol{a}_i}
\end{aligned}
\tag{3.3-8}
$$

式中，h_i表示共同度，因子载荷每列的元素值越分散，相应因子载荷的方差就越大，为了让不同行的值可以进行比较，每行都除以共同度，记为d_{ij}，$\bar{d}_j$ 则是矩阵中对d_{ij}进行均值处理后的结果。

（6）计算因子得分，进行进一步的统计分析。

可采用主成分分析法、最小二乘法等多元线性回归方法计算因子得分，并进行综合评价。

3.3.3 因子分析应用实例

本应用实例采用因子分析法评价农产品供应链的绩效水平，主要将供应链的绩效水平体现在各个因子上，将多种评价指标化繁为简，使评价结果更加客观、合理。

1. 指标样本数据的选取

根据满足相关性、动态性、全面性、实时性、针对性、可操作性、层次性和发展性的原则，建立一套完整、科学和规范化的评价指标体系是实现因子分析的前提。如表 3.3-1 所示是某超市的农产品供应链绩效评价指标体系，该供应链运行状况的指标相对比较多，共有 26 个，考虑选用因子分析法对这些数据进行分析，检测其是否有一部分指标存在信息上的重合，并混合为几个具有代表性的因子进行分析。另外选取某农产品供应链 2007—2012 年运营情况统计数据作为原始数据，如表 3.3-2 所示。

表 3.3-1 某超市的农产品供应链绩效评价指标体系

评价内容	具 体 指 标
成本指标	供应链成本（X_{12}）、供应链收入（X_{13}）、供应链利润（X_{14}）、经济增加值（X_{15}）、总资产报酬率（X_{20}）、净资产收益率（X_{25}）、资本保值增值率（X_{26}）
运作指标	产品柔性（X_1）、响应速度（X_2）、交货柔性（X_3）、数量柔性（X_4）、缺货比率（X_{16}）、平均延迟交货订单比率（X_{17}）、平均提前交货订单比率（X_{18}）、平均等待订单比率（X_{19}）、库存周转率（X_{22}）、准点运输增长率（X_{23}）
服务指标	失去销售百分比（X_5）、准时交货率（X_6）、顾客抱怨率（X_7）、同比平均价格优势（X_8）、平均单品价格促销频率（X_9）、退货比率（X_{10}）、顾客抱怨解决时间（X_{11}）、信息化利用增长率（X_{24}）、农产品新鲜度（X_{21}）

表 3.3-2 某农产品供应链 2007—2012 年运营情况统计数据

指　标	2007 年	2008 年	2009 年	2010 年	2011 年	2012 年
X_1	21.43	12.5	15.39	17.78	8	11.11
X_2/小时	46.81	35.15	24.6	18.45	14.76	12.54
X_3	0.51	0.7	0.75	0.82	0.85	0.91
X_4	0.88	0.91	0.87	0.79	0.85	0.93
X_5/%	2.6	1.32	1.25	1.12	0.94	0.85
X_6/%	83.95	91.23	92.56	93.46	91.53	92.73
X_7/%	3.04	2.7	2.47	2.05	1.46	1.53
X_8	0.79	0.89	0.76	0.85	0.81	0.88
X_9/次	4.53	6	5.13	4.95	7.12	6.35
X_{10}/%	0.25	0.24	0.21	0.16	0.19	0.13
X_{11}/天	16.53	8.96	6.56	5.46	4.76	4.15
X_{12}/万元	8239.68	10019.49	12023.38	14067.36	15896.12	18280.53
X_{13}/万元	8509.64	10129.61	11345.16	13614.19	17017.74	19230.05
X_{14}/万元	346.53	372.56	406.09	454.82	491.20	555.06
X_{15}/万元	266.52	289.10	303.55	330.87	49.63	56.08
X_{16}/%	2.34	1.65	1.54	1.46	1.15	0.95
X_{17}/%	13.06	7.44	6.56	4.45	2.25	2.17
X_{18}/%	15.92	9.4	8.25	6.14	5.73	3.25
X_{19}/%	1.82	0.42	0.49	0.35	0.25	0.22
X_{20}/%	11.38	11.75	12.46	10.73	13.64	12.25
X_{21}	2.8	3.19	4.26	4.73	5.06	5.21
X_{22}/（次/月）	8.34	9.12	10.36	12.73	11.72	10.65
X_{23}/%	10.24	19.04	25.16	27.25	30.65	28.49
X_{24}/%	5.27	7.51	9.24	13.46	15.46	9.73
X_{25}/%	9.16	9.04	9.46	10.64	8.64	9.73
X_{26}/%	7.37	8.96	9.16	9.46	10.64	11.19

2．原始数据标准化处理

对获取的原始数据进行标准化处理。

3．计算相关系数矩阵

对获取的标准化数据计算相关系数矩阵。

4．判断是否适合进行因子分析处理

从计算出的相关系数矩阵中看出，大部分相关系数都大于 0.3。另外，进行 Bartlett's 球

状检验或 KMO 检验，结果显示检验值为 0.723，大于 0.5，显著性水平为 0.009，小于 0.01。统计结果表明，这些变量适合进行因子分析。

5．计算因子载荷矩阵

利用主成分分析得到相关系数矩阵的特征值和相应的特征向量，并选取各个主成分累计贡献率大于 85%的前 k 个特征值和特征向量，计算结果如表 3.3-3 所示，因初始特征值累积到第 5 个指标时，已达到 100%，所以从第 6 个指标到第 26 个指标计算结果未列出，不影响后续计算。也可以根据规定特征根数与特征根值的碎石图确定因子数。最后计算因子载荷矩阵，因子载荷矩阵系数表示了该因子对变量的影响程度，反映了该因子变量的相关性强弱。

表 3.3-3 计算结果

成分	初始特征值			提取载荷平方和			旋转载荷平方和		
	总计	方差百分比	累积/%	总计	方差百分比	累积/%	总计	方差百分比	累积/%
1	18.447	70.950	70.950	18.447	70.950	70.950	9.821	37.774	37.774
2	3.644	14.015	84.965	3.644	14.015	84.965	9.559	36.764	74.538
3	1.831	7.041	92.007	1.831	7.041	92.007	3.805	14.634	89.172
4	1.406	5.407	97.414	1.406	5.407	97.414	2.143	8.242	97.414
5	0.672	2.586	100.000						

6．进行因子旋转，使得因子更具有命名可解释性

对因子载荷矩阵进行旋转处理后，得到的数据如表 3.3-4 所示。根据旋转后的因子载荷矩阵对因子进行抽取，并结合供应链绩效的专业知识进行定性分析，给出合理的解释，由此可以得到因子结构，并对公共因子进行重命名，因子结构及重命名如表 3.3-5 所示。

表 3.3-4 旋转后因子载荷矩阵数据

原始指标	公共因子			
	F_1	F_2	F_3	F_4
X_1	−0.618	−0.347	0.678	0.174
X_2	−0.670	−0.714	0.080	−0.168
X_3	0.742	0.664	−0.077	0.003
X_4	−0.190	0.037	−0.408	−0.839
X_5	−0.885	−0.438	0.138	0.028
X_6	0.938	0.276	0.106	0.039
X_7	−0.500	−0.812	0.255	−0.121
X_8	0.411	0.183	0.209	−0.718
X_9	0.480	0.402	−0.718	−0.182
X_{10}	−0.434	−0.863	−0.249	0.017
X_{11}	−0.844	−0.509	0.082	−0.086
X_{12}	0.478	0.870	−0.118	−0.007

续表

原始指标	公共因子			
	F_1	F_2	F_3	F_4
X_{13}	0.404	0.887	−0.215	−0.056
X_{14}	0.409	0.905	−0.101	−0.065
X_{15}	−0.015	−0.750	0.631	0.161
X_{16}	−0.713	−0.657	0.217	0.085
X_{17}	−0.744	−0.641	0.180	−0.053
X_{18}	−0.767	−0.634	0.047	0.050
X_{19}	−0.939	−0.317	0.118	0.052
X_{20}	0.186	0.255	−0.921	0.153
X_{21}	0.551	0.790	−0.074	0.240
X_{22}	0.631	0.501	0.212	0.527
X_{23}	0.754	0.582	−0.153	0.248
X_{24}	0.602	0.461	−0.154	0.561
X_{25}	0.234	0.261	0.928	0.105
X_{26}	0.617	0.730	−0.273	−0.106

表 3.3-5　因子结构及重命名

因　　子	指标变更		因子命名
公共因子 F_1	平均等待订单比率（X_{19}） 失去销售百分比（X_5） 平均提前交货订单比率（X_{18}） 平均延迟交货订单比率（X_{17}） 缺货比率（X_{16}） 顾客抱怨率（X_7）	准时交货率（X_6） 顾客抱怨解决时间（X_{11}） 准点运输增长率（X_{23}） 交货柔性（X_3） 响应速度（X_2） 农产品新鲜度（X_{21}）	供应链服务水平
公共因子 F_2	供应链利润（X_{14}） 供应链成本（X_{12}） 经济增加值（X_{15}）	供应链收入（X_{13}） 退货比率（X_{10}） 资本保值增值率（X_{26}）	供应链运作水平
公共因子 F_3	净资产收益率（X_{25}） 平均单品促销频率（X_9）	总资产报酬率（X_{20}） 产品柔性（X_1）	供应链发展水平
公共因子 F_4	数量柔性（X_4） 库存周转率（X_{22}）	同比平均价格优势（X_8） 信息化利用增长率（X_{24}）	供应链竞争力水平

7．计算因子得分，进行进一步的统计分析

按照原指标变量的线性组合表示各因子，可以构建因子得分函数，并根据因子得分系数矩阵和各主成分的贡献率计算出这些公共因子的综合得分。公共因子综合得分高的指标说明其情况较好。

3.4 聚类分析

3.4.1 聚类分析原理

聚类分析是指根据模式之间的相似性对模式进行分类，是一种非监督分类方法。根据聚类对象的不同，可分为Q型聚类和R型聚类；根据聚类方法的不同，可分为系统聚类、动态聚类等。

（1）Q型聚类分析：样本之间的聚类，常用距离来测度样本之间的亲疏程度。

（2）R型聚类分析：变量之间的聚类，常用相似系数来测度变量之间的亲疏程度。

（3）系统聚类分析：又称层次聚类，是指聚类过程按照一定的层次进行。

（4）动态聚类分析：又称快速聚类，通过逐步聚类、迭代聚类进行调整处理。

1．相似性的含义

由n个特征值组成n维向量，称为该样本的特征向量。它相当于特征空间中的一个点，在特征空间中，点间距离函数作为模式相似性的测量，以“距离”作为模式分类的依据，“距离”越小，越“相似”。

2．相似性测度

相似性测度是衡量模式之间相似性的一种尺度，如距离和其他相似度测度函数等。常见的距离测度有欧式距离、马氏距离、明氏距离、兰氏距离、汉明距离、切比雪夫距离等。相似性测度函数有角度相似性函数、Tanimoto测度，其中，角度相似性函数是用模式向量间夹角的余弦来计算的，Tanimoto测度用于0、1二值特征的情况。相似性测度函数的共同点是都涉及把两个比较的向量的分量值组合起来，但如何组合并无普遍有效的方法。

3．聚类准则

聚类准则是指根据相似性测度确定的衡量模式之间是否相似的标准，即把不同模式聚为一类还是归为不同类的准则。确定聚类准则一般有两种方式：阈值准则和函数准则。

（1）阈值准则：根据规定的距离阈值进行分类的准则。

（2）函数准则：利用表示模式间相似或差异性的函数进行分类的准则，也称聚类准则函数。

聚类准则函数是模式样本集$\{X\}$和模式类别$\{S_j, j=1,2,\cdots,c\}$的函数。可使聚类分析转化为寻找准则函数极值的最优化问题，常用的指标是误差平方和：

$$J=\sum_{j=1}^{c}\sum_{X\in S_j}\|\boldsymbol{X}-\boldsymbol{M}_j\|^2 \tag{3.4-1}$$

式中，c为聚类类别的数目；$\boldsymbol{M}_j=\frac{1}{n_j}\sum_{X\in S_j}\boldsymbol{X}$为属于$S_j$集的样本的均值向量，$n_j$为$S_j$中样本数目；$J$代表分属于$c$个聚类类别的全部模式样本与其相应类别模式均值之间的误差平方和。

4．基于距离阈值的聚类算法

（1）近邻聚类法

有n个待分类的样本$\{\boldsymbol{X}_1,\boldsymbol{X}_2,\cdots,\boldsymbol{X}_n\}$，要求按距离阈值$T$分类到以$\boldsymbol{Z}_1,\boldsymbol{Z}_2,\cdots$为聚类中心的模式类中，聚类中心可为某一类别中各样本的均值。该算法过程如下。

① 任取样本 $\boldsymbol{X}_i$ 作为第一个聚类中心的初始值，如令 $\boldsymbol{X}_1=\boldsymbol{Z}_1$。

② 计算样本 $\boldsymbol{X}_2$ 到 $\boldsymbol{Z}_1$ 的欧氏距离 $D_{21}=\|\boldsymbol{X}_2-\boldsymbol{Z}_1\|=\sqrt{(\boldsymbol{X}_2-\boldsymbol{Z}_1)^{\mathrm{T}}(\boldsymbol{X}_2-\boldsymbol{Z}_1)}$，如果 $D_{21}>T$，就定义一个新的聚类中心 $\boldsymbol{Z}_2=\boldsymbol{X}_2$；否则 $\boldsymbol{X}_2$ 为 $\boldsymbol{Z}_1$ 的聚类中心。

③ 假设已有聚类中心 $\boldsymbol{Z}_1$、$\boldsymbol{Z}_2$，计算 $D_{31}=\|\boldsymbol{X}_3-\boldsymbol{Z}_1\|$ 和 $D_{32}=\|\boldsymbol{X}_3-\boldsymbol{Z}_2\|$，如果 $D_{31}>T$ 且 $D_{32}>T$，就建立第三个聚类中心 $\boldsymbol{Z}_3=\boldsymbol{X}_3$；否则 $\boldsymbol{X}_3$ 离 $\boldsymbol{Z}_1$ 和 $\boldsymbol{Z}_2$ 中的最近者为一个聚类，并计算该聚类中心。

④ 根据以上内容类推，直至所有的 n 个样本都进行了分类。

近邻聚类算法用先验知识指导阈值 T 和起始点 $\boldsymbol{Z}_1$ 的选择，可获得合理的聚类结果。否则只能选择不同的初值重复试探，并对聚类结果进行验算，根据一定的评价标准，得出合理的聚类结果。

（2）最大最小距离算法

有 n 个待分类的样本 $\{\boldsymbol{X}_1,\boldsymbol{X}_2,\cdots,\boldsymbol{X}_n\}$，要求按距离阈值 T 分类到以 $\boldsymbol{Z}_1,\boldsymbol{Z}_2,\cdots$ 为聚类中心的模式类中，聚类中心可为某一类别中各样本的均值。该算法过程如下。

① 选任意一个模式样本作为第一聚类中心 $\boldsymbol{Z}_1$。

② 选择离 $\boldsymbol{Z}_1$ 最远的样本作为第二聚类中心 $\boldsymbol{Z}_2$。

③ 计算各模式样本与已确定的所有聚类中心之间的距离，并选出其中的最小距离。例如，当聚类中心数 $k=2$ 时，计算 $D_{i1}=\|\boldsymbol{X}_i-\boldsymbol{Z}_1\|$，$D_{i2}=\|\boldsymbol{X}_i-\boldsymbol{Z}_2\|$，求 $\min(D_{i1},D_{i2})$，$i=1,2,\cdots,n$（n个最小距离）。

④ 在所有最小距离中选出最大距离，如果该最大值达到 $\|\boldsymbol{Z}_1-\boldsymbol{Z}_2\|$ 的一定分数（阈值 T）以上，则相应的样本点取为新的聚类中心，返回步骤③；否则，寻找聚类中心任务结束。例如，$k=2$ 时，$\max\{\min(D_{i1},D_{i2}),i=1,2,\cdots,n\}>\theta\|\boldsymbol{Z}_1-\boldsymbol{Z}_2\|$，$0<\theta<1$，则 $\boldsymbol{Z}_3$ 存在（θ：用试探法取一固定分数，如 1/2）。

⑤ 重复步骤③和④，直到没有新的聚类中心出现为止。

⑥ 将样本 $\{\boldsymbol{X}_i,i=1,2,\cdots,n\}$ 按最近距离划分到相应聚类中心对应的类别中。

5．系统聚类分析

系统聚类分析（层次聚类分析、分级聚类分析）是先将每个样本自成一类，然后按距离准则逐步合并，以减少类数的一种聚类方法。其中，类间距离有最短距离、最长距离、中间距离、中心距离、类平均距离等。设 H、K 是两个聚类，则两类间的相关距离定义如下。

（1）最短距离：$D_{HK}=\min\{D(X_H,X_K)\}$，$X_H\in H$，$X_K\in K$，$D(X_H,X_K)$ 为 H 类某个样本 X_H 和 K 类的某个样本 X_K 之间的欧氏距离。

（2）最长距离：$D_{HK}=\max\{D(X_H,X_K)\}$，$X_H\in H$，$X_K\in K$，$D(X_H,X_K)$ 为 H 类某个样本 X_H 和 K 类的某个样本 X_K 之间的欧氏距离。

（3）中间距离：介于最长与最短的距离之间。如果 K 是由 I 类和 J 类合并而成的，则 H 类、K 类之间的距离为 $D_{HK}=\sqrt{\frac{1}{2}D_{HI}^2+\frac{1}{2}D_{HJ}^2-\frac{1}{4}D_{IJ}^2}$。

（4）中心距离：将每类中包含的样本数考虑进去。若 I 类中有 n_I 个样本，J 类中有 n_J 个样本，则类与类之间的距离递推式为 $D_{HK}=\sqrt{\frac{n_I}{n_I+n_J}D_{HI}^2+\frac{n_J}{n_I+n_J}D_{HJ}^2-\frac{n_In_J}{(n_I+n_J)^2}D_{IJ}^2}$。

（5）平均距离：如果K是由I类和J类合并而成的，I类中有n_I个样本，J类中有n_J个样本，则H类、K类之间的距离为$D_{HK}=\sqrt{\frac{n_I}{n_I+n_J}D_{HI}^2+\frac{n_J}{n_I+n_J}D_{HJ}^2}$。

系统聚类分析的算法思路如下。

（1）n个初始模式样本自成一类，即建立n类$\{G_1(0),G_2(0),\cdots,G_N(0)\}$，计算各类之间（各样本之间）的距离，得到$n\times n$阶距离矩阵$\boldsymbol{D}(0)$，其中，0表示初始状态。

（2）假设已求得距离矩阵$\boldsymbol{D}(m)$（m为逐次聚类合并的次数），找出$\boldsymbol{D}(m)$中的最小元素，将其对应的两类合并为一类，由此建立新的分类：$\{G_1(m+1),G_2(m+1),\cdots\}$。

（3）计算合并后新类别之间的距离，得$\boldsymbol{D}(m+1)$。

（4）转到步骤（2），重复计算及合并。

（5）取距离阈值T，当$\boldsymbol{D}(m)$的最小分量超过给定值T时，算法停止。或者不设置阈值T，直到将全部样本聚成一类为止，输出聚类的分级树。

6．动态聚类分析

动态聚类分析先将样本粗略地进行预分类，然后再逐步调整，直到把类分得比较合理为止。这种分类方法比系统聚类法具有计算量较小、占用计算机存储单元少、方法简单等优点，所以更适用于大样本的聚类分析，如k均值聚类算法（k-means算法）。

k均值聚类算法将n个初始样本确定划分为K个聚类，同一聚类中的对象相似度较高，而不同聚类中的对象相似度较小。聚类相似度是利用各聚类中对象的均值来计算的。k均值聚类算法的过程如下。

（1）从n个样本对象中任意选择K个样本对象作为初始聚类中心，而对于剩下的其他样本对象，则根据它们与这K个聚类中心的相似度（距离），分别分配给与其最相似的（聚类中心所代表的）聚类。

（2）计算每个所获新聚类的聚类中心（该聚类中所有对象的均值）。不断重复这一过程直到达到指定的迭代次数，或者标准测度函数开始收敛为止。一般都采用类中心点偏移程度作为标准测度函数，即新确定的类中心点距上一个类中心点的最大偏移量小于指定的量。具体测度如下。

设P_j^m表示在第m次聚类后得到的第j类集合，$j=1,2,\cdots,k$，A_j^m为第m次聚类第j类集合所得到的聚核，即该聚类中所有样本对象的均值，m_j为第j类集合的样本对象数。u_m为第m次聚类后所有k个类中所有元素与其所在类的中心的距离平方和。若分类不合理时，则u_m会很大，随着分类的过程逐渐下降，并趋于稳定。u_m可表示为

$$u_m=\sum_{j=1}^{k}\sum_{x\in P_j^m}d^2(x,A_j^m)\qquad A_j^i=\frac{1}{m_j}\sum_{x\in P_j^i}x\qquad (i=1,2,\cdots,m) \tag{3.4-2}$$

式中，x为样本对象元素，d为两个对象间的距离。

若给定一个充分小的量ε，定义新确定的类中心点距上一个类中心点的最大偏移量若满足以下条件，则算法终止。

$$\frac{|u_{m+1}-u_m|}{u_{m+1}}\leqslant\varepsilon \tag{3.4-3}$$

3.4.2 聚类分析基本步骤

1. 系统聚类分析的步骤

（1）定义问题与选择分类变量

定义问题是指对聚类目的性进行概括描述，确定聚类单元，并筛选分类变量或聚类因子。这是进行聚类分析的前提和基础。

（2）数据处理与变换

根据搜集和提供的数据进行清洗，并对数据进行无量纲化处理，使其具有横向可比性。然后进行数据的变换，并选择样本间距离定义及度量类间距离定义。常用的数据变换方法有中心变换、标准化变换、对数变换等。

① 中心变换：变换 $x_{ij}^* = x_{ij} - \overline{x}_j (i=1,2,\cdots,n; j=1,2,\cdots,m)$ 称为中心变换，变换后的数据均值为 0，而协方差不变。中心变换是一种方便地计算样本协方差的变换。

② 标准化变换：变换 $x_{ij}^* = \dfrac{x_{ij} - \overline{x}_j}{S_j} (i=1,2,\cdots,n; j=1,2,\cdots,m)$ 称为标准化变换，变换后的数据，其中每个变量的样本均值为 0，标准差为 1，而且标准化变换后的数据 $\{x_{ij}^*\}$ 与变量的量纲无关。

③ 对数变换：变换 $x_{ij}^* = \log(x_{ij})\ (x_{ij} > 0, i=1,2,\cdots,n; j=1,2,\cdots,m)$ 称为对数变换，它可将具有指数特征的数据结构变换为线性数据结构。类似的还有平方根变换、立方根变换，它们可把非线性数据结构变换为线性数据结构。

（3）采用系统聚类分析的算法进行处理

① 计算 n 个样本两两间的距离，得到样本间的距离矩阵 $\boldsymbol{D}(0)$。

② 初始时 n 个样本各自构成一类，有 $k=n$ 个类，$G_i = \{X_i\}(i=1,2,\cdots,n)$，此时类间距离就是样本间的距离（$\boldsymbol{D}(1)$=$\boldsymbol{D}(0)$），然后对 $i=2,3,\cdots,n$ 执行③和④。

③ 每次合并类间距离最小的两类为一个新类，此时类的总数据 k 减少 1 类，即 $k=n-i+1$。

④ 计算新类与其他类的距离，得到新的距离矩阵，若合并后类的总数 k 仍大于 1，则重复执行③和④，直到类的总个数为 1 停止。

⑤ 画谱系聚类图。

⑥ 决定分类的个数及各类的成员。

（4）对分类结果的描述和解释

2. 动态聚类分析的步骤

动态聚类分析的步骤与系统聚类分析的步骤一致，不同之处是把步骤（3）采用系统聚类分析的算法进行处理，改变为采用动态聚类分析的算法进行处理，如采用 k 均值聚类算法。

3.4.3 聚类分析应用实例

本应用实例利用系统聚类分析法对我国各省、市、自治区 2000—2009 年农村居民平均收入情况进行分析评价，目的是找出我国农村居民平均收入的地域性和阶段性的特点，为各级政府确定合理的地区经济发展速度和目标，优化地区生产力布局提供技术支撑。

1. 定义问题与选择分类变量

本应用案例主要对我国 31 个省、市、自治区农村居民平均收入在 2000—2009 年这 10 年间在地域分布和时间分布上具有什么特点并进行分析，其采用的变量分别是年份和地区，聚类单元分别是全省、市、自治区的某一年的总统计数。

2. 数据处理与变换

本应用案例收集了 2000—2009 年我国各地区农村居民平均收入情况，如表 3.4-1 所示。其中数据来自《中国统计年鉴》（2001—2009）和其他参考文献。

表 3.4-1　2000—2009 年我国各地区农村居民平均收入情况　　单位：元/（人·年）

地区	2000 年	2001 年	2002 年	2003 年	2004 年	2005 年	2006 年	2007 年	2008 年	2009 年
北京	4604.6	5025.5	5398.5	5601.5	6170.3	7346.3	8275.5	9439.63	10661.92	11986
天津	3622.4	3947.7	4278.7	4566	5019.5	5579.9	6227.9	7010.06	7910.78	10675
河北	2478.9	2603.6	2685.2	2853.4	3171.1	3481.6	3801.8	4293.43	4795.46	5130
山西	1905.6	1956	2149.8	2299.2	2589.6	2890.7	3180.9	3665.66	4097.24	4256
内蒙古	2038.2	1973.4	2086	2267.6	2606.4	2988.9	3341.9	3953.1	4656.18	4938
辽宁	2355.6	2557.9	2751.3	2934.4	3307.1	3690.2	4090.4	4773.43	5576.48	6000
吉林	2022.5	2182.2	2301	2530.4	2999.6	3264	3641.01	4191.34	4932.74	5450
黑龙江	2148.2	2280.3	2405.2	2508.9	3055.2	3221.3	3552.4	4132.29	4855.59	5207
上海	5596.4	5870.9	6223.6	6653.9	7066.3	8247.8	9138.6	10144.62	11440.26	12324
江苏	3595.1	3784.7	3979.8	4239.3	4753.9	5276.3	5813.2	6561.01	7356.47	8004
浙江	4253.7	4582.3	4940.4	5389	5944.1	6660	7334.8	8265.15	9257.93	10008
安徽	1934.6	2020	2117.6	2127.5	2499.3	2641	2969.1	3556.27	4202.49	4504
福建	3230.5	3380.7	3538.8	3733.9	4089.4	4450.4	4834.8	5467.08	6196.07	6880
江西	2135.3	2231.6	2306.5	2457.5	2786.8	3128.9	3459.5	4044.7	4697.19	5075
山东	2659.2	2804.5	2947.6	3150.5	3507.4	3930.5	4368.3	4985.34	5641.43	6119
河南	1985.8	2097.9	2215.7	2235.7	2553.1	2870.6	3261	3851.6	4454.24	4807
湖北	2268.6	2352.2	2444.1	2566.8	2890	3099.2	3419.4	3997.48	4656.38	5035
湖南	2197.2	2299.5	2397.9	2532.9	2837.8	3117.7	3389.6	3904.2	4512.46	4910
广东	3654.5	3769.8	3911.9	4054.6	4365.9	4690.5	5079.8	5624.04	6399.79	6906
广西	1864.5	1944.3	2012.6	2094.5	2305.2	2494.7	2770.5	3224.05	3690.34	3980
海南	2182.3	2226.5	2423.2	2588.1	2817.6	3004	3255.5	3791.37	4389.97	4744
重庆	1892.4	1971.2	2097.6	2214.5	2510.4	2809.3	2873.8	3509.29	4126.21	4621
四川	1903.6	1987	2107.6	2229.9	2518.9	2802.8	3002.4	3546.69	4121.21	4462
贵州	1347.2	1411.7	1489.9	1564.7	1721.6	1877	1984.6	2373.99	2796.93	3000
云南	1478.6	1533.7	1608.6	1697.1	1864.2	2041.8	2250.5	2634.09	3102.6	3369
西藏	1330.8	1404	1462.3	1690.8	1861.3	2077.9	2435	2788.2	3175.82	3532
陕西	1443.9	1490.8	1596.2	1675.7	1866.5	2052.6	2260.2	2644.69	3136.46	3500
甘肃	1428.7	1508.6	1590.3	1673	1852.2	1979.9	2134	2328.92	2723.79	3355
青海	1490.5	1557.3	1668.9	1794.1	1957.7	2151.5	2358.4	2683.78	3061.24	3346

续表

地区	2000 年	2001 年	2002 年	2003 年	2004 年	2005 年	2006 年	2007 年	2008 年	2009 年
宁夏	1724.3	1823.1	1917.4	2043.3	2320	2508.9	2760.1	3180.84	3684.42	4100
新疆	1618.1	1710.4	1863.3	2106.2	2244.9	2482.2	2737.3	3182.97	3502.9	4000

为对数据进行无量纲化处理，使其具有横向可比性，我们分别以年份为变量和以省/市/区为变量进行标准化变换。

3. 采用系统聚类分析进行处理

根据系统聚类分析处理流程，分别对以年份为变量和以省/市/区为变量的农村居民平均收入标准化处理结果进行聚类处理，并对聚类结果绘制出谱系聚类图。如图 3.4-1 和图 3.4-2 所示。根据谱系聚类图，可把以年份为变量的农村居民平均收入情况划分为三类，可把以省/市/区为变量的农村居民平均收入情况划分为两类。

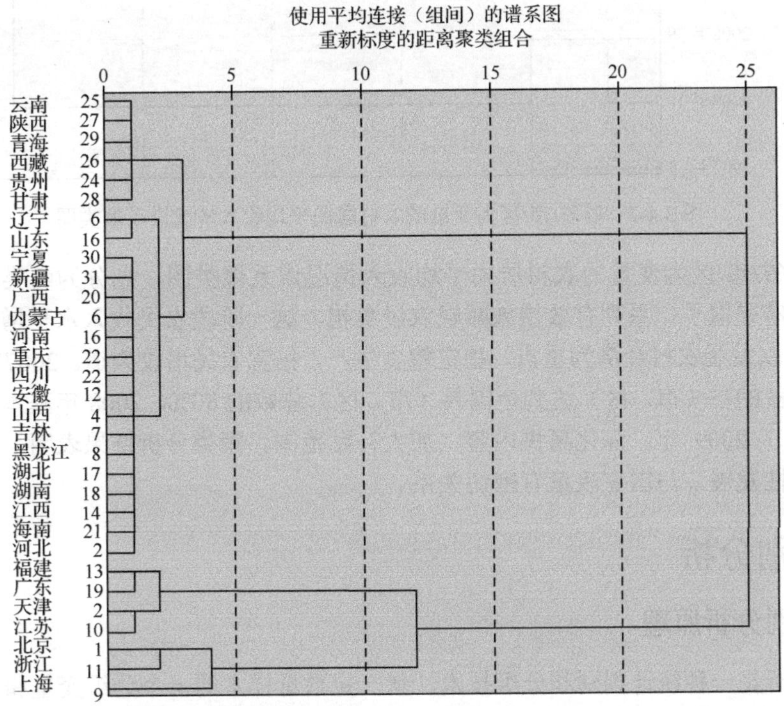

图 3.4-1　以年份为变量的农村居民平均收入情况谱系聚类图

4. 对分类结果的描述和解释

根据以年份为变量的农村居民平均收入情况谱系聚类图，划分为三类：北京市、上海市、浙江省是我国农村居民平均收入较高的地区；其次为江苏省、天津市、广东省、福建省，为第二层次；其余为第三层次。地区聚类结果表明：北京市和上海市农村居民平均收入水平比较高，发展也比较快。第二层次基本上处于东部沿海地区，经济基础雄厚。其余为第三层次，主要是中部地区和东北老工业地区，以及西部省份。中部地区和东北老工业地区，以及部分西部省份属于经济发展一般的省份，剩余的是部分经济欠发达省份。从结果中还可以看出，西部地区各省份经济综合竞争力差距不明显。

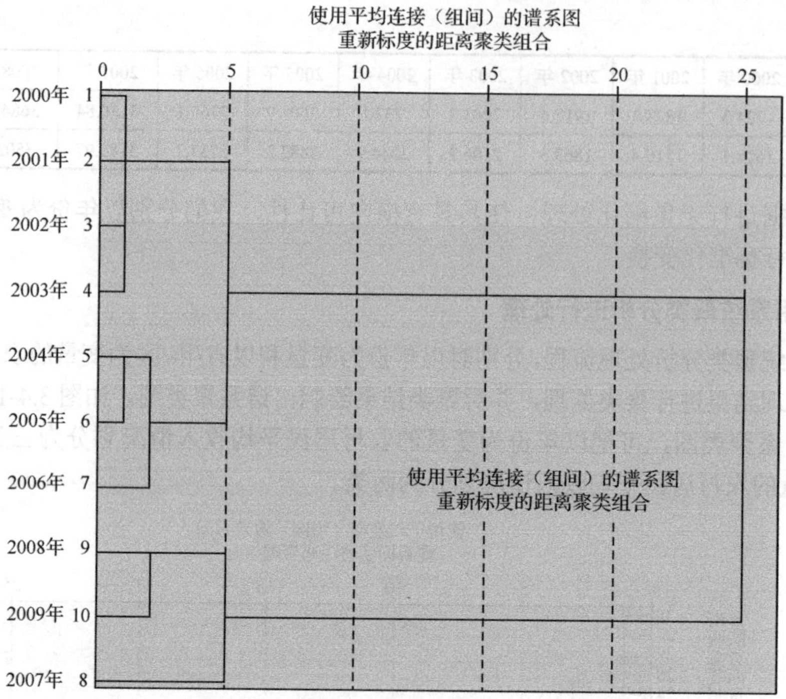

图 3.4-2　以省/市/区为变量的农村居民平均收入情况谱系聚类图

根据以省/市/区为变量的农村居民平均收入情况谱系聚类图，划分为两类：2000—2006年，中央政府采取了一系列有效措施减轻农民负担，这一阶段农民收入水平增长较快。2007—2009年，以发展农村经济为重点，稳定粮食生产，拓宽农民增收渠道。2007年，新型农村合作医疗覆盖的县（市、区）达到全国县（市、区）总数的80%，2008年基本覆盖全国所有县（市、区）。2009年，深化惠民内容，加大补贴范围。聚类分析结果表明，我国居民平均收入呈阶段性发展，与国家政策有密切关系。

3.5　判别分析

3.5.1　判别分析原理

判别分析是一种统计判别和分组技术，就一定数量样本的一个分组变量和相应的其他多元变量的已知信息，按照一定的判别准则，建立一个或多个判别函数，用研究对象的大量资料来确定判别函数中的待定系数，并计算判别指标，确定分组与其他多元变量信息所属的样本进行判别分组。

1. 判别分析分类

判别分析是指已知事物有 n 种类型，当得到一个新的样本数据时，根据判别函数最终得出该样本归属哪一类，因此建立最佳判别函数和判别规章是判别分析的主要工作。判别分析的因变量是分类变量，也就是已知的分类，自变量就是研究对象的各种特征，可以是任何尺度的变量。判别分析分类如下。

（1）根据判别中的组数不同，可以分为两组判别分析和多组判别分析。

（2）根据判别函数的形式不同，可以分为线性判别和非线性判别。

（3）根据判别式处理变量的方法不同，可以分为逐步判别、序贯判别等。

（4）根据判别准备不同，可以分为距离判别、Fisher 判别、贝叶斯判别、最大似然法等。

2．判别分析基本原理

设有 k 个总体 $G_1, G_2, G_3, \cdots, G_k$，希望建立一个准则，使得对给定的任意一个样本 x，通过这个准则就能判断它来自哪个总体，这个准则在某种意义下是最优的，如错判率最小或错判损失最小等。其中，判别分析的基本模型就是判别函数，判别函数的一般形式为

$$y = a_1 x_1 + a_2 x_2 + \cdots + a_n x_n \tag{3.5-1}$$

式中，y 为判别值；x 为自变量，也就是反映对象特征的变量；a 为变量系数，也就是判别系数，不同的判别方法会计算出不同的判别系数。

3．距离判别方法

距离判别方法的基本思想是由训练样本得出每个分类的中心坐标，然后对新样本求出它们与各个类别中心的距离远近，从而归入离得最近的类，也就是根据个案距离母体的远近进行判别。最常用的距离是马氏距离，偶尔也采用欧式距离。距离判别的特点是直观、简单，适合对自变量均为连续变量的情况进行分类，且它对变量的分布模式无严格要求，特别是并不严格要求总体协方差矩阵相等。

4．Fisher 判别方法

Fisher 判别方法是在 1936 年提出来的，该方法对总体的分布并未提出什么特定的要求。这里只对不等协差阵的两总体 Fisher 判别方法做阐述，多总体 Fisher 判别方法类似于两总体 Fisher 判别方法，具体可参考相关文献。Fisher 判别方法是指从两个总体中抽取具有 p 个指标的样本观测数据，借助方差分析的思想建立一个判别函数或称判别式，如式（3.5-1），其中变量系数 a 确定的原则是使两组间的区别最大，而使每个组内部的离差最小。有了判别式后，对于一个新的样本，将它的 p 个指标值代入判别式中求出 y 值，然后与判别临界值（或称分界点）进行比较，就可以判别它应属于哪一个总体了。

5．贝叶斯判别方法

贝叶斯（Bayes）判别方法对多个总体的判别，不是建立判别式，而是计算新样本属于各总体的条件概率 $P(l \mid x)$，$l = 1, 2, \cdots, k$，比较这 k 个概率的大小，然后将新样本判归为来自概率最大的总体。贝叶斯判别方法的基本思想是假定对所研究的对象已有一定的认识，常用先验概率来描述这种认识，具体在 12.1 节中介绍。

3.5.2 判别分析基本步骤

进行判别分析一般分为三个基本步骤：首先获取已知分类的训练样本，然后选取判别分析方法并建立相应的判别准则，最后利用获得的判别准则对未知（待判）样本进行判别归类。这里介绍距离判别方法和 Fisher 判别方法的步骤。

1．距离判别方法

（1）根据已知分类的训练样本，分别计算出不同分类的均值、协方差。

（2）求解线性判别函数 $W(X)$，并对已知样本进行分类。

（3）检验判别效果。

（4）利用判别函数对待判样本进行判别归类。

2. Fisher 判别方法

（1）根据已知分类的训练样本，分别计算出不同分类的均值、协方差。

（2）计算 Fisher 判别函数的系数，建立判别函数。

（3）计算判别临界值 y_0 和判别准则。

（4）对已知类别的样本判断归类和检验判别效果。

（5）利用判别函数和判别准则对待判样本进行判别归类。

3.5.3 判别分析应用实例

本应用实例选取高发展水平、中等发展水平的国家各 5 个作为两组样本，利用判别分析对作为待判样本的另外 4 个国家进行判别归类。各国对人文发展以出生时的预期寿命、成人识字率和人均收入作为 3 个重要的衡量指标。某年部分国家人文发展数据见表 3.5-1。

表 3.5-1 某年部分国家人文发展数据

类 别	序 号	国家名称	出生时的预期寿命 x_1/岁	成人识字率 x_2/%	调整后的人均收入 x_3/美元
第一类（高发展水平国家）	1	A_1	76	99	5374
	2	A_2	79.5	99	5359
	3	A_3	78	99	5372
	4	A_4	72.1	95.9	5242
	5	A_5	73.8	77.7	5370
第二类（中等发展水平国家）	6	B_1	71.2	93	4250
	7	B_2	75.3	94.9	3412
	8	B_3	70	91.2	3390
	9	B_4	72.8	99	2300
	10	B_5	62.9	80.6	3799
待判样本	11	X_1	68.5	79.3	1950
	12	X_2	69.9	96.9	2840
	13	X_3	77.6	93.8	5233
	14	X_4	69.3	90.3	5158

本例中采用马氏距离进行计算，并认为 $\boldsymbol{\Sigma}^{(1)}=\boldsymbol{\Sigma}^{(2)}=\boldsymbol{\Sigma}$。另外，变量个数 p=3，两类总体各有 5 个样本，即 $n_1=n_2=5$，有 4 个待判样本，假定两类总体协差阵相等。两组线性判别的计算过程如下。

（1）计算两类样本各指标的均值。

$$\overline{\boldsymbol{X}}^{(1)}=\begin{bmatrix}\overline{x_1}\\ \overline{x_2}\\ \overline{x_3}\end{bmatrix}=\begin{bmatrix}75.88\\ 94.08\\ 5343.4\end{bmatrix}\qquad \overline{\boldsymbol{X}}^{(2)}=\begin{bmatrix}\overline{x_1}\\ \overline{x_2}\\ \overline{x_3}\end{bmatrix}=\begin{bmatrix}70.44\\ 91.74\\ 3430.2\end{bmatrix}$$

（2）计算两类样本协差阵，从而求出$\hat{\boldsymbol{\Sigma}}$。

$$\boldsymbol{S}_1=\sum_{a=1}^{n_1}(\boldsymbol{X}_a^{(1)}-\overline{\boldsymbol{X}}^{(1)})(\boldsymbol{X}_a^{(1)}-\overline{\boldsymbol{X}}^{(1)})^{\mathrm{T}}=\begin{bmatrix}36.228 & 56.022 & 448.74\\ 56.022 & 344.228 & -252.24\\ 448.74 & -252.24 & 12987.2\end{bmatrix}$$

$$\boldsymbol{S}_2=\sum_{a=1}^{n_2}(\boldsymbol{X}_a^{(2)}-\overline{\boldsymbol{X}}^{(2)})(\boldsymbol{X}_a^{(2)}-\overline{\boldsymbol{X}}^{(2)})^{\mathrm{T}}=\begin{bmatrix}86.812 & 117.682 & -4895.74\\ 117.682 & 188.672 & -11316.54\\ -4895.74 & -11316.54 & 2087384.8\end{bmatrix}$$

则
$$\boldsymbol{S}=\boldsymbol{S}_1+\boldsymbol{S}_2=\begin{bmatrix}123.04 & 173.704 & -4447\\ 173.704 & 532.9 & -11568.78\\ -4447 & -11568.78 & 2100372\end{bmatrix}$$

$$\hat{\boldsymbol{\Sigma}}=\frac{1}{n_1+n_2-2}(\boldsymbol{S}_1+\boldsymbol{S}_2)=\frac{1}{8}\boldsymbol{S}=\begin{bmatrix}15.38 & 21.713 & -555.875\\ 21.713 & 66.6125 & -1446.0975\\ -555.875 & -1446.0975 & 262546.5\end{bmatrix}$$

$$\hat{\boldsymbol{\Sigma}}^{-1}=\begin{bmatrix}0.120896 & -0.03845 & 0.0000442\\ -0.03845 & 0.029278 & 0.0000799\\ 0.0000442 & 0.0000799 & 0.00000434\end{bmatrix}$$

（3）求线性判别函数$W(\boldsymbol{X})$。

解线性方程组$\hat{\boldsymbol{\Sigma}}\boldsymbol{a}=(\overline{\boldsymbol{X}}^{(1)}-\overline{\boldsymbol{X}}^{(2)})$得$\boldsymbol{a}=\hat{\boldsymbol{\Sigma}}^{-1}(\overline{\boldsymbol{X}}^{(1)}-\overline{\boldsymbol{X}}^{(2)})=(0.6523,0.0122,0.00873)^{\mathrm{T}}$，有：

$$W(\boldsymbol{X})=\boldsymbol{a}^{\mathrm{T}}(\boldsymbol{X}-\overline{\boldsymbol{X}})=\boldsymbol{a}^{\mathrm{T}}\left[\boldsymbol{X}-\frac{1}{2}(\overline{\boldsymbol{X}}^{(1)}+\overline{\boldsymbol{X}}^{(2)})\right]=0.6523x_1+0.0122x_2+0.00873x_3-87.1525$$

（4）对已知类别的样本判别归类。

对已知类别的样本（通常称为训练样本）用线性判别函数进行判别归类，结果如表3.5-2所示，全部判对。

表3.5-2 已知类别样本回判情况

样本号	$W(X)$的值	原类号	判别归类
1	10.5451	1	1
2	12.6972	1	1
3	11.8323	1	1
4	6.811	1	1
5	8.8153	1	1
6	−2.4716	2	2
7	−7.0898	2	2
8	−10.7842	2	2
9	−18.3788	2	2
10	−11.9742	2	2

（5）对判别效果进行检验。

判别分析是假设两组样本取自不同总体，如果两个总体的均值向量在统计上差异不显著，则进行判别分析的意义就不大。所谓判别效果的检验就是检验两个正态总体的均值向量是否相等，采用F分布检验。公式如下：

$$F=\frac{(n_1+n_2-2)-p+1}{(n_1+n_2-2)p}T^2\sim F(p,n_1+n_2-p-1)\tag{3.5-2}$$

式中，$T^2=(n_1+n_2-2)\left[\sqrt{\frac{n_1n_2}{n_1+n_2}}(\overline{\boldsymbol{X}}^{(1)}-\overline{\boldsymbol{X}}^{(2)})^{\mathrm{T}}\boldsymbol{S}^{-1}\cdot\sqrt{\frac{n_1n_2}{n_1+n_2}}(\overline{\boldsymbol{X}}^{(1)}-\overline{\boldsymbol{X}}^{(2)})\right]$。

将上边计算结果代入统计量后可得

$$F=12.6746>F_{0.05}(3,6)=4.76$$

故在$\alpha = 0.05$检验水平下，两总体间差异显著，即判别函数有效。

（6）对待判样本判别归类结果如表 3.5-3 所示。

表 3.5-3 待判样本判别归类结果

样 本 号	国 家 名 称	$W(X)$的值	判 别 归 类
11	X_1	−24.47899	2
12	X_2	−15.58135	2
13	X_3	10.29443	1
14	X_4	4.18289	1

3.6 线性规划方法

3.6.1 线性规划方法原理

线性规划（Linear Programming，LP）是研究在一组线性等式或不等式限制条件下，寻求一个线性函数的最优解（最小值）。该问题的描述可表达为

$$\begin{cases}\min \sum_{j=1}^{n} c_j x_j \\ \text{s.t.} \sum_{j=1}^{n} a_{ij} x_j = b_i, i=1,2,\cdots,m; x_j \geqslant 0, j=1,2,\cdots,n\end{cases} \quad \text{或} \quad \begin{cases}\min \boldsymbol{c}^{\mathrm{T}}\boldsymbol{x} \\ \text{s.t.}\ \boldsymbol{Ax}=\boldsymbol{b}, \boldsymbol{x} \geqslant \boldsymbol{0}\end{cases} \tag{3.6-1}$$

式中，$\boldsymbol{x}=(x_1,x_2,\cdots,x_n)^{\mathrm{T}}$；$\boldsymbol{c}=(c_1,c_2,\cdots,c_n)^{\mathrm{T}}$；$\boldsymbol{b}=(b_1,b_2,\cdots,b_m)^{\mathrm{T}}$；$\boldsymbol{A}=(a_{ij})_{m\times n}$，$\boldsymbol{A}$为约束矩阵；$\boldsymbol{Ax}=\boldsymbol{b}$为约束方程组；$\boldsymbol{x}\geqslant\boldsymbol{0}$称为非负约束。满足约束方程组及非负约束的向量 $\boldsymbol{x}$ 称为可行解或可行点；所有可行解的全体称为可行解集或可行域，记作K，即$K=\{\boldsymbol{Ax}=\boldsymbol{b},\boldsymbol{x}\geqslant\boldsymbol{0}\}$。使目标函数在$K$上取到最小值的可行解称为最优解，最优解对应的目标函数值称为最优值。

3.6.2 线性规划方法基本步骤

这里结合单纯形法求解线性规划问题的最优求解，具体步骤如下。

1．建立实际问题的线性规划数据模型

根据实际问题提炼出线性规划数据模型中要求的目标函数、约束条件。

2．把一般的线性规划问题转化为标准形式

对于不是标准型的线性规划，通过对变量转换、目标变换、约束转换等方式转换为线性规划的标准形式。

① 变量转换。对于自由变量（无非负限制变量）x_j，可转换为$x_j = x_j^+ + x_j^-$，其中x_j^+和x_j^-为非负变量。

② 目标变换。在目标函数中，求最大值的函数形式可以等价为求负的最小值，即$\max(\boldsymbol{c}^{\mathrm{T}}\boldsymbol{x}) \to \min(-\boldsymbol{c}^{\mathrm{T}}\boldsymbol{x})$。

③ 约束转换。在不等式变为等式时，需要加入松弛变量或剩余变量进行处理，即

$$\sum_{j=1}^{n} a_{ij}x_j \leqslant b_i \ (i=1,2,\cdots,m) \ \to \ \sum_{j=1}^{n} a_{ij}x_j + s_i = b_i (s_i \geqslant 0, i=1,2,\cdots,m)$$

式中，s_i为松弛变量。

$$\sum_{j=1}^{n} a_{ij}x_j \geqslant b_i (i=1,2,\cdots m) \ \to \ \sum_{j=1}^{n} a_{ij}x_j - s_i = b_i (s_i \geqslant 0, i=1,2,\cdots,m)$$

式中，s_i为剩余变量。

3．确定初始基可行解

对于已经是标准型的线性规划问题，一般可以直接观察得到一个初始基。令初始基为 $\boldsymbol{B}=(u_{j_1},u_{j_2},\cdots,u_{j_m})$，表达式为

$$\boldsymbol{X_B}=(x_1,x_2,\cdots,x_m)^{\mathrm{T}}=\begin{cases}b_1-a_{1,m+1}x_{m+1}-\cdots-a_{1,n}x_n=b_1-\sum\limits_{j=m+1}^{n}a_{1j}x_j\\ b_2-a_{2,m+1}x_{m+1}-\cdots-a_{2,n}x_n=b_2-\sum\limits_{j=m+1}^{n}a_{2j}x_j\\ \cdots\\ b_m-a_{m,m+1}x_{m+1}-\cdots-a_{m,n}x_n=b_m-\sum\limits_{j=m+1}^{n}a_{mj}x_j\end{cases}\qquad(3.6\text{-}2)$$

这样，可得到一个初始基可行解为 $\boldsymbol{X}=(x_1,x_2,\cdots,x_m,0,\cdots,0)^{\mathrm{T}}=(b_1,b_2,\cdots,b_m,0,\cdots,0)^{\mathrm{T}}$。

4．最优性检验与解的判别

根据确定的基可知，基变量表达式可表示为由常数和非基变量表达式 $\sum\limits_{j=m+1}^{n}a_{ij}x_j$ 组成，其中常数和 a_{ij} 都是经过转换的，与最初的不同。将基变量 $x_i=b_i'-\sum\limits_{j=m+1}^{n}a_{ij}'x_j$ 代入目标函数中可得：

$$\begin{aligned}z&=\sum_{j=1}^{n}c_jx_j=\sum_{i=1}^{m}c_ix_i+\sum_{j=m+1}^{n}c_jx_j=\sum_{i=1}^{m}c_i(b_i'-\sum_{j=m+1}^{n}a_{ij}'x_j)+\sum_{j=m+1}^{n}c_jx_j\\&=\sum_{i=1}^{m}c_ib_i'+\sum_{j=m+1}^{n}(c_j-\sum_{i=1}^{m}c_ja_{ij}')x_j=z_0+\sum_{j=m+1}^{n}(c_j-z_j)x_j=z_0-\sum_{j=m+1}^{n}\sigma_jx_j\end{aligned}\qquad(3.6\text{-}3)$$

这里 σ_j 称为检验数，可以根据以下方法进行判定。

① 最优解的判定：对于一个基可行解，如果其所有非基变量的检验数 $\sigma_j\leqslant 0$，则该解为最优解。

② 唯一最优解：所有非基变量的检验数 $\sigma_j<0$。

③ 无穷多最优解：已经是最优解，存在非基变量的检验数为0。

④ 无界解判定：对于一个基可行解，其非基变量中有某个 $\sigma_{m+k}>0$，同时它对应的系数列向量中所有的 $a_{i,m+k}\leqslant 0$。

5．迭代，求得新的基可行解（主要确定换入变量和换出变量）

当初始可行解不是最优解时，按照下面规则从中确定一个换入变量 x_k，一个换出变量 x_l，并通过高斯消去法得到新的基可行解。

① 换入变量的确定。当存在多个检验数 $\sigma_j>0$ 时，取最大正检验数指标，$\max(\sigma_j>0)=\sigma_k$，即 x_k，为换入变量，但不是必需的。

② 换出变量的确定。为了确保所有的变量均为非负，需确定换入变量的值为 $x_k=\min\left(\dfrac{b_i'}{a_{ik}'}\middle|a_{ik}'>0\right)=\dfrac{b_l'}{a_{lk}'}$，则换出变量为 x_l。令 $\theta=\min\left(\dfrac{b_i'}{a_{ik}'}\middle|a_{ik}'>0\right)=\dfrac{b_l'}{a_{lk}'}$，该规则也称最小

θ 规则。

在得到新的基可行解后，回到第 4 步进行最优性检验与解的判别。

3.6.3 线性规划方法应用实例

假设某工厂生产产品 1 和产品 2，要消耗三种原料，已知单位产品所需原料和利润如表 3.6-1 所示，试利用线性规划方法编制出总利润最大的生产计划。

表 3.6-1 单位产品所需原料和利润

所需原料/kg	产品 1	产品 2	原料可用量/（$\times10^3$kg/天）
原料 1	0	5	15
原料 2	6	2	24
原料 3	1	1	5
利润/千元	2	1	

1．建立实际问题的线性规划数据模型

根据实际问题要求编制生产计划，即产品 1 和产品 2 每天生产多少件的计划，设每天分别生产 x_1、x_2 件产品 1 产品 2。

（1）目标：生产出的产品总利润最大，即利润函数 $2x_1+x_2$ 达到最大。

（2）约束条件：每种产品每天消耗原料的量不超过规定的用量，原料 1 消耗量要满足 $5x_2\leqslant15$，原料 2 消耗量要满足 $6x_1+2x_2\leqslant24$，原料 3 消耗量要满足 $x_1+x_2\leqslant5$。

（3）包含条件：每种产品的产量为非负，即 $x_1,x_2\geqslant0$。

将上述分析写成线性规划模型表达式：

$$\begin{cases}\max(2x_1+x_2)\\ \text{s.t.}\begin{cases}5x_2\leqslant15\\ 6x_1+2x_2\leqslant24\\ x_1+x_2\leqslant5\\ x_1,x_2\geqslant0\end{cases}\end{cases}\tag{3.6-4}$$

2．把一般的线性规划问题转化为标准形式

根据线性规划模型表达式，只需对其进行目标变换和约束变换即可：

$$\begin{cases}\min(-2x_1-x_2)\\ \text{s.t.}\begin{cases}5x_2+x_3=15\\ 6x_1+2x_2+x_4=24\\ x_1+x_2+x_5=5\\ x_1,x_2,x_3,x_4,x_5\geqslant0\end{cases}\end{cases}\tag{3.6-5}$$

3．确定初始基可行解

根据线性规划标准形式可知约束矩阵为

$$\boldsymbol{A}=\begin{bmatrix}0&5&1&0&0\\6&2&0&1&0\\1&1&0&0&1\end{bmatrix}=(\boldsymbol{u}_1,\boldsymbol{u}_2,\boldsymbol{u}_3,\boldsymbol{u}_4,\boldsymbol{u}_5)\tag{3.6-6}$$

所以可得一个满秩为 3 的初始基 $\boldsymbol{B}^{(0)}=(\boldsymbol{u}_2,\boldsymbol{u}_4,\boldsymbol{u}_5)=\begin{bmatrix}5&0&0\\2&1&0\\1&0&1\end{bmatrix}$，令非基变量为 0，可得初始基可行解 $\boldsymbol{X}^{(0)}=(x_1,x_2,x_3,x_4,x_5)^{\mathrm{T}}=(0,3,0,18,2)^{\mathrm{T}}$，目标变换后的函数值为 $-2x_1-x_2=-3$。

4．最优性检验与解的判别

将基变量转换成非基变量表达式 $x_i = b_i' - \sum_{j=m+1}^{n} a_{ij}' x_j$，可表示为

$$\begin{cases} x_2 = 3 - 0.2x_3 \\ x_4 = 18 - 6x_1 + 0.4x_3 \\ x_5 = 2 - x_1 + 0.2x_3 \end{cases} \tag{3.6-7}$$

将式（3.6-7）代入目标变换后的函数 $z = -2x_1 - x_2 = -3 - (2x_1 - 0.2x_3)$，根据检验数 $\sigma_1 = 2(>0)$，$\sigma_2 = -0.2(<0)$ 可知，$\boldsymbol{X}^{(0)}$ 为非最优解。基变量 $\boldsymbol{B}^{(0)}$ 单纯形表如表 3.6-2 所示，该表最左边一列为基变量，最右边一列为约束右边的常数项，中间为决策变量的系数，最下边一行是目标函数用非基变量表达时，其基变量的系数（检验数）。

表 3.6-2　基变量 $B^{(0)}$ 单纯形表

基　变　量	x_1	x_2	x_3	x_4	x_5	常　数　项
x_2	0	1	0.2	0	0	3
x_4	6	0	−0.4	1	0	18
x_5	1	0	−0.2	0	1	2
检验数	2	0	−0.2	0	0	/

5．迭代，求得新的基可行解（主要确定换入变量和换出变量）

由于 $\sigma_6 > 0$，选择 $\max(\sigma_j > 0) = \sigma_k$ 作为换入变量，即 x_1 为换入变量。选择 $\min\left(\frac{b_i'}{a_{ik}'} \middle| a_{ik}' > 0\right) = \frac{b_l'}{a_{lk}'}$ 为换出变量，即取基变量中的 $\min\left(\frac{3}{0}, \frac{18}{6}, \frac{2}{1}\right)$（见表 3.6-2），则 x_5 为换出变量。得到新的基及其可行解为 $\boldsymbol{B}^{(1)} = (\boldsymbol{u}_1, \boldsymbol{u}_2, \boldsymbol{u}_4) = \begin{bmatrix} 0 & 5 & 0 \\ 6 & 2 & 1 \\ 1 & 1 & 0 \end{bmatrix}$，$\boldsymbol{X}^{(1)} = (x_1, x_2, x_3, x_4, x_5)^{\mathrm{T}} = (2,3,0,6,0)^{\mathrm{T}}$，目标变换后的函数值为 $-2x_1 - x_2 = -7$。目标变换后的函数为 $z = -2x_1 - x_2 = -7 - (0.2x_3 - 2x_5)$，此时基变量 $\boldsymbol{B}^{(1)}$ 单纯形表如表 3.6-3 所示。

表 3.6-3　基变量 $B^{(1)}$ 单纯形表

基　变　量	x_1	x_2	x_3	x_4	x_5	常　数　项
x_2	0	1	0.2	0	0	3
x_4	0	0	0.8	1	−6	6
x_1	1	0	−0.2	0	1	2
检验数	0	0	0.2	0	−2	/

此时返回步骤 4 进行判断。

根据判断可知，x_3 为换入变量，x_4 为换出变量，得到新的基及其可行解为 $\boldsymbol{B}^{(2)} = (\boldsymbol{u}_1, \boldsymbol{u}_2, \boldsymbol{u}_3) = \begin{bmatrix} 0 & 5 & 1 \\ 6 & 2 & 0 \\ 1 & 1 & 0 \end{bmatrix}$，$\boldsymbol{X}^{(2)} = (3.5, 1.5, 7.5, 0, 0)^{\mathrm{T}}$，目标变换后的函数值为 $-2x_1 - x_2 = -8.5$，目

标变换后的函数为 $z=-2x_1-x_2=-8.5-(-0.25x_4-0.5x_5)$，此时基变量 $\boldsymbol{B}^{(2)}$单纯形表如表 3.6-4 所示。

表 3.6-4　基变量 $B^{(2)}$单纯形表

基 变 量	x_1	x_2	x_3	x_4	x_5	常 数 项
x_2	0	1	0	−0.25	1.5	1.5
x_3	0	0	1	1.25	−0.75	7.5
x_1	1	0	0	0.25	−0.5	3.5
检验数	0	0	0	−0.25	−0.5	/

另外，由目标函数中所有非基变量的检验数 $\sigma_j<0$ 可知，当前已求得最优解，并结束求解。因此，在产品 1 和产品 2 分别生产 3.5 件和 1.5 件时，产品总利润最大，为 8.5 千元。

3.7　时间序列分析

3.7.1　时间序列分析原理

时间序列是指按时间顺序的一组数列。时间序列分析就是对这组数列应用数理统计方法加以处理，以预测未来事物的发展。时间序列分析是定量预测方法之一，它的基本原理：一是承认事物发展的延续性，应用过去的数据，就能推测事物的发展趋势；二是考虑事物发展的随机性，任何事物发展都可能受偶然因素影响，为此要利用统计分析中的加权平均法对历史数据进行处理。该方法简单易行，便于掌握，但准确性差，一般只适用于短期预测。时间序列分析一般反映趋势变化、周期性变化、随机性变化等实际变化规律。

1. 测定趋势的分析方法

（1）移动平均法（Moving Average，MA 法）

移动平均法采用逐期递移的办法分别计算一系列移动的时序平均值，形成新的派生时序数据，即取若干观察期的数据的算术平均值作为下一期的预测值。该方法比较适用于近期预测，适合预测目标的发展趋势变化不大的情况。有时间序列 $y_1,y_2,\cdots,y_t,\cdots$，给定 N，有：

$$\hat{y}_{t+1}=\frac{1}{N}(y_t+y_{t-1}+\cdots+y_{t-N+1}) \tag{3.7-1}$$

式中，$\hat{y}_{t+1}$ 为 $t+1$ 期的预测值；N 为计算移动时序平均值时所包含的数据个数。则：

$$\hat{y}_t=\frac{1}{N}(y_{t-1}+y_{t-2}+\cdots+y_{t-N})$$
$$\hat{y}_{t+1}=\hat{y}_t+\frac{1}{N}(y_t-y_{t-N}) \tag{3.7-2}$$

在实际应用上，一般用对过去数据预测的均方差作为选取 N 的准则。另外，要考虑各期数据的重要性，对近期数据给予较大的权重，这样构建的分析方法为加权移动平均法。

（2）数学曲线拟合法

数学曲线拟合法是用数学中的某种曲线方程对原数列中的趋势进行拟合，以消除其他变动，揭示数列长期趋势的一种方法。主要有直线趋势的拟合、指数趋势线的拟合、龚柏兹曲线拟合、皮尔曲线拟合等。

2. 预测趋势分析模型

（1）自回归（Auto Regressive，AR）模型

该模型用同一个变量 y 之前各期，即序列 $y_1 \sim y_{t-1}$ 来预测本期 y_t 的表现，并假设它们为线性关系。因为这是从回归分析中的线性回归发展而来的，且用 y 预测 y 的趋势，所以称之为自回归。自回归只能用于预测与自身前期相关的时间序列，即受自身历史因素影响较大的时间序列，如矿的开采量，各种自然资源产量等。时间序列 y_t 满足：

$$y_t = c+\phi_1 y_{t-1} + \phi_2 y_{t-2} + ... + \phi_p y_{t-p} + \varepsilon_t = c + \sum_{i=1}^{p} \phi_i y_{t-i} + \varepsilon_t \tag{3.7-3}$$

式中，常数 $c \neq 0$；ϕ_i 为自相关系数；p 为变量 y 受历史变量影响的数量；ε_t 的均值 $E(\varepsilon_t)=0$，ε_t 的方差 $\mathrm{Var}(\varepsilon_t)=\sigma^2$，$\sigma$ 被假设为对于任何的 t 都不变。另外，时间序列 y_t 满足：

$$y_t - c = \phi_1(y_{t-1}-c) + \phi_2(y_{t-2}-c) + \cdots + \phi_p(y_{t-p}-c) + \varepsilon_t \tag{3.7-4}$$

相当于 c 为平稳的 $\mathrm{AR}(p)$ 过程均值，则 $\mathrm{AR}(p)$ 模型过程为

$$y_t = \phi_1 y_{t-1} + \phi_2 y_{t-2} + \cdots + \phi_p y_{t-p} + \varepsilon_t \tag{3.7-5}$$

为了求解自回归系数 $\phi_1,\phi_2,\cdots,\phi_p$，两边乘因子 $y_{t-\tau}$ 再取数学期望后除以方差 σ^2，构建自回归系数 Yule-Walker 的方程：$\gamma(\tau)=\phi_1\gamma(\tau-1)+\phi_2\gamma(\tau-2)+\cdots+\phi_p\gamma(\tau-p)$，即

$$\begin{cases} \gamma(0)\phi_1 + \gamma(1)\phi_2 + \cdots + \gamma(p-1)\phi_p = \gamma(1) \\ \gamma(1)\phi_1 + \gamma(0)\phi_2 + \cdots + \gamma(p-2)\phi_p = \gamma(2) \\ \cdots \\ \gamma(p-1)\phi_1 + \gamma(p-2)\phi_2 + \cdots + \gamma(0)\phi_p = \gamma(p) \end{cases} \tag{3.7-6}$$

根据随机序列平稳性，计算出样本的自相关函数、方差、均值，即

$$\gamma(\tau) = \frac{1}{n-\tau}\sum_{t=1}^{n-\tau}\left(\frac{x_t - \bar{x}}{S}\right)\left(\frac{x_{t+\tau} - \bar{x}}{S}\right),\quad S^2 = \frac{1}{n}\sum_{t=1}^{n}(x_t - \bar{x})^2,\quad \bar{x} = \frac{1}{n}\sum_{t=1}^{n} x_t \tag{3.7-7}$$

最后可求出回归系数 $\phi_1,\phi_2,\cdots,\phi_p$，得到自回归模型。

（2）移动平均（Moving Average，MA）模型

与自回归模型采用 p 阶序列的线性组合构造方法不同，移动平均模型是利用过去 q 阶白噪声的线性组合构造的，即时间序列 y_t 满足：

$$y_t = c+\varepsilon_t - \phi_1\varepsilon_{t-1} - \phi_2\varepsilon_{t-2} - \cdots - \phi_q\varepsilon_{t-q} \tag{3.7-8}$$

式中，$\{\varepsilon_t : t = 0, \pm1, \pm2, \cdots\}$ 为白噪声，ε_t 的方差 $\mathrm{Var}(\varepsilon_t)=\sigma^2$，$\sigma$ 被假设为对于任何的 t 都不变。

（3）自回归移动平均（Auto Regressive Moving Average，ARMA）模型

自回归移动平均模型以自回归模型与移动平均模型为基础“混合”构成，该模型是研究平稳随机过程有理谱的典型方法，适用于很多实际问题。它比自回归模型与移动平均模型有较精确的谱估计及较优良的谱分辨率性能，但其参数估算比较烦琐，即时间序列 y_t 满足：

$$y_t = c+\phi_1 y_{t-1} + \phi_2 y_{t-2} + \cdots + \phi_p y_{t-p} + \varepsilon_t - \alpha_1\varepsilon_{t-1} - \alpha_2\varepsilon_{t-2} - \cdots - \alpha_q\varepsilon_{t-q} \tag{3.7-9}$$

3.7.2 时间序列分析基本步骤

时间序列分析基本步骤如下。

（1）用观测、调查、统计、抽样等方法取得被观测系统时间序列动态数据。

（2）根据动态数据绘制相关图，进行相关分析，求自相关函数。相关图能显示变化的趋

势和周期，并能发现跳点和拐点。跳点是指与其他数据不一致的观测值。如果跳点是正确的观测值，则在建模时应考虑进去，如果是反常现象，则应把跳点调整到期望值。拐点是指时间序列从上升趋势突然变为下降趋势的点。如果存在拐点，则在建模时必须用不同的模型去分段拟合该时间序列。

（3）辨识合适的随机模型进行曲线拟合，即用通用随机模型去拟合时间序列的观测数据。对于短的或简单的时间序列，可用趋势模型和季节模型加上误差来进行拟合。对于平稳时间序列，可用通用 ARMA 模型及其特殊情况的自回归模型、移动平均模型或组合 ARMA 模型等来进行拟合。当观测值多于 50 个时一般采用 ARMA 模型。对于非平稳时间序列则要先将观测到的时间序列进行差分运算，转化为平稳时间序列，再用适当模型去拟合这个序列。

3.7.3 时间序列分析应用实例

假设有一个气象站 1980—1994 年 6～8 月降水量 $x_t\ (t=1,2,\cdots,15)$ 如表 3.7-1 所示，在该序列为平稳时间序列的情况下，对 1995 年的 6～8 月降水量进行预测。

表 3.7-1 气象站 1980—1994 年 6～8 月降水量

t	1	2	3	4	5	6	7	8
x_t/mm	590.2	540.1	540.1	617.3	724.2	660.8	661.7	621.8
t	9	10	11	12	13	14	15	
x_t/mm	469.3	504.6	546.6	829.5	822	661.8	745.8	

1．对观测到的时间序列数据进行基本预处理和统计处理等

（1）计算时间序列的均值，$\overline{x}=\dfrac{1}{15}\sum\limits_{t=1}^{15}x_t$=635.7（mm）。

（2）对原时间序列进行平稳化处理，这里采用距平值 $x_t-\overline{x}$ 进行平稳后处理。为简化计算，距平值的单位改用 cm，且取整。

2．计算自相关函数值

（1）计算方差 $S^2=\dfrac{1}{15}\sum\limits_{t=1}^{15}(x_t-\overline{x})^2=114.7$。

（2）计算自相关函数值 $\gamma(\tau)=\dfrac{1}{n-\tau}\sum\limits_{t=1}^{n-\tau}\left(\dfrac{x_t-\overline{x}}{S}\right)\left(\dfrac{x_{t+\tau}-\overline{x}}{S}\right)$，计算结果如表 3.7-2 所示。

表 3.7-2 自相关函数值

函数	$\gamma(0)$	$\gamma(1)$	$\gamma(2)$	$\gamma(3)$	$\gamma(4)$	$\gamma(5)$	$\gamma(6)$	$\gamma(7)$	$\gamma(8)$
值	1.00	0.50	−0.03	−0.41	−0.62	−0.26	−0.02	0.58	0.58

3．选择自回归模型 AR(p)

（1）时间序列平稳显著性检验。因为本例的样本数过少，所以在此不做时间序列平稳显著性检验。

（2）采用 AR(p) 模型需要构建 Yule-Walker 方程组求解模型因子，并且求 $\gamma(\tau)$ 绝对值较大的。根据经验，对于样本数不多的长期预测一般取相关性较好的 3 个前期变量作为因子来

建立 Yule-Walker 方程组，即 $\gamma(i)$、$\gamma(j)$、$\gamma(k)$ 作为预测因子，建立求解自回归系数 ϕ_i、ϕ_j、ϕ_k 的 Yule-Walker 方程组：

$$\begin{cases}\gamma(i-i)\phi_i+\gamma(j-i)\phi_j+\gamma(k-i)\phi_k=\gamma(i)\\ \gamma(i-j)\phi_i+\gamma(j-j)\phi_j+\gamma(k-j)\phi_k=\gamma(j)\\ \gamma(i-k)\phi_i+\gamma(j-k)\phi_j+\gamma(k-k)\phi_k=\gamma(k)\end{cases} \tag{3.7-10}$$

故采用一般线性代数解方程的方法解出 ϕ_i、ϕ_j、ϕ_k，得到自回归模型：

$$\hat{x}_{d_t}=\phi_i x_{d_{(t-i)}}+\phi_j x_{d_{(t-j)}}+\phi_k x_{d_{(t-k)}} \tag{3.7-11}$$

现取 $\gamma(4)$、$\gamma(7)$、$\gamma(8)$ 代入上述 Yule-Walker 方程组：

$$\begin{cases}\phi_4+\gamma(3)\phi_7+\gamma(4)\phi_8=\gamma(4)\\ \gamma(3)\phi_4+\phi_7+\gamma(1)\phi_8=\gamma(7)\\ \gamma(4)\phi_4+\gamma(1)\phi_7+\phi_8=\gamma(8)\end{cases} \tag{3.7-12}$$

从而，求得 $\phi_4=-0.38$，$\phi_7=0.34$，$\phi_8=0.18$，相应的自回归模型为

$$\hat{x}_{d_t}=-0.38x_{d_{(t-4)}}+0.34x_{d_{(t-7)}}+0.18x_{d_{(t-8)}} \tag{3.7-13}$$

（3）回归检验，将历史个例因子代入上述自回归模型求出历年的 $\hat{x}_{d_t}$。例如，计算 $\hat{x}_{d_9}$（t=9，第 9 年 6～8 月降水量距平值）：

$x_{d_{(9-4)}}=x_{d_5}=9$，$x_{d_{(9-7)}}=x_{d_2}=-10$，$x_{d_{(9-8)}}=x_{d_1}=-5$，代入自回归方程计算 $\hat{x}_{d_9}$ 为

$\hat{x}_{d_9}=-0.38\times 9+0.34\times(-10)+0.18\times(-5)=-7.72\approx -8$。其结果如表 3.7-3 所示。

表 3.7-3　气象站历年降水量距平值

t	9	10	11	12	13	14	15	16
实际值 x_{d_t}	−17	−13	−9	19	19	3	11	−23
计算值 $\hat{x}_{d_t}$	−8	−6	−3	3	9	6	3	−13

（4）对第 16 年的 6～8 月降水量预测，首先计算第 16 年 6～8 月降水量（cm）距平值 $\hat{x}_{d_{16}}$ 为

$$\begin{aligned}\hat{x}_{d_{16}}&=-0.38x_{d_{(16-4)}}+0.34x_{d_{(16-7)}}+0.18x_{d_{(16-8)}}\\&=-0.38\times 19+0.34\times(-17)+0.18\times(-1)\\&=-130\end{aligned}$$

故第 16 年 6～8 月降水量（mm）$\hat{x}_{16}$ 为：$\hat{x}_{16}=\hat{x}_{d_{16}}+\bar{x}=-130+635.7=505.7$（mm）。

第 4 章　点模式空间统计

4.1　空间点模式

4.1.1　空间点模式概念

在地理学中，“空间模式”一般是指人或物体在现实世界中的组织和位置，可以是它们之间距离的远近或者它们之间呈现的相对或绝对位置的规律。研究分布的模式对于探索导致这一分布模式形成的原因非常重要。空间点模式为空间统计学的一个研究方向，点模式是研究区域 R 内的一系列点$[S_1=(X_1,Y_1),S_2=(X_2,Y_2),\cdots,S_n=(X_n,Y_n)]$的组合，其中$S_i$是第$i$个被观测事件的空间位置。研究区域$R$的形状可以是矩形，也可以是复杂的多边形。

在地图上，居民点、商店、旅游景点、犯罪现场等都表现为点的特征，有些是具体的地理实体对象，有些则是曾经发生的事件的地点，这些地点统称为空间点实体（点事件，简称点）。

根据地理实体或事件的空间位置研究其分布模式的方法称为空间点模式，这是一类重要的空间分析方法。这些离散地理对象或事件的空间分布模式对于城市规划、服务设施布局、商业选址、流行病的控制等具有重要的作用。

4.1.2　点模式的类型

对于区域内分布的点集对象或事件，分布模式的基本问题是：这些对象或事件的分布是随机的、均匀的，还是聚集的。在研究区域中，虽然点在空间上的分布千变万化，但是不会超出从均匀到集中的模式。因此，一般将点模式分为随机分布（完全空间随机过程与泊松随机过程）、均匀分布和聚集分布三种基本类型，如图 4.1-1 所示。

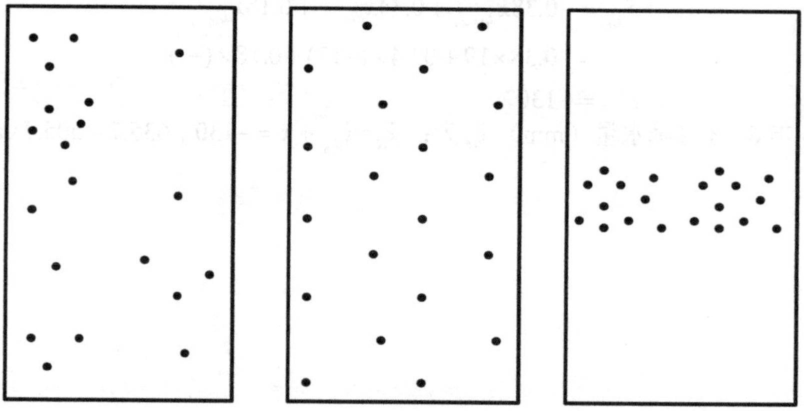

（a）随机分布　　（b）均匀分布　　（c）聚集分布

图 4.1-1　点模式的三种基本类型

从统计学的角度看，地理现象或事件出现在空间任意位置都是有可能的。如果没有某种力量或机制来“安排”事件的出现，那么分布类型可能是随机的，否则将以规则或聚集分布的类型出现。如果这些点对象存在类型之分，或者随时间产生变化，那么还需要深入研究的问题是一类点对象的分布类型是否依赖于另一类点对象的分布类型，或者前期的点模式是否对后期的点模式产生影响。通常，空间位置在一次分析中（时序分析除外）并不会发生改变，所以我们一般通过属性数据的变化来判断空间分布。

若点模式为规则或聚集类型，则说明地理世界中的事物可能存在某种联系。一种现象的分布类型是否对另一种现象的分布类型产生影响也是点模式需要解决的重要问题。

4.1.3 点模式分析方法

对于热点探测相关研究而言，学者关注的是点数据的聚集分布类型。空间点模式分析（Point Pattern Analysis，PPA）是一类根据现实世界中的实体或事件发生的空间位置分析其分布类型的重要空间分析方法。

空间点模式的研究一般基于所有观测事件在地图上的分布，也可以是样本点的模式。由于点模式关心的是空间点分布的聚集性和离散性问题，所以形成了两类点模式的分析方法：第一类是以聚集性为基础的基于密度的方法，它用点的密度或频率分布的各种特征研究点分布的空间模式，这类分析方法主要有样方计数法和核函数法两种；第二类是以离散性为基础的基于距离的技术，它通过测度最近邻点的距离分析点的空间分布类型，这类方法主要有最近邻距离法，包括最近邻指数（Nearest Neighbor Index，NNI）、*G* 函数、*F* 函数、*K* 函数等方法。现实世界中的空间模式并不一定具有清晰及完全的聚集、均匀或随机分布，更多的是介于各种分布类型的中间模式。此外，在研究区域的边界处会产生扭曲核密度估计的边缘效应，也可能因此而忽略某些热点区域，且不便进行时空扩展。在非随机分布中存在空间自相关。空间自相关数据的基本特征是其属性值在空间上相互关联或相互依赖。

空间点模式分析技术的目的是解释观测的点模式，分析过程包括：①基于一阶或二阶性质的计算分析；②建立完全随机（Complete Spatial Random，CSR）模式；③比较或显著性检验。其中，CSR 是建模中的一个关键过程，用来检验过程是否是 CSR 的方法有很多，包括 χ^2 检验、K-S 检验，以及蒙特卡罗检验等。

一般而言，随机空间过程产生的点模式遵循同质泊松过程，这意味着在研究区域中，每个事件（点）在任意位置上发生的概率是完全相等的，并且各自相互独立分布。因此，在完全随机过程中是不存在一阶效应或二阶效应的。分析中通过与 CSR 相比便可以评价点过程分布类型。

4.1.4 点模式尺度效应

对点模式的空间分析，应注意空间依赖性对分布类型真实特征的影响。空间依赖性所产生的空间效应可能是大尺度的趋势，也可能是局部效应。点模式分析的重要性不仅在于能够从全局上揭示分布类型，而且能够描述尺度相关的分布类型，描述两类事件分布类型随时间的演化过程。

大尺度趋势称为一阶效应，它描述某个参数均值的总体变化性。一阶效应一般用点过程密度 $\lambda(s)$ 描述，是指在点 s 处单位面积内事件的平均数量。用数学极限公式可定义为

$$\lambda(s)=\lim_{d_s\to 0}\left\{\frac{E(Y(d_s))}{d_s}\right\} \tag{4.1-1}$$

式中，d_s 是指在点 s 周围一个足够小的邻域；E 表示数学期望；$Y(d_s)$ 是 d_s 内事件的数量。

局部效应称为二阶效应，它是由空间依赖性所产生的，表达的是近邻的值相互趋同的倾向，通过其对于均值的偏差计算获得。二阶效应通过研究区域中两个足够小的子区域内事件数量之间的相互关系来描述。用数学极限公式可表示为

$$\gamma(s_i, s_j) = \lim_{d_{s_i}, d_{s_j} \to 0} \left\{ \frac{E(Y(d_{s_i})Y(d_{s_j}))}{d_{s_i} d_{s_j}} \right\} \tag{4.1-2}$$

式中，d_{s_i} 和 d_{s_j} 分别表示 s_i 和 s_j 周围足够小的邻域；E 表示数学期望；$Y(d_{s_i})$、$Y(d_{s_j})$ 分别指 d_{s_i} 和 d_{s_j} 两个小区域内的事件数量。

点模式的二阶性质通过点之间的距离进行研究，如最近邻距离。最近邻距离的估计有两种技术，即随机选择的事件与其最近邻之间的距离，或者随机选择的空间上的位置与最近邻的事件之间的距离。空间上的事件具有发生的时间特征，因此需要将其作为其中一个特别的属性。研究空间和时间上的类聚有专门的方法。空间依赖性可通过可视的方式检查近邻事件距离的概率分布。聚集分布通常在低值区域表现出陡峭的曲线形式，而规则分布则在高值区域具有陡峭的曲线形式。K 函数允许考虑的不仅是最近邻的事件，还依赖于过程各向同性基本假设。

4.2 样方分析

4.2.1 样方分析的思想

样方分析（Quadrat Analysis，QA）是一种研究事件位置的空间排列的方法，它检查在一个区域的不同部分出现点的频率，在研究区域上叠加一组单元格（通常是正方形），并确定每个单元格中的点数量。样方分析测度的是研究区域中不同部分的点的频率分布。频率的不同反映了点密度的不一致性。样方分析通过分析小区频率的分布，可以描述点图的排列，是研究空间点模式的常用的直观方法。将一组样方（通常为正方形单元格，其他规则的大小一致的图形也可以）覆盖在研究区域上，然后统计每个单元格中的点数，计算具有 n 个点数的样方个数及其频率，通过对完全空间随机过程（泊松分布）所得的结果进行对比来判断点模式的分布特征。其基本思想是通过点分布密度的变化来探索空间分布类型：一般用随机分布类型作为理论上的标准分布，理论上可以将观测点模式和任何已知特征的点模式进行比较。通常先采用视觉观察的方法，假设点的分布类型和某种特征分布相似，将样方分析计算的点密度和理论分布进行比较，判断点模式属于聚集分布、均匀分布，还是随机分布，然后进行统计量的计算和检验。另外，根据样方的取法分为系统采样和随机采样，后者在研究区域上对象的个数较少时是一种有效的方法。

4.2.2 样方分析的方法

样方分析中对分布模式的判别产生影响的因素有：样方的形状，采样的方式，样方的起点、方向、大小等，这些因素会影响点的观测频次和分布。样方分析中样方的形状一般采用正方形的网格覆盖，但也可定义其他样方形状，如三角形、正六边形等，如图 4.2-1 所示。除规则网格外，采用固定尺寸的随机网格也能够得到同样的效果。不管采用何种形状的样方，其形状和大小必须一致，以避免在空间上的采样不均匀。由于样方分析估计的点密度随着空间变化而变化，所以保持采样间隔的一致性非常重要。

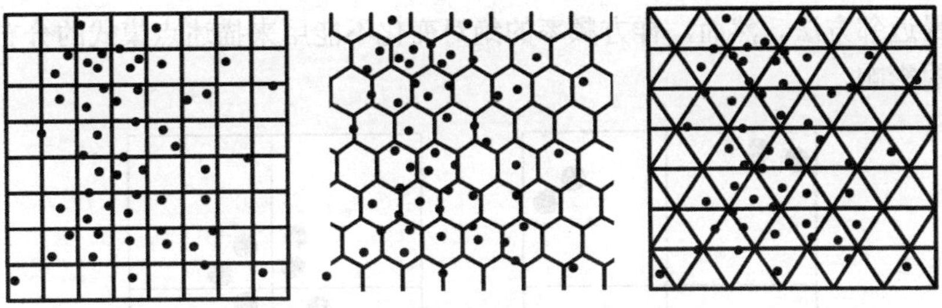

图 4.2-1　样方形状

采用样方分析空间点模式时，样方的尺寸选择对计算结果会产生很大的影响。样方太小，很多样方没有点；样方太大，很多样方都有相似数量的点。根据 Greig-Smith 于 1962 年的实验以及 Tylor 和 Griffith、Amrhein 的研究，最优的样方尺寸可根据区域的面积和分布于其中的点的数量确定：

$$Q = 2A/n \tag{4.2-1}$$

式中，Q 是样方尺寸（面积），如图 4.2-2 所示；A 为研究区域的面积；n 是研究区域中点的数量。这就是说，最优样方的边长取 $\sqrt{2A/n}$ 。

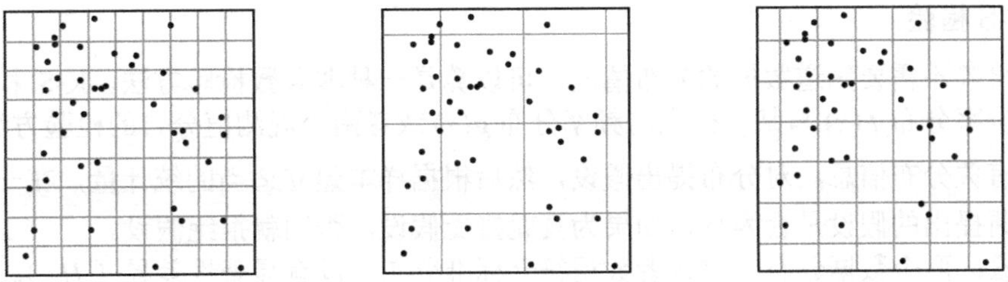

（a）　（b）　（c）

图 4.2-2　样方尺寸

样方分析的计算过程如下。首先，确定样方的尺寸，利用这一尺寸，将研究的区域划分为规则的正方形网格区域。其次，统计落入每个网格中点的数量，统计包含 0,1,2,3,…,n 个点的样方的数量。由于点在空间上分布的疏密性，有的网格中点的数量多，有的网格中点的数量少，还有的网格中点的数量为零。再次，统计出包含不同数量的点的网格数量的频率分布。最后，将观测得到的频率分布和已知的频率分布或理论上的随机分布（如泊松分布）进行比较，判断点模式的类型。观测的频率分布与已知频率分布之间差异的显著性是推断空间模式的基础，通常采用 Kolmogorov-Simirnov 检验（简写为 K-S 检验）。

然而样方分析存在一定的限制，样方分析只能获取点在样方内的信息，不能获取关于样方内点之间的信息，其结果是样方分析不能充分区分点分布类型。在图 4.2-3 所示的两种分布类型中，分别是 8 个点在 4 个样方中的分布。图 4.2-3（a）比较离散，图 4.2-3（b）比较聚集，在视觉上是两个不同的类型。如果每个样方内包含的点的数量相同，那么包含某种点的数量的样方的频率相同，点模式表现为完全均匀分布；如果每个样方内点的数量有很大的不同，那么样方频率之间的差异就会很大，点模式表现为聚集分布；如果每个样方内点的数量相差不是太大，那么样方频率之间的差异不大，整个模式为随机的或接近随机的分布。利用样方分析将产生相同的结果。其原因是样方分析不能计算样方内点之间的空间关系信息，当样方格网划定后，人为地割裂了点之间的空间关系。用点分布的空间关系信息识别空间模式的方法是最近邻方法。然而，样方频率的绝对变化不能用来描述点模式的分布状况，因为它受点密度的影响。

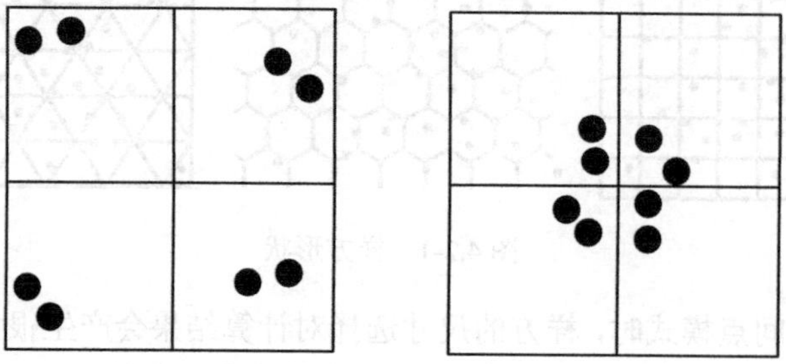

图 4.2-3　两种分布类型

4.2.3　样方分析显著性检验

样方分析中点模式的显著性检验方法包括：根据频率分布比较的 K-S 检验，根据方差均值比的 χ^2 检验。

1. K-S 检验

K-S 检验不需要知道数据的分布情况，可以算是一种非参数检验方法。K-S 检验是比较一个观测频率分布 $f(x)$ 与某一标准的频率分布 $g(x)$ 或者两个观测值分布的检验方法。根据样本提供的有关分布信息，对分布提出假设，然后根据样本建立适当的统计量，在一定的置信度下，判断提出的假设是否为真，如果为真就接受假设，否则就拒绝假设。

原假设：两个数据分布一致或者数据符合标准分布，没有显著性差异（H_0）。

备择假设：两个数据分布不一致或者数据不符合标准分布，有显著性差异（H_1）。

当实际观测值 $D > D_{(n,\alpha)}$ 时拒绝 H_0，否则接受 H_0。

K-S 检验统计量 D 为两个频率分布的累积频率分布的最大差异：

$$D = \max\left|f(x) - g(x)\right| \tag{4.2-2}$$

在理论上，D 是一个随机变量，依赖于样本数量。在显著性水平为 α 的条件下，K-S 检验将观测的最大差异 D 与假设的分布统计量临界值 P 进行比较。根据 K-S 检验理论，若 $D < P$，则在指定的显著性水平 α 上，该假定分布是可以接受的，说明两个分布来自接近的分布或同一分布，不存在明显的不同；若 $D > P$，则表明两个分布之间在 α 上差异显著，于是可以拒绝原假设，说明两个分布存在显著性差异，这种差异表现为相同类型分布的均值或方差不同，或者分布模式的不同。

2. 方差均值比的 χ^2 检验

因为样方受点密度的影响，样方频率的绝对变化不能用来描述点模式的分布状况。可以使用方差和均值的比值来标准化样方频率相对于平均样方频率的变化程度，消除点密度的影响。定义方差均值比（Variance-Mean Ratio，VMR）为 $\mathrm{VMR} = \dfrac{S^2}{M}$，VMR 是一个很好的表征点模式空间分布特征的指标，可以用来判断点模式是否与随机分布相似。如果 VMR>1，则点模式趋于聚集分布；如果 VMR<1，则点模式趋于均匀分布；如果点模式趋于泊松分布，则 VMR 趋于 1。

显著性检验采用 χ^2 检验，定义一个检验统计量 I（也称离散性指数）：

$$I=\frac{\sum_{i=1}^{n}\frac{(x_i-\bar{x})^2}{n-1}}{\sum_{i=1}^{n}\frac{x_i}{n}} \tag{4.2-3}$$

式中，n 为小样方数；x_i 为第 i 个小样方内的个体数。

对于 CSR 模式，I 服从自由度为 $n-1$ 的 χ^2 分布，根据样方计数可以方便地计算 I，然后将 I 和显著性水平为 α 的值进行比较，推断点模式是否来自 CSR 模式。如果 I 显著地大于 $\chi_{\alpha}^2(n-1)$，则表示聚集分布；如果 I 显著地小于 $\chi_{\alpha}^2(n-1)$，则表示均匀分布。

还可以利用方差均值比定义一个聚集性指数（Index of Cluster Size，ICS）判断点模式的类型。ICS 的定义为

$$\text{ICS}=\left(\frac{S^2}{M}\right)-1 \tag{4.2-4}$$

在 CSR 中，ICS 的数学期望 $E(\text{ICS})=0$；如果 $E(\text{ICS})>0$，则表示聚集分布模式；如果 $E(\text{ICS})<0$，则表示规则分布模式。

4.2.4 样方分析应用实例

图 4.1-1 给定的随机分布、均匀分布和聚集分布三种基本类型的点模式，按 2×5 网格进行样方分析，点模式样方图如图 4.2-4 所示。每个网格统计的点数（样方点统计数量）如表 4.2-1 所示。三种点模式的方差均值比的计算过程和结果如表 4.2-2 所示。从表 4.2-2 可知，$\text{VMR}=1.111$，趋于 1，点模式为随机分布；$\text{VMR}=0<1$，点模式为均匀分布；$\text{VMR}=8.889>1$，点模式为聚集分布。

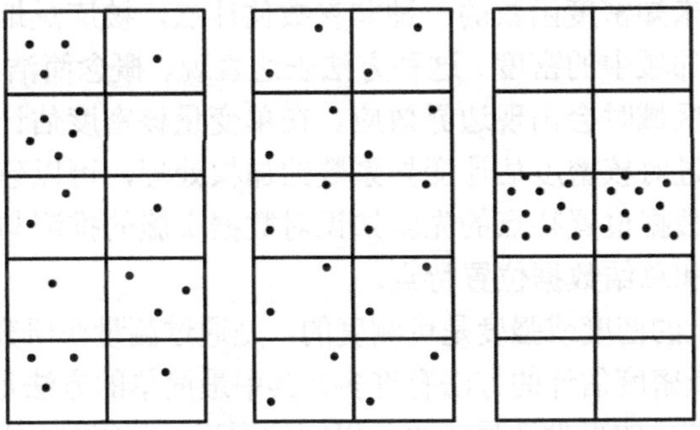

图 4.2-4　点模式样方图

表 4.2-1　样方点统计数量

随机分布		均匀分布		聚集分布	
3	1	2	2	0	0
5	0	2	2	0	0
2	1	2	2	10	10
1	3	2	2	0	0
3	1	2	2	0	0

表 4.2-2　方差均值比的计算过程和结果

随机分布			均匀分布			聚集分布		
样方	样方点数 X	X^2	样方	样方点数 X	X^2	样方	样方点数 X	X^2
1	3	9	1	2	4	1	0	
2	1	1	2	2	4	2	0	
3	5	25	3	2	4	3	0	
4	0	0	4	2	4	4	0	
5	2	4	5	2	4	5	10	100
6	1	1	6	2	4	6	10	100
7	1	1	7	2	4	7	0	
8	3	9	8	2	4	8	0	
9	3	9	9	2	4	9	0	
10	1	1	10	2	4	10	0	
总数	20	60	总数	20	40	总数	20	200
方差	2.222		方差	0.000		方差	17.778	
均值	2.000		均值	2.000		均值	2.000	
VMR	1.111		VMR	0.000		VMR	8.889	

4.3　核密度估计

4.3.1　核密度估计原理

由给定样本点集合求解随机变量的分布密度函数问题是概率统计学的基本问题之一。解决这一问题的方法包括参数估计和非参数估计。核密度估计（Kernel Density Estimation, KDE）是在概率论中用来估计未知密度函数的一种非参数估计法，被广泛地运用于空间分析中，其用来计算要素在其周围邻域中的密度。这种方法表达直观、概念简洁，并且易于计算机实现。核密度估计在估计边界区域时会出现边界效应。在单变量核密度估计的基础上，可以建立风险价值的预测模型。通过对核密度估计变异系数的加权处理，可以建立不同的风险价值的预测模型。它不依托基于数据位置特点的先验知识对数据实施的推测与假设，更多的是站在研究样本自身角度来分析和总结数据位置特点。

空间模式在事件 s 上的密度或强度是可测度的，是通过测量在研究区域中单位面积上的事件数量来估计的。空间点密度估计的方法有许多，其中最简单的方法是在所研究的区域中画一个圆，之后统计落在圆域内的事件数量，再除以圆的面积，就得到估计事件 s 处的事件密度。设事件 s 处的事件密度为 $L(s)$，其估计为 $\hat{L}(s)$，则：

$$\hat{L}(s)=\frac{\#S\in C(s,r)}{\pi r^2} \tag{4.3-1}$$

式中，$C(s,r)$ 是以事件 s 为圆心、r 为半径的圆域；#表示事件 S 落在该圆域中的数量。

根据概率理论，设 $x_1,x_2,\cdots,x_n$ 为独立同分布 F 的 n 个样本点，设其概率密度函数为 f，核密度估计是估计 f 在某点 x 处的值 $f(x)$，核密度估计函数为

$$\hat{f}(x)=\frac{1}{n}\sum_{i=1}^{n}K_h(x-x_i)=\frac{1}{nh}\sum_{i=1}^{n}K\left(\frac{x-x_i}{h}\right) \tag{4.3-2}$$

式中，$K(\cdot)$ 为核函数（非负、积分为 1，符合概率密度性质，并且均值为 0）；$h>0$ 为一个平

滑参数，称为带宽（Bandwidth），也称为窗口。$K_h(x)=1/h\cdot K(x/h)$ 为缩放核函数（Scaled Kernel）。有 Uniform、Triangular、Epanechnikov、Quartic、Triweight、Gaussian（高斯）、Cosine 等多种核函数。各种核函数的图形如图 4.3-1 所示。

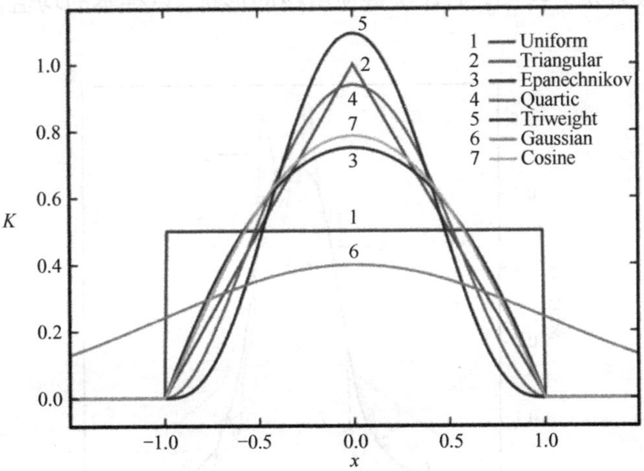

图 4.3-1　各种核函数的图形

Epanechnikov 内核在均方误差意义下是最优的，效率损失也很小。由于高斯内核方便的数学性质，也经常使用 $K(x)=\phi(x)$，$\phi(x)$ 为标准正态概率密度函数。核密度估计与直方图类似，但与直方图相比还有光滑连续的性质。直方图与核函数估计对 $x_1=-2.1$，$x_2=-1.3$，$x_3=-0.4$，$x_4=1.9$，$x_5=5.1$，$x_6=6.2$ 这 6 个点的拟合结果如图 4.3-2 所示。

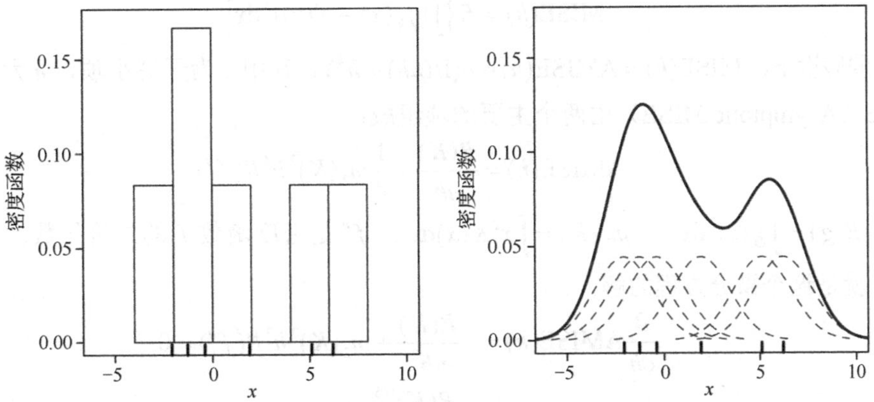

图 4.3-2　拟合结果

在直方图中，横轴间隔为 2，若数据落到某个区间内，则此区间纵轴增大 1/12。在核密度估计中，不妨令正态分布方差为 2.25，虚线表示由每一个数据得到的正态分布，叠加在一起得到核密度估计的结果以实线表示。

4.3.2　核密度带宽

核密度带宽 h 是一个自由参数，它对估计结果有很大的影响。一般而言，随着 h 的增大，空间上估计点密度的变化更为光滑；当 h 减小时，估计点密度的变化凹凸不平。曲线 1 是真实的密度（均值为 0，方差为 1 的正态密度），曲线 2 是欠光滑的，因为曲线 2 的带宽 $h=0.05$

太小，包含了太多的假数据伪影。曲线 3 被过度平滑，因为带宽 $h=2$ 掩盖了大部分底层结构。带宽 $h=0.337$ 的曲线 4 被认为是最优平滑的，因为它的密度估计接近真实密度。在极限 $h\to 0$（无平滑）中会遇到一种极端情况，即估计数是以分析样本坐标为中心的 n 个 delta 函数的总和。在另一个极端极限 $h\to\infty$ 中，估计保持使用核的形状，以样本的均值为中心（完全平滑），如图 4.3-3 所示。

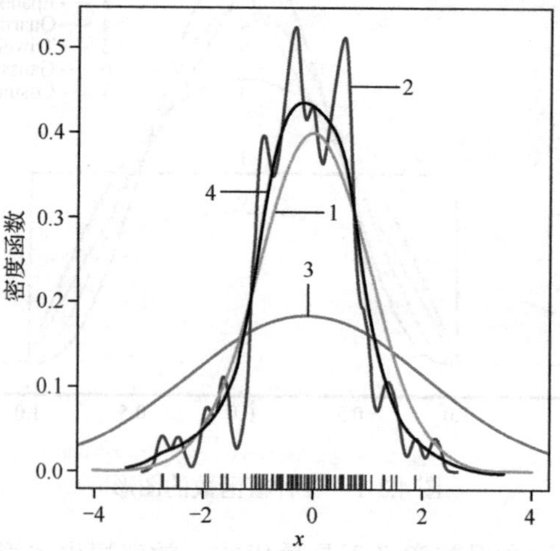

图 4.3-3　不同核密度带宽下的核函数估计结果

选择不同带宽得到的估计结果差别很大，应该选择有效的 h 使误差最小。衡量 h 的优劣可使用平均积分平方误差（Mean Integrated Squared Error，MISE）：

$$\mathrm{MISE}(h)=E\left\{\int[\hat{f}_h(x)-f(x)]^2\,\mathrm{d}x\right\} \tag{4.3-3}$$

在弱假设下，$\mathrm{MISE}(h)=\mathrm{AMISE}(h)+o(1/(nh)+h^4)$，其中 o 为无穷小项，n 为样本大小。AMISE（Asymptotic MISE）由两个主要的项组成：

$$\mathrm{AMISE}(h)=\frac{R(K)}{nh}+\frac{1}{4}m_2(K)^2h^4R(f'') \tag{4.3-4}$$

式中，$R(g)=\int g(x)^2\,\mathrm{d}x$ ①；$m_2(K)=\int x^2K(x)\mathrm{d}x$；$f''$ 是密度函数 f 的二阶导数。这个误差的最小值就是这个微分方程的解：

$$\frac{\partial}{\partial h}\mathrm{AMISE}(h)=-\frac{R(K)}{nh^2}+m_2(K)^2h^3R(f'')=0 \tag{4.3-5}$$

$$h_{\mathrm{AMISE}}=\frac{R(K)^{1/5}}{m_2(K)^{2/5}R(f'')^{1/5}n^{1/5}} \tag{4-3-6}$$

当核函数确定后，式（4.3-6）里的 R、m、f'' 都可以确定下来，将与 h_{AMISE} 具有相同渐近阶数 $n^{-1/5}$ 的带宽 h 代入 AMISE 公式，可得到 $\mathrm{AMISE}(h)=O(n^{-4/5})$。可以证明，在弱假设下，不存在一个非参数估计，它的收敛速度比核密度估计快。

① $R(g)$ 是 $R(K)$、$R(f)$ 的通用形式。

4.3.3 核函数应用实例

根据相关记录，广西河池地区 1969 年以前发生过 17 次地震，其中 5.5 级 2 次，4.5 级 5 次，3.5 级 10 次；1970 年以后发生过 75 次地震，其中 3.5 级 7 次，2.5 级 36 次，1.5 级 32 次。根据地震震级及空间分布进行点核密度分析，得到地震核密度图，如图 4.3-4 所示。从核密度图可知河池地区东南角及西北角地震密度较大，发生地震概率大，而东北角密度低，发生地震概率小，且均为 1.5 级地震。

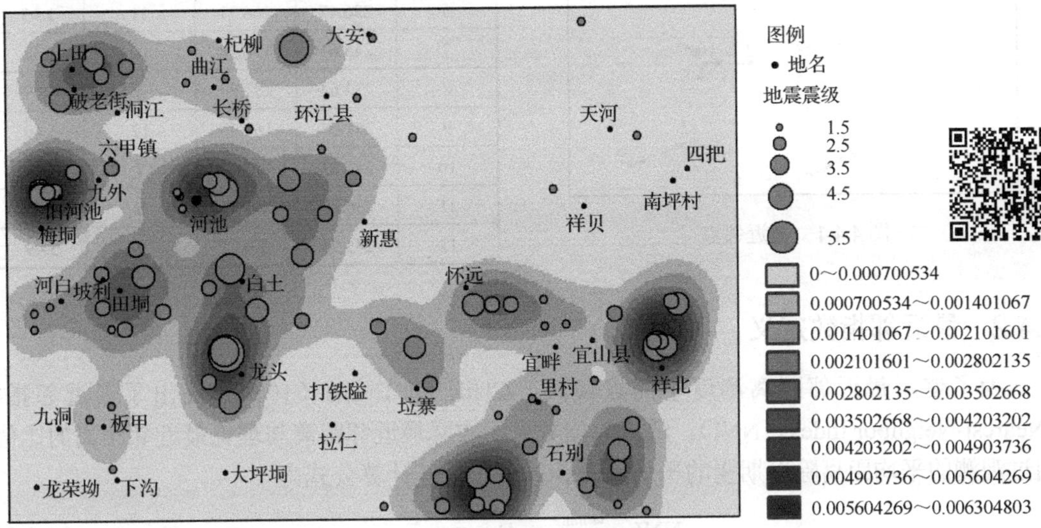

图 4.3-4　广西河池地区地震核密度图

4.4 最近邻指数

4.4.1 最近邻距离定义

最近邻距离（Nearest-Neighbor Distance）是指任意一点到最近邻点之间的欧式距离，是衡量地理空间中点状事物信息之间近邻程度地理指标。最近邻距离法使用最近邻点对之间的距离描述分布模式，判别点状空间信息聚集、离散和均匀分布模式。通过各个点到其最近邻点的距离可计算各点到其最近邻点最短距离的平均值。

$$\overline{d}_{\min} = \sum_{i=1}^{n}\left[\frac{\min(d_i)}{n}\right] \tag{4.4-1}$$

式中，$\overline{d}_{\min}$ 表示各点到其最近邻点最短距离的平均值；d_i 是某个点到其最近邻点的距离；n 为样本数。

将事件的最近邻距离记为 $d_{\min}$。图 4.4-1 中分布有 12 个点，每个点都有一个最近邻点，如编号为 1 的点的最近邻点是 3，最近邻距离为 8.62。各点间最近邻距离 $d_{\min}$ 如表 4.4-1 所示。

点对之间的最近邻距离不是相互的，即点 j 是点 i 的最近邻点，但点 i 不一定是点 j 的最近邻点。在点分布模式中必定存在很多的点，其最近邻点具有相互的最近邻性。根据 Cox（1981）年的研究，在 CSR 模式中有超过 60%的最近邻点是相互的。

表 4.4-1 各点间最近邻距离 d_{min}

ID	X	Y	最近邻点	d_{min}
1	223.54	167.93	3	8.62
2	241.06	175.33	10	3.77
3	232.15	168.26	11	2.84
4	235.48	187.36	8	5.79
5	247.36	177.34	10	3.23
6	236.47	166.37	11	1.95
7	245.61	174.28	10	1.32
8	233.64	181.87	4	5.79
9	251.06	167.35	12	5.49
10	244.83	175.34	7	1.32
11	234.89	167.52	6	1.95
12	245.96	169.37	9	5.49

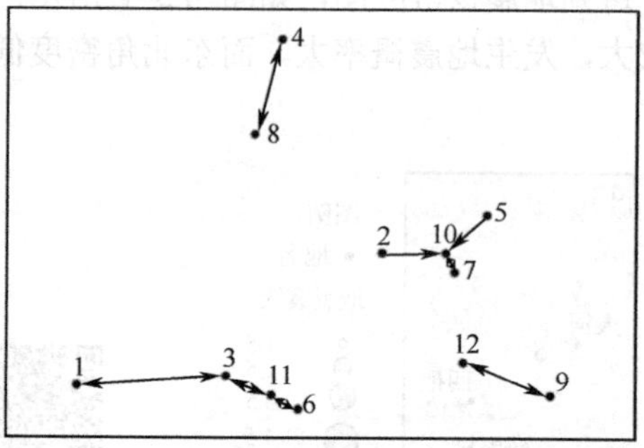

图 4.4-1 最近邻点

4.4.2 最近邻指数定义

为了使用最近邻距离测度空间点模式，Clark 和 Evans（1954）提出了最近邻指数（Nearest-Neighbor Index，NNI）。最近邻指数表示实际最近邻距离与理论最近邻距离的比值，通过观测的平均距离除以期望的平均距离计算得出，其计算公式为

$$\mathrm{NNI}=\frac{\overline{d}_{\min}}{\overline{D}_E}，\quad \overline{D}_E=\frac{1}{2\sqrt{n/A}} \tag{4.4-2}$$

式中，NNI 为最近邻指数；$\overline{D}_E$ 为理论最近邻平均距离的数学期望；n 为点的数量；A 为区域面积。

考虑到研究区域的边界修正，理论最近邻平均距离的数学期望可以表达为

$$\overline{D}_E=\frac{0.5}{\sqrt{n/A}}+\left(0.0514+\frac{0.041}{\sqrt{n}}\right)\times B/n \tag{4.4-3}$$

式中，B 为边界周长。

对于同一组数据，在不同的分布模式下得到的 NNI 是不同的，根据 NNI 计算结果就可判断分布模式的类型。当 $\mathrm{NNI}=1$ 时，表明点状空间信息属于随机分布；当 $\mathrm{NNI}>1$ 时，说明实际最近邻距离大于理论最近邻距离，表明点状空间信息均匀分布，点模式中的空间点相互排斥，趋于均匀分布；当 $\mathrm{NNI}<1$ 时，说明实际最近邻距离小于理论最近邻距离，这种情况表明点状空间信息在空间上相互接近，属于空间聚集分布。

4.4.3 最近邻指数显著性检验

最近邻指数显著性检验是指利用实际的平均近邻距离和期望的平均距离之差与其标准差进行比较，结合假设检验原理，理论上得到的标准差为

$$\mathrm{SE}_r=\frac{0.26136}{\sqrt{n^2/A}} \tag{4.4-4}$$

根据此标准差构造服从正态分布 $N(0,1)$ 的 Z 统计量：

$$Z = \frac{\overline{d}_{\min} - \overline{D}_E}{SE_r} \tag{4.4-5}$$

当显著性水平为 α 时，Z 的置信区间为 $-Z_\alpha \leqslant Z \leqslant Z_\alpha$。若 $|Z| \geqslant Z_\alpha$，则拒绝该原假设，代表实际观测模式与完全随机模式之间存在显著性差异，点模式不属于随机，若 Z 值为负，则点模式趋于聚集，若 Z 值为正，则点模式趋于均匀。若 $|Z| < Z_\alpha$，则接受该原假设，代表实际观测模式与完全随机模式之间不存在显著性差异，点模式趋于随机。例如，通过单侧检验的方法检验聚集分布是显著的，还是均匀分布是显著的。当显著性水平 $\alpha = 0.05$ 时，若 $Z \leqslant -1.645$，则聚集分布是显著的；若 $Z \geqslant 1.645$，则均匀分布是显著的。

4.4.4 最近邻指数应用实例

图 4.4-2 所示为云南省某地的铜矿分布，共有 65 个铜矿点，根据铜矿点的空间位置，得到平均最近邻距离为

$$\overline{d}_{\min} = \frac{1}{n}\sum_{i=1}^{n}\min(d_i) = 13.305\text{m} \tag{4.4-6}$$

总矿地面积为 138349.922754m^2，对应的 CSR 模式下的最近邻平均距离数学期望为

$$\overline{D}_E = \frac{1}{2\sqrt{n/A}} = 23.068\text{m} \tag{4.4-7}$$

计算得到最近邻指数为

$$\text{NNI} = 13.305/23.068 = 0.577 \tag{4.4-8}$$

由于 NNI<1，因此铜矿的分布属于聚集分布。

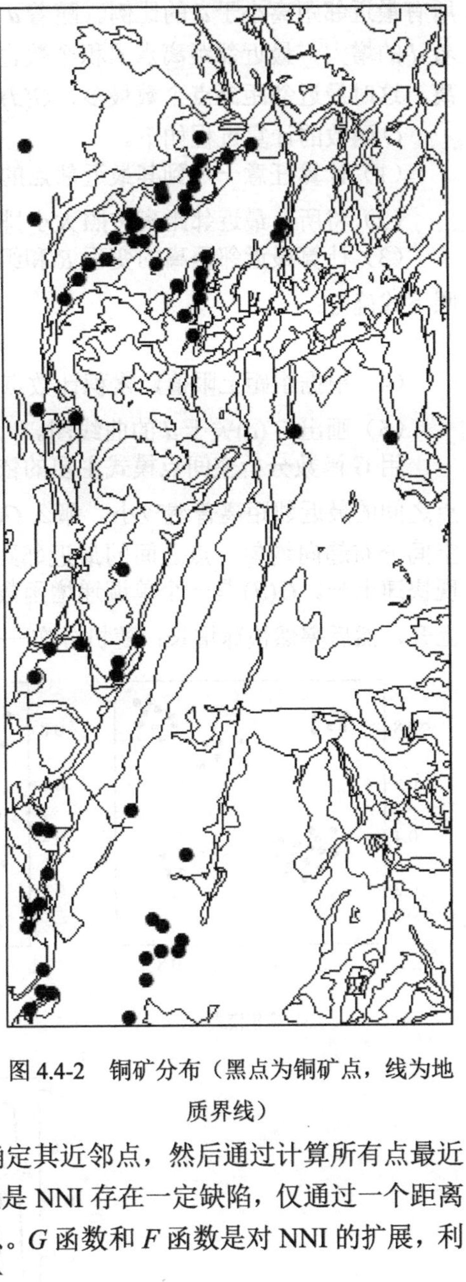

图 4.4-2 铜矿分布（黑点为铜矿点，线为地质界线）

4.5 G 函数与 F 函数

NNI 根据每个点与其他点的最小欧几里得距离确定其近邻点，然后通过计算所有点最近邻距离的平均值来评价和判断空间点的分布模式。但是 NNI 存在一定缺陷，仅通过一个距离平均值概括所有近邻距离容易忽略模式的显著性信息。*G* 函数和 *F* 函数是对 NNI 的扩展，利用最近邻距离累计频率分布特征判断空间点分布模式。

4.5.1 G 函数

G 函数与 NNI 方法包含的信息相同，但不是用平均值来概括的，而是研究最近邻距离的累积频率分布。*G* 函数的形式定义为

$$G(d) = \frac{\#(d_{\min}(s_i) \leqslant d)}{n} \tag{4.5-1}$$

式中，s_i 代表研究区域中的一个事件；n 代表事件的数量，d 表示距离，$d_{\min}$ 表示最近邻距离，$\#(d_{\min}(s_i) \leqslant d)$ 表示距离小于 d 的最近邻点的计数。因此，对任意距离 d，$G(d)$代表模式中的所有最近邻距离小于 d 的比例。随着 d 的增大，$G(d)$也相应增大，因此 $G(d)$为累积分布，随着 d 的增大，最近邻距离点累积个数也增多，$G(d)$也随之增大，直到 d 等于最大的最近邻距离，这时最近邻距离点个数最多，$G(d)$的值为 1，于是 $G(d)$是取值介于 0 和 1 之间的函数。

G 函数的计算过程如下。

（1）计算任意一点到其最近邻点的距离（$d_{\min}$）。

（2）将所有最近邻距离按照大小排序。

（3）计算最近邻距离的变程 R 和组距 D，其中，$R = \max(d_{\min}) - \min(d_{\min})$，组距 D 可按照下式确定：

$$D = [1 + \log_2 n] \tag{4.5-2}$$

（4）根据组距上限值，累积计数点的数量，并计算累积频率数 $G(d)$。

（5）画出 $G(d)$关于 d 的曲线图。

用 G 函数分析空间点模式主要的依据是 $G(d)$ 曲线的形状。如果点的空间分布趋向聚集，点之间的最近邻距离普遍较小，那么 $G(d)$曲线会在较短的距离内快速上升；相反，如果点的空间分布趋向均匀，点之间的最近邻距离普遍较大，那么只有在远距离处 $G(d)$曲线才会出现快速上升。$G(d)$ 是一个单调递增函数。聚集分布——快速增长；均匀分布——开始时缓慢上升，然后突然快速增长；随机分布——均匀上升，如图 4.5-1 所示。

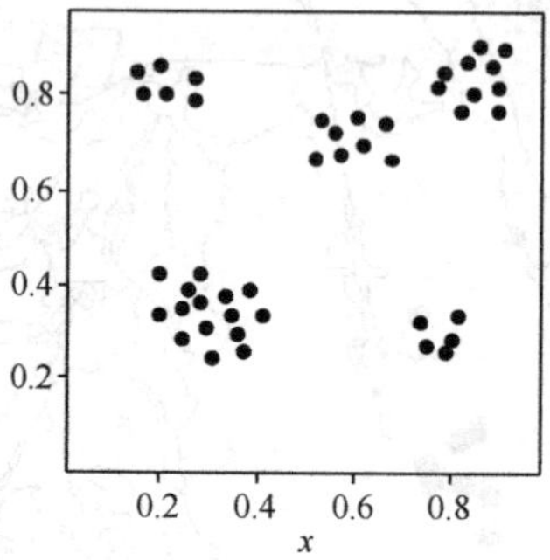

（a）聚集模式

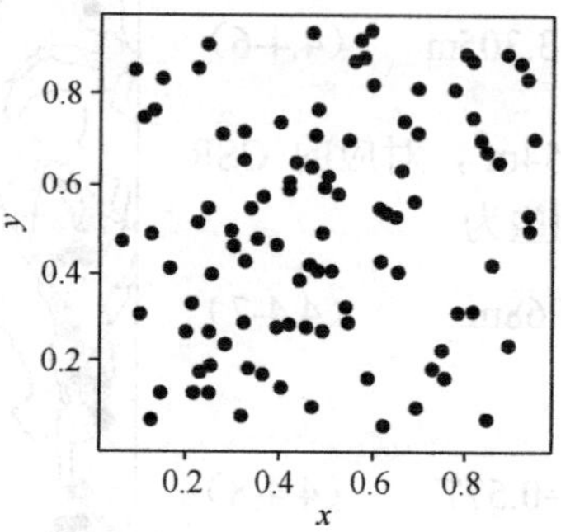

（b）随机模式

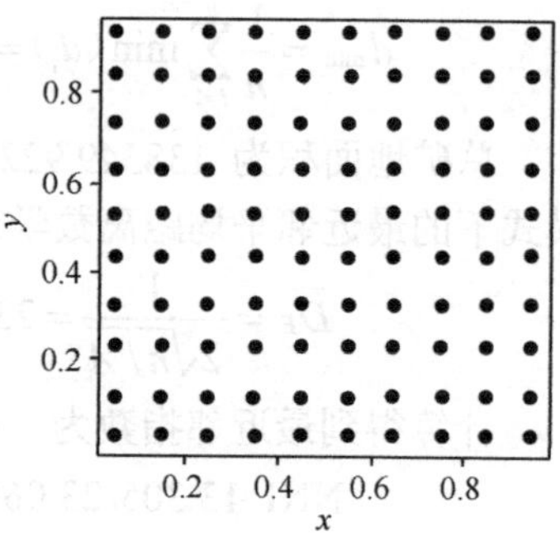

（c）均匀模式

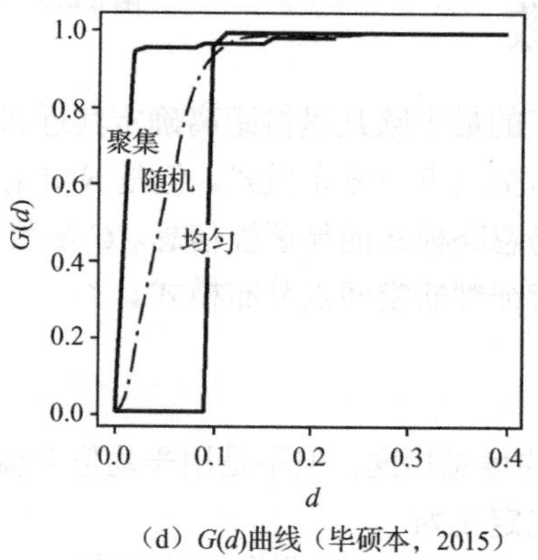

（d）$G(d)$曲线（毕硕本，2015）

图 4.5-1　$G(d)$曲线与分布模式

4.5.2 *F* 函数

F 函数与 *G* 函数密切相关，但其表达的是模式其他方面的信息。与 *G* 函数仅仅基于事件间最近邻距离的频率分布不同，*F* 函数通过应用研究区域中随机选取的任意位置，确定从这些位置到模式中事件的最短距离。也就是说，*F* 函数是这个新距离集合的累积频率分布。假设 $(p_1, p_2, \cdots, p_i, \cdots, p_m)$ 是一组研究区域中随机选择的 m 个位置，那么 *F* 函数可以定义为

$$F(d) = \frac{\#(d_{\min}(p_i, S) \leqslant d)}{m} \tag{4.5-3}$$

式中，$d_{\min}(p_i, S)$ 表示从随机选择的位置 p_i 到点模式 S 中任意事件的最近邻距离。*F* 函数首先随机产生一组点集 $P(p_1, p_2, \cdots, p_i, \cdots, p_m)$，然后计算随机点到点模式 S 中任意事件之间的最近邻距离 $d_{\min}(p_i, S)$，最后计算不同最近邻距离上的累积频率分布。

如果事件的空间分布趋向聚集，那么 $F(d)$ 曲线先缓慢上升，在远距离处急速上升；相反，如果事件的空间分布趋向均匀，那么 $F(d)$ 曲线先快速上升，在远距离处缓慢上升。*F* 函数与分布模式如图 4.5-2 所示。

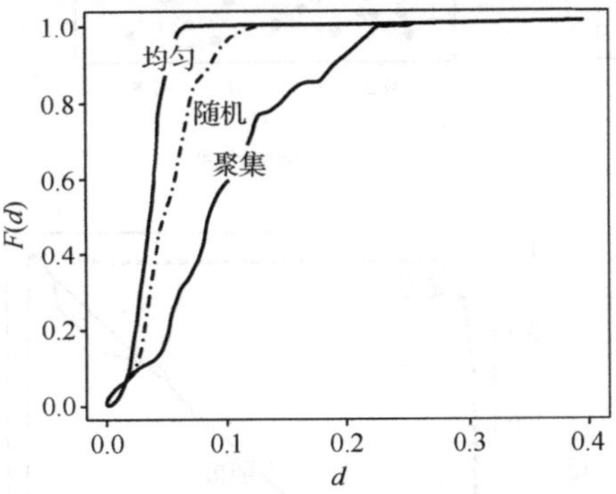

图 4.5-2　*F*(*d*)曲线与分布模式（毕硕本，2015）

G 函数和 *F* 函数都是以距离为自变量的累积频率分布函数，两者主要通过不同距离所占比例的变化趋势来判断空间点模式分布。其主要区别在于，*G* 函数主要关注最近邻距离，*F* 函数主要关注虚空间距离，即生成的随机点距最近邻观测点的距离。

F(*d*)曲线与 *G*(*d*)曲线呈相反的关系，即 *F*(*d*)中，若曲线缓慢增长到最大则表示聚集分布，若快速增长到最大则表示均匀分布。

F(*d*)曲线相对于 *G*(*d*)曲线更加光滑。在聚集分布下，*G*(*d*)曲线的上升速度大于 *F*(*d*)曲线的上升速度，先于 *F*(*d*)达到最大值；在均匀分布下，*F*(*d*)曲线的上升速度要大于 *G*(*d*)曲线的上升速度，先于 *G*(*d*)达到最大值；在随机分布下，两者的上升速度大致相同。

4.5.3 *G* 函数和 *F* 函数的统计推断

1. 基于 CSR 模型的点模式推断

对于遵循完全随机过程的泊松点过程，当最近邻距离小于或等于 d 时的累积概率分布为

$$E(G(d)) = E(F(d)) = 1 - \mathrm{e}^{-\lambda\pi d^2} \tag{4.5-4}$$

式中，$-\lambda\pi d^2$ 代表最近邻距离变化范围内的某个距离 d 内点的数量均值。

根据观测模式的函数曲线与 CSR 模式的函数曲线对比，得到：

（1）当 $G(d) > \mathrm{CSR}(G(d))$ 或 $F(d) < \mathrm{CSR}(F(d))$ 时，点模式呈聚集分布；

（2）当 $G(d) < \mathrm{CSR}(G(d))$ 或 $F(d) > \mathrm{CSR}(F(d))$ 时，点模式呈均匀分布。

除此之外，还可以利用 G 函数关于 F 函数的曲线，即 $G(d)$-$F(d)$曲线判断空间点模式分布，图 4.5-3 所示为点模式分别在聚集分布、随机分布、均匀分布下的 $G(d)$-$F(d)$曲线，可以得到：

（1）当点模式是聚集分布时，$G(d)$-$F(d)$曲线位于对角线的上方；

（2）当点模式是随机分布时，$G(d)$-$F(d)$曲线位于接近于对角线；

（3）当点模式是均匀分布时，$G(d)$-$F(d)$曲线位于对角线的下方。

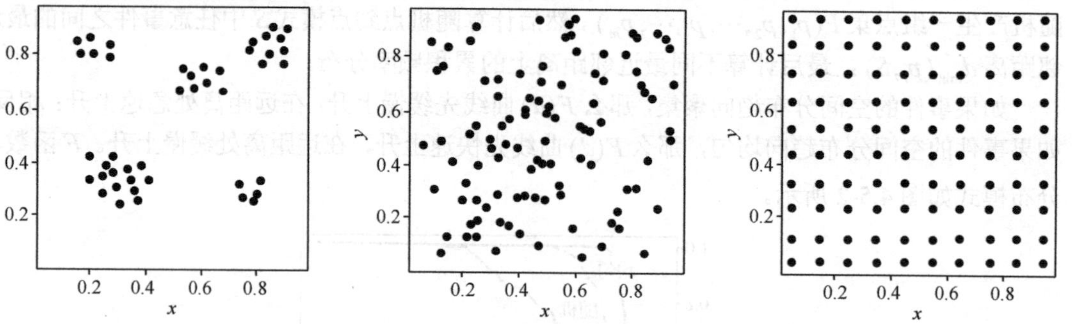

（a）聚集模式　　（b）随机模式　　（c）均匀模式

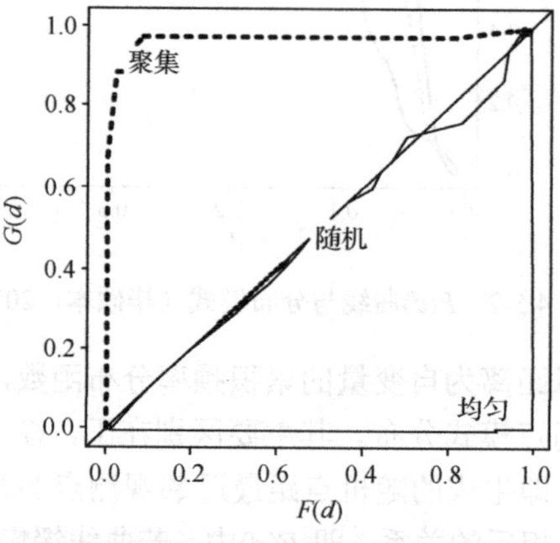

图 4.5-3　$G(d)$-$F(d)$曲线与分布模式（毕硕本，2015）

2. 基于蒙特卡罗随机模拟方法的显著性检验

在利用 CSR 模式下的 G 函数和 F 函数事先对点模式做出假设后，需要确定点模式分布的显著性。针对 G 函数和 F 函数的显著性检验通常使用蒙特卡罗随机模拟方法。

首先利用蒙特卡罗随机模拟方法在研究区域 R 上产生 m 次的 CSR 点模式，并估计理论分布，得：

$$\bar{G}(d) = \frac{1}{m}\sum_{i=1}^{m}\hat{G}_i(d) \tag{4.5-5}$$

式中，$\hat{G}_i(d)(i=1,2,\cdots,m)$ 表示在研究区域 R 上的 n 个 CSR 点模式的 m 次独立随机模拟，并且没有经过边缘校正的经验分布函数的估计。

为了评价观测模式与 CSR 模式的显著性差异，需要计算 m 次随机模拟中分布函数的上界

$U(d)$ 和下界 $L(d)$：

$$U(d) = \max_{i=1,\cdots,m} \{\hat{G}_i(d)\}$$
$$L(d) = \min_{i=1,\cdots,m} \{\hat{G}_i(d)\} \tag{4.5-6}$$

由此得到的概率公式为

$$P_r(\hat{G}(d) > U(d)) = P_r(\hat{G}(d) < L(d)) = \frac{1}{m+1} \tag{4.5-7}$$

图 4.5-4 所示为 $\bar{G}(d)$ 曲线（均值）、$U(d)$ 曲线（最大）、$L(d)$ 曲线（最小）和观测模式下的 $G(d)$ 曲线，通过 $G(d)$ 曲线与 $U(d)$、$L(d)$ 曲线的相对位置可推断观测模式的显著性。

（1）若 $G(d)$ 曲线位于 $U(d)$ 曲线的上方，则可推断观测模式为显著聚集；

（2）若 $G(d)$ 曲线位于 $L(d)$ 曲线的下方，则可推断观测模式为显著均匀；

（3）若 $G(d)$ 曲线位于 $U(d)$ 曲线和 $L(d)$ 曲线之间，可推断观测模式与 CSR 模式无显著性差异。

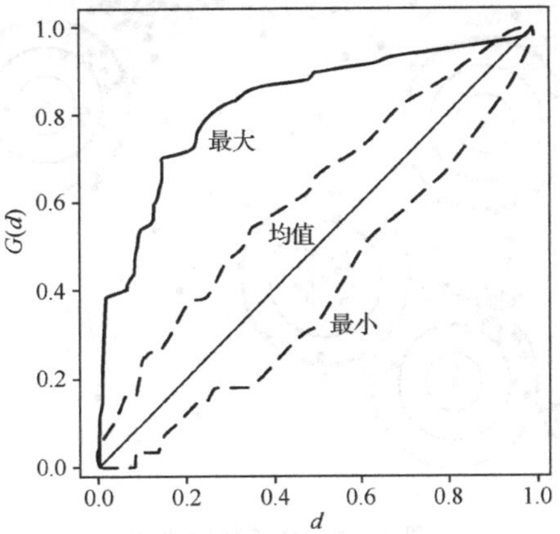

图 4.5-4 随机模拟的 G 函数的参考分布（毕硕本，2015）

4.6 Ripley's *K* 函数与 *L* 函数

NNI、G 函数、F 函数这些基于距离的一阶测度方法均存在一个共同的缺点，即仅利用了模式中每个事件或位置的最近邻距离，然而实际的事件可能存在多种不同尺度的作用。尤其在聚集分布中，其最近邻距离相对于点模式中的其他距离非常小，从而掩盖了点模式中大部分信息。Ripley 提出的基于二阶性质的 Ripley's K 函数使用点间的全部距离来度量点模式，为研究事件-空间依赖性和尺度的关系提供了更科学的研究方法。之后，Besage 提出用 L 函数取代 Ripley's K 函数，从而更快速地判断点分布特征。Ripley's K 函数和 L 函数是点模式分析中应用比较广泛的方法。

4.6.1 Ripley's *K* 函数

1．定义与 Ripley's *K* 函数估计

（1）Ripley's K 函数的定义

与 G 函数、F 函数只使用点的最近邻距离不同，Ripley's K 函数（以下简称 K 函数）基于点间的所有距离，属于一种分析事件空间点模式的多距离空间聚类分析工具。该方法不同

于空间自相关和热点分析等其他方法，可对一定距离范围内的空间相关性（要素聚类或要素扩散）进行汇总，研究在多个距离和空间比例下空间点模式的变化，以及要素质心的空间聚集或空间扩散在邻域大小发生变化时是如何变化的。因此，K 函数不仅能探测空间点模式，而且可以给出空间点模式与尺度的关系。

设想在研究区域内放置一系列的圆，圆的半径为 d，中心依次放在每个事件上，如 A、B、C 等，如图 4.6-1 所示。然后计算每个半径为 d 的圆内的事件数量，并对所有事件计算其均值，最后用该均值除以整个研究区域的事件密度就得到了距离 d 下的 K 函数：

$$K(d)=\frac{E(\#S\in C(s_i,d))}{\lambda} \tag{4.6-1}$$

式中，$E(\#S\in C(s_i,d))$ 表示以点 s_i 为中心，半径为 d 的圆域内事件数量的数学期望。$\#S\in C(s_i,d)$ 表示包含在 $C(s_i,d)$ 内的事件数量，λ 表示研究区域的事件密度。

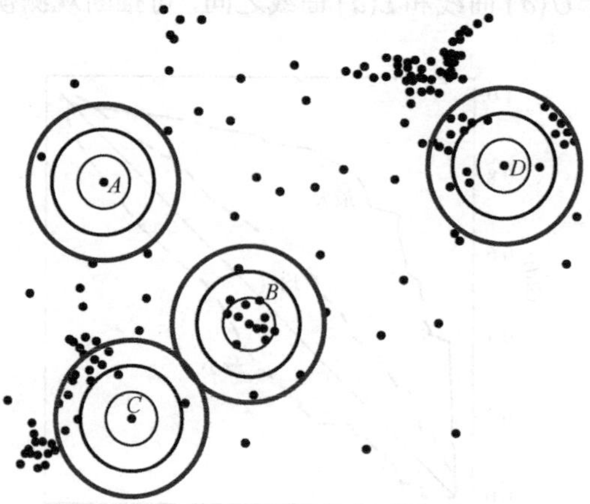

图 4.6-1　K 函数定义图

于是，K 函数可定义为

$$K(d)=\int_{\rho=0}^{d} g(\rho)2\pi\rho\mathrm{d}\rho \quad \text{或者} \quad \lambda K(d)=E(\#S\in C(s_i,d)) \tag{4.6-2}$$

很显然，$\lambda K(d)$ 就是以任意点为中心，半径为 d 的圆域内点的数量。

（2）K 函数的估计

在给定初始半径 d 的情况下，分别以每个数据中的每个点实体 s_i 为圆心画圆 $C(s_i,d)$，计算数据集中落入该圆域内其他点的数量 $\#S\in C(s_i,d)$；对同一半径下的 $\#S\in C(s_i,d)$ 求和后除以点的总数 n，然后再除以研究区域内平均分布密度 $\hat{\lambda}$，可得 $\hat{K}(d)$。研究区域的点密度就是研究区域内点的数量除以区域面积 A，即估值为 $\hat{\lambda}=\dfrac{n}{A}$，计算公式为

$$\hat{K}(d)=\frac{\sum_{i=1}^{n}\#(S\in C(s_i,d))}{n\hat{\lambda}}=\frac{A\sum_{i=1}^{n}\#(S\in C(s_i,d))}{n^2} \tag{4.6-3}$$

初始半径 d 作为反映空间尺度变化的单位。如果区域内相隔最远的两个点相距 D 个单位，那么显然 $d\leqslant D$。如果 r 表示覆盖区域内所有的点所需达到的 d 的个数，那么 r 便等于 D/d。以 h 为半径在区域中每个点 i 的周围创建一个圆形缓冲区，这里 $h=dg$，g 为迭代次数，因此，

第一次迭代中缓冲区的半径为 d，第二次迭代将缓冲区内的半径增大一个 d，为 $2d$，以此类推，h 值每增大一个 d，便重复迭代一次，直到 $g=r$ 或 $g=D/d$。对于每个点，计算落在其半径为 h 的缓冲区内的点的个数。为了便于算法设计，上面的估计还可以写成式（4.6-4）、式（4.6-5）的函数形式，具体描述如图 4.6-2 所示。

$$\hat{K}(d)=\frac{\sum_{i=1}^{n}\sum_{j=1,i\neq j}^{n} I_d(d_{ij})}{\hat{\lambda}}=\frac{A\sum_{i=1}^{n}\sum_{j=1,i\neq j}^{n} I_d(d_{ij})}{n^2} \tag{4.6-4}$$

$$I_d(d_{ij})=\begin{cases}1, & d_{ij}\leqslant d\\ 0, & d_{ij}>d\end{cases} \tag{4.6-5}$$

（3）K 函数的边缘效应与校正

边缘效应是指不同性质的生态系统（或其他系统）交互作用处，由于某些生态因子（可能是物质、能量、信息、时机或地域）或系统属性的差异和协同作用而引起系统某些组分及行为（如种群密度、生产力和多样性等）的较大变化。通常，边界是汇集了众多信息的地方，它存在异质性，容易产生变化或特殊现象，容易受到研究者的关注，这就是边界效应。在群落交错区中，由于生境的特殊性、异质性、不稳定性，使得毗邻群落的生物可能聚集在交错区，在这个生境重叠的区域，不但增大了交错区的物种多样性和种群密度，而且增大了某些物种的活动强度和生产力，这一现象称为边缘效应。例如，在田间实验时，即使土壤条件是相同的，由于每个进行实验的植物所占的空间不同、与边界植物相连的实验区产生影响、气候所产生的影响等问题，周边的植物与中央部分的植物在生长的高度、颗粒数、遭受病虫害的威胁方面会存在差异，我们将这种现象称为边缘效应。为了减少这种边缘效应，可把田边部分剔除，不参与实验结果的处理与分析。一般情况下，相邻地域间具有一定的空间范围并直接受到边缘效应作用的过渡区称为边缘区，特别是自然地理单元与行政地理单元的耦合地带容易产生边缘区。边缘区具有相邻地域所共有的属性，区位优势显著，资源的组成更加丰富，具有很强的关联纽带作用，这些地区具有多样性的生境（包括社会，经济与自然环境）的叠合、延展，所蕴藏的生态位数量与质量都远高于这个地区的中心地带。

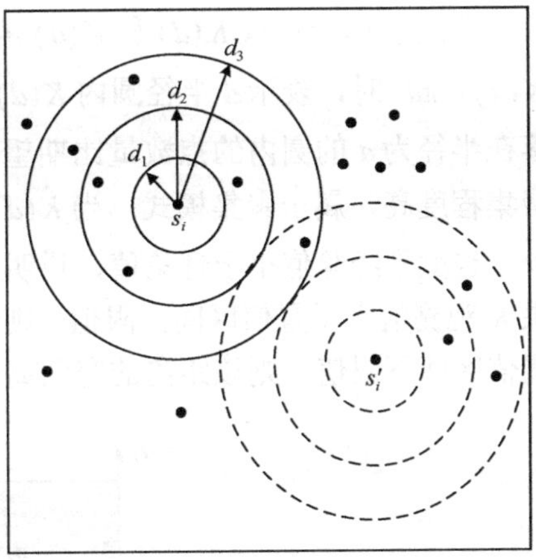

图 4.6-2　K 函数估计图描述

空间点模式是基于随机过程理论的空间点过程的一种实现形式，其统计分析多是基于事件间的空间距离进行的，但由于通常的研究区域仅仅是产生空间点过程的整个研究空间的一部分，如果点在研究区域边缘，则对该点构建缓冲区时，缓冲区的很大部分落在研究区域之外，所以在计算 K 函数时对研究区域边缘事件特征的描述有所偏倚，会对分析结果产生影响，也就是边缘效应。在核密度中，需要密切注意的是，靠近研究区域边界的地方会产生扭曲核密度估计的边缘效应，因为在靠近边界的地方，可能位于边界外的点对于密度估计的贡献被割断了。避免这一问题的方法是在其边界上建立一个警戒区，估计时只计算不落在警戒区内的点，但在警戒区内的点要参与不在警戒区内点的估计。此外还可对其进行校正，加权校正法由 Ripley 提出，其通过研究区域内的点数来估计研究区域外未观察的平均点数，从而校正

边缘效应。计算公式为

$$\hat{K}(d)=\frac{A}{n^2}\sum_{i=1}^{n}\sum_{j=1,i\neq j}^{n}\frac{I(d_{ij}\leqslant d)}{\omega_{ij}} \tag{4.6-6}$$

式中，ω_{ij} 为校正权因子，表示以点 i 为中心并落在研究区域内的缓冲区与整个完整的缓冲区之比。ω_{ij} 能够充分利用点的研究信息，但也造成了一定程度样本方差的增加。

2. *K* 函数的点模式判别准则

在 CSR 模式下，很容易确定 K 函数的期望值。因为 $K(d)$ 描述了圆心在一个事件上、半径为 d 的圆内点的平均量，所以 CSR 模式下的 $K(d)$ 期望值为

$$E(\hat{K}(d))=K(d)=\pi d^2 \tag{4.6-7}$$

通过解释未加权 $\hat{K}(d)$ 和 $K(d)$ 函数的结果就能判别空间点模式，如图 4.6-3 所示。当 $\hat{K}(d)=\pi d^2$ 时，表示 d 半径圆内 $K(d)$ 和 CSR 模式下的期望值相同；当 $\hat{K}(d)>\pi d^2$ 时，表示落在半径为 d 的圆内的点数量比期望值多，也就是经验值大于理论值，说明 d 半径圆内的点聚集程度高，属于聚集模式；当 $\hat{K}(d)<\pi d^2$ 时，表示落在半径为 d 的圆内的点数量比期望值少，也就是经验值小于理论值，说明 d 半径圆内的点分布的离散程度高，属于离散分布。如果 K 观测值大于置信区间上限值，则该距离的空间聚类具有统计显著性；如果 K 观测值小于置信区间下限值，则该距离的空间离散具有统计显著性。

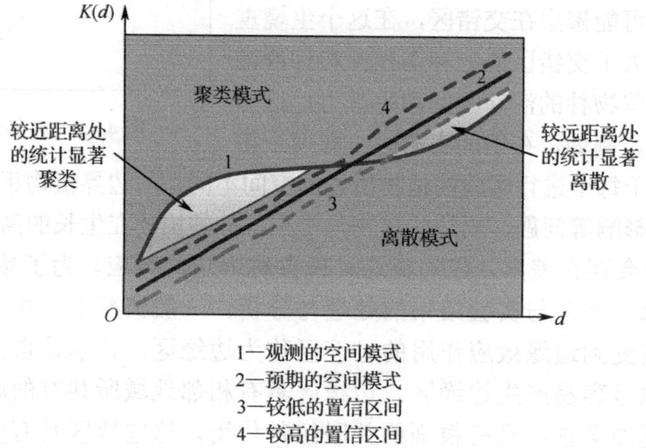

图 4.6-3　空间点模式

4.6.2　*L* 函数

由于 K 函数对估值和理论值的比较隐含了更多计算量，故其在使用时不是很方便。为了更容易地比较观测值与完全随机模式的差异，Besage 提出了以零为比较标准规格化函数，即 L 函数。L 函数是利用 $K(d)$ 函数导出的函数，相当于 K 函数减去期望值，如果 K 函数期望值匹配良好，那么该导出函数的值为 0，L 函数形式为

$$L(d)=\sqrt{\frac{K(d)}{\pi}}-d \tag{4.6-8}$$

于是 $L(d)$ 的估计 $\hat{L}(d)$ 可写成：

$$\hat{L}(d)=\sqrt{\frac{\hat{K}(d)}{\pi}}-d \tag{4.6-9}$$

L 函数不仅简化了计算，而且更容易比较观测值和 CSR 模式的理论值之间的差异。在随机分布的假设下，$L(d)$ 的期望值等于 0，$L(d)$ 与 d 的关系图可以用于检验依赖于尺度 d 的事件的空间分布模式。如果 $L(d)$ 小于随机分布下的期望值，即为负值，则可以认为事件空间的点呈均匀分布；如果 $L(d)$ 等于随机分布下的期望值，即为 0，则可以认为事件空间的点呈随机分布；如果 $L(d)$ 大于随机分布下的期望值，即为正值，则可以认为事件空间的点呈聚集分布。较高的 $L(h)$ 值意味着聚集。如图 4.6-4 所示，空间步长 h 在 50～150mile（1mile=1609.344m）范围内出现波动，可以看到，在两个波峰处，点的聚集最可能发生。如图 4.6-5 所示，$L(h)$ 在步长较小时呈上升趋势，然后随步长的增大而下降，这表明聚集是在较短的空间距离内发生的。

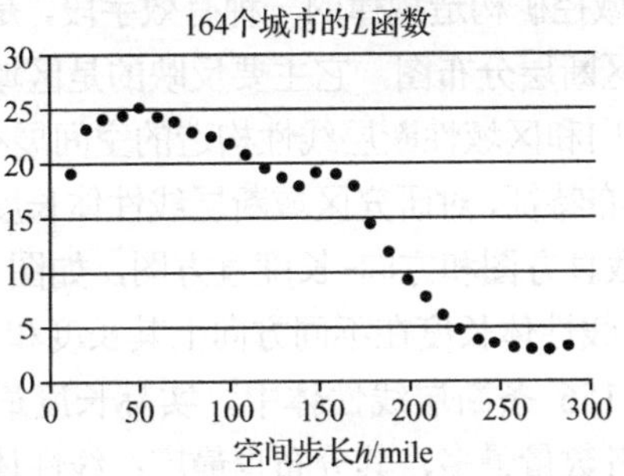

图 4.6-4　点聚集分布

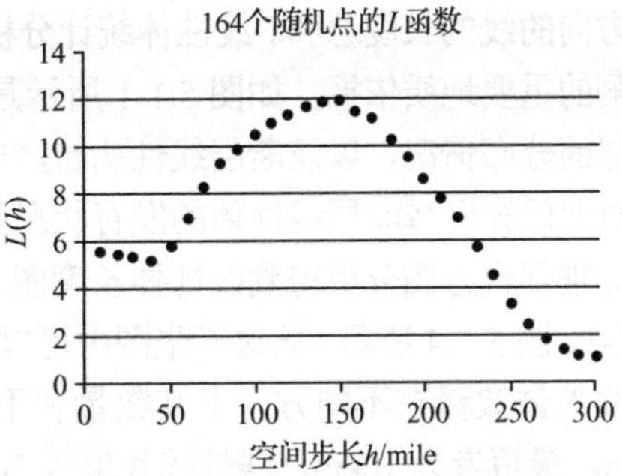

图 4.6-5　在较短距离的聚集

第5章 线模式空间统计

5.1 线性体长度统计

线性体长度是线性体统计分析中最基本的参数，统计内容包括线性体长度最大值、最小值、平均值及总和等，还可以通过计算线性体长度图、长度-频数直方图、方向-长度直方图来分析线性体直方图是否服从正态分布，如果服从正态分布就说明线性体的长度分布是随机的。线性体长度图统计每条线的长度，长度-频数直方图统计某一长度的线出现的频数，方向-长度直方图统计某一方向的线的长度总和。线性体统计分析是研究区域控矿构造规律的一种有效手段，是区域成矿预测的重要地质依据。如图 5.1-1 所示是通山县地区断层分布图，它主要反映的是区域地质构造断层的分布情况，以及断层线性构造产出的优势方向和区域性断层线性构造的空间展布特征。为了查明研究区域断层线性体的发育状况及其空间展布特征，对研究区域断层线性体长度进行统计，并进行直方图分析得到线性体长度图、长度-频数直方图和方向-长度直方图，如图 5.1-2、图 5.1-3、图 5.1-4 所示。从这三张图中可以看出，断层线性体长度在不同方向上其长度和不相同；断层线性体数量在不同方向上其数量和不相同；在 156 条断层线性体中，实际长度最长者为198km，最短者为10km，线性体长度为20至60km者数量最多，其分布也最广；线性体数量的多少在不同方向上具有明显的规律性，北东东向的线性体数量最多，其次为北北东向和北北西向，而北西西向的线性体数量最少。如何在地质工作中合理地运用线性体统计分析方法，经过探索及研究，有以下几点体会。

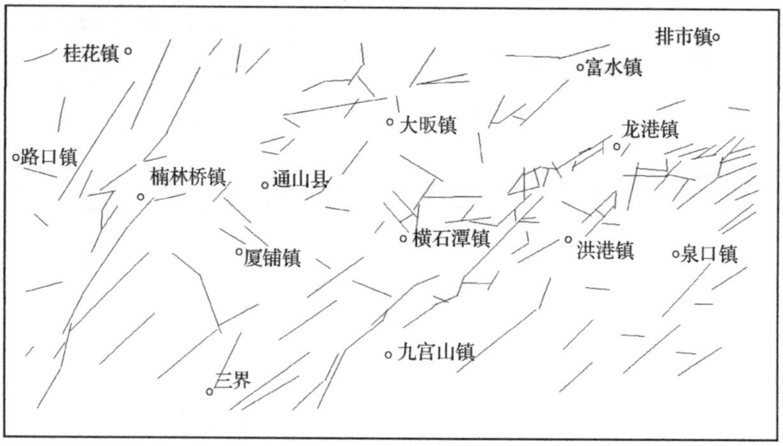

图 5.1-1 通山县地区断层分布图

（1）在线性体统计分析工作中，应合理地选择统计变量和统计方法。根据研究区域的实际情况、研究对象和研究目的，应采用不同的统计分析方法。某些较为复杂的统计方法并不一定在任何地区都适用，而一些较简单的统计方法可能会揭示出较深刻的地质内容。

（2）线性体统计分析时应尽量与地质及物探、化探等资料紧密结合。例如，遥感具有信息量丰富的特点，而物探则能够较好地反映地下深部地球物理场信息，遥感能通过地表信息间接反映地下信息，而且遥感资料同物探资料相综合可定性推断某些断裂和岩体的产状。

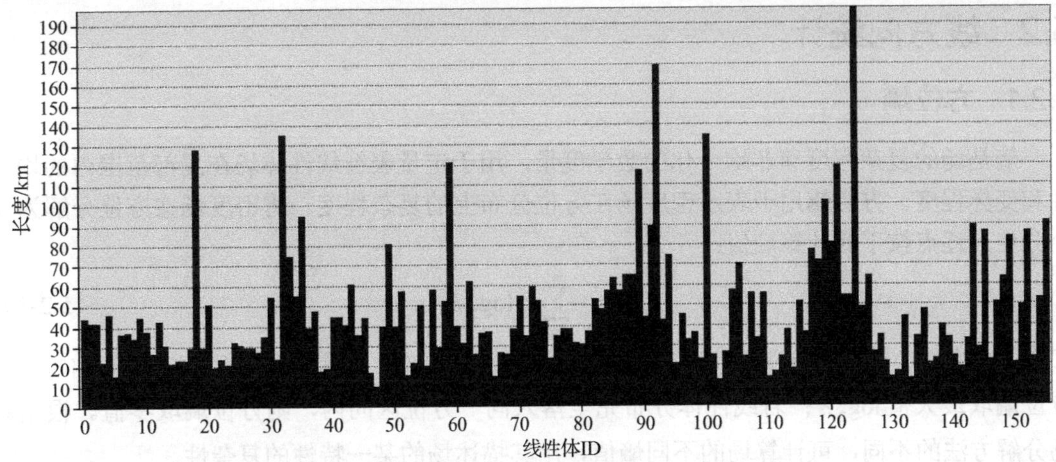

图 5.1-2　线性体长度图

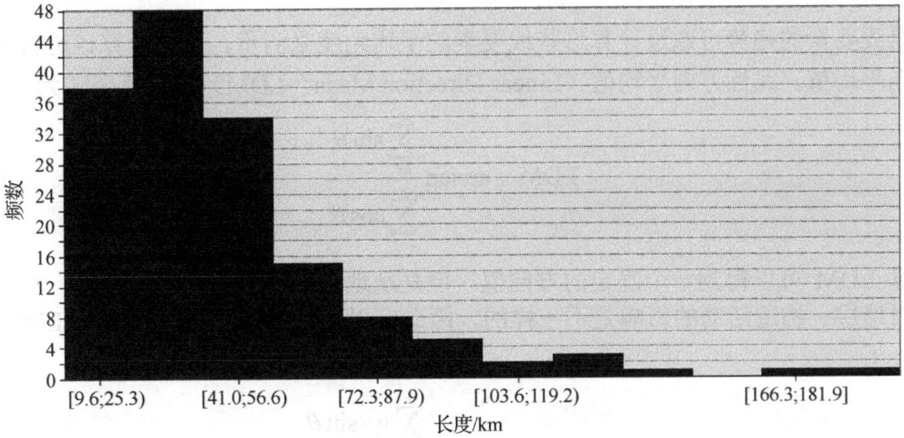

图 5.1-3　长度-频数直方图

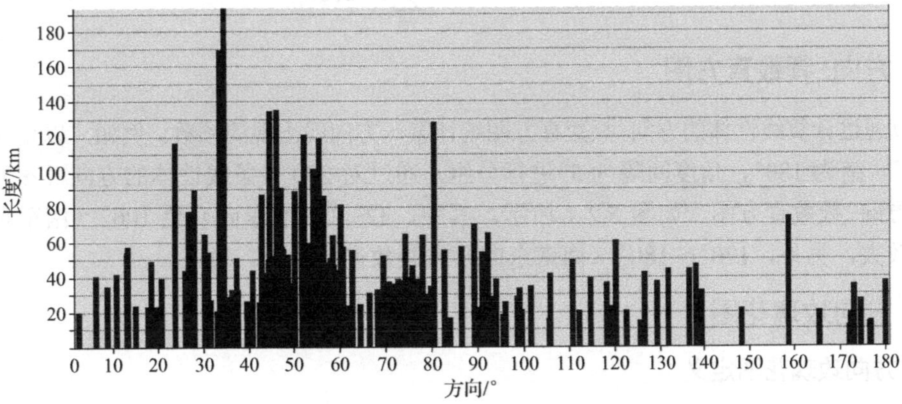

图 5.1-4　方向-长度直方图

（3）注意地质构造比较复杂的地区。对线性体进行统计分析时，要注意排除区域性构造对统计分析结果的干扰。

（4）对线性体统计分析结果应进行必要的野外地质验证工作。

5.2 线方向统计

5.2.1 方位熵

熵是场的复杂程度和非均一化的数学度量，用于定量表征线性体场在局部范围内的均一性和变异程度。方位熵用于表示密度场在方位分布上的复杂程度，将密度场按方位分解为 n 个分量，逐点按下式计算熵值：

$$H = -\sum_{i=1}^{n} P_i \log_2 P_i \tag{5.2-1}$$

式中，H 为方位熵；n 为分量总数；P_i 为第 i 个分量的概率。若线性体方位的密度值相等，则方位熵取最大值 $\log_2 n$；若线性体分布完全落入同一方位区间内，则方位熵取零值。根据对场分解方法的不同，可计算场的不同熵值，用其描述场的某一特性的复杂性。

5.2.2 线性平均方向

一组线要素的趋势可通过计算这些线要素的平均角度来测量，用于计算该趋势的统计量称为方向平均值。线性方向平均值（Linear Direction Mean，LDM）的计算公式为

$$\mathrm{LDM} = \arctan \frac{\sum_{i=1}^{n} \sin\theta_i}{\sum_{i=1}^{n} \cos\theta_i} \tag{5.2-2}$$

计算 LDM 可以得到一个确定的方向值。但是从地学角度考虑，不同长度、不同类型的线性体对地层、构造活动的影响是不一样的，因此，引入权重因子 v_i，相应的 LDM 计算公式就演变为

$$\mathrm{LDM} = \arctan \frac{\sum_{i=1}^{n} v_i \cdot \sin\theta_i}{\sum_{i=1}^{n} v_i \cdot \cos\theta_i} \tag{5.2-3}$$

5.2.3 方向-频数直方图

可以通过计算线性体的方向-频数直方图统计某一方向线出现的频数。例如，以正北为 0°，东为 90°，南为 180°，角度间隔为 5°进行分组，通过对 200 多条线性体的方向（α）进行统计得到方向-频数直方图，如图 5.2-1 所示。其中，32°（北北东向）至 106°（南东东向）的频数比较大，另外，170°～180°（南南东向）的频数也比较大。

5.2.4 方向玫瑰花图

1. 方向玫瑰花图定义

方向玫瑰花图也称为方向频率玫瑰花图，按一定的度量把方位角等分成若干份。按 10°分成 18 个参考方向，统计每条方向线的总长度或线的频度，每条直线的长度与这个方向线性体的频度成正比。线性体的方向玫瑰花图可直观地显示线性体整体的优势方向、次优势方向，如图 5.2-2 所示。

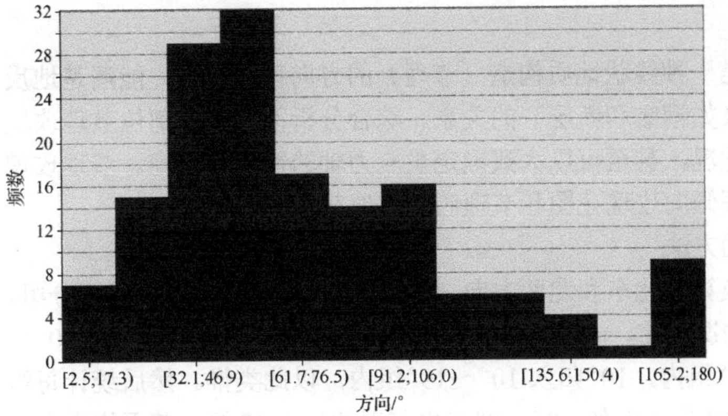

图 5.2-1　方向-频数直方图

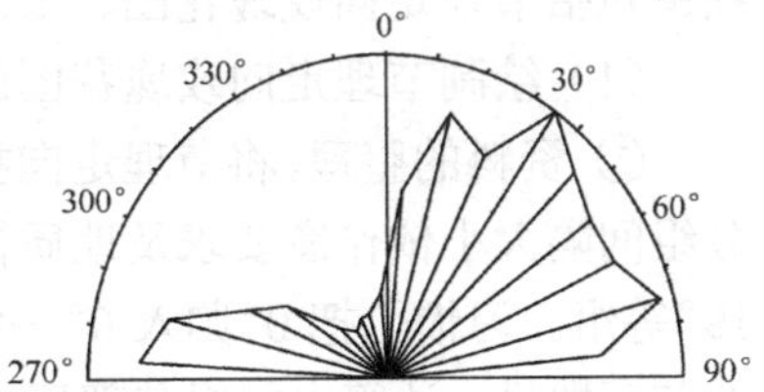

图 5.2-2　线性体的方向玫瑰花图

2. 风向玫瑰花图

风向频率是指在一定时间内各种风向出现的次数占所有观察次数的百分比。在极坐标图上，根据各个方向风出现的频率，以相应的比例长度来表示，按风向从外向中心吹，描绘在用 8 个或 16 个方向所表示的图上，然后将各相邻方向的端点用直线连接起来，形成一个宛如玫瑰的闭合折线，即风向玫瑰花图，如图 5.2-3 所示。用 N、E、S、W 等英文表示方向，旁边括号里的数据用“/”分隔，前面的数据表示风向频率（%），后面的数据表示平均风速（m/s），静风频率为 24.4%。大小不等的同心多边形表示频率，且与同心多边形的大小成正比关系；呈辐射状分布的线段表示方向；根据风向玫瑰花图的轮廓线与方向线的交点，就可以读出不同风向出现的频率。风向玫瑰花图可反映一个给定地点在一段时间内的风向分布。通过比较就可得出最大风频风向和最小风频风向，线段最长者即为当地主导风向。风向玫瑰花图可直观地表示年、季、月等的风向，为城市规划、建筑设计和气候研究所常用。

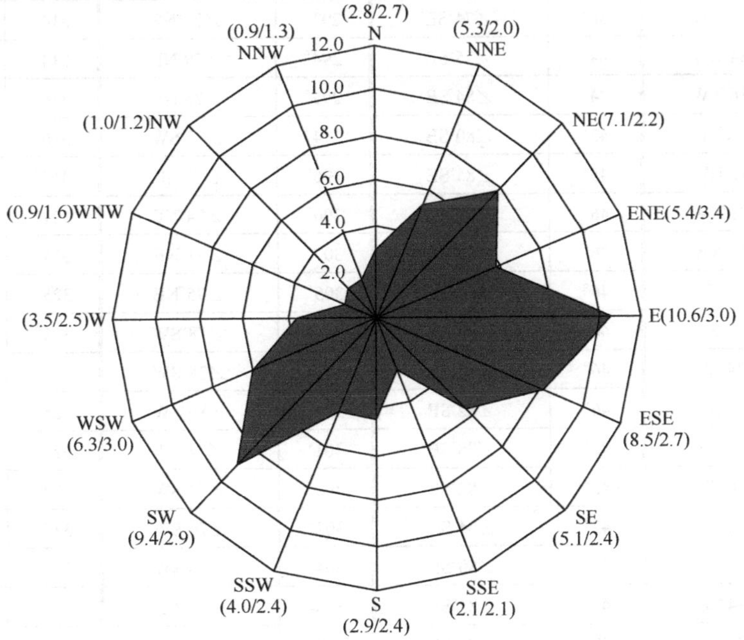

图 5.2-3　风向玫瑰花图

3．节理玫瑰花图

地质构造（节理）玫瑰花图是一种线状地质构造（节理）的方向玫瑰花图，能清楚地反映出不同构造部位的节理与构造（如褶皱和断层）的关系。综合分析不同构造部位节理玫瑰花图的特征，可以得出局部应力状况，甚至可以大致确定主应力轴的性质和方向。节理玫瑰花图包括节理走向玫瑰花图、节理倾向玫瑰花图和节理倾角玫瑰花图。

（1）绘制节理走向玫瑰花图的方法

① 资料的整理。将节理走向换算成北东和北西方向，然后按方位角的一定间隔进行分组。分组间隔大小依作图要求及地质情况而定，一般采用5°或10°为间隔，如分成0°～9°、10°～19°等组。习惯上把0°归入0°～9°组内，10°归入10°～19°组内，以此类推。然后统计每组的节理数目，计算出每组节理平均走向，例如，0°～9°组内节理数目为12条，其平均走向为5°。把表5.2-1给出的节理分组整理好并求平均值后得到表5.2-2。

表5.2-1　天平山8号观测节点测量记录

走向	倾角及倾向	走向	倾角及倾向	走向	倾角及倾向	走向	倾角及倾向
3°	∠75°SE	34°	∠72°SE	47°	∠76°NW	314°	∠79°NE
4°	∠73°SE	35°	∠75°SE	45°	∠78°NW	315°	∠83°NE
5°	∠72°SE	36°	∠72°SE	45°	∠80°NW	315°	∠87°NE
6°	∠71°SE	34°	∠75°NW	46°	∠76°NW	315°	∠80°NE
3°	∠76°NW	34°	∠72°NW	46°	∠74°NW	316°	∠86°NE
5°	∠85°NW	35°	∠72°NW	281°	∠72°NE	319°	∠80°NE
5°	∠87°NW	35°	∠74°NW	282°	∠73°NE	312°	∠73°SW
5°	∠75°NW	35°	∠72°NW	285°	∠75°SW	314°	∠80°SW
5°	∠79°NW	36°	∠74°NW	292°	∠70°NE	314°	∠75°SW
6°	∠78°NW	36°	∠74°SE	293°	∠70°NE	314°	∠78°SW
6°	∠84°NW	44°	∠75°SE	294°	∠79°NE	314°	∠78°SW
7°	∠86°NW	44°	∠84°SE	295°	∠75°NE	316°	∠78°SW
16°	∠71°SE	45°	∠80°SE	294°	∠75°SW	316°	∠79°SW
14°	∠71°NW	45°	∠85°SE	296°	∠72°SE	317°	∠75°SW
14°	∠71°NW	46°	∠85°SE	306°	∠74°NE	321°	∠71°NE
14°	∠75°NW	46°	∠83°SE	307°	∠71°NE	324°	∠71°NE
16°	∠75°NW	46°	∠83°SE	305°	∠75°NE	325°	∠73°NE
21°	∠73°SE	46°	∠86°SE	304°	∠78°SW	325°	∠75°NE
21°	∠74°SE	46°	∠81°SE	305°	∠78°SW	325°	∠75°NE
22°	∠75°SE	46°	∠82°SE	306°	∠80°SW	325°	∠78°NE
23°	∠86°SE	46°	∠78°SE	301°	∠77°SW	326°	∠77°NE
23°	∠78°SE	45°	∠82°SE	302°	∠73°SW	329°	∠74°NE
23°	∠74°SE	47°	∠84°SE	302°	∠70°SW	327°	∠75°SW
33°	∠75°SE	47°	∠80°SE	304°	∠80°SW	329°	∠74°SW
34°	∠74°SE	47°	∠85°SE	313°	∠75°NE		
34°	∠73°SE	48°	∠76°SE	313°	∠74°NE		

表 5.2-2　天平山 8 号观测节点统计资料

方位角间隔	节理数目/条	平均走向	方位角间隔	节理数目/条	平均走向
0°～9°	12	5°	270°～279°		
10°～19°	5	14.8°	280°～289°	3	282.7°
20°～29°			290°～299°	6	294°
30°～39°	13	34.7°	300°～309°		
40°～49°	21	45.9°	310°～319°		
50°～59°			320°～329°	10	325.6°
60°～69°			330°～339°		
70°～79°			340°～349°		
80°～89°			350°～359°		

② 确定作图比例尺。根据作图的大小和各组节理数目，选取一定长度的线段代表 1 条节理，以等于或稍大于按比例尺表示数目最多的一组节理线段的长度为半径作半圆，如图 5.2-4 所示。

③ 找点连线。从 0°～9°一组开始，按各组走向平均方位角在半圆周上做一个记号，再从圆心向圆周该点的半径方向按该组节理数目和所定比例尺定出一点，此点即代表该组节理平均走向和节理数目。各组的点确定后，顺次将相邻组的点连线。若其中某组节理数目为零条，则连线回到圆心，然后再从圆心引出与下一组相连。节理走向玫瑰花图如图 5.2-5 所示。

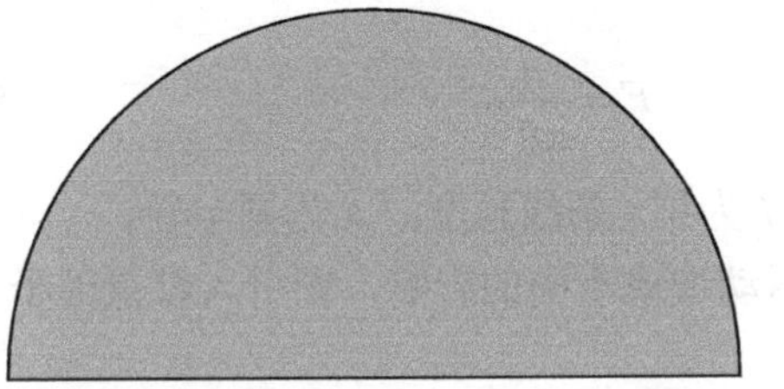

图 5.2-4　半圆

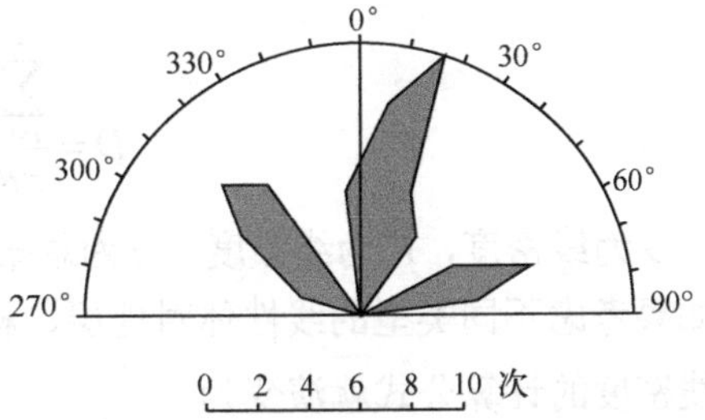

图 5.2-5　节理走向玫瑰花图

（2）绘制节理倾向玫瑰花图的方法

按节理倾向方位角分组，求出各组节理的平均倾向和节理数目，用圆周方位角代表节理的平均倾向，用半径长度代表节理数目，作图方法与节理走向玫瑰花图的相同，只不过用的是整个圆而已。

（3）绘制节理倾角玫瑰花图的方法

按上述节理倾向方位角分组，求出每组的平均倾角，然后用节理的平均倾向和平均倾角作图，用半径长度代表倾角，由圆心至圆周从 0° 到 90°，找点和连线方法与节理倾向玫瑰花图相同。

节理倾向、倾角玫瑰花图一般重叠画在一张图上。作图时，在平均倾向线上可沿半径按比例找出代表节理数目和平均倾角的点，将各点连成折线。图上用不同颜色或线条加以区别，如图 5.2-6 所示。

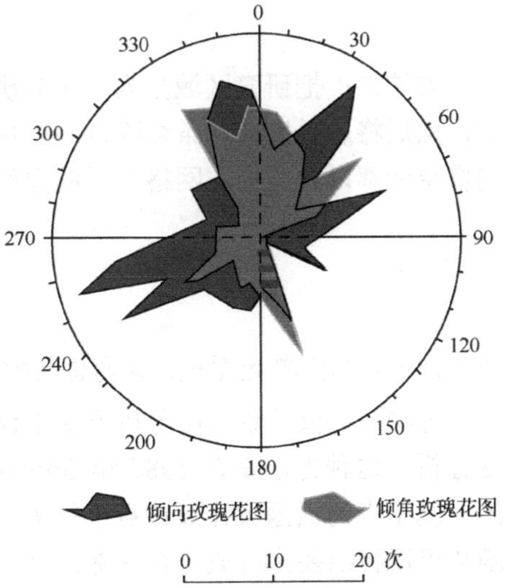

图 5.2-6　节理倾向、倾角玫瑰花图

（4）节理玫瑰花图的分析

玫瑰花图作图方法简便，形象醒目，能比较清楚地反映出主要节理的方向，有助于分析区域构造。最常用的是节理走向玫瑰花图。

分析玫瑰花图，应与区域地质构造结合起来。因此，常把节理玫瑰花图按测点位置标绘在地质图上，这样就可以清楚地反映出不同构造部位的节理与构造（如褶皱和断层）的关系。

走向节理玫瑰花图多应用于节理产状比较陡峻的情况，而倾向和倾角玫瑰花图多应用于节理产状变化较大的情况。

5.3 线密度或线频度

5.3.1 线密度或线频度的计算

线密度或线频度是指研究区域内线性体的长度或条数与区域面积之比，线密度或线频度的计算与点密度的类似，属于地理信息系统领域中的同类问题。计算线密度有三种方法。

方法一：计算任意一点的线密度或线频度的方法是以该点为圆心生成一个圆，圆的半径根据计算密度的尺度决定，每条线上落入该圆内的部分长度或条数相加，然后将总长度或总条数除以圆的面积，即得到线密度或线频度。线密度或线频度的计算分为基于等权和基于不等权两种：前者以局部平均法为代表；后者以中心估计法为代表，计算原理与点密度类似，公式如下：

$$D=\frac{\sum_{i=1}^{n}l_i}{\pi R^2},\qquad F=\frac{n}{\pi R^2} \tag{5.3-1}$$

式中，D 为线密度，F 为线频度，n 为总条数，l_i 为第 i 条线长度，R 为圆半径。

如果考虑不同类型的线性体对地层、构造活动造成不同的影响，则引入权重因子 v_i，相应的线密度的计算公式就演变为

$$D=\frac{\sum_{i=1}^{n}l_i\cdot v_i}{\pi R^2} \tag{5.3-2}$$

方法二：把研究区域分为一定分辨率的网格单元，把每个网格单元内的线长度或条数累加，然后将总长度或总条数除以网格单元的面积，并把结果标在每个网格单元的中心，所有网格单元都以此类推。网格单元的面积越小，则得到的数据就越多。公式如下：

$$D=\frac{\sum_{i=1}^{n}l_i}{A},\qquad F=\frac{n}{A} \tag{5.3-3}$$

式中，A 为网格单元面积，n 为总条数，l_i 为第 i 条线长度。

方法三：核函数密度分析方法不仅可以用于点要素的密度分析，也可以用于线要素的密度分析。这种方法是在 1986 年 Silverman 提出的计算点密度的二次核函数基础上挖掘出来的。基于点的核函数计算该点半径 L 范围内的网格单元中心点的贡献值。同样，基于线的核函数可以将线要素看成一种特殊的点要素，那么该线要素上方覆盖的不是一个圆，而是一个平滑的曲面。计算线要素的密度，也就是计算该曲面与下方平面所形成的空间内的网格单元

的密度。利用点密度的二次核函数的思想和上述点的核密度公式，线的核密度应该表示为线与线之间欧式距离的密度在以该线上表面椭球体与水平面之间形成体积的比值。

5.3.2 地质线性体线密度或线频度的计算

在地质领域，断层、节理、褶皱轴迹等都是典型的线状构造，地质线性体与构造活动、构造演化及成矿作用有着密切的关系，不同长度、不同类型的线性体对地层、构造活动及成矿作用的影响是不一样的。如图 5.3-1 所示为某地区线性构造解译图（张廷斌，2009），其线性体线密度图和线性体线频度图如图 5.3-2 及图 5.3-3 所示，可以看出，线性体线密度的高值区及其线频度的高值区基本吻合。它反映了线性体在空间上密度分布的数字特征和结构特征。线性体线密度图中，两向延长的高密度区域具有一定延伸方向的梯度带多为区域构造带的反应。对比分析结果可以看出，在图幅中下部自西向东发育了一个线性体密集区与目视解译的东西方向构造完全重合，研究区域的中部近南北方向同样是线性体发育的密集区。将线性体解译结果与地质图进行对比发现：解译出的线性体大多与断裂构造有关，另外，节理和岩脉少数线性体是山脉走向和岩层层理的表现。因此从地质研究角度来看，同样可以把线性体场的特征看成地质作用场和地质异常的反应。

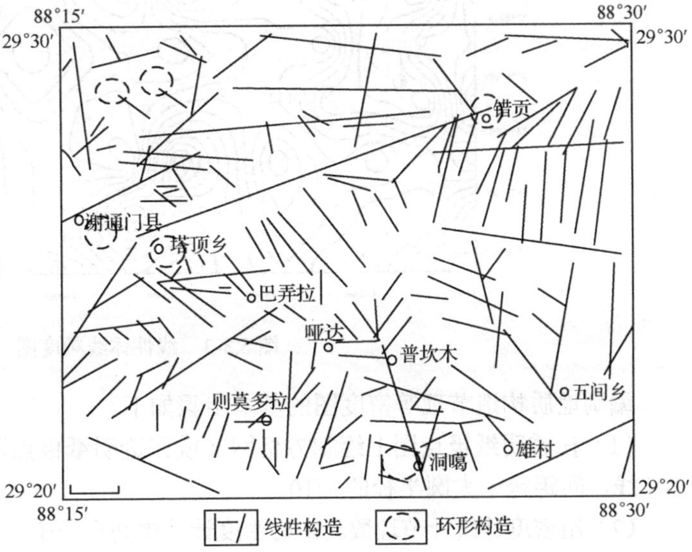

图 5.3-1 某地区线性构造解译图

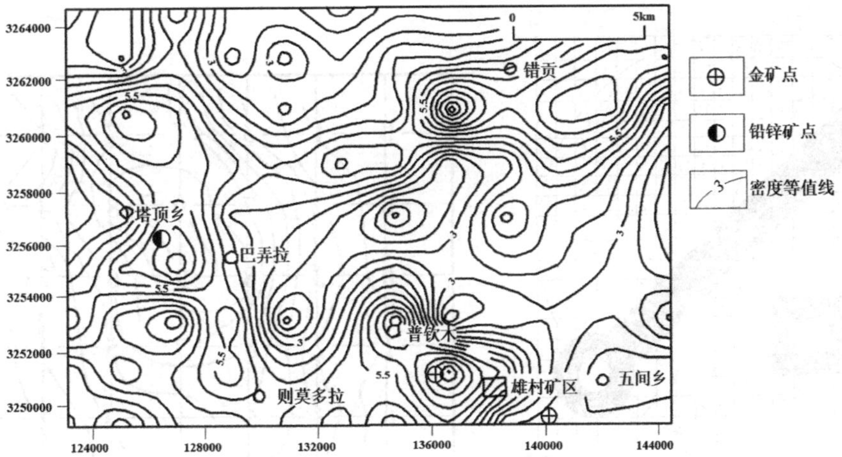

图 5.3-2 线性体线密度图

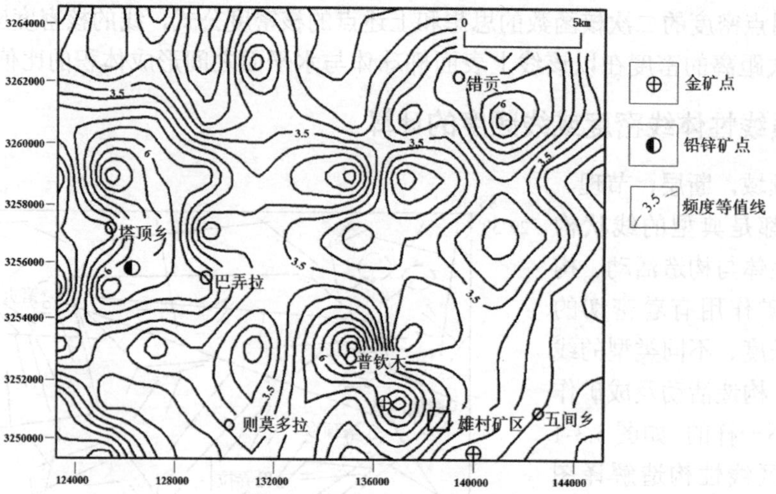

图 5.3-3　线性体线频度图

编制地质构造节理等密度图的基本步骤如下。

（1）在透明纸极点图上绘制方格网（或在透明纸极点图下垫一张方格纸），平行 E-W、S-N 线，间距等于大圆半径的 1/10。

（2）用密度计统计节理数。中心密度计是中间有一个小圆的四方形胶板，小圆半径是大圆半径的 1/10；边缘密度计是两端有两个小圆的长条胶板，小圆半径也是大圆半径的 1/10，两个小圆圆心连线的长度等于大圆直径，中间有一条纵向窄缝，便于转动和来回移动，如图 5.3-4 所示。先用中心密度计从左到右、由上到下，顺次统计小圆内的节理数（极点数），并标注在每个“+”中心，即小圆中心上；边缘密度计统计圆周附近残缺小圆内的节理数，将两端加起来（正好是小圆面积内的极点数），记在有“+”中心的残缺小圆内，小圆圆心不能与“+”中心重合时，可沿窄缝稍微移动和转动。如果两个小圆中心均在圆周上，则在圆周的两个圆心上都记上相加的节理数。有时，可根据节理产状特征，只统计密集部位极点，而稀疏零散极点可不统计。

（3）连线。统计后，大圆内每个“+”中心上都标注了节理数，把该数相同的点连成曲线（方法与连等高线一样），即形成节理等值线图，如图 5.3-5 所示。

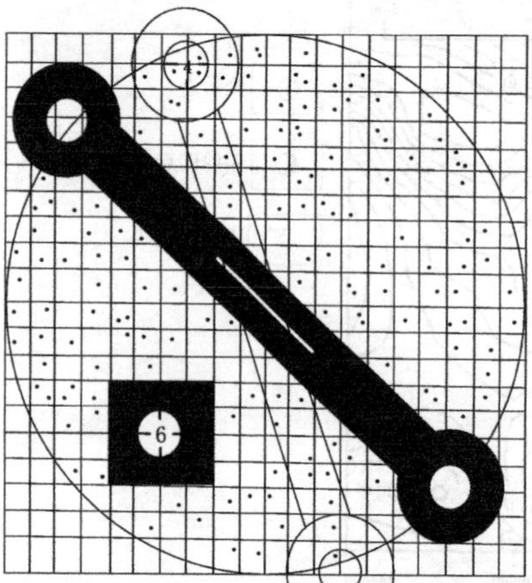

图 5.3-4　用密度统计节理极点数

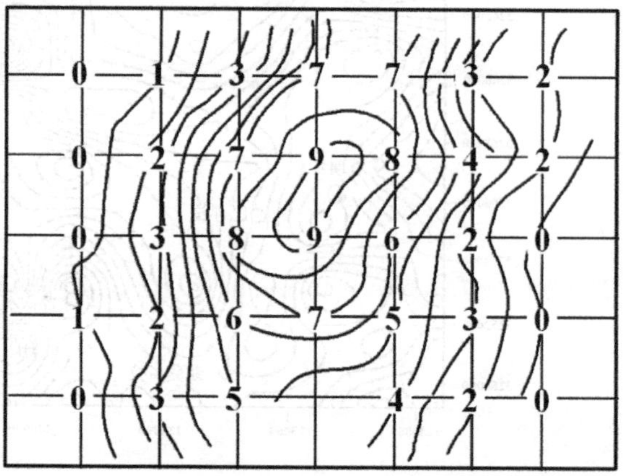

图 5.3-5　节理等值线图

一般用节理数的百分比来表示节理密度。小圆面积是大圆面积的 1%，其节理数也应成比例。例如，大圆内的节理数为 60 条，某一小圆内的节理数为 6 条，则该小圆内的节理数比值相当于 10%。在连等值线时，应注意图 5.3-6 所示的圆周上等值线连法中，圆周上的等值线两端具有对称性。

（4）整饰。添加图名、图例等整饰要素。图 5.3-7 所示是 400 条节理编制的等密度图。

（5）分析。从图 5.3-7 中可以清楚地看出有两组节理：第 1 组走向为 NE60°，倾角直立；第 2 组走向为 SE120°，倾角直立；第 1 组与第 2 组构成“X”共轭节理系。然后结合节理所处的构造部位，分析节理与有关构造之间的关系及其形成时的应力状态。等密度图的优点是节理产状要素都能得到反映，尤其能反映出节理的优势方向，其缺点是工作量较大。

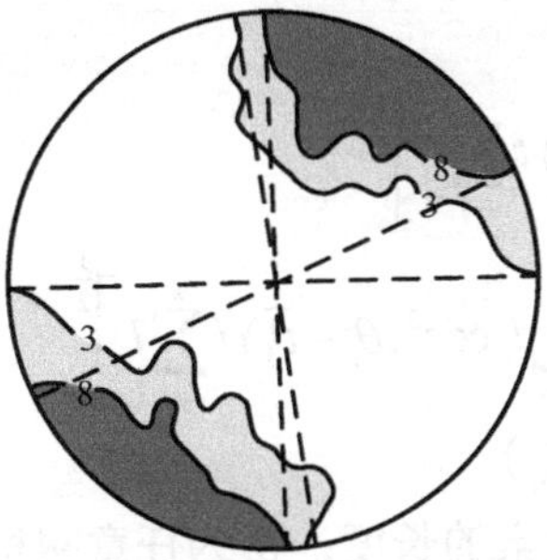

图 5.3-6　圆周上等值线连法

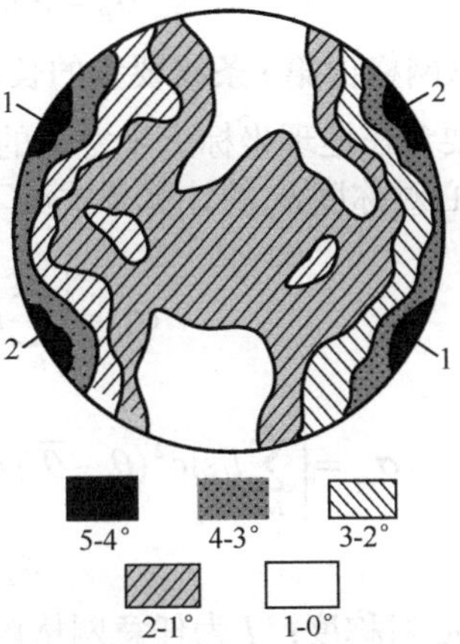

图 5.3-7　400 条节理编制的等密度图

5.4　线性体中心对称度

线性体中心对称度是用来表征地质线性体对称特征的一种新的统计分析变量（刘建国，1985）。在地质领域中，线性构造呈对称分布是因为存在侵入岩、褶皱及底辟作用等形成的环形构造及其他地质作用形成的环形地貌，因而中心对称度可以表征环形构造的空间信息。

线性体中心对称度的计算必须将线性构造按一定尺度进行网格化，以完成空间数据的定量和定位，而网格化不可避免地会产生误差并存在不确定性。因而不同尺度大小的网格可能造成提取的中心对称形式的差异，尺度选择不当就无法对环形构造进行有效的定量研究。

大型节理的一种成因是区域构造应力场的作用，多呈剪切性质，可构成一定的交叉网络。平面上一组方位（方位角为 θ_1 和 θ_2 ）不同的线段的平均方位角至少有两个：$\overline{\theta}_1$ 和 $\overline{\theta}_2$，且 $\overline{\theta}_1 \perp \overline{\theta}_2$，如图 5.4-1 所示，计算公式为

$$\overline{\theta}_1 = \sum_{i=1}^{n} l_i \theta_i / \sum_{i=1}^{n} l_i$$
$$\overline{\theta}_2 = 90^\circ \pm \overline{\theta}_1 \qquad (5.4\text{-}1)$$

式中，应使 $\overline{\theta}_2$ 保持在主值范围 $[-90^\circ, 90^\circ]$ 内。

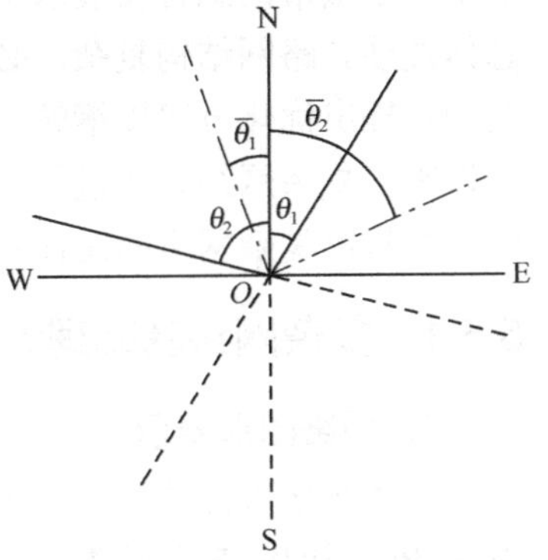

图 5.4-1　线段平均方位角

除非该组线段的方位分布是完全中心对称的，否则 θ_1 和 θ_2 与 $\overline{\theta}_1$ 和 $\overline{\theta}_2$ 两个方位的平均夹角总有一个是锐角，另一个是

钝角。显然，锐角方位是计算线性体方位均方差σ_θ或线性体中心对称度σ_s应当使用的平均方位角$\overline{\theta}$。虽然不易直接判断$\overline{\theta}_1$和$\overline{\theta}_2$中的哪个是$\overline{\theta}$，但是以$\overline{\theta}_1$和$\overline{\theta}_2$分别计算两次σ_θ或σ_s，所得结果较小的实际上就是以$\overline{\theta}$计算的结果。

线性体方位均方差σ_θ的计算公式如下：

$$\sigma_{\theta_1}=\left[\sum_{i=1}^{n}l_i(\theta_i-\overline{\theta}_1)^2/\sum_{i=1}^{n}l_i\right]^{\frac{1}{2}}$$

$$\sigma_{\theta_2}=\left[\sum_{i=1}^{n}l_i(\theta_i-\overline{\theta}_2)^2/\sum_{i=1}^{n}l_i\right]^{\frac{1}{2}} \tag{5.4-2}$$

$$\sigma_\theta=\min(\sigma_{\theta_1},\sigma_{\theta_2})$$

式中，l_i为任意网格内第i条线要素的长度；$\overline{\theta}$为以l_i为权重的加权平均方位角；θ_i为任意网格内第i条线要素在地理坐标上半空间的方位角；n为任意网格内线要素的总数。

线性体中心对称度σ_s的计算公式如下：

$$\sigma_{s_1}=\left[\sum_{i=1}^{n}l_i\sin^2(\theta_i-\overline{\theta}_1)/\sum_{i=1}^{n}l_i\right]^{\frac{1}{2}} \tag{5.4-3}$$

$$\sigma_{s_2}=\left[\sum_{i=1}^{n}l_i\sin^2(\theta_i-\overline{\theta}_2)/\sum_{i=1}^{n}l_1\right]^{\frac{1}{2}}=\left[\sum_{i=1}^{n}l_i\cos^2(\theta_i-\overline{\theta}_1)/\sum_{i=1}^{n}l_i\right]^{\frac{1}{2}} \tag{5.4-4}$$

$$\sigma_s=\min(\sigma_{s_1},\sigma_{s_2}) \tag{5.4-5}$$

式中，σ_s为中心对称度；l_i为任意网格内第i条线要素的长度；θ_i为任意网格内第i条线要素的方位角；n为任意网格内线要素的条数。

注意，当$\theta_i-\overline{\theta}_1$或$\theta_i-\overline{\theta}_2$超出主值范围$[-90°,90°]$时，需将其划入主值范围内计算$\sigma_{\theta_1}$或$\sigma_{\theta_2}$。

线性体方位分布的中心对称程度越高，其优势方位越不明显，方位均方差也越大。σ_θ的值不稳定，易受到坐标系取向和线性体方位密度分布均匀性等因素的影响。所以用σ_θ描述线性体中心对称程度不可靠。σ_s可以克服σ_θ的缺陷，能稳定地表征线性体方位分布中心对称性。

5.5 城市路网特征分析

城市路网作为城市发展的必然产物，也是城市赖以生存的重要基础设施。路网的发展体现了一个城市的综合发展水平，它直接影响城市居民的日常出行及生活，最终会影响城市的总体发展。路网结构复杂，必须深刻认识路网拓扑性质的变化规律，并在此基础上分析路网结构，提出优化方案以缓解交通问题，促进交通健康发展，从而带动城市可持续发展。1998年以来，复杂网络研究进入了新阶段，人们开始利用计算机研究具有成千上万个顶点和更多边的大规模复杂网络的统计特征。

5.5.1 复杂网络基础理论

1. 网络图形表示

具体网络可抽象为由一个点集P和边集E组成的图形$G=(P,E)$。点集P的节点数记为$N=\{P\}$，边集E的边数记为$M=\{E\}$。E中每条边都在P中有一对点与其对应。若任意点对(i,j)和(j,i)对应同一条边，则该网络称为无向网络，反之则称为有向网络。

2. 平均路径长度

网络中两个节点 i 和 j 之间的距离 d_{ij} 定义为连接这两个节点的最短路径上的边数。任意两个不同节点之间的距离平均值称为网络的平均路径长度 L，即

$$L=\frac{1}{\frac{1}{2}N(N-1)}\sum_{i>j}d_{ij} \tag{5.5-1}$$

式中，N 为节点总数。

3. 聚类系数

设网络中的一个节点 i 有 n_i 条边使它和其他节点相连，这 n_i 个节点就称为节点 i 的邻接点。显然，在这 n_i 个节点之间最多可能有 $n_i(n_i-1)/2$ 条边，n_i 个节点之间实际存在的边数 L_i 与总的可能的边数 $n_i(n_i-1)/2$ 之比被定义为节点 i 的聚类系数 C_i，即

$$C_i=\frac{2L_i}{n_i(n_i-1)} \tag{5.5-2}$$

网络平均聚类系数作为网络中所有节点聚类系数的平均值，即

$$C_i=\frac{1}{N}\sum_{i=1}^{N}C_i \tag{5.5-3}$$

4. 节点度和节点度分布

网络中节点 i 的度定义为与该节点连接的其他节点的数目，节点度分布为含有 n 个连接度的节点数总和占所有节点的比例，即

$$D(n)=\frac{N(n)}{N} \tag{5.5-4}$$

式中，N 为节点总数，$N(n)$ 表示含有 n 个连接度的节点数。在许多实际网络中，大部分节点只有少数几条连边，而少数节点却拥有大量的连边，该参数较好地描述了这种特征。

5. 小世界网络与无尺度网络

综合较大的聚类系数和较小的平均路径长度两个统计特征的效应就是小世界网络。无尺度网络的特点为：节点度服从幂律分布，即某个特定节点度的节点数与该特定的度之间的关系可以用一个幂函数近似地表示，即

$$D(n)=\alpha n^{-\gamma} \tag{5.5-5}$$

式中，n 为节点度，α 为常数，γ 为度分布指数。在无尺度网络中，绝大多数节点和其他节点的连接较少，而少数节点却拥有很多的连接。

5.5.2 路网建模方法

（1）由于路网中各路段的等级与车道数不同，使得其通行能力有所差异，导致其在路网中的重要性各不相同。因此，在研究的区域范围内应区分各路段的等级与车道数，并在此基础上重新定义各路段的起止点。对于同一路名的路段，若其等级与车道数相同，则将其定义为一条路段，其起止点与实际地理位置相同；否则，应分成两条、三条，甚至多条路段处理。对于分好的各个路段应分别重新命名，使其起止点与地理位置相对应。

（2）将现实城市路网抽象、简化为一张普通意义上的复杂网络，即建立复杂网络模型。

目前常用的建模方法主要有两种：①按路段和交叉口的实际地理位置关系建模，即将交叉口映射为网络中的节点，路段映射为网络中的边；②将路段映射为网络中的节点，路段与路段的交叉关系映射为网络中的边。由于第二种方法映射出的复杂网络反映了高度抽象的道路间相互联结关系，而不仅仅是纯地理关系的简单建模，这就为分析路网经过映射后所表现的新网络特征打下了基础。

（3）将建成的复杂网络模型在相应的分析软件中按规定格式存储。例如，应用 Matlab 软件对建成模型的复杂网络特征进行分析，使用 Pajek 软件绘制复杂网络模型的示意图。在 Matlab 软件中，建成的模型以矩阵形式进行存储。矩阵中的各元素按两条路段相交取“1”，反之取“0”的原则取值。

5.5.3 网络特征分析

1. 道路等级级配

在路网分析中，路网密度可以简单地定义为单位面积上的道路里程，用于描述特定地理区域中路网的覆盖状况、空间分布或形态特征，是路网规划与评价中必须考虑的基本指标。在中小比例尺的地图中，道路被抽象为线实体，路网密度计算就是线密度计算；对于大比例尺地图中以面实体存储的道路数据，通过提取道路中心线，路网密度计算仍可转化为线密度进行计算。按照我国城市道路的分类标准，路网密度可依照快速路、主干路、次干路和支路的不同等级进行计算。等级级配是指某等级道路长度与城市各等级道路长度总值的比值，即城市建成区快速路、主干道、次干道及支路等不同等级道路的里程数比例：

$$\sigma = \frac{\sum L_i}{\sum_{i=1}^{m} L_i} \tag{5.5-6}$$

式中，σ 为等级级配，m 为道路等级，L_i 为各类道路长度。

2. 路网分区分析

（1）路网分区问题定义

路网分区问题研究的是路网拓扑结构和交通流共同作用下的路网划分问题，将城市交通网络根据其交通流特性动态地划分成若干个交通小区，使城市交通控制系统能够快速地处理路网交通流情况，建立路网交通模型进行控制方案优化设计。

用 $G=(N,A)$ 表示一个路网，其中，N 表示节点的集合 $N=\{1,2,3,\cdots\}$，A 代表路段的集合，定义为含一个下游交叉口的路段，$A \in N \cdot N$。根据路网拓扑结构和交通流特性将 t 时刻路网分成 M 个交通小区，交通小区的集合为 $\{\gamma_1^t,\gamma_2^t,\gamma_3^t,\cdots,\gamma_m^t\}$，则称交通小区的集合为 t 时刻路网 G 的分区。由于路网中交通流是动态变化的，路网分区随着交通流的变化而变化。在一个给定的路网（路网拓扑结构和规模已知）中如何根据交通流特性进行路网分区需要解决下列三个问题。

问题 1：在一个给定路网中，路网规模与分区个数的相互关系。每个交通小区均由路段和节点组成，如果路段和节点数量过多，则必然出现数据处理费时问题，难以满足及时制定交通控制方案的要求，因此交通小区包含的节点数必须处在一个合理的范围。

问题 2：路网中，不同节点的交通流量不同，对路网效率贡献度也不同。路网中有些节点对路网效率起着关键的作用，能够影响其他节点交通流状态。把这样的节点称为路网中交通流关键作用点。在路网分区时如何寻找这些交通流关键作用点是要解决的重要问题之一。

问题 3：路网中交通流关键作用点确定后，如何确定这些关键作用点对其他节点的作用路径也是要解决的问题。

（2）路网分区树生长算法设计

按照上述定义，使用现有搜索方法，随着节点数增多，获取计算结果将非常费时，不适合应用到路网分区中。城市路网庞大而复杂，节点间交通流随时间变化而变化，节点之间的相互作用是动态的、非线性的，路网分区模型的建立依赖于弧（路段）流量的凸函数最小化，因此需要多次迭代。在实践中，为了在一个可行的弧流量上收敛，大多数大的拥挤网络需要数十次迭代。因此，在实践中需要克服空间网络研究的数量化问题。基于分形几何思想把一个大区域适当地划分为若干个子区域，将指数计算时间转换为多项式计算时间的空间循环细分提供了空间搜索问题的解决方案。对路网分区这个复杂问题应用空间循环细分思想进行求解，设计的分区概念模型如图 5.5-1 所示。

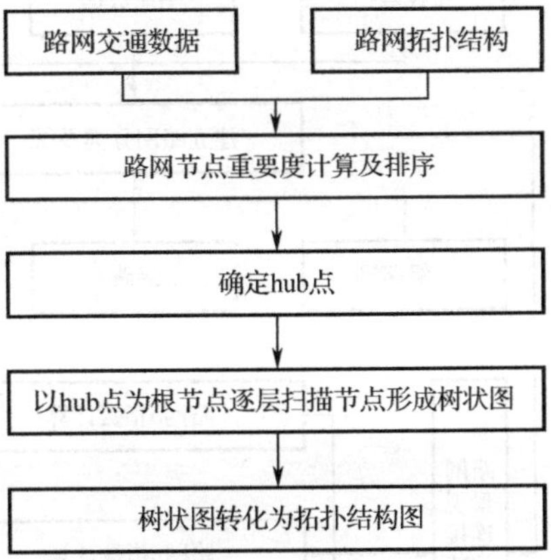

图 5.5-1　路网分区概念模型

（3）路网连接分析

① 路网综合评价

路网综合评价需要依照相关的需求和原则建立相应的评价指标体系，其基本构想是从路网发展的状况出发，按照其特点和趋势，建立可操作性强、能客观反映路网性能的指标体系。指标体系在评价中起着非常重要的作用，是评价的基础。因此，在进行路网综合评价时，指标的选取十分关键，直接关系到评价结果的实用性和合理性，我们在选取指标时应遵循以下几个原则。

多样性原则。路网是由多种方式、多个等级的道路组成的一个多层次系统，其多层次性就必然决定了其分析指标的多样性。因此，应该从多个角度出发，综合研究区域交通网络。

针对性原则。研究路网，必然要研究路网中存在的问题，并据此调整目标。因此，路网结构的分析指标必须是针对解决问题、确定发展目标而提出的，未来路网的调整目标能通过指标的选取基本体现。

通俗性原则。指标体系对系统的分解方式和选取的指标能够为大多数人所理解和接受。

可操作性原则。研究和提出分析指标是为了分析问题和解决问题。分析指标的选取必须考虑到现有掌握的数据情况，考虑到所需数据获取的难易度，选择的指标应该具有一定的可操作性。

定性与定量相结合的原则。指标体系要定性与定量相结合，量化的指标可以用公式算出，描述性指标可以作为开发建设的原则导引，使规划具有一定弹性，两者相结合强化了可操作性。

例如，如图 5.5-2 所示为路网景观连接度评价的一般范式。

② 节点分级

参考路网简图的特点以及道路分级方法，将所有节点分为三个等级：第一级为主干道与主干道的连接点；第二级为主干道与次干道，次干道与次干道的连接点；第三级为主干道与支路、巷，次干道与支路、巷，支路、巷的连接点。

③ 网络连接度指数

网络连接度指数是指路网总边数的两倍与路网节点总数的比值，它反映了网络的成熟度，其值越大，表示路网断头路越少，成网率越高，反之则表示成网率越低。公式如下：

$$J=\left(\sum_{i=1}^{n}m_i\right)/N=\frac{2M}{N} \tag{5.5-7}$$

式中，J 为网络连接度指数；N 为网络中的节点数量；m_i 为第 i 个节点所邻接的边数；M 为干道网的总边数（路段数）。

④ α 指数

α 指数用于度量网络环路，也称环度，是指连接网络中现有节点的环路存在的程度。α 指数的变化范围为 0～1，$\alpha=0$ 表示网络无回路，$\alpha=1$ 表示网络具有最大可能的回路数。公式如下：

$$\alpha=(L-P+1)/(2P-5) \tag{5.5-8}$$

式中，L 为网络中的实际连线数，P 为网络中的实际节点数。

⑤ β 指数

β 指数用于度量一个节点与其他节点联系的难易程度，也称连接度，是指网络中每个节点的平均连线数。当 $\beta<1$ 时，表示形成树状格局；当 $\beta=1$ 时，表示形成单一回路；当 $\beta>1$ 时，表示有较为复杂的连接度水平。公式如下：

$$\beta=2L/P \tag{5.5-9}$$

式中，L 表示网络中的实际连线数，P 表示网络中的实际节点数。

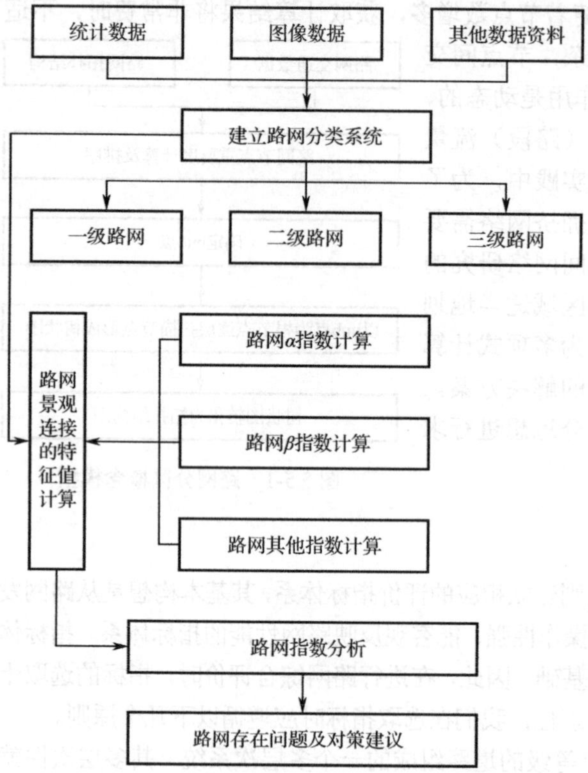

图 5.5-2　路网景观连接度评价的一般范式

5.6　河网密度分析

河网密度作为流域内单位面积上河流的总长度，是地貌、气候、土壤和植被等因素综合作用的结果，经常用来表达河流被切割的程度。它是地图编制中确定河流选取指标的一项基本依据，是编制各种建设规划研究水资源状况和农业可持续发展前景所需充分考虑的一个因素。河网密度也是地貌学、水文学等学科的重要参数。

5.6.1　河网密度定义

1．河网密度的数学表示

河网密度是流域结构特征的一个重要指标。1894 年，Penk 提出用主流长度（l）与汇入主流的支流数目（N）之比来表征河网密度（D）；此后，Feldner 提出用流域面积与河网数目之比表示河网密度；1953 年，Chebotarve 认为，流域河网密度可用平均河长（l）和平均相邻面积（a）之比表示。设面积为 A 的流域有 n 条河流或河段，总长度为 L，则 $l=L/n$，$a=A/n$，那么河网密度可表示为

$$D=\frac{L}{A}=\frac{nl}{na}=\frac{l}{a} \tag{5.6-1}$$

这一定义目前被普遍接受，即单位面积中河流长度的大小，称为河网密度系数，简称为河网密度。

2. 河网密度的 GIS 计算步骤

传统的河网密度是针对流域的，即一个流域拥有一个河网密度，其值等于流域内河流总长度除以流域面积。但对于一个流域来说，其内部河流分布是不均匀的，也有疏密之分。为此，在实际应用中，一般用一定规格的格网套在流域水系图上，然后统计落在每个格网内的河流长度，再除以格网面积，来定量表示该网络的网密度。具体操作步骤如下。

① 数据准备。包括两方面内容：水系分布图和格网分布图。水系分布图一般需要进行矢量化才能得到，格网分布图可利用 GIS 软件自动生成。

② 叠加分析。将水系图层与格网图层进行空间叠加。

③ 空间统计。叠加分析后，每条河段都被赋予所在位置格网的标识码，跨越格网的河段被切断。空间统计就是计算每个格网区的河网密度：查找格网图层属性表，对格网属性表中的每条记录通过标识码进行关联，在图层属性表中找到与之相应的所有河段，并进行长度累加，再除以格网面积，然后放回格网属性表中，即得到该格网区的河网密度。

5.6.2 河网密度提取

目前，从 DEM（数字高程模型）数据提取河网密度常用的一种方法是基于 D8 算法，即逐个计算栅格的汇流面积，并设定一定的汇流面积阈值，以提取河网密度，从而获得研究区域河网密度。其中，设定的汇流面积阈值将直接影响计算出的沟谷或河网密度。因此，如何设定汇流面积阈值对于得到合理的河网系统至关重要。汇流面积阈值取决于地面坡度、土壤性质、植被覆盖、气候等诸多因素。

1. 地表河网密度提取

河网密度提取主要包括洼地的填补、水流方向的确定、汇流累积值的生成、集水面积阈值的设定、河网密度生成以及河网密度矢量化等过程，主要操作步骤如下。

① 高程格网洼地填补：洼地是指一个或多个单元被周围较高海拔所围绕。洼地出现在数字高程模型中有许多不妥，必须从高程格网中通过填补高程除去这些洼地，如图 5.6-1 所示。

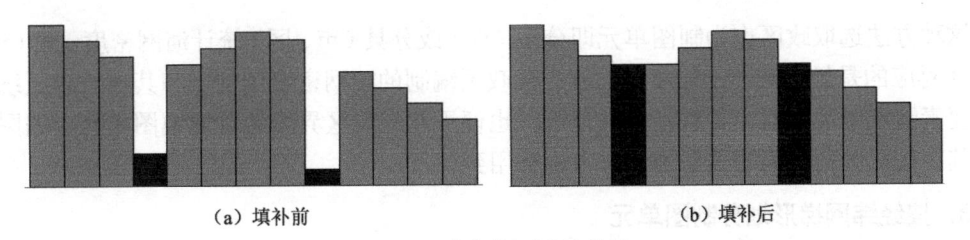

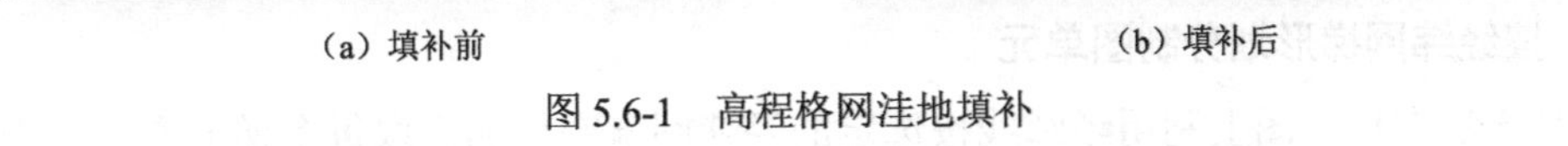

（a）填补前　　（b）填补后

图 5.6-1　高程格网洼地填补

② 流向提取：表示填补高程格网上每个单元的排水方向。常用的确定流向的方法是找出 8 个邻接单元中一个最陡的梯度。首先考虑与 8 个邻接单元中每个单元以距离为权重的梯度。对于直接邻接的 4 个单元，梯度的计算是将中央单元与直接邻接单元的高差除以 1。对于 4 个角落的邻接单元，梯度的计算是将高差除以2的平方根。图5.6-2 所示中央单元的流向为指向左下角的邻接单元。

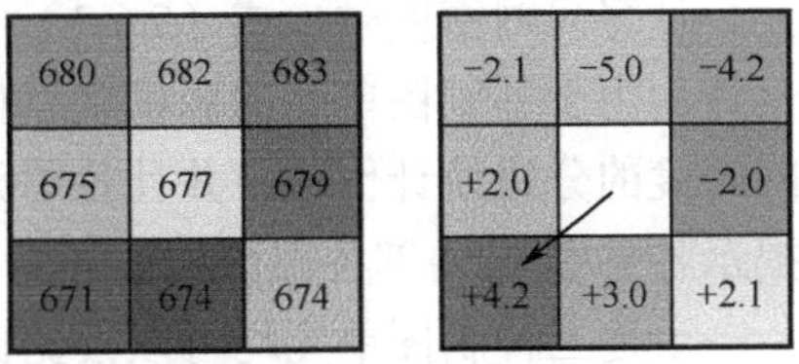

图 5.6-2　流向提取

③ 汇流累积：对每个单元累计流向它的单元总数。

④ 河网密度提取：具有高累积值的单元一般对应的是河道，而具有零值的单元通常为山脊线。因此，用某个临界累积值可以由水流累积格网导出一个完全连接的排水网络。

2．地表河网密度计算

在 ArcGIS 中打开矢量化后的河网属性表，在表中增加长度字段，单击长度字段，选择 Calculate Geometry 命令进行河网长度计算，计算完成后再右击字段，选择 Statistics 命令进行河网长度统计求和，并按式（5.6-1）计算河网密度。

3．地表河网密度估算精度评价

为评价运用 DEM 数据估算单元地表河网密度的适应性，使用 NSE（纳西效率系数）对地表河网密度估算结果进行精度评价，公式为

$$\mathrm{NSE}=1-\left[\sum_{i=1}^{n}(x_i-x_j)^2\Big/\sum_{i=1}^{n}(x_i-\overline{x})^2\right] \tag{5.6-2}$$

式中，x_i 为实测值，x_j 为估算值，$\overline{x}$ 为实测值的均值。NSE 取值为 $-\infty$～1。NSE 取值越接近 1，表明估算精度越好，可信度越高；NSE 取值越接近 0，表示估算值越接近实测值，即总体结果可信，但过程模拟误差大；当 NSE<0 时，表示估算精度相当低，估算结果不可用。通常认为，当 NSE>0.7 时，估算的结果比较准确，估算效果较好。

5.6.3　河网密度图制作

1．按江河流域划分制图单元

在专题地图中，用分级统计图法表示河网密度，常选用江河流域的不同范围作为制图统计单元。式（5.6-1）中的 A 对应的是地形图上经过量测的已知流域面积。按流域范围划分制图单元，能鲜明地表示出干流两侧河网密度的对称或不对称状况，确切地反映出分水岭东西坡或南北坡的河网疏度异同。水系的平面图形、分水线位置及河网密度三者可合为同一幅图，其特点是重叠表示、紧密配合、相互补充，可供在分流域进行规划治理时参考。

2．按政区划分制图单元

这种方法选取政区作为制图单元即分乡（镇）或分县（市、区）统计河网密度。式（5.6-1）中的 A 对应的是经量测的已知政区面积。分政区编制的河网密度图便于和其他按政区统计的专题要素图相对照阅读，并进行相关分析；也便于和有政区界线的普通地图相套合编图或读图，其在按政区范围编制规划的工作中也会用到。

3．按经纬网梯形划分制图单元

这种方法在地形图上利用经纬线按选定的经纬网疏密度加密取每个梯形作为一个制图单元。计算河网密度时，式（5.6-1）中的 A 对应的是经纬网梯形面积，L 为此梯形内全部河长累计。由于各制图单元的面积接近相同，因此它特别适合表示各地相对高差、平均坡度或河网密度的分级统计作图，并且各单元之间具有很好的横向可比性，单元选取又较细，能深入揭示各县/流域内部各部位的差异定位准确。

上述三种制图单元均可以根据比例尺、编图目的、用途、制图区域特征或建立地理信息数据库的需要，选取适当详略程度的统计单元划分标准。

第 6 章　面模式空间统计

6.1 空间相关分析

6.1.1 空间相关

当地理空间中某一点的值依赖于和它相邻的另一点的值时，就产生了空间依赖。世界上万千事物的状态都可以由一个三维的空间坐标与一个一维的时间坐标来唯一刻画。时间或空间上距离相近的两个事物的状态是相互关联的，不能被认为是相互独立的，并且事物之间的相关性与事物之间的距离有关，事物之间的距离越近则相关性越强，事物之间的距离越远则相关性越弱。根据地理学第一定律，当两个事物之间的距离为 0（实则是同一个体）时，它们将完全相关；当两个事物之间的距离为无穷远时，可近似地认为两者完全不相关。地区之间的经济地理行为之间一般都存在一定程度的空间相关性。在一般分析中，涉及的空间单元越小、距离越近，越可能在空间上具有比较强的相关性。然而，在现实的经济地理研究中，许多信息涉及地理空间的数据，由于种种因素的影响，普遍忽视其空间相关性，统计与计量分析的结果值得进一步深入探究。

空间相关（也叫空间依赖、空间相依）最早是由 Cliff 和 Ord 于 1973 年提出的，他们认为空间相关是空间效应识别的第一个来源，它是由于空间组织观测单元之间缺乏依赖性考察产生的。Anselin（1988）认为，空间相关表示空间观测值之间缺乏一定的独立性，其中的真实数据隐藏在这种空间相关的数据之中，而空间相关性的强度与模式是由绝对区位和相对区位所决定的。LeSage（1999）认为，空间相关是指样本数据中某一个位置 i 的观测值 x_i 与其他位置 r 的观测值 x_j 相关，其中，$j \neq i$。一般，我们可以将此表述为

$$x_i = f(x_j) \qquad (i = 1,2,\cdots,n; j \neq i) \tag{6.1-1}$$

由于式（6.1-1）中 i 的取值范围为 $i=1,2,\cdots,n$，因此在几个观测值之间这种相关性都可能发生。

空间相关性不仅意味着空间上的观测值缺乏独立性，还意味着潜在于这种空间相关中的数据结构之间的相关性，也就是说，空间相关性的强度及模式由绝对位置（格局）和相对位置（距离）共同决定。不同的学者对于空间相关具有不同的理解，Griffth（1987）认为，空间相关性是指一些变量在同一个分布区内的观测数据之间潜在的相互依赖性；Anselin（2000）认为，空间相关是空间依赖的重要形式，空间依赖是指研究对象属性值的相似性与其位置相似性存在一致性；王永、沈毅（2008）认为，空间相关是指某空间单元与其周围单元之间就某一种特征值通过统计方法进行空间自相关程度的计算以分析这些空间单元在空间分布的特征。

一般而言，空间相关来源于以下几个方面。

① 观测数据地理位置接近（Geographical Proximity）：在环境、地质等学科中存在的普遍现象由于地理位置接近而导致的空间相关，与地理学第一定义吻合。

② 截面上个体间互相竞争（Competition）和合作（Cooperation）：最典型的例子是在一

个伯川德 （Bertrand）寡头竞争的市场中，厂商对自己的产品定价时，会考虑市场上其他厂商的价格，并做出相应的调整，最后决定的价格是这一场竞争的均衡点。

③ 模仿行为（Copy Cat）：在一群体中，个体会重复或模仿一个或几个特定个体的行为。例如，在比赛中，比赛选手会将领先于自己的选手作为目标；在知识竞赛中，没有拿到奖项的学生会将拿到奖项的学生作为榜样学习。在以上类似的情况下，考虑了空间相关的信息，所建立的模型才能够更好地反映真实的模型。

④ 溢出效应（Spillover Effect）：指经济活动和过程中的外部特性对未参与经济活动和过程的周围个体的影响。在课堂上说话的学生会对周围听课的学生产生影响，松露的生长需要大量的水分和养分会使得周围没有植物生存。同样，不断加强的贸易往来所带来的经济利益对地区性国家多边联盟的形成具有正的溢出效应。

⑤ 测量误差（Measurement Error）：指在调查过程中数据采集与空间单元相关所产生的测量误差，例如，数据一般是按照省市县等行政区划统计的。这种假设的空间单元与研究问题的实际边界可能不一致，这样就很容易产生测量误差。

根据空间相关的来源，可将空间相关产生的原因分为两大类：相邻空间单元存在的空间交互影响和测量误差，从而将空间相关划分为真实（Substantial）空间相关和干扰（Nuisance）空间相关。真实空间相关和干扰空间相关存在一些不同。真实空间相关反映现实中存在的空间交互作用（Spatial Interaction Effects），如区域经济要素的流动、创新的扩散、技术溢出等，它们是区域间经济或创新差异演变过程中的真实成分，是确确实实存在的空间交互影响。例如，劳动力、资本流动等耦合形成的经济行为在空间上相互影响、相互作用，研发的投入产出行为及政策在地理空间上的示范作用和激励效应。

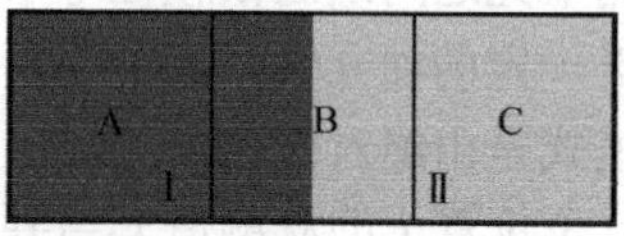

图 6.1-1 观测模式与观测单元关系

干扰空间相关可能来源于测量问题，例如，区域经济发展过程研究中的空间模式与观测单元之间边界的不匹配，造成相邻地理空间单元出现测量误差所导致。如图 6.1-1 所示，A、B、C 三处的观测本来是相互独立的，但是研究者由于无法准确识别 A、B 和 B、C 相邻的边界，而将整个区域分成 I 和 II 两部分，在图 6.1-1 中用深浅两种颜色表示。显然，由于 I 和 II 共享 B，所以 $y_{\mathrm{I}} = y_{\mathrm{A}} + \lambda y_{\mathrm{B}}$， $y_{\mathrm{II}} = y_{\mathrm{C}} + (1-\lambda) y_{\mathrm{B}}$。

假设随机变量 y_{A}、 y_{B} 和 y_{C} 互相独立，当 t 时，可以证明 $\mathrm{Cov}(y_{\mathrm{I}}, y_{\mathrm{II}}) \neq 0$，所以有理由相信，I 和 II 上的观测是空间相关的。我们将这种空间相关的来源称为测量误差。由于这一来源的存在，我们在处理具有空间特征的数据时，无论经济理论是否明确地显示了空间相关，在建立模型形式时都应重视和考虑空间相关的影响。

空间相关表现出的空间效应可以用以下两种模型来表征和刻画：当模型的随机干扰项在空间上相关时，即为空间误差模型；当变量间的空间相关对模型显得非常关键而导致了空间相关时，即为空间滞后模型。

6.1.2 两变量相关分析

1. 皮尔森相关系数的计算方法

皮尔森相关系数是定量分析研究变量之间线性相关强度的统计指标，最早由统计学家 Karl Pearson 提出。两个变量之间的皮尔森总体相关系数 ρ 定义为两个变量 x、y 之间的协方差和标准差的商，公式为

$$\rho = \frac{\mathrm{Cov}(x,y)}{\sigma_x\sigma_y} = \frac{E[(x-\mu_x)(y-\mu_y)]}{\sigma_x\sigma_y} \tag{6.1-2}$$

皮尔森相关系数又称简单相关系数（或单相关系数）、皮尔森积矩相关系数或线性相关系数。

通过估算样本的协方差和标准差，可得到样本相关系数（样本皮尔森系数），常用英文小写字母 r 表示，公式为

$$r = \frac{\sum_{i=1}^{n}(x_i-\bar{x})(y_i-\bar{y})}{\sqrt{\sum_{i=1}^{n}(x_i-\bar{x})^2}\sqrt{\sum_{i=1}^{n}(y_i-\bar{y})^2}} \tag{6.1-3}$$

r 由样本点 (x_i, y_i) 的标准分数均值估计，得到与式（6.1-3）等价的表达式：

$$r = \frac{1}{n-1}\sum_{i=1}^{n}\left(\frac{x_i-\bar{x}}{S_x}\right)\left(\frac{y_i-\bar{y}}{S_y}\right) \tag{6.1-4}$$

式中，$\frac{x_i-\bar{x}}{S_x}$、$\bar{x}$ 及 S_x 分别是对 x_i 的标准分数、样本均值和样本标准差。变量 y 的相关描述与变量 x 的相同。n 为样本量。

r 描述的是两个变量间线性相关强弱的程度。r 的取值为−1～+1，若 $r>0$，则表明两个变量是正相关的，即一个变量的值越大，另一个变量的值也会越大；若 $r<0$，则表明两个变量是负相关的，即一个变量的值越大，另一个变量的值会越小。r 的绝对值越大表明相关性越强，要注意的是，这里并不存在因果关系。若 $r=0$，则表明两个变量间不是线性相关，但有可能是其他方式的相关（如曲线方式）。但协方差公式有一些缺陷，虽然能反映两个随机变量的相关程度，但其数值上受量纲的影响很大，不能简单地从协方差的数值大小给出变量相关程度的判断。因此，皮尔森相关系数用方差乘积来消除量纲的影响。

2．显著性检验

皮尔森相关系数的假设检验部分用到的是 t 检验的方法，而 t 检验的方法需要样本满足一定的前提条件，所以为了检验皮尔森相关系数是否说明了显著性的线性相关，首先要检验数据是否满足进行显著性检验的条件，这里的条件有三条。

（1）实验数据是成对的、来自正态分布的总体。正态性是很多需要假设检验的前提条件，但很多应用中并没有严格地验证数据是否满足正态分布。

（2）实验数据之间的差距不能太大。离群的点会对其相关系数造成较大影响，所以需要对噪声点进行修正或剔除。

（3）每组样本都是独立抽样的。独立抽样也是很多假设检验的前提条件。

皮尔森相关系数显著性检验步骤如下。

① 分别建立原假设 H_0：不存在线性相关关系，备择假设 H_1：存在线性相关关系。

② 根据皮尔森相关系数可以构建一个统计量 t：

$$t = r\cdot\sqrt{\frac{n-2}{1-r^2}} \tag{6.1-5}$$

式中，n 为样本的数量，r 是皮尔森相关系数。

③ 显著性水平取 0.05 和 0.01 两个值。

④ 计算 t 临界值，t 临界值所适用的自由度为 $n-2$。

⑤ 将临界值与检验值进行比较。如果概率 $P<0.01$，则在 99%的置信水平上拒绝原假设，接受备择假设，即样本有线性相关关系，而且非常显著；如果 $P<0.05$，则在 95%的置信水平上拒绝原假设，接受备择假设，即样本有线性相关关系，而且较为显著。

3. 应用实例

湖北省各地区的经济发展和环境污染数据均为定距连续的时间序列数据，不同年份经济发展与环境污染存在一定的关系。皮尔森相关系数是可以用来说明经济发展与环境污染之间线性关系检验的统计指标。通过计算湖北省各地区 2005—2018 年间可以用来衡量经济发展水平的人均 GDP 数据及环境污染数据（PM10 年均浓度、SO_2 年均浓度、NO 年均浓度、CO 年均浓度、O_3 年均浓度、PM2.5 年均浓度、工业废水排放量、SO_2 排放量）之间的皮尔森相关系数来判断经济发展水平与环境污染状况之间的线性关系。为了减少消除不同量纲的影响，对所有数据取自然对数后计算皮尔森相关系数，如表 6.1-1 所示。从表 6.1-1 中可以看出，不同地区经济发展与环境污染之间的关系存在差异，且同一地区的各项环境污染指标与人均 GDP 之间的关系并不一定为线性，往往随着人均 GDP 的增加而产生变化。SO_2 年均浓度与人均 GDP 之间除了黄冈、仙桃呈现不显著正相关，其他地区均在不同程度上显示出正相关趋势；CO 年均浓度与人均 GDP 之间除了天门呈现显著正相关，其余均为不同程度的负相关；工业废水排放量与人均 GDP 之间除了潜江，均呈现不显著的正相关关系；各地区 PM2.5 年均浓度与人均 GDP 之间均为不同程度的负相关；其余环境污染指标与人均 GDP 之间的关系在不同地区之间均有波动。

表 6.1-1　湖北省各地区人均 GDP 与环境污染指标间的皮尔森相关系数

地区	r_{PM10}	r_{SO_2}	r_{NO_2}	r_{CO}	r_{O_3}	$r_{PM2.5}$	r_{GYFS}	$r_{SO_2排放量}$
武汉	−0.552**	−0.861**	0.304	0.420	0.631	−0.973**	−0.929**	−0.707*
黄石	−0.581*	−0.101	0.613*	−0.897	0.456	−0.927	−0.648	−0.632
十堰	−0.412	−0.1	0.83**	−0.883	0.999**	−0.997**	−0.843**	−0.893**
宜昌	0.346	−0.658*	0.069	−0.847	0.977**	−0.977**	−0.524	−0.610
襄阳	−0.673**	−0.853**	0.747**	−0.604	0.172	−0.855	−0.831*	−0.732*
鄂州	0.032	−0.510	0.651*	−0.886	−0.445	−0.969*	−0.796*	−0.725*
荆门	0.431	−0.542*	0.826**	−0.638	0.849	−0.690	−0.945**	−0.801*
孝感	−0.090	−0.38	0.565*	−0.579	0.853	−0.75	−0.966**	−0.297
荆州	0.557*	−0.542*	0.752**	−0.692	0.042	−0.964**	−0.398	−0.512
黄冈	−0.530	0.018	0.691**	−0.928	0.148	−0.955**	−0.736*	0.046
咸宁	−0.387	−0.716**	0.541*	−0.538	−0.469	−0.945	−0.869**	−0.614
随州	−0.089	−0.913**	0.78**	−0.793	0.697	−0.992**	−0.73*	−0.76*
恩施	−0.31	−0.935**	0.594*	−0.451	−0.197	−0.967*	−0.629	−0.394
潜江	0.163	−0.343	−0.004	−0.068	0.024	−0.965*	0.035	0.616
天门	−0.486	−0.275	0.287	0.999**	0.316	−0.886	−0.567	0.409
仙桃	0.121	0.133	−0.07	−0.228	0.842	−0.904	−0.89**	−0.492
神农架	0.555*	−0.628*	−0.057	−0.091	−0.161	−0.985*	−0.882**	−0.345

注：r_i 表示环境污染指标 i 自然对数与人均 GDP 自然对数之间的皮尔森相关系数；GYFS 表示工业废水排放量；*表示通过显著性水平 0.05 检验，**表示通过显著性水平 0.01 检验。

6.1.3 多变量相关分析

在多元的情况下，为了判定变量之间相关关系密切程度，需要使用复相关分析。在变量关系的表达方面，复相关分析模型与多元线性回归模型在形式上是一样的。假设某个因变量 y 受 m 个自变量 $x_1,x_2,\cdots,x_m$ 的影响，其 n 组观测值为 $y_k,x_{k1},x_{k2},\cdots,x_{km}\ (k=1,2,\cdots,n)$，则多元线性回归模型为

$$y_k = B_0 + B_1x_{k1} + B_2x_{k2} + \cdots + B_mx_{km} + \varepsilon_k \tag{6.1-6}$$

式中，$B_0,B_1,B_2,\cdots,B_m$ 为待定系数，ε_k 为随机变量。

在复相关分析中，假设所有的变量都是随机的，在检验时还需要假设这些变量的联合分布为多维正态分布。

1．偏相关系数的计算与检验

多个变量之间的相关关系是错综复杂的。任何两个变量之间都存在简单相关关系，这种关系又受其他变量的干扰，使得简单相关关系不能确切地反映两个变量之间的纯相关关系。在实际工作中，需要固定一些因素，即留下一个变量来观察这个变量对另一个变量的作用，那么需要利用偏相关系数。

在变量之间，我们所关心的是某个自变量对因变量的作用，而不关心自变量之间的互相影响。偏相关系数描述的是某个自变量与因变量之间的纯相关关系，即固定其他自变量，专门看一个自变量对因变量的影响。同样，两个变量之间的偏相关系数与简单相关系数在数值上可能相差很大，甚至符号都可能相反。

假定有三个要素 x_1、x_2和x_3，则它们之间共有三个一级偏相关系数，分别是 $x_{12\cdot3}$、$x_{13\cdot2}$ 和 $x_{23\cdot1}$。这三个偏相关系数可以由单相关系数 $r_{ij}\,(i,j=1,2,3)$ 计算而来，其计算公式分别为

$$r_{12\cdot3} = \frac{r_{12} - r_{13}r_{23}}{\sqrt{(1-r_{13}^2)(1-r_{23}^2)}} \tag{6.1-7}$$

$$r_{13\cdot2} = \frac{r_{13} - r_{12}r_{23}}{\sqrt{(1-r_{12}^2)(1-r_{23}^2)}} \tag{6.1-8}$$

$$r_{23\cdot1} = \frac{r_{23} - r_{12}r_{13}}{\sqrt{(1-r_{12}^2)(1-r_{13}^2)}} \tag{6.1-9}$$

假定有 m 个自变量 $x_1,x_2,\cdots,x_m$，因变量为 y。用 $r_{y1-23\cdots m}$ 表示扣除自变量 $x_2,x_3\cdots,x_m$ 影响的 y 与 x_1 之间偏相关系数，简写为 r_{y1}；用 $r_{y2-13\cdots m}$ 表示扣除自变量 $x_1,x_3\cdots,x_m$ 影响的 y 与 x_2 之间偏相关系数，简写为 r_{y2}，以此类推。

利用简单相关系数可以计算偏相关系数：

$$r_{y1-23\cdots m} = \frac{r_{y1} - r_{y2}r_{y3}\cdots r_{ym}r_{12}r_{13}\cdots r_{1m}}{\sqrt{(1-r_{y2}^2)(1-r_{y3}^2)\cdots(1-r_{ym}^2)(1-r_{12}^2)(1-r_{13}^2)\cdots(1-r_{1m}^2)}} \tag{6.1-10}$$

根据样本的偏相关系数推断总体的偏相关系数是否显著，可以使用如下检验步骤。

① 建立原假设 H_0：总体不存在线性偏相关关系，备择假设 H_1：总体存在线性偏相关关系。

② 求 t 检验值，计算公式为

$$t_{ci} = r_{yi}\sqrt{n-3}/\sqrt{1-r_{yi}^2} \tag{6.1-11}$$

③ 显著性水平取 0.05 和 0.01 两个值。

④ 计算 t 临界值，t 临界值所适用的自由度为 $n-3$。

⑤ 将临界值与检验值进行比较。如果概率 $P<0.01$，则在 99%的置信水平上拒绝原假设，接受备择假设，说明总体中变量之间有线性偏相关关系，而且非常显著；如果 $P<0.05$，则在 95%的置信水平上拒绝原假设，接受备择假设，说明总体中变量之间有线性偏相关关系，而且较为显著。对显著性水平的选择有不同的意见，具体选哪个取决于所得到的结果，如果得到的 P 值大部分都非常小，就取 0.01，如果得到的 P 值都很大，就取 0.05。绝大部分的研究都以显著性水平 0.05 为分界。

2. 复相关系数的计算与检验

实际上，一个要素的变化往往受多种要素的综合作用和影响，而单相关或偏相关分析的方法都不能反映各要素的综合影响。要解决这一问题，就必须采用复相关分析方法研究几个要素同时与某个要素之间的相关关系。

复相关系数可以利用单相关系数和偏相关系数求得。设 y 为因变量，$x_1, x_2, \cdots, x_m$ 为 m 个自变量，则 y 与自变量之间复相关系数为

$$R_{y\cdot 12\cdots m}=\sqrt{1-(1-r_{y1}^2)(1-r_{y2\cdot 1}^2)\cdots[1-r_{ym\cdot 12\cdots(m-1)}]} \tag{6.1-12}$$

根据样本的复相关系数推断总体的复相关系数是否显著，可以使用如下检验步骤。

① 建立原假设 H_0：总体不存在线性复相关关系，备择假设 H_1：总体存在线性复相关关系。

② 计算 F 检验值：

$$F=\frac{R_{y\cdot 12\cdots m}^2}{1-R_{y\cdot y12\cdots m}}\times\frac{n-m-1}{m} \tag{6.1-13}$$

式中，m 是自变量的个数，n 是样本量。

③ 显著性水平取 0.05 和 0.01 两个值。

④ 计算 F 临界值，F 临界值所适用的自由度为 m 和 $n-m-1$。

⑤ 将临界值与检验值进行比较。如果概率 $P<0.01$，则在 99%的置信水平上拒绝原假设，接受备择假设，说明总体中变量之间有线性复相关关系，而且非常显著；如果 $P<0.05$，则在 95%的置信水平上拒绝原假设，接受备择假设，说明总体中变量之间有线性复相关关系，而且较为显著。绝大部分的研究都以显著性水平 0.05 为分界。

6.1.4 空间自相关

空间自相关通常是空间相关的核心内容。空间自相关（Spatial Autocorrelation）是指一些变量在同一个分布区内的观测数据之间潜在的相互依赖性，即在样本观测中，位于位置 i 的观测与其他 $j \neq i$ 的观测有关。空间自相关的概念来自时间序列的自相关，它刻画的是在空间区域相邻位置上相同变量的相互影响程度。Tobler（1970）曾指出“地理学第一定律”：“任何东西与别的东西之间都是相关的，但近处的东西比远处的东西相关性更强。”地表所有事物和现象在空间上都是关联的，距离越近，关联程度越强；距离越远，关联程度越弱。空间自相关不仅意味着空间上的观测缺乏独立性，还意味着潜在于这种空间相关中的空间结构，也就是说，空间相关性的强度及模式由绝对位置和相对位置（布局、距离）决定。空间自相关是两种现象或特征在空间基础上建立起来的相关关系，通常用来检验某一属性的空间聚集和空间分布情况，整个区域空间的属性是否存在空间相关，以及区域内各个内部空间之间是否

存在空间相关，是一种常用的、认识空间分布特征的方法。因此对其进行测度，也就是探测空间聚集的强度。

空间自相关分析是空间统计学中一种常用分析方法，其应用研究已经渗透到经济学、流行病学、社会学、环境学等诸多领域。空间自相关统计量是用于度量地理数据的一个基本性质。地理数据由于受空间相互作用和空间扩散的影响，彼此之间可能不再相互独立，而是相关的。例如，视空间上互相分离的许多市场为一个集合，如市场间的距离近到可以进行商品交换与流动，则商品的价格与供应在空间上可能是相关的，而不再相互独立。实际上，市场间距离越近，商品价格就越接近、越相关。根据矩条件，可以用式（6.1-14）表达空间自相关，即属性值相似性与位置相似性的一致程度：

$$\mathrm{Cov}(y_i, y_j) = E(y_i, y_j) - E(y_i) \cdot E(y_j) \neq 0, \quad i \neq j \tag{6.1-14}$$

式中，i、j分别指单个观测位置；y_i、y_j表示相应位置上某一随机变量的值。根据观测位置的空间结构、空间相互作用或空间排列，当非零位置对i、j的特殊布局具有一个解释时，从空间角度看，这个协方差将变得有意义。

空间自相关表现为空间正相关和空间负相关两种形式，若一个空间的属性值在空间分布中呈现为高值，且被高值所包围，或者其空间的属性值在空间分布中呈现为低值，且被低值所包围，则这种现象表现为空间正相关，具有空间聚集的特征；若一个空间的属性值在空间分布中呈现为低值，被高值所包围，或者高值被低值所包围，则这种现象表现为空间负相关；若属性值在空间分布中表现为随机性，则表示空间相关不明显，呈现为一种随机分布的现象。根据空间分析的角度不同，空间自相关可以分为全局空间自相关和局部空间自相关。全局空间自相关描述空间属性值在整个区域空间中的分布特征，局部空间自相关是对区域内各局部空间属性值与其周围邻接空间属性值之间相关关系的分析。

6.2 可变面元问题

随面积单元（单元格或粒度）定义的不同而变化的问题就是所谓的可变面元问题（Modifiable Areal Unit Problem，MAUP）。如图 6.2-1 所示，同样的空间范围，可以以 1、4、16 个单元面积作为基本单位来划分区域。MAUP 最早是在 1934 年的一项关于人口调查数据的尺度影响研究中被认识到的，研究发现，当采用调查区域而非个人或家庭单元的数据进行计算时，会出现较高的相关性。当将基于点测量的空间现象的点数据聚合（扩散）为区域数据时，就会出现 MAUP，其结果是使汇总值、比率、比例等相关的统计结果随区域边界选择的不同而不同，即这些统计值的结果受空间分区的影响。因此，分区的面积单元是可变的或可修改的，这种因聚合的空间单元的变化所导致的统计结果的差异就是 MAUP。MAUP 造成的统计结果和统计分析结果的偏差常以尺度效应（Scale Effect）和分区效应（Zoning Effect）来描述。

尺度效应是指当空间数据经聚合而改变其单元面积的大小、形状和方向时，分析结果也随之变化的现象。同一数据集中的信息若采用不同的空间分辨率水平进行组合，所得到的统计结果是不同的。如图 6.2-2 所示，B-F 不同尺度单元格中的两个数值，上面一个为原始值累加平均得到的聚合值 X，下面一个是聚合值 Y，小单元组合成大单元，影响统计结果，方差减小，相关系数变大。在对 MAUP 聚合效应的研究中，Amerhein（1995）观测到聚合尺度对于平均值、方差、回归和相关系数的影响不同，且根据实际数据不同，情况也可能出现很大的不同。回归系数似乎对聚合的尺度更加敏感，且这种效应随着聚合程度过程中所减少的报告单元数而增加。Kolacyzk 和 Huang（2001）提出用所谓的“多尺度统计模型”（Multiscale Statistical Models）来解决尺度转换问题。

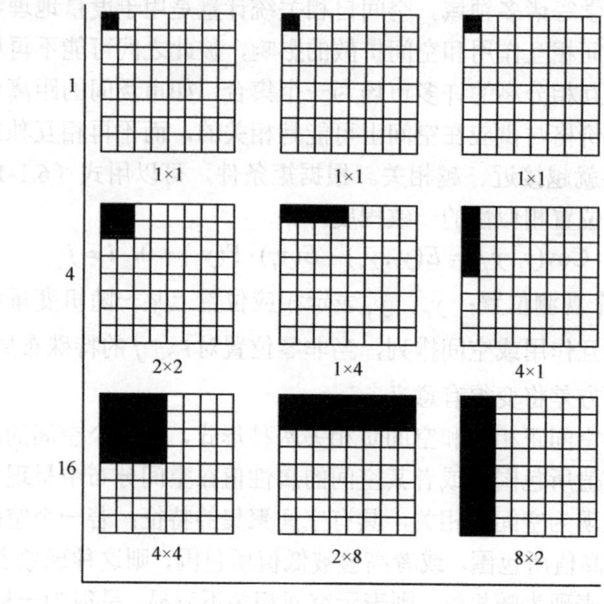

图 6.2-1　可变面元

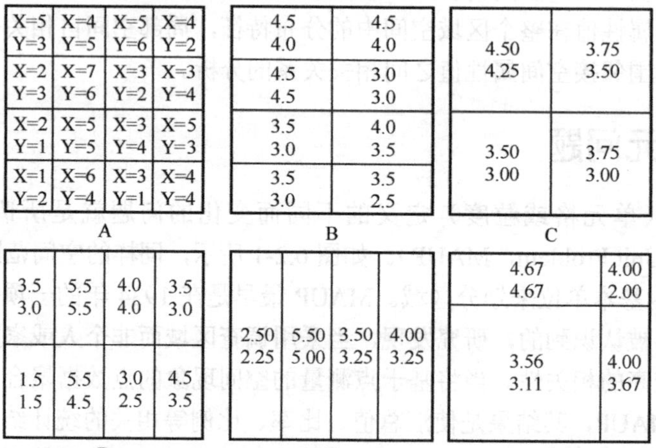

	未加权					加权				
	$\overline{X}$	$\overline{Y}$	S_X^2	S_Y^2	r_{XY}	$\overline{X}$	$\overline{Y}$	S_X^2	S_Y^2	r_{XY}
A	3.88	3.44	2.36	2.37	0.66	3.88	3.44	2.36	2.37	0.66
B	3.88	3.44	0.30	0.40	0.88	3.88	3.44	0.30	0.40	0.88
C	3.88	3.44	0.14	0.26	0.94	3.88	3.44	0.14	0.26	0.94
D	3.88	3.44	1.55	1.34	0.95	3.88	3.44	1.55	1.34	0.95
E	3.88	3.44	1.17	0.98	0.98	3.88	3.44	1.17	0.98	0.98
F	4.06	3.36	0.16	0.93	0.64	3.88	3.44	0.18	0.48	0.80

图 6.2-2　空间数据聚合的影响

区划效应是指在给定尺度下不同的单元组合方式导致分析结果产生变化的现象。空间数据的统计测度易受空间单元组织形式的影响。聚合方式或分区方式的不同将导致从可修正的面积单元中所得到的统计结果不同。对同一数据集采用不同的面积单元划分将产生不同的结果。Openshaw（1981，1984）指出，许多地理研究中用到的面积单元或区划对象是任意的、可修改的，并且完全取决于进行聚合的人的主观臆断或想象。Nakaya（2000）指出，采用较小的面积单元具有提供不可靠比率数据的趋势，因为计算比率数据的人口数较小，另外，采用较大的面积单元可以提供较稳定的比率数据，但同时掩盖了在小面积单元下所具有的有意义的地理变化的证据。

根据目前的研究来看，MAUP研究存在很大的难度，目前也越来越受到地理学学者的重视，空间研究的结果并非完全独立于所采用的分区单元，或者说，它是尺度依存和区划依存的，获取有效的总体性或比较性结果是十分困难的。从目前的研究来看，大多数学者比较重视尺度效应，对区划效应或分区效应关注较少。

6.3 空间权重矩阵

6.3.1 空间权重矩阵的概念

构建空间权重矩阵是研究空间自相关的基本前提之一。地理学第一定律认为，地理事物之间不是孤单存在的，其相互之间存在关联性，在空间上的此起彼伏和相互影响是通过地理事物之间的相互联系得以实现的，并通过空间因素进行传导而表现出空间依赖或相关。空间权重矩阵用来表征空间单位之间的相互信赖性与关联程度，以便更好地反映事物之间的客观规律。空间权重矩阵实际上就是一个二元对称矩阵$\boldsymbol{W}_{n\times n}$，在实际应用中，一般通过矩阵形式给出空间对象的空间权重指标，通过这个矩阵可以表示空间数据集中不同实体单元间存在不同程度的空间关系。广义的空间权重矩阵是按研究对象某一种属性的邻接性来定义的。例如，国与国之间以相互贸易额作为属性值、省与省之间以GDP作为属性值等定义空间单元的邻接性，这是基于经济属性确定的空间权重矩阵。空间权重矩阵的形式为

$$\boldsymbol{W}=\begin{bmatrix} w_{11} & w_{12} & \cdots & w_{1n} \\ w_{21} & w_{22} & \cdots & w_{2n} \\ \vdots & \vdots & & \vdots \\ w_{n1} & w_{n2} & \cdots & w_{nn} \end{bmatrix} \tag{6.3-1}$$

$\boldsymbol{W}$是一个$n\times n$空间权重矩阵，矩阵的每一行指定了一个空间单元的“邻居集合”。面状观测值用连通性指标：若面状单元i和j邻接，则$w_{ij}=1$；否则，$w_{ij}=0$。点状观测值用距离指标：若点i和j之间的距离在阈值d以内，则$w_{ij}=1$；否则，$w_{ij}=0$。

通常约定，一个空间单元与其自身不属于邻居关系，即矩阵中主对角线上的元素值为0。

空间权重矩阵在空间统计分析中有着重要的地位，它是联系空间因素和空间属性值之间的桥梁，构建良好合理的空间权重矩阵将会提高空间统计分析结果的准确程度。空间权重矩阵是对空间数据位置属性的反映。空间位置通常用距离、邻接、交互等方式来表示，空间权重矩阵的定义方法有多种，根据空间统计和空间计量经济学原理，一般可将现实的地理空间关联或经济联系考虑到模型中来，以达到正确设定空间权重矩阵的目的。其中，空间对象有点元素、面元素。因此，衡量地理联系的方法通常有两种主要方式：一种是针对面元素的基于邻接标准定义的，另一种是针对点元素的基于距离标准来定义的。针对不同的要素类型，有不同的建立空间权重矩阵的标准，也可以说是不同的定义方法。因此，空间权重矩阵有邻

接空间权重矩阵、距离空间权重矩阵、经济空间权重矩阵和嵌套空间权重矩阵等。

6.3.2 空间权重矩阵的类型

1. 邻接空间权重矩阵

当分析的要素类型是面时，定义空间权重矩阵，就要对空间单元的位置进行量化，根据空间单元的邻接关系设定的空间权重矩阵是应用最广泛的一种，称为邻接空间权重矩阵(Contiguity Based Spatial Weights)。在邻接空间权重矩阵中，应用最广泛的是一阶邻接空间权重矩阵。可以根据是否具有共同边界判断空间邻接，Moran 和 Geary 就是在这种空间单元邻接与否的二元结构基础上进行空间自相关测度的。按照这一定义，邻接结构用二值权重矩阵或 0、1 权重矩阵来表示：1 表示空间单元邻接，即当空间对象 i 和空间对象 j 邻接时，空间权重矩阵的元素 w_{ij} 为 1；0 表示空间单元不邻接。其形式为

$$w_{ij}=\begin{cases}1, & i\text{与}j\text{相邻}\\ 0, & i=j\text{或}i\text{与}j\text{不相邻}\end{cases} \tag{6.3-2}$$

式中，i 和 j 分别表示空间单元编号。

除一阶邻接空间权重矩阵外，还存在其他的邻接空间权重矩阵，如二阶或高阶邻接空间权重矩阵。邻接空间权重矩阵可以方便地构建，方便进行处理，缺点是对交互作用的反映较为片面，将没有共同边界的空间单元相关关系记为 0，这显然不太符合事实和客观规律。

（1）一阶邻接矩阵

一阶邻接矩阵(the First Order Contiguity Matrix)假定两个地区邻接时空间关联才会发生，即当区域 i 和 j 邻接时用 1 表示，否则用 0 表示。常见的一阶邻接关系如图 6.3-1 所示，邻接关系分为以下三种。

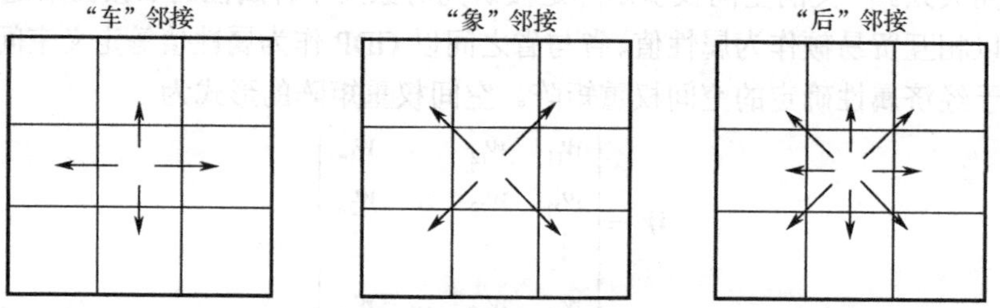

图 6.3-1 常见的一阶邻接关系

“车”邻接（Rook Contiguity）：依据 4 邻域的建立规则，如果两个空间单元以纵横方向邻接关系共享一个边界，则称为“车”邻接，例如，区域 i 和 j 有共同的边界，则称区域 i 和 j 为“车”邻接，记 $w_{ij}=1$；否则，记 $w_{ij}=0$。按照“车”邻接规则，空间权重矩阵 $\boldsymbol{W}$ 具有对称性。

“象”邻接（Bishop Contiguity）：依据 4 邻域的建立规则，如果两个空间单元以对角线方向邻接关系共享一个公共的点，则称为“象”邻接，例如，区域 i 和 j 有共同的顶点但没有共同的边界，则称区域 i 和 j 为“象”邻接，记 $w_{ij}=1$；否则，记 $w_{ij}=0$。

“后”邻接（Queen Contiguity）：依据 8 邻域的建立规则，如果两个空间对象共享共同的边或共同的点，则称为“后”邻接，例如，区域 i 和 j 有共同的顶点或共同的边界，则称区域 i 和 j 为“后”邻接，记 $w_{ij}=1$；否则，记 $w_{ij}=0$。

相对于“车”邻接和“象”邻接，基于“后”邻接的空间权重矩阵常常与周围地区具有

更加紧密的关联结构（拥有更多的邻区）。当然，如果假定区域间公共边界的长度不同，其空间作用的强度也不一样，则还可以将共同的边界长度纳入权重计算过程中，使这种邻接指标更加准确一些。

例题 在图 6.3-2 的 n 个子区域中，如果子区域 i 和 j 具有邻接的边界，则定义 $w_{ij}=1$，否则 $w_{ij}=0$。

根据“车”邻接规则，区域 5 的邻接区域为区域 2、4、6 和 8，则 $w_{52}=1$，$w_{54}=1$，$w_{56}=1$，$w_{58}=1$；根据“象”邻接规则，区域 5 的邻接区域为区域 1、3、7 和 9，则 $w_{51}=1$，$w_{53}=1$，$w_{57}=1$，$w_{59}=1$；根据“后”邻接规则，所有其他区域都与区域 5 邻接。以“车”邻接规则为例，设定的空间权重矩阵为

$$
\begin{bmatrix}
0 & 1 & 0 & 1 & 0 & 0 & 0 & 0 & 0 \\
1 & 0 & 1 & 0 & 1 & 0 & 0 & 0 & 0 \\
0 & 1 & 0 & 0 & 0 & 1 & 0 & 0 & 0 \\
1 & 0 & 0 & 0 & 1 & 0 & 1 & 0 & 0 \\
0 & 1 & 0 & 1 & 0 & 1 & 0 & 1 & 0 \\
0 & 0 & 1 & 0 & 1 & 0 & 0 & 0 & 1 \\
0 & 0 & 0 & 1 & 0 & 0 & 0 & 1 & 0 \\
0 & 0 & 0 & 0 & 1 & 0 & 1 & 0 & 1 \\
0 & 0 & 0 & 0 & 0 & 1 & 0 & 1 & 0
\end{bmatrix}
\tag{6.3-3}
$$

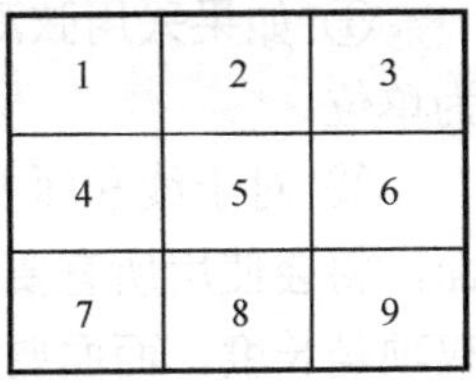

图 6.3-2　子区域

（2）二阶邻接矩阵

二阶邻接矩阵（the Second Order Contiguity Matrix）表示了一种空间滞后的邻接矩阵。如图 6.3-3 所示，如果两个目标不邻接，可以考虑二阶邻接关系，即如果存在第三个目标 k，k 与 i 邻接且 k 与 j 邻接，但 i 与 j 不邻接，则可以认为 i 与 j 是二阶邻接的。也就是说，该矩阵表达了邻接区域的邻接区域的空间信息，这是利用“邻接之邻接”关系定义空间权重矩阵。与之类似，可以定义更高阶的邻接关系。Anselin 和 Smirnov（1996）提出了高阶邻接矩阵的算法，其目的是消除在创建矩阵时出现的冗余及循环。通常，所有对角元素均设为 0。当然，对于面状区域而言，可能定义公共边界的长度作为判断邻接的标准。

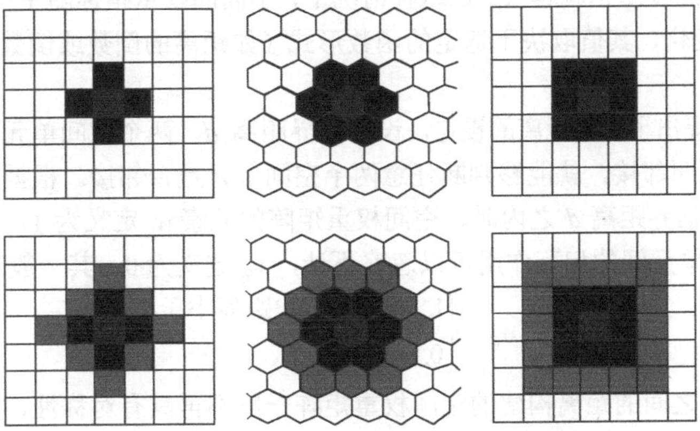

图 6.3-3　常见的一阶对应的二阶邻接关系

“邻接之邻接”可反映空间扩散的进程，即随着时间的推移，起初对邻接区域产生的影响

将会扩散到更多的区域。不断扩散的影响可被视为从邻接区域不断向外扩散的过程。因此，当使用时空数据并假设随着时间推移产生空间溢出效应时，这种类型的空间权重矩阵将非常有用。在这种情况下，特定区域的初始效应或随机冲击将不仅会影响其邻接区域，而且随着时间的推移还会影响其邻接区域的邻接区域。当然，这种影响是几何递减的。可以看出，邻接空间权重矩阵因其对称与计算简单而最为常用，适合测算地理空间效应的影响。

2. 距离空间权重矩阵

（1）空间距离的度量

关于空间距离的度量，如果输入的时空数据库中有(x, y)经纬度坐标数据，则可以通过(x,y)坐标计算两点（两个区域的质心）之间的距离而获得空间权重矩阵。坐标的度量有欧氏距离（Euclidean Distance）和弧度距离（Arc Distance）两种，度量坐标系上任意两点间的距离可以通过具有地理坐标(x, y)的变量的点来计算。值得注意的是，对于经过投影的地理坐标只能计算欧氏距离，而对于未经投影的经纬度坐标适合计算弧度距离。

① 如果采用弦测量方法计算距离，则距离范围或距离阈值参数（如指定）应以米（m）为单位。

② 对于线和面要素，距离计算中会使用要素的质心。对于多点、折线或由多部分组成的面，将会使用所有要素部分的加权平均中心来计算质心。点要素的加权项是 1，线要素的加权项是长度，而面要素的加权项是面积。

③ 空间关系的概念化参数的选择应反映要分析的要素之间的固有关系。对要素在空间中彼此交互方式构建的模型越逼真，结果就越准确。

（2）距离空间权重矩阵方法

距离空间权重矩阵（Distance Based Spatial Weights）方法假定空间相互作用的强度取决于区域间的质心距离或者区域行政中心所在地之间的距离，是一种在实践应用中常用的空间权重矩阵。Getis 等以空间单元潜在的影响指标取代了空间二元邻接概念，即用距离测度（距离倒数或负指数）和空间单元公共边界的相对长度比例的乘积替换 0 和 1，构造一个基于距离的空间权重矩阵来衡量各个区域间的空间邻接关系。依据空间单元间的距离来定义空间权重矩阵，两个空间单元之间的距离越远，相互之间的影响程度越小；距离越近，相互作用的程度越大，则设定的权重也就越大。在这种情况下，不同的权重指标随空间单元 i 和 j 之间的距离 d_{ij} 的定义而变化，其值取决于选定的函数形式（如距离的倒数或倒数的平方，以及欧氏距离等）。

Pace（1997）提出了有限距离的设定，设定临界距离 d，两个空间单元间的欧氏距离小于某一临界值时为空间邻接，就能够判断任意两个空间单元是否邻接。根据距离标准，当空间单元 i 和 j 在给定临界距离 d 之内时，空间权重矩阵的元素 w_{ij} 定义为 1；若超过了给定的临界距离 d，则空间单元间的相互作用可以忽略不计，w_{ij} 定义为 0。其一般形式表示为

$$w_{ij} = \begin{cases} 1, & i\text{和}j\text{之间的距离小于}d \\ 0, & \text{其他} \end{cases} \qquad (6.3\text{-}4)$$

依据空间单元之间的距离构建的空间权重矩阵一般不再具有对称性，因为各个空间单元不一定都是规则的，空间单元边界的总长度一般是不相等的，它们公共边界的相对长度比例也不同。

如果采用属性值 x_j 和二元空间权重矩阵来定义一个空间邻接权重度量方法，则对应的空

间权重矩阵元素的一般形式可以定义为

$$w_{ij}^{*}=\frac{w_{ij}x_j}{\sum_{j=1}^{n}w_{ij}x_j} \tag{6.3-5}$$

式中，w_{ij} 表示二元空间权重矩阵，x_j 表示与相邻单元某属性值的集合，w_{ij}^{*} 表示空间邻接矩阵一般表示形式。

为弥补距离空间权重矩阵的不足，可以通过反距离空间权重矩阵进行改进。反距离空间权重矩阵假定空间交互作用通过单元之间的距离来体现，空间距离越近，交互作用越强；空间距离越远，交互作用越弱。反距离空间权重矩阵元素的一般形式为

$$w_{ij}=\begin{cases}d_{ij}^{-a}\beta_{ij}^{b},\ i\neq j\\0,\qquad i=j\end{cases} \tag{6.3-6}$$

式中，i 和 j 为空间单元的编号，同一单元之间不存在交互作用；a 为距离摩擦系数；b 为边界共享效应系数；d_{ij} 为空间单元 i 和 j 之间的距离；β_{ij} 为单元之间共同的边界长度占样本 i 总边界长度的比例。当 a=1，b=0 时，可以得到如下反距离空间权重矩阵元素的一般形式：

$$w_{ij}=\begin{cases}1/d_{ij},\ \text{空间单元}i\text{和}j\text{存在共同边界}\\0,\qquad \text{空间单元}i\text{和}j\text{不存在共同边界}\end{cases} \tag{6.3-7}$$

除此之外，还存在 a=2 的情况，区别在于这种情况下空间的交互作用会随着距离的增加衰减得很快。

Anselin（2003）提出了 K-最近邻空间权重矩阵。之所以提出这种距离矩阵，主要是因为一般使用的基于门槛距离（Threshold Distance）的简单空间权重矩阵常常会导致一种非常不平衡的邻接矩阵结构。

例如，在地理单元面积相差极大的情形下，会出现以下情况：较小的地理单元有很多的邻接单元；较大的地理单元有很少的邻接单元，甚至会出现无邻接单元。在这种情况下，考虑 K 个最近邻是一种可供选择的常用方法。一般在给定空间单元周围选择 4 个最近邻单元（也可选 4 个以上，根据实际的空间关联情况由研究者确定），来计算 K-最近邻单元权重的大小。

3. 经济空间权重矩阵

地理因素不是产生交互作用的唯一因素，除了把地理因素作为空间权重矩阵，还可以对经济因素进行考察。仅从地理属性描述地区间的空间联系显得较为粗糙，由此反映出的数字经济以及区域创新的空间相关性及其强度只代表了地理近邻特征的影响。经济因素可以从多个角度进行考虑，如空间单元内的文化程度、经济发展水平等，具有相同文化的可以更便利地进行交流，而相似的经济发展水平则可以更好地利用和吸收资源进行协同发展。但现实中地理距离相近的省份在经济上的关系可能并不完全相同，数字经济的发展，必然还会受到其他很多非地理近邻因素的综合影响，因此，下面从经济特征的角度构建空间权重矩阵，以便更加客观地揭示经济对区域创新的影响。

针对经济变量构建空间权重矩阵，其元素的一般形式为

$$w_{ij}=\begin{cases}1/|\bar{x}_i-\bar{x}_j|,\ \text{当}i\neq j\\0,\qquad \text{当}i=j\end{cases} \tag{6.3-8}$$

式中，i,j 表示不同的单元编号，x 为单元的经济体量。其中常用的指标有 GDP 总量或人均 GDP、人力资本等。经济因素与地理因素的区别在于，经济因素是一个动态变化的因素，

随着经济的发展，发展的非平衡性会使得权重处于一个变化的状态中，而地理因素却不存在这种情况，对此采取的措施是损失时间效应，以经济变量的均值来构建空间权重矩阵。

4．嵌套空间权重矩阵

有研究者认为，空间单元之间的交互作用并非仅仅由距离因素或经济因素所引起，而是二者的共同作用，因此可以构造包含距离因素和经济因素的指标。嵌套空间权重矩阵将反距离空间权重矩阵和经济空间权重矩阵结合起来，可以更加全面地刻画空间的综合效用。一种嵌套空间权重矩阵的构建方式为

$$\boldsymbol{W}(\varphi)=\varphi\boldsymbol{W}_{\mathrm{G}}+(1-\varphi)\boldsymbol{W}_{\mathrm{E}} \tag{6.3-9}$$

式中，$\boldsymbol{W}_{\mathrm{G}}$ 和 $\boldsymbol{W}_{\mathrm{E}}$ 分别表示反距离空间权重矩阵和经济空间权重矩阵，且 φ 值为 0～1。当 φ 接近 1 时，表示其接近反距离空间权重矩阵；当 φ 接近 0 时，表示其接近经济空间权重矩阵。

6.3.3 行标准化邻接空间权重矩阵

空间权重矩阵总是一个主对角元素为 0 的对称矩阵，其他元素表示两两空间单元之间的关系，主对角元素为 0 表示空间单元自身的相关性为 0，但是 0-1 元素的设置无法区分各邻接空间作用的强弱，也不符合某些情况。例如，现实中存在作用为单向或非对称双向的情形（模仿效应），有时为了更加突出加权平均的含义，要进行矩阵元素行单元归一化处理，即每行元素的和为 1。这实际上就是空间权重矩阵 $\boldsymbol{W}$ 行标准化，将原来矩阵的每个元素分别除以所在行的元素之和，公式为 $w_{ij}^{*}=w_{ij}/\sum_{j=1}^{n}w_{ij}$，其中，$w_{ij}$ 可以理解为区域 i 和 j 之间的边界相同部分的长度，$\sum_{j=1}^{n}w_{ij}$ 是 i 与其他邻接区域边界的总长。在得到的行标准化矩阵 $\boldsymbol{W}^{*}$ 中，对于每个 i 而言，$\sum_{j=1}^{n}w_{ij}^{*}=1$。$\boldsymbol{W}^{*}$ 的合理性在于，如果 i 和 j 同时与 k 邻接，则由于 i 与 k 和 j 与 k 邻接的边界长度不同，i 和 j 对 k 的空间作用不同，正比于它们与 k 邻接的边界长度。$\boldsymbol{W}^{*}$ 减少或消除了区域间的外在影响，并使得 $\boldsymbol{W}$ 变得不再具有量纲。以“车”邻接为例，设定的邻接空间权重矩阵为

$$\boldsymbol{W}=\begin{bmatrix}0&1&0&1&0&0\\1&0&1&0&1&0\\0&1&0&0&0&1\\1&0&0&0&1&0\\0&1&0&1&0&1\\0&0&1&0&1&0\end{bmatrix} \tag{6.3-10}$$

则对应的行标准化邻接空间权重矩阵为

$$\boldsymbol{W}^{*}=\begin{bmatrix}0&1/2&0&1/2&0&0\\1/3&0&1/3&0&1/3&0\\0&1/2&0&0&0&1/2\\1/2&0&0&0&1/2&0\\0&1/3&0&1/3&0&1/3\\0&0&1/2&0&1/2&0\end{bmatrix} \tag{6.3-11}$$

6.4 连接数统计

1. 连接数统计的计算方法

连接数统计可以快速地描述一组连续多边形的聚集或离散程度。在连接数统计中，一般用黑、白来表示二元属性值 x。根据这两种属性值，按黑或白对多边形进行分类。在连接数统计中，将两个多边形之间的共享边界视为一个连接。因此，所有的共享边界便可归类为代表两个邻接多边形属性值的黑-黑（BB），白-白（WW）或黑-白（BW）连接。

计算连接数的一般方法如下。

（1）如果多边形 i 为黑色，则令 $x_i = 1$，如果多边形 i 为白色，则令 $x_i = 0$。

（2）对于 BB 连接，连接数计算公式

$$J_{\mathrm{BB}} = \frac{1}{2}\sum_i\sum_j (w_{ij}x_i x_j) \tag{6.4-1}$$

（3）对于 WW 连接，连接数计算公式为

$$J_{\mathrm{WW}} = \frac{1}{2}\sum_i\sum_j [w_{ij}(1-x_i)(1-x_j)] \tag{6.4-2}$$

（4）对于 BW 或者 WB 连接，连接数计算公式为

$$J_{\mathrm{BW}} = \frac{1}{2}\sum_i\sum_j [w_{ij}(x_i - x_j)^2] \tag{6.4-3}$$

对于如图 6.4-1（a）所示空间正相关 6×6 阶矩阵：“车”邻接，J_{BB}=27，J_{WW}=27，J_{BW}=6，边界总数为 60；“后”邻接，J_{BB}=47，J_{WW}=47，J_{BW}=16，边界总数为 110。其中有少量的 BW 连接，大部分为 BB 连接和 WW 连接。对于如图 6.4-1（b）所示无空间自相关 6×6 阶矩阵：“车”邻接，J_{BB}=6，J_{WW}=19，J_{BW}=35，边界总数为 60；“后”邻接，J_{BB}=14，J_{WW}=40，J_{BW}=56，边界总数为 110。其中有不同数量的 BW 连接、BB 连接和 WW 连接。对于如图 6.4-1（c）所示空间负相关 6×6 阶矩阵：“车”邻接，J_{BB}=0，J_{WW}=0，J_{BW}=60，边界总数为 60；“后”邻接，J_{BB}=25，J_{WW}=25，J_{BW}=60，边界总数为 110。其中有不同数量的 BW 连接、BB 连接和 WW 连接。

（a）空间正相关　（b）无空间自相关　（c）空间负相关

图 6.4-1　连接数统计

在聚集模式中，即黑色多边形聚集在一定的区域，白色多边形聚集在另外的区域，那么 BB 连接数与 WW 连接数之和将比 WB 连接数多，也就是相邻单元具有相似的变量值，此种情况也称为空间正相关；在均匀模式中，黑白两种多边形相间排列，BB 和 WW 的连接数小，而 BW 连接数大，也就是相邻单元具有更多的不相似的变量值，此种情况也称为空间负相关；在随机模式中，黑白两种多边形随机排列，BB、WW 和 BW 的连接数介于上述两种情况之间。

2. 显著性检验

通过构建 Z 检验统计量来检验其计算结果的显著性，判断属性值在空间中是否存在空间自相关性，具体公式为

$$Z = \frac{J - E(J)}{\sigma} \tag{6.4-4}$$

Z 检验统计量服从标准正态分布，式中的 $E(J)$ 为期望值，即均值，σ 为标准差，它们都是理论上的均值和标准差。对于自由（正态）抽样和非自由（随机）抽样，Z 检验统计量不相同。

自由（常态）抽样是指将观测单元视为更大的总体样本，目的是推断总体的情况。一个多边形被选入样本后，它将被重新放入总体集。同一多边形可以在一个样本中多次出现。它适用于根据已知理论或经验来确定研究区域与更大区域的趋势之间关系。在这种情况下，$E(J)$ 和 σ 的计算公式为

$$E(J_{\mathrm{BB}}) = kP_{\mathrm{B}}^2, \quad E(J_{\mathrm{WW}}) = kP_{\mathrm{W}}^2, \quad E(J_{\mathrm{BW}}) = 2kP_{\mathrm{B}}P_{\mathrm{W}} \tag{6.4-5}$$

$$\begin{aligned}\sigma_{\mathrm{BB}} &= \sqrt{kP_{\mathrm{B}}^2 + 2mP_{\mathrm{B}}^3 - (k+2m)P_{\mathrm{B}}^4} \\ \sigma_{\mathrm{WW}} &= \sqrt{kP_{\mathrm{W}}^2 + 2mP_{\mathrm{W}}^3 - (k+2m)P_{\mathrm{W}}^4} \\ \sigma_{\mathrm{BW}} &= \sqrt{2(k+m)P_{\mathrm{B}}P_{\mathrm{W}} - 4(k+2m)P_{\mathrm{B}}^2P_{\mathrm{W}}^2}\end{aligned} \tag{6.4-6}$$

式中，$m = \frac{1}{2}\sum_{i=1}^{n} k_i(k_i - 1)$；$k$ 表示研究区域内总连接数；P_{B} 表示研究区域为 B（黑色）的可能性（黑色多边形数/总多边形数）；P_{W} 表示研究区域为 W（白色）的可能性 $P_{\mathrm{W}} = 1 - P_{\mathrm{B}}$；$k_i$ 为多边形 i 和所有与其邻接的多边形之间的连接数。

非自由（随机）抽样是指所观测到的模式是给定该组值时许多可能分布模式中的一种。一个多边形被选入样本后，不将它重新放入总体集。同一多边形在一个样本中只出现 1 次。它适用于无明确将研究区域与更大区域的趋势作为参照。在这种情况下，$E(J)$ 和 δ 的计算公式为

$$E(J_{\mathrm{BB}}) = \frac{1}{2}w_0\frac{n_{\mathrm{B}}(n_{\mathrm{B}}-1)}{n(n-1)}, \quad E(J_{\mathrm{WW}}) = \frac{1}{2}w_0\frac{n_{\mathrm{W}}(n_{\mathrm{W}}-1)}{n(n-1)}, \quad E(J_{\mathrm{BW}}) = \frac{1}{2}w_0\frac{n_{\mathrm{B}}(n-n_{\mathrm{B}})}{n(n-1)} \tag{6.4-7}$$

$$\sigma_{\mathrm{BW}} = \sqrt{\frac{1}{4}\left(\frac{w_1 n(n_{\mathrm{B}}-1)}{n(n-1)} + \frac{(w_2 - 2w_1)n_{\mathrm{B}}^3}{n^3} + \frac{({w_0}^2 + w_1 - w_2)n_{\mathrm{B}}^4}{n^4}\right) - (E(J_{\mathrm{BB}}))^2} \tag{6.4-8}$$

式中，n 为区域内多边形数量，n_{B} 为区域内黑色多边形数量，n_{W} 为区域内白色多边形数量，$w_0 = \sum_{i=1}^{n}\sum_{j=1}^{n} w_{ij}$，$w_1 = \frac{1}{2}\sum_{i=1}^{n}\sum_{j=1}^{n}(w_{ij} + w_{ji})^2$，$w_2 = \sum_{i=1}^{n}\left(\sum_{j=1}^{n} w_{ij} + \sum_{j=1}^{n} w_{ji}\right)^2$。

根据构造出的 Z 检验统计量，若 Z 位于区间(−1.96,1.96)之外，则表示在 $\alpha = 0.05$ 的水平上具有统计显著性，表明的确存在某种空间正相关，为聚集模式；否则，表示在此水平上不具有统计显著性，不存在空间自相关，为随机模式。下面以 2000 年美国总统选举为例检验属性在空间中是否存在空间自相关。Bush 和 Gore 获胜州分布如图 6.4-2 所示。本例数据来源于 Anselin 的网站，仅列出邻接关系的州，不包括 Alaska（AK）和 Hawaii（HI）。Bush 竞选获胜率 P_{B} 为 0.49885，Gore 竞选获胜率 P_{G} 为 0.50115。连接数统计结果为：J_{BB}=60，J_{GG}=21，J_{BG}=28，J_{total}=109。在稀疏邻接矩阵中，J_{total} 等于邻接（边、点）总数的一半，Arizona（AZ）和 Colorado（CO）之间为唯一的点邻接，如表 6.4-1 所示，表中 Fips 为州编号，Ncount 为与

该州邻接的连接数，N1～N8 为该州与周围邻接州的州编号。在全邻接矩阵中，J_{total} 等于一阶邻接（边、点）总数的一半，如表 6.4-2 所示。

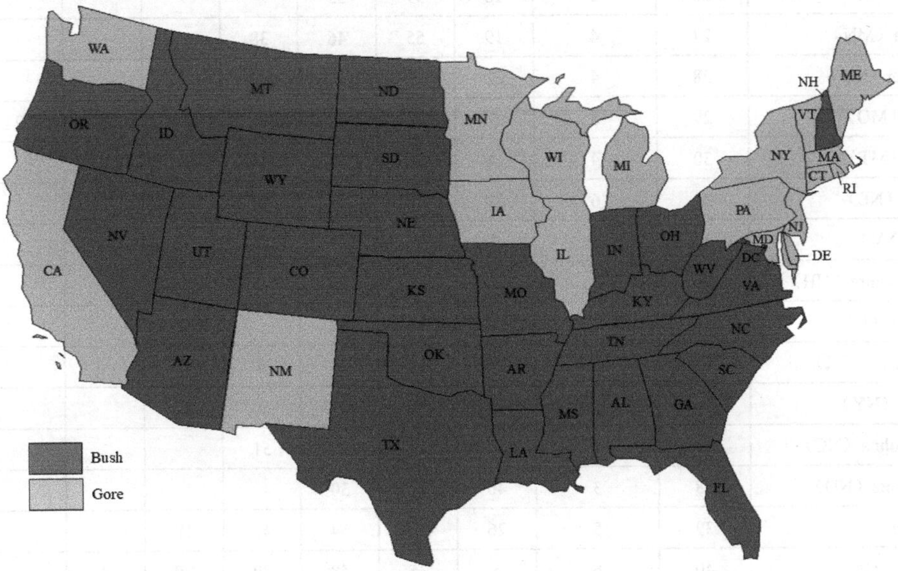

图 6.4-2　2000 年美国本土总统选举（除 Alaska 和 Hawaii 外）Bush 和 Gore 获胜州分布

表 6.4-1　稀疏邻接矩阵

Name	Fips	Ncount	N1	N2	N3	N4	N5	N6	N7	N8
Alabama（AL）	1	4	28	13	12	47				
Arizona（AZ）	4	5	35	8	49	6	32			
Arkansas（AR）	5	6	22	28	48	47	40	29		
California（CA）	6	3	4	32	41					
Colorado（CO）	8	7	35	4	20	40	31	49	56	
Connecticut（CT）	9	3	44	36	25					
Delaware（DE）	10	3	24	42	34					
District of Columbia（DC）	11	2	51	24						
Florida（FL）	12	2	13	1						
Georgia（GA）	13	5	12	45	37	1	47			
Idaho（ID）	16	6	32	41	56	49	30	53		
Illinois（IL）	17	5	29	21	18	55	19			
Indiana（IN）	18	4	26	21	17	39				
Iowa（IA）	19	6	29	31	17	55	27	46		
Kansas（KS）	20	4	40	29	31	8				
Kentucky（KY）	21	7	47	29	18	39	54	51	17	
Louisiana（LA）	22	3	28	48	5					
Maine（ME）	23	1	33							
Maryland（MD）	24	5	51	10	54	42	11			
Massachusetts（MA）	25	5	44	9	36	50	33			

续表

Name	Fips	Ncount	N1	N2	N3	N4	N5	N6	N7	N8
Michigan（MI）	26	3	18	39	55					
Minnesota（MN）	27	4	19	55	46	38				
Mississippi（MS）	28	4	22	5	1	47				
Missouri（MO）	29	8	5	40	17	21	47	20	19	31
Montana（MT）	30	4	16	56	38	46				
Nebraska（NE）	31	6	29	20	8	19	56	46		
Nevada（NV）	32	5	6	4	49	16	41			
New Hampshire（NH）	33	3	25	23	50					
New Jersey（NJ）	34	3	10	36	42					
New Mexico（NM）	35	5	48	40	8	4	49			
New York（NY）	36	5	34	9	41	50	25			
North Carolina（NC）	37	4	45	13	47	51				
North Dakota（ND）	38	3	46	27	30					
Ohio（OH）	39	5	26	21	54	42	18			
Oklahoma（OK）	40	6	5	35	48	29	20	8		
Oregon（OR）	41	4	6	32	16	53				
Pennsylvania（PA）	42	6	24	54	10	39	36	34		
Rhode Island（RI）	44	2	25	9						
South Carolina（SC）	45	2	13	37						
South Dakota（SD）	46	6	56	27	19	31	38	30		
Tennessee（TN）	47	8	5	28	1	37	13	51	21	29
Texas（TX）	48	4	22	5	35	40				
Utah（UT）	49	6	4	8	35	56	32	16		
Vermont（VT）	50	3	36	25	33					
Virginia（VA）	51	6	47	37	24	54	11	21		
Washington（WA）	53	2	41	16						
West Virginia（WV）	54	5	51	21	24	39	42			
Wisconsin（WI）	55	4	26	17	19	27				
Wyoming（WY）	56	6	49	16	31	8	46	30		

表 6.4-2　全邻接矩阵

		1	4	5	6	8	9	10	11	12	13	16	17	18	19	20	21	22	23	24	25	26	27	28	29	30	31	32	33	34	35	36	37	38	39	40	41	42	44	45	46	47	48	49	50	51	53	54	55	56
		AL	AZ	AR	CA	CO	CT	DE	DC	FL	GA	ID	IL	IN	IA	KS	KY	LA	ME	MD	MA	MI	MN	MS	MO	MT	NE	NV	NH	NJ	NM	NY	NC	ND	OH	OK	OR	PA	RI	SC	SD	TN	TX	UT	VT	VA	WA	WV	WI	WY
1	AL									1	1													1																		1								
4	AZ				1	1																						1			1													1						
5	AR																	1						1	1											1						1	1							
6	CA		1																									1									1													
8	CO		1													1											1				1					1								1						1
9	CT																				1											1							1											

续表

		1	4	5	6	8	9	10	11	12	13	16	17	18	19	20	21	22	23	24	25	26	27	28	29	30	31	32	33	34	35	36	37	38	39	40	41	42	44	45	46	47	48	49	50	51	53	54	55	56
		AL	AZ	AR	CA	CO	CT	DE	DC	FL	GA	ID	IL	IN	IA	KS	KY	LA	ME	MD	MA	MI	MN	MS	MO	MN	NE	NV	NH	NJ	NM	NY	NC	ND	OH	OK	OR	PA	RI	SC	SD	TN	TX	UT	VT	VA	WA	WV	WI	WY
10	DE																			1										1								1												
11	DC																			1																										1				
12	FL	1									1																																							
13	GA	1								1																							1							1	1									
16	ID																									1		1									1							1			1			1
17	IL													1			1						1		1																								1	
18	IN												1				1					1													1															
19	IA												1										1		1		1							1															1	
20	KS					1																			1			1								1														
21	KY												1	1											1										1						1				1			1		
22	LA	1																						1																			1							
23	ME																												1																					
24	MD							1	1																													1							1			1		
25	MA						1																						1			1							1						1					
26	MI													1																					1														1	
27	MN														1																			1							1								1	
28	MS	1		1														1																								1								
29	MO			1									1		1	1	1										1									1						1								
30	MN											1																						1							1									1
31	NE					1									1	1									1																1									1
32	NV		1		1							1																									1							1						
33	NH																		1		1																								1					
34	NJ							1																								1						1												
35	NM		1			1																														1						1	1							
36	NY						1														1									1								1							1					
37	NC										1																													1		1				1				
38	ND																						1			1															1									
39	OH													1			1					1																1										1		
40	OK			1		1										1									1						1												1							
41	OR	1										1																1																			1			
42	PA							1												1										1		1			1													1		
44	RI						1																								1																			
45	SC										1																						1																	
46	SD														1								1			1	1							1																1
47	TN	1		1							1						1							1									1							1						1				
48	TX			1														1													1					1														
49	UT		1			1						1																1			1																			1
50	VT																				1								1			1																		
51	VA								1								1			1																				1		1						1		
53	WA											1																									1													
54	WV																1			1															1			1							1					
55	WI												1		1							1	1																											
56	WY					1						1														1	1														1			1						

下面是 Bush 连接数 Z 检验统计量的计算过程，其他计算结果如表 6.4-3 所示。

$$E(J_{\mathrm{BB}}) = kP_{\mathrm{B}}^2 = 109 \times 0.49885^2 \approx 27.125 \tag{6.4-9}$$

$$\begin{aligned}\sigma_{\mathrm{BB}} &= \sqrt{kP_{\mathrm{B}}^2 + 2mP_{\mathrm{B}}^3 - (k+2m)P_{\mathrm{B}}^4} \\ &= \sqrt{109 \times 0.49885^2 + 2m \times 0.49885^3 - (109+2m) \times 0.49885^4} \approx 8.667\end{aligned} \tag{6.4-10}$$

$$Z = \frac{J - E(J_{\mathrm{BB}})}{\sigma_{\mathrm{BB}}} = \frac{60 - 27.125}{8.667} \approx 3.79 \tag{6.4-11}$$

表 6.4-3　Z 检验统计量的计算结果

	Actual	$E(J)$	δ	Z
J_{BB}	60	27.125	8.667	3.79
J_{GG}	21	27.375	8.704	−0.7325
J_{BG}	28	54.500	6.320	−5.0763
J_{total}	109	109.000		

原假设：Bush 和 Gore 的 J_{BB} 和 J_{GG} 构成的均匀模式与随机模式，不具有统计显著性（差异）。在显著性水平 $\alpha = 0.01$ 下，拒绝域的临界值为 2.54，对于 Bush，因为 $Z(=3.79) > 2.54$，拒绝原假设，J_{BB} 存在空间正相关，为聚集模式；对于 Gore，因为 $-2.54 < Z(=-0.7325) < 2.54$，不能拒绝原假设，$J_{\mathrm{GG}}$ 不存在空间自相关，为随机模式。

6.5　全局空间自相关

6.5.1　全局 Moran 指数

1．全局 Moran 指数的计算方法

全局空间自相关是一种研究可以衡量各个区域间的整体上的空间差异程度和空间关联的分析方法，是研究空间邻接或空间近邻的区域单元属性值的相似程度的重要指标，用来分析属性值在整个区域的空间分布特征。Moran 指数（Moran's I）是用来度量空间自相关程度的全局指标，该指数是 Moran（1950）最早提出的、用于度量空间自相关程度的统计量，后来人们将该指数以他的名字命名为 Moran 指数。Moran 指数来源于统计学中的 Pearson（皮尔森）相关系数。将皮尔森相关系数推广到自相关系数，将时间序列的自相关系数推广到空间序列的自相关系数，最后采用加权函数代替滞后函数，将一维空间自相关系数推广到二维空间自相关系数，即可得到 Moran 指数。Moran 指数其实就是标准化的空间自协方差。如果是位置或区域的观测值，则该值的全局指数计算公式为

$$I = \frac{n\sum_{i=1}^{n}\sum_{j=1}^{n} w_{ij}(x_i - \bar{x})(x_j - \bar{x})}{\left(\sum_{i=1}^{n}\sum_{j=1}^{n} w_{ij}\right)\sum_{i=1}^{n}(x_i - \bar{x})^2} = \frac{\sum_{i=1}^{n}\sum_{j\neq i}^{n} w_{ij}(x_i - \bar{x})(x_j - \bar{x})}{S^2\sum_{i=1}^{n}\sum_{j\neq i}^{n} w_{ij}} \tag{6.5-1}$$

式中，I 为 Moran 指数；n 为观测值数量；w_{ij} 为反映空间关系的权重矩阵元素的一般形式；x_i 表示研究区域 i 的观测值；x_j 表示异于区域 i 的区域 j 的观测值；S 是研究区域 i 的标准差，S^2 为样本方差，$S^2 = 1/\sum_{i=1}^{n}(x_i - \bar{x})^2$；$\bar{x}$ 是所有研究区域的均值，$\bar{x} = \frac{1}{n}\sum_{i=1}^{n} x_i$。如果对空间权重

矩阵进行行标准化，就会有$\sum_{i=1}^{n}\sum_{j=1}^{n}w_{ij}=n$。进一步，此时的 Moran 指数可以写为

$$I=\frac{\sum_{i=1}^{n}\sum_{j=1}^{n}(w_{ij}(x_i-\overline{x})(x_j-\overline{x})}{\sum_{i=1}^{n}(x_i-\overline{x})^2} \tag{6.5-2}$$

Moran 指数的大小代表了相关程度的大小，在实际的分析中，它表示研究对象的空间邻接的区域单元之间的相似程度。Moran 指数的取值范围为$-1\leqslant I\leqslant 1$。若为空间正相关，I 值应当较大；若为空间负相关，I 值应当较小。$I>0$ 表示空间正相关，邻接空间单元或位置上变量的值相似度比较大，观测值高（低）的单元，周围单元的观测值也高（低），即（高值，高值）和（低值，低值）组合，表明该区域呈现空间聚集性；$I<0$ 表示空间负相关，邻接空间单元或位置上变量的值差异比较大，观测值高（低）的单元与观测值低（高）的单元聚集，即（高值，低值）或（低值，高值）的组合，表明该区域的空间差异性比较明显；$I=0$ 表示无空间自相关，意味着邻接区域或位置上的变量不存在空间自相关，即表示空间随机分布。

空间自相关模式图如图 6.5-1 所示，从左到右反映了从离散到聚集的程度，以及各个区域之间的关系。

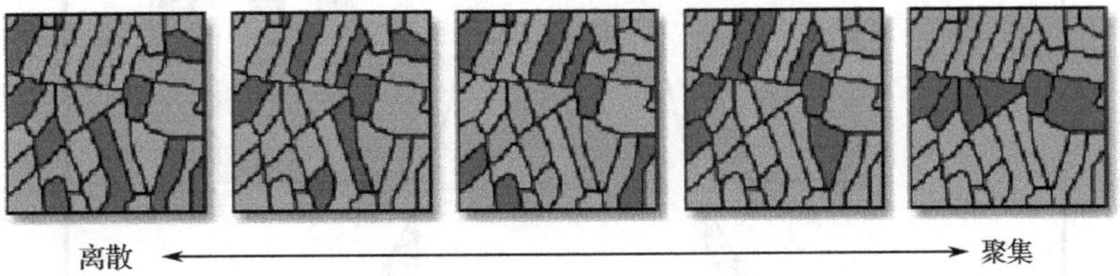

图 6.5-1　空间自相关模式图

2. 显著性检验

计算出 Moran 指数后，需要对其做统计显著性检验，以明确出现这种相关性的原因是偶然因素还是整体研究区域自身确实存在相关。因此对该问题进行以下假设检验：

H_0：n 个空间单元不存在空间自相关。

H_1：n 个空间单元存在空间自相关。

对 Moran 指数进行检验的统计量是 Z 检验统计量，利用下面的公式来检验 n 个空间单元是否存在空间自相关。

$$Z=\frac{I-E(I)}{\sqrt{\text{Var}(I)}} \tag{6.5-3}$$

Z 检验统计量服从标准正态分布，式（6.5-3）中的 $E(I)$ 为期望值，即均值，$\text{Var}(I)$ 为方差，它们都是理论上的均值和标准方差。

$$E(I)=-\frac{1}{(n-1)} \tag{6.5-4}$$

对于正态分布假设，有

$$\text{Var}(I)=\frac{n^2w_1-nw_2+3w_0^2}{w_0^2(n^2-1)} \tag{6.5-5}$$

对于随机分布假设，有

$$\mathrm{Var}(I)=\frac{n((n^2-3n+3)w_1-nw_2+3w_0^2)-k((n^2-n)w_1-2nw_2+6w_0^2)}{w_0^2(n-1)(n-2)(n-3)} \tag{6.5-6}$$

式中，$w_0=\sum_{i=1}^{n}\sum_{j=1}^{n}w_{ij}$，$w_1=\frac{1}{2}\sum_{i=1}^{n}\sum_{j=1}^{n}(w_{ij}+w_{ji})^2$，$w_2=\sum_{i=1}^{n}(\sum_{j=1}^{n}w_{ij}+\sum_{j=1}^{n}w_{ji})^2$；

$$k=\frac{n\sum_{i}^{n}(x_i-\overline{x})^4}{\left(\sum_{i}^{n}(x_i-\overline{x})^2\right)^2}$$ 。

图 6.5-2 所示为利用相关软件获得的某种现象的全局空间自相关结果图，分析结果得到 Moran's Index（Moran 指数）、z-score（Z 检验统计量）和 p-value（P 值，显著性水平）三个参数。Z 值代表相关性的程度，P 值代表原假设（首先假设两者不相关）的可信度，在得出相关系数之后，将对其进行检验。

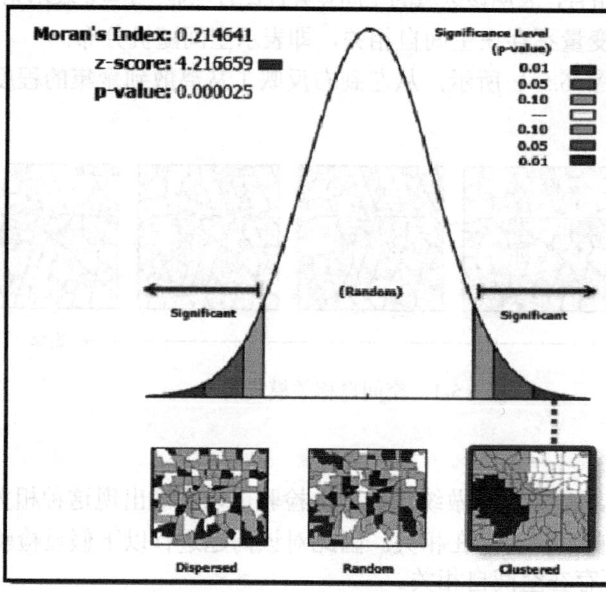

图 6.5-2　全局空间自相关结果图

假设变量是服从正态分布的，在大样本的情况下，计算出来的 Z 检验统计量也是服从标准的正态分布的，显著性水平可通过正态分布表来判断得到，因此可根据正态统计量 Z 对空间自相关的相关性进行显著性检验。Z 的大小代表显著性的高低。通常，显著性水平 α=0.05 时，若 Z 位于区间(−1.96, 1.96)之外，则表示统计量在小于或等于 0.05 的水平上具有统计显著性，表明的确存在空间相关；否则，表示在此水平上不具有统计显著性，无法确认空间相关性。统计量检验的步骤为：假设所有 n 个空间单元的观测值之间不存在空间自相关，此假设事件记为 H_0。检验原假设的显著性，即检验所有 n 个空间单元的观测值之间是否存在空间自相关。首先计算出显著性检验统计量 Z 和概率 P 值，然后比较 P 值与显著性水平 α，从而判断原假设是否正确，决定拒绝还是不拒绝原假设。表 6.5-1 所示为 P 值显著性评估方法。

表 6.5-1　*P* 值显著性评估方法

项　目	评 估 方 法
P 值不具有统计显著性，大于给定的显著性水平 *α*；*Z* 接近 0	不能拒绝原假设。说明不存在空间自相关，要素值的空间分布很有可能是随机空间过程的结果。观测到的要素值空间模式只是完全空间随机性（CSR）的众多可能结果之一
P 值具有统计显著性，小于给定的显著性水平 *α*；*Z* 为正值且高于 1.96	可以拒绝原假设。说明存在空间正相关，如果基础空间过程是随机的，则数据集中高值或低值的空间分布在空间上聚类的程度要高于预期
P 值具有统计显著性，小于给定的显著性水平 *α*；*Z* 为负值且低于−1.96	可以拒绝原假设。说明存在空间负相关，如果基础空间过程是随机的，则数据集中高值和低值的空间分布在空间上离散的程度要高于预期。离散空间模式通常会反映某种类型的竞争过程，具有高值的要素排斥其他具有高值的要素，类似地，具有低值的要素排斥其他具有低值的要素

3. Moran 散点图

如果将 Moran 指数与其空间滞后画成散点图，就称为 Moran 散点图，如图 6.5-3 所示，*X* 为描述变量，WX 为 *X* 空间滞后。Moran 散点图揭示了局部区域上的空间相关性，同时也可以反映出空间相关性在不同区域上表现的差异性。Moran 散点图将坐标分为 4 个象限，这 4 个象限分别代表不同的局部空间相关性。其中，落入第Ⅰ象限和第Ⅲ象限的个体表现出具有空间聚集性，第Ⅰ象限表明个体均具有较大的观测值，可以表示为高-高（High-High，HH）区域，说明本身是高值，周围也是高值；第Ⅲ象限表明个体均具有较小的观测值，可以表示为低-低（Low-Low，LL）区域，说明本身是低值，周边也是低值。落入第Ⅱ象限和第Ⅳ象限的个体表现为空间异质性。第Ⅱ象限相应的个体表示为低-高（Low-High，LH）区域，说明本身是低值，但它周围是高值；第Ⅳ象限表示为高-低（High-Low，HL）区域，说明本身是高值，但被低值所包围。通过 Moran 散点图可以对空间单元的聚集性和异质性进行直观的观测，Moran 指数就是该散点图回归线的斜率。

4. 应用实例

利用相关软件对 2017 年珠三角地区［区县（市）尺度］的人口密度数据进行 Moran 指数的计算，如表 6.5-2 所示，并得到相关的 Moran 散点图，如图 6.5-4 所示，通过显著性检验考察人口空间依赖性和空间均衡性。从表 6.5-2 中可知，2017 年珠三角地区内各区县人口密度的 Moran 指数为 0.489，远大于 0，说明珠三角地区的人口具有显著的空间聚集性，存在显著的空间正相关。从图 6.5-4 中可知，大部分区县（市）落在第Ⅰ、Ⅲ象限，说明珠三角地区的区县（市）也与周围区县（市）具有相似性。

表 6.5-2　2017 年珠三角地区人口密度 Moran 指数

Moran 指数	0.489
预期指数	−0.020408
方差	0.003710
Z	6.575002
P	0

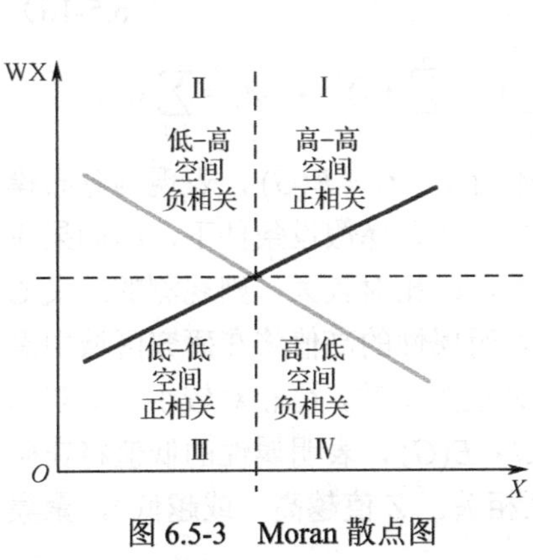

图 6.5-3　Moran 散点图

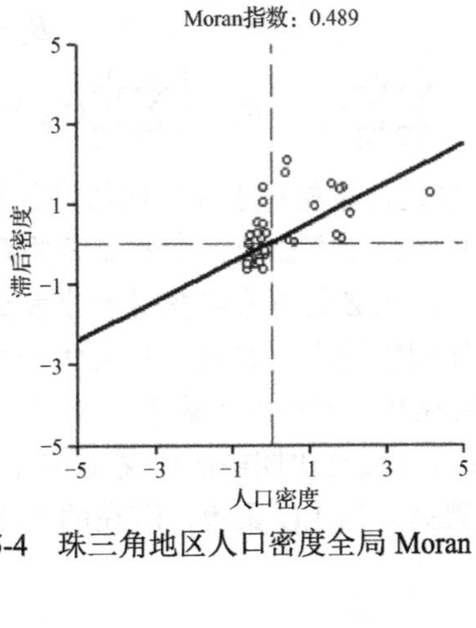

图 6.5-4　珠三角地区人口密度全局 Moran 散点图

6.5.2 广义 G 统计量

1．广义 G 统计量的计算方法

广义 G 统计量（General G）是基于叉积的统计量。G 的实际值由以下公式给出：

$$G=\frac{\sum_{i=1}^{n}\sum_{j=1}^{n}w_{ij}(d)x_i x_j}{\sum_{i=1}^{n}\sum_{j=1}^{n}x_i x_j}\quad(\forall j\neq i)\tag{6.5-7}$$

式中，G 表示广义 G 统计量；$w_{ij}(d)$ 为反映空间关系的权重矩阵元素的一般形式；x_i 为研究区域 i 的观测值；x_j 为异于区域 i 的区域 j 观测值；$\forall j\neq i$，区域 i 和区域 j 不是同一个区域。分子中的项是“在距离 d 内”计算的，然后除以整个区域的总数来创建一个比例。如果 x 附近的值都大（表示“热”的地方），分子将变大；如果 x 附近的值都小（表示“冷”的地方），分子将变小。中等大小的 G 值表明高值与中等值的空间相关联，相对较小的 G 值表明低值与低于平均水平的值空间相关联。

2．显著性检验

广义 G 统计量的显著性检验的步骤和 Moran 指数的显著性检验是一样的，G 检验统计量服从正态分布，通过构建 Z_G 来检验其计算结果的显著性，判断属性值在全局空间中是否存在空间自相关，具体公式为

$$Z_G=\frac{G-E(G)}{\sqrt{\mathrm{Var}(G)}}\tag{6.5-8}$$

$$E(G)=\frac{w_0}{n(n-1)}\tag{6.5-9}$$

$$\mathrm{Var}(G)=E(G^2)-[E(G)]^2\tag{6.5-10}$$

$$E(G^2)=\frac{1}{(m_1^2-m_2)^2 n^{(4)}}(B_0m_2^2+B_1m_4+B_2m_1^2m_2+B_3m_1m_3+B_4m_1^4)\tag{6.5-11}$$

$$B_0=(n^2-3n+3)w_1-nw_2+3{w_0}^2\tag{6.5-12}$$

$$B_1=-[(n^2-n)w_1-2nw_2+3{w_0}^2]\tag{6.5-13}$$

$$B_2=-[2nw_1-(n+3)w_2+6{w_0}^2]\tag{6.5-14}$$

$$B_3=4(n-1)w_1-2(n+1)w_2+8{w_0}^2\tag{6.5-15}$$

$$B_4=w_1-w_2+{w_0}^2\tag{6.5-16}$$

式中，$w_0=\sum_{i=1}^{n}\sum_{j=1}^{n}w_{ij}$，$w_1=\frac{1}{2}\sum_{i=1}^{n}\sum_{j=1}^{1}(w_{ij}+w_{ji})^2$，$w_2=\sum_{i=1}^{n}(\sum_{j=1}^{n}w_{ij}+\sum_{j=1}^{n}w_{ji})^2$，$m_j=\sum_{i=1}^{n}x_i^j$。

广义 G 统计量相对于其预期值进行解释。在原假设条件下，$G=E(G)$，表现为分布模式与随机模式，不存在统计上的显著关系——无空间自相关。在备择假设条件下，即如果原假设被拒绝，则 Z 的符号将变得十分重要，如果 Z 值为正数，G 相对较大，则观测的广义 G 统计量会比期望的广义 G 统计量要大一些，即 $G>E(G)$，表明属性的高值将在研究区域中聚集，为 HH 聚集，潜在的“热点”，存在空间正相关；如果 Z 值为负数，G 相对较小，则观测的广义 G 统计量会比期望的广义 G 统计量要小一些，即 $G<E(G)$，表明属性的低值将在研究区域中聚集，为 LL 聚集，潜在的“冷点”，存在空间正相关。Z 值越高（或越低），聚集

程度就越高。如果 Z 值接近零，则表示研究区域内不存在明显的聚集。要素的大小可以影响结果。例如，如果非常大的面趋于获得低值，而较小的面趋于获得高值，则即使高值和低值的密度同样集中，广义 G 统计量的观测值也可能高于广义 G 统计量的期望值，这是因为在指定距离内存在多对小面。

3. 应用实例

利用相关软件对 2017 年珠三角地区的人口数据和行政区划地图数据进行处理得到 2017 年珠三角地区的人口密度广义 G 统计量，如表 6.5-3 所示，并获得全局自相关结果图（见图 6.5-5）。通过显著性检验对人口分布进行全局空间自相关分析，分析珠三角地区的人口密度高/低值聚集程度。从表 6.5-3 及图 6.5-5 可知，P 值较小，$P<0.05$，并且具有统计显著性，所以可以拒绝原假设。因为珠三角地区的人口密度统计中，广义 G 统计量的观测值都大于广义 G 统计量的期望值，且 Z 为正值，这表明珠三角地区人口密度的高值在研究区域内聚集，属于高值聚集。

表 6.5-3　2017 年珠三角地区人口密度广义 G 统计量

广义 G 统计量观测值	0.036024
广义 G 统计量期望值	0.020408
方差	0.000017
Z	3.820065
P	0.000133

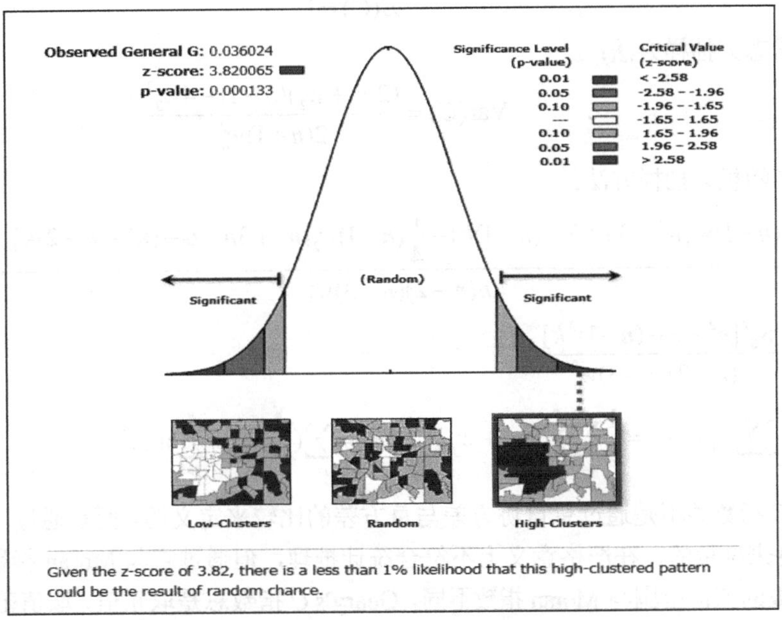

图 6.5-5　珠三角地区人口密度全局自相关结果图

6.5.3 Geary's C 指数

1. Geary's C 指数的计算方法

Geary's C 指数对空间自相关的度量与 Moran 指数相似，也是常用于全局空间相关性检验的指数。计算 Moran 指数时，用的是中值离差的叉乘，但 Geary's　C 指数强调的是观测值之间的离差，是将空间属性值之差作为度量空间相关性的基础，也可以理解为空间属性值偏离中心的大小的差值平方，然后加入权重因素来反映空间自相关性。Geary's C 指数的定义为

$$C=\frac{n\sum_{i=1}^{n}\sum_{j=1}^{n}w_{ij}(x_i-x_j)^2}{2\left(\sum_{i=1}^{n}\sum_{j=1}^{n}w_{ij}\right)\sum_{i=1}^{n}(x_i-\overline{x})^2} \quad (6.5\text{-}17)$$

式中，w_{ij}为空间权重矩阵元素的一般形式。

Geary's C 的另一种表达方式为

$$C=\frac{(n-1)}{2nS^2}\frac{\sum_{i=1}^{n}\sum_{j=1}^{n}w_{ij}(x_i-x_j)^2}{\sum_{i=1}^{n}\sum_{j=1}^{n}w_{ij}}=\frac{(n-1)}{2nS^2}\frac{\sum_{i=1}^{n}\sum_{j=1}^{n}w_{ij}((x_i-\overline{x})-(x_j-\overline{x}))^2}{\sum_{i=1}^{n}\sum_{j=1}^{n}w_{ij}} \quad (6.5\text{-}18)$$

2. 显著性检验

Geary's C 指数的显著性检验步骤和 Moran 指数的一样。通过构建 Z 检验统计量来检验其计算结果的显著性，判断属性值在全局空间中是否存在空间自相关，具体公式为

$$Z=\frac{C-E(C)}{\sqrt{\mathrm{Var}(C)}} \quad (6.5\text{-}19)$$

$$E(C)=1 \quad (6.5\text{-}20)$$

自由（常态）抽样方法：

$$\mathrm{Var}(C)=\frac{(2w_1+w_2)(n-1)-4{w_0}^2}{2(n+1)w_0^2} \quad (6.5\text{-}21)$$

非自由（随机）抽样方法：

$$\mathrm{Var}(C)=\frac{(n-1)w_1[n^2-3n+3-(n-1)k]-\frac{1}{4}(n-1)w_2[n^2+3n-6-(n^2-n+2)k]}{n(n-2)(n-3)w_0^2}+\frac{{w_0}^2[n^2-3-(n-1)^2k]}{n(n-2)(n-3)w_0^2} \quad (6.5\text{-}22)$$

式中，$w_0=\sum_{i=1}^{n}\sum_{j=1}^{n}w_{ij}$，$w_1=\frac{1}{2}\sum_{i=1}^{n}\sum_{j=1}^{n}(w_{ij}+w_{ji})^2$，$w_2=\sum_{i=1}^{n}(\sum_{j=1}^{n}w_{ij}+\sum_{j=1}^{n}w_{ji})^2$。

Geary's C 指数并不是通过总自协方差与总方差的比较来定义的，而是通过两个空间属性值的差异程度来度量的，在严格意义上不符合统计推理，但通过它与 Moran 指数进行比较，Geary's C 指数的取值范围与 Moran 指数不同，Geary's C 指数总是取正值，取值范围为[0,2]（2 不是一个严格的上界），其期望值$E(C)=1$。可根据正态统计量 Z 对空间自相关性进行显著性检验，Z 的大小代表了显著性水平的高低。在一般情况下，当显著性水平α=0.05 时，Z 取值区间为(−1.96, 1.96)。因此，在原假设条件下，不能拒绝原假设，当 Geary's C 指数的值接近等于 1 时，跟 Moran 指数等于 0 时代表的意义是相同的，表示空间之间没有相关性，属性值在空间上趋向于随机分布。在备择假设条件下，拒绝原假设，当 Geary's C 指数的值小于 1 时，表示空间之间存在正的自相关，相似的属性在空间上趋向于聚集；当 Geary's C 指数的值大于 1 时，表示空间之间存在负的自相关，相异的属性在空间上趋向于聚集。Geary's C 指数与 Moran 指数刚好相反。Grifith（1987）应用模拟实验表明了 Moran 指数和 Geary's C 指数之间一般存在线性关系。事实上，Moran 指数和 Geary's C 指数两种指标都能获得全局空间自相

关的特征，通过线性变换，两者可以相互转化，因此在很多情况下两者可以相互替代。但是与 Geary's C 指数相比，Moran 指数更不易受偏离正态分布的影响，所以在大多数方法应用中，人们习惯采用 Moran 指数。

3. 应用实例

北京市区域经济发展的空间统计分析：随着北京市经济的快速发展，产业的加速聚集和北京市功能区的加强，这种自相关性随着时间的推进不断减弱，最后呈现随机分布。由表 6.5-4 可知，从总体上看，北京市各区县的人均 GDP 最初在全局空间上表现为弱的自相关性，2006 年的 Geary's C 指数最小，其值约为 0.8706，表现为较弱的空间自相关性；往后逐年增大，2013 年的 Geary's C 指数约为 1，且所有年份的 Geary's C 指数的 P 值都大于 0.05，所有系数均不显著，说明北京市各区县的人均 GDP 不存在明显全局空间自相关性。虽然北京市区域经济在全局空间上表现为较弱的自相关性，但是北京市某些区县可能存在较强的局部的空间自相关性，全局空间自相关系数是局部空间自相关系数的和，所以北京市各区县可能存在较强的空间正相关或者负相关。

表 6.5-4 北京市各区县的人均 GDP 的 Geary's C 指数

年份	正态假设条件下			随机假设条件下		
	Geary's C 指数	Z	P	Geary's C 指数	Z	P
2005 年	0.87351078	−3.41693	0.2555	0.87351078	−3.5392	0.2517
2006 年	0.8706188	−3.49505	0.2506	0.8706188	−3.61695	0.247
2007 年	0.90322728	−2.61418	0.3075	0.90322728	−2.72792	0.3037
2008 年	0.91783225	−2.21965	0.3347	0.91783225	−2.28826	0.3323
2009 年	0.95418936	−1.23751	0.4059	0.95418936	−1.27391	0.4046
2010 年	0.992295	−0.16317	0.4859	0.992295	−0.16661	0.4857
2011 年	1.00432446	0.091581	0.5079	1.00432446	0.093916	0.5079
2012 年	0.99972385	−0.0585	0.4995	0.99972385	−0.00599	0.4995
2013 年	1.00571561	0.121041	0.5105	1.00571561	0.12395	0.5106

6.6 局部空间自相关

局部空间自相关是对区域内部各空间单元进行的空间自相关检验。在样本数据量较大的情况下，全局指标有可能忽略了空间过程的潜在不稳定性及局部空间存在的自相关问题。当存在显著的全局空间自相关时，有可能存在完全随机分布的样本子集。当不存在全局空间自相关时，样本数据子集则有可能是显著的局部相关的。如果局部空间存在高属性值或低属性值的空间聚集，则无法在全局指数中体现出来，或者那些空间单元对全局的自相关性有较大贡献，较大的空间自相关性掩盖了局部空间不稳定等问题，这时我们就有必要对局部空间单元进行自相关性的检验和分析。当需要进一步考察是否存在观测值的高值或低值的局部空间聚集，什么程度的全局空间自相关性指标评估会掩盖反常的局部状况或者小范围的局部不稳定性，以及哪个区域单元对全局空间自相关的贡献最大时，就有必要进行局部空间自相关分析。空间自相关局部指标（Local Indicator of Spatial Association，LISA）用来描述部分空间与其邻接空间单元之间的关系。LISA 满足两个条件：①每个区域单元的 LISA 是描述该区域单元周围显著的相似值区域单元之间空间聚集程度的指标；②所有区域单元的 LISA 的总和与全局的空间相关性指标成比例。LISA 包括局部 Moran 指数和局部 Geary's C 指数。

6.6.1 局部 Moran 指数

1. 局部 Moran 指数的计算方法

全局 Moran 指数是针对整个研究区域的自相关性统计量，分析整个研究区域是否具有聚集性、整体上的相似程度，然而在整个研究区域中可能存在某些局部区域与整体的自相关性相反的情况。例如，在整体上呈现空间正相关，但实际上，某些局部单元存在空间负相关。局部空间自相关分析主要分析属性值在局部区域的空间分布特征，以便更准确地把握空间要素异质性特征，推算出聚集地的空间位置和聚集类型。一般通过局部 Moran 指数来进行局部空间自相关分析。传统局部 Moran 指数是由 Anselin 于 1995 年提出的。对于每个空间单元，都有相应的 I 值与之相对应，局部 Moran 指数的计算公式为

$$I_i(d)=z_i\sum_{j=1}^{n}w_{ij}z_j=z_i\sum_{j=1,j\neq i}^{n}w_{ij}(x_j-\bar{x}) \tag{6.6-1}$$

$$z_i=\frac{x_i-\bar{x}}{S} \tag{6.6-2}$$

式中，I_i 表明局部相关性的大小，取值范围是−1～+1；S 为 x_i 的标准差；w_{ij} 是空间单元 i 与 j 之间的影响程度的度量，即空间权重矩阵的行标准化形式。

2. 显著性检验

计算出局部 Moran 指数后，需要对局部 Moran 指数做统计显著性检验，以明确出现这种相关性的原因是偶然因素还是研究区域自身确实存在相关性。局部 Moran 指数的显著性检验步骤和全局 Moran 指数的一样，只是假设检验的问题有所不同。对该问题进行如下假设检验。

H_0：第 i 个空间单元与邻接单元之间不存在空间自相关。

H_1：第 i 个空间单元与邻接单元之间存在空间自相关。

通过构建 Z 检验统计量来检验其计算结果的显著性，判断属性值在局部空间中是否存在空间自相关，具体公式如下：

$$Z_i=\frac{I_i-E(I_i)}{\sqrt{\mathrm{Var}(I_i)}} \tag{6.6-3a}$$

$$E(I_i)=\frac{-w_i}{n-1} \tag{6.6-3b}$$

$$\mathrm{Var}(I_i)=w_i^{(2)}\frac{n-\dfrac{m_4}{m_2^2}}{n-1}+2w_{i(kh)}\frac{(2\dfrac{m_4}{m_2^2}-n)}{(n-1)(n-2)}-\frac{w_i^2}{(n-1)^2} \tag{6.6-3c}$$

式中，$w_i=\sum_{j=1}^{n}w_{ij}$，$w_i^{(2)}=\sum_{j=1}^{n}w_{ij}^2$，$i\neq j$；$2w_{i(kh)}=\sum_{k\neq i}\sum_{h\neq i}w_{ik}w_{ih}$，$k\neq h$，$j\neq i$；$m_2=\frac{\sum_{i=1}^{n}z_i^2}{n}$，$m_4=\frac{\sum_{i=1}^{n}z_i^4}{n}$。

根据构建出的 Z 检验统计量，若 Z 位于区间(−1.96, 1.96)之外，则表示统计量在 $\alpha=0.05$

的水平上具有统计显著性，表明的确存在空间相关；否则，表示在此水平上不具有统计显著性，无法确认空间相关性。

在显著性水平下，$I_i = 0$，表示第i个空间单元与邻接单元不相关，属于随机模式；当$I_i > 0$且$Z_i > 0$时，为高-高聚集，为“凸”字形特征，表明第i个空间单元的观测值和它周围的观测值均为高值区，用HH表示；当$I_i < 0$且$Z_i > 0$时，为高-低聚集，为“A”字形特征，表明第i个空间单元的观测值大于它周围的观测值，用HL表示；当$I_i < 0$且$Z_i < 0$时，为低-高聚集，为V字形特征，表明第i个空间单元的观测值小于它周围的观测值，用LH表示；当$I_i > 0$且$Z_i < 0$时，为低-低聚集，为“凹”字形特征，表明第i个空间单元的观测值和它周围的观测值均为低值区，用LL表示。

3. Moran散点图及LISA聚集图

Moran散点图常用来研究局部的空间不稳定性，Moran散点图是以具有4个象限的坐标形式展现本区域与周围区域的可视化的二维图示，以4种不同类型的局部空间相关形式反映各区域空间单元属性值的分布特征以及分布规律。Moran散点图的坐标形式为$(\boldsymbol{W}_z, z)$，其中横坐标$\boldsymbol{W}_z$是空间权重矩阵$\boldsymbol{W}$和向量z的乘积，是行标准化的空间权重矩阵（周围区域），表示邻接区域观测值的空间加权平均值；而纵坐标z是由所有的观测值与均值的偏差组成的向量（本区域）。如图6.6-1所示，Moran散点图分为4个象限，4个象限分别对应空间单元与其邻接或近邻空间单元之间的4种类型的局部空间相关。

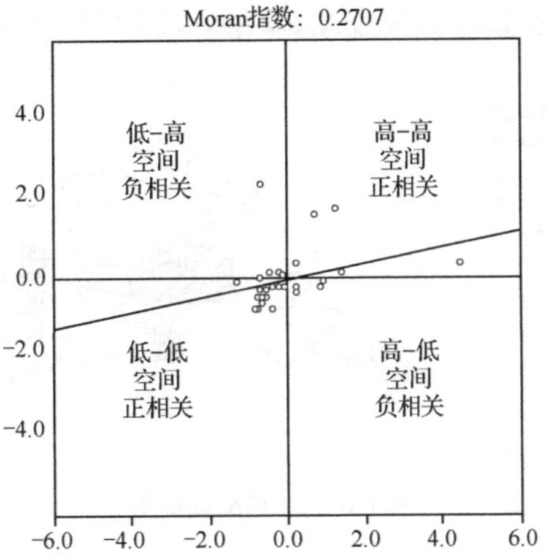

图6.6-1　局部Moran散点图

第Ⅰ象限（HH）：第Ⅰ象限中的元素代表此空间单元的度量属性值具有高观测值，高值的空间单元周围的区域也是高值区域，表示高值区域的周围区域也是高值的空间关系，差异较小，与其周边空间单元共同呈现高-高的空间分布。

第Ⅱ象限（LH）：第Ⅱ象限中的元素代表此空间单元的度量属性值具有低观测值，低值的空间单元周围的区域是高值区域，表示低值区域的周围区域是高值的空间关系，相差较大，与其周边空间单元共同呈现低-高的空间分布。

第Ⅲ象限（LL）：第Ⅲ象限中的元素代表此空间单元的度量属性值具有低观测值，低值的空间单元周围的区域也是低值区域，表示低值区域的周围区域也是低值的空间关系，差异较小，与其周边空间单元共同呈现低-低的空间分布。

第Ⅳ象限（HL）：第Ⅳ象限中的元素代表此空间单元的度量属性值具有高观测值，高值的空间单元周围的区域是低值区域，表示高值区域的周围区域是低值的空间关系，相差较大，与其周边空间单元共同呈现高-低的空间分布。

与全局 Moran 指数相比，Moran 散点图的优势在于可以识别出邻接区域的具体的空间相关形式，即上述 4 种形式中的一种，但是 Moran 散点图只能定性分析出区域间的关系，并不能得到局部空间聚集的显著性指标，而 LISA 聚集图弥补了这一缺陷。LISA 聚集图不仅可以清晰显示空间单元聚集类型，还可以显示出每个空间单元周围的局部空间聚集的显著性水平。

Moran 散点图仅表示了某地区与其邻接地区，是具有聚集性还是不具有聚集性，不能表明局部空间自相关分析是否具有显著性。因此可以将 Moran 散点图和局部 Moran 指数联系起来，最终得到真正显而易见的 LISA 聚集图，如图 6.6-2 所示。LISA 聚集图仅显示那些显著高或显著低的观测值，从 LISA 聚集图中可以很明显地看出哪个地区所处于哪一个象限以及局部 Moran 指数的显著性。如果显著观测值属于散点图中的第Ⅰ象限或第Ⅲ象限，则认为存在显著的空间聚集；如果属于第Ⅱ象限或第Ⅳ象限，则认为存在显著的空间差异。LISA 聚集图还可以与地理信息系统相结合，通过观察地图上不同地区的颜色来判断空间聚集性是否显著，因此 LISA 聚集图也可以进行分析空间统计。

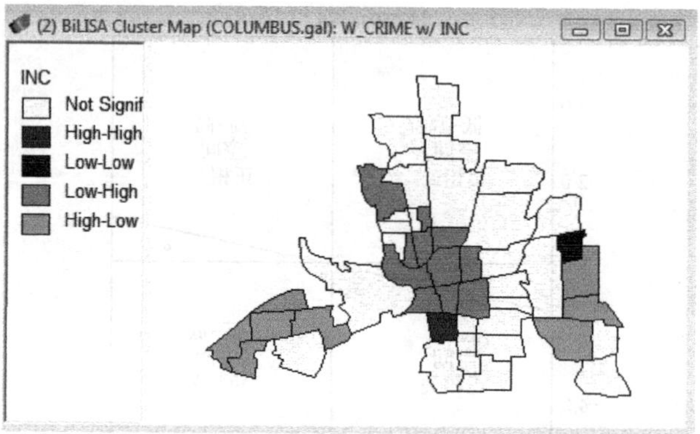

图 6.6-2　LISA 聚集图

4. 应用实例

利用相关软件对 2017 年珠三角地区［区县（市）尺度］的人口密度数据进行局部 Moran 指数的计算，得到局部空间自相关表，如表 6.6-1 所示，并得到相应的局部 Moran 散点图、LISA 聚集图及 LISA-P 显著性图，如图 6.6-3、图 6.6-4、图 6.6-5 所示，通过显著性检验考察其空间自相关性。通过结果分析，珠三角地区的人口密度局部 Moran 指数为 0.489，远大于 0，说明珠三角地区的人口具有显著的空间聚集性，存在显著的正向空间自相关性。从珠三角地区人口密度 LISA 聚集图可知，珠三角地区人口分布只有高-高、低-低、低-高这三种类型，人口密度在珠三角地区呈极端化分布，高-高聚集和低-低聚集同时存在，不存在人口密度高的区域周围是人口密度低的区域这种聚集类型，可以看到具有高-高聚集特征的有荔湾区、越秀区、海珠区、天河区、禅城区、南山区 6 个，具有低-高聚集特征的有白云区、番禺区 2

个，具有低-低聚集特征的有怀集县、广宁县、德庆县、开平市 4 个，表 6.6-2 统计了这些地区。高-高聚集区主要还是位于广东省的核心城市广州，在高-高聚集区附近的是低-高聚集区，低-低聚集区在珠三角地区的边界，这就呈现了人口密度以广州市为“单核心”并向外层层递减的格局。

表 6.6-1　2017 年珠三角地区人口密度局部 Moran 指数自相关表

区县（市）	*Z*	*P*	区县（市）	*Z*	*P*
荔湾区	14.831	0.005	顺德区	14.137	4.715
越秀区	29.891	0.000	三水区	−0.630	−0.158
海珠区	17.944	0.006	高明区	0.226	0.158
天河区	16.342	0.047	蓬江区	−0.678	−0.150
白云区	−2.586	−0.008	江海区	0.335	0.202
黄埔区	−2.562	−0.873	新会区	1.071	0.500
番禺区	−2.492	−0.047	台山市	1.165	0.774
花都区	−5.702	−2.132	开平市	1.327	0.033
南沙区	−5.186	−1.651	鹤山市	−1.079	−0.371
从化区	0.774	0.624	恩平市	0.793	0.639
增城区	−0.212	−0.055	端州区	0.485	0.292
罗湖区	2.142	0.868	鼎湖区	−0.026	0.044
福田区	3.142	1.284	高要区	1.085	0.644
南山区	1.078	0.048	广宁县	0.815	0.006
宝安区	1.272	0.562	怀集县	0.418	0.000
龙岗区	−0.611	−0.165	封开县	0.426	0.479
盐田区	−0.806	−0.240	德庆县	0.426	0.048
龙华区	1.450	0.612	四会市	1.348	0.722
坪山区	−0.978	−0.331	惠城区	0.960	0.645
光明区	−0.443	−0.089	惠阳区	−0.290	−0.077
香洲区	0.506	0.324	博罗县	0.733	0.593
斗门区	1.548	0.767	惠东县	0.333	0.379
金湾区	0.954	0.641	龙门县	0.822	0.661
禅城区	3.904	0.013	东莞市	−0.573	−0.136
南海区	15.849	5.275	中山市	0.558	0.293

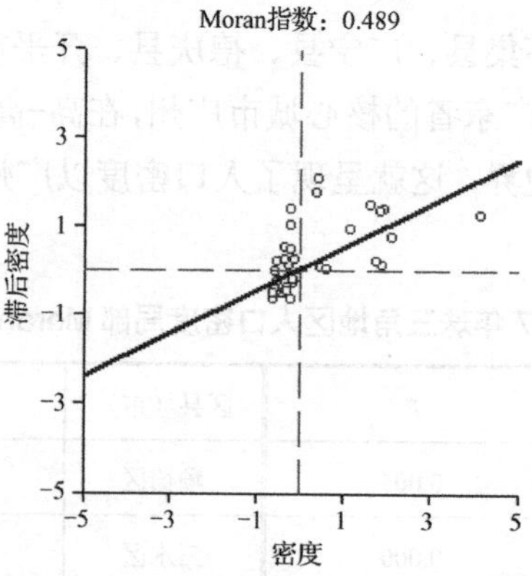

图 6.6-3　人口密度局部 Moran 散点图

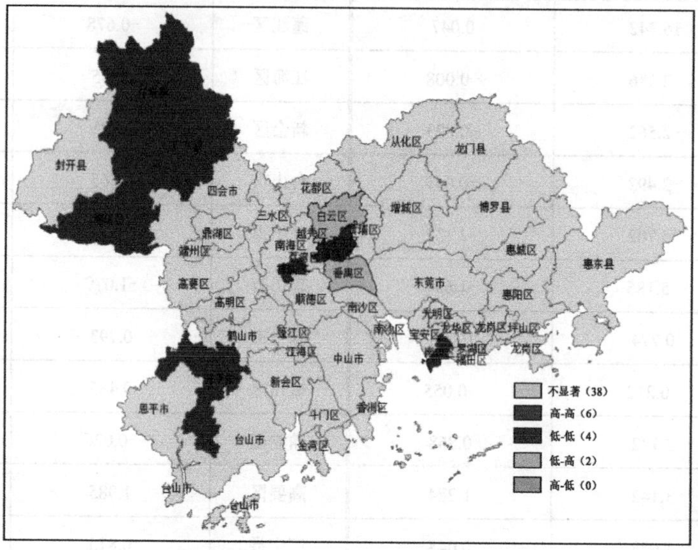

图 6.6-4　人口密度 LISA 聚集图

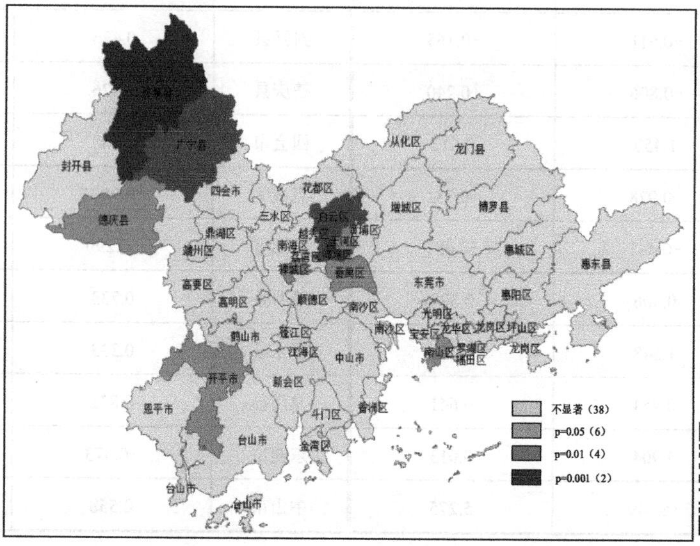

图 6.6-5　人口密度 LISA-P 显著性图

表 6.6-2　2017 年珠三角地区局部空间自相关对应区县表

类型	区　县
HH	荔湾区、越秀区、海珠区、天河区、禅城区、南山区
HL	无
LH	白云区、番禺区
LL	怀集县、广宁县、德庆县、开平市

6.6.2　Getis-Ord G_i 和 G_i^* 统计量

1. Getis-Ord G_i 和 G_i^* 统计量计算方法

全局 Moran 指数或 Geary's C 指数反映的都是空间在整体上的相关性，并不能判别某些确定区域之间的空间相关性，在小范围的空间关系研究中，Getis 和 Ord（1992、1995）使用局部 G_i 和 G_i^* 统计量来研究局部空间的依赖性，揭示某些确定区域之间是否存在空间联系，探测区域的观测值在局部水平上的空间聚集程度，也称为 Getis-Ord G_i 和 G_i^* 统计量。

G_i 度量的是每个区域 i，在距离为 d 的范围内，与每个区域 j 的空间相关性，不包含区域 i 本身的属性值。G_i 的定义为

$$G_i = \frac{\sum_{j=1, j\neq i}^{n} w_{ij}(d) x_j}{\sum_{j=1, j\neq i}^{n} x_j} \tag{6.6-4}$$

式中，$w_{ij}(d)$ 为二进制数的空间权重矩阵元素的一般形式；n 表示区域属性值的个数；G_i 为每个区域 i 在距离 d 范围内的度量。

当区域 j 位于区域 i 的某一给定的距离 d 范围内时，$w_{ij}=1$，否则 $w_{ij}=0$。与 G_i 统计量不同，G_i^* 度量的是包含全部统计区域的属性值。G_i^* 的定义为

$$G_i^* = \frac{\sum_{j=1}^{n} w_{ij}(d) x_j}{\sum_{j=1}^{n} x_j} \tag{6.6-5}$$

当区域 i 周围存在高值空间聚集时，G_i 和 G_i^* 统计量是正的；而低值空间聚集将产生负的 G_i 和 G_i^* 统计量。另外，距离 d 的定义可以采用欧式距离、交通时间、概念距离或任何其他使得若干点位于一个一维或多维空间内的度量。

2. 显著性检验

G_i 和 G_i^* 统计量的显著性检验步骤和广义 G 统计量的一样。通过构建 $Z(G_i)$ 和 $Z(G_i^*)$ 来检验其计算结果的显著性，判断属性值在局部空间中是否存在空间自相关性，它们的公式如下：

$$Z(G_i) = \frac{G_i - E(G_i)}{\sqrt{\mathrm{Var}(G_i)}} \tag{6.6-6}$$

式中，$E(G_i) = \dfrac{\sum_{j=1}^{n} w_{ij}(d)}{n-1}$，$E(G_i^2) = \dfrac{1}{(\sum_{j=1}^{n} x_j)^2}\left[\dfrac{w_i(n-1-w_i)\sum_{j=1}^{n} x_j^2}{(n-1)(n-2)}\right] + \dfrac{w_i(w_i-1)}{(n-1)(n-2)}$，$\mathrm{Var}(G_i) =$

$E(G_i^2)-[E(G_i)]^2$，$w_i=\sum_{i=1}^{n} w_{ij}(d)$。

$$Z(G_i^*)=\frac{G_i^*-E(G_i^*)}{\sqrt{\text{Var}(G_i^*)}} \tag{6.6-7}$$

式中，$E(G_i^*)=\frac{\sum_{j=1}^{2} w_{ij}(d)}{n-1}$，$\text{Var}(G_i^*)=\frac{w_i(n-1-w_i)Y_{i2}}{(n-1)^2(n-2)Y_{i1}^2}$，$w_i=\sum_{i=1}^{n} w_{ij}(d)$，$Y_{i1}=\frac{\sum_{j=1}^{n} w_{ij}}{n-1}$，$Y_{i2}=\frac{\sum_{j=1}^{n} x^2}{n-1}-Y_{i1}^2$。

G_i和G_i^*统计量相对于其预期值进行解释，在原假设条件下，如果不能拒绝原假设，则当$Z(G_i)$和$Z(G_i^*)$值为 0 时，表示无空间相关，意味着邻接区域或位置上的变量不存在空间自相关性，即表示空间随机分布。在备择假设条件下，如果拒绝原假设，则当$Z(G_i)$和$Z(G_i^*)$具有显著性，且为较大正值时，表明区域i与周围区域呈现高值的空间聚集，为高–高聚集，即高值区域i被高值区域所包围；当$Z(G_i)$和$Z(G_i^*)$值具有显著性，且为绝对值较大负值时，表明区域i与周围区域呈现低值的空间聚集，为低–低聚集，即低值区域i被低值区域所包围。G_i和G_i^*统计量建立在空间聚集之上，能够在不受区域i值影响的条件下，深化对该区域周围空间聚集的分析。

3．应用实例

利用相关软件对 2017 年珠三角地区［区县（市）尺度］的人口密度数据进行局部G_i^*统计分析。Getis-Ord G_i^*统计量被用于热点分析，热点分析是一种用来评估要素值在空间上发生高值还是低值聚集问题的分析方法。G_i^*本身就是检验统计量。根据G_i^*计算珠三角地区各个区县（市）的Z和P，如表 6.6-3 所示，可以看出，有 12 个区县（市）的$P<0.01$，有一个区县（市）的$P<0.05$。通过Z的正负和P的大小可以判断人口分布的空间聚集模式，珠三角地区存在一个由上面 13 个区县（市）构成的热点（Hot Spot）区域，不存在冷点（Cold Spot）区域，如图 6.6-6 所示。

表 6.6-3　2017 年珠三角地区人口密度局部 G_i^* 空间自相关表

区县（市）	Z	P	区县（市）	Z	P
荔湾区	3.469	0.001	斗门区	−1.338	0.181
越秀区	3.664	0.000	金湾区	−1.137	0.256
海珠区	3.664	0.000	高明区	−0.403	0.687
天河区	3.506	0.000	蓬江区	0.511	0.609
白云区	3.655	0.000	江海区	−0.493	0.622
黄埔区	2.302	0.021	新会区	−0.888	0.374
番禺区	3.462	0.001	台山市	−1.288	0.198
花都区	3.689	0.000	开平市	−1.306	0.192
南沙区	2.818	0.005	鹤山市	0.427	0.670
禅城区	3.302	0.001	恩平市	−1.122	0.262
南海区	3.210	0.001	端州区	−1.063	0.288
顺德区	3.095	0.002	鼎湖区	−0.240	0.810
三水区	2.577	0.010	高要区	−1.113	0.266

续表

区县（市）	Z	P	区县（市）	Z	P
从化区	-1.106	0.269	广宁县	-1.133	0.257
增城区	-0.088	0.930	怀集县	-0.933	0.351
罗湖区	1.029	0.304	封开县	-0.942	0.346
福田区	1.271	0.204	德庆县	-0.942	0.346
南山区	1.085	0.278	四会市	-1.226	0.220
宝安区	1.190	0.234	惠城区	-1.232	0.218
龙岗区	1.137	0.255	惠阳区	-0.034	0.973
盐田区	1.137	0.255	博罗县	-1.072	0.284
龙华区	1.029	0.304	惠东县	-0.837	0.403
坪山区	1.024	0.306	龙门县	-1.137	0.256
光明区	1.041	0.298	东莞市	0.896	0.370
香洲区	-0.768	0.443	中山市	-0.644	0.520

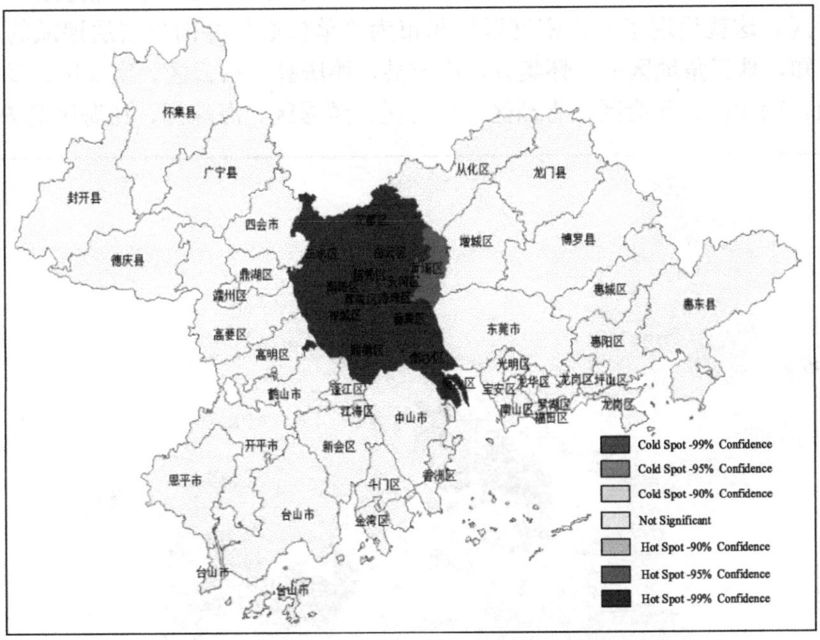

图 6.6-6　2017 年珠三角地区 Getis-Ord G_i^* 统计结果

6.6.3　局部 Geary's C_i 指数

1. 局部 Geary's C_i 指数的计算方法

局部 Geary's C_i 指数的计算公式为

$$C_i = \sum_j w_{ij}(z_i - z_j)^2 \tag{6.6-8}$$

式中，w_{ij} 为空间权重矩阵元素的一般形式，$z_i = \frac{x_i - \overline{x}}{\sigma}$，$z_j = \frac{x_j - \overline{x}}{\sigma}$。

2. 显著性检验

局部 Geary's C_i 指数的显著性检验步骤和 Geary's C 指数的一样。通过构建 $Z(C_i)$ 统计量来检验其计算结果的显著性，判断属性值在局部空间中是否存在空间自相关，具体公式为

$$Z(C_i)=\frac{C_i-E(C_i)}{\sqrt{\mathrm{Var}(C_i)}} \tag{6.6-9}$$

式中，$E(C_i)$ 为区域 i 的观测值的数学期望，$\mathrm{Var}(C_i)$ 为区域 i 的观测值的方差。

若 Geary's C_i 指数的值小于数学期望，并且通过假设检验，当其具有统计意义时，存在局部的空间正相关；若 Geary's C_i 指数的值大于数学期望，存在局部的空间负相关。它的缺点是不能区分热点区域和冷点区域两种不同的空间正相关。

3. 应用实例

利用相关软件对 2017 年珠三角地区［区县（市）尺度］的人口密度数据进行局部 Geary's C_i 指数分析得到相应的 LISA 聚集图及 LISA-P 显著性图，如图 6.6-7、图 6.6-8 所示。由图 6.6-7 可知，高-高聚集区主要还是位于广东省的核心城市广州，包含南海区、越秀区、海珠区、宝安区、龙华区、福田区；在高-高聚集区附近的是负相关特征聚集区，有白云区、南山区；低-低聚集区在珠三角地区的边界，有怀集县、广宁县、德庆县、开平市、新会区、江海区、香洲区、龙岗区。这就呈现了人口密度以广州市为“单核心”并向外层层递减的格局。根据图 6.6-8 可知，珠三角地区中，怀集县、广宁县、德庆县、白云区、宝安区、龙华区、龙岗区的 $P<0.01$，南山区、新会区、香洲区、南海区、越秀区、海珠区、江海区的 $P<0.05$。

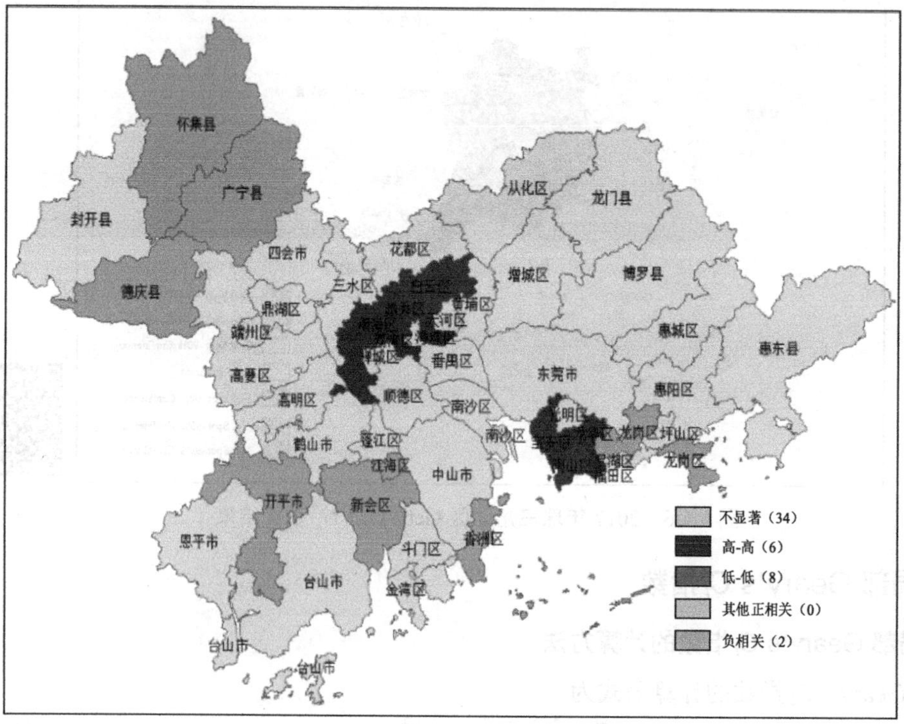

图 6.6-7　人口密度 LISA 聚集图

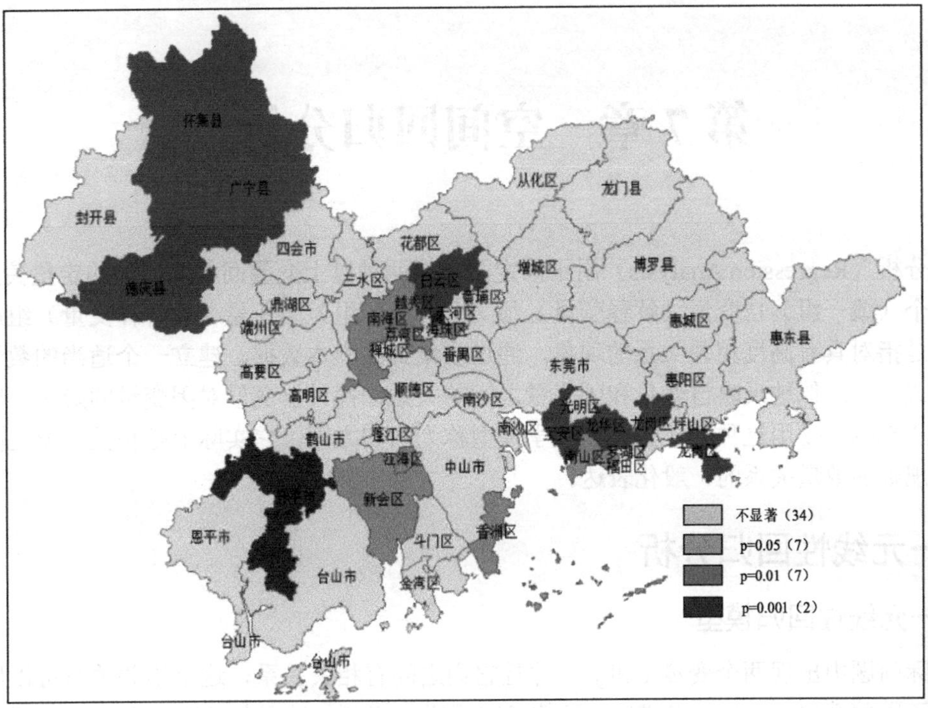

图 6.6-8　人口密度 LISA-P 显著性图

第 7 章　空间回归分析

回归分析（Regression Analysis）用于确定两种或两种以上变量间相互依赖的定量关系。变量由一个（或一组）自变量（解释变量）与一个（或一组）因变量（被解释变量）组成。回归分析是指对具有高度相关关系的现象，通过收集到的样本数据，建立一个适当的数学模型（函数式）来近似地反映自变量和因变量之间的关系，探讨自变量对因变量的影响，即原因对结果的影响。使用这种方法建立的数学模型称为回归方程，它实际上是相关现象之间不确定、不规则的数量关系的一般化表达。

7.1　一元线性回归分析

7.1.1　一元线性回归模型

在实际问题中出现两个变量 x 和 y，并且它们之间有相关关系，这个相关关系可以用一个确定的函数关系式 $y = f(x)$ 来描述。函数 $f(x)$ 称为 y 关于 x 的回归函数，若 $f(x)$ 为线性函数，则自变量和因变量之间的线性关系回归称为一元线性回归。一元线性回归模型可表示为

$$y = \beta_0 + \beta_1 x + \varepsilon \tag{7.1-1}$$

式中，y 是因变量，x 是自变量，ε 是误差项且服从正态分布 $\varepsilon \sim N(0,\sigma^2)$，$\beta_0$ 和 β_1 称为模型参数（回归系数）。假定两个变量 x 和 y 有 n 个数据对 (x_i, y_j)，$i = 1,2,3,\cdots,n$，该模型可表示为

$$y_i = a + bx_i + \varepsilon_i \tag{7.1-2}$$

一元线性回归模型的回归系数估计的方法有多种，其中使用最广泛的是最小二乘法，即要求选取的 a、b 值使得随机误差 ε 的平方和最小，即求解使得函数 $Q(a,b)$ 为最小值时的 a、b：

$$Q(a,b) = \sum_{i=1}^{n} \varepsilon_i^2 = \sum_{i=1}^{n} (y_i - a - bx_i)^2 \tag{7.1-3}$$

利用函数存在极值的必要条件，分别对 $Q(a,b)$ 求偏导并令其为 0 构成二元一次方程组，令 x 和 y 均为已有的观测数据，解方程组得到总体参数 a、b 估计量为

$$\begin{cases} \hat{b} = \dfrac{n\sum x_i y_j - \sum x_i \sum y_j}{n\sum x_i^2 - (\sum x_i)^2} \\ \hat{a} = \dfrac{1}{n}\sum y_i - \hat{b}\dfrac{1}{n}\sum x_i \end{cases} \tag{7.1-4}$$

7.1.2　一元线性回归模型显著性检验

建立一元线性回归模型当且仅当变量之间存在线性相关关系时才是有意义的，因此必须对变量之间线性相关的显著性进行检验，即对建立的回归模型进行显著性检验。常见的显著性检验方法有相关性检验和 F 分布检验，这里阐述 F 分布检验。

对于若干组具体数据 (x_i, y_i) 都可算出回归系数 $\hat{\beta}_0$ 和 $\hat{\beta}_1$，从而得到回归模型。至于 y 与 x 之间是否真的有如回归模型所描述的关系，或者说用所得的回归模型去拟合实际数据是否有足

够好的近似，并没有得到判明。因此，必须对回归模型描述实际数据的近似程度进行检验，即对所得的回归模型的可信程度进行检验。

为了检验回归模型是否具有显著的线性关系，这里原假设为 $H_0: b=0$，备择假设为 $H_1: b\neq 0$。构造 F 统计量：

$$F=\frac{U}{Q/(n-2)}\sim F(1,n-2) \qquad (7.1\text{-}5)$$

式中，$U=\sum_{i=1}^{n}(\hat{y}_i-\bar{y})^2$，是回归值 $\hat{y}_i$ 与均值 $\bar{y}$ 的离差平方和；$Q=\sum_{i=1}^{n}(y_i-\hat{y}_i)^2$，反映的是观测值与回归值的离差平方和。

对于给定的显著性水平 α，查自由度为 $(1,n-2)$ 的 F 分布表，可得到临界值 $F_\alpha(1,n-2)$。若计算的统计量 $F>F_\alpha(1,n-2)$，则应拒绝 H_0，即构建的回归模型拟合实际数据具有足够好的近似；否则认为构建的回归模型拟合实际数据不具有足够好的近似，回归模型没有实用价值。

7.1.3 一元线性回归模型应用实例

本案例搜集了全国 12 个省市 2013 年年末的常住人口和 2014 年的 GDP 数据，如表 7.1-1 所示，通过一元线性回归模型分析人口和 GDP 之间的关系。

表 7.1-1 全国 12 省市 2013 年年末常住人口和 2014 年 GDP 数据

	天津	北京	上海	江苏	浙江	内蒙古	辽宁	福建	广东	山东	吉林	重庆
人口/万人	1472	2115	2415	7939	5498	2498	4390	3774	10644	9733	2751	2970
GDP/亿元	15722	21331	23561	65088	40153	17770	28627	24056	67792	59427	13804	14265

为了判断人口变量 x 和 GDP 变量 y 之间是否具有线性关系，计算 x 和 y 的相关系数 $r=\frac{\overline{xy}-\bar{x}\,\bar{y}}{\sqrt{(\overline{x^2}-\bar{x}^2)(\overline{y^2}-\bar{y}^2)}}=0.96$，可知 x 与 y 之间具有一定的线性关系。

（1）构建一元线性回归模型

根据一元线性回归模型，并将表 7.1-1 中数据代入该模型中，用最小二乘法求得参数估计 $a=321.749$，$b=6.278$，得到一元线性回归模型为

$$y=321.749+6.278x$$

（2）一元线性回归模型拟合优度的检验

为了检验一元线性回归模型是否具有显著的线性关系，这里原假设为 $H_0: b=0$，备择假设为 $H_1: b\neq 0$。根据式（7.1-5）计算 F 统计量 $F=\frac{U}{Q/(n-2)}=117.824$。给定的显著性水平 $\alpha=0.005$，查自由度为 $(1,n-2)$ 的 F 分布表可得 $F_{0.005}(1,12-2)=12.83$，有 $F>F_\alpha(1,n-2)$，则应拒绝 H_0，即构建的一元线性回归模型拟合实际数据具有足够好的近似。

7.2 多元线性回归分析

7.2.1 多元线性回归模型

在实际应用问题中，一个变量往往会受到多个原因变量的影响。利用多个自变量构建的线性回归模型称为多元线性回归模型。多元线性回归模型参数估计的原理与一元线性回归模

型的相同，只是计算更为复杂。

设k为自变量个数，$\beta_j(j=1,2,\cdots,k)$称为回归系数，则多元线性回归模型的一般形式为

$$Y_i=\beta_0+\beta_1X_{1i}+\beta_2X_{2i}+\cdots+\beta_kX_{ki}+\varepsilon_i \quad (i=1,2,\cdots,n) \tag{7.2-1}$$

多元线性回归模型的回归系数常采用最小二乘法进行估计，估计的回归系数$\hat{\beta}_0,\hat{\beta}_1,\cdots,\hat{\beta}_k$应使全部观测值$Y_i$与回归值$\hat{Y}_i$的残差$\varepsilon_i$的平方和最小，即$Q(\hat{\beta}_0,\hat{\beta}_1,\hat{\beta}_2,\cdots,\hat{\beta}_k)=\sum\varepsilon_i^2=\sum(Y_i-\hat{Y}_i)^2=\sum(Y_i-\hat{\beta}_0-\hat{\beta}_1X_{1i}-\hat{\beta}_2X_{2i}-\cdots-\hat{\beta}_kX_{ki})^2$取得最小值。向量$\boldsymbol{\beta}$的最小二乘法估计量$\hat{\boldsymbol{\beta}}$为

$$\hat{\boldsymbol{\beta}}=(\boldsymbol{X}^{\mathrm{T}}\boldsymbol{X})^{-1}\boldsymbol{X}^{\mathrm{T}}\boldsymbol{Y} \tag{7.2-2}$$

式中，$\hat{\boldsymbol{\beta}}=\begin{bmatrix}\hat{\beta}_0\\\hat{\beta}_1\\\hat{\beta}_2\\\vdots\\\hat{\beta}_k\end{bmatrix}$，$\boldsymbol{X}^{\mathrm{T}}\boldsymbol{X}=\begin{bmatrix}1&1&\cdots&1\\X_{11}&X_{12}&\cdots&X_{1n}\\X_{21}&X_{22}&\cdots&X_{2n}\\\vdots&\vdots&&\vdots\\X_{k1}&X_{k2}&\cdots&X_{kn}\end{bmatrix}\begin{bmatrix}1&X_{11}&X_{21}&\cdots&X_{k1}\\1&X_{12}&X_{22}&\cdots&X_{k2}\\\vdots&\vdots&\vdots&&\vdots\\1&X_{1n}&X_{2n}&\cdots&X_{kn}\end{bmatrix}$，$\boldsymbol{X}^{\mathrm{T}}\boldsymbol{Y}=\begin{bmatrix}1&1&\cdots&1\\X_{11}&X_{12}&\cdots&X_{1n}\\X_{21}&X_{22}&\cdots&X_{2n}\\\vdots&\vdots&&\vdots\\X_{k1}&X_{k2}&\cdots&X_{kn}\end{bmatrix}\begin{bmatrix}Y_1\\Y_2\\\vdots\\Y_n\end{bmatrix}$。

7.2.2 多元线性回归模型显著性检验

1. 拟合优度检验

设具有k个自变量的回归模型为$Y_i=\beta_0+\beta_1X_{1i}+\beta_2X_{2i}+\cdots+\beta_kX_{ki}+\mu_i$，其回归方程为$\hat{Y}_i=\hat{\beta}_0+\hat{\beta}_1X_{1i}+\hat{\beta}_2X_{2i}+\cdots+\hat{\beta}_kX_{ki}$，则可将离差分解为

$$Y_i-\overline{Y}=(\hat{Y}_i-\overline{Y})+(Y_i-\hat{Y}_i) \tag{7.2-3}$$

将总离差平方和（Total Sum of Squares，TSS）分解为回归平方和（Explained Sum of Squares，ESS）与残差平方和（Residual Sum of Squares，RSS）两部分，TSS = ESS + RSS 即

$$\sum(Y_i-\overline{Y})^2=\sum(\hat{Y}_i-\overline{Y})^2+\sum(Y_i-\hat{Y}_i)^2 \tag{7.2-4}$$

可决系数（判定系数）R^2为

$$R^2=\frac{\mathrm{ESS}}{\mathrm{TSS}}=1-\frac{\mathrm{RSS}}{\mathrm{TSS}}=1-\frac{\sum\varepsilon_i^2}{\sum(Y_i-\overline{Y})^2} \tag{7.2-5}$$

式中，$\varepsilon_i=Y_i-\hat{Y}_i$。

可决系数越接近 1，模型对数据的拟合程度越好。为了剔除变量个数对拟合优度的影响，将残差平方和与总离差平方和分别除以各自的自由度，修正的可决系数$\overline{R}^2$为

$$\overline{R}^2=1-\frac{\sum\varepsilon_i^2/(n-k-1)}{\sum(Y_i-\overline{Y})^2/(n-1)}=1-\frac{n-1}{n-k-1}\frac{\sum\varepsilon_i^2}{\sum(Y_i-\overline{Y})^2} \tag{7.2-6}$$

式中，$n-k-1$为残差平方和的自由度；$n-1$为总体平方和的自由度。可决系数R^2和修正的可决系数$\overline{R}^2$的关系为

$$\overline{R}^2=1-(1-R^2)\frac{n-1}{n-k-1} \tag{7.2-7}$$

另外，为了比较所含自变量个数不同的多元线性回归模型的拟合优度，常用的标准还有赤池信息准则（Akaike Information Criterion，AIC）和施瓦茨准则（Schwarz Criterion，SC）。

赤池信息准则为

$$\mathrm{AIC}=\ln\frac{\mathrm{RSS}}{n}+\frac{2k}{n}=\ln\frac{\sum\varepsilon_i^2}{n}+\frac{2k}{n} \tag{7.2-8}$$

施瓦茨准则为

$$\mathrm{SC}=\ln\frac{\mathrm{RSS}}{n}+\frac{k\ln n}{n}=\ln\frac{\sum\varepsilon_i^2}{n}+\frac{k\ln n}{n} \tag{7.2-9}$$

这两个准则由两部分构成，一部分反映模型的拟合精度，另一部分反映模型中参数的个数，即模型的繁简程度。这两个准则均要求仅当所增加的自变量能够减小 AIC 值或 SC 值时才在原模型中增加该自变量。

2. 回归方程显著性检验

由离差平方和分解式可知，TSS 的自由度为$n-1$，ESS 的自由度为k。所以，RSS 的自由度为 TSS 的自由度减去 ESS 的自由度，即$n-k-1$。方程显著性检验步骤如下。

（1）首先做出假设：原假设$H_0:\beta_1=\beta_2=\cdots=\beta_k=0$，备择假设$H_1:\beta_1,\beta_2,\cdots,\beta_k$不同时为0。

（2）在H_0成立的条件下，$F=\dfrac{\mathrm{ESS}/k}{\mathrm{RSS}/(n-k-1)}\sim F(k,n-k-1)$，根据样本数据计算$F$统计量。

（3）对于假设H_0，根据样本观测值计算F统计量给定显著性水平α，查第一个自由度为k，第二个自由度为$n-k-1$的F分布表得临界值$F_\alpha(k,n-k-1)$。当$F\geqslant F_\alpha(k,n-k-1)$时，拒绝$H_0$，认为回归方程显著成立；当$F<F_\alpha(k,n-k-1)$时，接受$H_0$，认为回归方程无显著意义。

3. 回归参数显著性检验

回归方程显著成立，并不意味着每个自变量$X_{1i},X_{2i},\cdots,X_{ki}$对因变量$Y_i$的影响都是重要的。如果某个自变量对因变量$Y_i$的影响不重要，即可把它从回归模型中剔除，重新建立回归方程，以利于对应用问题进行分析和对Y_i进行更准确的预测。对回归系数β_i进行显著性t检验，步骤如下。

（1）提出原假设$H_0:\beta_i=0$；备择假设$H_1:\beta_i\neq0$。

（2）构造统计量$t=\dfrac{\hat\beta_i-\beta_i}{\widehat{\mathrm{SE}}(\hat\beta_i)}$，当$\beta_i=0$成立时，统计量$t=\dfrac{\hat\beta_i}{\widehat{\mathrm{SE}}(\hat\beta_i)}\sim t(n-k-1)$。这里$\widehat{\mathrm{SE}}(\hat\beta_i)$是$\hat\beta_i$的标准差，$k$为自变量个数。

$$\widehat{\mathrm{SE}}(\hat\beta_i)=\sqrt{\widehat{\mathrm{Var}}(\hat\beta_i)}=S_\varepsilon\sqrt{c_{ii}}\qquad(i=0,1,2,\cdots,k) \tag{7.2-10}$$

式中，$S_\varepsilon^2=\dfrac{\sum\varepsilon_i^2}{n-k-1}$，$\sum\varepsilon_i^2=\boldsymbol{\varepsilon}^{\mathrm T}\boldsymbol{\varepsilon}=(\boldsymbol{Y}-\boldsymbol{X}\hat{\boldsymbol{\beta}})^{\mathrm T}(\boldsymbol{Y}-\boldsymbol{X}\hat{\boldsymbol{\beta}})$，$c_{ii}$是矩阵$(\boldsymbol{X}^{\mathrm T}\boldsymbol{X})^{-1}$的第 i 个主对角元素。

（3）给定显著性水平α，查自由度为$n-k-1$的t分布表，得临界值$t_{\frac{\alpha}{2}}(n-k-1)$。

（4）若$|t|\geqslant t_{\frac{\alpha}{2}}(n-k-1)$，则拒绝$H_0$，接受$H_1$，即认为$\beta_i$显著不为零。若$|t|<t_{\frac{\alpha}{2}}(n-k-1)$，则接受$H_0$，即认为$\beta_i$显著为0。

7.2.3　多元线性回归模型应用实例

本应用案例选取西安市用水需求量的 6 个影响因素，收集西安市 2004—2018 年的全年用水总量及影响变量数据，如表 7.2-1 所示。使用多元线性回归模型分析用水量和其他影响因素之间的关系。

表 7.2-1　西安市 2004—2018 年全年用水总量及影响变量数据

年份	全年用水总量 /×10^4m^3	人口数量 /万人	GDP 总值 /亿元	固定资产投资额/亿元	生产运营用水量/×10^4m^3	居民用水量 /×10^4m^3	年末供水管道总长/km
2004 年	36092	725.01	1102.39	612.03	8213	12228	2279
2005 年	35776	806.81	1313.93	776.33	7522	12865	2315
2006 年	28762	822.52	1763.73	971.84	4573	11084	2369.5
2007 年	32959	830.54	1856.63	1340.59	5570	13931	2424
2008 年	36471	837.42	2318.14	1786.6	6292	17510	2385
2009 年	38307	843.46	2724.8	2367.48	6414	18513	1985
2010 年	41089	847.31	3241.69	3104.92	6267	20944	2416
2011 年	38934	851.34	3869.84	3207.97	5484	19945	2721
2012 年	45792	855.29	4394.47	4165.99	5334	24704	3208
2013 年	51372.07	858.81	4924.97	5055.22	6272.62	26138.73	3385.33
2014 年	53798.99	862.75	5492.64	5824.53	15680.53	28497.3	3499.97
2015 年	56055.25	870.56	5801.2	5086.93	16146.29	30742.79	4371.05
2016 年	59953.03	883.21	6282.65	5097	16567.11	32182.87	4522.46
2017 年	89215.62	961.67	7471.89	7463.31	43095.31	34896.6	4899.56
2018 年	90394.45	1000.37	8349.86	8097.59	39453.6	39078.56	4959.94

1．构建用水量的多元线性回归模型

定义西安市全年用水总量为Y，人口数量为X_1，GDP 总值为X_2，固定资产投资额为X_3，生产运营用水量为X_4，居民用水量为X_5，年末供水管道总长为X_6。构建的多元线性回归模型为

$$Y=\beta_0+\beta_1X_1+\beta_2X_2+\beta_3X_3+\beta_4X_4+\beta_5X_5+\beta_6X_6+\varepsilon \tag{7.2-11}$$

式中，$\varepsilon \sim N(0,\sigma^2)$为随机误差，$\beta_j(j=0,1,2,3,4,5,6)$和$\sigma^2$为待估参数。

将表 7.2-1 中$n=15$组样本数据（观测值）代入多元线性回归模型中得到

$$\begin{cases} Y_1=\beta_0+\beta_1X_{1,1}+\beta_2X_{1,2}+\beta_3X_{1,3}+\beta_4X_{1,4}+\beta_5X_{1,5}+\beta_6X_{1,6}+\varepsilon_1 \\ Y_2=\beta_0+\beta_1X_{2,1}+\beta_2X_{2,2}+\beta_3X_{2,3}+\beta_4X_{2,4}+\beta_5X_{2,5}+\beta_6X_{2,6}+\varepsilon_2 \\ \cdots \\ Y_{15}=\beta_0+\beta_1X_{15,1}+\beta_2X_{15,2}+\beta_3X_{15,3}+\beta_4X_{15,4}+\beta_5X_{15,5}+\beta_6X_{15,6}+\varepsilon_{15} \end{cases} \tag{7.2-12}$$

根据多元线性回归模型参数估计方法，求得参数$\boldsymbol{\beta}=(\beta_0,\beta_1,\beta_2,\beta_3,\beta_4,\beta_5,\beta_6)$的最小二乘法估计量$\hat{\boldsymbol{\beta}}=(\boldsymbol{X}^{\mathrm{T}}\boldsymbol{X})^{-1}\boldsymbol{X}^{\mathrm{T}}\boldsymbol{Y}$，即

$$\hat{\boldsymbol{\beta}}=(\hat{\beta}_0,\hat{\beta}_1,\hat{\beta}_2,\hat{\beta}_3,\hat{\beta}_4,\hat{\beta}_5,\hat{\beta}_6)=(9459.964,7.709,-3.187,2.845,0.879,0.841,1.539)$$

故全年用水总量与各影响变量的多元线性回归模型为

$$\hat{Y}=9459.964+7.709X_1-3.187X_2+2.845X_3+0.879X_4+0.841X_5+1.539X_6$$

2．多元线性回归模型拟合优度检验

计算$n=15$的年用水总量均值$\bar{Y}=48998.094$，观测值如表 7.2-1 所示，利用多元线性回归模型计算年用水总量的估计量$\hat{Y}$，如表 7.2-2 所示。

表 7.2-2　用水量估计量 $\hat{Y}$

年份	2004 年	2005 年	2006 年	2007 年	2008 年	2009 年	2010 年	2011 年
年用水总量估计量 /$\times10^4\text{m}^3$	34287.23	34694.91	29932.62	34102.03	37538.46	38276.28	41335.7	38598.24
年份	2012 年	2013 年	2014 年	2015 年	2016 年	2017 年	2018 年	
年用水总量估计量 /$\times10^4\text{m}^3$	44302.22	47473.08	58312.60	58929.32	59335.23	89062.92	88776.87	

计算得到该模型的可决系数$R^2=0.988$，修正的可决系数$\bar{R}^2=0.980$，可决系数比较接近 1，该模型对数据的拟合程度好。

3．回归方程的显著性检验

（1）首先做出假设：原假设$H_0:\beta_1=\beta_2=\cdots=\beta_6=0$，备择假设$H_1:\beta_1,\beta_2,\cdots,\beta_6$不同时为 0。

（2）在H_0成立的条件下，$F=\dfrac{\text{ESS}/k}{\text{RSS}/(n-k-1)}\sim F(k,n-k-1)$，根据样本数据和估计量计算$F$统计量。$k=6$，$n-k-1=8$，$F=\dfrac{\text{ESS}/k}{\text{RSS}/(n-k-1)}=\dfrac{\sum(\hat{Y}_i-\bar{Y})^2/6}{\sum(Y_i-\hat{Y}_i)^2/8}=114.232$。

（3）对于假设H_0，根据样本观测值计算统计量F给定显著性水平$\alpha=0.05$，查F分布表得临界值$F_{0.05}(6,8)=3.58$。当$F\geqslant F_{0.05}(6,8)$时，拒绝H_0，认为回归方程显著性成立。

4．回归系数的显著性检验

（1）首先提出原假设$H_0:\beta_i=0$；备择假设$H_1:\beta_i\neq0$。

（2）当$\beta_i=0$成立时，统计量$t=\dfrac{\hat{\beta}_i}{\widehat{\text{SE}}(\hat{\beta}_i)}\sim t(n-k-1)$。这里$k=6$，$n-k-1=8$。由样本数据、参数估计量$\hat{\beta}_i$计算方法，以及统计量$t$计算公式和式（7.2-10），可得统计量 t 计算结果如表 7.2-3 所示。

表 7.2-3　统计量 t 计算结果

	常数	t_1	t_2	t_3	t_4	t_5	t_6
t 统计量	0.322	0.230	−0.721	1.142	6.317	1.396	0.455

（3）给定显著性水平$\alpha=0.05$，查自由度为$n-k-1=8$的t分布表，得临界值$t_{0.025}(8)=2.306$，由表 7.2-3 可知$t_4>t_{0.025}(8)$，则拒绝H_0。其余统计量t小于临界值，接受H_0。因此，除变量X_4外，其余变量对Y的解释作用不显著。故需要对自变量进行删减，重新优化后建立模型。

7.3 非线性回归分析

7.3.1 非线性回归模型

非线性回归模型的一般形式为

$$y = f(x_1, x_2, \cdots, x_k; \beta_1, \beta_2, \cdots, \beta_p) + \varepsilon \tag{7.3-1}$$

式中，y 是因变量；$x_1, x_2, \cdots, x_k$ 是模型的 k 个自变量；$\beta_1, \beta_2, \cdots, \beta_p$ 是模型的 p 个未知参数；f 是非线性函数；ε 是模型的误差项。误差项可假设满足独立、等方差、不相关和零均值，也可进一步假设误差项服从正态分布。在实际问题中，非线性回归模型通过对自变量或因变量的函数变换可以转化为线性关系，利用线性回归求解未知参数，并进行回归诊断。

非线性回归分析的参数估计一般有最大似然估计（MLE）和最小二乘估计（OLS）两种方法。用非线性最小二乘法求解非线性回归方程，可以使残差平方和（RSS）达到最小。若把最小二乘估计量记为 $b_1, b_2, \cdots, b_p$，那么 $b_1, b_2, \cdots, b_p$ 应使残差平方和达到最小：

$$\min_{b_1, b_2, \cdots, b_p} S = \sum_{i=1}^{n} [y_i - f(x_1, x_2, \cdots, x_k; b_1, b_2, \cdots, b_p)]^2 \tag{7.3-2}$$

由于回归函数 f 是 $b_1, b_2, \cdots, b_p$ 的非线性函数，一般无法对正规方程组通过解析的方法求解，而是必须用某种搜索或迭代算法获得参数的最小二乘估计量。高斯–牛顿法是一种常用的迭代法。非线性回归模型不能通过变换转化为线性回归模型，但可以利用泰勒展开式转化为线性回归模型。先取参数的一组初始值 $B_0 = \{b_{10}, b_{20}, \cdots, b_{p0}\}$，可得 $\beta_1, \beta_2, \cdots, \beta_p$ 的最小二乘估计量 $b_{11}, b_{21}, \cdots, b_{p1}$；再把 $b_{11}, b_{21}, \cdots, b_{p1}$ 作为新的初始值，再次利用泰勒展开式，可得到一组新的估计量 $b_{11}, b_{21}, \cdots, b_{p1}$。重复上述方法，直到参数估计量收敛或满足要求的精度，最后所得的估计量 $b_{1j}, b_{2j}, \cdots, b_{pj}$ 就是参数的估计量。

7.3.2 非线性回归模型显著性检验

与线性回归分析一样，非线性回归分析在建立回归方程后要进行评价和检验。

1. 非线性回归模型拟合优度检验

与线性回归模型类似，非线性回归模型的拟合优度检验采用可决系数和修正的可决系数，见式（7.3-3）和式（7.3-4）。可决系数越接近 1，模型对数据的拟合程度越好。也可采用高斯–牛顿法进行参数估计，利用泰勒展开式把非线性回归模型线性化后，再用线性回归模型的拟合优度方法进行检验。

$$\text{可决系数：} R^2 = 1 - \frac{\sum_{i=1}^{n}(y_i - \hat{y}_i)^2}{\sum_{i=1}^{n}(y_i - \overline{y})^2} \tag{7.3-3}$$

$$\text{修正的可决系数：} \overline{R}^2 = 1 - (1 - R^2)\frac{n-1}{n-k-1} \tag{7.3-4}$$

2. 回归方程和回归系数的显著性检验

非线性回归模型的回归方程和回归系数显著性检验方法与线性回归模型的类似。

① 采用高斯–牛顿法进行参数估计时，根据泰勒展开式把非线性回归模型线性化。从而，

非线性的回归方程和回归系数显著性检验也可转为线性的检验，即对最后一次线性近似进行检验。但是，这时的统计量只是近似地服从相应的分布。

② 对于非线性回归模型，也可以直接进行显著性检验。对回归系数的一般检验，也可转换为对线性回归模型的检验：

$$F=\frac{[S(B_R)-S(B)]/g}{S(B)/(n-k)} \tag{7.3-5}$$

计算量 F 近似服从 $F(g,n-k)$ 分布，$S(B)$ 是全模型（未受约束的回归模型）的残差平方和，而 $S(B_R)$ 是约简型（满足约束的回归模型）的残差平方和，g 是约束条件的个数。当 $F>F_\alpha(g,n-k)$ 时在 α 水平上拒绝原假设。

7.3.3 非线性回归模型应用实例

某地区 1950—1985 年的收入和消费总额情况如表 7.3-1 所示，使用非线性回归模型分析收入和消费之间的关系。

表 7.3-1 某地区 1950—1985 年的收入和消费总额情况

年度	y/万元	C/万元	年度	y/万元	C/万元	年度	y/万元	C/万元
1950	791.8	733.2	1962	1170.2	1069.0	1974	1896.6	1674.0
1951	819.0	748.7	1963	1207.2	1108.4	1975	1931.7	1711.9
1952	844.3	771.4	1964	1291.0	1170.6	1976	2001.0	1803.9
1953	880.0	802.5	1965	1365.7	1236.4	1977	2066.6	1883.8
1954	894.0	822.7	1966	1431.3	1298.9	1978	2167.3	1961.0
1955	944.5	873.8	1967	1493.2	1337.6	1979	2212.6	2004.4
1956	989.4	899.8	1968	1551.3	1405.9	1980	2214.3	2000.4
1957	1012.1	919.7	1969	1599.8	1456.7	1981	2248.6	2024.2
1958	1028.8	932.9	1970	1688.1	1492.0	1982	2261.5	2050.7
1959	1067.1	979.4	1971	1728.4	1538.8	1983	2334.6	2145.9
1960	1091.1	1005.1	1972	1797.3	1621.9	1984	2468.4	2239.9
1961	1123.2	1025.2	1973	1916.3	1689.6	1985	2509.0	2312.6

1. 构建非线性回归模型

该问题为消费型统计分析，可采用消费函数模型作为其拟合的非线性回归模型：

$$C=\alpha+\beta y^\gamma+\varepsilon \tag{7.3-6}$$

式中，C 是消费；y 是收入；α、β、γ 是三个参数。当 $\gamma=1$ 时，式（7.3-6）成为线性回归模型，当 $\gamma\neq1$ 时才是非线性回归模型。所以，该模型是否为线性可归结为检验 $\gamma=1$ 是否成立。

2. 采用高斯-牛顿法估计未知参数

采用高斯-牛顿法估计未知参数，记参数的初始值为 α_0、β_0 和 γ_0。由表 7.3-1 的样本数据和一元线性回归模型最小二乘法可得

$$\hat{\alpha}=11.14574,\quad \hat{\beta}=0.89853$$

首先，取参数初始值为 $\alpha_0=11.14574$，$\beta_0=0.89853$，$\gamma_0=1$，依次迭代求得二元线性回

归模型参数估计量，如表 7.3-2 所示，迭代 3 次以后模型参数估计量变化不大，拟合的非线性回归模型为$C=187.89948+0.246y^{1.1564}$。

表 7.3-2　二元线性回归模型参数估计量

次数	α	β	γ
0	11.14574	0.89853	1
1	209.82489	-0.23712	1.15139
2	187.68577	0.24608	1.14613
3	187.61085	0.24569	1.15699
4	187.91509	0.24597	1.15641
5	187.89948	0.24600	1.15640

3．非线性回归模型显著性检验

采用高斯-牛顿法进行参数估计时，根据泰勒展开式把非线性回归模型线性化，从而，对于非线性回归模型的拟合优度、回归系数和回归方程显著性检验也可转为二元线性回归模型的检验。

经计算，可决系数 $R^2=0.9999909$，调整后可决系数 $\bar{R}^2=0.9999903$。统计量 $F=1811312.02$，临界值 $F_{0,05}(3,31)=2.911$，显然 $F>F_{0.05}(3,31)$。统计量 t 分别为 $t_\alpha=4.6194$，$t_\beta=2.9643$，$t_\gamma=28.1999$，临界值 $t_{0.025}(33)=2.04$，故该模型对数据的拟合程度好，回归方程显著成立，回归变量解释性显著。

7.4　空间截面数据模型

经典的线性回归模型是一种确定两种或两种以上变量间相互依赖的定量关系的统计分析模型，这种模型未考虑两种或两种以上变量之间的空间相关性，这使得其存在一定的缺陷。空间自回归模型正是为了解决数据空间自相关性问题的一类重要空间统计方法，常见的空间全局自回归模型有空间截面数据模型和空间面板数据模型。本节介绍空间截面数据模型。

7.4.1　空间回归一般形式

Anselin 给出了空间计量经济分析中适用于空间截面数据的空间回归一般形式。通过对通用模型参数的不同限制，可以导出特定的模型。截面数据的空间回归一般形式可表示为

$$\boldsymbol{Y}=\rho \boldsymbol{W}_1\boldsymbol{Y}+\boldsymbol{X}\boldsymbol{\beta}+\boldsymbol{u}\text{，}\quad \boldsymbol{u}=\lambda \boldsymbol{W}_2\boldsymbol{u}+\boldsymbol{\varepsilon}\text{，}\quad \boldsymbol{\varepsilon}\sim N(0,\sigma^2\boldsymbol{I}) \tag{7.4-1}$$

式中，$\boldsymbol{Y}$ 为因变量，为 $n\times1$ 维向量；$\boldsymbol{X}$ 为自变量，为 $n\times K$ 阶矩阵；$\boldsymbol{\beta}$ 为自变量的空间回归系数，为 $n\times1$ 维向量；$\boldsymbol{u}$ 为随机误差项向量，为 $n\times1$ 维向量；ρ、λ 为待估参数，ρ 为空间滞后项参数，λ 为空间误差项系数，$1\leqslant\rho<1$，$1\leqslant\lambda<1$，表示模型具有空间相关性和误差性；$\boldsymbol{\varepsilon}$ 为白噪声，即随机干扰项向量，服从均值为 0、方差为 σ^2 的正态分布；$\boldsymbol{I}$ 为单位矩阵；$\boldsymbol{W}_1$ 和 $\boldsymbol{W}_2$ 为 $n\times n$ 维空间权重矩阵。

（1）当 $\rho=0$，$\lambda=0$ 时，为标准的线性回归模型，表明模型中没有空间自相关的影响：

$$\boldsymbol{Y}=\boldsymbol{X}\boldsymbol{\beta}+\boldsymbol{\varepsilon} \tag{7.4-2}$$

（2）当 $\rho\neq0$，$\boldsymbol{\beta}=\boldsymbol{0}$，$\lambda=0$ 时，为一阶空间自回归模型，反映研究区域的因变量是如何

受到相邻区域的因变量的影响的，反映变量在空间上的相关特征。这个模型类似于时间序列分析中的一阶自回归模型，即某一时刻观测值的解释完全依赖于过去时刻的观测值：

$$Y = \rho WY + \varepsilon,\ \varepsilon \sim N(0,\sigma^2 I) \tag{7.4-3}$$

（3）当$\rho \neq 0$，$\beta \neq 0$，$\lambda = 0$时，为空间滞后模型，在这个模型中，研究区域的因变量不仅与本区域的自变量有关，还与相邻区域的因变量有关：

$$Y = \rho WY + X\beta + \varepsilon\ ,\ \varepsilon \sim N(0,\sigma^2 I) \tag{7.4-4}$$

（4）当$\rho = 0$，$\beta \neq 0$，$\lambda \neq 0$时，为空间误差模型，在这个模型中，研究区域的因变量 Y 不仅与本区域的自变量 X 有关，还与相邻区域的因变量（表现为 WY）以及自变量（表现为 WX）有关：

$$Y = X\beta + u\ ,\ u = \lambda Wu + \varepsilon\ ,\ \varepsilon \sim N(0,\sigma^2 I) \tag{7.4-5}$$

（5）当$\rho \neq 0$，$\beta \neq 0$，$\lambda \neq 0$时，为空间杜宾模型，在这个模型中加入了因变量的空间滞后项和自变量的空间滞后项（η为自变量的空间滞后系数，为$n \times 1$维向量）：

$$Y = \rho WY + X\beta + WX\eta + \varepsilon\ ,\ \varepsilon \sim N(0,\sigma^2 I) \tag{7.4-6}$$

（6）当$\rho = 0$时，为空间杜宾误差模型。该模型假设因变量 Y 会受到自变量 X 的影响，同时也会受到一些未观测变量的影响（η为自变量的空间滞后系数，为$n \times 1$维向量）：

$$Y = X\beta + WX\eta + u\ ,\ u = \lambda Wu + \varepsilon\ ,\ \varepsilon \sim N(0,\sigma^2 I) \tag{7.4-7}$$

7.4.2 空间滞后模型及估计方法

空间滞后模型（Spatial Lag Mode，SLM）中包括自变量X和空间滞后项WY，形式上可以表示为

$$Y = \rho WY + X\beta + \varepsilon\ ,\ \varepsilon \sim N(0,\sigma^2 I) \tag{7.4-8}$$

式中，W 为已知的空间权重矩阵；ρ 为空间自回归系数，用于度量空间依赖性及空间滞后项 WY 对 Y 的影响；ε 是随机干扰项向量。WY 可以估计模型中空间相关的程度，同时调整其他自变量的影响。

空间滞后模型因其形式与时间序列的一阶自相关模型相似，因此也被称作混合的回归-空间自回归模型，简称为空间自回归（Spatial Auto-Regression，SAR）模型。空间滞后模型的经济学含义是，如果所关注的经济变量存在利用空间权重矩阵表示的空间相关性，则仅仅考虑其自身的自变量不足以很好地估计和预测该变量的变化趋势。如果在该模型中考虑空间结构造成的影响，便可以较好地控制这一空间效应造成的影响。在对空间相关性进行调整后，可以估计其他自变量的显著性。形式上，式（7.4-8）可以表示为

$$Y - \rho WY = X\beta + \varepsilon \tag{7.4-9}$$

因此，可将式（7.4-3）称为一个空间过滤因变量$(1-\rho W)Y$对原有自变量的回归。当侧重于理解过程的均值时，可以用非线性的形式表示模型，这可以从式（7.4-9）的简化形式中看出

$$Y = (1-\rho W)^{-1} X\beta + (1-\rho W)^{-1}\varepsilon \tag{7.4-10}$$

式中的逆可以扩展为一个无穷级数，包括所有位置上的自变量和随机干扰项（空间乘数）。因此，必须将空间滞后项视为一个内生变量，而且适当的估计方法必须能够解释这种内生性。

由于空间滞后项WY与随机干扰项ε相关，甚至ε为零均值随机干扰项时也如此，使得作为模型估计的普通最小二乘法的最优性不再有效。因此常采用极大似然估计和 2SLS（两阶段最小二乘法）估计。

（1）SAR 模型的极大似然估计

在 SAR 模型中，存在$\boldsymbol{\varepsilon}\sim N(0,\sigma^2\boldsymbol{I})$，已知的是样本数据$\boldsymbol{X},\boldsymbol{Y}$，未知参数为$\boldsymbol{\beta},\rho,\sigma_\varepsilon^2$，对模型进行变形处理：

$$(\boldsymbol{I}-\rho\boldsymbol{W})\boldsymbol{Y}-\boldsymbol{X}\boldsymbol{\beta}=\boldsymbol{\varepsilon} \tag{7.4-11}$$

由$\boldsymbol{\varepsilon}$服从正态分布，可以得到对数似然函数

$$\log L=\log|\boldsymbol{I}-\rho\boldsymbol{W}|-\frac{n}{2}\log(2\pi\sigma_\varepsilon^2)-\frac{1}{2\sigma_\varepsilon^2}((\boldsymbol{I}-\rho\boldsymbol{W})\boldsymbol{Y}-\boldsymbol{X}\boldsymbol{\beta})^{\mathrm{T}}((\boldsymbol{I}-\rho\boldsymbol{W})\boldsymbol{Y}-\boldsymbol{X}\boldsymbol{\beta}) \tag{7.4-12}$$

求参数$\boldsymbol{\beta}$和σ_ε^2的偏导数，得到$\boldsymbol{\beta}$和σ_ε^2的极大似然估计量

$$\begin{aligned}\hat{\boldsymbol{\beta}}&=(\boldsymbol{X}^{\mathrm{T}}\boldsymbol{X})^{-1}\boldsymbol{X}^{\mathrm{T}}(\boldsymbol{I}-\rho\boldsymbol{W})\boldsymbol{Y}\\ \hat{\sigma}_\varepsilon^2&=\frac{[(\boldsymbol{I}-\rho\boldsymbol{W})\boldsymbol{Y}-\boldsymbol{X}\boldsymbol{\beta})^{\mathrm{T}}((\boldsymbol{I}-\rho\boldsymbol{W})\boldsymbol{Y}-\boldsymbol{X}\boldsymbol{\beta}]}{\boldsymbol{n}}\end{aligned} \tag{7.4-13}$$

将式（7.4-13）代入式（7.4-12）有

$$\log L=C+\log|\boldsymbol{A}|-\frac{n}{2}\log(\boldsymbol{A}\boldsymbol{Y}-\boldsymbol{H}\boldsymbol{A}\boldsymbol{Y})^{\mathrm{T}}(\boldsymbol{A}\boldsymbol{Y}-\boldsymbol{H}\boldsymbol{A}\boldsymbol{Y}) \tag{7.4-14}$$

式中，C为化简后的常数，$\boldsymbol{A}=\boldsymbol{I}-\rho\boldsymbol{W}$，$\boldsymbol{H}=\boldsymbol{X}(\boldsymbol{X}^{\mathrm{T}}\boldsymbol{X})^{-1}\boldsymbol{X}^{\mathrm{T}}$。设$\boldsymbol{W}$的特征值为$\omega_i$，$i=1,2,\cdots,n$，则

$$|\boldsymbol{A}|=|\boldsymbol{I}-\rho\boldsymbol{W}|=\prod_{i=1}^{n}(1-\rho w_i) \tag{7.4-15}$$

再令$\boldsymbol{Y}_L=\boldsymbol{W}\boldsymbol{Y}$，$\boldsymbol{N}=\boldsymbol{I}-\boldsymbol{H}$，则

$$(\boldsymbol{A}\boldsymbol{Y}-\boldsymbol{H}\boldsymbol{A}\boldsymbol{Y})^{\mathrm{T}}(\boldsymbol{A}\boldsymbol{Y}-\boldsymbol{H}\boldsymbol{A}\boldsymbol{Y})=\boldsymbol{Y}^{\mathrm{T}}\boldsymbol{N}\boldsymbol{Y}-2\rho\boldsymbol{Y}_L^{\mathrm{T}}\boldsymbol{N}\boldsymbol{Y}+\rho^2\boldsymbol{Y}_L^{\mathrm{T}}\boldsymbol{N}\boldsymbol{Y}_L \tag{7.4-16}$$

经验证，按行或列标准化的空间权重矩阵特征值的取值范围为$(-1,1]$，式（7.4-9）为非负以及自相关系数的平稳性，在一般情况下，$\rho\in(-1,1]$。将式（7.4-15）和式（7.4-16）代入式（7.4-14），可得

$$\begin{aligned}\log L&=C+\sum_{i=1}^{n}\log(1-\rho w_i)-\frac{n}{2}\log(\boldsymbol{Y}^{\mathrm{T}}\boldsymbol{N}\boldsymbol{Y}-2\rho\boldsymbol{Y}_L^{\mathrm{T}}\boldsymbol{N}\boldsymbol{Y}+\rho^2\boldsymbol{Y}_L^{\mathrm{T}}\boldsymbol{N}\boldsymbol{Y}_L)\\ &=C+\sum_{i=1}^{n}\log(1-\rho w_i)-\frac{n}{2}\log s(\rho)\end{aligned} \tag{7.4-17}$$

式中，$s(\rho)=\boldsymbol{Y}^{\mathrm{T}}\boldsymbol{N}\boldsymbol{Y}-2\rho\boldsymbol{Y}_L^{\mathrm{T}}\boldsymbol{N}\boldsymbol{Y}+\rho^2\boldsymbol{Y}_L^{\mathrm{T}}\boldsymbol{N}\boldsymbol{Y}_L$，这样，对数似然的表达式被写成了关于$\rho$的显式表达式，只要求解$\rho$使得对数似然函数达到最大即可。用传统的求导方法来求解ρ一般比较复杂，可以用牛顿迭代法来求解ρ。另外，如果 SAR 模型中不存在$\boldsymbol{\varepsilon}\sim N(0,\sigma^2\boldsymbol{I})$，则采用上述方法称为拟极大似然估计。

（2）SAR 模型的 2SLS 估计

SAR 模型从形式上看，该模型包含内生变量$\boldsymbol{W}\boldsymbol{Y}$的线性回归模型，因此第一阶段用工具变量法找到变量$\boldsymbol{W}\boldsymbol{Y}$的工具变量$\boldsymbol{Z}$，使得$\boldsymbol{Z}$与$\boldsymbol{W}\boldsymbol{Y}$相关，与误差项$\boldsymbol{\varepsilon}$不相关。为了找到满足条件的$\boldsymbol{Z}$，对 SAR 模型进行变换：$\boldsymbol{Y}=(\boldsymbol{I}-\rho\boldsymbol{W})^{-1}\boldsymbol{X}\boldsymbol{\beta}+((\boldsymbol{I}-\rho\boldsymbol{W})^{-1})\boldsymbol{\varepsilon}$，对变化后的回归模型两边同时求数学期望：$E(\boldsymbol{Y})=E[(\boldsymbol{I}-\rho\boldsymbol{W})^{-1}\boldsymbol{X}\boldsymbol{\beta}+((\boldsymbol{I}-\rho\boldsymbol{W})^{-1})\boldsymbol{\varepsilon}]=(\boldsymbol{I}-\rho\boldsymbol{W})^{-1}\boldsymbol{X}\boldsymbol{\beta}$，将$(\boldsymbol{I}-\rho\boldsymbol{W})^{-1}\boldsymbol{X}\boldsymbol{\beta}$写成如下形式：

$$(\boldsymbol{I}-\rho\boldsymbol{W})^{-1}=\boldsymbol{I}+\rho\boldsymbol{W}+\rho\boldsymbol{W}^2+\rho\boldsymbol{W}^3+\cdots \tag{7.4-18}$$

故$E(\boldsymbol{Y})=\boldsymbol{X}\boldsymbol{\beta}+\rho\boldsymbol{W}\boldsymbol{X}\boldsymbol{\beta}+\rho\boldsymbol{W}^2\boldsymbol{X}\boldsymbol{\beta}+\cdots$，即可以表示为$\boldsymbol{X},\boldsymbol{W}\boldsymbol{X},\boldsymbol{W}^2\boldsymbol{X},\cdots$的线性函数，而且

$\boldsymbol{WY}$ 与 $\boldsymbol{X},\boldsymbol{WX},\boldsymbol{W}^2\boldsymbol{X},\cdots$ 都相关，$\boldsymbol{X},\boldsymbol{WX},\boldsymbol{W}^2\boldsymbol{X},\cdots$ 与 $\boldsymbol{\varepsilon}$ 不相关，所以可以令这几个变量成为工具变量。由于更高阶的 $\boldsymbol{X}$ 的空间滞后项也可以作为工具变量，但会出现过度拟合的情况，所以一般选择 2～3 个工具变量。令 $\boldsymbol{Z}_L=(\boldsymbol{X},\boldsymbol{WX},\boldsymbol{W}^2\boldsymbol{X})$，记 $\boldsymbol{M}_L=(\boldsymbol{WY},\boldsymbol{X})$，先求解工具变量与原来方程中变量的线性方程 $\boldsymbol{M}_L=\boldsymbol{Z}_L\boldsymbol{\gamma}_L+\boldsymbol{\nu}$，其中，$\boldsymbol{\nu}$ 是 $n\times 1$ 维的线性回归误差项向量，上述方程用最小二乘法（OLS）估计得到 $\boldsymbol{\gamma}_L$ 的估计量：$\hat{\boldsymbol{\gamma}}_L=(\boldsymbol{Z}_L^{\mathrm{T}}\boldsymbol{Z}_L)^{-1}\boldsymbol{Z}_L^{\mathrm{T}}\boldsymbol{M}_L$。得到 $\boldsymbol{\gamma}_L$ 的估计量后，即可求得 $\boldsymbol{M}_L$ 的估计量：$\hat{\boldsymbol{M}}_L=\boldsymbol{Z}_L\hat{\boldsymbol{\gamma}}_L=\boldsymbol{Z}_L(\boldsymbol{Z}_L^{\mathrm{T}}\boldsymbol{Z}_L)^{-1}\boldsymbol{Z}_L^{\mathrm{T}}\boldsymbol{M}_L$，此时的 $\hat{\boldsymbol{M}}_L$ 不存在内生性问题，所以对于原方程，此时将 $\hat{\boldsymbol{M}}_L$ 代入（7.4-8），可得 $\boldsymbol{Y}=\hat{\boldsymbol{M}}_L\boldsymbol{\theta}+\boldsymbol{\varepsilon}$，其中，$\boldsymbol{\theta}=(\rho,\boldsymbol{\beta}^{\mathrm{T}})^{\mathrm{T}}$，求上述方程中 $\boldsymbol{\theta}$ 的 OLS 解，有 $\hat{\boldsymbol{\theta}}_{2\mathrm{SLS}}=(\hat{\boldsymbol{M}}_L^{\mathrm{T}}\hat{\boldsymbol{M}}_L)^{-1}\hat{\boldsymbol{M}}_L^{\mathrm{T}}\boldsymbol{Y}$。

该解即为 SAR 模型的 2SLS 估计量，通过 $\hat{\boldsymbol{\theta}}_{2\mathrm{SLS}}$ 就可计算 σ_ε^2 的估计量。

7.4.3 空间误差模型及估计方法

空间误差模型（Spatial Error Model，SEM）中，随机扰动项具有空间自相关特性，它是结合了一个标准回归模型和一个随机误差项 $\boldsymbol{u}$ 的空间自回归模型，形式上可以表示为

$$\boldsymbol{Y}=\boldsymbol{X\beta}+\boldsymbol{u},\quad \boldsymbol{u}=\lambda\boldsymbol{Wu}+\boldsymbol{\varepsilon},\quad \boldsymbol{\varepsilon}\sim N(0,\sigma^2\boldsymbol{I}) \tag{7.4-19}$$

在该模型中，扰动项中存在空间依赖性，这表明没有包含在 $\boldsymbol{X}$ 中但对 $\boldsymbol{Y}$ 有影响的某些遗漏变量存在空间依赖性，会通过空间权重矩阵对其他区域产生影响。随机扰动项之间的空间自相关可能意味着：自变量和因变量之间存在非线性关系，回归模型中遗漏了一个或多个回归自变量，回归模型应该具有一个自回归结构。如果随机扰动项遵循一个空间自回归过程，即每个位置上的随机扰动项为所有其他位置上的随机干扰项的函数，那么能够以随机误差项 $\boldsymbol{u}$ 的一个空间自回归过程的形式，将空间自相关引入到这个模型中。

同样，由于随机误差项 $\boldsymbol{u}$ 与随机干扰项 $\boldsymbol{\varepsilon}$ 相关，甚至 $\boldsymbol{\varepsilon}$ 是零均值随机干扰项时也如此，使得作为模型估计的普通最小二乘法的最优性不再有效。常采用极大似然估计和 2SLS 估计。

（1）SEM 模型的极大似然估计

在 SEM 模型中，未知参数为 $\boldsymbol{\beta},\lambda,\sigma_\varepsilon^2$，已知的是 $\boldsymbol{X},\boldsymbol{Y}$，对模型做适当变形得

$$\begin{gathered}\boldsymbol{Y}=\boldsymbol{X\beta}+\lambda\boldsymbol{Wu}+\boldsymbol{\varepsilon}\\ \boldsymbol{Y}-\lambda\boldsymbol{WY}=(\boldsymbol{X}-\lambda\boldsymbol{WX})\boldsymbol{\beta}+\boldsymbol{\varepsilon}\end{gathered} \tag{7.4-20}$$

令 $\boldsymbol{Y}_\lambda=\boldsymbol{Y}-\lambda\boldsymbol{WY}$，$\boldsymbol{X}_\lambda=\boldsymbol{X}-\lambda\boldsymbol{WX}$，那么 $\boldsymbol{Y}_\lambda-\boldsymbol{X}_\lambda\boldsymbol{\beta}=\boldsymbol{\varepsilon}$，由 $\boldsymbol{\varepsilon}$ 服从正态分布，可以得到对数似然函数

$$\log L=\log|\boldsymbol{I}-\lambda\boldsymbol{W}|-\frac{n}{2}\log(2\pi\sigma_\varepsilon^2)-\frac{1}{2\sigma_\varepsilon^2}(\boldsymbol{Y}_\lambda-\boldsymbol{X}_\lambda\boldsymbol{\beta})^{\mathrm{T}}(\boldsymbol{Y}_\lambda-\boldsymbol{X}_\lambda\boldsymbol{\beta}) \tag{7.4-21}$$

求参数 $\boldsymbol{\beta}$ 和 σ_ε^2 的偏导数，故可以得到 $\boldsymbol{\beta}$ 和 σ_ε^2 的极大似然估计量

$$\begin{aligned}\hat{\boldsymbol{\beta}}&=(\boldsymbol{X}_\lambda^{\mathrm{T}}\boldsymbol{X}_\lambda)^{-1}\boldsymbol{Y}_\lambda^{\mathrm{T}}\boldsymbol{Y}_\lambda\\ \hat{\sigma_\varepsilon^2}&=\frac{(\boldsymbol{Y}_\lambda-\boldsymbol{X}_\lambda\boldsymbol{\beta})^{\mathrm{T}}(\boldsymbol{Y}_\lambda-\boldsymbol{X}_\lambda\boldsymbol{\beta})}{n}\end{aligned} \tag{7.4-22}$$

将式（7.4-22）代入式（7.4-21）中，有

$$\log L=\log|\boldsymbol{I}-\lambda\boldsymbol{W}|-\frac{n}{2}\log 2\pi-\frac{n}{2}+\frac{n}{2}\log(n)-\frac{n}{2}\log(\boldsymbol{Y}_\lambda-\boldsymbol{X}_\lambda\hat{\boldsymbol{\beta}})^{\mathrm{T}}(\boldsymbol{Y}_\lambda-\boldsymbol{X}_\lambda\hat{\boldsymbol{\beta}}) \tag{7.4-23}$$

令 $S(\lambda)=(\boldsymbol{Y}_\lambda-\boldsymbol{X}_\lambda\hat{\boldsymbol{\beta}})^{\mathrm{T}}(\boldsymbol{Y}_\lambda-\boldsymbol{X}_\lambda\hat{\boldsymbol{\beta}})=(\boldsymbol{Y}_\lambda-\boldsymbol{H}_\lambda\boldsymbol{Y}_\lambda)^{\mathrm{T}}(\boldsymbol{Y}_\lambda-\boldsymbol{H}_\lambda\boldsymbol{Y}_\lambda)$，其中 $\boldsymbol{H}_\lambda=\boldsymbol{X}_\lambda(\boldsymbol{X}_\lambda^{\mathrm{T}}\boldsymbol{X}_\lambda)^{-1}\boldsymbol{X}_\lambda^{\mathrm{T}}$ 是一个投影矩阵，则对数似然函数可以写成

$$\log L = C + \log|\boldsymbol{I} - \lambda\boldsymbol{W}| - \frac{n}{2}\log S(\lambda) \tag{7.4-24}$$

式中，C 为化简后的常数。这样，对数似然函数表达式写成了关于 λ 的显式表达式，现在只需求解 λ，使得 $f(\lambda)$ 最大即可：

$$f(\lambda) = \sum_{i=1}^{n}\log(1 - \lambda w_i) - \frac{n}{2}\log S(\lambda) \tag{7.4-25}$$

由于 $S(\lambda)$ 不是简单的二次型，它的计算需要随着 λ 的每一次选择对矩阵进行新的变换，需要通过构造一些更小的矩阵进行处理：

$$\begin{aligned}
&\boldsymbol{A}_{XX}(\lambda) = \boldsymbol{X}'\boldsymbol{X} - \lambda\boldsymbol{X}^{\mathrm{T}}\boldsymbol{W}\boldsymbol{X} - \lambda\boldsymbol{X}^{\mathrm{T}}\boldsymbol{W}^{\mathrm{T}}\boldsymbol{X} + \lambda^2\boldsymbol{X}^{\mathrm{T}}\boldsymbol{W}^{\mathrm{T}}\boldsymbol{W}\boldsymbol{X}, \\
&\boldsymbol{A}_{XY}(\lambda) = \boldsymbol{X}^{\mathrm{T}}\boldsymbol{Y} - \lambda\boldsymbol{X}^{\mathrm{T}}\boldsymbol{W}\boldsymbol{Y} - \lambda\boldsymbol{X}^{\mathrm{T}}\boldsymbol{W}^{\mathrm{T}}\boldsymbol{Y} + \lambda^2\boldsymbol{X}^{\mathrm{T}}\boldsymbol{W}^{\mathrm{T}}\boldsymbol{W}\boldsymbol{Y}, \\
&A_{YY}(\lambda) = \boldsymbol{Y}^{\mathrm{T}}\boldsymbol{Y} - \lambda\boldsymbol{Y}^{\mathrm{T}}\boldsymbol{W}\boldsymbol{Y} - \lambda\boldsymbol{Y}^{\mathrm{T}}\boldsymbol{W}^{\mathrm{T}}\boldsymbol{Y} + \lambda^2\boldsymbol{Y}^{\mathrm{T}}\boldsymbol{W}^{\mathrm{T}}\boldsymbol{W}\boldsymbol{Y}, \\
&\hat{\boldsymbol{\beta}} = \boldsymbol{A}_{XX}(\lambda)^{-1}\boldsymbol{A}_{XY}(\lambda), \\
&S(\lambda) = A_{YY}(\lambda) - \hat{\boldsymbol{\beta}}^{\mathrm{T}}A_{XX}(\lambda)\hat{\boldsymbol{\beta}}
\end{aligned} \tag{7.4-26}$$

这些关于矩阵和对数似然函数中的 λ 是同时变化的，应用单变量优化方法得到 $\hat{\lambda}$ 之后，将其代入 $\hat{\boldsymbol{\beta}}$ 、$\hat{\sigma}_{\varepsilon}^2$ 中就可以得到相应的估计量了。

（2）SEM 模型的 2SLS 估计

式（7.4-19）变换后为 $\boldsymbol{u} = \boldsymbol{Y} - \boldsymbol{X}\boldsymbol{\beta}$，则

$$\begin{aligned}
\boldsymbol{Y} &= \boldsymbol{X}\boldsymbol{\beta} + \lambda\boldsymbol{W}(\boldsymbol{Y} - \boldsymbol{X}\boldsymbol{\beta}) + \boldsymbol{\varepsilon} \\
&= (\boldsymbol{I} - \lambda\boldsymbol{W})\boldsymbol{X}\boldsymbol{\beta} + \lambda\boldsymbol{W}\boldsymbol{Y} + \boldsymbol{\varepsilon}
\end{aligned} \tag{7.4-27}$$

在上述变换后的模型中，自变量中 $\boldsymbol{WY}$ 和 $\boldsymbol{\varepsilon}$ 存在相关性，若此时忽略内生性直接用 OLS 估计会使估计的参数不一致。再根据原有模型方程可发现 $E(\boldsymbol{Y}) = \boldsymbol{X}\boldsymbol{\beta}$，两个回归变量 $(\boldsymbol{X},\boldsymbol{WX})$ 既与 $\boldsymbol{\varepsilon}$ 不相关，又与 $\boldsymbol{WY}$ 不相关。这样通过该方法将得出不一致的估计量。

7.4.4 空间杜宾模型及估计方法

当自变量的空间滞后影响因变量时，就应该考虑建立空间杜宾模型（Spatial Dubin Model, SDM）。空间杜宾模型是一个通过加入空间滞后变量而增强的空间滞后模型，形式为

$$\boldsymbol{Y} = \rho\boldsymbol{W}\boldsymbol{Y} + \boldsymbol{X}\boldsymbol{\beta} + \boldsymbol{W}\boldsymbol{X}\boldsymbol{\eta} + \boldsymbol{\varepsilon}, \quad \boldsymbol{\varepsilon} \sim N(0, \sigma^2\boldsymbol{I}) \tag{7.4-28}$$

该模型假设某一区域的因变量 $\boldsymbol{Y}$ 不仅会受到邻居因变量 $\boldsymbol{Y}$ 的影响，同时会受到邻居自变量 $\boldsymbol{X}$ 的影响。$\boldsymbol{WX\eta}$ 就表示来自邻居自变量的影响，$\boldsymbol{\eta}$ 为自变量 $\boldsymbol{X}$ 的空间延迟系数向量，即受到影响的程度。

与 SAR 模型类似，由于空间滞后项 $\boldsymbol{WY}$ 与随机干扰项 $\boldsymbol{\varepsilon}$ 相关，甚至 $\boldsymbol{\varepsilon}$ 是零均值随机干扰项时也如此，使得作为模型估计的普通最小二乘法的最优性不再有效。这里介绍 SDM 模型的极大似然估计方法。

将该模型变换等价于

$$(\boldsymbol{I} - \rho\boldsymbol{W})\boldsymbol{Y} = (\boldsymbol{X},\boldsymbol{W}\boldsymbol{X})(\boldsymbol{\beta},\boldsymbol{\eta})^{\mathrm{T}} + \boldsymbol{\varepsilon} \tag{7.4-29}$$

令 $\boldsymbol{\vartheta} = (\boldsymbol{\beta},\boldsymbol{\eta})^{\mathrm{T}}$，则式（7.4-29）又等价于

$$(\boldsymbol{I} - \rho\boldsymbol{W})\boldsymbol{Y} = (\boldsymbol{X},\boldsymbol{W}\boldsymbol{X})\boldsymbol{\vartheta} + \boldsymbol{\varepsilon} \tag{7.4-30}$$

式中，$\boldsymbol{\varepsilon} \sim N(0,\sigma_{\varepsilon}^2\boldsymbol{I})$，已知的是样本数据 $\boldsymbol{X},\boldsymbol{Y}$，未知参数为 $\boldsymbol{\beta},\boldsymbol{\eta},\rho,\sigma_{\varepsilon}^2$，则式（7.4-30）的对数似然函数为

$$\log L=\log|\boldsymbol{I}-\rho \boldsymbol{W}|-\frac{n}{2}\log(2\pi\sigma_\varepsilon^2)-\frac{1}{2\sigma_\varepsilon^2}((\boldsymbol{I}-\rho\boldsymbol{W})\boldsymbol{Y}-(\boldsymbol{X},\boldsymbol{WX})\boldsymbol{\vartheta})^{\mathrm{T}}((\boldsymbol{I}-\rho\boldsymbol{W})\boldsymbol{Y}-(\boldsymbol{X},\boldsymbol{WX})\boldsymbol{\vartheta}) \tag{7.4-31}$$

现假设 ρ 的估计量为 $\hat{\rho}$，求关于参数 $\boldsymbol{\vartheta}$ 和 σ_ε^2 的偏导数，则 $\boldsymbol{\vartheta}$ 和 σ_ε^2 的极大似然估计为

$$\begin{aligned}\hat{\boldsymbol{\vartheta}}&=[(\boldsymbol{X},\boldsymbol{WX})^{\mathrm{T}}(\boldsymbol{X},\boldsymbol{WX})]^{-1}(\boldsymbol{X},\boldsymbol{WX})^{\mathrm{T}}(\boldsymbol{I}-\hat{\rho}\boldsymbol{W})\boldsymbol{Y}\\ \hat{\sigma}_\varepsilon^2&=\frac{1}{n}\boldsymbol{Y}^{T}(\boldsymbol{I}-\hat{\rho}\boldsymbol{W})^{\mathrm{T}}\boldsymbol{Q}(\boldsymbol{I}-\hat{\rho}\boldsymbol{W})\boldsymbol{Y}\end{aligned} \tag{7.4-32}$$

式中，$\boldsymbol{Q}=\boldsymbol{I}-\boldsymbol{P}$，为矩阵 $(\boldsymbol{X},\boldsymbol{WX})$ 的正交补空间上的投影矩阵；$\boldsymbol{P}=(\boldsymbol{X},\boldsymbol{WX})((\boldsymbol{X},\boldsymbol{WX})^{\mathrm{T}}(\boldsymbol{X},\boldsymbol{WX}))^{-1}(\boldsymbol{X},\boldsymbol{WX})^{\mathrm{T}}$，为矩阵 $(\boldsymbol{X},\boldsymbol{WX})$ 的正交投影矩阵。记

$$\begin{aligned}\boldsymbol{\vartheta}_1&=[(\boldsymbol{X},\boldsymbol{WX})^{\mathrm{T}}(\boldsymbol{X},\boldsymbol{WX})]^{-1}(\boldsymbol{X},\boldsymbol{WX})^{\mathrm{T}}\boldsymbol{Y}\\ \boldsymbol{\vartheta}_2&=[(\boldsymbol{X},\boldsymbol{WX})^{\mathrm{T}}(\boldsymbol{X},\boldsymbol{WX})]^{-1}(\boldsymbol{X},\boldsymbol{WX})^{\mathrm{T}}\boldsymbol{WY}\end{aligned} \tag{7.4-33}$$

则将式（7.4-33）代入式（7.4-31），令 $\boldsymbol{\varepsilon}_1=\boldsymbol{Y}-(\boldsymbol{X},\boldsymbol{WX})\boldsymbol{\vartheta}_1$，$\boldsymbol{\varepsilon}_2=\boldsymbol{WY}-(\boldsymbol{X},\boldsymbol{WX})\boldsymbol{\vartheta}_2$，得

$$\log L=C+\log|\boldsymbol{I}-\rho\boldsymbol{W}|-\frac{n}{2}\log(\boldsymbol{\varepsilon}_1^{\mathrm{T}}\boldsymbol{\varepsilon}_1-2\rho\boldsymbol{\varepsilon}_2^{\mathrm{T}}\boldsymbol{\varepsilon}_1+\rho^2\boldsymbol{\varepsilon}_2^{\mathrm{T}}\boldsymbol{\varepsilon}_2) \tag{7.4-34}$$

此时，式（7.4-34）是关于 ρ 的显式表达式，只要求解 ρ 使得对数似然函数达到最大即可。使用传统的求导方法来求解 ρ 一般比较复杂，可以用牛顿迭代法来求解 ρ。求得当达到最大时的 ρ 值，即为其估计量 $\hat{\rho}$，此时 $\hat{\boldsymbol{\vartheta}}=\boldsymbol{\vartheta}_1-\rho\boldsymbol{\vartheta}_2$，将其代入式（7.4-32），即可得到 σ_ε^2 的估计量 $\hat{\sigma}_\varepsilon^2$。

7.4.5 空间杜宾误差模型及估计方法

在空间杜宾误差模型（Spatial Dubin Error Model，SDEM）中，同时考虑了自变量滞后和误差项滞后，形式为

$$\boldsymbol{Y}_t=\boldsymbol{X}_t\boldsymbol{\beta}+\boldsymbol{WX}_t\boldsymbol{\eta}+\boldsymbol{u}_t,\quad \boldsymbol{u}_t=\lambda\boldsymbol{W}\boldsymbol{u}_t+\boldsymbol{\varepsilon}_t,\quad \boldsymbol{\varepsilon}_t\sim N(0,\sigma^2\boldsymbol{I}) \tag{7.4-35}$$

式中，$t=1,2,\cdots,T$；$\boldsymbol{Y}_t$ 是 t 时刻的因变量向量，$\boldsymbol{Y}_t=(Y_{t1},Y_{t2},\cdots,Y_{tn})$；$\boldsymbol{X}_t$ 是 t 时刻 $n\times k$ 阶自变量矩阵；$\boldsymbol{\beta}$ 为 $k\times1$ 维系数向量，$\boldsymbol{WX}_t\boldsymbol{\eta}$ 表示来自邻居自变量的影响，$\boldsymbol{\eta}$ 为 $k\times1$ 维的自变量空间效应系数向量；λ 是随机误差项的空间效应系数；$\boldsymbol{\mu}_t$ 是截矩项向量；$\boldsymbol{W}$ 是空间权重矩阵。

空间杜宾误差模型常采用极大似然估计，在实际估计分析时，为了剔除截距项 $\boldsymbol{\mu}_t$，一般将 $\boldsymbol{Y}_t$ 和 $\boldsymbol{X}_t$ 表达成均值的离差形式，即方程两边减去各自对应的均值

$$\boldsymbol{Y}_t-\overline{\boldsymbol{Y}}=(\boldsymbol{X}_t-\overline{\boldsymbol{X}})(\boldsymbol{\beta}+\boldsymbol{W}\boldsymbol{\eta})+\boldsymbol{u}_t \tag{7.4-36}$$

$$(\boldsymbol{I}-\lambda\boldsymbol{W})\boldsymbol{u}_t=\boldsymbol{\varepsilon}_t \tag{7.4-37}$$

首先由式（7.4-36）得

$$\boldsymbol{u}_t=(\boldsymbol{Y}_t-\overline{\boldsymbol{Y}})-(\boldsymbol{X}_t-\overline{\boldsymbol{X}})(\boldsymbol{\beta}+\boldsymbol{W}\boldsymbol{\eta}) \tag{7.4-38}$$

然后由式（7.4-36）和式（7.4-37）得

$$\boldsymbol{\varepsilon}_t=(\boldsymbol{I}-\lambda\boldsymbol{W})[(\boldsymbol{Y}_t-\overline{\boldsymbol{Y}})-(\boldsymbol{X}_t-\overline{\boldsymbol{X}})(\boldsymbol{\beta}+\boldsymbol{W}\boldsymbol{\eta})] \tag{7.4-39}$$

在 $\boldsymbol{\varepsilon}_t$ 服从均值为 0、方差为 $\sigma^2\boldsymbol{I}_n$ 的正态分布假设下，可以得到 $\boldsymbol{\varepsilon}$ 的联合概率密度函数为

$$f(\boldsymbol{\varepsilon}_t)=(2\pi\sigma^2)^{\frac{n}{2}}\mathrm{e}^{\frac{\boldsymbol{\varepsilon}_t^{\mathrm{T}}\boldsymbol{\varepsilon}_t}{2\sigma^2}} \tag{7.4-40}$$

式中，$\boldsymbol{\varepsilon}_t^{\mathrm{T}}$ 为 $\boldsymbol{\varepsilon}_t$ 的转置向量，e 为自然对数的底数。

由于$\boldsymbol{\varepsilon}_t$为$\boldsymbol{Y}_t$的函数，所以$\boldsymbol{Y}_t$的概率密度函数为

$$f(\boldsymbol{Y}_t)=f(\boldsymbol{\varepsilon}_t)\times\left|\det(\partial\boldsymbol{\varepsilon}_t/\partial\boldsymbol{Y}_t)\right|=(2\pi\sigma^2)^{\frac{n}{2}}\mathrm{e}^{\frac{\boldsymbol{\varepsilon}_t^{\mathrm{T}}\boldsymbol{\varepsilon}_t}{2\sigma^2}}\times\left|\det(\partial\boldsymbol{\varepsilon}_t/\partial\boldsymbol{Y}_t)\right| \tag{7.4-41}$$

式中，$\left|\det(\partial\boldsymbol{\varepsilon}_t/\partial\boldsymbol{Y}_t)\right|$表示$\boldsymbol{\varepsilon}_t$关于$\boldsymbol{Y}_t$的雅可比矩阵的行列式的绝对值，而且$\partial\boldsymbol{\varepsilon}_t/\partial\boldsymbol{Y}_t=(\boldsymbol{I}-\lambda\boldsymbol{W})$，所以$\left|\det(\partial\boldsymbol{\varepsilon}_t/\partial\boldsymbol{Y}_t)\right|=\left|\det(\boldsymbol{I}-\lambda\boldsymbol{W})\right|$。

在得到$f(\boldsymbol{Y}_t)$的概率密度函数后，就可以得到$f(\boldsymbol{Y}_1,\boldsymbol{Y}_2,\cdots,\boldsymbol{Y}_n)$的联合概率密度函数为

$$f(\boldsymbol{Y}_1,\boldsymbol{Y}_2,\cdots,\boldsymbol{Y}_n)=(2\pi\sigma^2)^{\frac{nT}{2}}\exp\left(-\left(\sum_{t=1}^{T}\boldsymbol{\varepsilon}_t^{\mathrm{T}}\boldsymbol{\varepsilon}_t\right)/2\sigma^2\right)\times\left|\det(\boldsymbol{I}-\lambda\boldsymbol{W})\right|^T \tag{7.4-42}$$

经过似然函数取对数化简后就变成对数似然函数

$$\log L=\frac{nT}{2}\log(2\pi\sigma^2)-\frac{1}{2\sigma^2}\sum_{t=1}^{T}\boldsymbol{\varepsilon}_t^{\mathrm{T}}\boldsymbol{\varepsilon}_t+T\log(\left|\det(\boldsymbol{I}-\lambda\boldsymbol{W})\right|) \tag{7.4-43}$$

式中，$\boldsymbol{\varepsilon}_t=(\boldsymbol{I}-\lambda\boldsymbol{W})((\boldsymbol{Y}_t-\overline{\boldsymbol{Y}})-(\boldsymbol{X}_t-\overline{\boldsymbol{X}})(\boldsymbol{\beta}+\boldsymbol{W}\boldsymbol{\eta}))$，在得到对数似然函数后，就可以通过求解偏导数来得到各个参数的估计量。

7.4.6 广义空间自回归模型及估计方法

广义空间自回归模型包含了空间滞后项、自变量和误差项，融合了空间滞后模型和空间误差模型的特点，其形式为

$$\boldsymbol{Y}=\rho\boldsymbol{W}_1\boldsymbol{Y}+\boldsymbol{X}\boldsymbol{\beta}+\boldsymbol{u}，\quad\boldsymbol{u}=\lambda\boldsymbol{W}_2\boldsymbol{u}+\boldsymbol{\varepsilon}，\quad\boldsymbol{\varepsilon}\sim N(0,\sigma^2\boldsymbol{I}) \tag{7.4-44}$$

该模型允许$\boldsymbol{W}_1=\boldsymbol{W}_2$，但是这种情况可能存在辨识问题，所以一般将因变量和误差项的空间滞后项的权重矩阵指定为不同形式，例如，$\boldsymbol{W}_1$取一阶空间邻接矩阵，$\boldsymbol{W}_2$构造为距离倒数的对角矩阵形式。在空间加权矩阵的这种配置中，邻接矩阵本身不能充分获取空间效应，因此距离因素对于建模也是重要的。但是用$\boldsymbol{W}_1$作为空间邻接矩阵，$\boldsymbol{W}_2$作为距离函数矩阵（或者采用相反的取法），需要根据似然函数的计算，对参数ρ和λ进行统计显著性比较，才能确定空间权重矩阵如何进行配置。

系数估计采用极大似然函数：

$$\begin{aligned}&L=C-(n/2)\log(\sigma^2)+\log(|\boldsymbol{A}|)+n(|\boldsymbol{B}|)-(1/2\sigma^2)(\boldsymbol{e}^{\mathrm{T}}\boldsymbol{B}^{\mathrm{T}}\boldsymbol{B}\boldsymbol{e})\\&\boldsymbol{e}=(\boldsymbol{A}\boldsymbol{Y}-\boldsymbol{X}\boldsymbol{\beta})\\&\boldsymbol{A}=(I-\rho\boldsymbol{W}_1)\\&\boldsymbol{B}=(I-\rho\boldsymbol{W}_2)\end{aligned} \tag{7.4-45}$$

式中，C为常数项，函数中$\boldsymbol{\beta}$和σ^2表示为下列形式：

$$\begin{aligned}&\boldsymbol{\beta}=(\boldsymbol{X}^{\mathrm{T}}\boldsymbol{A}^{\mathrm{T}}\boldsymbol{A}\boldsymbol{X})^{-1}(\boldsymbol{X}^{\mathrm{T}}\boldsymbol{A}^{\mathrm{T}}\boldsymbol{A}\boldsymbol{B}\boldsymbol{Y})\\&\sigma^2=(\boldsymbol{e}^{\mathrm{T}}\boldsymbol{e})/n\end{aligned} \tag{7.4-46}$$

通过计算对数似然函数就可以估计ρ和λ的值了，其他参数$\boldsymbol{\beta}$和σ^2的值是ρ和λ极大似然估计及样本数据$\boldsymbol{Y}$和$\boldsymbol{X}$的函数。

7.4.7 空间截面数据模型应用实例

本应用实例分析 2010 年山西省区域经济发展的影响因素。

1. 数据来源及处理

查阅 2011 年《山西统计年鉴》和《中国城市统计年鉴》，并将山西省 11 个地级市所辖的 119 个县（市）中有关市辖区合并为市，共获取 2010 年的 107 个县市人均 GDP（$\boldsymbol{Y}$）和影响县域经济发展因素指标数据（$\boldsymbol{X}$）。其中，$\boldsymbol{X}$ 包括城镇化水平 X_1（非农人口占总人口的百分比）、地方政府对经济发展推动能力 X_2（各县市人均政府财政支出）、农民生活水平 X_3（农民人均纯收入）、人力资本 X_4（每千人中学生人数）、固定资产投资 X_5（各县域人均固定资产投资）、工业化程度 X_6（各县域第二、三产业产值占 GDP 的百分比）。因此，$\boldsymbol{Y}$ 是一个 107×1 维的因变量向量，$\boldsymbol{X}$ 是 107×6 阶的自变量矩阵。

2. 全局空间自相关分析

利用 GeoDA 软件计算得到 2010 年山西省县市人均 GDP 的全局 Moran 指数的估计量为 0.2116，Z 检验统计量为 3.6349，在 5%的显著性水平上通过了检验（Z 大于临界值 1.96），这说明山西省县市整体经济发展水平的空间正相关（高-高或低-低）特征比较显著，故需要引入空间效应来进一步统计分析。

3. 模型的选择与检验

首先，在不考虑空间相关性的情形下，以人均 GDP 为因变量，其余变量为自变量，采用最小二乘法（OLS）估计受约束模型（所有变量经对数变换），如表 7.4-1 所示。由 OLS 回归模型估计结果可知，指标 X_4 和 X_5 的线性回归参数不显著，在后面建立相关空间回归模型时可不考虑这两个指标。

表 7.4-1　OLS 回归模型估计结果

	估计系数	t	P
C（常数）	7.25111	3.60813	0.00048
X_1	−0.25438*	−2.08722	0.07955
X_2	0.23123	1.47904	0.14227
X_3	0.36388***	0.14047	0.01108
X_4	−0.05559	−0.23427	0.81525
X_5	−0.02664	−0.18945	0.85013
X_6	0.25753*	1.70298	0.07761
$R^2=0.83262$，AIC = 221.140，SC = 239.851			
注：*，**，***分别表示在 0.1，0.05，0.01 水平上显著			

然后进行空间相关显著性检验，在检验过程中用到 107×107 阶空间权重矩阵 $\boldsymbol{W}$，矩阵元素为 0 和 1（1 表示两县市相邻，0 表示两县市不相邻）的邻接矩阵。检验结果如表 7.4-2 所示。Moran 指数的统计值为 4.5209，伴随概率 P 为 0.000006，这说明模型存在高度的空间自相关，因而会导致 OLS 估计结果有偏差。

在进行 OLS 检验时，通常会先进行 LM 检验判断 LMlag 和 LMerr 是否显著，若两者都不显著，则选择 OLS 模型；若仅 LMlag 显著，则选择空间误差模型；若仅 LMerr 显著，则选择空间滞后模型；若两者都显著，则进行稳健性 R-LM 检验，即 R-LMlag 和 R-LMerr 检验，若 R-LMlag 更显著，则选择空间滞后模型，若 R-LMerr 更显著，则选择空间误差模型。

根据两个拉格朗日乘数检验 LMlag、LMerr 的统计值，并由 $\chi^2(1)$ 分布表可知，在 0.1 显著性水平上 $\chi_{0.9}{}^2(1)=0.0157908$，$\text{LMlag}(=20.3829)>\chi_{0.9}{}^2(1)$，$\text{LMerr}(=17.7179)>\chi_{0.9}{}^2(1)$，故 LMlag 比 LMerr 更具有统计显著性。

根据稳健性检验 R-LMlag、R-LMerr 的统计值，并由 $\chi^2(1)$ 分布表可知，在 0.1 显著性水平上 $\chi_{0.9}{}^2(1)=0.0157908$，$R-\text{LMlag}(=2.9726)>\chi_{0.9}{}^2(1)$，$R-\text{LMerr}(=0.3075)>\chi_{0.9}{}^2(1)$，故 R-LMlag 比 R-LMerr 更具有统计显著性，但稳健的 R-LMlag 比 R-LMerr 更显著。因此，选择空间滞后模型。

表 7.4-2　空间相关性检验结果

检验统计量	统 计 值	P
Moran 指数	4.5209	0.000006
LMlag	20.3829	0.000006
R-LMlag	2.9726	0.084690
LMerr	17.6179	0.000026
R-LMerr	0.3075	0.579208

4．模型的估计量与解释

根据空间滞后模型的式（7.4-8）和模型参数估计方法，利用 GeoDA 软件计算的空间滞后模型估计结果如表 7.4-3 所示。

表 7.4-3　空间滞后模型估计结果

估计系数	估计量	t	P
ρ	0.50702***	4.89597	0.00000
X_1	−0.26050*	1.17132	0.04147
X_2	0.25709**	2.01153	0.04427
X_3	0.301410*	2.70321	0.05736
X_6	0.25861*	1.78269	0.07543
$R^2=0.89962$，AIC = 201.467，SC = 217.504			
注：*，**，***分别表示在 0.1，0.05，0.01 水平上显著			

由估计结果可知，考虑了空间相关性的空间滞后模型的滞后项在 0.01 的水平上高度显著，其余各变量系数在 0.1 的水平上都比较显著，并且拟合优度有所提升，其对数似然函数值 $\log L$ 比 OLS 线性回归模型的有所增大，同时，赤池信息准则 AIC 和施瓦茨准则 SC 比 OLS 线性回归模型的都有所降低。综合来看，空间滞后模型的拟合效果较好。

模型结果显示，空间滞后因变量的系数为 0.50702，高度显著，表明空间溢出效应对山西省县市经济发展产生了显著的影响。进入模型的地方政府对经济发展推动能力 X_2、工业化程度 X_6、城镇化水平 X_1 和农民生活水平 X_3 这 4 个变量是影响县市经济差异的重要因素。城镇化水平出现了负向的影响，这与传统的经济增长理论相悖，但这也从一个侧面表明，在推进城镇化过程中不能盲目无序，某些县市的自然禀赋条件好，适合快速推进城镇化，而禀赋条件较差的县市并不适合推进城镇化。

7.5 空间面板数据模型

目前的空间计量学模型使用的数据主要是截面数据，只考虑了空间单元之间的相关性，而忽略了具有时空演变特征的时间尺度之间的相关性，这显然是不完美的。Anselin（1988）也认识到了这一点。虽然大多学者采用将多个时期截面数据变量计算多年平均值的办法来综合消除时间波动的影响和干扰，但是这种做法仍然会造成大量具有时空演变特征的行为信息的损失，从而无法科学和客观地认识和揭示具有时空二维特征的行为。

面板数据比截面数据多一个时间维度，所以也称作时间序列截面数据。空间面板数据模型相对于空间截面数据模型，既可以表示截面的信息，又可以解释时间尺度的信息，将截面相关性和时间相关性同时考虑在内，综合了变量时间尺度的信息和截面（地域空间）的信息，同时集成考虑了时间相关性和空间（截面）相关性， 因而能够科学而客观地反映受到时空交互相关性作用的行为特征和规律，是定量揭示区域相互作用关系的有效方法。

基于空间面板数据的模型一般分为空间面板数据滞后模型和空间面板数据误差模型，在此基础上又分为固定效应模型、随机效应模型，另外还有混合模型及动态面板数据模型。在固定效应模型中，每个空间单元采用一个虚拟变量测量可变截距，而随机效应的可变截距被视为独立同分布的随机变量。

7.5.1 空间面板数据滞后模型及估计方法

1. 固定效应模型

固定效应的空间面板数据滞后模型与截面数据的 SAR 模型在形式上基本一致：

$$\begin{cases}\boldsymbol{Y}=\rho(\boldsymbol{I}_T\otimes\boldsymbol{W})\boldsymbol{Y}+\boldsymbol{X}\boldsymbol{\beta}+\boldsymbol{u}\\ \boldsymbol{u}=(\boldsymbol{l}_T\otimes\boldsymbol{I}_n)\boldsymbol{\mu}+\boldsymbol{\varepsilon}\end{cases}\tag{7.5-1}$$

式中，符号“$\otimes$”表示 Kronecker 内积；$\boldsymbol{Y}=(y_{11},\cdots,y_{n1},\cdots,y_{1T},\cdots,y_{nT})^{\mathrm{T}}$，$n$代表空间单元个数，$T$代表考虑的是$T$个时间点；$\rho$是空间自相关系数；$\boldsymbol{W}$是$n\times n$阶空间权重矩阵，$w_{ij}\ (i,j=1,2,\cdots,n)$是$\boldsymbol{W}$中的元素，反映的是第$i$个和第$j$个空间单元之间的空间关系；$\boldsymbol{\varepsilon}$是随机误差项向量，$\boldsymbol{\varepsilon}=(\varepsilon_{11},\cdots,\varepsilon_{n1},\cdots,\varepsilon_{1T},\cdots,\varepsilon_{nT})^{\mathrm{T}}$，$\varepsilon_{it}$均值为 0，方差为$\sigma_\varepsilon^2$；$\boldsymbol{X}=(\boldsymbol{X}_{11},\cdots,\boldsymbol{X}_{n1},\cdots,\boldsymbol{X}_{1T},\cdots,\boldsymbol{X}_{nT})^{\mathrm{T}}$，其中$\boldsymbol{X}_{it}$是$k$个自变量构成的矩阵，$\boldsymbol{X}_{it}=(x_{it1},x_{it2},\cdots,x_{itk})^{\mathrm{T}}$，而且这$k$个变量之间不存在相关性，与$\boldsymbol{\varepsilon}$也不相关；$\boldsymbol{u}$为随机干扰项向量，$\boldsymbol{u}=(u_{11},\cdots,u_{n1},\cdots,u_{1T},\cdots,u_{nT})^{\mathrm{T}}$；$\boldsymbol{I}_T$、$\boldsymbol{I}_n$分别是$T$阶、$n$阶的单位矩阵；$\boldsymbol{l}_T=(1,\cdots,1)^{\mathrm{T}}$；$\boldsymbol{\beta}=(\beta_1,\cdots,\beta_k)^{\mathrm{T}}$；固定效应$\boldsymbol{\mu}$考虑了空间中各单元间的异质性，$\boldsymbol{\mu}=(\mu_{11},\cdots,\mu_{n1},\cdots,\mu_{1T}\cdots,\mu_{nT})^{\mathrm{T}}$，其中$\mu_{it}(i=1,2,\cdots,n;t=1,2,\cdots,T)$代表第$i$个空间单元中那些显著不同于另一个空间单元中的取值。固定效应模型也可以写成如下形式：

$$y_{it}=\rho\sum_{j=1}^{n}w_{ij}y_{jt}+\boldsymbol{X}_{it}\boldsymbol{\beta}+\mu_{it}+\varepsilon_{it}\qquad(i=1,2,\cdots,n;t=1,2,\cdots,T)\tag{7.5-2}$$

2. 固定效应模型极大似然估计

对式（7.5-1）进行极大似然估计，需要估计的参数为$\boldsymbol{\beta},\rho,\sigma_\varepsilon^2$和固定效应$\mu_{it}$，对数似然函数为

$$\log L=-\frac{nT}{2}\log(2\pi\sigma_{\varepsilon}^{2})+T\log|\boldsymbol{I}_n-\rho\boldsymbol{W}|-\frac{1}{2\sigma_{\varepsilon}^{2}}\sum_{i=1}^{n}\sum_{t=1}^{T}(y_{it}-\rho\sum_{j=1}^{n}w_{ij}y_{jt}-\boldsymbol{X}_{it}\boldsymbol{\beta}-\mu_{it})^{2} \quad (7.5\text{-}3)$$

关于 μ_{it} 的对数似然函数的偏导数为

$$\frac{\partial\log L}{\partial\mu_{it}}=\frac{1}{\sigma_{\varepsilon}^{2}}\sum_{t=1}^{T}(y_{it}-\rho\sum_{j=1}^{n}w_{ij}y_{jt}-\boldsymbol{X}_{it}\boldsymbol{\beta}-\mu_{it})=0 \qquad (i=1,2,\cdots,n) \quad (7.5\text{-}4)$$

对式（7.5-4）解出 μ_{it} 可得

$$\mu_{it}=\frac{1}{T}\sum_{t=1}^{T}(y_{it}-\rho\sum_{j=1}^{n}w_{ij}y_{jt}-\boldsymbol{X}_{it}\boldsymbol{\beta}) \qquad (i=1,2,\cdots,n) \quad (7.5\text{-}5)$$

将式（7.5-4）代入式（7.5-3）整理后，可得到关于 $(\beta,\rho,\sigma_{\varepsilon}^{2})$ 的集中对数似然函数：

$$\log L=-\frac{nT}{2}\log(2\pi\sigma_{\varepsilon}^{2})+T\log|\boldsymbol{I}_n-\rho\boldsymbol{W}|-\frac{1}{2\sigma_{\varepsilon}^{2}}\sum_{i=1}^{n}\sum_{t=1}^{T}\left(y_{it}^{*}-\rho\left(\sum_{j=1}^{n}w_{ij}y_{jt}\right)^{*}-\boldsymbol{X}_{it}^{*}\boldsymbol{\beta}-\mu_{it}\right)^{2} \quad (7.5\text{-}6)$$

式中，$y_{it}^{*}=y_{it}-\frac{1}{T}\sum_{t=1}^{T}y_{it}$，$\boldsymbol{X}_{it}^{*}=\boldsymbol{X}_{it}-\frac{1}{T}\sum_{t=1}^{T}\boldsymbol{X}_{it}$，按下面的步骤来估计 $\boldsymbol{\beta},\rho,\sigma_{\varepsilon}^{2}$。

（1）对于时间点 $t=1,2,\cdots,T$，通过连续堆积截面数据，得到 $nT\times 1$ 维的向量 $\boldsymbol{Y}$ 和 $\boldsymbol{WY}$，以及 $nT\times k$ 阶的去均值矩阵 $\boldsymbol{X}^{*}$。

（2）向量 $\boldsymbol{b}_0$ 为 $\boldsymbol{Y}$ 对 $\boldsymbol{X}^{*}$ 进行回归的 OLS 估计量，向量 $\boldsymbol{b}_1$ 为 $\boldsymbol{WY}$ 对 $\boldsymbol{X}^{*}$ 进行回归的 OLS 估计量，且 $\boldsymbol{e}_0^{*}$ 和 $\boldsymbol{e}_1^{*}$ 分别为相应的残差向量。此时的集中对数似然函数可以表示为

$$\log L=C-\frac{nT}{2}\log((\boldsymbol{e}_0^{*}-\rho\boldsymbol{e}_1^{*})^{\mathrm{T}}(\boldsymbol{e}_0^{*}-\rho\boldsymbol{e}_1^{*}))+T\log|\boldsymbol{I}_n-\rho\boldsymbol{W}| \quad (7.5\text{-}7)$$

式中，C 是不依赖 ρ 的常数。

（3）估计出 ρ 之后，再估计 $\boldsymbol{\beta}$ 和 σ_{ε}^{2}

$$\hat{\boldsymbol{\beta}}=\boldsymbol{b}_0-\rho\boldsymbol{b}_1=(\boldsymbol{X}^{*\mathrm{T}}\boldsymbol{X}^{*})^{-1}\boldsymbol{X}^{*\mathrm{T}}[\boldsymbol{Y}-\rho(\boldsymbol{I}_T\otimes\boldsymbol{W})\boldsymbol{Y}]$$

$$\hat{\sigma}_{\varepsilon}^{2}=\frac{1}{nT}(\boldsymbol{e}_0^{*}-\rho\boldsymbol{e}_1^{*})^{\mathrm{T}}(\boldsymbol{e}_0^{*}-\rho\boldsymbol{e}_1^{*}) \quad (7.5\text{-}8)$$

另外，有关 $\boldsymbol{\beta},\rho,\sigma_{\varepsilon}^{2}$ 估计量的渐进方差矩阵可参考 Elhorst 与 Freret 的推导方法，这里不再阐述。

3．随机效应模型

如果对于空间面板数据滞后模型的个体效应是随机效应，其实就是将式（7.5-1）中的固定效应 $\boldsymbol{\mu}$ 变成随机效应。也就是说，将原本的常数向量 $\boldsymbol{\mu}$ 变成一个有具体分布的随机向量，那么式（7.5-1）就成为随机效应模型。

一般情况下，$\boldsymbol{\mu}$ 服从正态分布，也即 $\mu_{it}\sim N(0,\sigma_{\mu}^{2})$，而且 μ_{it} 与 ε_{it} 是独立的。在实际过程中，一些特定的效应成为随机效应，因为空间单元的一些自变量值无法观测，且不像固定效应那样其个体效应就是一个特定的常数值，而是以一种特定的规律随机产生的一组数，将这一组数作为各个空间单元的个体效应。

4．随机效应模型极大似然估计

对随机效应模型进行参数估计，就是需要估计的参数为 $\boldsymbol{\beta},\rho,\sigma_{\varepsilon}^{2},\sigma_{\mu}^{2}$。对数似然函数为

$$\log L = -\frac{nT}{2}\log(2\pi\sigma_\varepsilon^2) + T\log|\boldsymbol{I}_n - \rho\boldsymbol{W}| + \frac{n}{2}\log\phi^2 - \frac{1}{2\sigma_\varepsilon^2}\sum_{i=1}^{n}\sum_{t=1}^{T}\left(y_{it}^* - \rho\left(\sum_{j=1}^{n}w_{ij}y_{jt}\right)^* - \boldsymbol{X}_{it}^*\boldsymbol{\beta}\right)^2 \tag{7.5-9}$$

式中，$\phi^2 = \dfrac{\sigma_\varepsilon^2}{T\sigma_\mu^2 + \sigma_\varepsilon^2}$，$y_{it}^* = y_{it} - (1-\phi)\dfrac{1}{T}\sum_{t=1}^{T}y_{it}$，$\boldsymbol{X}_{it}^* = \boldsymbol{X}_{it} - (1-\phi)\dfrac{1}{T}\sum_{t=1}^{T}\boldsymbol{X}_{it}$，这里如果$\phi = 0$，则上述转化形式就是去均值过程，且随机效应模型也随之转换为固定效应模型。给定$\boldsymbol{\beta},\rho,\sigma_\varepsilon^2$，就可以对关于$\phi$的集中似然函数进行最大化来估计$\phi$，集中似然函数为

$$\log L = -\frac{nT}{2}\log[\boldsymbol{e}(\phi)^{\mathrm{T}}\boldsymbol{e}(\phi)] + \frac{n}{2}\log\phi^2,$$

$$\boldsymbol{e}(\phi)_{it} = y_{it} - (1-\phi)\frac{1}{T}\sum_{t=1}^{T}y_{it} - \rho\left(\sum_{j=1}^{n}w_{ij}y_{jt} - (1-\phi)\frac{1}{T}\sum_{t=1}^{T}\sum_{j=1}^{n}w_{ij}y_{jt}\right) - \left(\boldsymbol{X}_{it} - (1-\phi)\frac{1}{T}\sum_{t=1}^{T}\boldsymbol{X}_{it}\right)\boldsymbol{\beta} \tag{7.5-10}$$

可以使用迭代的方法进行估计，首先设定参数ρ，再估计$\boldsymbol{\beta}$和σ_ε^2的值，然后持续迭代直至收敛，可以对参数进行估计。这个方法是将具有固定效应的空间滞后模型参数的估计方法和用于估计没有空间随机效应模型参数的方法结合起来。另外，对于参数$\boldsymbol{\beta},\rho,\sigma_\varepsilon^2,\sigma_\mu^2$的渐进方差矩阵，这里不再阐述。

7.5.2 空间面板数据误差模型及估计方法

1．固定效应模型

具有固定效应的空间面板数据误差模型的形式为

$$\begin{cases}\boldsymbol{Y} = \boldsymbol{X}\boldsymbol{\beta} + \boldsymbol{u}\\ \boldsymbol{u} = \lambda(\boldsymbol{I}_T \otimes \boldsymbol{W})\boldsymbol{u} + \boldsymbol{\varepsilon}\\ \boldsymbol{\varepsilon} = (\boldsymbol{t}_T \otimes \boldsymbol{I}_n)\boldsymbol{\mu} + \boldsymbol{v}\end{cases} \tag{7.5-11}$$

该模型的空间自相关不同于具有固定效应的空间面板数据滞后模型，存在于各空间单元的因变量间，而是存在于随机误差项向量中，λ是空间误差自相关系数，表示空间误差自相关的程度。该模型中$\boldsymbol{Y}$、$\boldsymbol{X}$、$\boldsymbol{\beta}$、$\boldsymbol{\mu}$、$\boldsymbol{W}$、$\boldsymbol{I}_n$、$\boldsymbol{I}_T$、$\boldsymbol{t}_T$的定义和形式与式（7.5-1）中的相同，$\boldsymbol{u}$和$\boldsymbol{\varepsilon}$的形式与式（7.5-1）中的也相同，但方差结构不同，$\boldsymbol{v} = (v_{11},\cdots,v_{n1},\cdots,v_{1T},\cdots,v_{nT})^{\mathrm{T}}$，$v_{it}$服从均值为 0，方差为$\sigma_v^2$的独立正态分布。该模型中未知的参数为$\boldsymbol{\beta},\lambda,\sigma_v^2$。

2．固定效应模型极大似然估计

对式（7.5-11）给出的模型进行极大似然估计，需要估计的参数为$\boldsymbol{\beta},\lambda,\sigma_v^2$和固定效应$\boldsymbol{\mu}$，对数似然函数为

$$\log L = -\frac{nT}{2}\log(2\pi\sigma_v^2) + T\log|\boldsymbol{I}_n - \lambda\boldsymbol{W}| - \frac{1}{2\sigma_v^2}\sum_{i=1}^{n}\sum_{t=1}^{T}\left(y_{it}^* - \lambda\left(\sum_{j=1}^{n}w_{ij}y_{jt}\right)^* - \left(\boldsymbol{X}_{it}^* - \lambda\left(\sum_{j=1}^{n}w_{ij}\boldsymbol{X}_{jt}\right)^*\right)\boldsymbol{\beta}\right)^2 \tag{7.5-12}$$

将λ当作已知，通过对数似然函数可以得到$\boldsymbol{\beta}$和σ_v^2的估计表达式：

$$\hat{\boldsymbol{\beta}} = ((\boldsymbol{X}^* - \lambda(\boldsymbol{I}_T \otimes \boldsymbol{W})\boldsymbol{X}^*)^{\mathrm{T}}(\boldsymbol{X}^* - \lambda(\boldsymbol{I}_T \otimes \boldsymbol{W})\boldsymbol{X}^*))^{-1}((\boldsymbol{X}^* - \lambda(\boldsymbol{I}_T \otimes \boldsymbol{W})\boldsymbol{X}^*)^{\mathrm{T}}(\boldsymbol{X}^* - \lambda(\boldsymbol{I}_T \otimes \boldsymbol{W})\boldsymbol{X}^*)),$$

$$\hat{\sigma}_v^2=\frac{\boldsymbol{e}(\lambda)^{\mathrm{T}}\boldsymbol{e}(\lambda)}{nT} \tag{7.5-13}$$

式中，$\boldsymbol{e}(\lambda)=\boldsymbol{Y}-\lambda(\boldsymbol{I}_T\otimes\boldsymbol{W})\boldsymbol{Y}-(\boldsymbol{X}^*-\lambda(\boldsymbol{I}_T\otimes\boldsymbol{W})\boldsymbol{X}^*)\boldsymbol{\beta}$，$\lambda$ 的集中函数形式为

$$\log L=-\frac{nT}{2}\log(\boldsymbol{e}(\lambda)^{\mathrm{T}}\boldsymbol{e}(\lambda))+T\log|\boldsymbol{I}_n-\lambda\boldsymbol{W}| \tag{7.5-14}$$

然后使用迭代方法求解三个参数直至收敛。另外，估计量的对称方差矩阵这里不再阐述，固定效应可以通过下式进行计算：

$$\mu_i=\frac{1}{T}\sum_{t=1}^{T}(y_{it}-\boldsymbol{X}_{it}\boldsymbol{\beta})\qquad(i=1,\cdots,n) \tag{7.5-15}$$

3．随机效应模型

针对固定效应模型，即式（7.5-11），如果 $\mu_i\sim N(0,\sigma_\mu^2)$，则固定效应模型就变成了随机效应模型。

4．随机效应模型极大似然估计

对随机效应模型进行极大似然估计，需要估计的参数为 $\boldsymbol{\beta},\lambda,\sigma_\mu^2,\sigma_v^2$，模型的对数似然函数为

$$\begin{aligned}\log L=&-\frac{nT}{2}\log(2\pi\sigma_v^2)-\frac{1}{2}\log|\boldsymbol{V}_e|+(T-1)\sum_{i=1}^{n}\log|\boldsymbol{B}|-\\&\frac{1}{2\sigma_v^2}\boldsymbol{e}^{\mathrm{T}}\left(\frac{1}{T}\boldsymbol{l}_T\boldsymbol{l}_T^{\mathrm{T}}\otimes\boldsymbol{V}_e^{-1}\right)\boldsymbol{e}-\frac{1}{2\sigma_v^2}\boldsymbol{e}^{\mathrm{T}}\left(\boldsymbol{I}_T-\frac{1}{T}\boldsymbol{l}_T\boldsymbol{l}_T^{\mathrm{T}}\right)\otimes(\boldsymbol{B}^{\mathrm{T}}\boldsymbol{B})\boldsymbol{e}\end{aligned} \tag{7.5-16}$$

式中，$\boldsymbol{V}_e=T\varphi\boldsymbol{I}_n+(\boldsymbol{B}^{\mathrm{T}}\boldsymbol{B})^{-1}$，$\boldsymbol{B}=\boldsymbol{I}_n-\lambda\boldsymbol{W}$，$\boldsymbol{e}=\boldsymbol{Y}-\boldsymbol{X}\boldsymbol{\beta}$，由于存在矩阵 $\boldsymbol{V}_e$，使得模型参数的估计相当复杂。Elhorst 把 $\log|\boldsymbol{V}_e|$ 作为给予空间权重矩阵 $\boldsymbol{W}$ 的特征根 $w_i(i=1,2,\cdots,n)$ 的函数，即：

$$\log|\boldsymbol{V}_e|=\log|T\varphi\boldsymbol{I}_n+(\boldsymbol{B}^{\mathrm{T}}\boldsymbol{B})^{-1}|=\sum_{i=1}^{n}\log\left(T\varphi+\frac{1}{(1-\lambda w_i)}\right) \tag{7.5-17}$$

并且，Elhorst 采用的转换形式如下：

$$\tilde{y}_{jt}=y_{it}-\lambda\sum_{j=1}^{n}w_{ij}y_{jt}+\sum_{j=1}^{n}\left(\left(p_{ij}-(1-\lambda w_{ij})\right)\frac{1}{T}\sum_{t=1}^{T}y_{jt}\right) \tag{7.5-18}$$

它对于变量 x_{it} 都是相同的。式中，p_{ij} 是 $n\times n$ 阶矩阵 $\boldsymbol{P}$ 的元素。$\boldsymbol{P}$ 可能是 $\boldsymbol{V}_e$ 的一个分解，即 $\boldsymbol{P}=\boldsymbol{\Lambda}^{-\frac{1}{2}}\boldsymbol{R}$，其中 $\boldsymbol{R}$ 是一个 $n\times n$ 阶矩阵，$\boldsymbol{R}=(\boldsymbol{r}_1,\boldsymbol{r}_2\cdots,\boldsymbol{r}_n)$，其第 i 列是 $\boldsymbol{V}_e$ 的特征向量 $\boldsymbol{r}_i$，它与空间权重矩阵 $\boldsymbol{W}$ 的特征根向量是相同的，且 $\boldsymbol{\Lambda}$ 是 $n\times n$ 阶对角矩阵，其第 i 个对角元素是相应的特征根 $c_i=T\varphi+\dfrac{1}{(1-\lambda\tau_i)^2}$。根据 Elhorst 的方法，对数似然函数可简化为

$$\log L=-\frac{NT}{2}\log(2\pi\sigma_v^2)-\frac{1}{2}\sum_{i=1}^{n}\log(1+T\varphi(1-\lambda\tau_i)^2)+T\sum_{i=1}^{n}\log(1-\lambda\tau_i)-\frac{1}{2\sigma_v^2}\tilde{\boldsymbol{e}}^{\mathrm{T}}\tilde{\boldsymbol{e}} \tag{7.5-19}$$

式中，$\tilde{\boldsymbol{e}}=\tilde{\boldsymbol{Y}}-\tilde{\boldsymbol{X}}\boldsymbol{\beta}$，由一阶最大化条件可以求解 $\boldsymbol{\beta}$ 和 σ_v^2。一阶最大化条件为

$$\begin{cases}\boldsymbol{\beta}=(\tilde{\boldsymbol{X}}^{\mathrm{T}}\tilde{\boldsymbol{X}})^{-1}\tilde{\boldsymbol{X}}^{\mathrm{T}}\tilde{\boldsymbol{Y}}\\ \sigma_v^2=\dfrac{(\tilde{\boldsymbol{Y}}-\tilde{\boldsymbol{X}}\boldsymbol{\beta})^{\mathrm{T}}(\tilde{\boldsymbol{Y}}-\tilde{\boldsymbol{X}}\boldsymbol{\beta})}{nT}\end{cases} \tag{7.5-20}$$

将式（7.5-20）代入对数似然函数，可以得到 λ 和 φ 的集中对数似然函数

$$\log L = C - \frac{NT}{2}\log\left(\left(e(\lambda,\varphi)\right)^{\mathrm{T}} e(\lambda,\varphi)\right) - \frac{1}{2}\sum_{i=1}^{n}\log\left(1+T\varphi(1-\lambda\tau_i)^2\right) + T\sum_{i=1}^{n}\log(1-\lambda\tau_i) \quad (7.5\text{-}21)$$

式中，C 是一个常数项，且不取决于 λ 和 φ。$\boldsymbol{e}(\lambda,\varphi)$ 的一个基本元素为

$$\begin{aligned} e(\lambda,\varphi)_{it} = {} & y_{it} - \lambda\sum_{j=1}^{n} w_{ij} y_{jt} + \sum_{j=1}^{n}\left(p(\lambda,\varphi)_{ij} - (1-\lambda w_{ij})\frac{1}{T}\sum_{t=1}^{T} y_{jt}\right) - \\ & \left(x_{it} - \lambda\sum_{j=1}^{n} w_{ij} x_{jt} + \sum_{j=1}^{n}\left(\left(p(\lambda,\varphi)_{ij} - (1-\lambda w_{ij})\right)\frac{1}{T}\sum_{t=1}^{T} x_{jt}\right)\right)\boldsymbol{\beta} \end{aligned} \quad (7.5\text{-}22)$$

使用的符号 $p_{ij} = p(\lambda,\varphi)_{ij}$ 表明矩阵 $\boldsymbol{P}$ 的元素取决于 λ 和 φ。一方面，可以对 $\boldsymbol{\beta}$ 和 σ_v^2 进行迭代，另一方面，也可以对 λ 和 φ 进行迭代，直到它们收敛。如果给定 λ 和 φ，则用已转换的 $\tilde{\boldsymbol{Y}}$ 对 $\tilde{\boldsymbol{X}}$ 进行 OLS 回归可得到 $\boldsymbol{\beta}$ 和 σ_v^2 的估计量。然而，如果给定 $\boldsymbol{\beta}$ 和 σ_v^2，那么由于方程没有解析解，所以必须通过数值分析的方法得到 λ 和 φ 的估计量。这里对于估计的参数 $\boldsymbol{\beta},\lambda,\sigma_\mu^2,\sigma_v^2$ 的渐进方差矩阵不进行阐述。

7.6 地理加权回归模型

7.6.1 空间异质性

空间异质性（Spatial Heterogeneity，也称为空间不均匀性或空间差异性）是空间计量学模型识别的第二个空间效应来源，它是指每个空间区位上的事物和现象都具有区别于其他区位上的事物和现象的特点，也指空间上的区域缺乏均一性，局部变化一致，但全局变化不一致。它通常用来反映经济实践中的空间观测单元之间经济行为（如增长或创新）关系的一种普遍存在的不稳定性。由于各地存在内在的独特性质（自然条件和社会经济因素），这就导致地理空间上的区域缺乏均质性，存在中心（核心）和郊区（边缘）、先进地区和落后地区等经济地理结构，从而导致经济社会发展和创新行为存在较大的空间上的差异性。例如，我国沿海地区和中西部地区经济发展存在较大差别。

对于空间异质性，只要将空间单元的特性考虑进去，大多可以用经典的统计学方法解决。但当空间异质性与空间相关性共同存在时，经典统计学方法不再适用，而且这时问题可能变得非常复杂，因为要区分空间异质性与空间相关性可能非常困难。在回归分析中为何必须明确考虑空间异质性，主要有以下 3 个原因。

（1）从某种意义上而言，异质性背后的结构是空间的，在决定异质性的形式时，观测点的位置是极其重要的。

（2）由于结构是空间的，异质性通常与空间自相关性一起出现，这时标准的计量经济技术不再适用，而且在这种情况下，问题变得异常复杂，区分空间异质性与空间相关性比较困难。

（3）在一个单一截面上，空间自相关性和空间异质性在观测上可能是相同的。

7.6.2 地理加权回归模型定义

全局空间回归模型假定回归参数与样本数据的地理位置无关，或者说在整个空间研究区域内保持稳定一致，而在实际问题研究中发现，回归参数随地理位置变化，这时如果仍然采用全局空间回归模型，则得到的回归参数估计将是回归参数在整个研究区域内的平均值，不

能反映回归参数的真实空间特征。因此，必须采用局部空间回归模型，地理加权回归（Geographical Weighted Regression，GWR）模型是解决这种问题的一个有效方法。

考虑一般线性回归模型

$$y_i = \beta_0 + \sum_{k=1}^{p} \beta_k X_{ik} + \varepsilon_i \qquad (i = 1,2,\cdots,n) \tag{7.6-1}$$

式中，p 是自变量个数，n 是空间样本点个数。GWR 模型是对一般线性回归模型的扩展，将样本点数据的地理位置嵌入回归参数中，容许局部而不是全局的参数估计，扩展后模型的参数是位置 i 的函数，扩展后的模型如下：

$$y_i = \beta_0(u_i,v_i) + \sum_{k=1}^{p} \beta_k(u_i,v_i) X_{ik} + \varepsilon_i \qquad (i = 1,2,\cdots,n) \tag{7.6-2}$$

式中，p 是自变量个数；n 是空间样本点数；(u_i,v_i) 是第 i 个样本点的空间坐标；$\beta_k(u_i,v_i)$ 是第 i 个样本点的第 k 个回归参数；ε_i 为第 i 个样本点的随机误差。如果 $\beta_k(u,v)$ 在空间中保持不变，即 $\beta_{1k} = \beta_{2k} = \cdots = \beta_{nk}$，则 GWR 模型变为全局模型。因此，GWR 模型认可空间变化关系可能是存在的，并且提供了一种可度量的方法。

由上述内容可知，GWR 模型中的参数在每个回归点处是不同的，不能用最小二乘法（OLS）估计参数。Fotheringham 等依据“接近位置 i 的观察数据比那些离位置远一些的数据对 $\beta_k(u,v)$ 的估计有更多的影响”的思想，利用加权最小二乘法来估计参数。因此，其结果是区域性的并非全域性的参数估计，从而就能够探测到空间数据的空间非平稳性。

利用普通最小二乘法可以得到全局的参数估计向量

$$\hat{\boldsymbol{\beta}} = (\boldsymbol{X}'\boldsymbol{X})^{-1}\boldsymbol{X}^{\mathrm{T}}\boldsymbol{Y} \tag{7.6-3}$$

另外，使用最小二乘法估计的前提条件是：$E(\boldsymbol{Y}) = \boldsymbol{X\beta}$，$\mathrm{Var}(\boldsymbol{Y}) = \delta^2 \boldsymbol{I}_n$（$\boldsymbol{I}_n$是单位矩阵）成立。这里第二个条件不满足，可以改为 $\mathrm{Var}(\boldsymbol{Y}) = \delta^2 \boldsymbol{W}_i^{-1}$，因为 $\boldsymbol{W}_i^{-1}>0$，存在 n 阶非奇异对称矩阵 $\boldsymbol{B}$，使得 $\boldsymbol{W}_i^{-1} = \boldsymbol{B}^2$。令 $\boldsymbol{Y}^* = \boldsymbol{B}^{-1}\boldsymbol{Y}$，$\boldsymbol{X}^* = \boldsymbol{B}^{-1}\boldsymbol{X}$，则 $E(\boldsymbol{Y}^*) = \boldsymbol{B}^{-1}E(\boldsymbol{Y}) = \boldsymbol{B}^{-1}\boldsymbol{X\beta} = \boldsymbol{X}^*\boldsymbol{\beta}$，$\mathrm{Var}(\boldsymbol{Y}^*) = \boldsymbol{B}^{-1}\mathrm{Var}(\boldsymbol{Y})\boldsymbol{B}^{-1} = \delta^2 \boldsymbol{I}_n$，于是，可得到回归点 i 的参数估计向量

$$\hat{\boldsymbol{\beta}}(u_i,v_i) = (\boldsymbol{X}^{\mathrm{T}}\boldsymbol{W}(u_i,v_i)\boldsymbol{X})^{-1}\boldsymbol{X}^{\mathrm{T}}\boldsymbol{W}(u_i,v_i)\boldsymbol{Y} \tag{7.6-4}$$

式中，

$$\boldsymbol{W}(u_i,v_i) = \begin{bmatrix} W_{i1} & & & \\ & W_{i2} & & \\ & & \ddots & \\ & & & W_{in} \end{bmatrix}, \quad \boldsymbol{X} = \begin{bmatrix} 1 & X_{11} & \cdots & X_{1k} \\ 1 & X_{21} & \cdots & X_{2k} \\ \vdots & \vdots & & \vdots \\ 1 & X_{n1} & \cdots & X_{nk} \end{bmatrix}$$

$$\boldsymbol{\beta} = \begin{bmatrix} \beta_0(u_1,v_1) & \beta_1(u_1,v_1) & \cdots & \beta_k(u_1,v_1) \\ \beta_0(u_2,v_2) & \beta_1(u_2,v_2) & \cdots & \beta_k(u_2,v_2) \\ \vdots & \vdots & & \vdots \\ \beta_0(u_n,v_n) & \beta_1(u_n,v_n) & \cdots & \beta_k(u_n,v_n) \end{bmatrix}, \quad \boldsymbol{Y} = \begin{bmatrix} y_1 \\ y_2 \\ \vdots \\ y_n \end{bmatrix}$$

$\hat{\boldsymbol{\beta}}$ 是 $\boldsymbol{\beta}$ 的估计量，k 是自变量的个数，n 是空间样本点个数，W_{in} 是对空间位置 i 刻画模型时赋予第 n 个样本点的权重，即 $\boldsymbol{W}(u_i,v_i)$ 是 $n \times n$ 阶加权矩阵，非对角元素为 0，其作用是权衡不同空间位置 $j(j = 1,2,\cdots,n)$ 的观测值对于回归点 i 参数估计的影响程度。

由于地理加权回归模型中的回归参数在每个数据采样点上都是不同的，因此其未知参数

的个数为$n\times(p+1)$，远远大于观测个数n，这样就不能直接利用参数回归估计方法估计其中的未知参数了，可以采用一些非参数光滑方法来估计。Foste 和 Gorr（1986），以及 Gorr 和 Olligsehiaeger（1994）利用广义阻尼负反馈（Generalized Damped Negative Feedback）方法估计未知参数在各地理位置处的值，但是，这种估计方法只是在直观的意义上考虑数据的空间结构，加之估计方法较为复杂，很难对估计量进行深入的统计推断方面的研究。

7.6.3 空间权函数

空间权重矩阵是地理加权回归模型的核心，空间权函数的选取对地理加权回归模型的参数估计影响很大。一般认为距离回归点D较近的观测值对回归点D处的参数估计影响较大，而远离回归点D的观测值的影响就较小。所以，在估计回归点D的参数时，必须给予距离D较近的地区更多的关注，也就是优先考虑较近观测值的影响。根据这一思想，可供选择的权函数有多种形式。

1. 距离阈值法

距离阈值法是最简单的空间权函数，它的关键是选取合适的距离阈值D，然后将数据点j与回归点i之间的距离d_{ij}与其进行比较，若大于该阈值则权重为 0，否则为 1，即

$$W_{ij}=\begin{cases}1, & d_{ij}<D\\0, & d_{ij}>D\end{cases} \tag{7.6-5}$$

这种权重函数的实质就是一个移动窗口，计算虽然简单，但其缺点是函数不连续，因此在地理加权回归模型的参数估计中不宜采用它。

2. 距离反比法

距离反比法利用距离倒数或距离倒数的平方来衡量空间关系建立空间权函数，即

$$W_{ij}=\frac{1}{d_{ij}^{\alpha}} \tag{7.6-6}$$

式中，当α取值为 1 或 2 时，对应的是距离倒数或距离倒数的平方。这种方法对于回归点本身也是数据点的情况，会出现回归点观测值权重无穷大的现象，若从样本数据中剔除它，则会大大降低参数估计精度，所以在地理加权回归模型参数估计中也不宜直接采用距离反比法，需要对其进行修正。

3. 高斯函数法

高斯（Gauss）函数法就是采用表达W_{ij}与d_{ij}之间的连续单调递减函数，这种方法可以克服上述空间权函数不连续的缺点。其函数形式为

$$W_{ij}=\exp(-\frac{d_{ij}^2}{b^2}) \tag{7.6-7}$$

式中，b是描述权重与距离之间函数关系的非负衰减参数，称为带宽，高斯空间权函数如图 7.6-1 所示。带宽越大，随

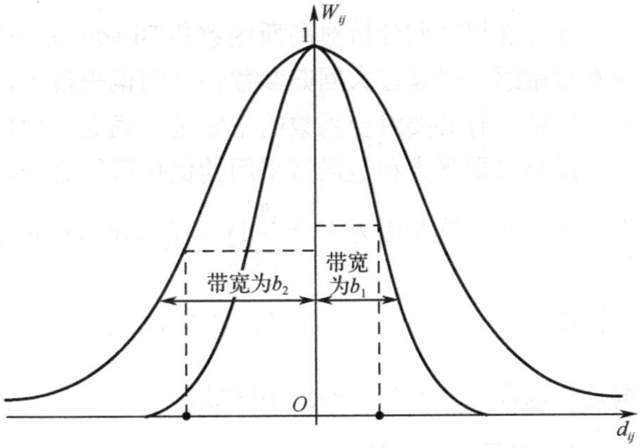

X：回归点　　d_{ij}：数据点与回归点的距离

●：数据点　　W_{ij}：数据点的权重

图 7.6-1　高斯空间权函数

距离增大，权重衰减得越慢；带宽越小，随距离增大，权重衰减得越快。当 $d_{ij}=0$ 时，$W_{ij}=1$。

4．Bi-square 函数法

在实际中，往往会将对回归参数估计几乎没有影响的数据点截掉，不予计算，并以有限高斯函数来代替高斯函数，最常采用的便是 Bi-square 函数，其函数形式为

$$W_{ij}=\begin{cases}\left[1-\left(\dfrac{d_{ij}}{D}\right)^2\right]^2, & d_{ij}\leqslant D\\ 0, & d_{ij}>D\end{cases} \tag{7.6-8}$$

可以看出，Bi-square 函数法可以看成距离阈值法和高斯函数法的结合体。在带宽范围内的回归点，可以通过有限高斯函数来计算数据点的权重，而带宽之外的数据点权重为 0。Bi-square 函数如图 7.6-2 所示。

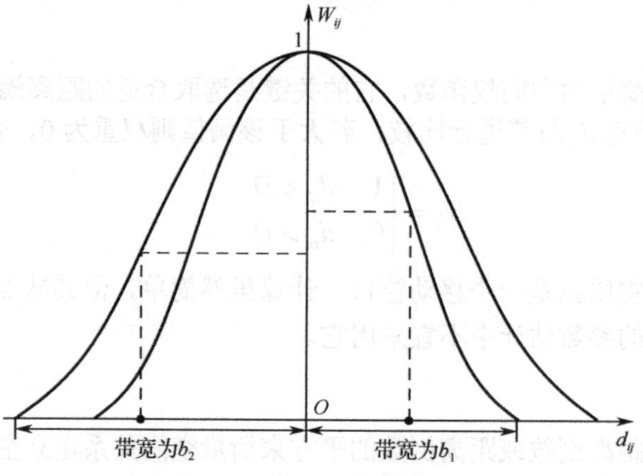

X：回归点　　d_{ij}：数据点与回归点的距离

•：数据点　　W_{ij}：数据点的权重

图 7.6-2　Bi-square 函数

7.6.4　权函数带宽优化

地理加权回归分析对高斯函数和 Bi-square 函数的选择并不是很敏感，但对特定权函数的带宽很敏感。带宽过大回归参数估计的偏差过大，带宽过小又会导致回归参数估计的方差过大。因此，有必要对全函数的带宽进行确定和优化。

最小二乘平方和是最常采用的优化原则之一，但对于地理加权回归分析中的带宽选择却失去了作用，这是因为对于 $\sum_{i=1}^{n}[y_i-\hat{y}_i(b)]^2=\min$ 而言，带宽 λ 越小，参与回归分析的数据点的权重越小，预测值 $\hat{y}_i(b)$ 越接近实际观测值 y_i，从而 $\sum_{i=1}^{n}[y_i-\hat{y}_i(b)]^2\approx 0$，也就是说，最优带宽是只包含一个样本点的狭小区域。

1．交叉验证方法

不同的 λ 会产生不同的权重矩阵 $\boldsymbol{W}_i(i=1,2,\cdots,n)$，而且可以选择的 λ 不是唯一的。Brunsdon 等提出用交叉验证方法（Cross-Validation，CV）来选择一个合适的 λ。如果 λ 的值

过大，则会使除回归点外其他观测值点的权重接近于零，从而在参数估计中失去作用，因此λ不宜取值太大。一般选择一个较小的λ，根据等式来计算$\boldsymbol{W}_i(i=1,2,\cdots,n)$，通过加权最小二乘法获得参数的估计量$\hat{\lambda}_i$。将估计量$\hat{\lambda}_i$代入地理加权回归（GWR）模型中，得到$y_i$的估计量$\hat{y}_{\neq i}(\lambda)$。通过以下公式计算得到各个CV值：

$$\mathrm{CV}_j=\sum_{i=1}^{n}[y_i-\hat{y}_{\neq i}(\lambda)]^2 \quad (j=1,2,\cdots,m) \tag{7.6-9}$$

式中，m为确定的λ的个数；$\hat{y}_{\neq i}(\lambda)$是在刻画过程中省略了点$i$的观测值后得到的拟合值。这样当$\lambda$变得很小时，模型仅仅刻画点$i$附近的样本点而没有包括$i$本身。重新选择一个$\lambda$重复上述过程，得到$m$个不同的CV值，通过以下公式寻找最合适的$\lambda$（即CV对应的$\lambda$）：

$$\mathrm{CV}=\min(\mathrm{CV}_1,\mathrm{CV}_2,\cdots,\mathrm{CV}_m) \tag{7.6-10}$$

2. AIC准则

Akaike通过对极大似然原理的估计参数方法加以修正，提出了一种较为一般的模型选择准则，称为赤池信息准则（AIC），定义为

$$\mathrm{AIC}=-2\ln L(\hat{\theta}_L,x)+2q \tag{7.6-11}$$

式中，$\hat{\theta}_L$为模型参数θ的极大似然估计；q为未知参数的个数。AIC准则应用比较广泛，Brunsdon等将AIC准则用于地理加权回归分析中的权函数带宽选择，其公式为

$$\mathrm{AIC_C}=-2n\ln L(\hat{\sigma})+n\ln(2\pi)+n\frac{n+\mathrm{tr}(\boldsymbol{S})}{n-2-\mathrm{tr}(\boldsymbol{S})} \tag{7.6-12}$$

式中，下标C表示“修正后的”AIC估计量；n是样本个数；$\hat{\sigma}$是误差项估计量的标准离差；$\mathrm{tr}(\boldsymbol{S})$是GWR模型的矩阵$\boldsymbol{S}$的迹，它是带宽的函数。AIC有利于评价GWR模型能否比OLS模型更好地模拟数据。

3. 贝叶斯信息准则

1978年，SehwartZ提出了贝叶斯信息准则（Bayesian Information Criterion，BIC），该准则可以使自回归模型的阶数适中，故常被用来确定回归模型中的最优阶数。2002年，Nakaya将其用于地理加权回归分析中的权函数带宽选择。BIC准则与AIC准则相似，只是惩罚因子不同，其公式为

$$\mathrm{BIC}=-2\ln L(\hat{\theta}_L,x)+q\ln n \tag{7.6-13}$$

式中，$\hat{\theta}_L$为模型参数θ的极大似然估计；q为未知参数的个数；n是样本个数。使BIC最小的模型为“最优”模型。从式（7.6-13）中可以看出，BIC准则对于具有相同个数未知参数的模型，样本个数越多，惩罚度越大；对于具有相同样本个数的情况，则趋于选择具有更少未知参数的模型为最优。与AIC准则不同的是，BIC准则要求模型为贝叶斯模型，即每个候选模型都必须具有相同的先验概率，而实际上模型参数的先验分布通常是不知道的。另外，如何将BIC准则扩展到可变带宽的非参数模型，用有效参数个数来代替全局参数个数还不是很清楚。

第 8 章　空间插值方法

对一组已知空间数据，它们可以是离散点的形式，也可以是多边形分区数据的形式。例如，在地球表面某一区域的点，其变化可能受高程、降雨量、污染程度、噪声等级等影响。一般情况下，将具有影响的这些点的值和这些点的位置坐标(x,y)形成三维系统(x,y,z)。由于所在区域包含了无数个点，不可能对其中所有点的 z 值进行采集，而且采集的原始数据点排列一般都是不规则的，呈现离散分布形式，或者离散数据点虽然按格网排列，但是格网的密度不能满足使用要求。空间插值方法通过已知点数据推求同一区域未知点数据，从已知点数据中找到一个函数关系式，使该关系式能最好地逼近已知的空间数据，并且能根据该函数关系式推求出区域范围内其他任意未知点或任意多边形分区范围的值。空间插值算法常用于将离散点的测量数据转换为连续的曲面数据，以便与其他空间现象的分布模式进行比较。常用的插值方法有很多，分类并没有统一的标准。例如，从数据分布规律来讲，有基于规则分布数据的内插方法、基于不规则分布的内插方法和适用于等高线数据的内插方法等；从内插函数与参考点的关系方面来讲，又分为曲面通过所有采样点的纯二维插值方法和曲面不通过参考点的曲面拟合插值方法；从内插曲面的数学性质来讲，有多项式内插、样条内插、最小二乘配置内插等内插函数；从对地形曲面理解的角度来讲，内插方法有克里金法、多层曲面叠加法、加权平均法、分形内插法等；从内插点的分布范围来讲，内插方法分为整体内插法、局部内插法和逐点内插法。空间插值方法的不同将影响数据内插的精度，不合适的内插方法可能会产生较大的系统误差，影响下一步分析、模拟的精度和正确性，所以应该在众多的内插方法中选择一种最适合当前应用的内插方法。

8.1　整体内插

整体内插的拟合模型是由研究区域内所有采样点的观测值建立的，在整个区域内用一个数学函数来表达地形曲面，如图 8.1-1 所示。由于地形的复杂性，整体内插主要通过多项式函数来实现，因此又称整体函数法内插。这些函数模型的特点是，不能提供内插区域的局部特性，因此常被用于模拟大范围内的宏观变化趋势。

用二元多项式来描述研究区域的曲面形式为

$$P(x,y)=\sum_{i=0}^{m}\sum_{i=0}^{m}C_{ij}x^{i}y^{i} \tag{8.1-1}$$

式中，有 n 个待定系数 $C_{ij}\,(i,j=0,1,2,\cdots,m)$，为了求解这些系数，可量取研究范围内不同平面位置的 n 个参考点三维坐标：$P_1(x_1,y_1,z_1)$，$P_2(x_2,y_2,z_2)$，$P_3(x_3,y_3,z_3)$，…，$P_n(x_n,y_n,z_n)$，将其代入式（8.1-1）从而使 n 阶线性方程组有唯一解。将待插点的坐标代入式（8.1-1），可得到待定点的高程值。针对不同的采样点的数目，函数的选取也不同。整体内插函数通常是高次多项式，多项式次数越低，拟合面越粗糙，拟合的效果越差，大致代表此区域的宏观趋势；次数越高，拟合面越光滑，拟合的结果更接近实际的表面。但并不是次数越高越好，次数过高使得计算量大大增加而精度提高不多，一般选用三次即可。常用的整体内插算法有趋势面分析、傅里叶分析、小波变换等。

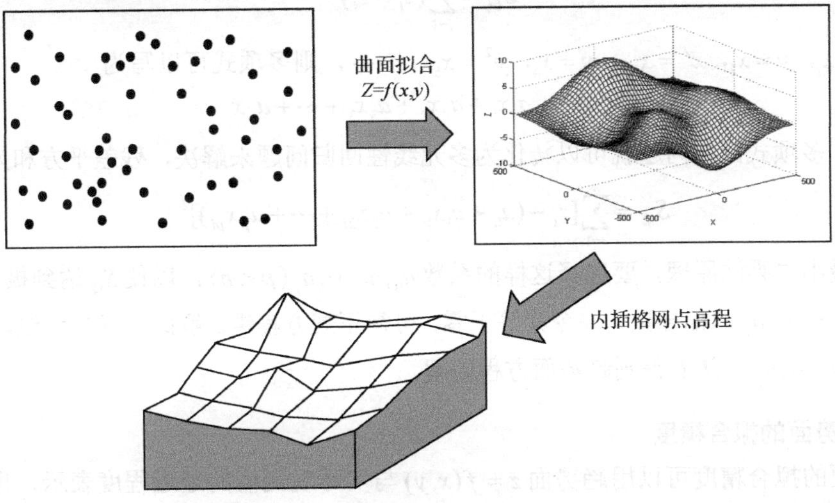

图 8.1-1　整体内插（汤国安，2019）

趋势面分析方法是一种常用的整体内插算法，又称全局光滑算法。趋势面分析是一种利用数学曲面模拟地理系统要素在空间上的分布及变化趋势的数学方法，这种方法将三维坐标系中的坐标点(x, y)作为自变量，坐标点相应的z值作为因变量，通过回归分析原理，运用插值函数模拟地理要素在空间上的分布规律和变化趋势。插值函数由研究区域内所有采样点的属性来确定。趋势面是一种抽象的数学曲面，与实际地理曲面不同，只是实际曲面的一种近似，其过滤了一些局域随机因素的影响。实际曲面=趋势面+剩余曲面。趋势面反映了区域性的变化规律，它受大范围系统性因素的影响，属于确定性因素作用的结果。剩余曲面反映的是局部性变化的特点，它受局部因素和随机因素的影响。趋势面分析的一个基本要求是，所选择的趋势面模型保证剩余值最小，趋势值最大，这样才能使得拟合精度足够高。

1．趋势面模型的建立

设观测数据为$z_i(x_i, y_i)(i=1,2,\cdots,n)$，趋势拟合值为$\hat{z}_i(x_i, y_i)$，则

$$z_i(x_i, y_i) = \hat{z}_i(x_i, y_i) + \varepsilon_i \tag{8.1-2}$$

式中，ε_i为剩余值（残差值）；(x, y)为样点坐标；i为样点标号。显然，当(x_i, y_i)在空间上变动时，式（8.1-2）就刻画了地理要素的实际分布面、趋势面和剩余面之间的互动关系。趋势面分析的核心在于从实际观测值出发推算趋势面，使得以下残差平方和趋于最小：

$$S = \sum_{i=1}^{n} \varepsilon_i^2 = \sum_{i=1}^{n} [z_i(x_i, y_i) - \hat{z}_i(x_i, y_i)]^2 \tag{8.1-3}$$

用式（8.1-3）来估计趋势面参数，就是在最小二乘法意义下的趋势面拟合。

用来计算趋势面的数学公式有多项式函数和傅里叶级数，其中最为常用的是多项式函数，任何一个函数都可以在适当的范围内用多项式来逼近，并且可以调整多项式的次数，求出更适合实际问题需要的回归方程。

2．趋势面模型参数的估计

趋势面模型参数估计的实质是根据观测值z_i、x_i和$y_i(i=1,2,\cdots,n)$确定多项式的系数

$a_0, a_1, \cdots, a_p$，使以下残差平方和最小：

$$S_{偏} = \sum_{i=1}^{n}(z_i - \hat{z}_i)^2 \tag{8.1-4}$$

记$x = x_1$，$y = x_2$，$x^2 = x_3$，$xy = x_4$，$y^2 = x_5$，……，则多项式可以写为

$$\hat{z} = a + a_1x_1 + a_2x_2 + a_3x_3 + \cdots + a_px_p \tag{8.1-5}$$

这样，多项式回归问题就可以转化为多元线性回归问题来解决，残差平方和为

$$S_{偏} = \sum_{i=1}^{n}[z_i - (a_0 + a_1x_{1i} + a_2x_{2i} + \cdots + a_px_{pi})]^2 \tag{8.1-6}$$

根据最小二乘法原理，要选择这样的系数$a_0, a_1, \cdots, a_p (p < n)$，以使$S_{偏}$达到极小。为此，求$S_{偏}$对$a_0, a_1, \cdots, a_p$的偏导数，并令其等于零，可得正规方程组。解此正规方程组，即得$p+1$个系数$a_0, a_1, \cdots, a_p$，从而得到趋势面方程的解。

3. 趋势面的拟合精度

趋势面的拟合精度可以用趋势面$z = f(x, y)$与实际观测值的逼近程度表示，也就是说，可以用以下残差平方和来表示：

$$S_{偏} = \sum_{i=1}^{n}(z_i - \hat{z}_i)^2 \tag{8.1-7}$$

式中，z_i为观测值，$\hat{z}_i$为趋势值，$S_{偏}$的大小只表示残差平方和的绝对大小。相同大小的$S_{偏}$对于数值较大的观测值和对于数值较小的观测值来说，其逼近的精度是不同的，而且$S_{偏}$的大小还与观测值的单位有关，因此用残差平方和不能很好地反映趋势面的拟合程度。实际中，趋势面的拟合精度C可表示为

$$C = \left[1 - \frac{\sum_{i=1}^{n}(z_i - \hat{z}_i)^2}{\sum_{i=1}^{n}(z_i - \bar{z})^2}\right] \times 100\% \tag{8.1-8}$$

式中，$\bar{z}_i$为均值。因此，C表示的是原始采样数据的总波动平方和中由趋势面反映出来的波动平方和所占的百分比。C的百分比越高，拟合程度越好，通常C为60%～70%时，趋势面就能揭示空间趋势。

8.2 局部分块内插

利用数学曲面来模拟实际地形表面，是地形表达的一个常用手段。由于实际的地形是很复杂的，除了相对静止的水域，如湖、塘、水库和水流缓慢的河流下游，陆地大部分表面的起伏变化是很不规则的，一个地区常常包含各种复杂的地貌形态，特别是丘陵和山岳地区。一个多项式并不能很好地拟合整个区域内地形曲面，因此一般不用整体内插。解决这类问题要采取分而治之的办法，即将复杂的地形地貌分解成一系列的局部单元，在这些局部单元内部，地形曲面具有单一的结构，由于范围的缩小和曲面形态的简化，用简单曲面就可以较好地描述地形曲面。

将数字表面模型切割成一定大小的规则方块形状，对每块根据曲面特征单独进行拟合和属性内插，称为局部分块内插，如图 8.2-1 所示。相对于整体内插，局部分块内插能够较好

地保留地物细节，并通过块间重叠保持了内插面的连续性，是实际应用中较常选用的策略。局部分块简化了曲面形态，使得每块都可用不同的曲面进行表达，但随之而来的是如何进行分块和如何保证各个分块之间的曲面的连续性。一般可按表面结构线或规则区域进行分块，而分块大小取决于表面的复杂程度、数据源的比例尺、采样点的密度和分布。为保证相邻分块之间的平滑连接，相邻分块之间有适当宽度的重叠带，以使重叠带内全部数据点成为相邻块展铺数学面时的公用数据，保证一张数学面能够较平滑地与相邻分块的数学面拼接。例如，当采用 500m×500m 分块尺寸，且要求有 200m 重叠宽度时，可将长、宽在 4 个方向上各自延伸 100m，扩展为 700m×700m 的范围。利用扩充范围内全部参考点展铺一张数学面，但这张数学面的有效内插范围仍限于居中 500m×500m 的分块部位。也就是说，只有落在 500m×500m 分块内的待插点，才可应用这张数学面来内插它的高程。这种内插方法的优点是可以得到光滑连续的空间曲面。

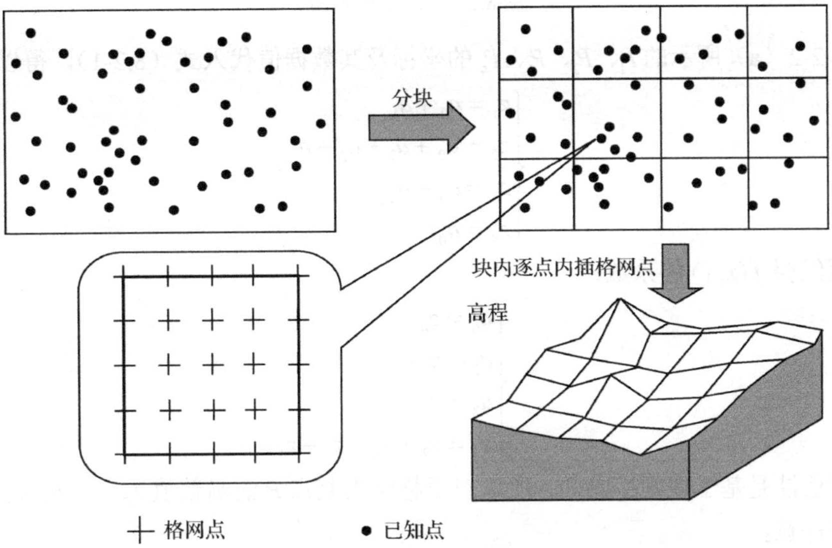

图 8.2-1　局部分块内插（汤国安，2019）

不同的分块单元可用不同的内插方法，常用的内插方法有线性内插、局部多项式内插、双线性内插、样条函数、多层曲面叠加等。特别是基于不规则三角网（TIN）和正方形格网的剖分法双线性内插是最常用的方法之一。基于正方形格网的分块插值方法较多，从简单的多项式到复杂的样条有限元均有。由于多项式模型计算简单，建模容易，又能保证精度，还可以根据需要选择不同次数的多项式达到不同的效果，所以对于空间数据来说，使用最多的是多项式插值。

8.2.1　双线性内插

双线性内插使用最靠近插值点的 4 个已知数据点组成一个四边形，确定一个双线性多项式来内插待插点的高程，也就是在线性多项式中增加了交叉项 xy。之所以称之为双线性内插，是因为当 y 为常数时，表达的是 x 方向的线性函数；而当 x 为常数时，则为 y 方向的线性函数。公式为

$$z = f(x, y) = a_0 + a_1 x + a_2 y + a_3 xy \tag{8.2-1}$$

式中，z 为内插点值；a_0、a_1、a_2和a_3 为 4 个待定系数，可以通过四边形的 4 个顶点 $p_1(x_1,y_1,z_1)$、$p_2(x_2,y_2,z_2)$、$p_3(x_3,y_3,z_3)$ 和 $p_4(x_4,y_4,z_4)$ 的抽样数据值确定，如图 8.2-2 所示。

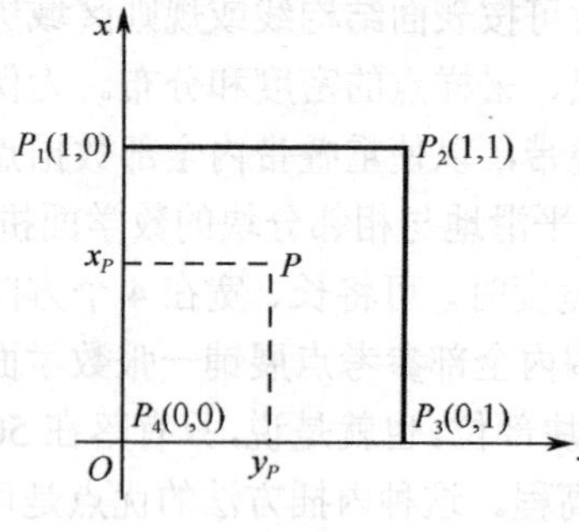

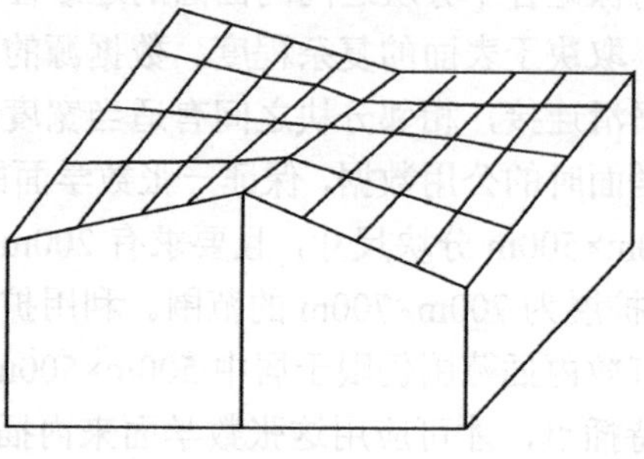

图 8.2-2 双线性内插

将图 8.2-2（a）所示的P_1、P_2、P_3、P_4 的坐标及其数据值代入式（8.2-1），得以下方程组：

$$\begin{cases} z_1 = a_0 + a_1 \\ z_2 = a_0 + a_1 + a_2 + a_3 \\ z_3 = a_0 + a_2 \\ z_4 = a_0 \end{cases} \tag{8.2-2}$$

解方程组得 $f(x,y)$ 的系数：

$$\begin{cases} a_0 = z_4 \\ a_1 = z_1 - z_4 \\ a_2 = z_3 - z_4 \\ a_3 = z_2 + z_4 - z_1 - z_3 \end{cases} \tag{8.2-3}$$

由于插值法是基于规则格网的，所以对于格网内某点 P 的函数值 z_P，也可以采用以下公式直接进行计算：

$$z_P = z_4\left(1-\frac{x_P}{L}\right)\left(1-\frac{y_P}{L}\right) + z_3\left(1-\frac{y_P}{L}\right)\left(\frac{x_P}{L}\right) + z_2\left(\frac{x_P}{L}\right)\left(\frac{y_P}{L}\right) + z_1\left(1-\frac{x_P}{L}\right)\left(\frac{y_P}{L}\right) \tag{8.2-4}$$

若视格网为单元格网，即 $L=1$，则有

$$z_P = z_4(1-x_P)(1-y_P) + z_3(1-y_P)x_P + z_2 x_P y_P + z_1(1-x_P)y_P \tag{8.2-5}$$

双线性内插的结果如图 8.2-2（b）所示，从图中可以看出，双线性内插模型拟合的曲面是连续的但并不光滑。为了生成光滑连续曲面，需要用双三次内插模型。双线性内插计算量小，在实际工作中最为常用，但双线性内插只能保证区域连接处连续，而不能保证光滑。

线性内插函数中有 3 个未知数，需要 3 个采样点才能唯一确定，而双线性内插函数中有 4 个未知数，需要 4 个已知点。线性内插和双线性内插函数由于物理意义明确、计算简单，所以是基于 TIN 和基于正方形格网分布采样数据的 DEM（数字高程模型）内插和分析应用中最常用的方法之一。

8.2.2 样条函数内插

用多项式进行整体内插，次数越高，出现振荡的可能性越大，因此，人们将区域分块，

对每分块定义一个不同的多项式曲面。为保证各分块曲面间的光滑性，按照弹性力学条件使所确定的 n 次多项式曲面与其相邻分块的边界上所有 $n-1$ 次导数都连续。这个 n 次多项式就称为样条函数。可以用样条函数内插法对规则格网数据的高程重新插值。样条函数内插克服了高次多项式内插可能出现的振荡的现象，具有比较好的数据稳定性和收敛性。同时，如果某个点位置发生变化，则只需要修改局部曲线，不需要重新计算整条曲线，这比趋势面分析的方法要好。

所谓样条曲面，就是将一张具有弹性的薄板压定在各个采样点上，而其他地方自由弯曲。二元样条函数首先按一定规则将采样区域分割为若干个多边形分块（当数据点组呈正方形格网节点分布时，各分片是大小相等的正方形），如图 8.2-3 所示，对每块用一个多项式进行拟合。为保证相邻分块之间的光滑过渡，按照弹性力学条件设立分块之间的连续性条件，即公共边界上的导数连续条件。通过样条函数，可以获取在各个采样点上具有最小曲率的拟合曲面。从数学上讲，就是一个分段的低次多项式，多项式的次数一般不超过三次。

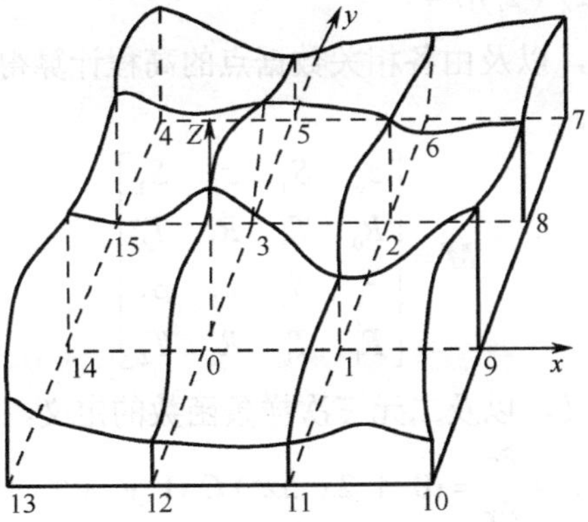

图 8.2-3　样条函数内插

对于数字表面模型的内插，一般以正方形格网作为分块单元，在分块单元内用双三次多项式（样条函数）来模拟地面，一般采用二元三次多项式（样条函数）：

$$z = f(x,y) = c_{00} + c_{10}x + c_{20}x^2 + c_{30}x^3 + c_{01}y + c_{11}xy + c_{21}x^2y + c_{31}x^3y + c_{02}y^2 + c_{12}xy^2 + c_{22}x^2y^2 + c_{32}x^3y^2 + c_{03}y^3 + c_{13}xy^3 + c_{23}x^2y^3 + c_{33}x^3y^3 \tag{8.2-6}$$

写成矩阵形式为

$$\boldsymbol{C} = \begin{bmatrix} c_{00} & c_{01} & c_{02} & c_{03} \\ c_{10} & c_{11} & c_{12} & c_{13} \\ c_{20} & c_{21} & c_{22} & c_{23} \\ c_{30} & c_{31} & c_{32} & c_{33} \end{bmatrix},\quad \boldsymbol{Z} = (1, x, x^2, x^3)\ \boldsymbol{C} \begin{bmatrix} 1 \\ y \\ y^2 \\ y^3 \end{bmatrix} \tag{8.2-7}$$

式中，$c_{ij}(i,j\text{=}0,1,2,3)$ 为待定系数，有 16 个，必须列出 16 个线性方程才能确定它们的数值。已知区域分块的 4 个角点，将它们的三维直角坐标观测值代入式（8.2-7）中，可列出 4 个线性方程，其余 12 个线性方程必须满足弹性材料的力学条件，即

① 相邻面片拼接处在 x 和 y 方向的斜率都应保持连续；

② 相邻面片拼接处的扭矩连续。

在建立的 12 个线性方程中，要用到沿 x 轴方向的斜率 R，沿 y 轴方向的斜率 S 及扭矩 T，它们由以下公式求得

$$R = \frac{\partial z}{\partial x}$$

$$S = \frac{\partial z}{\partial y} \tag{8.2-8}$$

$$T = \frac{\partial^2 z}{\partial x \partial y} = \frac{\partial}{\partial x}\left(\frac{\partial z}{\partial y}\right)$$

对应图 8.2-3 中 0、1、2 和 3 这 4 个格网点的 R、S 和 T 可计算为

$$\begin{aligned}
&R_0 = (z_1 - z_{14})/2,\ R_6 = (z_9 - z_0)/2,\ R_2 = (z_8 - z_3)/2,\ R_3 = (z_2 - z_{15})/2 \\
&S_0 = (z_3 - z_{12})/2,\ S_1 = (z_2 - z_{11})/2,\ S_2 = (z_6 - z_1)/2,\ S_3 = (z_5 - z_0)/2 \\
&T_0 = [(z_{13} + z_2) - (z_{15} + z_{11})]/4 \\
&T_1 = [(z_{12} + z_8) - (z_3 + z_{10})]/4 \\
&T_2 = [(z_0 + z_7) - (z_5 + z_9)]/4 \\
&T_3 = [(z_6 + z_{14}) - (z_4 + z_1)]/4
\end{aligned} \tag{8.2-9}$$

用分片 4 个角点的高程，以及由各相关数据点的高程计算得到的两个方向的斜率和扭矩数值组成一个 4×4 常数矩阵：

$$\boldsymbol{M} = \begin{bmatrix} z_0 & S_0 & z_3 & S_3 \\ R_0 & T_0 & R_3 & T_3 \\ z_1 & S_1 & z_2 & S_2 \\ R_1 & T_1 & R_2 & T_2 \end{bmatrix} \tag{8.2-10}$$

按照对斜率和扭矩的定义，以及二元三次样条函数的定义，得相应的矩阵如下：

$$\begin{aligned}
R &= \frac{\partial z}{\partial x} = (0\ \ 1\ \ 2x\ \ 3x^2)\,\boldsymbol{C}\,(1\ \ y\ \ y^2\ \ y^3)^{\mathrm{T}} \\
S &= \frac{\partial z}{\partial x} = (1\ \ x\ \ x^2\ \ x^3)\,\boldsymbol{C}\,(0\,1\,2\ \ y\,y^2 y^3)^{\mathrm{T}} \\
T &= \frac{\partial z}{\partial x \partial y} = (0\ \ 1\ \ 2x\ \ 3x^2)\,\boldsymbol{C}\,(0\ 1\ 2y\ 3y^2)^{\mathrm{T}}
\end{aligned} \tag{8.2-11}$$

把分片的 4 个角点的平面直角坐标系代入该点，得

$$\begin{bmatrix} z_0 & S_0 & z_3 & S_3 \\ R_0 & T_0 & R_3 & T_3 \\ z_1 & S_1 & z_2 & S_2 \\ R_1 & T_1 & R_2 & T_2 \end{bmatrix} = \begin{bmatrix} 1 & 0 & 0 & 0 \\ 0 & 1 & 0 & 0 \\ 1 & 1 & 1 & 1 \\ 0 & 1 & 2 & 3 \end{bmatrix} \boldsymbol{C} \begin{bmatrix} 1 & 0 & 0 & 0 \\ 0 & 1 & 0 & 0 \\ 1 & 1 & 1 & 1 \\ 0 & 1 & 2 & 3 \end{bmatrix}^{\mathrm{T}} \tag{8.2-12}$$

写成紧凑矩阵形式为

$$\boldsymbol{M} = \boldsymbol{XCY}^{\mathrm{T}} \tag{8.2-13}$$

解此方程，有

$$\boldsymbol{C} = \boldsymbol{X}^{-1}\boldsymbol{M}(\boldsymbol{Y}^{-1})^{\mathrm{T}} \tag{8.2-14}$$

把解得的系数矩阵代入式（8.2-6）中，则建立了二元三次样条函数式。对于分片中的任意点 P，把它的平面直角坐标 (x_P, y_P) 代入，就可求出其 z_P 了。

与整体内插函数相比，样条函数不但保留了局部地形的细部特征，而且拟合时只需与少量数据点配准，还能获取连续光滑的 DEM。同时样条函数在拟合时，由于多项式的阶数比较

低，对数据误差的响应不敏感，具有较好的保凸性和逼真性，同时保证了分块间连接处为平滑连续的曲面。但样条函数将地表分块视为弹性刚体，在分块上展铺样条曲面时，对相邻多项式分片曲面间的拼接采取具有弹性力学条件的光滑连续条件。但是，地形并不是一个狭义的刚体，也不具备满足弹性力学光滑性条件，因此，虽然样条函数具有严密的理论基础，但未必是数字地形插值的良好数学模型。

8.2.3 三次样条函数

三次样条函数就是以样条绘制曲面方法的数学模拟。它应用在小挠度曲面时效果良好，但是在画大挠度曲面时常常出现多余的拐点造成不光滑。它生成的曲面依赖于坐标系的选择，缺乏几何不变性。因此，人们提出用参数样条的方法去改进它，使曲面的每个分量取自某种样条函数，形式上合并起来而组成参数样条，例如：

三次样条函数→三次参数样条（Ferguson，1963）

双三次样条→Coons 曲面（1964—1967）

Bernstein 基函数→Bezier 曲面（1962—1968）

B 样条函数（Schoenberg，1946）→B 样条曲面（1972—1974）

样条函数的数学定义：考虑给定的函数点(x_i,y_i)（$i=1,2,\cdots,n$且$x_1<x_2<\cdots<x_n$），如果函数$S(x)$具有如下性质：

（1）在每个间隔$[x_i,x_i+1]$内，$i=1,2,\cdots,n-1$，$S(x)$是三次多项式；

（2）在每个节点上满足$S(x_i)=y_i$，$i=1,2,\cdots,n$；

（3）$S(x)$在区间$[x_i,x_n]$内二次连续可微。

则称$S(x)$是区间$[x_i,x_n]$内的三次样条函数。因此，样条函数的基本思想是采用二阶连续可导的逐段多项式逼近已知数据点(x_i,y_i)（$i=1,2,\cdots,n$），同时又保证在各段交接的地方有一定的光滑性。样条函数$S(x)$的表达式为

$$S(x)=S(x_i)+(x-x_i)\frac{S(x_{i+1})-S(x_i)}{x_{i+1}-x_i}+\frac{1}{6}(x-x_i)(x-x_{i+1})\cdot[S''(x)+S''(x_i)+S''(x_{i+1})] \quad (8.2\text{-}15)$$

式中，$S''(x)=S''(x_i)+(x-x_i)\dfrac{S''(x_{i+1})-S''(x_i)}{x_{i+1}-x_i}$。

一般采用“追赶法”解对角线方程组，求出二阶导数$S''(x_i)$（$i=1,2,\cdots,n$）：

$$\begin{cases}\Delta x_{i-1}S''(x_{i-1})+2(\Delta x_i+\Delta x_{i-1})S''(x_i)+\Delta x_i S''(x_{i+1})=6\left(\dfrac{\Delta y_i}{\Delta x_i}-\dfrac{\Delta y_{i-1}}{\Delta x_{i-1}}\right)\\ S''(x_1)=S''(x_n)=0\end{cases} \quad (8.2\text{-}16)$$

式中，$\Delta x_i=x_{i+1}-x_i$，$\Delta x_{i-1}=x_i-x_{i-1}$；

$\Delta y_i=y_{i+1}-y_i$，$\Delta y_{i-1}=y_i-y_{i-1}$。

与整体内插不同，样条函数保留了微地物特征，拟合时只需要与少量的点配准，因此内插速度快，同时也保证了分块间的连接处为平滑连续的曲面。这些特征表明，样条函数内插法可以修改曲面的某一分块，而不需要计算整个曲面。

8.2.4 多面函数内插

多面函数内插（多层曲面叠加内插）是 Hardy 在 1977 年提出的，它认为任何一个规则的

或不规则的连续曲面都可看成由若干个简单的曲面来叠加逼近。具体实现方法是，在每个数据点上建立一个曲面，然后在 z 方向上将各个旋转曲面按一定比例叠加成一张整体的连续曲面，使之严格地通过各个数据点。多面函数内插的数学表达式为

$$z = f(x,y) = \sum_{i=1}^{n} K_i Q(x,y,x_i,y_i) \tag{8.2-17}$$

式中，$K_i(i=1,2,3,\cdots,n)$ 为待定参数，它代表第 i 个核函数对多层叠加面的贡献；$Q(x,y,x_i,y_i)$ 是参加插值计算的简单数学面，又称为多面函数的核函数。

多面函数内插的优点是核函数的设计具有灵活性和可控性，用户可以根据自己的特定要求在核函数中增加所需的各种信息。例如，如果希望在内插过程中考虑地面坡度的信息，则可设计具有坡度特性的核函数。大量的分析实验证明，多面函数内插法的插值质量比二元高次多项式、样条函数等要好一些。核函数的设计是多面函数内插法的核心，自该方法提出以来，已经发展了许多种核函数的设计方法，如锥面、双曲面、三次曲面、旋转面和高斯曲面等。为了计算方便，多面函数内插法中的 n 个核函数一般选用同一类型的简单函数，通常选择围绕一条竖轴旋转的曲面，这条竖轴正好通过某个参考点。

锥面：

$$Q_1(x,y,x_i,y_i) = C + [(x-x_i)^2 + (y-y_i)^2]^{1/2} \tag{8.2-18}$$

双曲面：

$$Q_2(x,y,x_i,y_i) = [(x-x_i)^2 + (y-y_i)^2 + \sigma]^{1/2} \tag{8.2-19}$$

式中，σ 为非零参数。式（8.2-19）表示的是一段双曲线绕竖轴旋转而成的曲面，当 $\sigma = 0$ 时，此曲面就退化为圆锥面。

三次曲面：

$$Q_3(x,y,x_i,y_i) = C + [(x-x_i)^2 + (y-y_i)^2]^{3/2} \tag{8.2-20}$$

式（8.2-20）表示的是以三次曲线为母线的旋转面。在上述各式中，$[(x-x_i)^2 + (y-y_i)^2]^{1/2}$ 为内插点到参考点 (x_i,y_i,z_i) 之间的水平距离。

旋转面：

$$Q_4 = 1 - D_i^2/a^2 \tag{8.2-21}$$

式中，a 为参数，D_i 为数据点格网距离。

高斯曲面：

$$Q_5 = C_0 \exp^{-a^2 D_i^2} \tag{8.2-22}$$

式中，Q_5 表示的是以高斯曲线为母线的旋转面，C_0 和 a 为两个参数，D_i 为数据点格网距离。

对多层叠加面的解算，可通过将 m 个参考点的三维坐标代入函数式中，得到一个误差方程组，设 m 个数据点 (x_k,y_k,z_k) 并要求 $m \geqslant n$（n 为核函数的中心点数），可列出 m 个观测方程组，写成矩阵形式为

$$\begin{bmatrix} v_1 \\ v_2 \\ \vdots \\ v_m \end{bmatrix} = \begin{bmatrix} q_{11} & q_{12} & \cdots & q_{1n} \\ q_{21} & q_{22} & \cdots & q_{2n} \\ \vdots & \vdots & & \vdots \\ q_{m1} & q_{m2} & \cdots & q_{mn} \end{bmatrix} \begin{bmatrix} a_1 \\ a_2 \\ \vdots \\ a_m \end{bmatrix} - \begin{bmatrix} z_1 \\ z_2 \\ \vdots \\ z_m \end{bmatrix} \tag{8.2-23}$$

即

$$V = QA - Z \tag{8.2-24}$$

转成法方程式为

$$Q^{T}QA = Q^{T}Z \tag{8.2-25}$$

解之得系数向量为

$$A = (Q^{T}Q)^{-1}Q^{T}Z \tag{8.2-26}$$

将式（8.2-26）代入式（8.2-17），曲面上任意点 $P_k(x_k, y_k)$ 上的高程 $z_k(k > n)$ 可由下式内插求得

$$z_k = q_k A = q_k(Q^{T}Q)^{-1}Q^{T}Z \tag{8.2-27}$$

式中，$q_k = [q_{k1}\ q_{k2}\ \cdots\ q_{kn}]$，$q_{kj} = q(x_k, y_k, x_j, y_j)$。

若将全部数据点取为核函数的中心，即 $m = n$，则

$$\begin{cases} A = Q^{-1}Z \\ z_k = q_k^{T}Q^{-1}Z \end{cases} \tag{8.2-28}$$

展开，得：

$$z_k = [q_{k1} \quad q_{k2} \quad \cdots \quad q_{kn}] \begin{bmatrix} q_{11} & q_{12} & \cdots & q_{1n} \\ q_{21} & q_{22} & \cdots & q_{2n} \\ \vdots & \vdots & & \vdots \\ q_{n1} & q_{n2} & \cdots & q_{nn} \end{bmatrix}^{-1} \begin{bmatrix} z_1 \\ z_2 \\ \vdots \\ z_n \end{bmatrix} \tag{8.2-29}$$

这种方法计算起来也比较复杂，但它保证了在数据点处坡度的连续性，并在参考点上有严格的拟合。

多面函数内插一个重要的优点是如果希望对地形增加各种约束和限制，则可以设计某一个函数将其增加到多面函数体内。例如，希望在内插中考虑地面坡度的信息，就可以设计具有坡度特征的函数。在数字高程模型（DEM）中，在数据点密度较小和数据点精度很高的情况下，要优先采用多面叠加的内插方法，但在一般情况下，地球表面特征都很复杂，难以用某一特定函数严格表示地形变化（人工、地、物除外）。另外，这种方法比较烦琐，计算量大。因此，多面函数内插的方法并不常用。

8.3 逐点内插

所谓逐点内插，就是以内插点为中心，以适当半径或边长的圆或正方形确定一个邻域范围，定义一个局部函数，用落在邻域范围内的采样点计算内插点的值，如图 8.3-1 所示。逐点内插与局部分块内插有所不同。局部分块内插的分块范围在整个内插过程中一经确定，其大小、形状和位置都保持不变，凡是落在该块中的内插点，都用该块中的内插函数进行内插。逐点内插的邻域范围大小、形状、位置乃至采样点个数随内插点的位置变化而变化，因此又称移动曲面法，一套数据只用来进行一个内插点的计算。逐点内插法主要有反距离加权插值法、移动拟合法、最近邻点插值法、径向基函数插值法及克里金插值法，克里金插值法在后面章节中介绍。

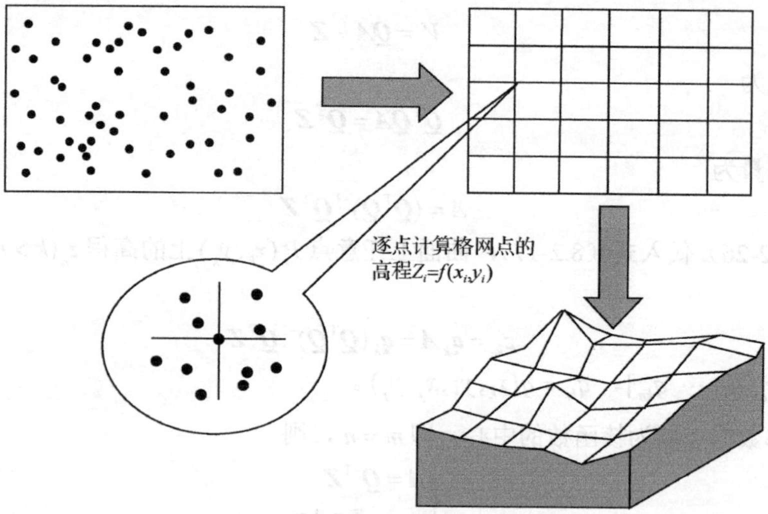

图 8.3-1　逐点内插（汤国安，2019）

8.3.1　反距离加权插值法

反距离加权插值（Inverse Distance Weight，IDW）法，又称距离倒数乘方法，是一种距离倒数乘方网格化方法，也是一种加权平均插值法，既可以采用确切的方式插值，又可以采用圆滑的方式插值。

假定一系列离散点在 xy 平面上的位置坐标为 (x_i, y_i) 和属性值为 z_i（$i=1,2,\cdots,n$），$p(x,y)$ 为任一格网点或加密点，p 点的属性值是根据周围离散点的属性值通过反距离加权插值法求得的。周围点与 p 点因分布位置的差异，对 $p(z)$ 有不同程度的影响，这种影响的大小与距离的大小成反比，离 p 点近的离散点，其 z 值对 p 点 z 值的影响大些；相反，离 p 点远的离散点，其 z 值的影响就小些。我们把这种影响称为权函数 w_i，其主要与距离有关。有时它也与方向有关，若在 p 点周围 4 个方向上均匀取点，那么可不考虑方向因素，这时有

$$p(z)=\frac{\sum_{i=1}^{n} w_i z_i}{\sum_{i=1}^{n} w_i}=\frac{\sum_{i=1}^{n}\frac{z_i}{[d_i(x,y)]^u}}{\sum_{i=1}^{n}\frac{1}{[d_i(x,y)]^u}} \tag{8.3-1}$$

式中，$d_i(x,y)=\sqrt{(x-x_i)^2+(y-y_i)^2}$ 表示由离散点 (x_i, y_i) 至 p 点 (x,y) 的距离，$p(z)$ 为要求的待插点的值。

权函数 w_i 与预测点和已知采样点之间的距离成反比。所以随着距离的增加，权重迅速减小，权重减小的速度取决于 u 次幂的大小。对于一个较大的 u，较近的数据点被给定一个较大的权重份额；对于一个较小的 u，权重比较均匀地分配给各数据点；反距离加权插值法主要依赖反距离的幂值，幂值可基于与输出点的距离来控制已知点对插值的影响。幂值是一个正实数，默认值为 2，一般取 0.5～3 的值可获得最合理的结果。定义大的幂值，会进一步强调最近邻

点，近邻的数据点会受到更大的影响，表面会变得更加详细（不平滑）。随着幂值的增大，内插值将逐渐接近最近采样点的值。定义较小的幂值将对距离较远的周围点产生更大的影响，从而导致平面更加平滑。

由于反距离加权插值公式与任何实际的物理过程都不关联，因此无法确定特定幂值是否过大。如果距离或者幂值较大，可能会产生错误的结果，因此在常规中我们认为幂值为 30 的是超大幂，在实际中不建议使用。

在预测过程中，各采样点值对预测点值作用的权重大小是成比例的，当计算一个格网节点时，配给的权重是一个分数，所有权重的总和等于 1.0。当一个观测点与一个格网节点重合时，该观测点被给予一个实际为 1.0 的权重，所有其他观测点被给予一个几乎为 0.0 的权重。换句话说，该节点被赋予和观测点一致的值，这就是一个准确插值。

使用反距离加权插值法不仅取决于参数的选择，还取决于确定邻域搜索所使用的方法。反距离加权插值法是一种精确性插值法，插值生成的表面的最大值和最小值只会出现在采样点处。

8.3.2 移动拟合法

移动拟合法是一种局部逼近方法。其基本思想是，在以内插点 p 为中心的某个区域 D 内，利用 p 点周围数据点的值建立一个二次多项式函数来拟合地形表面，并使其到各数据点的距离之加权平方和为最小。从一个内插点到相邻的另一个内插点，曲面的方程都随之而变，故称移动拟合法。

移动拟合法是典型的单点移面内插方法。对每个选定点取一个多项式曲面来拟合该点附近的地形表面。此时，取选定点作为平面坐标的原点，并用落在以选定点为圆心，以 R 为半径的圆内的诸数据点来定义函数的选定系数，如图 8.3-2 所示。

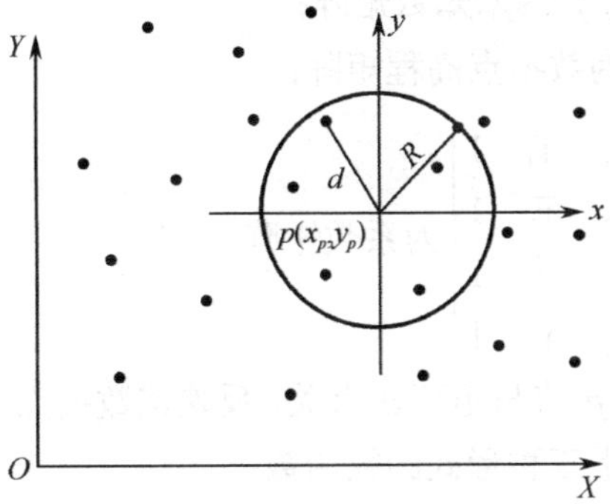

图 8.3-2　移动拟合法

移动拟合法分为动态圆半径法和按方位取点法两种方式。

（1）动态圆半径法

从数据点的平均密度出发，通过确定圆内数据点（平均要有 10 个）来求解圆的半径，公式为 $\pi R^2 = 10A/N$， N 为总点数， A 为总面积。这种方法实际上综合考虑了点数和范围两个因素。

（2）按方位取点法

当数据点分布并不理想时，可以以网格点为中心把平面平均分成 n 个扇面，从每个扇面内取一点进行加权平均，这样就克服了数据点偏向的缺点。

观测点的相互距离越近，其相似性越强；距离越远，相似性越弱。因此，不同的采样点由于相对于待插点的距离不同，对待插点的高程插值影响程度是不同的。移动拟合法的关键在于解决如何确定待插点的最小邻域范围，以保证具有足够的参考点和如何确定各个参考点权重的问题。在选择近邻点时要将范围和点数考虑在内。

移动拟合法采用逐点内插的方法，对每个待定点取一个局部函数，用曲面拟合该点附近的地表面，其方法如下。

① 对每个格网点，从数据点群中检索出该格网点附近的数据点，并将坐标原点平移至待定格网点 $p(x,y)$ 处：

$$\overline{x}_i = x_i - x_p,\ \overline{y}_i = y_i - y_p \tag{8.3-2}$$

② 根据所采用的相关函数确定数据点的点数，如二次曲面内插要求数据点的点数 $n>6$。以待定点为圆心，R 为半径选取数据点。当数据点至待定点的距离 $d_i=\sqrt{\overline{x}_i^2+\overline{y}_i^2}<R$ 时，该点被选中，当选择点数小于 n 时，应增大 R，直到满足要求为止。

③ 列出误差方程，拟合函数以二次曲面为例，待定点的高程为

$$z_p = a\overline{x}^2 + b\overline{xy} + c\overline{y}^2 + d\overline{x} + e\overline{y} + f \tag{8.3-3}$$

式中，a、b、c、d、e 和 f 为未知数。

对于数据点，将 z 作为观测值，列出误差方程：

$$v_i = a\overline{x}^2 + b\overline{xy} + c\overline{y}^2 + \mathrm{d}\overline{x} + e\overline{y} + f - z_i \tag{8.3-4}$$

n 个数据点可以列出矩阵形式的误差方程

$$\boldsymbol{v} = \boldsymbol{gx} - \boldsymbol{z} \tag{8.3-5}$$

式中，$\boldsymbol{v}=[v_1 \quad v_2 \quad \cdots \quad v_n]^{\mathrm{T}}$；

$\boldsymbol{x}=[a \quad b \quad c \quad d \quad e \quad f]^{\mathrm{T}}$ 为未知数矩阵；

$\boldsymbol{z}=[z_1 \quad z_2 \quad \cdots \quad z_n]^{\mathrm{T}}$ 为数据点高程矩阵；

$$\boldsymbol{g}=\begin{bmatrix} \overline{x}_1^2 & \overline{x}_1\overline{y}_1 & \overline{y}_1^2 & \overline{x}_1 & \overline{y}_1 & 1 \\ \overline{x}_2^2 & \overline{x}_2\overline{y}_2 & \overline{y}_2^2 & \overline{x}_2 & \overline{y}_2 & 1 \\ \vdots & \vdots & \vdots & \vdots & \vdots & 1 \\ \overline{x}_n^2 & \overline{x}_n\overline{y}_n & \overline{y}_n^2 & \overline{x}_n & \overline{y}_n & 1 \end{bmatrix}$$ 为系数矩阵。

④ 计算每个点的 p_i 值，p_i 值与距离 d_i 有关，反映该数据点与待定点的相关程度。要求 d_i 越小，p_i 越大。常用的有以下三种形式的权函数：

$$p_i = \frac{1}{d_i^2} \tag{8.3-6a}$$

$$p_i = \left(\frac{R-d_i}{d_i}\right)^2 \tag{8.3-6b}$$

$$p_i = \mathrm{e}^{-\frac{d_i^2}{R^2}} \tag{8.3-6c}$$

权函数矩阵 $\boldsymbol{p}$ 为一对角矩阵，应根据地形条件选取。

⑤ 依据最小二乘法的原则，求解二次拟合函数的系数：

$$\boldsymbol{x} = (\boldsymbol{g}^{\mathrm{T}}\boldsymbol{pg})^{-1} \cdot \boldsymbol{g}^{\mathrm{T}}\boldsymbol{pz} \tag{8.3-7}$$

由于待定点 $\overline{x}_p=\overline{y}_p=0$，所以式（8.3-3）中系数 f 就是待定点的内插高程。

利用二次曲面移动拟合法内插时，应保证以 R 为半径的区域内数据点分布均匀。当地形起伏较大时，R 值不能过大。对于平坦地区，数据点分布稀少或不均时，可采用下面的函数进行移动拟合法内插：

$$z_p = \frac{\sum_{i=1}^{n} p_i \cdot z_i}{\sum_{i=1}^{n} p_i} \tag{8.3-8}$$

式中，n 为近邻数据点个数；p_i 为第 i 个数据点的权重；z_i 为第 i 个数据点的高程。

8.3.3 最近邻点插值法

在采用移动拟合法选点的方法中存在一个问题：参考点坐标或参考点所在的坐标系统的微小变化都会使选点结果差别很大，可能会造成模型表面的不连续。造成这个问题的原因是仅以距离为基础进行选点和定义权重，而事实上距离难以很好地描述空间相邻性。显而易见，对于离散数据点之间的空间相邻性的描述，需要给出一种较好的数学表达，因此出现了最近邻点插值法。

最近邻点插值法又称泰森（Thiesen）多边形（又叫 Dirichlet 或 Voronoi 多边形）分析法，是荷兰气象学家 A. H. Thiesen 提出的一种分析方法，最初用于从离散分布气象站的降雨量数据中计算平均降雨量。设平面上有 n 个互不重叠的离散数据点，则其中的任意一个离散数据点 P 都有一个近邻范围 B_i，在 B_i 中的任意一个点到点 P 之间的距离小于它到其他离散数据点之间的距离。这里的 B_i 是一个不规则多边形，该多边形称为泰森多边形。泰森多边形的生成是将离散点 P_i 分别同周围多个离散点 1、2、3、4、5、6、7 相连，然后分别作直线的垂直平分线，这些垂直平分线相交组成的多边形就是 P_i 的近邻范围，即泰森多边形。泰森多边形采用一种极端的边界内插方法，只用最近的单个点进行区域插值。泰森多边形按数据点位置将区域分割成子区域，每个子区域包含一个数据点，各个子区域到其内的数据点的距离小于任意到其他数据点的距离，并用其内的数据点进行赋值。

从以上定义可知，泰森多边形的分法是唯一的，每个泰森多边形均是凸多边形。不规则三角网（TIN）在均匀分布点的情况下可避免产生狭长和角度过小的三角形。从泰森多边形的定义可知，相邻两个多边形的边界是相邻两点连线的垂直平分线，因此，借助泰森多边形，我们可找出与待插点相邻的点集。也就是说，在点状泰森图中，相邻点所在的泰森多边形彼此邻接，或者说，具有公共边的泰森多边形内的点彼此相邻。

图 8.3-3（a）是由原始数据点构成的泰森多边形。图 8.3-3（b）中 x 表示待插点的位置。点画线为插入点 x 后增加的不规则三角形边，虚线为插入点 x 后包围 x 的泰森多边形。图 8.3-3（c）是插入采样点之后所得到的泰森多边形。

图 8.3-4（c）是插入点 x 后产生的新的关于 x 的泰森多边形，记为 V_x。该多边形与原始邻接泰森多边形相交，相交部分即为定权依据。设点 x 的邻接点集为 1、3、5、7，点 P_i 为点 x 的任何一个邻接点，点 P_i 所在的泰森多边形记为 V_p。可以看出，当点 x 无限接近点 P_i 时，两个多边形完全重合，即对点赋全权；若点 x 逐渐远离点 P_i，则 V_x 与 V_p 的相交区域及公共边界都将随之缩小，当点 x 进一步远离点 P_i，以至点 P_i 不再属于点 x 的邻接点集时，V_x 与 V_p 最终分离，这时点 P_i 的权重为 0，对点 x 的内插将不再产生影响。从上述讨论可以看出，权重是一个连续的过程，符合权函数的要求。选点定权重之后，即可进行加权平均的计算。将邻

接点 P_i 的泰森多边形与多边形 V_x 的相交区域记为 V_i（$i=1,2,3,\cdots,n$），点 P_i 的高程记为 H_i，用每个邻接点的高程 H_i 乘以各自相应的相交区域 V_i 的面积，相加后再除以整个相交区域（V_x）的面积，就可以得到点 x 的高程插值：

$$\frac{\sum_{i=1}^{n} H_i V_i}{\sum_{i=1}^{n} V_i} = H_s \tag{8.3-9}$$

式中，$\sum_{i=1}^{n} V_i = V_x$。

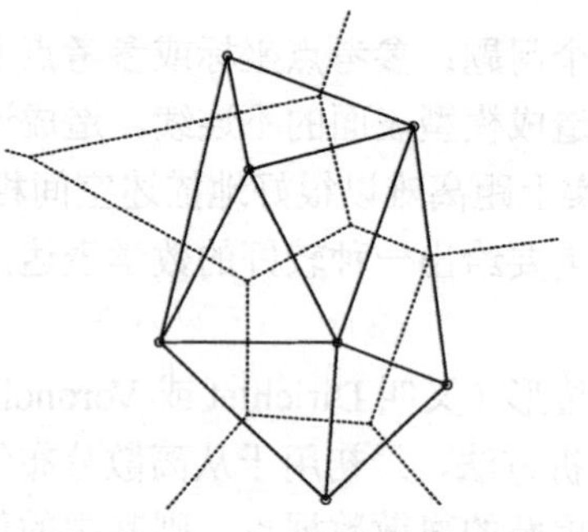

（a）Delaunay 三角形（实线）和原始的泰森多边形（点线）

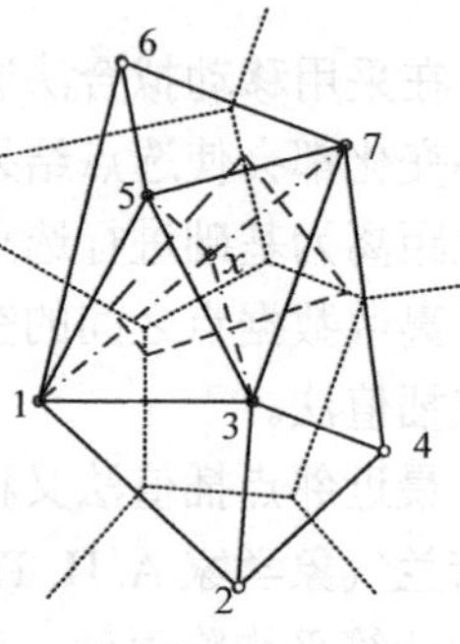

（b）输入一个点 x 的结果

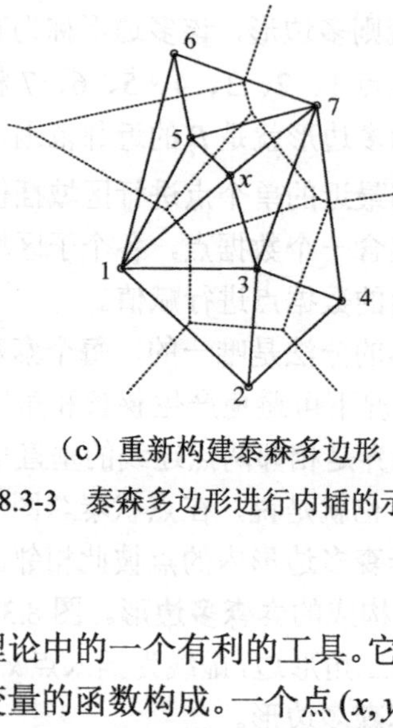

（c）重新构建泰森多边形

图 8.3-3　泰森多边形进行内插的示意图

8.3.4　径向基函数插值法

径向基函数插值法是逼近理论中的一个有利的工具。它最初是散乱数据插值的一种方法。径向基函数中的基函数由单个变量的函数构成。一个点 (x,y) 的这种基函数的形式往往表示为 $h_i(x,y)=h(d_i)$，这里的 d_i 表示由点 (x,y) 到第 i 个数据点的距离。

径向基函数插值法是多个数据插值方法的组合，包括一系列精确的插值方法。所谓精确的插值方法，是指表面必须经过每个已知采样点，同时又使表面的总曲率最小。

常用的 5 种径向基函数说明如下。

① 倒转复二次函数（Inverse Multiquadratic）：

$$B(h)=\frac{1}{\sqrt{h^2+R^2}} \tag{8.3-10}$$

② 复对数（Multilog）：

$$B(h)=\log(h^2+R^2) \tag{8.3-11}$$

③ 复二次函数（Multiquadratic）：

$$B(h)=\sqrt{h^2+R^2} \tag{8.3-12}$$

④ 自然三次样条函数（Natural Cubic Spline）：

$$B(h)=(h^2+R^2)^{3/2} \tag{8.3-13}$$

⑤ 薄板样条函数（Thin Plate Spline）：

$$B(h)=(h^2+R^2)\log(h^2+R^2) \tag{8.3-14}$$

式中，h表示由点(x,y)到第i个数据点的距离，R 是指定的平滑因子。每种径向基函数的表达形式不相同，而且得到的插值生成的表面也各不相同。通常情况下，这 5 种不同的径向基函数差别不大，每种径向基函数插值法都是准确的插值器，它们都能尽量适应采样数据，可以根据使用的需求做出选择，或者在几次验证之后选择一种合适的径向基函数。大多数人认为，复二次函数是最好的方法。

径向基函数插值法与同为精确插值法的反距离加权插值法的不同之处在于，反距离加权插值法不能计算出高于或低于采样点的预测点的值，而径向基函数插值法可以计算出高于或低于采样点的预测点的值。

8.4 插值方法交叉验证

空间插值的方法有很多种，但并不是每种都是适合的，所以在最终确定选用某种插值方法生成规则格网文件之前，应该对用来预测未知点的插值方法做个评价。

交叉验证（Cross validation）可以用来评价某一指定插值方法的质量，其基本思路是，在给定的建模样本中，拿出大部分样本建立模型，并使用建立的模型对预留的小部分样本进行预测，求出小部分样本的预测误差。通过交叉验证的统计量可以确定设置的插值方法和相关参数是否合理，或者用来比较两个或多个不同的插值方法的相对质量。

交叉验证的评定指标有平均估计误差百分比、相对均方误差、均方根预测误差及计算残差。其中均方根预测误差可用于评判插值方法的相对质量，以寻求最合适的插值方法。

1．平均估计误差百分比（Percent Average Estimation Error，PAEE）

如果 PAEE 趋于 0，则认为是无偏估计，公式为

$$\text{PAEE}=\frac{100\%}{\bar{Z}_i n_i}\sum_{k=1}^{n_i}[Z_i^*(X_k)-Z_i(X_k)]^2 \tag{8.4-1}$$

式中，$Z_i^*(X_k)$为位置X_k随机变量Z_i的估计量；$Z_i(X_k)$为位置X_i上的样点值；$\bar{Z}_i$为样点均值。

2．相对均方误差（Relative Mean-Square Error，RMSE）

$$\text{RMSE}=\frac{1}{s^2 n_i}\sum_{k=1}^{n_i}[Z_i^*(X_k)-Z_i(X_k)]^2 \tag{8.4-2}$$

式中，s^2为样点方差。

3．均方根预测误差（Root-Mean-Square Prediction Error，RMSPE）

$$\mathrm{RMSPE}=\sqrt{\frac{1}{n_i}\sum_{k=1}^{n_i}[Z_i^*(X_k)-Z_i(X_k)]^2} \tag{8.4-3}$$

均方根预测误差越小，预测值就越接近它们的真实值。

4．计算残差（Residuals）

残差值可以定量估计源数据的 z 值和格网化方法内插 z 值之间的一致性，残差公式计算公式为

$$\varepsilon_i = z_i - \hat{z}_i \tag{8.4-4}$$

式中，ε_i 为残差值；z_i 为观测值；$\hat{z}_i$ 为估计量。

第 9 章　空间可达性分析

9.1　可达性概述

9.1.1　可达性定义

可达性的精确定义至今也没有在学术界形成统一的意见，各个领域的学者们根据自己的专业给出相应的定义。广义的可达性指空间上某个要素实体（点、线或区域）的位置优劣程度，反映了与其他要素实体之间相互作用和交流的潜力。狭义的可达性指人通过一定的交通方式接近物品、服务、活动、机会等所在地点的方便程度。1959 年，Hansen 基于古典区位论的研究首次提出可达性概念，可达性表示空间相互作用的潜力或摆脱空间分离的能力，同时提出将人社会活动，如工作、上学、购物等其他活动，作为可达性研究目标。

目前，可达性概念在众多学术领域及工程研究领域应用广泛。各个研究领域，如交通系统、城市规划、地理信息等，对可达性有着不同的定义和评价体系。Hansen 的定义为"可达性是空间相互作用的潜力或摆脱空间分离的能力"；Weibu 的定义为"可达性是特定环境下人们社会活动的维度"；Bruinsma 和 Rietveld 的定义为"可达性为特定网络系统中，通过考虑某节点到达其他节点的费用评价该节点的吸引度"；Alien 的定义为"可达性是某点到研究区域范围内其他各点的费用总和，用以反映某点到达其他位置的难易程度"。空间句法概念的提出激发了众多学术领域激烈的讨论，每个领域都赋予可达性不同的含义和评价标准，目前对可达性的定义仍然没有达成统一的意见。各领域的学者根据各自的研究视角，提出适用的可达性内涵，并逐步进行完善。常见的几种可达性定义如下。

（1）克服空间阻隔的难易程度，两地之间的空间阻隔越大，可达性越小；两地之间的空间阻隔越小，可达性越大。

（2）个人参与某种活动的自由程度。

（3）在一定的交通系统中，从一个地方移动到另一个地方的难易程度。

（4）空间相互影响的潜力。

（5）人或者物接近某种机会（就业、购物、医疗、娱乐等）的潜力。

（6）基于个人的出行效用，效用越大，则可达性越大。

在众多的可达性定义中，都包括两点基本内容：出行阻抗，包括出行时间、出行距离、出行费用、拥堵程度、舒适性、安全性等；目的地的吸引力，包括人口密度、人口数量、区域面积、就业数量、兴趣点数量、出行需求等。

9.1.2　可达性应用类型

可达性应用的研究通常分为潜在可达性和实际可达性。潜在可达性是指人们在当前环境下到达某种设施或服务的便利程度，但不一定真正利用该设施或服务；实际可达性是指人们实际利用某种设施或服务的便利程度。另外，从影响可达性的因素来看，可达性又分为空间可达性与非空间可达性。空间可达性侧重于研究空间因素（如距离）的重要性，而非空间可达性则重在研究一些非空间因素（如年龄、性别、种族、社会阶层、经济收入等）对可达性的影响。那么，根据这两个分类维度，可达性的应用研究主要分为 4 类：潜在空间可达性、潜在非空间可达性、实际空间可达性和实际非空间可达性。

1．潜在空间可达性

目前，可达性模型的研究都以潜在空间可达性为主，因此，在应用领域也多以潜在空间可达性分析为主，用已有的可达性模型来评价每个位置或个体获取服务的难易程度。其中，应用比较广泛的是基于相互作用的潜能模型和 2SFCA（两步移动搜索法）及其扩展模型。大部分应用研究都集中在服务供给点、服务需求点及服务供给点与服务需求点之间的空间阻碍以及可达性模型的基本要素的设置与分析上。通常，服务需求点定义为一个最小的人口或土地单元，如交通小区、人口普查单元或最小行政区划；服务供给点一般为提供服务的公共设施。潜在空间可达性研究一般假设人们就近选择服务。因此，服务供给点与服务需求点之间的空间阻碍程度成为可达性度量的主要指标。从潜在空间可达性的应用领域看，医疗、教育、绿地等公共服务的可达性评价成为重点，并且国内学者在此方面的研究越来越广泛和深入。

2．潜在非空间可达性

虽然空间阻隔是人们选择服务的主要依据，但现实中的情景要复杂得多。很多时候人们宁愿花费更多的时间去获取更高级别的服务，或者因近邻服务的等待时间过长而转向其他较远的可替代的服务主体。也就是说，受各种非空间因素的影响，绕路获取服务的行为普遍存在。因此，空间位置上的近邻并不一定意味着高的可达性，空间约束条件在度量可达性时的作用是有限的，单纯地考虑空间约束会导致可达性的结果与实际情况存在偏差。因此，可达性是一个多维的概念，受各种空间和非空间因素共同的影响。例如，在医疗服务的可达性研究中，可以利用医院病例统计数据，建立以经验为基础的病人护理需求与年龄和性别的关系；在交通可达性研究中，可以将交通的拥挤程度、服务的开放时间等非空间因素纳入可达性研究中；在公园绿地可达性研究中，居民的出行方式、行为习惯以及公园绿地的吸引力大小都会造成居民主观可达性差异。不同的地区以及不同的服务类型涉及的非空间因素不同，因此，对非空间可达性的研究很难如同空间可达性一样，形成一个包含所有因素的方法模型，故目前的研究大多从某一个或几个非空间因素入手，分析可达性与其之间的关系，或者研究某种非空间因素下的可达性分布现象或规律。

3．实际空间可达性

实际空间可达性的研究重在解决可达性研究中的真实空间阻隔问题。真实可达性必须获取人们在复杂时空环境中的实际情况，直接利用用户注册及访问信息的服务主体（如商业、医疗等）所提供的出行距离、时间等数据，使可达性分析结果具有更高的准确性。例如，在百度导航地图中，依据步行和驾车出行时间进行空间可达性分析；在不同交通模式下，依据学生上学所用的实际时间，采用时间阻隔的可达性评价方法，确定学校的生源区。

4．实际非空间可达性

实际非空间可达性的研究重在分析实际用户获取服务过程中涉及的非空间因素。例如，摒弃地图以及官方统计的医疗病人数据，通过访谈的方式，从医疗质量、满意度、等待时间、医疗成本等方面分析家庭获取医疗服务的不平等问题。在可达性研究中，非空间因素更多地与空间因素相结合而不是单独作为可达性的影响因子。例如，一些统计上显著的社会学变量，如访问者的文化群体、共同的活动、安全性及空闲时间等也是影响公园可达性的重要因素。

9.2 可达性度量模型

9.2.1 基于空间阻隔的度量模型

基于空间阻隔的度量模型是最简单、直观的可达性度量模型，主要表现在可达性以服务需求点与服务供给点之间的交通成本来衡量，一般认为空间阻隔程度越低，可达性越好，如距离法、等值线法等。表示空间阻隔的指标可以是两者之间的直线距离、网络距离，也可以是两者之间的出行成本距离。基于空间阻隔的可达性包括相对可达性和总体可达性两种。相对可达性采用两点之间的阻隔距离来表示它们之间的可达性水平，总体可达性则采用某服务需求点到区域内所有服务供给点的阻隔距离之和（或平均值）来表示该点的可达性水平，公式分别为

$$A_i = d_{ij} \tag{9.2-1}$$

$$A_i = \sum_{i=1, j \neq i}^{n} d_{ij} \text{ 或 } A_i = \frac{1}{n} \sum_{i=1, j \neq i}^{n} d_{ij} \tag{9.2-2}$$

式中，A_i 表示服务需求点 i 到服务供给点 j 的可达性；d_{ij} 表示两者之间的距离。为了表示可达性随距离衰减的特征，d_{ij} 还可以引入距离衰减函数，如高斯函数、指数函数等。

1．距离度量模型

距离度量模型是最基本的空间可达性测量模型之一，包括网络中节点间的旅行时间、平均旅行成本和加权平均旅行时间等，所采用的距离指标包括空间距离、时间距离、经济距离、综合距离等反映节点间距离的参数。距离度量模型的基本表达式为

$$A_i = \sum_{j=1}^{n} \frac{T_{ij}}{n} \tag{9.2-3}$$

式中，A_i 表示服务需求点 i 的可达性；T_{ij} 是从服务需求点 i 到服务供给点 j 的最短出行距离（空间距离、时间距离）；n 是服务供给点的总数。

2．空间句法模型

空间句法模型本质上是基于拓扑距离研究网络可达性和关联性的模型，是对系统中线和节点的可达性进行拓扑分析的方法。常用的空间句法指标包括连接数、控制值、深度值和集成度，其中连接数是指与系统第 i 个空间单元相交的其他空间单元总数，这里表示与交通线 i 相交的其他交通线总数。控制值是指与其相交的空间单元的控制程度，反映了空间对周围空间单元的影响程度，它是根据空间单元连接数通过数学加权均衡得到的。从一个节点到另一个节点的最短距离是两个节点之间的深度值。集成度反映了一个空间单元与其他空间单元之间的聚集或离散程度，这里，它表示交通线和其他交通线之间的聚集或离散程度。综合价值越大，交通线在交通网络中的便利程度就越大。

3．最近邻距离模型

最近邻距离在 4.4.1 节中已给出了定义。最近邻距离模型通过定量分析研究对象与最近目的地之间的最小距离来实现对目的地可达性的评价。其采用两点间的直线距离来反映区域内几何中心点到目的地的距离，其优点是求解过程简单，无须设置烦琐的参数，因此，它被广泛应

用于无障碍研究中。具体可利用 ArcGIS 的邻近分析工具，得到起点到终点的最近距离，并用 SPSS 对计算结果进行统计分析。最邻近距离模型一般较多用来进行城市公共服务设施的公共性评价。例如，将居住区和公园绿地分别作为起点和终点，根据居民的出行习惯计算起点到达公园终点的最近距离，并对计算结果进行对比、分析来反映公园可达性水平的高低。

4．拓扑度量模型

在评价网络中各节点或整个网络的可达性水平时，拓扑度量模型是常用的方法。拓扑度量法将现实中的路网抽象成只有点和线的图，分析问题时只考虑节点与节点之间的连通性，不考虑节点之间的实际距离，将实际距离看成都是相等的。两个节点的最短路径被认为是连接两点的具有最少线段数的路径，两个节点间包含的线段数就是两个节点的拓扑距离。一般将一个节点到其他所有节点的拓扑距离总和或平均值作为总体可达性。所以，通过这种度量方法可以知道城市内部的交通或航空等能否直达，或要转乘的次数，比实际距离更为重要。

拓扑度量模型的优点是能够较好地分析网络的连接特性，可客观地比较多个城市或区域路网形态及空间分布的优劣程度。其缺点是忽略了两个节点之间的实际距离，没有考虑城市规划的重点研究对象——人的活动，所以应用范围有一定的局限性。

9.2.2 基于机会累积的度量模型

基于机会累积的度量模型是在基于空间阻隔的可达性模型基础上发展而成的，指的是某个地点在指定的出行（阻隔）成本（距离、时间、费用）下所能够接近的服务机会的数目，机会越多，可达性水平越高，如累积机会模型。与基于空间阻隔的度量模型不同，随着出行成本的增加，获得的机会数目越来越多，即可达性随出行成本的增加而增加。累积机会模型可表示为

$$A_j = \sum_{k=1}^{K} O_k \cdot f(c_{jk}), \quad f(c_{jk}) = \begin{cases} 1, c_{jk} \leqslant d_{\max} \\ 0, c_{jk} > d_{\max} \end{cases} \tag{9.2-4}$$

式中，A_j 表示地点 j 的可达性；O_k 表示地点 k 的机会值，即累积的机会点数量；$f(c_{jk})$ 为地点 j 和地点 k 之间的出行成本 c_{jk} 的函数；$d_{\max}$ 为出行的最大距离。

累积机会法优点多用于城市内部的可达性研究，清楚的表示出节点能够在特定时间或距离内能够到达的区域内就业和人口数量。缺点是累积机会法没有反映出时间半径之外的可达性，没有考虑在特定时间内的距离衰减，也没有考虑节点与所有经济中心之间的联系。基于机会累积的思想衍化出更复杂的模型，包括两步移动搜寻法、时空约束模型等等。

1．两步移动搜索法

两步移动搜索法采用从服务供给点和服务需求点的两个位置“移动搜索区域”。供需比例法是两步移动搜索法的基础。供需比例法通过计算服务供应能力与服务需求之间的比值来模拟一个区域的可达性。比值越大，可达性越好。该方法分为两步：

（1）对每个服务供给点 j，搜索所有在点 j 搜索半径 d_0 范围内的服务需求点 k，计算供需比 R_j：

$$R_j = \frac{S_j}{\sum_{k \in \{d_{kj} \leqslant d_0\}} P_k} \tag{9.2-5}$$

式中，d_{kj} 为服务需求点 k 与服务供给点 j 之间的距离；d_0 为搜索半径；P_k 为搜索区域内服务

需求点 k 的数量；S_j 为服务供给点 j 的总供给。

（2）对每个服务需求点 i，搜索所有在服务需求点 i 搜寻半径范围内的服务供给点 j，将所有供需比 R_j 相加得到服务需求点 i 的可达性 A_i：

$$A_i = \sum_{k\in\{d_{ij}\leqslant d_0\}} R_j = \sum_{j\in\{d_{ij}\leqslant d_0\}} \left(\frac{S_j}{\sum\limits_{k\in\{d_{kj}\leqslant d_0\}} P_k} \right) \tag{9.2-6}$$

式中，d_{ij} 为 i 和 j 之间的距离，R_j 为供给点 j 与搜索区 $d_{ij}\leqslant d_0$ 内的需求点 i 的供需比。

两步移动搜索模型计算得到的可达性可以认为是在研究单元内人均享有公共服务资源的数量。

2. 时空约束模型

时空约束模型指在特定的时间和空间约束条件下，以个体能够到达的时空区域来度量可达性，用时空棱柱来形象展现可达性的效果。时空约束是指个人活动的时间和空间特性所引起的、对于活动选择的局限性，而时空棱柱则是指某个个体在特定的时间和空间约束下可能的活动空间。Kwan（1998）在可行机会集的理论基础之上提出了时空约束模型，可表示为

$$A_O = \sum_{D=1}^{n} W_D I(D),\ I(D) = \begin{cases} 1,\ D \in \text{FOS} \\ 0,\ D \notin \text{FOS} \end{cases} \tag{9.2-7}$$

式中，A_O 为区域 O 的可达性，D 为目的地节点，n 为目的地节点的数量，W_D 为区域 D 提供的机会，$I(D)$ 为决策变量，FOS 是区域 D 的可行机会集。

9.2.3 基于空间相互作用的度量模型

基于空间相互作用的可达性计算方法的应用最为广泛。这种方法认为可达性是指到达活动目的地的难易程度，它不仅受到两点空间阻隔的负向影响，其空间相互作用效应的大小随距离增大而衰减，而且还受起点的出行发生量和活动规模大小的正向影响，与终点的吸引力大小呈正比。这种方法将用地（代表了发展机会或服务设施等城市活动）和交通系统（代表了出行距离、出行时耗等成本）两者有效地紧密结合在一起。

1. 潜能模型

潜能模型（Potential Model）是 Hansen 提出的可达性度量模型，后来学者逐步对其进行改进和完善，引入了万有引力定律（潜能模型因此也称为万有引力潜能模型或重力模型），成为空间相互作用的经典模型之一。在潜能模型中，可达性随服务供给点服务能力的增加而增加，随着出行成本的增加而减小，且在空间出行成本中增加了距离衰减系数来表达可达性随距离衰减的现象，可表示为

$$A_i = \sum_{j=1}^{n} \frac{S_j}{d_{ij}^{\beta}} \tag{9.2-8}$$

式中，S_j 表示服务点 j 的服务能力；d_{ij} 表示需求点 i 与服务供给点 j 之间的空间阻隔（出行成本）；β 表示距离衰减系数；n 表示服务供给点的总数量。

Hansen 的潜能模型只考虑了“供”方因素，所以公共服务设施距居民点越近，其可达性度量值就越高。1982 年，法国学者 Joseph 在 Wellington 的医疗服务设施可达性研究中提出的

潜能模型综合考虑了“供与求”两个方面，对于判定公共服务设施的可达性十分适用，可表示为

$$A_i = \sum_{j=1}^{n} \frac{S_j d_{ij}^{-\beta}}{V_j} \text{ ， } V_i = \sum_{k=1}^{m} P_k d_{kj}^{-\beta} \tag{9.2-9}$$

式中，A_i表示可达性；n和m分别表示服务点j和居民点i的数量；S_j为服务点j的服务能力（如医院床位数、学校教师数）；d_{ij}为居民点i与服务点j之间的出行阻抗（距离或时间)；β为普查单元到公共服务设施的阻抗系数；V_j表示服务点j的医疗机构的人口潜能；P_k表示居民点k的人口数量。Shen、Wang和Minor等将此方法引用于就业、医疗可达性的分析中，取得良好效果。

潜能模型优点是考虑了其他节点的规模大小（包括经济、人口等因素)，这是其他方法没有考虑的。缺点是没有前面几种方法好理解，经济中心自身的质量对可达性的计算有影响，其质量越大对结果影响越大。

2．效用模型

效用模型以离散选择及随机效用理论作为理论基础，其前提是假设所有出现的目的地都直接或间接地赋予出行人一定的效用，人们在出行时会充分对比各区域间的效用差别，在潜意识里选择出行效益最大的出行方式安排出行计划，在出行过程中收获的收益越大，代表该研究区域的可达性越好。因此，在此前提下，可达性就成为了出行选择的最大期望效用，拥有较大期望效用的个体，其可达性就越大。根据这一假定，结合非集计模型的理论，Ben-Akiva和Lerman提出了可达性的效用模型，可表示为

$$A_n = E[\underset{j \in D}{\mathrm{Max}}] = \ln \sum_{j \in D} \exp(V_{jn}) \tag{9.2-10}$$

式中，A_n为效用模型下n的可达性；$E[\underset{j \in D}{\mathrm{Max}}]$为对效用函数最大值取数学期望；$D$为出行者出行选择方案的集合，对于每个方案$j$都有相应的效用且$j \in D$；$V_{jn}$表示个体$n$选择$j$的效用。

效用模型虽然同时将出行过程中的交通因素、社会发展因素以及个体差异因素相结合综合考虑，在一定程度上的确可以综合反映人们出行过程的满意程度。但是由于模型使用的数据较难收集，计算过程较为烦琐，不具有普适性。该模型多用于边际收益分析的研究，例如，研究城市路网的改善对居民出行及交通可达性的影响。

3．无参数空间交互模型

无参数空间交互模型的基本思想是基于空间相互作用的可达性模型的，在这里将其单独给出是因为该模型具有特殊性。其与前两种模型最大的不同是此模型中没有距离参数。传统可达性模型中最重要的影响因素之一就是距离衰减因素，而无距离参数的空间交互模型直接跳过了距离衰减机制，并基于大数据与人工智能提出了新的衰减机制，将个人出行时目的地选择的影响因素确定为其他个体对目的地选择的竞争性，选择概率与目的地机会成正比，与本地出发到目的地的总人数成反比，更进一步，还与出行者之前是否到达过目的地有关，并运用记忆强度参数来刻画这一因素的影响，可表示为

$$P_{ij} \propto \frac{m_j}{s_{ji}} \text{ ， } P_{ij} \propto \frac{m_j}{s_{ji}}\left(1 + \frac{\lambda}{r_j}\right) \tag{9.2-11}$$

式中，P_{ij} 为从起点 i 到目的地 j 的概率，m_j 为目的地 j 的机会数，s_{ji} 为起点 i 选择到目的地 j 的人口数，λ 为记忆强度参数，r_j 为目的地 j 附加吸引力的排序。

9.3 可达性应用

现以城市地铁数据为例开展可达性应用研究，数据采用 2017 年武汉市轨道（地铁）交通矢量数据，包括地铁线路及地铁站点数据，其中地铁站点共 156 个，其属性包括站点代号（FID）、地铁站点名称（name）、地铁站点经纬度（Lng 和 Lat）、地铁站点所属轨道交通线路 line），这里只列出 FID 为 1～20 的地铁站点，各字段具体信息如表 9.3-1 所示，2017 年武汉市地铁站点及线路图如图 9.3-1 所示。

表 9.3-1　2017 年武汉市地铁站点属性表（前 20 个）

FID	name	Lng	Lat	line
0	天河机场（地铁站）	114.21113870000	30.77298482000	2 号线
1	航空总部（地铁站）	114.22180470000	30.73487211000	2 号线
2	宋家岗（地铁站）	114.23185780000	30.72553925000	2 号线
3	汉口北（地铁站）	114.32398850000	30.71426563000	1 号线
4	青龙（地铁站）	114.38485490000	30.70768950000	21 号线/阳逻线
5	高车（地铁站）	114.40348680000	30.71582444000	21 号线/阳逻线
6	武湖（地铁站）	114.42446560000	30.70925972000	21 号线/阳逻线
7	沙口（地铁站）	114.47234500000	30.71153990000	21 号线/阳逻线
8	军民村（地铁站）	114.50998920000	30.71243831000	21 号线/阳逻线
9	武生院（地铁站）	114.52049990000	30.71101968000	21 号线/阳逻线
10	施岗（地铁站）	114.59585130000	30.70882731000	21 号线/阳逻线
11	金台（地铁站）	114.61404300000	30.71625122000	21 号线/阳逻线
12	盘龙城（地铁站）	114.25412070000	30.70264944000	2 号线
13	阳逻（地铁站）	114.54791300000	30.70612184000	21 号线/阳逻线
14	阳逻开发区（地铁站）	114.56267770000	30.70417886000	21 号线/阳逻线
15	金潭路（地铁站）	114.27861150000	30.67960548000	8 号线
16	滠口新城（地铁站）	114.33686110000	30.68685444000	1 号线
17	朱家河（地铁站）	114.35911320000	30.68241280000	21 号线/阳逻线
18	谌家矶（地铁站）	114.36757080000	30.68612326000	21 号线/阳逻线
19	宏图大道（地铁站）	114.27233520000	30.67276863000	2 号线；3 号线；8 号线
20	堤角（地铁站）	114.33277020000	30.66818064000	1 号线

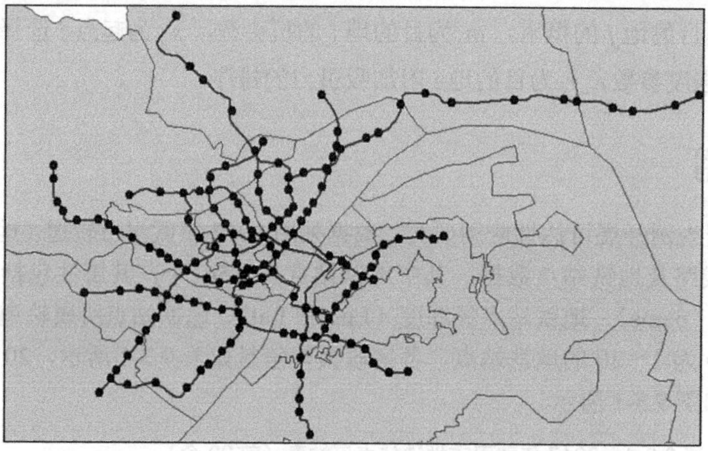

图 9.3-1　2017 年武汉市地铁站点及线路图

9.3.1　距离度量模型可达性应用

距离度量模型是城市轨道交通可达性评价中较为常见的一种方法，这里的距离采用欧氏距离，根据距离度量模型的基本表达式（9.2-3）计算得到每个地铁站点的可达性。

以地铁线路为网络，采用空间距离中的欧氏距离作为反映节点之间的距离参数，依据距离度量模型，通过计算各地铁站点间的空间距离得到距离成本，从而计算出每个地铁站点的可达性。由于地铁站点数据有 156 个，此处不一一列举计算得到的所有站点可达性，只给出 FID 为前 20 的站点，地铁站点间的空间距离为 DISTANCE，可达性为 A_i，如表 9.3-2 所示。

表 9.3-2　基于距离度量模型的可达性表（前 20 个）

FID	name	line	DISTANCE	A_i
0	天河机场（地铁站）	2 号线	32.28897128	0.206981
1	航空总部（地铁站）	2 号线	26.87059156	0.172247
2	宋家岗（地铁站）	2 号线	25.25740307	0.161906
3	汉口北（地铁站）	1 号线	23.64394091	0.151564
4	青龙（地铁站）	21 号线/阳逻线	26.85779452	0.172165
5	高车（地铁站）	21 号线/阳逻线	29.31026619	0.187886
6	武湖（地铁站）	21 号线/阳逻线	30.81582444	0.197537
7	沙口（地铁站）	21 号线/阳逻线	36.36985603	0.23314
8	军民村（地铁站）	21 号线/阳逻线	41.04420686	0.263104
9	武生院（地铁站）	21 号线/阳逻线	42.30139992	0.271163
10	施岗（地铁站）	21 号线/阳逻线	52.48459389	0.33644
11	金台（地铁站）	21 号线/阳逻线	55.45952848	0.35551
12	盘龙城（地铁站）	2 号线	21.7485208	0.139414
13	阳逻（地铁站）	21 号线/阳逻线	45.6591554	0.292687

续表

FID	name	line	DISTANCE	A_i
14	阳逻开发区（地铁站）	21 号线/阳逻线	47.58455391	0.305029
15	金潭路（地铁站）	8 号线	18.82188124	0.120653
16	滠口新城（地铁站）	1 号线	21.26362559	0.136305
17	朱家河（地铁站）	21 号线/阳逻线	22.39678436	0.143569
18	谌家矶（地铁站）	21 号线/阳逻线	23.41007884	0.150065
19	宏图大道（地铁站）	2 号线；3 号线；8 号线	18.1581351	0.116398
20	堤角（地铁站）	1 号线	19.31330041	0.123803

将地铁站点的距离度量可达性 A_i 添加到属性表中，以 A_i 为指标可视化地铁站点图层，可以清楚地看出各地铁站点的可达性情况，如图 9.3-2 和图 9.3-3 所示。

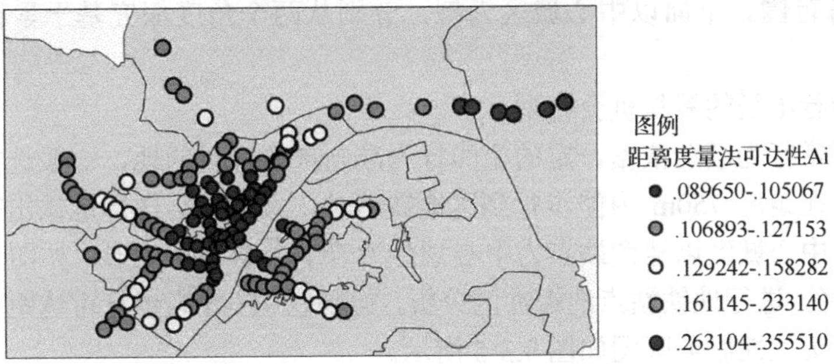

图 9.3-2　地铁站点距离度量可达性色彩分级

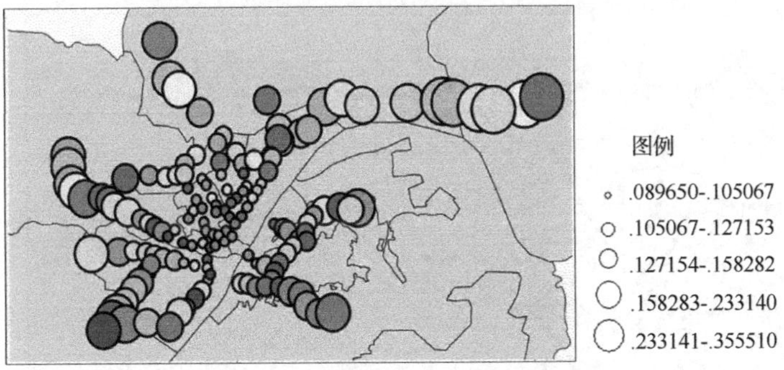

图 9.3-3　地铁站点距离度量可达性符号分级

在图 9.3-2 中，通过分级色彩（扫描二维码）可以看出距离度量模型可达性情况，红色区域地铁站点集中分布，可达性程度较高，蓝色区域可达性程度较低；在图 9.3-3 中，通过分级符号的大小（扫描二维码）可以看出，符号越小分布越集中，地铁站点之间的空间距离越近，可达性越高，反之可达性越低。

在距离度量模型中，可达性较好的地铁站点包括循礼门、苗栗路、菱角湖、香港路友谊路、中山公园、大智路、青年路、王家墩东、三眼桥、利济北路、六渡桥、江汉路等（表 9.3-2 中未列出）；较差的包括天河机场、沙口、军民村、武生院、阳逻、施岗、金台等。地铁站点空间位置特征表现为：可达性较好的地铁站点位于中心城区，处于多条地铁线路上或换乘地铁站点，可达性较差的地铁站点多位于外围城区，或是地铁线路的最后几站。

9.3.2 累积机会模型可达性应用

累积机会模型是一种用于评价地铁站点服务范围内可获取到的机会点数量的方法，采用机会点数作为可达性的评价指标。累积机会模型采用 9.2.2 节式（9.2-4）给出的计算模型。

以微博签到点作为累积的机会点，阻抗因子为签到点与地铁站点之间的欧式距离，利用 ArcGIS 分析工具中的邻域分析计算机会点和地铁站点之间的距离。将步行可达距离作为出行距离的阈值，一般认为地铁站点的最大步行距离是 800m，再结合对城市道路环境下步行合理可达范围的研究，将出行距离阈值设置为 750m。本节从两个角度出发划分地铁站点的服务范围，探究基于累积机会的地铁站点可达性。其一是基于步行半径的累积机会模型，以地铁站点为圆心、步行可达距离为半径划分地铁站点服务范围；其二是基于路网的累积机会模型，此处引入湖北省路网数据，在路网的基础上以 750m 为步行可达距离划分武汉市地铁站点的服务范围。下面以中心城区为例，分别从两个角度探究基于累积机会的地铁站点可达性。

（1）基于步行半径的累积机会模型

城市居民日常行为活动依据一定的空间行为准则来选择目的地，一般选择最近的地铁站作为出行方式。在距离 750m 内能步行到达地铁站时，人们才会选择地铁出行。利用泰森多边形，将武汉市中心城区以地铁站点为中心划分为若干个泰森多边形，如图 9.3-4 所示。以 750m 为搜索半径，进行地铁站点的缓冲区分析，得到以 750m 为步行可达距离的地铁站点服务区范围，步行可达性服务区图如图 9.3-5 所示。

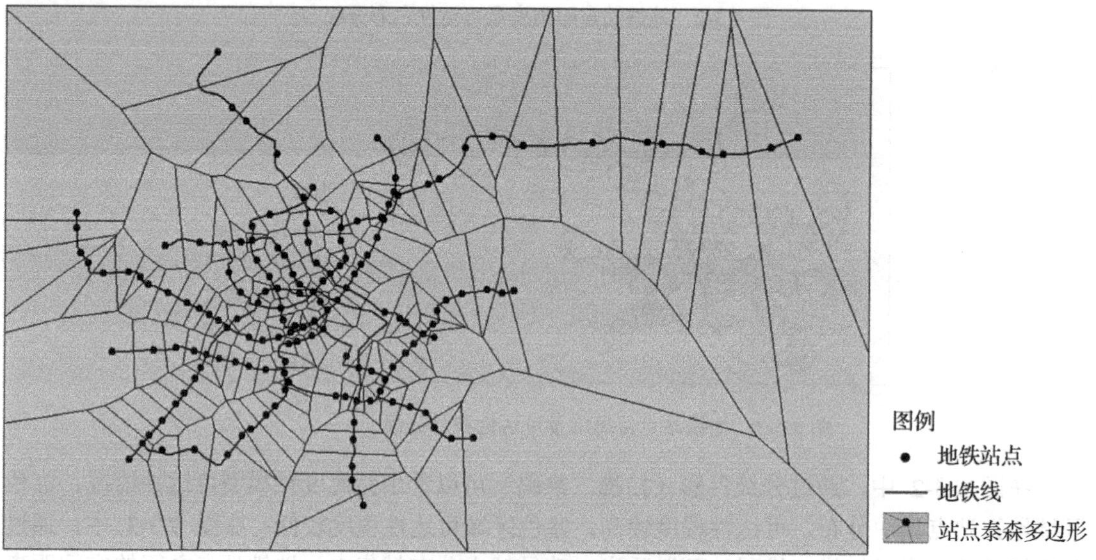

图 9.3-4　地铁站点服务区图

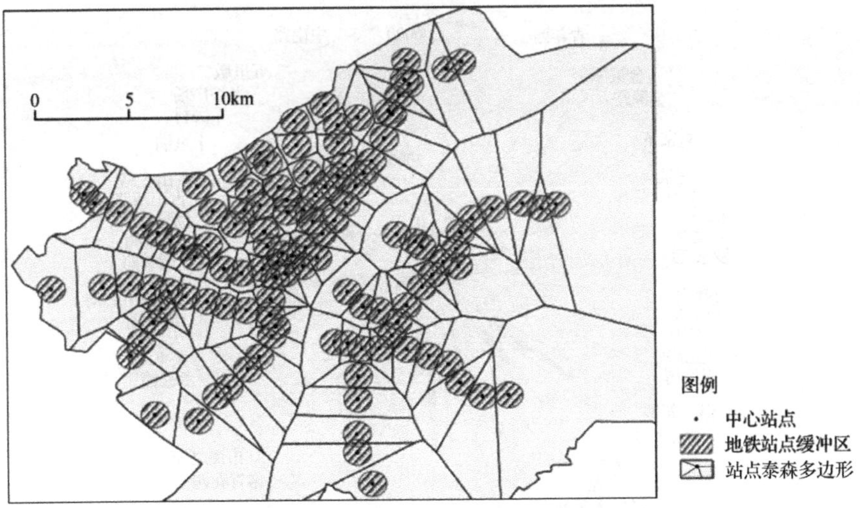

图 9.3-5　步行可达性服务区图

将得到的步行可达性服务区图与签到点图层叠加分析，计算落入每个地铁站点服务范围内的机会点数，并以机会点数为属性分级设色，在地图中可视化显示，结果如图 9.3-6 所示。

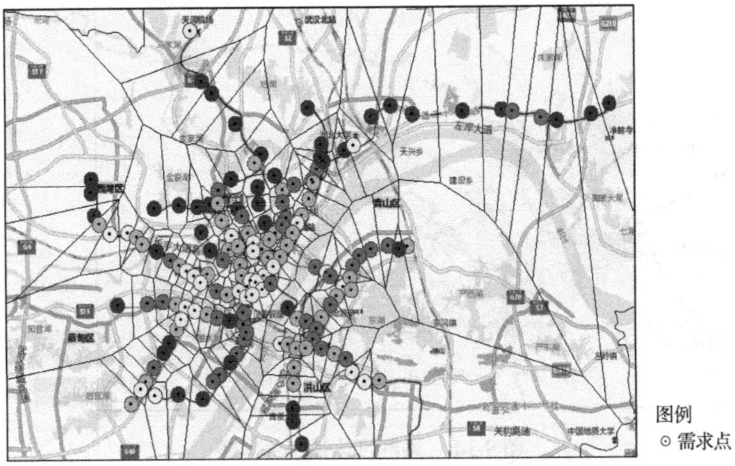

图 9.3-6　步行可达性分级可视化图

从图 9.3-6 中我们可以直观地看出不同地铁站点的累积机会可达性情况。从整体来看，中心城区的地铁站点可达性较好，外围城区的地铁站点可达性较差，长江两岸的地铁站点可达性较好。

对步行可达性分级统计，得到图 9.3-7，从图中可以直观地看出每个地铁站点的可达性，以及与其他地铁站点可达性之间的高低关系。

（2）基于路网的累积机会模型

这里引入湖北省路网数据，在路网的基础上，构建武汉市地铁拓扑网络，以 750m 为步行可达距离划分地铁站点的服务范围。通过路网数据可以更贴合实际的出行路径，能更加真实地划分地铁服务范围。得到的路网可达性服务区图如图 9.3-8 所示。

将得到的路网可达性服务区图与签到点图层叠加分析，计算落入每个地铁站点服务范围内的机会点数，并以机会点数为属性分级设色，在地图中可视化显示，结果如图 9.3-9 所示。

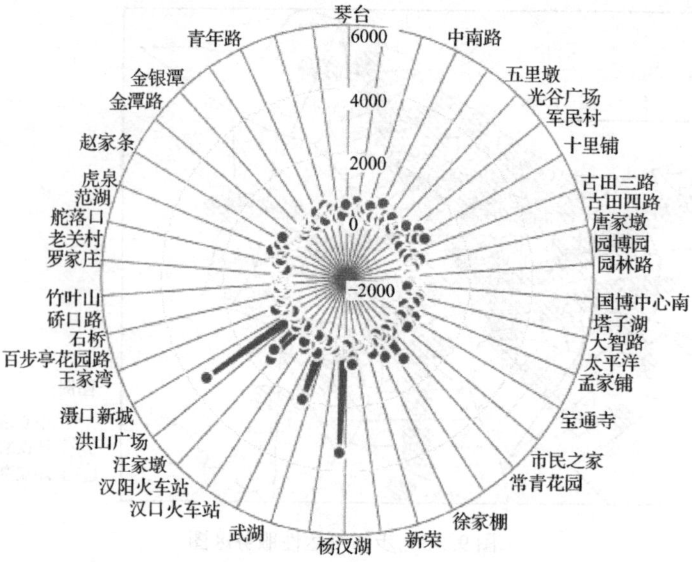

图 9.3-7 步行可达性分级统计图

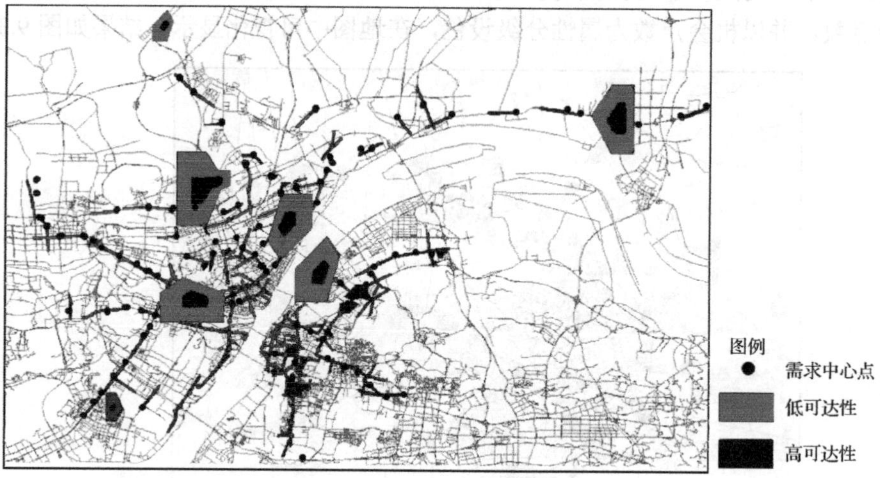

图 9.3-8 路网可达性服务区图

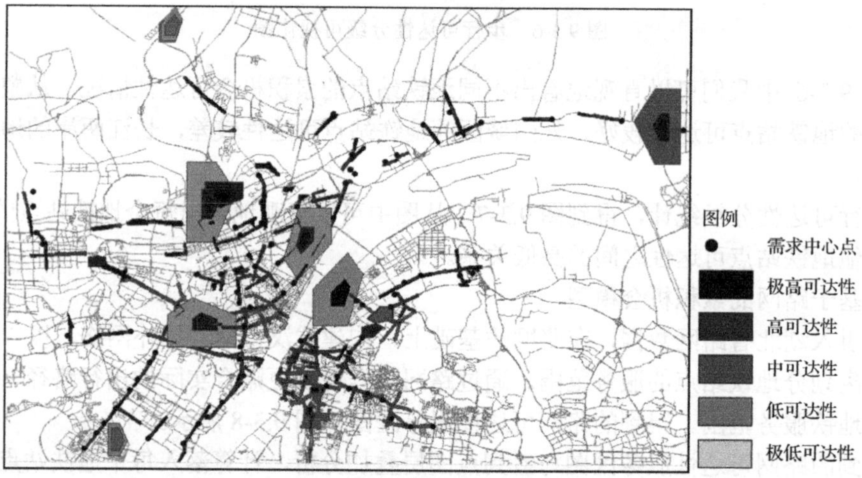

图 9.3-9 路网可达性分级可视化图

从图 9.3-9 中我们可以直观地看出不同地铁站点的累积机会可达性情况。颜色从深到浅可达性从高到低，深色区域表明可达性较好，浅色区域表明可达性较差，图中地铁站点的可达性以地铁站点为中心向外辐射，可达性依次递减。

从图 9.3-9 中我们还可以看出，在基于路网的情况下，地铁站点服务范围基本以线状为主，这是因为要考虑可通行的路网，同时也存在几个块状服务区，该区域地铁站点较为密集，多个地铁站点的服务范围连成一片，形成大面积的块状服务区。其中有 4 块呈现出深色的块状服务区，属于可达性较高的地铁站点集中区，分别位于江岸区、江汉区、汉阳区和武昌区。

对路网可达性分级统计，得到图 9.3-10，从图中可以直观地看出每个地铁站点的可达性，以及与其他地铁站点可达性之间的高低关系。

通过以上基于步行半径和路网的累积机会模型，我们可以得出不同区域划分条件下地铁站点可达性的高低情况：从可达性较好的地铁站点总体分布情况来看，中心城区的地铁站点可达性较好，外围城区的地铁站点可达性较差，位于长江两岸的地铁站点可达性较好；从区县来看，江汉区、江岸区、汉阳区、洪山区、武昌区可达性较好，东西湖区、青山区等外围城区地铁站点可达性较差，在一定程度上与地铁站点所处的空间位置有关。从机会点数量统计来看，基于路网的累积机会模型划分地铁站点服务区得出的机会点数量更具有代表性，更贴近实际情况，以此作为可达性指标更合适，因此以基于路网的模型计算的可达性作为最终的可达性。

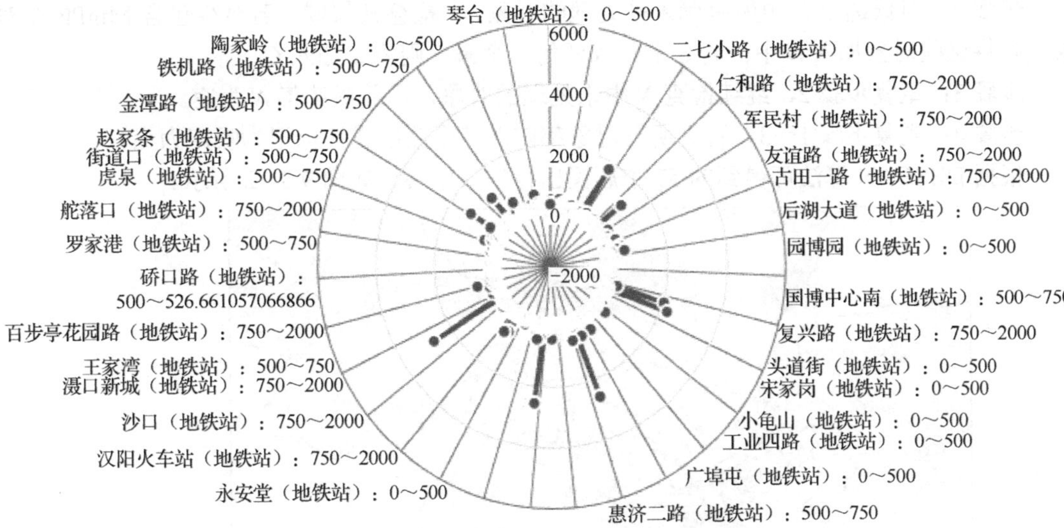

图 9.3-10　路网可达性分级统计图

9.3.3　两步移动搜索模型可达性应用

两步移动搜索模型的基础是供需比例法。利用供需比例法分析一个区域的可达性通常是以行政区作为划分依据的。这就导致了以下问题：①整个区域的可达性是一样的，而通常行政区范围较大，因此无法刻画出区域内的可达性情况及其细节；②该模型将划分区域的边界设定为不可跨越的，没有充分地考虑相邻区域间跨越边界的实际交互行为及其相互作用的影响。

因此，在比例模型的基础上提出了两步移动搜索模型。为了解决区域内部细节无法刻画的问题，本节将武汉市进行城市功能区划分，使用更小的地理单元作为区域范围，使得服务范围内的可达性信息尽可能地呈现出来。服务供给点的划分通过泰森图实现，具体见图 9.3-4；

服务需求点的划分通过改进的DBSCAN算法对城市居民出行的需求点进行聚类计算实现。

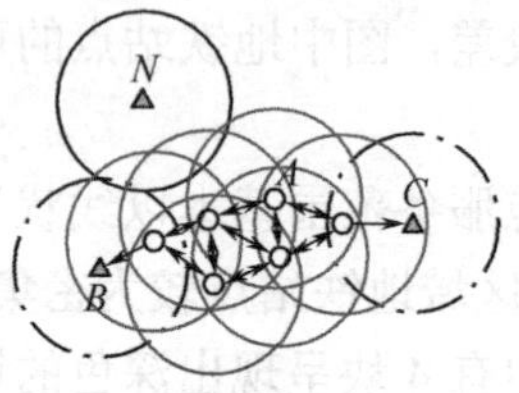

图 9.3-11 DBSCAN 算法聚类

DBSCAN 算法本质上是一个寻找类簇并不断扩展类簇的过程。要形成类簇，数据密度必须满足要求。如图 9.3-11 所示，空心圆点为核心点，圆圈代表核心点以 r 为半径的邻域，从点 A 出发，点 B 和点 C 均是密度可达的，点 B 和点 C 则是密度相连的，且点 B 和点 C 为边界点，而 N 为噪声点。DBSCAN 算法本质上是一个寻找类簇并不断扩展类簇的过程，要形成类簇首先数据密度要满足要求。对任意点 p，若其是核心点，则以 p 为中心，r 为半径可以形成一个类簇 C。扩展类簇的方法：遍历簇中的点，若有点 q 是核心点，则将 q 的 r 邻域内的点也划入类 C 中，递归执行，直到 C 不能再扩展。设定两个参数：Eps 为一个点周围邻域的半径，minPts 为邻域内至少包含点的个数。

DBSCAN 算法执行步骤简化描述如下。

输入：数据集为 D，半径参数为 Eps，密度阈值为 MinPts。

输出：聚类结果及噪声数据。

步骤 1：检测数据库中尚未被处理的对象 p，如果 p 未被处理，则归为某个簇或者标记为噪声，则检查其邻域，若包含的对象数不小于 MinPts，则建立新簇 C，将其中的所有点加入候选集 N 中。

步骤 2：对候选集 N 中所有尚未被处理的对象 q，检查其邻域，若至少包含 MinPts 个对象，则将这些对象加入 N 中；若 q 未归入任何一个簇，则将 q 加入 C。

步骤 3：重复步骤 2，继续检查 N 中未处理的对象，当前候选集 N 为空。

步骤 4：重复步骤 1～3，直到所有对象都归入某个簇中或被标记为噪声为止。

根据 DBSCAN 算法可得到的 57 个居民出行需求中心，如图 9.3-12 所示。

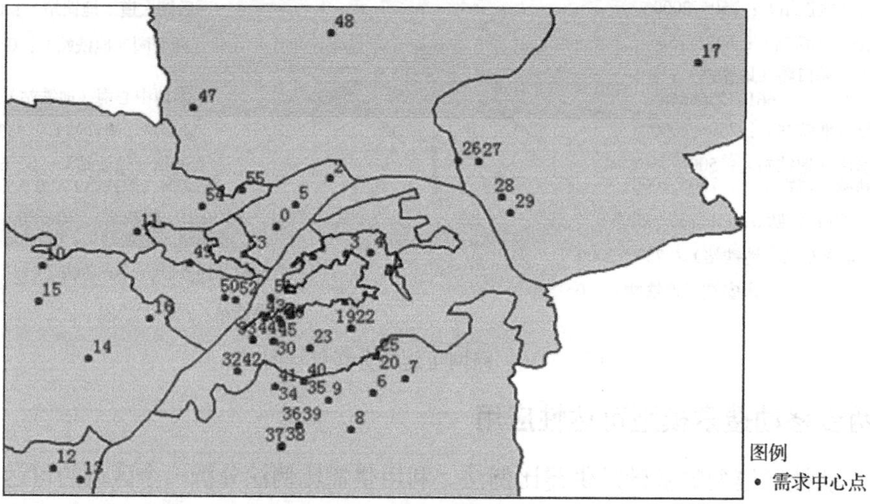

图 9.3-12 居民出行需求中心图

在本节中，需要计算的是地铁站点的可达性，即服务供给地的可达性，与两步移动搜索模型中的供需关系恰好相反，因此，这里将地铁站点视为服务需求点，居民出行需求中心视为对地铁站点的服务供给点，从而达到计算地铁站点可达性的目的。

根据两步移动搜索法式（9.2-5）和式（9.2-6），实际上就是以服务供给点和服务需求点各搜索一次：先以服务供给点为中心，搜索规定范围内的服务需求点，算出每个服务供给点代表的供需比；再以服务需求点为中心，搜索中心范围内的服务供给点，对范围内所有服务供给点的供需比求和，就得到了服务需求点的可达性。在地铁站点的可达性应用中，是一种逆向反推法，把地铁站作为服务需求点，把由 DBSCAN 算法得出的居民分布中心作为服务供给点。服务供给点 j 为居民出行分布中心，服务需求点 k 为地铁站点，服务供给点的服务能力 S_j 为落入每个分布中心簇内的点数，服务需求点的需求规模 P_k 为地铁站点的签到点数，将二者之比作为服务能力与需求规模的供需比 R_j，搜索半径 $d_{\max}$ 为预设的极限搜索距离，得到的地铁站点可达性为 A_i。依据武汉市居民空间可达性评价研究中对搜索半径的研究分析，这里将搜索半径 $d_{\max}$ 设置为 7km。

（1）对每个居民出行分布中心 j，搜索所有在中心点搜索半径 $d_{\max}$ 范围内的地铁站点 k，计算其供需比例 R_j。

（2）对每个地铁站点 i，搜索所有在站点搜索半径 $d_{\max}$ 范围内的居民出行分布中心 j，计算其供需比 R_j 之和，得到地铁站点 k 的可达性 A_k。A_k 越大，地铁站点 k 的可达性越高。

将地铁站点服务区图和居民出行分布中心图加载到同一图层中，得到供需点分布情况图如图 9.3-13 所示。其中有一些居民出行分布中心在城区外围，周边没有地铁站点，因此会出现有一些居民出行分布中心搜索半径范围内没有地铁站点，而在中心城区居民出行分布中心和地铁站点分布都较为集中的情况，因此将研究区域缩小至供需点分布集中的中心城区，如图 9.3-14 所示。

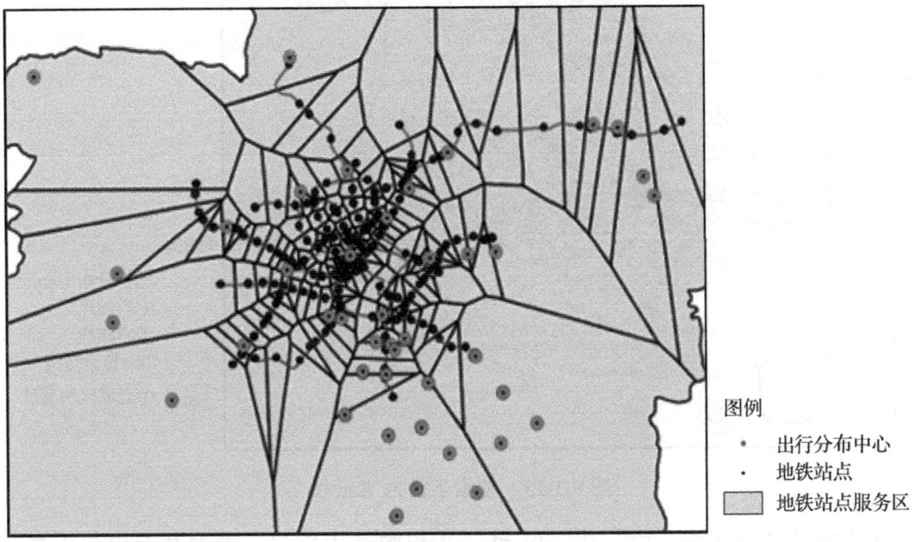

图 9.3-13　供需点分布情况图

在中心城区，居民出行分布中心为 26 个，地铁站点为 120 个。在搜索半径 $d_{\max}$ 能覆盖中心城区的左、右供需点的条件下，选择最小的极限空间距离作为半径，这样能使得每个地铁站点都具有可达性，同时保证不同地铁站点可达性的精准性和差异性，通过缓冲区实验分析将这里的 $d_{\max}$ 设置为 7km，如图 9.3-15 所示。

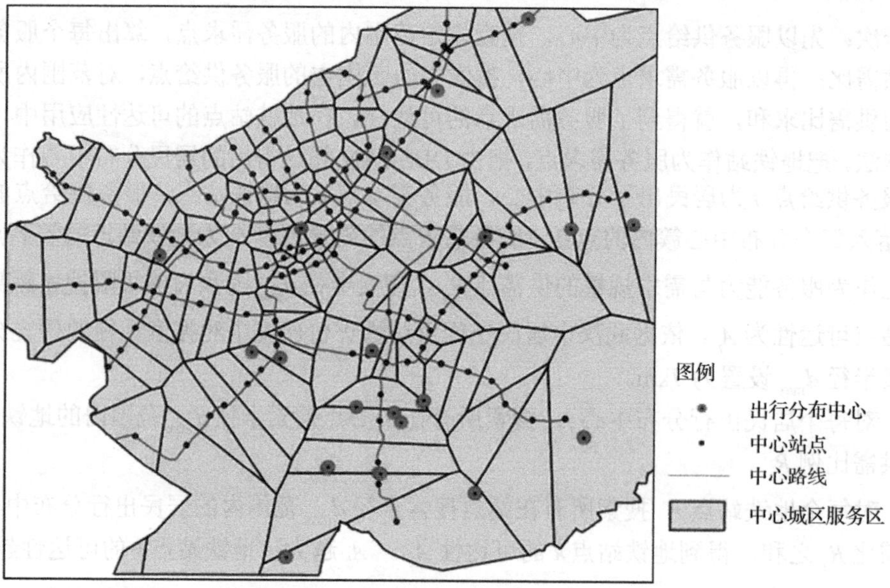

图 9.3-14　中心城区供需点分布情况图

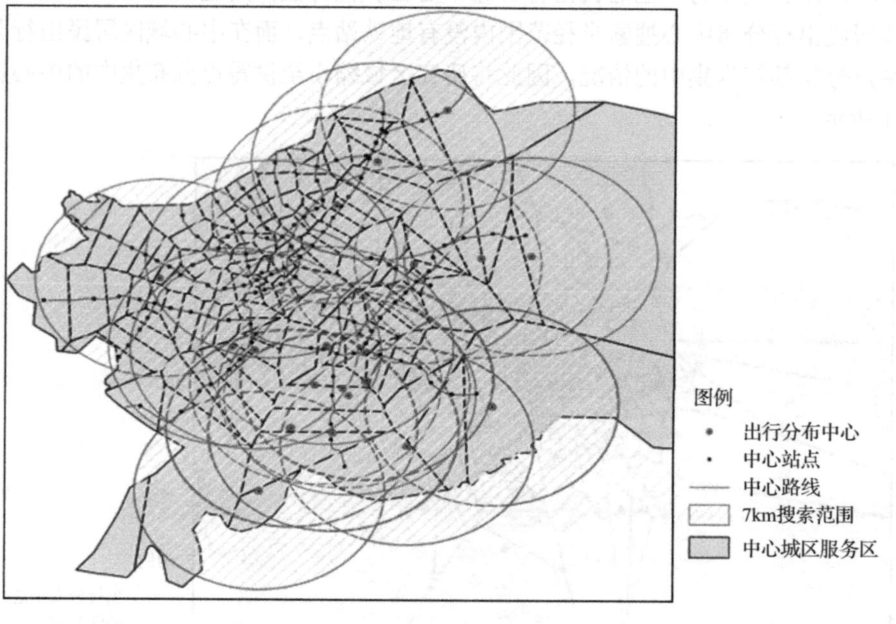

图 9.3-15　搜索半径为 7km 图

根据两步移动搜索模型。第一步，以 7km 为极限搜索半径，搜索落在居民出行分布中心 j 范围内的地铁站点 k，并计算地铁站点服务区内签到点数之和 P_k，求出居民出行分布中心签到数和地铁站点个数之比，即得到供需比 R_j，如表 9.3-3 所示。

表 9.3-3　供需比 R_j 表

j	P_k	S_j	R_j	j	P_k	S_j	R_j
1	20142	4304	0.213682852	3	2506	1461	0.583000798
2	21331	14413	0.675683278	4	15721	439	0.027924432

续表

j	P_k	S_j	R_j	j	P_k	S_j	R_j
5	11513	2873	0.249543994	35	20446	650	0.031791059
6	9941	465	0.046775978	44	15255	3644	0.238872501
20	31415	331	0.010536368	45	26635	217	0.008147175
21	28743	15868	0.552064851	46	20446	616	0.030128142
23	46807	267	0.005704275	47	21547	2793	0.129623613
24	28743	15049	0.523570956	48	30243	192	0.006348577
25	46807	251	0.005362446	51	14721	7463	0.506962842
26	31415	327	0.01040904	52	16624	387	0.023279596
32	21547	2776	0.128834641	53	31356	2146	0.068439852
33	30964	400	0.012918228	54	15568	208	0.01336074
34	15255	3882	0.254473943	55	23507	14830	0.630875909

第二步，同样以7km为极限搜索半径，搜索落在地铁站点i范围内的居民出行分布中心j，并计算出居民出行分布中心通过第一步计算得到的R_j之和，即得到地铁站点i的可达性A_i，如图9.3-16所示。A_i越大，地铁站点i的可达性越高。

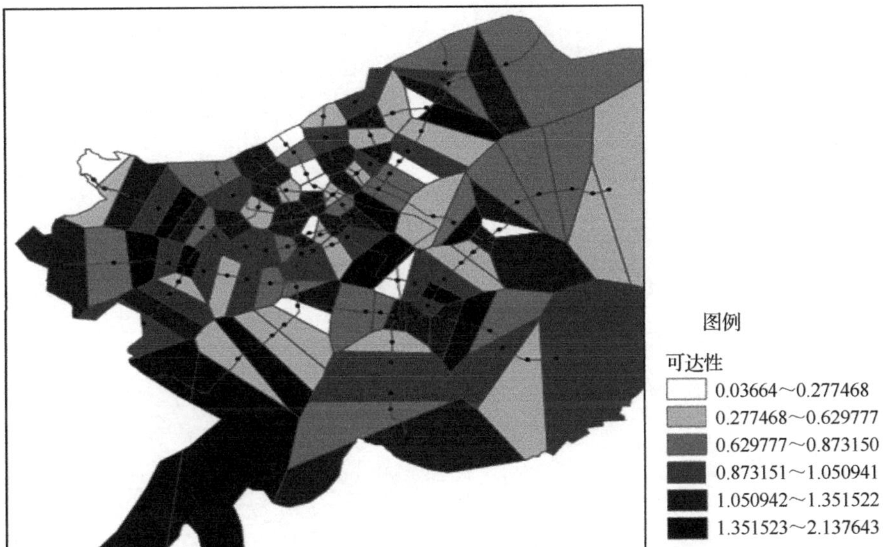

图9.3-16　基于两步移动搜索模型的站点可达性分级图

从图9.3-16中可以看出，两步移动搜索模型得到的可达性高低分布较为离散，这是由于受到服务供给点的位置和服务能力的影响，即居民签到聚类中心的位置和聚类簇中的签到点数量。总体来看，中心城区的可达性大部分为0.8～2，41个站点可达性在1分以上，占比为34.2%，40个站点可达性为0.8～1，占比为33.3%，24个站点可达性为0.5～0.8，占比为20%，15个站点可达性在0.5以下，占比为12.5%。两步移动搜索模型受到个体出行行为的影响较大，反应的可达性情况具有真实性和时效性，适用于某特定时间段内的可达性分析。

9.3.4 可达性模型对比分析

三种可达性模型从不同角度探究了地铁站点的可达性，有各自的特点和优势。距离度量模型侧重于地铁网络内部的可达性，度量了站点与站点间的可达性。累积机会模型考虑了地铁乘客的需求，侧重于地铁站点的服务范围，探究地铁站点作为一种交通出行资源对外部需求的可获取程度，分析了服务范围内机会点数作为可达性指标的情况。两步移动搜索模型考虑了服务供需关系，通过服务供给点和服务需求点分两步进行双向搜索计算，侧重于所提供的服务的实际性和时效性。

三种可达性模型的优缺点对比情况如表 9.3-4 所示。

表 9.3-4　三种可达性模型的优缺点对比

可达性模型	优　点	缺　点
距离度量模型	容易理解、便于计算	仅考虑节点之间的关系，对于多中心和大规模区域过于简单
累积机会模型	便于理解，同时考虑交通系统因素和土地利用因素	阈值难以确定，没有考虑空间效用随距离增大而衰减的问题
两步移动搜索模型	同时考虑服务供给和服务需求对可达性的影响	距离阈值确定困难，计算复杂

第 10 章　地统计学理论基础

在经典统计学中，往往假定某变量采集的样本是完全随机的或在空间上是完全独立的，在统计量的计算过程中并不需要考虑样本的位置。地统计学是经典统计学的延伸和发展。地统计学的基本思想从 20 世纪 50 年代初开始提出，经过广大数学地质工作者、地统计学工作者、矿山地质和采矿设计专家及其他空间统计学应用者和爱好者的不断努力，已经形成了一套独立的理论体系。地统计学是以区域化变量理论作为基础的，它所研究的变量既有随机性又具有结构性，样本不一定是独立的，在空间上可能是相互联系的。地统计学不仅能够对样本的数据特征进行分析，而且能够模拟数据变量的空间分布。

10.1　区域化变量

10.1.1　随机变量

1. 随机变量的概念

随机变量是一个实值变量，是具有一定概率分布的变量，有一个可能取值的范围，它随着随机试验结果的不同而取不同的值，会产生一系列的输出值，每个输出值对应一个概率，且所有输出值的概率和为 1。它是依赖于随机试验的结果而取值的变量。假设一个样本空间 $\Omega=\{\omega\}$，对于每个样本 $\omega\in\Omega$ 都有一个实数 $X(\omega)$ 与之对应，而且对任何实数 a，$\{\omega\,|\,X(\omega)\leqslant a,\omega\in\Omega\}$ 是随机事件，则称 X 为随机变量。对于离散型随机变量，典型的例子就是抛硬币和掷骰子；连续型变量输出值可以用概率分布来描述，如累积分布函数（Cumulative Distribution Function，CDF）或概率密度函数（Probability Density Function，PDF）。数学语言表述为：对于在点 x_0 处的随机变量 $Z(x_0)$ 给定阀值 z，使得 $F(x_0;z)=P\{Z(x_0)\leqslant z\}$。同样对于离散型变量，有 $F(x_0;z)=P\{Z(x_0)\leqslant z\}=E\{I(x_0;z)\}$，$I(x_0;z)$ 在 $Z(x_0)\leqslant z$ 时为 1，其余情况为 0。简单地说，随机变量就是具有一定概率分布的变量，可根据概率分布取不同的值。

概率论中的随机变量相当于数理统计中的总体。对随机变量进行一次观测相当于对总体进行一次抽样。对随机变量每次观测的结果 z 是一个确定的数值，叫作随机变量 Z 的一个实现。这就相应于对总体 Z 每次抽样的结果 z 是一个确定的数值，叫作总体 Z 的一个样本观测值。一般习惯上用大写 Z 表示随机变量，用小写 z 表示其实现。但有时为了书写方便，不加区分，都使用大写 Z，这就要求根据具体情况，对它进行不同的理解。

2. 随机函数

正如随机变量可以描述一个变量的分布一样，随机函数能够描述多变量的分布，是具有 n 个参数的随机变量族，每次随机试验（或观测）的结果都可得到一个确定性的函数。假设一个样本空间 $\Omega=\{\omega\}$，对于每个样本 $\omega\in\Omega$ 都有一个函数 $Z(x_1,x_2,\cdots,x_n,\omega)$ 与之对应，其中，$x_1\in X_1,x_2\in X_2,\cdots,x_n\in X_n$，则称 $Z(x_1,x_2,\cdots,x_n,\omega)$ 为定义在 $(X_1,X_2,\cdots,X_n)$ 上的随机函数。随机变量构成的随机函数存在空间依赖性，可以将随机变量看作随机函数的一个具体实现。在地统计意义中的空间数据是通过随机函数的实现而建立的。

每个确定性的函数，如 $Z(t,1)$，都是随机函数 $Z(t,\omega)$ 的一个实现，随机函数可以理解为它所有现实的集合，如图 10.1-1 所示。

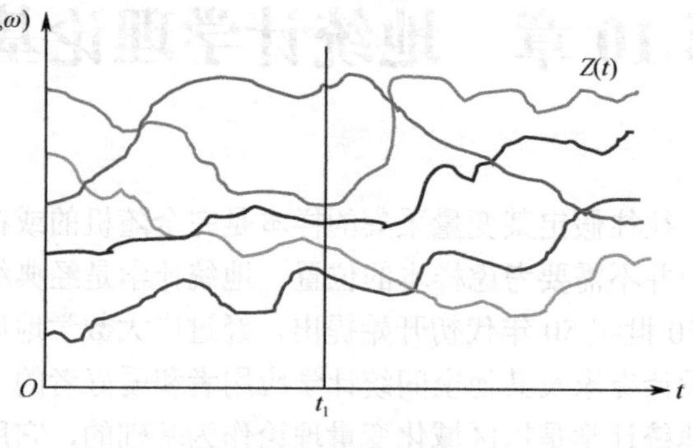

图 10.1-1　随机函数

随机过程：当随机函数中只有一个自变量（一般表示时间）时，其只依赖于时间参数，是与时间有关的随机函数，称为随机过程，记为 $Z(t,\omega)$ 或 $Z(t)$。当每次随机试验取得一个结果时，随机过程变为一般的 t 的实值函数 $f(t)=Z(t,\omega)$。当参数 t 取固定值时，随机过程变为一个纯随机变量 $Z(\omega)=Z(t_0,\omega)$。

在随机过程中，唯一的自变量也可以不是时间 t，而是有别的含义的变量，例如，可以是距离 s 或深度 h 等。此时，随机过程记为 $Z(s)$ 或 $Z(h)$。

随机场：当随机函数 Z 依赖于多个（两个及两个以上，如空间坐标）自变量时，称为随机场。通常用的是具有三个自变量 x_u,x_v,x_w，即空间点的三个直角坐标的随机场，简记为 $Z(x_u,x_v,x_w)$。自然界中的电场、磁场、重力场、温度场等都是空间点函数，并且它们都有随机性的变化，故都可看成随机场。对它们每次随机观测的结果，都是一个确定的空间点函数（实现），而当我们对空间固定的某点 x_0 来考察它们时，则是个随机变量。

10.1.2　区域化变量的概念

当一个变量呈现一定的空间分布时，称之为区域化变量，它反映了区域内的某种特征或现象。以空间点 x 的三个直角坐标 x_u,x_v,x_w 为自变量的随机场 $Z(x_u,x_v,x_w)=Z(x)$ 称为一个区域化变量。区域化变量是普通随机变量在区域内确定位置上的特定取值，它是随机变量与位置有关的随机函数。在对所研究的空间对象进行一次抽样或随机观测后，就得到了它的一个实现函数 $Z(x)$，它是一个普通的三元实值函数，或者说是空间点函数。例如，矿石品位、矿体厚度、累积量（品位×厚度）、地形标高、顶（底）板标高、地下水水头高度、各种物化探测量值、矿石内有害组分含量、岩石破碎程度、围岩蚀变程度、海底深度、大气污染量、孔隙度、渗透率等均可看成区域化变量，只不过有些是三维的，有些是二维的。区域化变量是克里金技术应用的理论基础。它的内容在于利用随机函数理论来解决以下问题：分析和处理观测数据，建立统计关系，求取估计方差。

10.1.3　区域化变量的性质

1. 随机性与结构性

区域化变量具有两个最显著也是最重要的特征，即随机性与结构性。这两种看似相互矛盾的性质，使区域化变量在所研究的某种自然现象的空间结构和空间过程方面具有独特的优势。首先，区域化变量是一个随机函数，相当多的区域性变量所表征的自然现象本身并不包含随机的特性，但因为在观测过程中会给观测值带来误差和随机因素，所以它具有随机性。其次，区域化变量具有一般的或平均的结构性质，在位置上相邻的两个点具有某种程度的空间自相关，这种空间自相关依赖于两点间的距离和变量特征，即变量在点 x 与 $x+h$（h 为空间距离）处的数值 $Z(x)$ 与 $Z(x+h)$ 具有某种程度的空间自相关，这就体现了其结构性。根据地理学第一定律，空间上相邻的两个点总是具有最大的相似性和最小的差异性。距离越近的样点越可能属于相同的单元，距离越远的样点越可能属于不同的单元。可以用一定的方法在空间各点处对其进行观测，这些观测值及其所显示的各个局部异常的特点，在一定程度上可以表示出区域化变量在区域上的变化特征和趋势。

2. 空间局限性

区域化变量被限制在一定的空间范围内，这一空间范围称为区域化变量的几何域。在几何域或空间范围内，变量的属性表现最为明显；在几何域或空间范围外，变量的属性表现不明显或表现为零。区域化变量是按几何支撑定义的，如矿体品位只限于矿化空间内，在矿化空间以外的矿体品位表现为零。

3. 连续性

不同的区域化变量具有不同程度的连续性，这种连续性是通过相邻样点之间的变异函数来描述的。它是一个空间几何域上的数值函数，其数值在空间上具有明显的连续性，这种连续性又不能用任何可实现的函数来表示。有些变量的空间变化具有较强的连续性，如海水温度、地块垒厚度；有些变量只有平均意义下的连续性，如土壤中某种元素的含量、矿石的品位；在某些特殊情况下，平均意义下的连续性可能不存在，如金品位即使在两个非常靠近的样本中，也有很大差异，不连续，称为“块金效应”。

4. 各向异性

若区域化变量在各个不同方向上的性质变化相同，称为各向同性；若在各个不同方向上的性质变化不同，称为各向异性，如图 10.1-2 所示。分析各向异性或各向同性，主要是考虑区域化变量在一定范围内样点之间的自相关程度，当超出一定范围之后，相关性消失。

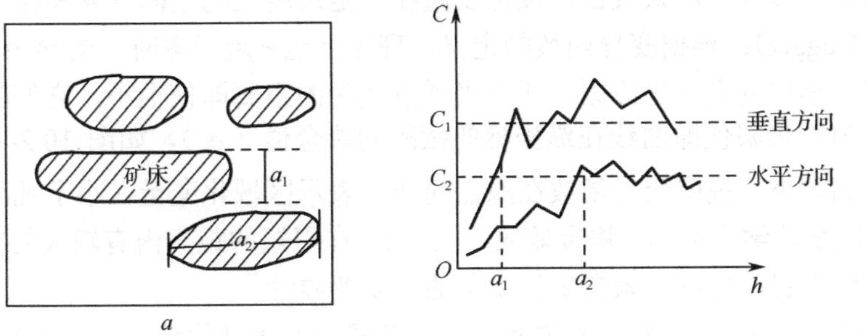

（a）透镜体矿床　　（b）各向异性

图 10.1-2　各向异性

10.2　协方差函数及变异函数

10.2.1　协方差函数

协方差在 2.2.4 节给出了定义

$$\mathrm{Cov}(X,Y)=E[(X-E(X))(Y-E(Y))]=E(XY)-E(X)E(Y) \quad (10.2\text{-}1)$$

区域化变量之间的相关性，可以用空间协方差来表示。

区域化变量 $Z(x)=Z(x_u,x_v,x_w)$ 在空间点 x 和 $x+h$ 处的两个随机变量的二阶混合中心矩定义为区域化变量 $Z(x)$ 的自协方差函数，简称协方差函数：

$$\begin{aligned}\mathrm{Cov}[Z(x),Z(x+h)]&=E[Z(x)Z(x+h)]-E[Z(x)]E[Z(x+h)]\\&=E\{\{Z(x)-E[Z(x)]\}\{[Z(x+h)-E[Z(x+h)]\}\}\end{aligned} \quad (10.2\text{-}2)$$

借鉴式（10.2-2），地统计学中的协方差函数可表示为

$$C(h)=\frac{1}{N(h)}\sum_{i=1}^{N(h)}[Z(x_i)-\overline{Z}(x_i)][Z(x_i+h)-\overline{Z}(x_i+h)] \quad (10.2\text{-}3)$$

式中，h 为两样本点空间分隔距离；$Z(x_i)$ 为 $Z(x)$ 在空间点 x 处的样本实测值；$Z(x_i+h)$ 为 $Z(x)$ 在空间点距离 x_i 偏离 h 处的样本实测值 $[i=1,2,\cdots,N(h)]$；$N(h)$ 是分隔距离为 h 时的样本点对总数；$\overline{Z}(x_i)$ 和 $\overline{Z}(x_i+h)$ 为 $Z(x_i)$ 和 $Z(x_i+h)$ 的样本平均值。

10.2.2 变异函数

变异函数是区域化变量空间变异性的一种度量，反映了空间变异程度随距离而变化的特征。变异函数强调三维空间上的数据结构，从而可定量地描述区域化变量的空间相关性。变异函数是指：假设空间点 x 只在一维 x 轴上变化，把区域化变量 $Z(x)$ 在 x 和 $x+h$ 两点处的值之差的方差的一半定义为 $Z(x)$ 在 x 方向上的变异函数，记为 $\gamma(x,h)$，即

$$\gamma(x,h)=\frac{1}{2}\mathrm{Var}[Z(x)-Z(x+h)]=\frac{1}{2}E[Z(x)-Z(x+h)]^2-\frac{1}{2}\{E[Z(x)-Z(x+h)]\}^2 \quad (10.2\text{-}4)$$

根据 10.3 节两个假设条件可知，凡满足这两个条件之一的区域化变量，其变异函数的计算公式可变为

$$2\gamma(h,a)=2\gamma(h)=E\{[Z(x)-Z(x+h)]^2\} \quad (10.2\text{-}5)$$

在地统计学中，多用半变异函数表示，即将式（10.2-5）等号左边的因子 2 移至等号右边作为分母。半变异函数一般以曲线表示，如图 10.2-1 所示。在通常情况下，变异函数值随着样本点对间距的增加而增大，并在到达某一间距值后趋于稳定。块金值、基台值和变程作为变异函数的重要参数，用来表征区域化变量在一定尺度上的空间变异和相关程度。

块金值（Nugget）：根据变异函数的定义，理论上当 h 趋于零时，变异函数应等于 0。但由于采样误差、小尺度变化等原因，两个采样点之间的距离即使很小，它们的变量值依然存在着差异，$\gamma(h)$ 的极限值即曲线在纵坐标的截距为块金值（c_0），如图 10.2-1 所示，它反映了变量随机性的大小，说明变异函数在原点间断，表示区域化变量在小于观测尺度时的非连续变异。这在地统计学中称为“块金效应”，表现了在很短的距离内有较大的空间变异性，它可以由测量误差引起，也可以来自矿化现象的微观变异性。

基台值反映了变量变异的强弱，表示变异函数随着间距递增到一定程度时出现的平稳值，代表变量在空间上的总变异性大小，为变异函数在 h 大于变程处的值，在数值上等于块金值和拱高之和（c_0+c），它代表由于样本数据中存在空间相关性而引起的方差变化范围。拱高 c 为在取得有效数据的尺度上可观测得到的变异性幅度大小。当块金值等于 0 时，基台值即为拱高。在基台值相同的情况下，变程大，空间相关性大；变程小，空间相关性小。

变程（Range）：随着 h 的增大，$\gamma(h)$ 趋于稳定值，变程是变异函数达到基台值时的样本间距，反映了空间自相关的距离尺度，用 a 表示。它表示变量从空间相关状态到不相关状态

的转折点。变程的物理意义是指区域化变量空间自相关的影响范围，在变程之内，数据具有相关性，空间上距离越近的点之间的相关性越大；在变程之外，数据之间互不相关，即在变程之外的观测值不对估计结果产生影响。在对区域化变量进行克里金估计时，变程把所有的观测值分为两类：①观测点与待估点的距离小于变程的观测值能为估计提供信息。②变程之外的观测值不为估计提供信息，即和待估点是不相关的。

变异函数在原点处的性状反映了变量的空间连续性，按照它在原点处的性状可分为抛物线形、线形、块金效应型、随机型、拱形等几种主要类型。每种类型反映了变量在空间的不同连续程度，其中，随机型为一条平行于横轴的直线，说明变量不存在空间相关；拱形为大部分区域化变量所具有的特征，包含块金值、基台值和变程。另外，不同方向上的变异函数还可反映区域化变量的各向异性。

变异函数（h）和协方差函数$C(h)$之间存在如下关系：

$$\gamma(h) = C(0) - C(h) \tag{10.2-6}$$

式中，$C(0)$为区域化变量$Z(x)$的方差。

协方差函数表现的是两个变量之间的相关性，可以用曲线表示，如图 10.2-2 所示，超过变程范围的变量被认为无相关性；而变异函数强调的是两个变量之间的差异性，距离越近差异越小，距离越远则差异越大，变程外的差异性恒定。

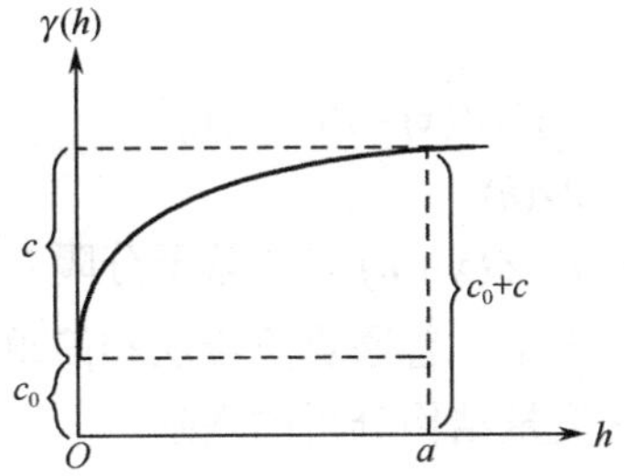

图 10.2-1　半变异函数

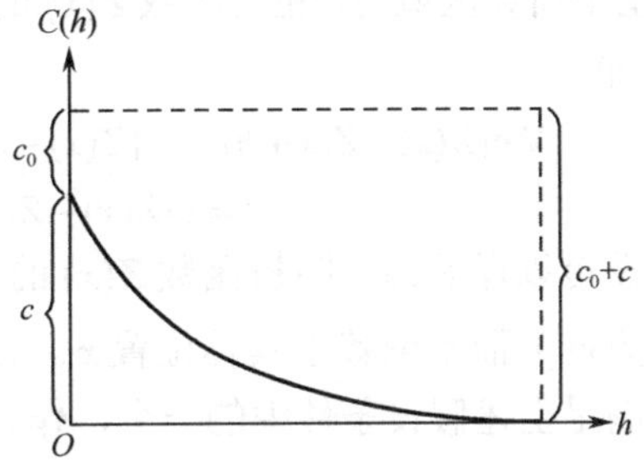

图 10.2-2　协方差函数

10.3　地统计学理论假设

由于实际工作中在点x和$x+h$上只能得到一对数据$Z(x)$和$Z(x+h)$，不可能在空间同一点上取得第二个样本，因此对区域化变量$Z(x)$提出了二阶平稳假设和内蕴假设。

10.3.1　二阶平稳假设

设一个随机函数Z，其空间分布规律不因平移而改变，为平稳随机函数。确切地说，无论位移h多大，两个k维向量的随机变量$\{Z(x_1),Z(x_2),\cdots,Z(x_k)\}$和$\{Z(x_1+h),Z(x_2+h),\cdots,Z(x_k+h)\}$都有相同的分布律。例如，在一个均匀的矿化带内，$Z(x)$与$Z(x+h)$之间的相关性不依赖于它们在矿化带内的特定位置。这种平稳假设至少要求$Z(x)$的各阶矩均存在且平稳，而在实际工作中却很难满足。在线性地统计学中，我们只需假设其一、二阶矩存在且平稳就够了，因而提出二阶平稳假设。

当区域化变量满足下列两个条件时，称该区域化变量满足二阶平稳。

（1）研究区域内区域化变量的数学期望存在，且等于常数：

$$E[Z(x)] = m \quad (m\text{为常数}) \tag{10.3-1}$$

（2）区域化变量的协方差存在且相同，即与变量位置无关，仅依赖于变量两点间的距离：

$$\mathrm{Cov}[Z(x), Z(x+h)] = E[Z(x)Z(x+h)] - m^2 = C(h)$$

或

$$\begin{cases} E[Z(x)] = m \\ E[Z(x)-m][Z(x+h)-m] = C(h) \end{cases} \tag{10.3-2}$$

式中，$Z(x)$ 为区域化变量，h 为变量间的距离，m 为常数。

10.3.2 内蕴假设

在实际工作中，有些协方差函数不存在，因而没有有限先验方差，即不能满足二阶平稳假设，如一些自然现象和随机函数，它们具有有限离散性，即无协方差及先验方差，但有变异函数。这时，我们可以放宽条件，例如，只考虑增量而不考虑本身，这就是内蕴假设（本征假设）的基本思想。当区域化变量 $Z(x)$ 的增量 $Z(x)-Z(x+h)$ 满足下列两个条件时，称该区域化变量满足内蕴假设。

（1）在整个研究区域内，随机函数 $Z(x)$ 的增量 $Z(x)-Z(x+h)$ 的数学期望为 $E[Z(x)-Z(x+h)]=0$。

（2）在整个研究区域内，随机函数 $Z(x)$ 的增量 $Z(x)-Z(x+h)$ 的方差函数存在且平稳（不依赖于 x），即

$$\begin{aligned} \mathrm{Var}[Z(x)-Z(x+h)] &= E[Z(x)-Z(x+h)]^2 - \{E[Z(x)-Z(x+h)]\}^2 \\ &= E[Z(x)-Z(x+h)]^2 = 2\gamma(h) \end{aligned} \tag{10.3-3}$$

内蕴假设可以理解为：随机函数 $Z(x)$ 的增量 $Z(x)-Z(x+h)$ 只依赖于分隔它们的位移矢量 $\boldsymbol{h}$（模和方向）而不依赖于具体位置 x。在地统计学中，普通克里金法和简单克里金法一般都要求其满足上述假设条件中的一个，作为区域化变量结构分析的基础。

10.4 实验变异函数的计算

实验变异函数 $\gamma^*(h)$ 是指应用观测值计算的变异函数。在二阶平稳假设和内蕴假设的前提下，区域化变量 $Z(x)$ 的增量 $Z(x)-Z(x+h)$ 只依赖于滞后距 h，并不依赖于位置 x，对于不同的滞后距 h 可算出相应的 $\gamma^*(h)$。$\gamma^*(h)$ 的计算公式为

$$\gamma^*(h) = \frac{1}{2N(h)} \sum_{i=1}^{N(h)} [z(x_i+h) - z(x_i)]^2 \tag{10.4-1}$$

在 h、$\gamma^*(h)$ 坐标上标出各点 $(h, \gamma^*(h))$，再将相邻各点用线段连接起来，即可得到实验变异函数图。在 $\gamma^*(h)$ 的计算中，可利用的数据对越多，算出的变异函数代表性越强，可靠性也越大；可利用的数据对太少，算出的变异函数不太可靠，也没有多大实际意义。在实际应用中，计算变异函数可能需要计算不同方向上的多个实验变异函数值，计算的难易程度依赖于样本点数据的空间构形。

对于规则网格数据点，即样本点间距相等，如图 10.4-1 所示，可直接由式（10.4-1）求得；但大多数采集到的数据点是离散的，几乎都是不规则分布的，即数据空间构形是非列线又不等间隔的，通常不可能在精确的某个方向上获得需要的点对数目来计算实验变异函数值。计算实验变异函数值需要确定的计算参数有：方向角（方位角）、角度容差（水平角度容差

azm、垂直角度容差 dip)、滞后距(步长)、滞后距个数(步长数目)、距离容差、带宽(垂直带宽、水平带宽),如图 10.4-2、图 10.4-3 所示。

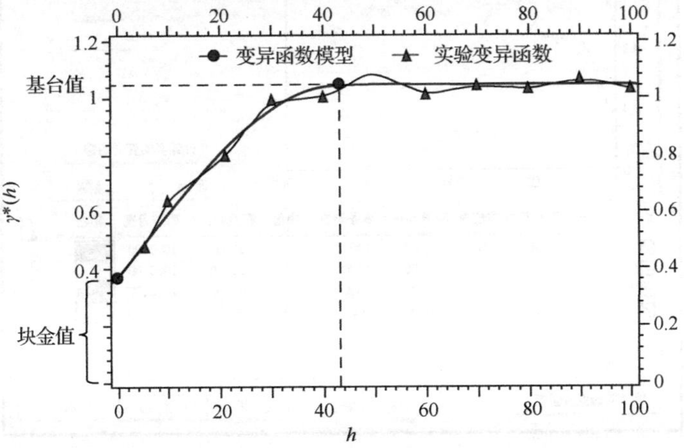

图 10.4-1 实验变异函数

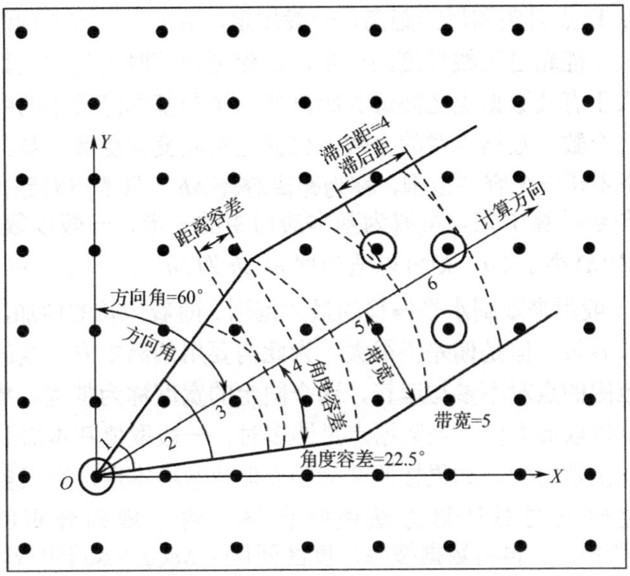

图 10.4-2 实验变异函数计算参数

方向(方位)角:点对的正北方向依顺时针方向到计算方向之间的水平夹角。只要给定一个方向,就可以在该方向上以不同的距离搜索出足够数量的样本。

角度容差(azm):在进行变异函数计算时,给计算方向一个容许的范围,允许偏离计算方向一定角度的数据点参与计算,这个角度即为角度容差$\Delta\varphi$。计算方向的两边都有一个角度容差(角度容差为 22.5° 时,则以计算方向为中心,点对的搜索角度为 45°),取为两相邻方向的夹角的 1/4,最大不超过 1/2。如果没有特定的各向异性方向存在时,在二维空间中的角度容差可取为π/80。

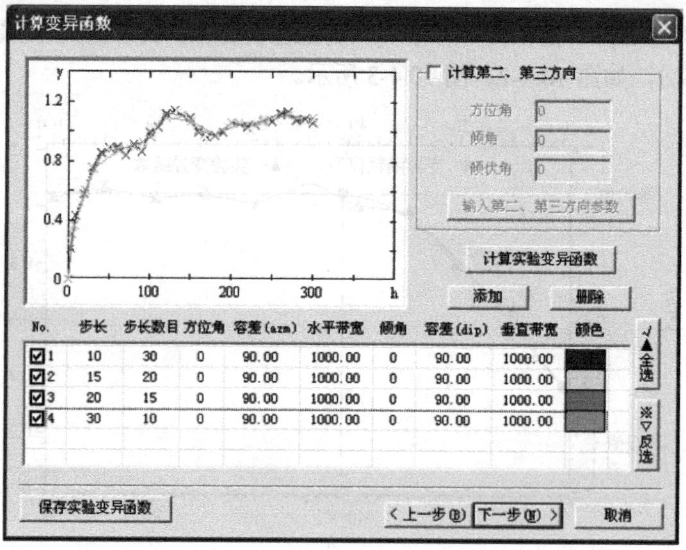

图 10.4-3　计算变异函数

滞后距（步长）：即点对头和尾的距离。一般规定，沿某一个方向的滞后距最小为点间的平均最小距离，最大不能超过列线长度的一半，以保证计算时有足够的数据对。基本滞后距的最大倍数应该不大于有效数据点之间最大距离值一半与基本滞后距的商。

滞后距（步长）个数：数据点对的个数，也就是实验变异函数点数。

距离容差：每个步长一个容许范围，称为距离容差Δh，只要点对距离落入该容差内，就认为该点对可以参与到计算中来。可取为基本滞后距的一半，一般以数据点对个数$N(h)$为50作为参考，如果$N(h)$小于50，则可以适当增大Δh为$3h/4$；反之，减小为$h/4$。

（水平）带宽：一般用来限制水平偏移的最大范围。随着步长的增加，虽然有时数据点对符合方向容限和步长容限，但是偏差仍很大，为此需要用偏离主方向线的一个固定宽度来进行限制，使超出该范围的点对不参与运算，这个固定的宽度称为带宽。数据点较少时或求全方向变异函数时，可以取最大值；当数据点足够多时，一般取值基本滞后距的1～3倍。

在计算实验变异函数值时，如果按照滞后距h来搜索样本点，则很多时候得不到符合要求的样本点对。这时需要对计算方法做些调整。将不规则分布的样本点按照区间$[h-\Delta h, h+\Delta h]$组成距离组，再将数据按照角度区间$[\varphi-\Delta\varphi, \varphi+\Delta\varphi]$组成角度组。这样，凡是落在角度范围$\varphi \pm \Delta\varphi$以及距离范围$h \pm \Delta h$内的样本点都可以认为是有效点。

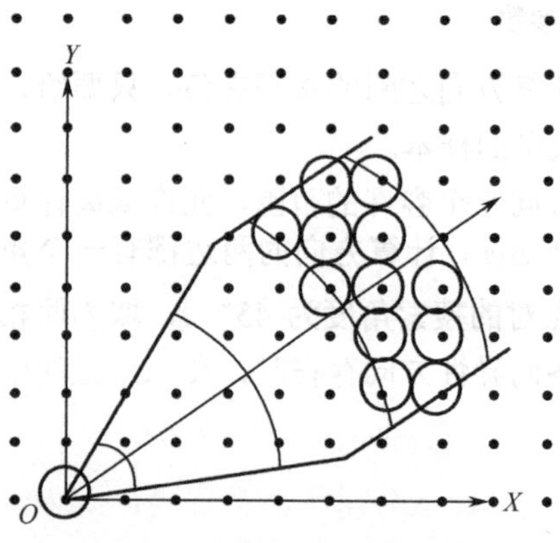

图 10.4-4　采样点对的搜寻策略

样本点对的搜寻策略如图 10.4-4 所示，从一个节点开始，比较每个落在滞后距、角度容差和带宽内的节点的值，计算出变异函数值。计算变异函数值时，一般将某一范围内的点对都当成同一个滞后距进行计算。例如，图 10.4-4 中圈定的点对都当成第 4 个滞后距内的点对。第 1 个搜索半径一般都只有半个滞后距，然后转到下一个点，重复这一过程，直到搜寻完这个方向上的所有的点对。

计算垂直变异函数值时也使用同样的方法，只是

图 10.4-4 中的计算方向由原来平面上的主方向变成了倾角方向，各个参数都变成了垂直方向，最终计算得到实验变异函数值。对每个计算方向，每个滞后距对应一个变异函数值，从而可以得到实验变异函数的散点图。对每个计算方向、每个滞后距和所有的节点都重复图 10.4-4 的过程，得到所有的变异函数值，当滞后距增大到一定范围（变程）时，变异函数值就沿着某一特定值（基台值）上下波动，则表示滞后距超过一定范围后，变量没有相关性。

【实例 10.1】 在一条勘探线上取得 12 个样本点，其位置（间距为 1）和品位如图 10.4-5 所示，试计算实验半变异函数值并画出实验变异函数图。

3	3	5		7	10	12	9		8	5			6	5	3

图 10.4-5 样本点的位置和品位

解：样本是一个离散集，因此我们只能对几个离散 h 值计算 $\gamma(h)$。应用公式计算结果列于表 10.4-1 中。以 h=3 为例，计算过程如式（10.4-2）所示，并列于表 10.4-2 中。其他变程计算过程相似。由表 10.4-1 中的计算结果所得到的实验变异函数图如图 10.4-6 所示，本例样本点落于一条直线上，是一个在一维空间计算实验半变异函数的问题。在二维或三维空间，半变异函数是具有方向性的，即在不同的方向上，半变异函数可能不一样。

表 10.4-1 基于图 10.4-5 中数据的半变异函数计算结果

h	1	2	3	4	5	6	7	8
$N(h)$	8	6	6	7	7	5	4	5
$\gamma(h)$	2.500	3.667	6.500	12.214	13.214	15.500	12.125	12.600

$$\gamma(3)=\frac{1}{2\times 6}\times[(7-3)^2+(10-5)^2+(9-7)^2+(8-12)^2+(5-9)^2+(6-5)^2]=6.5 \quad (10.4\text{-}2)$$

表 10.4-2 h=3 时 $\gamma(h)$ 的计算过程

$x(z)$	$x(z+3)$	$\lvert x(z)-x(z+3)\rvert$	$(x(z)-x(z+3))^2$
3	7	4	16
5	10	5	25
7	9	2	4
12	8	4	16
9	5	4	16
5	6	1	1
$\gamma(3)$			6.5

【实例 10.2】 在矿床的某一台阶采样 37 个，样本点位于间距为 1 的规则网格点上，各样本点的品位如图 10.4-7 所示中的数字所示。试求在 EW、SN、NE.SW、NW.SE 这 4 个方向上的实验半变异函数值及平均实验变异函数值，并画实验变异函数图。

解：在任一方向上计算过程与实例 10.1 相同。只是在一给定方向上选取间距为 h 的样本点对时，只能在该方向上选取。在 EW 和 SN 方向上的实验半变异函数计算结果列于表 10.4-3 中，在 NE.SW 和 NW.SE 方向上的实验半变异函数计算结果列于表 10.4-4 中。在 NE.SW 方向上，$h=2\sqrt{2}$ 时 $\gamma(h)$ 的计算过程列于表 10.4-5 中。若将平面所有方向上相距为 h 的样本点对用于计算$\gamma(h)$，得到的实验半变异函数称为该平面上的平均实验半变异函数，其计算结果列于表 10.4-6 中。实验变异函数图如图 10.4-8 所示。

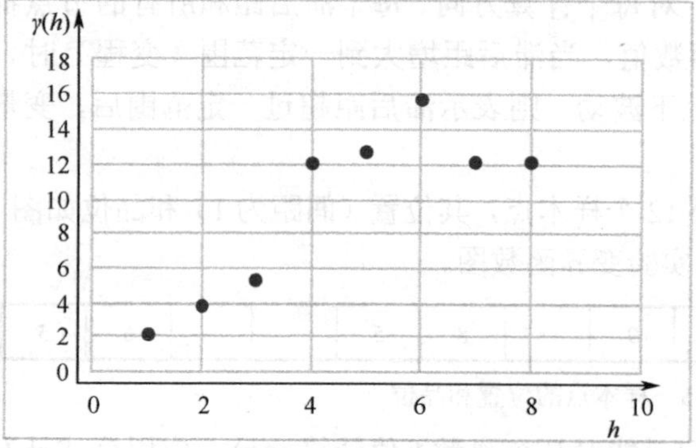

图 10.4-6　实验变异函数图

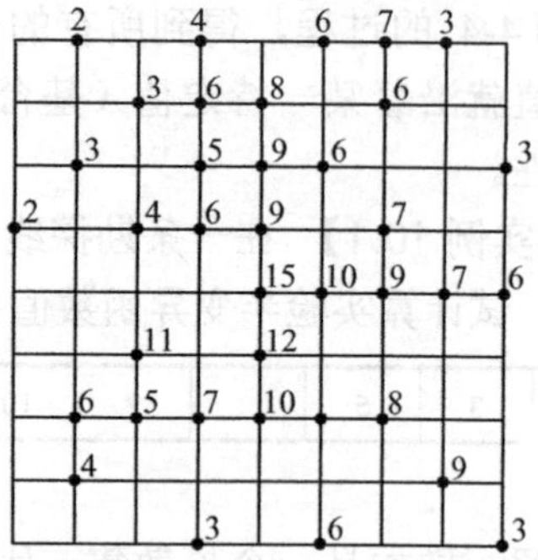

图 10.4-7　各样本点的品位

表 10.4-3　在 EW 和 SN 方向上的实验半变异函数计算结果

方　向	$h=1$		$h=2$		$h=3$		$h=4$		$h=5$	
	$n(h)$	$\gamma(h)$	$n(h)$	$\gamma(h)$	$n(h)$	$\gamma(h)$	$n(h)$	$\gamma(h)$	$n(h)$	$\gamma(h)$
EW	15	3.77	18	4.94	11	8.05	9	12.17	4	4.13
SN	12	4.21	15	5.53	10	3.95	10	7.75	6	1.92

表 10.4-4　在 NE.SW 和 NW.SE 方向上的实验半变异函数计算结果

方　向	$h=\sqrt{2}$		$h=\sqrt{2}$		$h=3\sqrt{2}$		$h=4\sqrt{2}$		$h=5\sqrt{2}$	
	$n(h)$	$\gamma(h)$	$n(h)$	$\gamma(h)$	$n(h)$	$\gamma(h)$	$n(h)$	$\gamma(h)$	$n(h)$	$\gamma(h)$
NE.SW	15	3.57	14	7.86	8	12.50	4	11.25	2	16.00
NW.SE	15	6.23	14	11.46	10	14.40	4	28.25	2	6.25

表 10.4-5　在 NE.SW 方向上，$h=2\sqrt{2}$ 时 $\gamma(h)$ 的计算过程

$x(z)$	$x(z+3)$	$\lvert x(z)-x(z+3)\rvert$	$(x(z)-x(z+3))^2$
4	3	1	1
3	2	1	1
6	5	1	1
8	4	4	16
7	9	2	4
3	6	3	9
6	9	3	9
9	11	2	4
15	5	10	100
7	12	5	25
10	7	3	9
3	9	6	36

续表

$x(z)$	$x(z+3)$	$\lvert x(z)-x(z+3)\rvert$	$(x(z)-x(z+3))^2$
9	10	1	1
6	8	2	4
$\gamma(2\sqrt{2})$			7.86

表 10.4-6　平均实验半变异函数计算结果

h	1	$\sqrt{2}$	2	$2\sqrt{2}$	3	$3\sqrt{2}$	4	$4\sqrt{2}$	5	$5\sqrt{2}$
$n(h)$	27	30	33	28	21	18	19	8	10	4
$\gamma(h)$	3.96	4.90	5.21	9.66	6.10	13.56	9.84	19.75	2.80	11.13

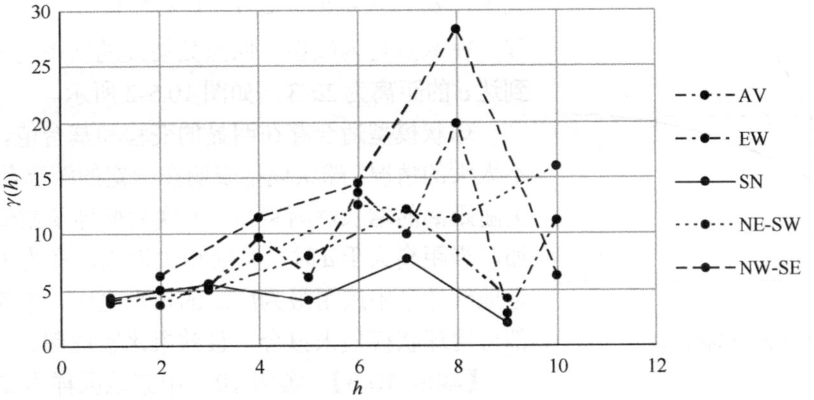

图 10.4-8　实验变异函数图

10.5　变异函数理论模型

对于不同的 h 可计算出一系列 $\gamma(h)$ 值，以 h 为横坐标、$\gamma(h)$ 为纵坐标可绘成一张空间散点图，为了对区域化变量的未知值做出估计，还需要将这些散点分布规律拟合到相应的数学模型（变异函数理论模型）上。变异函数理论模型是指以空间两点间距离为自定义量的、具有解析表达式的函数。变异函数理论模型的建立是克里金技术中不可缺少的一个基本组成部分，是由实验变异函数抽象概括出来的。这些模型将直接参与克里金法的估计以及其他估计。各种变异函数的理论模型是从区域化变量的空间变异性的特点抽象归纳出来的。对这些理论模型进行的研究，有助于求得最能体现区域化变量的空间变异特性的变异函数。常用的变异函数理论模型可分为有基台值和无基台值模型两大类，如图 10.5-1 所示。

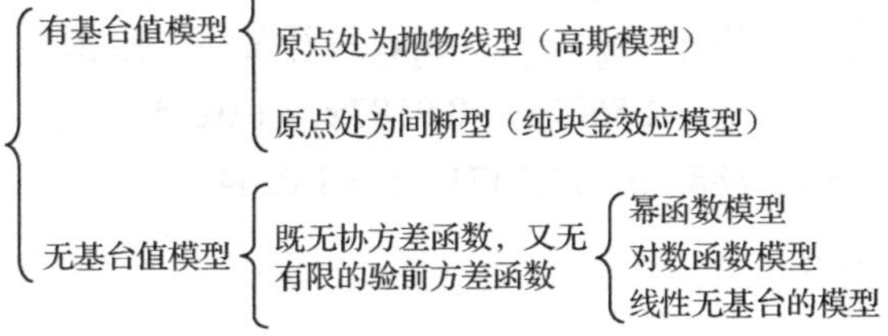

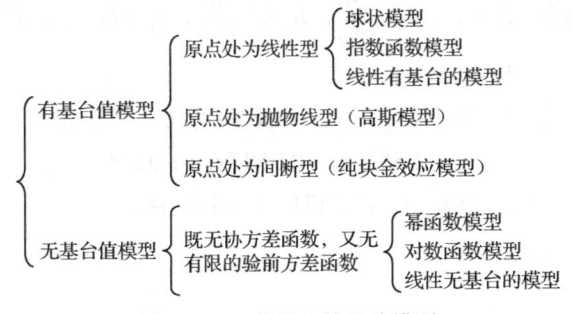

图 10.5-1　变异函数理论模型

10.5.1 有基台值模型

（1）球状模型

它来自三次多项式函数，该模型之所以叫“球状”，是因为它们起源于两个半径为a且球心距为$2h$的球体重叠部分体积的计算公式：

$$\mathrm{sph}(r)=3/2r-1/2r^3 \tag{10.5-1}$$

$$\gamma(h)=\begin{cases}0, & h=0\\ c_0+c\left(\dfrac{3h}{2a}-\dfrac{h^3}{2a^3}\right), & 0<h\leqslant a\\ c_0+c, & h>a\end{cases} \tag{10.5-2}$$

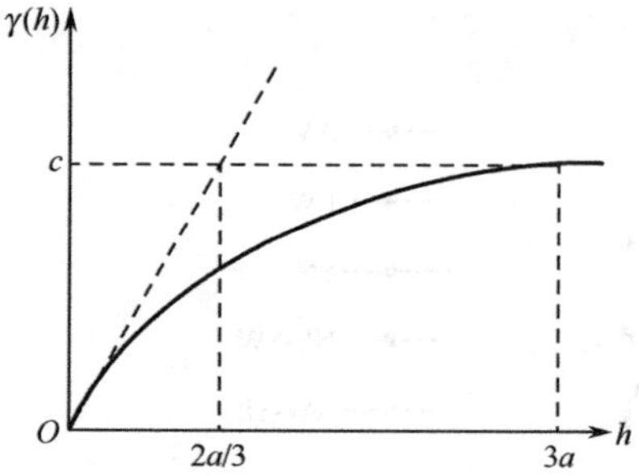

图 10.5-2　球状模型

式中，c_0为块金值；c_0+c为基台值；c为拱高；a为变程，在原点处为线性，原点处切线的斜率为$3c/2a$，切线到达c的距离为$2a/3$，如图 10.5-2 所示。

球状模型适合存在明显的变程和基台值，同时块金值不太大的情况。球状模型表明在一定的距离范围内空间相关随距离的增长逐渐衰减，表现为变异函数值h的同步增加，当距离大于a时，空间相关消失，变为 0。球状模型是地统计学中应用最为广泛的模型之一，许多区域化变量都可用球状模型来拟合，且效果比较理想。

【实例 10.3】 实例 10.2 中某地区样本点品位是一个区域化变量，利用表 10.4-6 中的平均实验变异函计算结果，使用回归分析方法建立其球状变异函数模型。

解：球状变异函数的一般形式为

$$\gamma(h)=\begin{cases}0, & h=0\\ c_0+c\left(\dfrac{3h}{2a}-\dfrac{h^3}{2a^3}\right), & 0<h\leqslant a\\ c_0+c, & h>a\end{cases} \tag{10.5-3}$$

当$0<h\leqslant a$时，有

$$\gamma(h)=c_0+\left(\frac{3c}{2a}\right)h-\left(\frac{c}{2a^3}\right)h^3 \tag{10.5-4}$$

记

$$y=\gamma(h),\ b_0=c_0,\ b_1=\frac{3c}{2a},\ b_2=-\frac{c}{2a^3},\ x_1=h,\ x_2=h^3 \tag{10.5-5}$$

可得到线性模型：$y=b_0+b_1x_1+b_2x_2$。

根据表 10.4-5 中的数据，对$y=b_0+b_1x_1+b_2x_2$进行最小二乘拟合，得

$$y=2.5627x_1-0.0187x_2+1.0244$$

并做简单计算可知$a=6.7588$，$c=11.5471$，$c_0=1.0244$。

即球状变异函数模型为

$$\gamma^*(h)=\begin{cases}0, & h=0\\ 1.0244+11.5471\left(\dfrac{3}{2}\times\dfrac{h}{6.7588}-\dfrac{1}{2}\times\dfrac{h^3}{6.7588^3}\right), & 0<h\leqslant 6.7588\\ 12.5715, & h>6.7588\end{cases}$$

（2）指数模型

$$\gamma(h)=\begin{cases}0, & h=0\\ c_0+c\left(1-\mathrm{e}^{-\frac{h}{a}}\right), & h>0\end{cases}\tag{10.5-6}$$

式中，c_0和c与球状模型的相同，a不是变程。当$h=3a$时，$1-\mathrm{e}^{-\frac{3a}{a}}=1-\mathrm{e}^{-3}=0.95\approx1.0$，即当$h=3a$时，$\gamma(h)\approx c_0+c$，所以指数模型的变程为$3a$。其在原点处为线性型，原点处切线的斜率为$c/a$，切线到达$c$的距离为$a$，原点处的连续性最好。其空间相关性随距离的增加以指数形式衰减，消失于无穷远，如图 10.5-3 所示。

（3）高斯模型

$$\gamma(h)=\begin{cases}0, & h=0\\ c_0+c\left(1-\mathrm{e}^{-\frac{h^2}{a^2}}\right), & h>0\end{cases}\tag{10.5-7}$$

式中，c_0和c与球状模型的相同，a不是变程。当$h=\sqrt{3}a$时，$\gamma(h)\approx c_0+c$，所以高斯模型的变程为$\sqrt{3}a$。其在原点处为抛物线型，原点处的切线平行于h轴，与c有交点。其空间相关性随距离的增长而衰减，消失于无穷远。当块金值相对于空间变化有关的随机变化很小时，最好使用比较弯曲的曲线进行拟合，如图 10.5-4 所示。

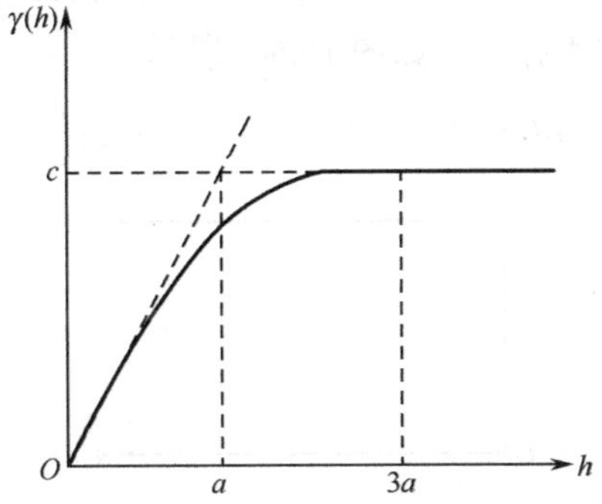

图 10.5-3　指数模型

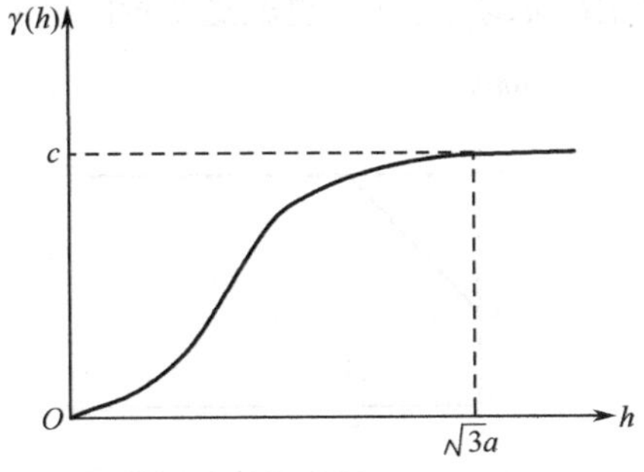

图 10.5-4　高斯模型

球状模型、指数模型和高斯模型在形态上的区别如下：①球状模型和指数模型在原点处为线性型，而高斯模型在原点处为抛物线型。②球状模型的实际变程为a，而指数模型和高斯模型的实际变程分别为 $3a$ 和$\sqrt{3}a$。③球状模型在原点处切线的斜率为$3c/2a$，切线到达c的距离为$2a/3$；指数模型在原点处切线的斜率为c/a，切线到达c的距离为a；高斯模型在原点处的切线平行于h轴。三种理论变异函数形态比较如图 10.5-5 所示。

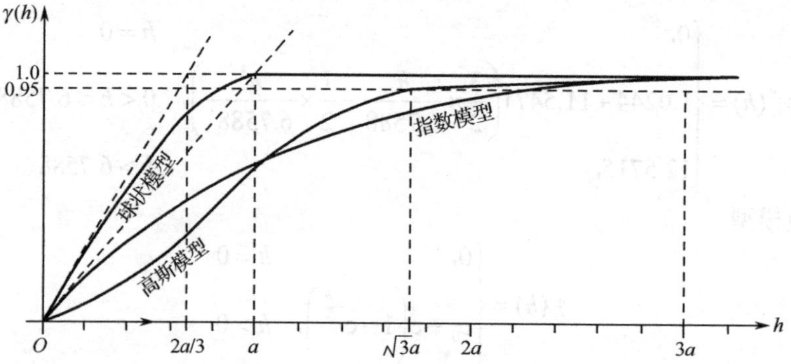

图 10.5-5　三种理论变异函数形态比较

（4）线性有基台值模型

$$\gamma(h)=\begin{cases} c_0, & h=0 \\ Ah, & 0<h\leqslant a \\ c_0+c, & h>a \end{cases} \tag{10.5-8}$$

式中，c_0为块金值；c_0+c为基台值；a为变程；A 为常数，表示直线的斜率。当$h=0$时，$\gamma(h)=c_0$；当$0<h\leqslant a$时，$\gamma(h)=Ah$为一条直线；当$h>a$时，$\gamma(h)=c_0+c$。线性有基台值模型如图 10.5-6 所示。A 可以为 0，这时就是纯块金效应模型。

（5）纯块金效应模型

$$\gamma(h)=\begin{cases} 0, & h=0 \\ c_0, & h>0 \end{cases} \tag{10.5-9}$$

变程a为无穷小量，拱高$c=0$。式（10.5-9）中，$c_0>0$为先验方差。对任何$h>0$，$\gamma(h)$都能达到基台值c_0（块金值）。这种模型相当于区域化变量为随机分布，样点间的协方差函数对于所有距离h均等于 0，也就是变量的空间相关不存在，如图 10.5-7 所示。

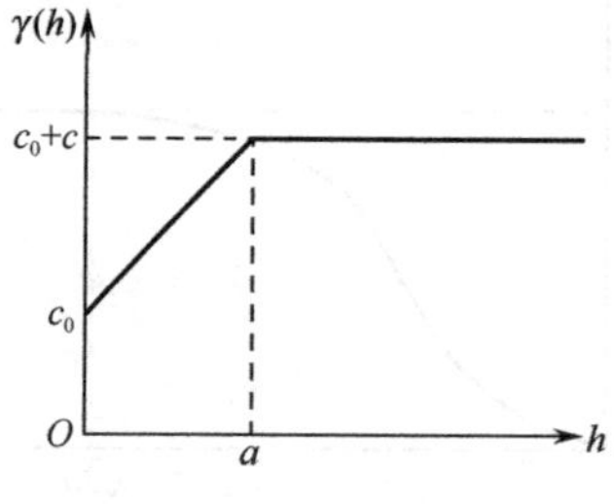

图 10.5-6　线性有基台值模型

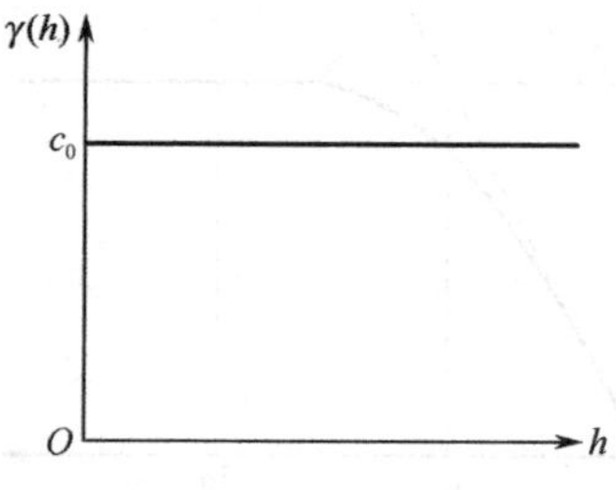

图 10.5-7　纯块金效应模型

10.5.2　无基台值模型

（1）幂函数模型

$$\gamma(h)=Ah^{\theta},\quad 0<\theta<2 \tag{10.5-10}$$

式中，A为常数，θ为幂函数。当θ变化时，这种模型可以反映在原点附近的各种性状。但θ必须小于 2，若$\theta\geqslant 2$，则函数$-(h^{\theta})=-h^2$就不是一个条件非负定函数，h^{θ}不能成为变异函数。最常用的是$\theta=1$的情况（线性模型）。对于线性模型来说，其相关性随距离的增长而线性递增，如图 10.5-8 所示。

（2）对数函数模型

$$\gamma(h)=\lg h \tag{10.5-11}$$

当$h\to 0$时，$\lg h\to -\infty$，这与变异函数性质（$\gamma(h)\geqslant 0$）不符。因此，对数函数模型不能用来描述点支撑上的区域化变量的结构，但可以作为正则化变量的变异函数模型。一般不用于数据点变异函数的拟合，如图 10.5-9 所示。

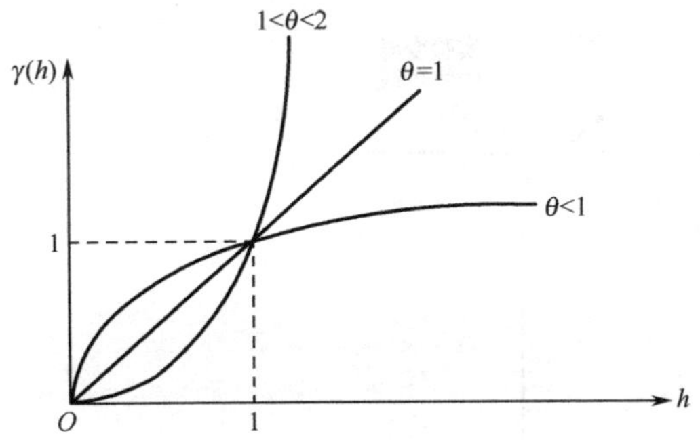

图 10.5-8　幂函数模型

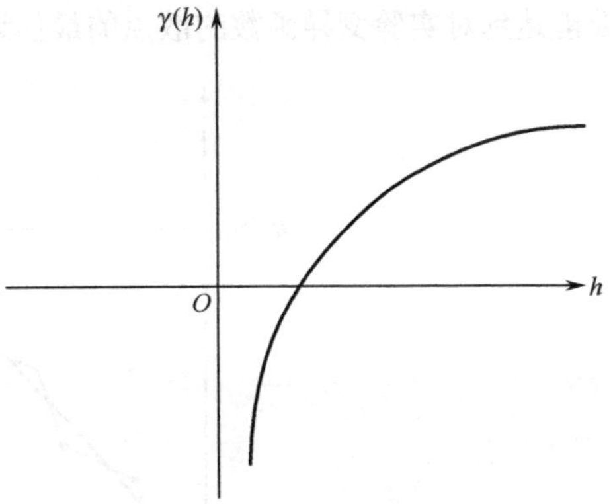

图 10.5-9　对数函数模型

（3）线性无基台值模型

$$\begin{cases}\gamma(h)=c_0, & h=0\\ \gamma(h)=Ah, & h>0\end{cases} \tag{10.5-12}$$

式中，A 为常数，表示直线的斜率。当$h=0$时，$\gamma(h)=c_0$；当$h>0$时，$\gamma(h)=Ah$，且基台值不存在，也没有变程，如图 10.5-10 所示。

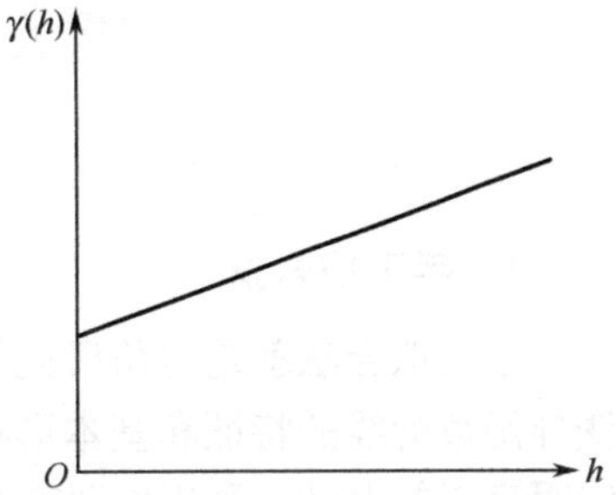

图 10.5-10　线性无基台值模型

10.5.3　孔穴效应模型

一维情况下，当变异函数$\gamma(h)$在h大于一定的距离后，并非单调递增，而是在具有一定周期波动时就显示出一种“孔穴效应”，如图 10.5-11 所示。在有基台值和无基台值的模型中，均能出现孔穴效应。孔穴效应模型属于线性非平稳地统计学范畴。区域化变量$Z(x)$的数学期望不是常数，而是一个周期函数，即$E[Z(x)]=m(x)$。在线性非平稳地统计学中，$m(x)$叫漂移（Drift），通常采用正弦或余弦函数的形式。常用的一维孔穴效应模型为

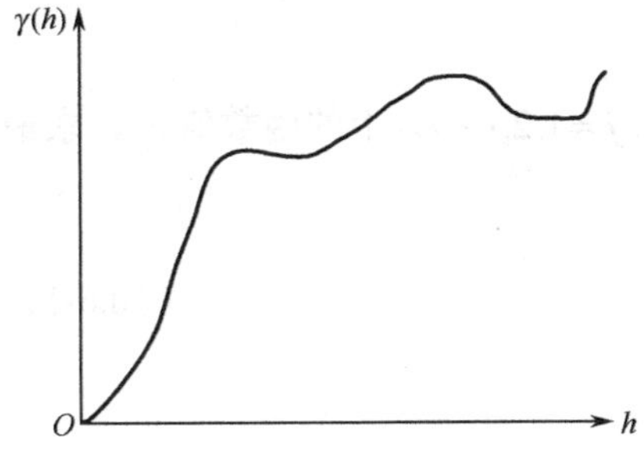

图 10.5-11　孔穴效应模型

$$\gamma(h)=c_0+c\left[1-\mathrm{e}^{-\frac{h}{a}}\cos\left(2\pi\frac{h}{b}\right)\right] \tag{10.5-13}$$

式中，c_0和c与前面介绍的意义相同；a为指数模型中的参数；b为“两孔”之间的平均距离。孔穴效应经常出现在许多变异函数的结构分析中。

10.6 理论变异函数拟合

计算出实验变异函数后需要对其进行拟合，即利用理论变异函数的公式表示的曲线对计算中得到的实验变异函数散点图进行拟合，如图 10.6-1 所示，图中折线表示实验变异函数得到的散点连线，曲线则是与之相配的理论变异函数曲线。在实际应用中拟合方法有许多种，只要能达到对实验变异函数的散点的最佳近似拟合即可。

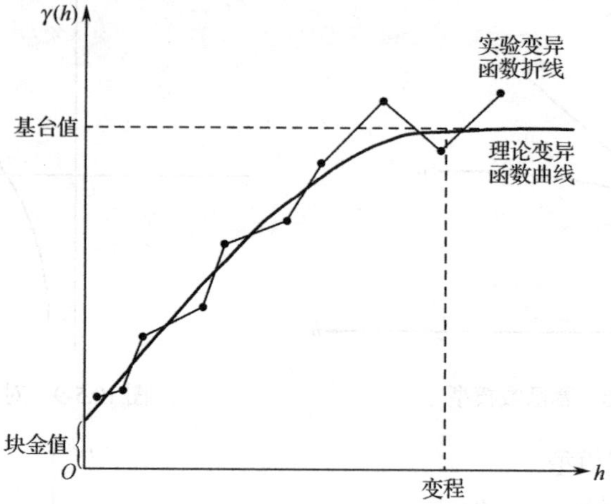

图 10.6-1 实验变异函数拟合

1．手工拟合法

手工拟合法就是对所研究的区域化变量进行必要的结构、背景等方面的分析，根据实验变异函数折线的特征和基本形状，结合专家经验，选择合适的理论变异函数模型，通过简单肉眼直观的办法，利用实验变异函数折线来确定理论变异函数模型的一些参数（如变程、块金值和基台值），得到拟合曲线。这种方法一般需要经过多次拟合，反复调整参数、反复计算，才能拟合出一条较好的理论变异函数曲线。手工拟合法较直观、简单，与专家经验、背景知识的结合比较紧，但是主观性比较大，往往因人而异，缺乏一个统一的、客观的最优标准，并且无法使用计算机实现，比较耗时，自动化水平也比较低。

2．最小二乘法拟合

设已知矩形区域内 $n\times m$ 个网格点 (x_i,y_j) $(i=1,2,\cdots,n;j=1,2,\cdots,m)$ 上的函数值 z_{ij}，求最小二乘拟合多项式：

$$f(x,y)=\sum_{i=1}^{p}\sum_{j=1}^{q}a_{ij}x^{i-1}y^{j-1} \tag{10.6-1}$$

首先，固定 y，对 x 构造 m 个最小二乘拟合多项式：

$$G_j(x)=\sum_{k=1}^{P}\lambda_{kj}\varPhi_k(x),\ j=1,2,\cdots,m \tag{10.6-2}$$

式中，各 $\varPhi_k(x)$ $(k=1,2,\cdots,p)$ 为互相正交的多项式，并由递推公式构造为

$$\varPhi_1(x)=1 \tag{10.6-3}$$

$$\varPhi_2(x)=x-\alpha_1 \qquad (k=1,2,\cdots,p) \tag{10.6-4}$$

$$\Phi_{k+1}(x)=(x-\alpha_k)\Phi_k(x)-\beta_k\Phi_{k-1}(x) \tag{10.6-5}$$

若令 $d_k=\sum_{i=1}^{n}\Phi_k^2(x_i)\ (k=1,2,\cdots,p)$，则有

$$\alpha_k=\sum_{i=1}^{n}\frac{x_i\Phi_k^2(x_i)}{d_k} \quad (k=1,2,\cdots,p-1) \tag{10.6-6}$$

$$\beta_k=\frac{d_k}{d_{k-1}} \quad (k=1,2,\cdots,p-1) \tag{10.6-7}$$

根据最小二乘原理可得

$$\lambda_{kj}=\sum_{i=1}^{n}\frac{z_{ij}\Phi_k(x_i)}{d_k} \quad (j=1,2,\cdots,m;\ k=1,2,\cdots,p) \tag{10.6-8}$$

然后，再构造 y 的最小二乘拟合多项式

$$H_k(y)=\sum_{i=1}^{q}\mu_{kl}\Psi_l(y) \quad (k=1,2,\cdots,p) \tag{10.6-9}$$

式中，各 $\Psi_l(y)\ (l=1,2,\cdots,q)$ 也为互相正交的多项式，并由递推公式构造为

$$\Psi_1(y)=1 \tag{10.6-10}$$

$$\Psi_2(y)=y-\alpha_1,\quad l=2,3,\cdots,q-1 \tag{10.6-11}$$

$$\Psi_{l+1}(y)=(y-\alpha_l)\Psi_l(y)-\beta_l\Psi_{l-1}(y) \tag{10.6-12}$$

若令 $\delta_l=\sum_{j=1}^{m}\Psi_l^2(y_j)\ (l=1,2,\cdots,q)$，则有

$$\alpha_l'=\frac{\sum_{j=1}^{m}y_j\Psi_i^2(y_j)}{\delta_l} \quad (l=1,2,\cdots,q-1) \tag{10.6-13}$$

$$\beta_l'=\frac{\delta_l}{\delta_{l-1}} \quad (l=1,2,\cdots,q-1) \tag{10.6-14}$$

根据最小二乘原理可得

$$\mu_{kl}=\sum_{j=1}^{m}\frac{\lambda_{kj}\Psi_l(y_j)}{\delta_l} \quad (k=1,2,\cdots,p;\ l=1,2,\cdots,q) \tag{10.6-15}$$

最后得二元函数的拟合多项式：

$$f(x,y)=\sum_{k=1}^{p}\sum_{l=1}^{q}\mu_{kl}\Phi_k(x)\Psi_l(y) \tag{10.6-16}$$

再转换成标准的多项式形式：

$$f(x,y)=\sum_{i=1}^{p}\sum_{j=1}^{q}a_{ij}x^{i-1}y^{j-1} \tag{10.6-17}$$

在实际计算过程中，为了防止运算溢出，x_i 与 y_j 分别用以下公式代替：

$$x_i'=x_i-\overline{x} \quad (i=1,2,\cdots,n) \tag{10.6-18}$$

$$y_j'=y_j-\overline{y} \quad (j=1,2,\cdots,m) \tag{10.6-19}$$

式中，$\overline{x}=\sum_{i=1}^{n}\frac{x_i}{n}$，$\overline{y}=\sum_{j=1}^{m}\frac{y_j}{m}$。

由此得到对实验变异函数拟合后的理论变异函数：

$$f(x,y)=\sum_{i=1}^{p}\sum_{j=1}^{q}a_{ij}(x-\overline{x})^{i-1}(y-\overline{y})^{j-1} \tag{10.6-20}$$

实际资料中各向异性实验变异函数的数据量大，整体用最小二乘法进行拟合往往误差很大，所以要对原数据进行分段拟合。但是分段过多又会造成断点的增多从而增大函数的不连续性，也会增大拟合误差，所以要选择合适的分段函数进行拟合。

3. 加权回归多项式

最小二乘法用于最优参数估计比较方便，回归拟合法是经典统计学中应用较为广泛的一种参数拟合方法，最小二乘法和回归拟合法都能够获取变异函数理论模型，但结果得到的变异函数理论模型不见得全部令人十分满意。变异函数前几个点在反映变量的空间相关性方面极为重要，不应该把它们与其他实际变异函数曲线上的点平均对待。最小二乘法和回归拟合法没有考虑到这一点。加权回归多项式可以克服这个问题。不同的变异函数理论模型采用不同的回归法拟合，对于指数和高斯模型（有基台值）、幂函数和对数模型（无基台值），可用一元加权回归拟合。

设一元线性回归方程为$y=b_0+b_1x$，其参数求解公式为

$$\begin{cases} b_0=\overline{y}-b_1\overline{x} \\ b_1=\dfrac{\sum_{i=1}^{n}N(h_i)(x_i-\overline{x})(y_i-\overline{y})}{\sum_{i=1}^{n}N(h_i)(x_i-\overline{x})^2}=\dfrac{L_{xy}}{L_{xx}} \end{cases} \tag{10.6-21}$$

式中，

$$\overline{x}=\frac{1}{n}\left[\sum_{i=1}^{n}N(h_i)x_i\right]/\sum_{i=1}^{n}N(h_i) \tag{10.6-22}$$

$$\overline{y}=\frac{1}{n}\left[\sum_{i=1}^{n}N(h_i)y_i\right]/\sum_{i=1}^{n}N(h_i) \tag{10.6-23}$$

$$L_{xx}=\sum_{i=1}^{n}N(h_i)(x_i-\overline{x})^2 \tag{10.6-24}$$

$$L_{xy}=\sum_{i=1}^{n}N(h_i)(x_i-\overline{x})(y_i-\overline{y}) \tag{10.6-25}$$

式中，样点对的个数$N(h)$即为权重。距离小的样点对个数比距离大的样点对个数更多，因此，权重越大，实验变异函数曲线中前几个点就越重要。

对于球状模型，王仁铎教授等提出用加权回归多项式来拟合变异函数球状理论模型的参数，令$y=\gamma(h)$，$b_0=c_0$，$b_1=\dfrac{3c}{2a}$，$b_2=-\dfrac{c}{2a^3}$，$x_1=h$，$x_2=h^3$。设多元线性回归方程为$y=b_0+b_1x_1+b_2x_2$，其参数求解公式为

$$\begin{cases} b_0=\overline{y}-b_1\overline{x}_1-b_2\overline{x}_2 \\ b_1=\dfrac{L_{1y}L_{22}-L_{2y}L_{12}}{L_{11}L_{22}-L_{12}L_{21}} \\ b_2=\dfrac{L_{2y}L_{11}-L_{1y}L_{21}}{L_{11}L_{22}-L_{12}L_{21}} \end{cases} \tag{10.6-26}$$

式中，

$$\bar{y}=\sum_{i=1}^{n}N(h_i)y_i\Big/\sum_{i=1}^{n}N(h_i) \tag{10.6-27}$$

$$\bar{x}_1=\sum_{i=1}^{n}N(h_i)x_{1i}\Big/\sum_{i=1}^{n}N(h_i) \tag{10.6-28}$$

$$\bar{x}_2=\sum_{i=1}^{n}N(h_i)x_{2i}\Big/\sum_{i=1}^{n}N(h_i) \tag{10.6-29}$$

$$L_{11}=\sum_{i=1}^{n}N(h_i)(x_{1i}-\bar{x}_1)^2 \tag{10.6-30}$$

$$L_{12}=L_{21}=\sum_{i=1}^{n}N(h_i)(x_{1i}-\bar{x}_1)(x_{2i}-\bar{x}_2) \tag{10.6-31}$$

$$L_{1y}=\sum_{i=1}^{n}N(h_i)(x_{1i}-\bar{x}_1)(y_i-\bar{y}) \tag{10.6-32}$$

$$L_{2y}=\sum_{i=1}^{n}N(h_i)(x_{2i}-\bar{x}_2)(y_i-\bar{y}) \tag{10.6-33}$$

$$L_{22}=\sum_{i=1}^{n}N(h_i)(x_{2i}-\bar{x}_2)^2 \tag{10.6-34}$$

$$L_{yy}=\sum_{i=1}^{n}N(h_i)(y_i-\bar{y})^2 \tag{10.6-35}$$

参数计算出来后，需要分三种情况检验是否满足球状模型。

① 当$b_0 \geqslant 0$，$b_1>0$，$b_2<0$时，直接解算参数，得

$$\begin{cases} c_0=b_0 \\ a=\sqrt{\dfrac{-b_1}{3b_2}} \\ c=\dfrac{2b_1}{3}\sqrt{\dfrac{-b_1}{3b_2}} \end{cases} \tag{10.6-36}$$

② 当$b_0<0$，$b_1>0$，$b_2<0$时，令$b_0=0$，重新求参数b_1、b_2，此时方程为$y=b_1x_1+b_2x_2$。

③ 当$b_0 \geqslant 0$，$b_1>0$，$b_2 \geqslant 0$时，若$b_1=0$，则此时方程为$y=b_0+b_1x_1$，因此需要更换模型；若$b_2>0$，则需调整数据，删除特异值。

10.7 变异函数结构分析

当我们计算出实验变异函数折线后，最好用一种合适的理论变异函数$\gamma(h)$来拟合它，然后就可以对所研究的区域化变量进行分析了。但是，在实际工作中，区域化变量的变化性很复杂，它可能在不同方向上有不同的变化性，或者在同一个方向上包含不同尺度的多层次的变化性，因而无法用一种理论模型来拟合它，为了全面地了解区域化变量的变异性，就必须进行结构分析。

结构分析是指构造一个变异函数模型对全部有效结构信息进行定量化的概括，以表征区域化变量的主要特征。结构分析的主要方法是套合结构。套合结构是指把多层结构叠加在一

起的变化结构。要描述较复杂的空间变异性，科学地进行空间变异性的结构分析，需要把反映不同尺度的空间变异性或不同空间方向的空间变异性的若干变异函数的理论模型进行套合，以得到具有套合结构的变异函数的理论模型，即把分别出现在不同距离 h 上和不同方向 a 上同时起作用的变异性组合起来。

套合结构可表示为多个变异函数之和，每个变异函数代表一种特定尺度上的变异性，其表达式为

$$\gamma(h)=\gamma_0(h)+\gamma_1(h)+\cdots+\gamma_n(h)=\sum_{i=0}^{n}\gamma_n(h) \tag{10.7-1}$$

10.7.1 同一方向套合

每个变异函数代表同一方向上一种特定尺度的变异，并可采用不同的变异函数理论模型在不同尺度上进行模拟，就是同一方向上的套合结构。例如，以土壤某一性质为区域化变量进行研究，假设两个采样点间距为 h，当 $h=0$ 时，两点间变异性 $\gamma_0(h)$ 主要由采样和测定误差引起；当 $h=10\text{m}$ 时，两点间变异性 $\gamma_1(h)$ 主要由水分的不同引起；当 $h=100\text{m}$ 时，两点间变异性 $\gamma_2(h)$ 主要由地形的差异引起。在某一方向上的变异性由 $\gamma_0(h)$、$\gamma_1(h)$、$\gamma_2(h)$ 组成。

$\gamma_0(h)$ 代表微观上的变异，其变程 a 极小，一般可利用纯块金效应模型模拟：

$$\gamma_0(h)=\begin{cases}0, & h=0\\ c_0, & h>0\end{cases} \tag{10.7-2}$$

$\gamma_1(h)$ 代表由水分引起的变异，若用球状模型来表示，则其变程 $a_1=10\text{m}$，表示为

$$\gamma_1(h)=\begin{cases}c_1\left(\dfrac{3h}{2a_1}-\dfrac{h^3}{2a_1^3}\right), & 0\leqslant h\leqslant a_1\\ c_1, & h\geqslant a_1\end{cases} \tag{10.7-3}$$

$\gamma_2(h)$ 代表由地形引起的变异，若用球状模型来表示，则其变程 $a_2=100\text{m}$，表示为

$$\gamma_2(h)=\begin{cases}c_2\left(\dfrac{3h}{2a_2}-\dfrac{h^3}{2a_2^3}\right), & 0\leqslant h\leqslant a_2\\ c_2, & h\geqslant a_2\end{cases} \tag{10.7-4}$$

总的套合结构是上述三个分段函数相加，即

$$\gamma(h)=\begin{cases}0, & h=0\\ c_0+\dfrac{3}{2}\left(\dfrac{c_1}{a_1}+\dfrac{c_2}{a_2}\right)h-\dfrac{1}{2}\left(\dfrac{c_1}{a_1^3}-\dfrac{c_2}{a_2^3}\right)h^3, & 0<h\leqslant a_1\\ c_0+c_1+c_2\left(\dfrac{3h}{2a_2}-\dfrac{h^3}{2a_2^3}\right), & a_1<h\leqslant a_2\\ c_0+c_1+c_2, & h>a_2\end{cases} \tag{10.7-5}$$

10.7.2 各向异性套合

1. 各向异性的类型

若区域化变量在各个方向上性质相同，则称为各向同性；当函数 $\gamma(h)$ 不仅与向量的模有关，而且与向量的方向有关时，表现为 $\gamma(h)$ 在不同方向上的差异，称为各向异性。也就是说，在不同方向上，变异函数的变化梯度不同。例如，沉积型的大透镜状矿体，沿该矿体的长轴

方向变异函数的变化梯度较小，沿短轴方向变化梯度较大，按其变异性质，Journel 和 Huijbregts（1978）将各向异性分成几何各向异性和带状各向异性两类。各向异性是绝对的，各向同性则是相对的。

① 几何各向异性。当区域化变量在不同方向上表现变异程度相同而连续性不同时称为几何各向异性。变异函数在 α 方向上距离为 h 的两点间的变化幅度，与在 β 方向上距离为 λh 的两点间的变化幅度相同，即 $\gamma_\alpha(h)=\gamma_\beta(\lambda h)$，$\lambda$ 为各向异性比。这种异性可以通过简单的几何图形变换化为各向同性。几何各向异性各个方向的变异函数具有相同的基台值（设块金值为 0）和不同的变程，如图 10.7-1 所示。

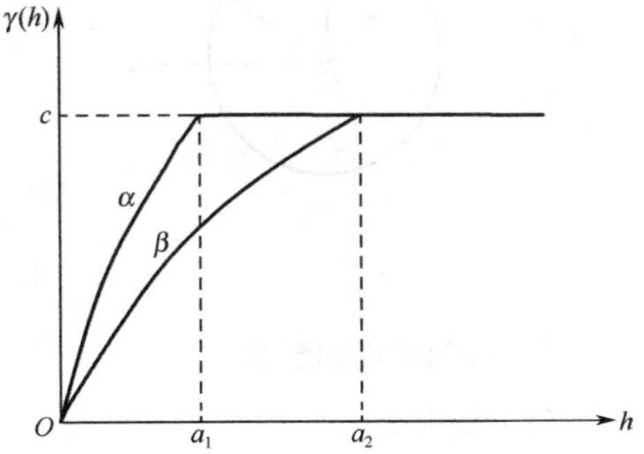

图 10.7-1　几何各向异性变异图

② 带状各向异性。当区域化变量在不同方向上的变异性不能通过坐标的线性变换化为各向同性时，称为带状各向异性。带状各向异性各个方向没有比例变化关系，在不同方向上的变异函数 $\gamma(h)$ 都具有不同的基台值，变程可以相同，也可以不同，如图 10.7-2 所示。带状各向异性常常出现在多层状矿床中，由两个样本间距 h 不同和矿层间存在夹石或带状构造矿石所造成。由于地质体组成变化显著，其矿化品位在垂直矿层面方向上的变异一般比沿矿层面方向上的大，可以理解为：在垂直方向上，除含有与水平方向上相同的那部分变异（也就是各向同性部分）外，还有该方向上特有的变异部分。因此，垂直方向上的变异可以写成各向同性部分和其余部分变异之和的套合结构。不同方向上的变异函数具有不同基台值，变程可以相同，也可以不同。

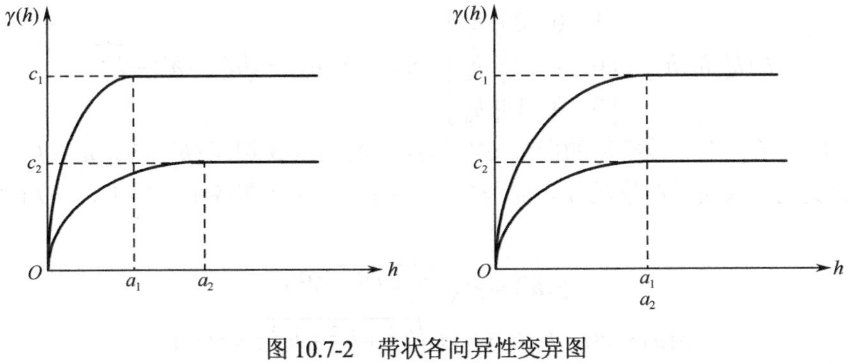

图 10.7-2　带状各向异性变异图

2. 方向变程图

可以根据方向变程图来确定各向异性的不同类型。方向变程图是由不同的方向及不同方向上的变程值来表示的，如图 10.7-3 所示，其中 a_1、a_2、a_3、a_4 为 4 个不同方向上的变程，可分为以下三种情况。

① 方向变程图近似于一个以 a 为半径的圆，即各个方向的变程近似相等，均等于 a，则认为是各向同性结构，如图 10.7-3（a）所示。

② 方向变程图近似于一个椭圆，则认为是几何各向异性，可用线性变换使之变为各向同性结构，如图 10.7-3（b）所示。

③ 方向变程图为非椭圆形状，图形不能用一个二次曲线来拟合，则认为是一种带状各向

异性结构，如图 10.7-3（c）所示。

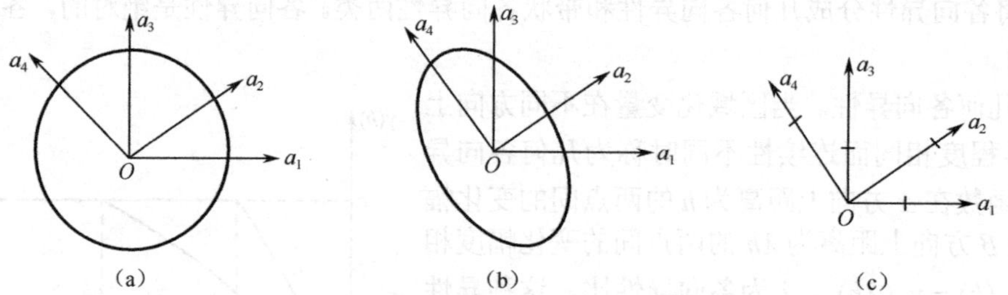

图 10.7-3　方向变程图

3. 各向异性的套合

（1）变换矩阵

通过变换矩阵改变不同方向上的向量 $\boldsymbol{h}$，将各向异性转换为各向同性。$\boldsymbol{A}$ 为变换矩阵，$\boldsymbol{h}'$为变换后的向量。

$$\boldsymbol{h}' = \boldsymbol{A}\cdot\boldsymbol{h} \tag{10.7-6}$$

若 $\boldsymbol{Z}(x)$ 为三维区域化变量，设 $\gamma(\boldsymbol{h})$ 为向量 $\boldsymbol{h}$ 的一个函数，向量 $\boldsymbol{h}$ 的三个分量坐标为 (h_u, h_v, h_w)

① 如果区域化变量为各向同性，则变换矩阵为

$$\boldsymbol{A} = \begin{bmatrix} 1 & 0 & 0 \\ 0 & 1 & 0 \\ 0 & 0 & 1 \end{bmatrix} \tag{10.7-7}$$

经过变换矩阵 $\boldsymbol{A}$ 转换后的向量为 $\boldsymbol{h}'$，其三个分量坐标为 (h'_u, h'_v, h'_w)，则

$$\boldsymbol{h}'(h'_u, h'_v, h'_w) = \begin{bmatrix} 1 & 0 & 0 \\ 0 & 1 & 0 \\ 0 & 0 & 1 \end{bmatrix}\begin{bmatrix} h_u \\ h_v \\ h_w \end{bmatrix} = \boldsymbol{h}'(h_u, h_v, h_w) = \sqrt{h'^2_u + h'^2_v + h'^2_w} \tag{10.7-8}$$

即在各向同性的条件下，转换后的向量 $\boldsymbol{h}'$与转换前的向量 $\boldsymbol{h}$ 相同（$h'_u = h_u$，$h'_v = h_v$，$h'_w = h_w$），$\gamma(\boldsymbol{h})$ 函数的变化只取决于向量的模，而与方向无关，也就是在各个方向上，$\gamma(\boldsymbol{h})$ 的变化梯度相同：

$$\gamma(\boldsymbol{h}') = \gamma(\sqrt{h'^2_u + h'^2_v + h'^2_w}) \tag{10.7-9}$$

$$\gamma(\boldsymbol{h}) = \gamma(h_u, h_v, h_w) = \gamma(\sqrt{{h_u}^2 + {h_v}^2 + {h_w}^2}) = \gamma(h') \tag{10.7-10}$$

② 如果 $\boldsymbol{h}$ 只有水平分量而没有垂直分量，即不存在垂直方向的变异，则变换矩阵变为

$$\boldsymbol{A} = \begin{bmatrix} 1 & 0 & 0 \\ 0 & 1 & 0 \\ 0 & 0 & 0 \end{bmatrix} \tag{10.7-11}$$

经过变换矩阵 $\boldsymbol{A}$ 转换后的向量为

$$\boldsymbol{h}'\left(h'_u, h'_v, h'_w\right) = \begin{bmatrix} 1 & 0 & 0 \\ 0 & 1 & 0 \\ 0 & 0 & 0 \end{bmatrix}\begin{bmatrix} h_u \\ h_v \\ h_w \end{bmatrix} = \boldsymbol{h}'\left(h_u, h_v, h_w\right) = \sqrt{h'^2_u + h'^2_v} \tag{10.7-12}$$

垂直向量为 0（$h'_u = h_u$，$h'_v = h_v$，$h'_w = 0$）。

$$\gamma(\boldsymbol{h}')=\gamma(\sqrt{h_u'^2+h_v'^2}) \tag{10.7-13}$$

③ 如果 $\boldsymbol{h}$ 只有垂直分量而没有水平分量，即不存在水平方向的变异，则变换矩阵为

$$\boldsymbol{A}=\begin{bmatrix}0&0&0\\0&0&0\\0&0&1\end{bmatrix} \tag{10.7-14}$$

经过变换矩阵 $\boldsymbol{A}$ 转换后的向量为

$$\boldsymbol{h}'(h_u',h_v',h_w')=\begin{bmatrix}0&0&0\\0&0&0\\0&0&1\end{bmatrix}\begin{bmatrix}h_u\\h_v\\h_w\end{bmatrix}=\boldsymbol{h}'(0,0,h_w)=\sqrt{h_w'^2} \tag{10.7-15}$$

水平向量为 0（h_u'=0，$h_v'=0$，$h_w'=h_w$）。

$$\gamma(h')=\gamma(\sqrt{h_w'^2}) \tag{10.7-16}$$

（2）几何各向异性套合

各方向基台值相同，仅变程不同。先看最典型情况，设 $\boldsymbol{u}$、$\boldsymbol{v}$ 方向上的变异函数分别为 $\gamma_{u^*}(h_u)$ 和 $\gamma_{v^*}(h_v)$，二者的基台值都是 c，而变程分别为 a_u 和 a_v。设 $a_u<a_v$，各向异性比（拉伸比）$k=a_v/a_u$，表示在 a_v 方向上距离为 $\boldsymbol{h}$ 的两点间的平均变异程度与在 a_u 方向上距离为 kh 的两点间的平均变异程度相同。通常，可对空间坐标采用如下几何图形变换（线性变换）转换为各向同性：

$$\begin{bmatrix}h_u'\\h_v'\end{bmatrix}=\begin{bmatrix}k&0\\0&1\end{bmatrix}\begin{bmatrix}h_u\\h_v\end{bmatrix},\quad \begin{matrix}h_u'=kh_u\\h_v'=h_v\end{matrix} \tag{10.7-17}$$

这时，两个方向上的变异函数为

$$\gamma_u(h_u)=\gamma_u\left(\frac{1}{k}h_u'\right)=\tilde{\gamma}_u(h_u') \tag{10.7-18}$$

$$\gamma_v(h_v)=\gamma_v(h_v')=\tilde{\gamma}_v(h_v') \tag{10.7-19}$$

因此有

$$\tilde{\gamma}_u(a_v)=\gamma_u\left(\frac{a_u}{a_v}a_v\right)=\gamma_u(a_u)=c \tag{10.7-20}$$

$$\tilde{\gamma}_v(a_v)=\gamma_u(a_u)=c \tag{10.7-21}$$

于是两个方向上的变程都是 a_v。然后再按各向同性来处理，用一元变异函数表示为

$$\gamma(\sqrt{h_u'^2+h_v'^2})=\gamma(\sqrt{(kh_u)^2+h_v^2}) \tag{10.7-22}$$

如果最大变程方向不在水平方向上，需要进行坐标旋转，设旋转夹角为 φ。首先要将坐标轴系 u-v 旋转 φ 角度而成为 u'-v'。设位移向量 $\boldsymbol{h}$ 在两个坐标轴系中的坐标分别为 (h_u,h_v) 和 (h_u',h_v')，它们之间的变换关系为

$$\begin{bmatrix}h_u'\\h_v'\end{bmatrix}=\begin{bmatrix}\cos\varphi&\sin\varphi\\-\sin\varphi&\cos\varphi\end{bmatrix}\begin{bmatrix}h_u\\h_v\end{bmatrix} \tag{10.7-23}$$

上式简记为 $\boldsymbol{h}_2=\boldsymbol{R}_\varphi\boldsymbol{h}_1$。式中，$\boldsymbol{R}_\varphi$ 为旋转角 φ 的转换系数矩阵，$\boldsymbol{h}_1$、$\boldsymbol{h}_2$ 为 $\boldsymbol{R}_\varphi$ 转换前后的向量。然后在新的坐标轴系 u'-v' 中，将 h_u' 坐标扩大 $k=a_2/a_1$，即用变换关系

$$\begin{bmatrix} \widetilde{h_{u'}} \\ \widetilde{h_{v'}} \end{bmatrix} = \begin{bmatrix} k & 0 \\ 0 & 1 \end{bmatrix} \begin{bmatrix} h_{u'} \\ h_{v'} \end{bmatrix} \tag{10.7-24}$$

上式简记为$\boldsymbol{h}_3 = \boldsymbol{K}\boldsymbol{h}_2$。$\boldsymbol{K}$为转换系数矩阵，$\boldsymbol{h}_2$、$\boldsymbol{h}_3$分别为$\boldsymbol{K}$转换前后的向量。最后再把$u'$-$v'$坐标轴系中的变换结果旋转到原始坐标轴系中，得到在原始坐标轴系中的坐标变换公式如下：

$$\boldsymbol{h}_4 = \begin{bmatrix} \widetilde{h_u} \\ \widetilde{h_v} \end{bmatrix} = \begin{bmatrix} \cos\varphi & -\sin\varphi \\ \sin\varphi & \cos\varphi \end{bmatrix} \begin{bmatrix} k & 0 \\ 0 & 1 \end{bmatrix} \begin{bmatrix} \cos\varphi & \sin\varphi \\ -\sin\varphi & \cos\varphi \end{bmatrix} \begin{bmatrix} h_u \\ h_v \end{bmatrix} \tag{10.7-25}$$

上式简记为$\boldsymbol{h}_4 = \boldsymbol{R}_{-\varphi}\boldsymbol{h}_3 = \boldsymbol{R}_{-\varphi}\boldsymbol{K}\boldsymbol{h}_2 = \boldsymbol{R}_{-\varphi}\boldsymbol{K}\boldsymbol{R}_{\varphi}\boldsymbol{h}_1$。$\boldsymbol{h}_4$为恢复坐标原来取向的向量。变异函数就可以用一元变异函数表示为

$$\gamma(\boldsymbol{h}_1) = \gamma(\boldsymbol{R}_{-\varphi}\boldsymbol{h}_2) = \gamma(\boldsymbol{R}_{-\varphi}\boldsymbol{K}^{-1}\boldsymbol{h}_3) = \gamma(\boldsymbol{R}_{-\varphi}\boldsymbol{K}^{-1}\boldsymbol{R}_{\varphi}\boldsymbol{h}_4) = \tilde{\gamma}(\boldsymbol{h}_4) \tag{10.7-26}$$

这种变异函数在各个方向上变程相等，可以看成各向同性，于是可表示为

$$\gamma(\boldsymbol{h}_1) = \tilde{\gamma}(\boldsymbol{h}_4) = \gamma_1(|\boldsymbol{h}_4|) = \gamma_1\left(\sqrt{\widetilde{h_u}^2 + \widetilde{h_v}^2}\right) \tag{10.7-27}$$

式中，γ_1是关于原始坐标轴系中的向量$\boldsymbol{h}_4$的长度的一元函数。

（3）带状各向异性套合

带状各向异性在克里金估计中是最常用的。它可以有两种不同的构造模式：在不同方向上，变程和基台值都不同的变异函数理论模型的套合的结果：若干个各向同性或几何各向异性的理论模型的套合结果。

区域化变量在垂直方向上的变异比水平方向上的变异大是最常见的一种情况，在这种情况下有两种方法进行套合。

① 将水平方向上的变异和垂直方向上的变异看成各自独立的成分进行套合。在套合结构中，用不同的变换矩阵把不同方向上的变异性区分开来。

对于水平方向，变换矩阵为

$$\boldsymbol{A} = \begin{bmatrix} 1 & 0 & 0 \\ 0 & 1 & 0 \\ 0 & 0 & 0 \end{bmatrix} \tag{10.7-28}$$

水平方向上的结构为$\gamma_1(\sqrt{h_u^2 + h_v^2})$。

对于垂直方向，变换矩阵为

$$\boldsymbol{A} = \begin{bmatrix} 0 & 0 & 0 \\ 0 & 0 & 0 \\ 0 & 0 & 1 \end{bmatrix} \tag{10.7-29}$$

垂直方向上的结构为$\gamma_2(h_w)$。

几何各向异性的模型经过适当的线性坐标变换可以得到各向同性的模型。总的带状各向异性的变异函数理论模型$\gamma(h)$可表示为

$$\gamma(h) = \gamma_1(\sqrt{h_u^2 + h_v^2}) + \gamma_2(h_w) \tag{10.7-30}$$

② 将三维空间看成与水平方向上各向同性$\gamma(\sqrt{h_u^2 + h_v^2})$一样的各向同性结构$\gamma_1(\sqrt{h_u^2 + h_v^2 + h_w^2}) = \gamma_1(|h|)$，而把总的套合结构$\gamma(h)$看成在$\gamma_1(|h|)$的基础上叠加了一个垂直方向上多出来的附加结构$\gamma_2(h_w)$，即

$$\gamma(h) = \gamma_1(|h|) + \gamma_2(h_w) \tag{10.7-31}$$

若以 $\gamma(h_w)$ 表示原来垂直方向上的结构，以 $\gamma_1(h_w)$ 表示三维各向同性结构当 $h_u = h_v = 0$ 时的 $\gamma_1(|h|)$，则有 $\gamma_2(h_w) = \gamma(h_w) - \gamma_1(h_w)$，如图 10.7-4 所示。因此，总的结构为

$$\gamma(h) = \gamma_1(|h|) + \gamma(h_w) - \gamma_1(h_w) \tag{10.7-32}$$

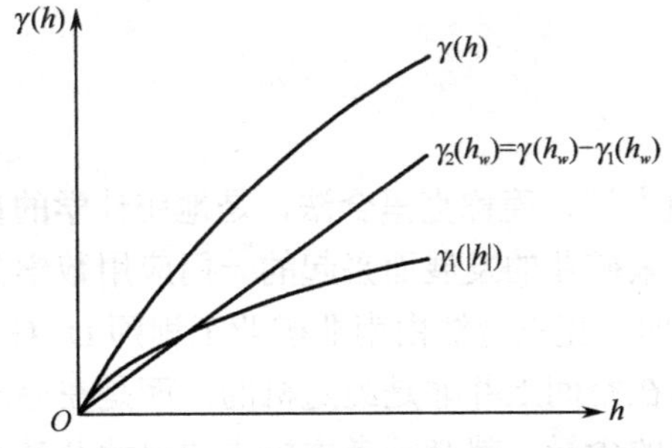

图 10.7-4　带状各向异性套合结构

第 11 章　克里金估值方法

11.1　概述

克里金（Kriging）估值方法，简称克里金法，是地统计学的重要组成部分，也是地统计学的核心。克里金法是随着采矿业的发展而兴起的一门应用数学分支，它最初起源于矿床估计问题。20 世纪 50 年代初期，克里金法由南非矿业工程师 D. G. Kriging 首次提出，他在矿山工作时观察到金属的分布在空间上并非是纯随机的，而是在空间上具有相互联系的特征。为了准确地估计矿石中金属的含量，就必须考虑样本的尺寸及其在矿体中的位置。法国数学家马特龙创立并发展了一门新的边缘地质学科——地统计学，其实质是以矿石品位和矿石储量的精确估计为目的，以矿体参数（变量）值的空间相关为基础，以区域化变量为核心，以变异函数为基本工具的一种数学地质方法。克里金法是一种空间局部估计或空间局部插值法，考虑的是空间属性在空间位置上的变异分布，应用变异函数或协方差函数来研究在空间上既有随机性又有相关性的变量（即区域化变量）的分布，以变异函数理论和结构分析为基础，在一定区域内对区域化变量的取值进行线性无偏估计。根据待估点周围空间分布不同的若干已知样本点，应用变异函数所特有的性质，考虑样本的形状、大小及与待估点相互间的空间位置等几何特征以及空间结构后，确定对一个待估点有影响的距离周围内已知数据点的参数对待估点的贡献（即权重），然后对待估点的未知值做出最优（最小估计方差）、无偏（估计误差的数学期望为 0）的估计，来估计空间上的其他未测位置的值。

克里金法主要类型有：普通克里金法（Ordinary Kriging）、简单克里金法（Simple Kriging），泛克里金法（Universal Kriging）、对数正态克里金法（Lognormal Kriging）、指示克里金法（Indicator Kriging）、概率克里金法（Probability Kriging）、析取克里金法（Disjunctive Kriging）、协同克里金法（Co-Kriging）等。普通克里金法和简单克里金法属于线性平稳地统计学，即假设数据呈现正态分布，则区域化变量的数学期望为一个常数。简单克里金法很少直接用于估计，因为它假设空间过程的均值依赖于空间位置，数学期望是已知的，但在实际中均值一般很难得到。普通克里金法是单个变量的局部线性最优无偏估计方法，数学期望则是未知的，是最稳健常用的一种方法。泛克里金法属于线性非平稳地统计学，把一个确定性趋势模型加入到克里金估值中，区域化变量的期望不是常数，而是空间点位置的函数，将空间过程总可以分解为趋势项和残差项两个部分的和，如果能够很容易地预测残差的变异函数，那么该方法将会得到非常广泛的应用。当数据不服从正态分布时，若服从对数正态分布，则选用对数正态克里金法。指示克里金法将连续的变量转换为二进制数的形式，是一种非线性、非参数的克里金预测方法，若只需了解属性值是否超过某一阈值，则可以选用指示克里金。概率克里金法是指示克里金法的一种改进，它不仅具有指示克里金法的优点，即非参数和无分布特性，同时也减小了估计方差，提高了插值精度，降低了指示克里金法的平滑作用。析取克里金法是一种非线性地统计方法，也是介于线性克里金法与条件数学期望之间切实可行的一种中间估计量。协同克里金法将单个变量的普通克里金法扩展到两个或多个变量，并且这些变量间要存在一定的协同区域化关系。如果同一事物的两种属性存在相关关系，并且其中一种属性不容易获取，那么可以选用协同克里金法。如果那些测试成本低、样本较多的变量与那些测试成本较高、较少的变量在空间上具有一定的相关性，则可以利用较密采样得到的数据来提高样本较少数据的预测精度，也可以利用该方法。

克里金法利用邻近若干个钻孔（或坑道）的样本品位来估计处于这些样本中间的某个块段（成某个点）的品位。应用这种方法，可以根据少量样本的品位资料把一个矿床中成千上万个开采块段的品位和储量计算出来。应用克里金法进行储量计算，具有明显的优点。①应用克里金法所计算的矿石品位和矿石储量数字要比传统的方法精确得多。②传统储量计算方法对勘探资料的利用是不充分的，克里金法在计算矿床中某块段的储量时，可最大限度地利用勘探工程所提供的信息，不仅考虑了这个块段附近的样本，而且还利用了许多落在块段外边的邻近样本。③应用传统储量计算方法，如断面所计算的块段储量，对矿床的开采设计而言，其范围太小，而且很不规则，设计部门很难利用。用克里金法可以分别计算矿床中所有最小开采块段的储量和品位，这样就使得所提供的储量能更好地满足矿山设计的要求。④克里金法建立了矿床的变化性，矿床的勘探方法和矿床储量精度之间严格的数学定量关系。可以利用它来研究矿床的合理勘探方法，如工程布置形式、勘探网度的选择、样本度的确定等，也可以应用它来探讨边界品位、矿石储量、开采方案、利润和资源利用之间的关系，以选择合理的边界品位和开采方法，预测矿石质量和数量以便合理地安排矿山生产。

克里金技术属于应用统计学的范畴，它应用于地球科学中对空间变异性的分析和建模。从应用的角度看，克里金估计的结果，就是利用随机函数在空间若干处的已知随机变量所求取的该随机函数在空间某一点处的随机变量的估值。从理论上分析，克里金估值可以看成是多元统计分析中的条件数学期望，也可以看成是希尔伯特空间中的一个元素在一个特定的子空间或线形流形上的投影。20 世纪 80 年代，克里金技术在理论和应用上得到了前所未有的蓬勃发展。克里金技术除了在矿产勘查（矿体圈定、块段划分、储量计算等）、采矿设计、矿山生产及石油勘探等方面具有明显的优越性外，它在土壤学、生物学、生态学、气象学、环境、林业、农业、水文、医学、地球化学、地震地质、海洋地质、古气候、古地理、遥感地质等许多方面都有成功应用的实例。

11.2　普通克里金法

普通克里金法是克里金家族中最常用的一种最优无偏估计方法，其计算公式与反距离加权插值类似，待估计的真值是估计邻域内 n 个属性值的线性组合，具体为

$$Z(x_0)=\sum_{i=1}^{n}\lambda_i Z(x_i) \tag{11.2-1}$$

式中，$Z(x_i)$ $(i=0,1,2,\cdots,n)$ 为数据点 x_i 的值；x_0 为未知点，其他为已知点；λ_i 为权重。此处的权重不是简单地由距离来决定的，它要使真值为待估块段均值的无偏估计量，且估计方差最小，依赖于变异函数的计算结果而确定，此特征正是与反距离加权插值的不同之处，也是其优势的体现。

1. 无偏性条件

若要使 $Z^*(x_0)$ 为 $Z(x_0)$ 的无偏估计量，必须满足所研究的区域化变量的数学期望未知，但为一个常数，即

$$E[Z^*(x)]=E[Z(x)]=m$$

$$E[Z^*(x)]=E\left[\sum_{i=1}^{n}\lambda_i Z(x_i)\right]=\sum_{i=1}^{n}\lambda_i E[Z(x_i)]=\sum_{i=1}^{n}\lambda_i\sum_{i=1}^{n}E[Z(x_i)]=m\sum_{i=1}^{n}\lambda_i \tag{11.2-2}$$

则无偏条件为

$$\sum_{i=1}^{n}\lambda_i=1 \tag{11.2-3}$$

即为了满足无偏条件，需要使权重的和为1。

2．最优性条件

最优性条件即估计方差最小条件，在满足无偏条件下，有估计方差：

$$\sigma_E^2=E[Z(x)-Z^*(x)]^2=E\left[Z(x)-\sum_{i=1}^{n}\lambda_i Z(x_i)\right]^2 \tag{11.2-4}$$

使用协方差函数表达，它可以进一步写为

$$\sigma_E^2=E[Z(x)]^2+E\left[\sum_{i=1}^{n}\lambda_i Z(x_i)\right]^2-2E\left[\sum_{i=1}^{n}\lambda_i Z(x)\cdot Z(x_i)\right] \tag{11.2-5}$$

$$\sigma_E^2=\bar{C}(x,x)+\sum_{i=1}^{n}\sum_{j=1}^{n}\lambda_i\lambda_j C(x_i,x_j)-2\sum_{i=1}^{n}\lambda_i\bar{C}(x_i,x) \tag{11.2-6}$$

要求在满足无偏条件$\sum_{i=1}^{n}\lambda_i=1$下使得估计方差最小的权重$\lambda$ $(i=1,2,\cdots,n)$，这是一个求条件极值问题。根据拉格朗日乘数原理，建立拉格朗日函数

$$F=\sigma_E^2-2\mu\left(\sum_{i=1}^{n}\lambda_i-1\right) \tag{11.2-7}$$

$$F=\bar{C}(x,x)+\sum_{i=1}^{n}\sum_{j=1}^{n}\lambda_i\lambda_j C(x_i,x_j)-2\sum_{i=1}^{n}\lambda_i\bar{C}(x_i,x)-2\mu\left(\sum_{i=1}^{n}\lambda_i-1\right) \tag{11.2-8}$$

函数F是n个权重λ_i和μ的$n+1$元函数，-2μ是拉格朗日乘数，求F对λ_i和μ的偏导数，并令其为0，得普通克里金方程组：

$$\begin{cases}\dfrac{\partial F}{\partial\lambda_i}=0\\[2ex]\dfrac{\partial F}{\partial\mu}=0\end{cases} \tag{11.2-9}$$

$$\begin{cases}\dfrac{\partial F}{\partial\lambda_i}=2\sum_{j=1}^{n}\lambda_j C(x_i,x_j)-2\bar{C}(x_i,x)-2\mu=0 & (i=1,2,\cdots,n)\\[2ex]\dfrac{\partial F}{\partial\mu}=-2\left(\sum_{i=1}^{n}\lambda_i-1\right)=0\end{cases} \tag{11.2-10}$$

$$\begin{cases}\sum_{j=1}^{n}\lambda_j C(x_i,x_j)-\mu=\bar{C}(x_i,x) & (i=1,2,\cdots,n)\\[2ex]\left(\sum_{i=1}^{n}\lambda_i-1\right)=0\end{cases} \tag{11.2-11}$$

从普通克里金方程组可得

$$\sum_{j=1}^{n}\lambda_j C(x_i,x_j)=\bar{C}(x_i,x)+\mu \tag{11.2-12}$$

将式（11.2-12）代入式（11.2-6）估计方差公式得

$$\begin{aligned}\sigma_E^2&=\bar{C}(x,x)+\sum_{i=1}^{n}\lambda_i[\bar{C}(x_i,x)+\mu]-2\sum_{i=1}^{n}\lambda_i\bar{C}(x_i,x)\\&=\bar{C}(x,x)+\sum_{i=1}^{n}\lambda_i\bar{C}(x_i,x)+\sum_{i=1}^{n}\lambda_i\mu-2\sum_{i=1}^{n}\lambda_i\bar{C}(x_i,x)\\&=\bar{C}(x,x)-\sum_{i=1}^{n}\lambda_i\bar{C}(x_i,x)+\mu\end{aligned} \tag{11.2-13}$$

用协方差函数表达普通克里金方程组，展开后得

$$\begin{cases}\lambda_1 C(x_1,x_1)+\lambda_2 C(x_1,x_2)+\cdots+\lambda_n C(x_1,x_n)-\mu=\bar{C}(x_1,x)\\\lambda_1 C(x_2,x_1)+\lambda_2 C(x_2,x_2)+\cdots+\lambda_n C(x_2,x_n)-\mu=\bar{C}(x_2,x)\\\cdots\\\lambda_1 C(x_n,x_1)+\lambda_2 C(x_n,x_2)+\cdots+\lambda_n C(x_n,x_n)-\mu=\bar{C}(x_n,x)\\\lambda_1+\lambda_2+\cdots+\lambda_n=1\end{cases} \tag{11.2-14}$$

如果用矩阵形式表示，可以引入以下三个矩阵：

$$\boldsymbol{\Gamma}=\begin{bmatrix}C(x_1,x_1)&C(x_1,x_2)&\cdots&C(x_1,x_n)&1\\C(x_2,x_1)&C(x_2,x_2)&\cdots&C(x_2,x_n)&1\\\vdots&\vdots&&\vdots&\vdots\\C(x_n,x_1)&C(x_n,x_2)&\cdots&C(x_n,x_n)&1\\1&1&\cdots&1&0\end{bmatrix},\quad \boldsymbol{\lambda}=\begin{bmatrix}\lambda_1\\\lambda_2\\\vdots\\\lambda_n\\-\mu\end{bmatrix},\quad \boldsymbol{g}=\begin{bmatrix}\bar{C}(x_1,x)\\\bar{C}(x_2,x)\\\vdots\\\bar{C}(x_n,x)\\1\end{bmatrix} \tag{11.2-15}$$

普通克里金方程组的矩阵形式为

$$\boldsymbol{\Gamma\lambda}=\boldsymbol{g} \tag{11.2-16}$$

权重矩阵可用 $\boldsymbol{\lambda}=\boldsymbol{\Gamma}^{-1}\boldsymbol{g}$ 求得。

用普通克里金估计方差为

$$\boldsymbol{\sigma}_K^2=\bar{C}(x,x)-\boldsymbol{\lambda}^{\mathrm{T}}\boldsymbol{g} \tag{11.2-17}$$

根据协方差与变异函数的关系：$C(h)=C(0)-\gamma(h)$ 也可以将普通克里金方程组和估计方差用变异函数写成矩阵形式。$\boldsymbol{\Gamma}'$ 为半方差矩阵，$\boldsymbol{g}'$ 为半方差矢量。

$$\boldsymbol{\Gamma}'=\begin{bmatrix}\gamma_{11}&\gamma_{12}&\cdots&\gamma_{1n}&1\\\gamma_{21}&\gamma_{22}&\cdots&\gamma_{2n}&1\\\vdots&\vdots&&\vdots&\vdots\\\gamma_{n1}&\gamma_{n2}&\cdots&\gamma_{nn}&1\\1&1&\cdots&1&0\end{bmatrix},\quad \boldsymbol{\lambda}'=\begin{bmatrix}\lambda_1\\\lambda_2\\\vdots\\\lambda_n\\\mu\end{bmatrix},\quad \boldsymbol{g}'=\begin{bmatrix}\bar{\gamma}(x_1,x)\\\bar{\gamma}(x_2,x)\\\vdots\\\bar{\gamma}(x_n,x)\\1\end{bmatrix} \tag{11.2-18}$$

普通克里金方程组的矩阵形式为

$$\boldsymbol{\Gamma}'\boldsymbol{\lambda}'=\boldsymbol{g}' \tag{11.2-19}$$

权重矩阵可用 $\boldsymbol{\lambda}'=[\boldsymbol{\Gamma}']^{-1}\boldsymbol{g}'$ 求得。普通克里金估计方差可表示为

$$\sigma_K^2=[\boldsymbol{\Gamma}']^{-1}\boldsymbol{g}'-\bar{\gamma}(x,x) \tag{11.2-20}$$

通过求解普通克里金方程组得到的 $\lambda_i(i=1,2,\cdots,n)$，并用此对 $Z(x_i)(i=1,2,\cdots,n)$ 进行线性

组合，得到区域性变量在 x_0 处的估计量。

$$Z(x_0)=\sum_{i=1}^{n}\lambda_i Z(x_i) \tag{11.2-21}$$

【实例 11.1】 4 个样本点品位(间距为 1)分别为 $Z(x_1)=5$，$Z(x_2)=6$，$Z(x_3)=9$，$Z(x_4)=12$，如图 11.2-1 所示，假设品位的变异函数是各向同性的二维球状模型。用普通克里金法估计观测点 x_0 的品位 $Z(x_0)$。

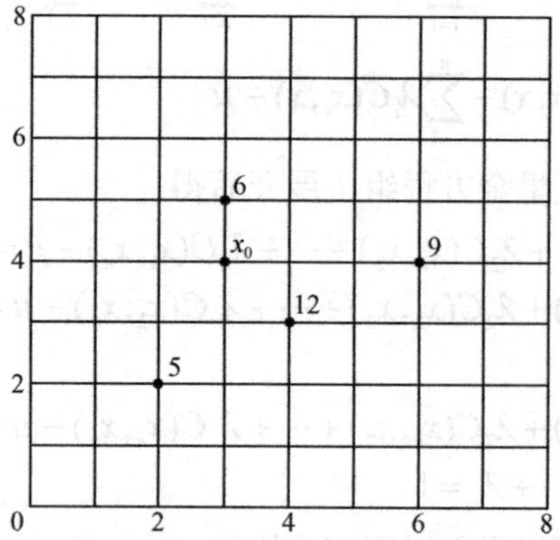

图 11.2-1　样本点分布

解：4 个样本点品位分别为 $Z(x_1)=5$，$Z(x_2)=6$，$Z(x_3)=9$，$Z(x_4)=12$。

根据协方差与变异函数的关系以及实例 10.3 得到的球状变异函数模型，可得协方差函数：

$$C^*(h)=\begin{cases}12.5715, & h=0\\ 11.5471\times\left[1-\left(\dfrac{3}{2}\times\dfrac{h}{6.7588}-\dfrac{1}{2}\times\dfrac{h^3}{6.7588^3}\right)\right], & 0<h\leqslant 6.7588\\ 0, & h>6.7588\end{cases}$$

当 $i=j$ 时，有

$$C_{11}=C_{22}=C_{33}=C_{44}=C(0)=C_0+C=12.5715$$

根据克里金矩阵的对称性，当 $i\neq j$ 时，$C_{ij}=C(|x_i-x_j|)=12.5715-\gamma(|x_i-x_j|)$。

由此计算可得

$$C_{14}=C_{41}=C_{34}=C_{43}=C_{24}=C_{42}=C_{01}=C^*(\sqrt{5})=6.0258$$

$$C_{12}=C_{21}=C_{23}=C_{32}=C^*(\sqrt{10})=4.0345$$

$$C_{13}=C_{31}=C^*(\sqrt{20})=1.759$$

$$C_{02}=C^*(1)=9.0031$$

$$C_{03}=C^*(3)=4.3639$$

$$C_{04}=C^*(\sqrt{2})=7.9493$$

$$\begin{bmatrix}\lambda_1\\ \lambda_2\\ \lambda_3\\ \lambda_4\\ -\mu\end{bmatrix}=\begin{bmatrix}12.5715 & 4.0345 & 1.759 & 6.0258 & 1\\ 4.0345 & 12.5715 & 4.0345 & 6.0258 & 1\\ 1.759 & 4.0345 & 12.5715 & 6.0258 & 1\\ 6.0258 & 6.0258 & 6.0258 & 12.5715 & 1\\ 1 & 1 & 1 & 1 & 0\end{bmatrix}^{-1}\begin{bmatrix}6.0258\\ 9.0031\\ 4.3639\\ 7.9493\\ 1\end{bmatrix}=\begin{bmatrix}0.1709\\ 0.5151\\ 0.0172\\ 0.2969\\ -0.0196\end{bmatrix}$$

即克里金权重分别为

$$\lambda_1 = 0.1709,\ \lambda_2 = 0.5151,\ \lambda_3 = 0.0172,\ \lambda_4 = 0.2969$$

根据普通克里金法的基本原理，可知 $Z(x_0)$ 估计的基本公式为

$$Z_0^* = 0.1709Z(x_1) + 0.5151Z(x_2) + 0.0172Z(x_3) + 0.2969Z(x_4) = 7.6627$$

所以用普通克里金法估计观测点 x_0 的品位 $Z(x_0)$ 为 7.6627。

11.3 简单克里金法

简单克里金法认为空间上不同的两点有相互依赖关系，当区域化变量 $Z(x)$ 满足二阶平稳假设，其数学期望是已知的常数 m 时，就可以使用简单克里金法。其均值为（假定已知）$E[Z(x)] = m$，协方差为

$$E[Z(x) - m][Z(x+h) - m] = C(h) \tag{11.3-1}$$

简单克里金法的关键是通过估计点 x_0 附近的 n 个已知量 $Z(x_i)$（$i = 1,2,\cdots,n$）的线性组合来估计位置 x_0 处的 $Z(x_0)$。因为平均值为已知常数，权重和无须为 1，所以为克里金的研究带来了很大的便利，计算起来更简单快捷，能满足无偏条件，其计算公式为

$$Z^*(x_0) = \lambda_0 + \sum_{i=1}^{n} \lambda_i Z(x_i) \tag{11.3-2}$$

式中，λ_i 是变量 $Z(x_i)$ 的系数；定值 λ_0 称为漂移参数；$Z^*(x_0)$ 为在 x 处使用 n 个已知样本的条件下的最佳估计。

1．无偏性条件

因为 $Z^*(x_0)$ 是 $Z(x_0)$ 的无偏估计，即有 $E[Z(x_0) - Z^*(x_0)] = 0$，可得 $\lambda_0 = m - \sum_{i=1}^{n} \lambda_i m_i$。从而有

$$Z^*(x_0) = m + \sum_{i=1}^{n} \lambda_i [Z(x_i) - m] \tag{11.3-3}$$

2．最优性条件

最优性条件即估计方差最小条件，在满足无偏条件下，有如下估计方差：

$$\sigma_E^2 = E[Z(x) - Z^*(x)]^2 = E[Z(x) - \sum_{i=1}^{n} \lambda_i Z(x_i)]^2 \tag{11.3-4}$$

使用协方差函数表达，它可以进一步写为

$$\begin{aligned}\sigma_E^2 &= E[Z(x)]^2 + E\left[\sum_{i=1}^{n} \lambda_i Z(x_i)\right]^2 - 2E\left[\sum_{i=1}^{n} \lambda_i Z(x) \cdot Z(x_i)\right] \\ &= \overline{C}(x,x) + \sum_{i=1}^{n}\sum_{j=1}^{n} \lambda_i \lambda_j C(x_i, x_j) - 2\sum_{i=1}^{n} \lambda_i \overline{C}(x_i, x)\end{aligned} \tag{11.3-5}$$

为使估计方差最小，需要对上式求 λ_i 的偏导数并令其为 0：

$$\frac{\partial \sigma_E^2}{\partial \lambda_i} = -2\overline{C}(x_i, x) + 2\sum_{j=1}^{n} \lambda_j C(x_i, x_j) = 0 \tag{11.3-6}$$

得到简单克里金方程组：

$$\sum_{j=1}^{n}\lambda_j C(x_i,x_j)=\overline{C}(x_i,x) \qquad (i=1,2,\cdots,n) \tag{11.3-7}$$

从中解出简单克里金权重 $\lambda_i(i=1,2,\cdots,n)$，代入式（11.3-2）中即可得到 $Z(x_0)$ 的简单克里金估计量 $Z^*(x_0)$。

如果用矩阵形式表示，可以引入以下三个矩阵：

$$\boldsymbol{\Gamma}=\begin{bmatrix} C(x_1,x_1) & C(x_1,x_2) & \cdots & C(x_1,x_n) \\ C(x_2,x_1) & C(x_2,x_2) & \cdots & C(x_2,x_n) \\ \vdots & \vdots & & \vdots \\ C(x_n,x_1) & C(x_n,x_2) & \cdots & C(x_n,x_n) \end{bmatrix},\quad \boldsymbol{\lambda}=\begin{bmatrix}\lambda_1\\ \lambda_2\\ \vdots\\ \lambda_n\end{bmatrix},\quad \boldsymbol{g}=\begin{bmatrix}\overline{C}(x_1,x)\\ \overline{C}(x_2,x)\\ \vdots\\ \overline{C}(x_n,x)\end{bmatrix} \tag{11.3-8}$$

那么简单克里金方程组式（11.3-7）就可以表示成 $\boldsymbol{\Gamma\lambda}=\boldsymbol{g}$ 矩阵形式，权重可以用 $\boldsymbol{\lambda}=\boldsymbol{\Gamma}^{-1}\boldsymbol{g}$ 求得。

相应的估计方差取得最小值，即简单克里金方差，可写成

$$\begin{aligned}\sigma_{\text{SK}}^2&=\overline{C}(x,x)-2\sum_{i=1}^{n}\lambda_i\overline{C}(x_i,x)+\sum_{i=1}^{n}\sum_{j=1}^{n}\lambda_i\lambda_j C(x_i,x_j)\\ &=\overline{C}(x,x)-2\sum_{i=1}^{n}\lambda_i\overline{C}(x_i,x)+\sum_{i=1}^{n}\lambda_i\sum_{j=1}^{n}\lambda_j C(x_i,x_j)\\ &=\overline{C}(x,x)-2\sum_{i=1}^{n}\lambda_i\overline{C}(x_i,x)+\sum_{i=1}^{n}\lambda_i\overline{C}(x_i,x)\\ &=\overline{C}(x,x)-\sum_{i=1}^{n}\lambda_i\overline{C}(x_i,x)\end{aligned} \tag{11.3-9}$$

通过求得 n 个克里金线性方程组获得 n 个未知的权重 λ_i（$i=1,\cdots,n$），将这些权重代入简单克里金法公式，即可求得估值。

【实例 11.2】 4 个样本点品位分别为 $Z(x_1)=5$，$Z(x_2)=6$，$Z(x_3)=9$，$Z(x_4)=12$，如图 11.3-1 所示，假设品位的变异函数是各向同性的二维球状模型，用简单克里金法估计观测点 x_0 的品位 $Z(x_0)$。

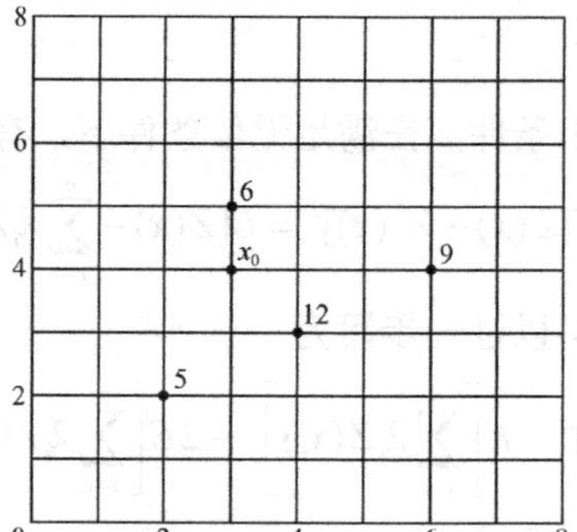

图 11.3-1　样本点分布

解：根据实例 11.1 计算数据，权重可用 $\boldsymbol{\lambda}=\boldsymbol{\Gamma}^{-1}\boldsymbol{g}$ 求得，可得权重矩阵为

$$\boldsymbol{X}=\begin{bmatrix}\lambda_1\\ \lambda_2\\ \lambda_3\\ \lambda_4\end{bmatrix}=\begin{bmatrix}12.5715 & 4.0345 & 1.759 & 6.0258\\ 4.0345 & 12.5715 & 4.0345 & 6.0258\\ 1.759 & 4.0345 & 12.5715 & 6.0258\\ 6.0258 & 6.0258 & 6.0258 & 12.5715\end{bmatrix}^{-1}\begin{bmatrix}6.0258\\ 9.0031\\ 4.3639\\ 7.9493\end{bmatrix}=\begin{bmatrix}0.1698\\ 0.5143\\ 0.0161\\ 0.2967\end{bmatrix}$$

克里金权重分别为

$$\lambda_1 = 0.1698,\ \lambda_2 = 0.5143,\ \lambda_3 = 0.0161,\ \lambda_4 = 0.2967$$

$$E[Z(x)] = m = [Z(x_1) + Z(x_2) + Z(x_3) + Z(x_4)]/4 = 8$$

$$\boldsymbol{Y} = \begin{bmatrix} z(x_1) - m \\ z(x_2) - m \\ z(x_3) - m \\ z(x_4) - m \end{bmatrix} = \begin{bmatrix} -3 \\ -2 \\ 1 \\ 4 \end{bmatrix}$$

可得 $Z(x_0)$ 估计的基本公式：

$$\boldsymbol{Z}_0^* = m + \boldsymbol{Y}^{\mathrm{T}}\boldsymbol{X} = 8 + \begin{bmatrix} -3 \\ -2 \\ 1 \\ 4 \end{bmatrix}^{\mathrm{T}} \begin{bmatrix} 0.1698 \\ 0.5143 \\ 0.0161 \\ 0.2967 \end{bmatrix}$$

$$= 8 + [(-3)\times 0.1698 + (-2)\times 0.5143 + 1\times 0.0161 + 4\times 0.2967]$$

$$= 7.6649$$

所以用简单克里金法估计观测点 x_0 的品位 $Z(x_0)$ 为 7.6649。

11.4 泛克里金法

简单克里金法和普通克里金法都要求区域化变量满足二阶平稳或内蕴的假设条件，但在实际情况中，不少区域化变量是非平稳的，有许多区域化变量的数学期望都不是固定值，而是随空间位置的变化而变化的。区域化变量 $Z(x)$ 的数学期望是空间位置的函数，此时我们需要运用到线性非平稳地统计学的范畴——泛克里金法。

平稳是非平稳的特殊情况，非平稳包括了平稳的情况。它们在一定的条件下是可以相互转化的，转化条件就是观测尺度的大小。例如，有些区域化变量在总体上存在漂移，但是从较小的局部范围来看，就是平稳的。也有一些区域化变量，从总体上看是平稳的，但在一个小的局部范围内存在漂移，这时就需要将普通克里金法和泛克里金法结合应用而得到更好的估计精度。

1. 漂移与残差

对于非平稳的区域化变量 $Z(x)$，假设它由漂移和残差两部分组成：

$$Z(x) = m(x) + R(x) \tag{11.4-1}$$

式中，$m(x)$ 为漂移，是非平稳的区域化变量 $Z(x)$。漂移表示为

$$m(x) = E[Z(x)] \tag{11.4-2}$$

$R(x)$ 表示残差，是较小尺度下的现象变化，是 $Z(x)$ 围绕漂移 $m(x)$ 附近的摆动的随机误差，且数学期望为 0，残差表示为

$$R(x) = Z(x) - m(x) \tag{11.4-3}$$

漂移通常用一个光滑的确定性函数来模拟，或者使用拟合方法根据已知的数据来求取函数的未知参数，漂移的形式可以是一维或二维情况，也可以是三维或三维以上情况，一般一维和二维漂移就能满足要求。如果用多项式来表示漂移，则有

一维　$m(x) = a_0 + a_1 x + a_2 x^2 + \cdots$　（11.4-4）

二维　$m(x,y)=a_0+a_1x+a_2y+a_3x^2+a_4xy+a_5y^2+\cdots$　（11.4-5）

三维　$m(x,y,z)=a_0+a_1x+a_2y+a_3z+a_4x^2+a_5y^2+a_6z^2+a_7xy+a_8xz+a_9yz+\cdots$

（11.4-6）

在选用漂移时，应充分考虑变量特征，通常90%的漂移问题可以用线性漂移来解决。此外，有时只用局部漂移就可以解决问题。例如，只考虑水平方向上的漂移，则垂直方向上是平稳的。那么可以用下面的局部线性漂移公式：

$$m(x,y,z)=a_0+a_1x+a_2y \tag{11.4-7}$$

2．假设条件

（1）假设$Z(x)$具有平稳的数学期望和一个非平稳的协方差函数：

$$\begin{cases}E[Z(x)]=m(x)\\E[Z(x)Z(y)]=m(x)m(y)+C(x,y)\end{cases} \tag{11.4-8}$$

式中，$m(x)$为$Z(x)$的漂移；$m(y)$为$Z(y)$的漂移；$C(x,y)$为非平稳的协方差函数。

或者可以假设$Z(x)$的增量具有平稳的数学期望和一个非平稳的协方差函数：

$$\begin{cases}E[Z(x)-Z(y)]=m(x)-m(y)\\\mathrm{Var}[Z(x)-Z(y)]=2\gamma(x,y)\end{cases} \tag{11.4-9}$$

（2）假设$Z(x)$可以分解为漂移$m(x)$和剩余$R(x)$之和：

$$Z(x)=m(x)+R(x) \tag{11.4-10}$$

（3）假设漂移可以表示为$K+1$个x的单项式$f_l(x)$（$l=1,2,3,\cdots,K$）的线性组合：

$$m(x)=\sum_{l=0}^{K}a_l f_l(x) \tag{11.4-11}$$

在研究领域内应包含足够多的观测点，以便可以估计出系数a_l。

3．协方差函数和变异函数

对于非平稳的区域化变量在应用泛克里金插值之前，也必须先知道其协方差函数和变异函数。公式如下：

$$Z(x)=m(x)+R(x) \tag{11.4-12}$$

$$\begin{aligned}C(x,y)&=E[Z(x)-m(x)][Z(y)-m(y)]\\&=E[R(x)\cdot R(y)]\\&=E[R(x)\cdot R(y)]-E[R(x)]\cdot E(R(y))\\&=C_R(x,y)\end{aligned} \tag{11.4-13}$$

$$\begin{aligned}\gamma(x,y)&=\frac{1}{2}\mathrm{Var}[Z(x)-Z(y)]\\&=\frac{1}{2}\mathrm{Var}[Z(x)-Z(y)-m(x)+m(y)]\\&=\frac{1}{2}\mathrm{Var}\{[Z(x)-m(x)]-[Z(y)-m(y)]\}\\&=\frac{1}{2}\mathrm{Var}[R(x)-R(y)]\\&=\gamma_R(x,y)\end{aligned} \tag{11.4-14}$$

因此，$Z(x)$的协方差函数和变异函数就等于残差$R(x)$的协方差函数和变异函数。

4. 泛克里金估值

设区域化变量 $Z(x)$ 在 n 个信息样本点 x_i 处的值 $Z(x_i)=Z_i$（$i=1,2,\cdots,n$），取泛克里金线性估计量：

$$E[Z^*(x)]=\sum_{i=1}^{n}\lambda_i Z(x_i) \tag{11.4-15}$$

根据无偏性和最优性的条件来确定各权重 λ_i（$i=1,2,\cdots,n$）。

（1）无偏性条件为 $E[Z^*(x)]=m(x)$，即

$$\sum_{l=0}^{K}a_l f_l(x)=f_l(x),\qquad (l=0,1,2,\cdots,K) \tag{11.4-16}$$

（2）最优性条件。

最优性条件即估计方差最小条件，在满足无偏条件下，有估计方差公式为

$$\sigma_E^2=E[Z(x)-Z^*(x)]^2=E\left[Z(x)-\sum_{i=1}^{n}\lambda_i Z(x_i)\right]^2 \tag{11.4-17}$$

使用协方差函数表达，可以进一步写为

$$\sigma_E^2=E[Z(x)]^2+E\left[\sum_{i=1}^{n}\lambda_i Z(x_i)\right]^2-2E\left[\sum_{i=1}^{n}\lambda_i Z(x)Z(x_i)\right]$$

$$\sigma_E^2=C(x,x)+\sum_{i=1}^{n}\sum_{j=1}^{n}\lambda_i\lambda_j C(x_i,x_j)-2\sum_{i=1}^{n}\lambda_i C(x_i,x) \tag{11.4-18}$$

要求满足无偏条件下使得估计方差达到极小的权重 λ（$i=1,2,\cdots,n$），要利用拉格朗日乘数原理，建立拉格朗日函数：

$$F=\sigma_E^2-2\sum_{l=0}^{K}\mu_l\left[\sum_{i=1}^{n}\lambda_i f_l(x_i)-f_l(x)\right] \tag{11.4-19}$$

求 F 分别对 λ_i 和 μ_l 的偏导数，并令其等于 0，经整理得到泛克里金方程组：

$$\begin{cases}\sum_{j=1}^{n}\lambda_j C(x_i,x_j)-\sum_{l=0}^{K}\mu_l f_l(x_i)=C(x_i,x), & i=1,2,\cdots,n\\ \sum_{i=1}^{n}\lambda_i f_l(x_i)=f_l(x), & l=0,1,2,\cdots,k\end{cases} \tag{11.4-20}$$

其矩阵形式表示为

$$\begin{bmatrix}\boldsymbol{C} & \boldsymbol{f}^{\mathrm{T}}\\ \boldsymbol{f} & 0\end{bmatrix}\begin{bmatrix}\boldsymbol{\lambda}\\ -\boldsymbol{\mu}\end{bmatrix}=\begin{bmatrix}\boldsymbol{C}_x\\ \boldsymbol{f}_x\end{bmatrix} \tag{11.4-21}$$

式中，

$$\boldsymbol{C}=\begin{bmatrix}C(x_1,x_1)\cdots C(x_1,x_n)\\ C(x_2,x_1)\cdots C(x_2,x_n)\\ \vdots \qquad \vdots\\ C(x_n,x_1)\cdots C(x_n,x_n)\end{bmatrix},\ \boldsymbol{f}=\begin{bmatrix}f_0(x_1)\cdots f_0(x_n)\\ f_1(x_1)\cdots f_1(x_n)\\ \vdots \qquad \vdots\\ f_K(x_1)\cdots f_K(x_n)\end{bmatrix}$$

$$\boldsymbol{\lambda}=\begin{bmatrix}\lambda_1\\ \lambda_2\\ \vdots\\ \lambda_n\end{bmatrix},\ \boldsymbol{\mu}=\begin{bmatrix}\mu_1\\ \mu_2\\ \vdots\\ \mu_K\end{bmatrix},\ \boldsymbol{f}_x\begin{bmatrix}f_0(x)\\ f_1(x)\\ \vdots\\ f_K(x)\end{bmatrix},\ \boldsymbol{C}_x=\begin{bmatrix}C(x_1,x)\\ C(x_2,x)\\ \vdots\\ C(x_n,x)\end{bmatrix}$$

5. 带有外部漂移变量的克里金估值

带有外部漂移变量的克里金估值是对泛克里金法的一种延伸，因为漂移模型可以表示为 $m(u)=a_0+a_1 f_1(u)$，此时若把 $f_1(u)$ 定义为第二个变量 $y(u)$，则有

$$E[Z(u)]=m(u)=a_0+a_1 f_1(u) \tag{11.4-22}$$

可以看到 $y(u)$ 与 $Z(u)$ 存在一种线性相关关系。

这种估值方法可以在估值过程中将第二个变量合并入第一个变量之中，但是有以下两个约束条件。

① $y(u)$ 与 $Z(u)$ 必须存在一种线性相关关系。

② 每个估计点与已知点 $Z(u)$ 必须有对应的 $y(u)$。

泛克里金法计算复杂、量大，有一定的局限性，Georges Matheron 提出了 IRF-K（即 K 阶内蕴随机函数）法。该方法可以避过漂移问题，用区域化变量的增量来代替变量本身，并允许权重的和为 0，以便将非平稳的变量过渡到平稳的变量中来。

11.5 指示克里金法

当需要研究在不同边界品位下的样本品位时，就需要估计某个矿区内局部品位值的分布，指示克里金法就是为满足这种需求而提出的一种直接估计品位局部分布的方法，它并不依赖于矿床样本值的平稳性，也不要求区域化变量服从某种分布。指示克里金法是一种非参数方法，无须要求区域化变量服从某种分布。该方法因其自身的特点可以将异常值对估值的影响降到最低，因此也是人们常使用的方法之一。其指示函数为

$$I(x;z)=\begin{cases}1\cdots Z(x)\leqslant z\\0\cdots Z(x)>z\end{cases} \tag{11.5-1}$$

式中，z 为临界值。

设某区域上有 N 个有效数据，在这个区域上的一个域内有 n 个有效数据 $\{z(x_\alpha),x_\alpha,\alpha=1,2,\cdots,n\}$，在给定临界值之后，得到样本的指示函数空间 $\{I(x_\alpha;z),\alpha=1,2,\cdots,n\}$，则可通过指示函数来估计未知点的指示值，即

$$I^*(x;z_l)=\sum_{\alpha=1}^{n}\lambda_\alpha I(x_\alpha;z_l) \quad (l=1,2,\cdots,L) \tag{11.5-2}$$

为了求得 $I^*(x;z_l)$，必须在无偏和估计方差极小的条件下求式（11.5-2）中的权重 $\{\lambda_a(z),\alpha=1,2,\cdots,n\}$，式中 λ_α 由以下克里金方程组给出：

$$\begin{cases}\sum_{\beta=1}^{n}\lambda_\beta(z)\overline{\gamma}_i(x_\alpha,x_\beta;z)+\mu=\overline{\gamma}_i(x_\alpha,A;z)\\ \sum_{\alpha=1}^{n}\lambda_\alpha(z)=1\end{cases} \quad (\alpha=1,2,\cdots,n) \tag{11.5-3}$$

其指示克里金方差 σ_{IK}^2 为

$$\sigma_{\mathrm{IK}}^2=\sum_{\alpha=1}^{n}\lambda_\alpha(z)\overline{\gamma}_i(x_\alpha,A;z)-\overline{\gamma}_i(A,A;z)+\mu \tag{11.5-4}$$

式中，$\overline{\gamma}_i(x_\alpha,x_\beta;z)$ 表示在给定的临界值 z 条件下，矢量 $\boldsymbol{h}$ 的两个端点在信息域 x_α、x_β 内的所有点对的平均变异函数值；$\overline{\gamma}_i(x_\alpha,A;z)$ 表示在给定边界品位 z 条件下，矢量 $\boldsymbol{h}$ 的一个端点在信

息域 x_α 内，另一个端点在待估域 A 内所有对点的平均指示半变异函数值；$\overline{\gamma}_i(A,A;z)$ 表示在给定临界值 z 条件下，矢量 $\boldsymbol{h}$ 的两个端点在待估域 A 内所有对点的平均指示变异函数值；μ 为拉格朗日乘数。

式（11.5-3）可用协方差函数表示：

$$\begin{cases}\sum_{\beta=1}^{n}\lambda_\beta(z)\overline{C}_i(x_\alpha,x_\beta;z)+\mu=\overline{C}(x_\alpha,A;z) \\ \sum_{\alpha=1}^{n}\lambda_\alpha(z)=1\end{cases}\quad(\alpha=1,2,\cdots,n)$$

$$\sigma_{\text{IK}}^2=\overline{C}(A,A;z)-\sum_{\alpha=1}^{n}\lambda_\alpha(z)\overline{C}(x_\alpha,A;z)+\mu \tag{11.5-5}$$

若有 L 个临界值 $z_l(l=1,2,\cdots,L)$ 就应该解 z 个克里金指示方程组。通过对具体位置 x 处指示平均值的估计，最终可以得到 $Z(x)$ 的估计量。

11.6 概率克里金法

概率克里金法是指示克里金法的一种改进，它不仅具有指示克里金法的优点，即非参数和无分布特性，同时也减小了估计方差，提高了插值精度，降低了指示克里金法的平滑作用。概率克里金法公式如下：

$$\begin{aligned}I(s)&=I(Z(s)>c_t)=\mu_1+\varepsilon_1(s)\\ Z(s)&=\mu_2+\varepsilon_2(s)\end{aligned} \tag{11.6-1}$$

式中，μ_1 和 μ_2 是未知常数；$I(s)$ 是由阈值表达式 $I(Z(s)>c_t)$ 得到的二进制变量；$\varepsilon_1(s)$ 和 $\varepsilon_2(s)$ 是两个随机误差，两者具有自相关性和交叉相关性。

例如，在图 11.6-1 中，普通克里金法、泛克里金法、简单克里金法和指示克里金法概念使用相同的数据，请注意标注为 $Z(u=9)$ 的基准指示变量为 $I(u)=0$，标注为 $Z(s=10)$ 的基准指示变量为 $I(s)=1$。

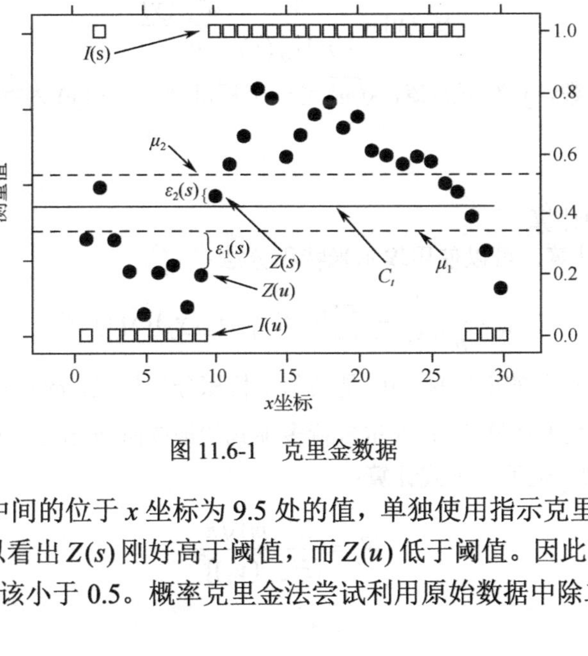

图 11.6-1　克里金数据

如果要预测它们中间的位于 x 坐标为 9.5 处的值，单独使用指示克里金法将给出接近 0.5 的预测值。但是，可以看出 $Z(s)$ 刚好高于阈值，而 $Z(u)$ 低于阈值。因此，有理由相信，位置 9.5 处的指示预测值应该小于 0.5。概率克里金法尝试利用原始数据中除二进制变量之外的信息。但是，这也存在一些代价，必须进行更多的估算，包括估算每个变量的自相关和互相关。然而，每次估算未知的自相关参数时，都会引入更多的不确定性。

概率克里金法可以使用半变异函数或协方差（用于表达自相关的数学形式）、交叉协方差（用于表达互相关的数学形式）和变换，但是不允许测量误差。

11.7 析取克里金法

线性地统计是对数据线性组合的一种研究方法，一般只能用来估计 $Z(X)$ 的值，具有一定的局限性。析取克里金法是由 Matheron 在 1972 年提出的一种最早的非线性地统计方法，也是介于线性克里金估计量与条件数学期望之间切实可行的一种中间估计量。设已知资料点的数据为 $Z(x_i)(i=1,2,\cdots,n)$，则未知资料点 $Z^*(x_0)$ 是每个已知资料点数据 $Z(x_i)$ 的函数：

$$Z^*(x_0)=\sum_{i=1}^{n}f_i[Z(x_i)] \tag{11.7-1}$$

$f_i(Z(x_i))$ 是每个有效数据变量 $Z(x_i)$ 的函数，$i=1,2,\cdots,n$。$Z^*(x_0)$ 为析取克里金估计量。

式(11.7-1)要求数据服从正态分布，但是矿山金属含量数据基本不服从正态分布，与 $Z(x_i)$ 对应的标准正态分布中的数据为 $Y(x_i)$，正态变形函数为 φ，则有

$$Z(x_i)=\varphi[Y(x_i)] \text{及} Y(x_i)=\varphi^{-1}[Z(x_i)] \tag{11.7-2}$$

若函数满足

$$\int_{-\infty}^{\infty}[\varphi(y)]^2\exp\left(-\frac{1}{2}y^2\right)\mathrm{d}y<\infty$$

利用埃尔米特（Hermite）多项式的正交性，$\varphi(y)$ 可表示为

$$\varphi(y)=\sum_{m=0}^{\infty}C_mH_m(y) \tag{11.7-3}$$

式中，$H_m(y)$ 是转换值 y 的 m 阶埃尔米特多项式，C_m 为 m 阶转换系数。

（1）埃尔米特（Hermite）多项式

$$H_m(y)=\frac{1}{\sqrt{m!}\cdot g(y)}\cdot\frac{\mathrm{d}^m g(y)}{\mathrm{d}y^m} \tag{11.7-4}$$

式中，m 为多项式阶数，y 为正态值，$\sqrt{m!}$ 是一个标准化子，$g(y)$ 为标准正态概率密度函数，$g(y)=\frac{1}{\sqrt{2\pi}}\mathrm{e}^{-y^2/2}$。

（2）转换系数的计算

转换系数 C_m 的计算，可以使用埃尔米特积分法：

$$C_m=\frac{1}{m!(2\pi)^{1/2}}\sum_{j=1}^{J}W_j\varphi(y_j)H_m(y_j)\exp(y_j^2/2) \tag{11.7-5}$$

式中，y_j 是埃尔米特积分的横坐标，W_j 是埃尔米特积分的权重，$\varphi(y_j)$ 是横坐标 y_j 的 $\varphi(y)$ 的插值。其中 j 值必须大于计算 C_m 时埃尔米特多项式的最高阶 m 值，一旦选定了 j 值即可查表得到 y_j 和 W_j。对于 W_j 也可用下式计算：

$$W_j=\frac{2^{m+1}m!\sqrt{\pi}}{[H_{m+1}(y_j)]^2} \tag{11.7-6}$$

（3）析取克里金估计量

析取克里金估计量 $Z^*(x_0)$ 的 m 阶埃尔米特多项式展开为

$$Z^*(x_0)=\varphi[Y(x)]=\sum_{m=0}^{M}C_m H_m^*[Y(x_0)] \tag{11.7-7}$$

式中，$H_m^*[Y(x_0)]=\sum_{i=1}^{n}\lambda_{im}H_m[Y(x_i)]$；$\lambda_{im}$ 为克里金权重，其值可由克里金方程组求解。

$$\sum_{i=1}^{n}\lambda_{im}(\rho_{ij})^m=(\rho_{0j})^m \quad (j=1,2,\cdots,n;m=0,1,2,\cdots,M) \tag{11.7-8}$$

式中，ρ_{ij} 是 $Y(x_i)$ 和 $Y(x_j)$ 两点间相关系数，析取克里金方程组可表示成以下矩阵形式：

$$\begin{bmatrix}\rho_{11}^m & \cdots & \rho_{1n}^m\\ \vdots & \ddots & \vdots\\ \rho_{n1}^m & \cdots & \rho_{nn}^m\end{bmatrix}\cdot\begin{bmatrix}\lambda_{1m}\\ \vdots\\ \lambda_{nm}\end{bmatrix}=\begin{bmatrix}\rho_{01}^m\\ \vdots\\ \rho_{0n}^m\end{bmatrix} \tag{11.7-9}$$

从而可得到待估点的析取克里金估计量。析取克里金方差为

$$\sigma_{\mathrm{DK}}^2=\sum_{m=1}^{M}C_m^2\left[1-\sum_{i=1}^{n}\lambda_{im}(\rho_{oi})^m\right] \tag{11.7-10}$$

析取克里金法也可以用来计算待估点的变量值大于给定阈值 z_c 的条件概率，z_c 对应的标准正态值为 y_c。与指示克里金法相同，析取克里金法需首先建立指示函数，然后通过以下公式计算析取克里金估计量：

$$P_{\mathrm{DK}}^*[z(x_0)>z_c]=P_{\mathrm{DK}}^*[y(x_0)>y_c]=1-G(y_c)-\sum_{m=1}^{M}\frac{1}{\sqrt{m}}H_{m-1}(y_c)H_m[Y(x_0)] \tag{11.7-11}$$

$G(y)$ 是标准正态的累积概率函数，$g(y)$ 是标准正态的概率密度函数。

11.8 协同克里金法

与带有外部漂移变量的克里金估计量相似，在自然现象当中，一个数据集往往包括多个变量，某些区域化现象可以由若干相关的变量来研究，即不仅要研究初始变量，还要研究一个或多个二级变量（如测井声波时差或地震波阻抗）。这些二级变量和初始变量往往在空间上是交互相关的，它们包含了初始变量的有用信息。这些变量之间不具有对应的比例关系，但又位于同一空间域中，且均用来表示相似的性质或属性，它们既有空间相关性，又有统计相关性，称之为协同区域化。协同克里金法是克里金法的直接扩展，它在单个区域化变量理论的基础上，根据多变量的协同区域化理论来研究两个或两个以上变量的自相关性和变量间的交叉相关性，获得变异函数和交叉变异函数模型，以此来优化插值估计。在被估计变量的观测数据较少的情况下，可利用协同克里金法对相关变量的信息进行弥补，以保证其估计精度。

假设研究区域 A 内在待估计点位 x 的局部邻域内有主变量的样本点 $Z_1(u_i)$ 与辅助变量的样本点 $Z_2(v_j)$，它们的观测点分别为

$$\begin{aligned}&\{Z_1(u_i): i=1,2,\cdots,n_1\}\\ &\{Z_2(v_j): j=1,2,\cdots,n_2\}\end{aligned} \tag{11.8-1}$$

在二阶平稳假设条件下，协同区域化变量的期望为 $E[Z_1(u)]=m_1$ 和 $E[Z_2(v)]=m_2$，互协方差为

$$C(h)=E[Z_2(x+h)Z_1(x)]-m_1m_2 \tag{11.8-2}$$

互变异函数为

$$\gamma(h)=\frac{1}{2}E\{[Z_1(x+h)-Z_1(x)][Z_2(x+h)-Z_2(x)]\} \tag{11.8-3}$$

对于某一区域化变量 $Z(x)$，若已知若干点位属性值 $Z(x_i)$（$i=1,2,\cdots,n$），则对于研究区域内某一未知点位 x 的值 $Z(x)$ 可由线性回归方程进行估算：

$$Z^*(x)-m(x)=\sum_{i=1}^{n}\lambda_i[Z(x_i)-m(x_i)] \tag{11.8-4}$$

式中，λ_i 为各已知属性值的权重，$m(x)$ 和 $m(x_i)$ 分别为区域化变量 $Z(x)$ 和 $Z(x_i)$ 的数学期望。

若在某研究区域内存在两个统计相关的、满足平稳性的区域化变量，主变量为 $Z_1(x)$，辅助变量为 $Z_2(x)$，数学期望分别为 $m_1(x)$ 和 $m_2(x)$，数学期望均为常数且未知，则用已知样本点 $Z_1(u_i)$ 和 $Z_2(v_j)$ 来计算未知点位 x 的主变量 $Z_1(x)$ 的值，式（11.8-4）扩展为

$$Z_1^*(x)-m_1(x)=\sum_{i=1}^{n_1}\lambda_i[Z(u_i)-m_1(u_i)]+\sum_{j=1}^{n_2}\zeta_j[Z(v_j)-m_2(v_j)] \tag{11.8-5}$$

式中，λ_i 为主变量各已知属性值的权重，ζ_j 为辅助变量各已知属性值的权重。

因为待估计点位邻域内局部平稳，$m_1(u_i)$ 和 $m_2(v_j)$ 可分别用 $m_1(x)$ 和 $m_2(x)$ 代替，整理后可得

$$Z_1^*(x)=\sum_{i=1}^{n_1}\lambda_iZ(u_i)+\sum_{j=1}^{n_2}\zeta_jZ(v_j)+(1-\sum_{i=1}^{n_1}\lambda_i)m_1x-\sum_{j=1}^{n_2}\zeta_jm_2(x) \tag{11.8-6}$$

$m_1(x)$ 和 $m_2(x)$ 是未知的，若令 $1-\sum_{i=1}^{n_1}\lambda_i=0$，$\sum_{j=1}^{n_2}\zeta_j=0$，则可以将未知项 $m_1(x)$ 和 $m_2(x)$ 从式（11.8-6）中消除，因此对区域中任意一点的协同克里金估计量为

$$Z_{\mathrm{CoK}}^*=\sum_{i=1}^{n_1}\lambda_iZ_1(u_i)+\sum_{j=1}^{n_2}\zeta_jZ_2(v_j) \tag{11.8-7}$$

在满足无偏条件和估计方差最小的情况，协同克里金的方程组为

$$\begin{cases}\sum_{i=1}^{n_1}\lambda_i\overline{C}(u_i,u_j)+\sum_{j=1}^{n_2}\zeta_j\overline{C}(u_i,v_j)-\mu_1=\overline{C}(u_0,u_i), & i=1,2,\cdots,n_1\\ \sum_{i=1}^{n_1}\lambda_i\overline{C}(u_i,v_j)+\sum_{j=1}^{n_2}\zeta_j\overline{C}(v_i,v_j)-\mu_2=\overline{C}(u_0,v_j), & j=1,2,\cdots,n_2\\ \sum_{i=1}^{n_1}\lambda_i=1\\ \sum_{j=1}^{n_2}\zeta_j=0\end{cases} \tag{11.8-8}$$

式中，$C(u_i,u_j)$、$C(v_i,v_j)$ 和 $C(u_i,v_j)$ 分别为主变量、协同变量的协方差函数和彼此之间的交叉协方差函数；μ_1、μ_2 为拉格朗日乘数。

因此，主变量 $Z_1(x)$ 任一未知点位的克里金估计量 $Z_1^*(x)$ 可以通过该点位局部平稳区域内的若干主变量样本值 $Z_1(u_i)$ 和辅助变量样本值 $Z_2(v_j)$ 的线性组合得到。

11.9 对数正态克里金法

设某样本值和块段品位值均服从对数正态分布，待估块段V的平均品位为Z_v，估计量为Z_v^*，其对数$\ln Z_v^*$可表示为n个已知信息$\ln(x_\alpha)$的线性组合：

$$\ln Z_v^* = C + \sum_{\alpha=1}^{n} \lambda_\alpha \ln(x_\alpha) \qquad (\alpha = 1,2,\cdots,n) \tag{11.9-1}$$

式中，C、λ_α为待定系数，x_α为定义于信息支撑$v_\alpha(\alpha = 1,2,\cdots,n)$的$n$个信息样本观测值。与普通克里金法相似，对数正态克里金法也只有在满足无偏性条件和估计方差最小的情况下Z_v^*才是Z_v无偏估计量。

（1）无偏条件

要使Z_v^*为Z_v的无偏估计量，必须满足以下条件：所研究的区域化变量的数学期望未知，但为一个常数，且需要使权重的和为1，即

$$\begin{cases} \sum_{\alpha=1}^{n} \lambda_\alpha = 1 \\ C = \frac{1}{2}\sum_{\alpha=1}^{n} \lambda_\alpha \overline{C}(v_\alpha, v_\beta) - \frac{1}{2}\sum_{\alpha=1}^{n}\sum_{\beta=1}^{n} \lambda_\alpha \lambda_\beta \overline{C}(v_\alpha, v_\beta) \end{cases} \tag{11.9-2}$$

（2）最优性条件

最优性条件即估计方差最小条件，在满足无偏条件下，估计方差为

$$\sigma_E^2 = \overline{C}(v,v) - \sum_{\alpha=1}^{n}\sum_{\beta=1}^{n} \lambda_\alpha \lambda_\beta C(v_\alpha, v_\beta) - 2\sum_{\alpha=1}^{n} \lambda_\alpha \overline{C}(v_\alpha, v) \tag{11.9-3}$$

在满足无偏条件和估计方差最小的情况下，可得到对数正态克里金的方程组：

$$\begin{cases} \sum_{\beta=1}^{n} \lambda_\beta \overline{C}(v_\alpha, v_\beta) - \mu = \overline{C}(v_\alpha, v) \\ \sum_{\alpha=1}^{n} \lambda_\alpha = 1 \end{cases} \tag{11.9-4}$$

式中，μ为拉格朗日乘数，$C(v_\alpha, v_\beta)$表示区域化变量x_α的协方差函数。求解式（11.9-4）可得n个权重λ_α和一个μ，C的简化式可表示为

$$C = \frac{1}{2}\left\{\sum_{\alpha=1}^{n} \lambda_\alpha [\overline{C}(v_\alpha, v_\beta) - \overline{C}(v_\alpha, v)] - \mu\right\} \tag{11.9-5}$$

Z_v无偏线性最优估计量Z_v^*为

$$Z_v^* = \exp\left(\sum_{\alpha=1}^{n} \lambda_\alpha \left\{\left[\ln(x_\alpha) + \frac{1}{2}\overline{C}(v_\alpha, v_\beta)\right] - \left[\frac{1}{2}\overline{C}(v_\alpha, v) + \frac{1}{2}\mu\right]\right\}\right) \tag{11.9-6}$$

第 12 章　空间统计新方法

12.1 贝叶斯模型

12.1.1　简介

长久以来，人们对一件事情发生或不发生的概率θ，只有固定的 0 和 1，即要么发生，要么不发生，从来不会考虑某件事情发生的概率有多大，不发生的概率又是多大。而且概率θ虽然未知，但最起码是一个确定的值。如果问那时的人们一个问题："有一个袋子，里面装着若干白球和黑球，请问从袋子中取得白球的概率θ是多少？"他们想都不用想，会立刻告诉你，取出白球的概率θ就是 1/2，要么取到白球，要么取不到白球，即θ只能有一个值，而且不论你取了多少次，取得白球的概率θ始终都是 1/2，即不随观察结果 X 的变化而变化。这种频率派的观点长期统治着人们的观念，直到 1763 年英国数学家托马斯·贝叶斯（Thomas Bayes）首次提出贝叶斯定理（Bayes Theorem)。贝叶斯定理经过拉普拉斯等科学家的发展逐渐发展成为一个学派——贝叶斯学派。贝叶斯学派的思想是用数据来更新特定假设的概率，其主要思想是根据以往所观察到的现象来对相关概率分布进行主观判断(即先验分布)。例如，如果一个学生平时测验总是考出好成绩，那么他在期末考试中多半也会出色；反之，如果他平时总是不及格，那么可以预见他的期末考试多半也不会很好。

在统计学界一直有频率学派和贝叶斯学派两种观点。频率学派把需要推断的概率θ看作固定的未知常数，即概率θ虽然是未知的，但起码是一个确定的值，同时，样本 X 是随机的，所以频率派重点研究样本空间，大部分的概率计算都针对样本 X 的分布。而贝叶斯学派的观点则截然相反，他们认为概率θ是随机变量，而样本 X 是固定的，由于样本是固定的，所以他们重点研究的是概率θ的分布。贝叶斯推断与统计学推断不同，它是建立在主观判断基础上的，也就是说，可以不需要客观证据，先估计一个值，然后根据实际结果不断修正。正是因为它的主观性太强，曾经遭到许多统计学家的诟病，所以很长时间内无法广泛应用。

在计算机获得广泛发展后，人们也逐渐意识到，许多统计量是无法事先进行客观判断的，而利用互联网中的大型数据集，可以不断更新完善模型，从而为应用贝叶斯推断创造了条件。

12.1.2　贝叶斯定理

贝叶斯推断涉及后验概率（考虑相关证据或数据后，某一事件的条件概率）、先验概率（考虑相关证据或数据前，某一事件不确定性的概率）及似然函数（由概率模型推导而得）的计算。后验概率（又称条件概率）就是事件 A 在另一个事件 B 已经发生条件下的发生概率，也叫事件 B 发生下事件 A 的条件概率。后验概率表示为$P(A|B)$，读作"在 B 条件下 A 的概率"。例如，在同一个样本空间Ω中的事件或者子集 A 与 B，如果随机从Ω中选出的一个元素属于B，那么这个随机选择的元素还属于 A 的概率就定义为在 B 的前提下 A 的条件概率：

$$P(A|B)=\frac{P(A\cap B)}{P(B)} \tag{12.1-1}$$

式中，$P(A\cap B)$为联合概率，表示两个事件共同发生的概率。

先验概率（又称边缘概率）是某个事件发生的概率。边缘概率是这样得到的：在联合概率中，把最终结果中那些不需要的事件通过合并成为它们的全概率，从而消去它们（对离散随机变量用求和得到全概率，对连续随机变量用积分得到全概率），称之为边缘化，如A的先验概率为$P(A)$，B的先验概率为$P(B)$。

贝叶斯推断的基础是贝叶斯定理：

$$P(A|B)=\frac{P(B|A)\cdot P(A)}{P(B)} \tag{12.1-2}$$

式中，$P(A)$是事件A的先验概率，表示事件B发生之前，对事件A的发生有一个基本的概率判断；$P(B)$是事件B的发生的概率；$P(A|B)$是事件A的后验概率，表示事件B发生之后，对事件A的发生概率；$P(B|A)$是事件B的后验概率，表示事件A发生之后，对事件B的发生概率；$P(B|A)/P(B)$是事件A发生对事件B的支持程度，即似然函数。

12.1.3 分层贝叶斯模型

分层贝叶斯模型是具有结构化层次的统计模型。它可以用来为复杂的统计问题建立层次模型从而避免参数过多导致的过拟合问题。分层贝叶斯模型适合病人诊断、疾病分布、动物识别等方面的应用。当人类看到一个不熟悉的动物时，如牛羚，很容易把它划分到马、牛、羊或更为相似的动物大类中，这是因为这些相似的动物有着更为相似的原型，马、牛、羊看起来相互长得更像，而不会被划分到轿车、卡车的车辆类中，如图12.1-1所示。分层贝叶斯模型的思想核心是根据已掌握的数据与信息，分层分步骤地建立模型，并在这个过程中逐渐消除先验分布对结果的误差，从而增强估计的稳健性。

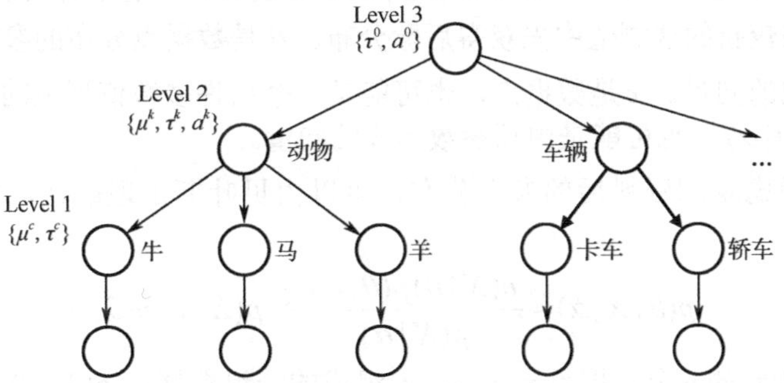

图12.1-1　分层贝叶斯模型

考虑观测一个有N个独立同分布的输入特征向量$\{x^1,x^2,\cdots,x^N\}$，$x^n\in R^D$（$n=1,2,\cdots,N$），D是特征的维度。假定这N个对象被分配到C个基类（Level 1）中，可以通过一个长度为N的向量z^b（$b=1,2,\cdots,C$）来表示这种分配关系，即$z_n^b\in\{1,2,\cdots,C\}$。同样，可以也假设这C个基类属于K个超类（Level 2）当中，可以用一个长度为C的向量z^s（$s=1,2,\cdots,C$）来表示这种关系，即$z_c^s\in\{1,2,\cdots,K\}$。对于任一基类c（$c=1,2,\cdots,C$），假设其观测到的特征向量服从高斯分布$N(x/u,1/\tau)$，则有

$$P(x^n|z_n^b=c,\theta^1)=\prod_{d=1}^{D}N(x_d^n|\mu_d^c,1/\tau_d^c) \tag{12.1-3}$$

式中，$\theta^1=\{\mu^c,\tau^c\}_{c=1}^{C}$，表示Level 1的类别参数。

然后假定$\{\mu^c,\tau^c\}$服从共轭的正态-伽马分布。Level 1 的c基类属于 Level 2 的k基类可以表示为$k=z_c^s$，用$\theta^2=\{\mu^k,\tau^k,\alpha^k\}_{k=1}^K$表示 level 2 的参数，那么有

$$P(\mu^c,\tau^c\mid\theta^2,z^s)=\prod_{d=1}^{D}P(\mu_d^c,\tau_d^c\mid\theta^2,z^s) \tag{12.1-4}$$

对于每个维度d：

$$P(\mu_d^c,\tau_d^c\mid\theta^2)=P(\mu_d^c\mid\tau_d^c,\theta^2)P(\tau_d^c,\theta^2)=N(\mu_d^c\mid\mu_d^k,1/(v\tau_d^c)\Gamma(\tau_d^c\mid\alpha_d^k,\alpha_d^k/\tau_d^k)) \tag{12.1-5}$$

式中，$\Gamma(\tau_d^c\mid\alpha_d^k,\alpha_d^k/\tau_d^k)$的一般形式$\Gamma(\tau\mid\alpha^k,\alpha^k/\tau^k)=\dfrac{(\alpha^k/\tau^k)^{\alpha^k}}{\Gamma(\alpha^k)}\tau^{\alpha^k-1}\exp\left(-\tau\dfrac{\alpha^k}{\tau^k}\right)$。

这样的初始化能够给模型以直观的解释，因为$E(\mu^c)=\mu^k$且$E(\tau^c)=\tau^k$，因此 Level 2 的参数θ^2正好对应于 Level 1 参数θ^1的期望，参数α^k进一步控制τ^c围绕均值变化。对于 Level 2 层参数θ^2，我们假设式（12.1-6）的共轭先验概率为

$$P(\mu_d^k)=N(\mu_d^k\mid 0,1/\tau^0),P(\alpha_d^k\mid\alpha^0)=\exp(\alpha_d^k\mid\alpha^0),P(\tau_d^k\mid\theta^0)=\mathrm{IG}(\tau_d^k\mid\alpha^0,b^0) \tag{12.1-6}$$

式中，$\exp(\alpha_d^k\mid\alpha^0)$是参数为$\alpha^0$的指数分布；$\mathrm{IG}(\tau_d^k\mid\alpha^0,b^0)$是参数为$\alpha^0$和$b^0$的逆伽马分布。进一步假设 Level 3 参数$\theta^3=\{\alpha^0,\tau^0\}$服从弥散伽马分布$\Gamma(1,1)$。

12.1.4 贝叶斯推断

频率论推断只考虑证据，不考虑先验概率。贝叶斯推断最关键的点是可以利用贝叶斯定理结合新的证据及以前的先验概率来得到新的概率。在观察一些证据后得到的后验概率可以当作新的先验概率，再根据新的证据得到新的先验概率，不断迭代。因此，贝叶斯定理可以应用在许多不同的证据上，不管这些证据同时出现还是不同时出现。

先验分布是在观测资料前的参数分布$p(\theta\mid\alpha)$。先验分布可能不容易确认，此时可以用杰佛里斯事前分配在较新的观测值中先获得后验分布。θ是数据点分布的参数，即$x\sim p(x\mid\theta)$，也可能是参数形成的向量。x是数据点，也可能是一个由许多数值形成的向量；α是参数的超参数，即$\theta\sim p(\theta\mid\alpha)$，也可能是由超参数形成的向量。

后验分布是考虑观测资料后的参数分布，可以由贝叶斯定理确认，也是贝叶斯推断的核心：

$$p(\theta\mid X,\alpha)=\frac{p(X\mid\theta)p(\theta\mid\alpha)}{p(X\mid\alpha)}\propto p(X\mid\theta)p(\theta\mid\alpha) \tag{12.1-7}$$

式中，X是由观测到的n个数据点$x_1,x_2,\cdots,x_n$组成的一组数据；$p(X\mid\theta)$为似然函数，是采样分布参数的分布，采样分布是以观测资料为条件的，尤其当将其视为参数的函数时，可以写成$L(\theta\mid X)=p(X\mid\theta)$；$p(X\mid\alpha)=\int_\theta p(X\mid\theta)p(\theta\mid\alpha)\mathrm{d}\theta$为边缘似然率（有时也称为证据），是观测资料在参数上的边缘分布。

贝叶斯推断的步骤如下。

① 计算出不同分类的均值、协方差等参数。根据已知k个分类的p维训练样本，分别计算出不同分类的均值向量$\boldsymbol{u}^{(1)},\boldsymbol{u}^{(2)},\cdots,\boldsymbol{u}^{(k)}$和协方差$\boldsymbol{\Sigma}$及其逆矩阵$\boldsymbol{\Sigma}^{-1}$，并计算出各分类的先验概率$P(g)=\dfrac{n_g}{n}(g=1,2,\cdots,k)$，各分类样本总数为$n_1+n_2+\cdots+n_k=n$。

② 计算各分类的判别函数。根据$y(g/\boldsymbol{x})=\ln P(g)-\dfrac{1}{2}\left(\boldsymbol{\mu}^{(g)}\right)^{\mathrm{T}}\boldsymbol{\Sigma}^{-1}\boldsymbol{\mu}^{(g)}+\boldsymbol{x}^{\mathrm{T}}\boldsymbol{\Sigma}^{-1}\boldsymbol{\mu}^{(g)}$

$(g=1,2,\cdots,k)$，计算各分类的判别函数系数和表达式，其中第 g 类均值向量 $\boldsymbol{\mu}^{(g)}=(\mu_1^{(g)},\mu_2^{(g)},\cdots,\mu_p^{(g)})^{\mathrm{T}}$，待分类样本 $\boldsymbol{x}=(x_1,x_2,\cdots,x_p)^{\mathrm{T}}$。

③ 对已知类别的样本进行判别归类。根据判别函数计算各类别样本的函数值，根据判别准则 $y(g/\boldsymbol{x})=\max\limits_{1\leqslant g\leqslant k}\{y(g/\boldsymbol{x})\}$ 对已知样本进行判别归类，并根据 $P(g/\boldsymbol{x})=\dfrac{\exp\{y(g/\boldsymbol{x})\}}{\sum\limits_{i=1}^{k}\exp\{y(i/\boldsymbol{x})\}}$ 计算样本后验概率。

④ 利用判别函数和判别准则对待判样本进行判别归类。

12.1.5 应用实例

一个学校里有 60%的男生和 40%的女生，女生穿裤子的人数和穿裙子的人数相等，所有男生都穿裤子。一个人在远处随机看到了一个穿裤子的学生，那么这个学生是女生的概率是多少？

利用贝叶斯定理，假设事件 A 表示看到的是女生，事件 B 表示看到的是一个穿裤子的学生，那么我们所要计算的是 $P(A\mid B)$。

$P(A)$ 是忽略其他因素，看到的是女生的概率，这里是 40%。

$P(A')$ 是忽略其他因素，看到的不是女生（也就是看到的是男生）的概率，这里是 60%。

$P(B\mid A)$ 是女生穿裤子的概率，这里是 50%。

$P(B\mid A')$ 是男生穿裤子的概率，这里是 100%。

$P(B)$ 是忽略其他因素，直接考虑学生穿裤子的概率，可得

$$P(B)=P(B\mid A)P(A)+P(B\mid A')P(A')=0.5\times0.4+1\times0.6=0.8$$

$P(A\mid B)$ 根据贝叶斯公式计算得

$$P(A\mid B)=\frac{P(B\mid A)P(A)}{P(B)}=\frac{0.5\times0.4}{0.8}=0.25 \qquad (12.1\text{-}8)$$

12.2 元胞自动机

12.2.1 元胞自动机概念

模式形成是物理、化学、生物学、计算机科学、自然生命和人工生命等诸多领域中一个活跃的研究领域。在自然界中，经常会发现系统的整体行为极其复杂，但其基本组成部分却非常简单。复杂性是由许多简单的相同成分的协同效应产生的。关于物理和生物系统中组成部分的性质，人们已经发现了很多，但对于这些组成部分共同作用以给出所观察到的整体复杂性的机制，我们知之甚少。现在需要一个通用的数学理论来描述复杂性的本质和产生。元胞自动机是由许多相同的组件构成的数学系统的例子，其每个组件都很简单，但组合在一起就能够完成复杂的行为。人们一方面可以为特定的系统开发特定的模型，另一方面，希望抽象出适用于各种复杂系统的一般原则。

元胞自动机（Cellular Automata，CA）是在 20 世纪 40 年代由应用数学家冯·诺依曼（Von Neumann）和 S. Ulam 首先提出的，称为细胞空间或单元空间（Cellular Space），用来模拟生命系统所具有的自我复制功能。元胞自动机是捕捉微观尺度对此类复杂系统宏观行为影响的合适且强大的工具。不同于一般的动力学模型，元胞自动机并非由严格定义的物理方程

或函数确定，而是用一系列模型构造的规则构成。凡满足这些规则的模型都可以算做元胞自动机模型。因此，元胞自动机是一类模型的总称，或者说是一个方法框架。元胞自动机是一种时间、空间、状态都离散，空间相互作用和时间因果关系为局部的网格动力学模型，具有模拟复杂系统时空演化过程的能力。它是由现代系统科学、非线性科学与人工生命、遗传算法相互交叉、渗透产生的，其固有的强大的并行计算能力与时空动态特征使得它在模拟空间复杂系统的时间动态演变方面具有自然性、合理性和可行性，是复杂系统的重要研究方法之一。

12.2.2 元胞自动机原理

元胞自动机作为一种数学上离散的模型系统，近几年受到学者的广泛研究，一是系统性和基础理论的突破，可以分别用集合论和拓扑学来准确描述；二是结合各领域的应用，发展了元胞自动机的物理意义。

元胞自动机由元胞（Cell）、元胞空间（Lattice）、邻域（Neighbor）及规则（Rule）4 部分组成，如图 12.2-1 所示。简单地讲，元胞自动机可以视为由一个元胞空间和定义于该空间中的变换函数组成。

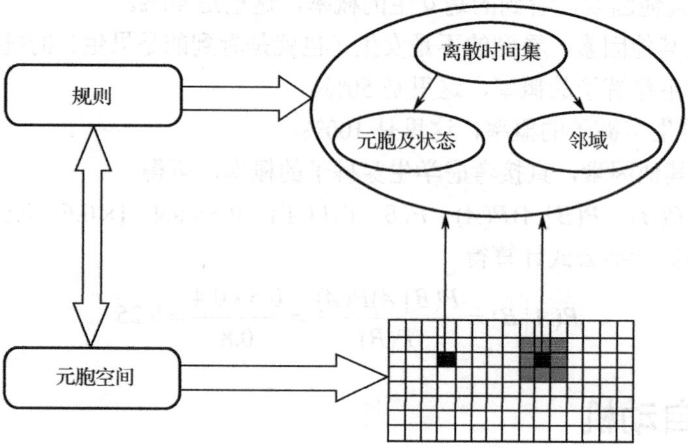

图 12.2-1　元胞自动机的组成

① 元胞，又称为单元或基元。它是元胞自动机的基本组成部分，是任何尺度空间上的对象，这些对象必然与其他对象相邻。元胞分布在一维、二维、三维甚至多维的欧几里得空间里。其状态可以是 $\{0,1\}$ 二进制数形式，也可以是 $\{S_0,S_1,S_2,\cdots,S_i,\cdots,S_k\}$ 整数形式的离散。从严格意义上讲，元胞自动机的状态只能有一个状态变量，但在实际应用中，往往将其进行扩展，每个元胞可以拥有多个状态变量。元胞自动机状态反映元胞自变化的属性。

② 元胞空间。元胞所分布的空间网点的集合就是元胞空间。目前的研究多集中在一维和二维地理元胞自动机上。对于一维元胞自动机，元胞空间的划分只有一种，如图 12.2-2 所示；而对于高维元胞自动机，元胞空间的划分则可能有多种形式。对于最为常见的二维元胞自动机，元胞空间通常可按三角形、四方形和六边形三种网格进行划分，如图 12.2-3 所示。

③ 邻域是指元胞间存在空间相互毗邻关系的区域。目前常用的典型邻域有冯·诺依曼型、摩尔（Moore）型及扩展的摩尔（Extended Moore）型三种，如图 12.2-4 所示。

图 12.2-2　一维元胞空间

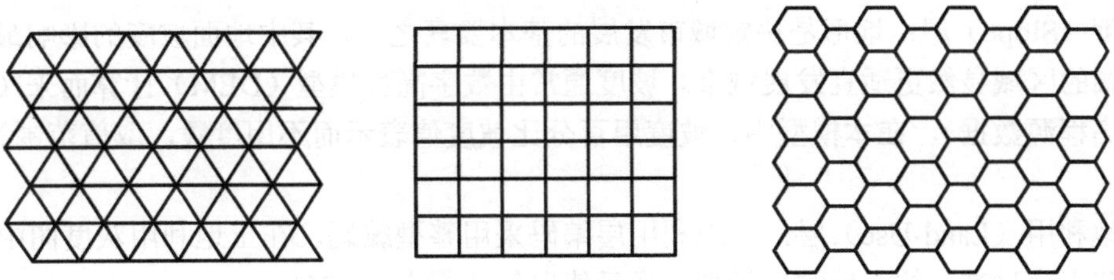

（a）三角形　（b）四方形　（c）六边形

图 12.2-3　元胞空间的划分

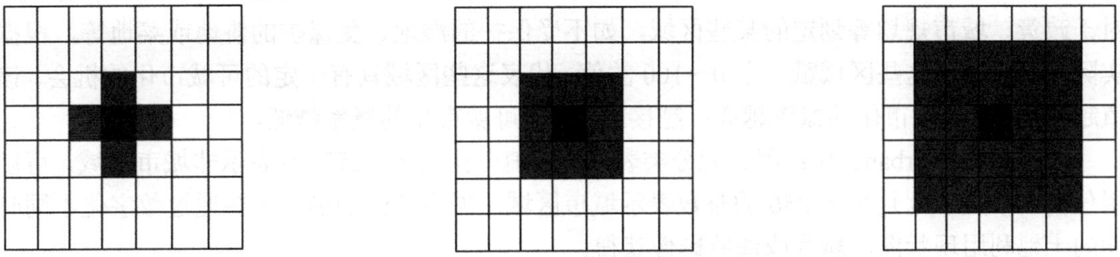

（a）冯·诺依曼型　（b）摩尔型　（c）扩展的摩尔型

图 12.2-4　元胞自动机常用的典型邻域

④ 规则就是一个根据元胞当前状态及其邻域状态确定下一时刻该元胞状态的动力学函数，简单地讲，就是一个状态转移函数。将一个元胞的所有可能状态连同负责该元胞状态转移的规则一起称为一个变换函数。这个函数构造了一种简单的、离散的空间/时间范围的局部物理成分。在要修改的范围内采用这个局部物理成分对其结构的“元胞”重复修改。这样，尽管物理结构的本身每次都不发展，但是状态在变化。它可以记为$F:S_i^{t+1}=F(S_i^t,S_N^t)$，$S_N^t$为$t$时刻的邻域状态组合，$F$为元胞自动机的局部映射或局部规则。

任意一个n维元胞自动机(n-CA)都是一个四元组(Z_n,S,N,F)，其中，Z_n表示n维元胞空间，S是有限的、离散的状态集合，$S=\{S_1,S_2,\cdots,S_i,\cdots,S_k\}$，$S_i$代表元胞自动机的第$i$个状态；$N$为中心元胞的邻域，$N=\{X_1,X_2,\cdots,X_i,\cdots,X_n\}$，$X_i$为相邻元胞相对于中心元胞的位置；$F$表示$S_i^t$映射到$S_i^{t+1}$上的一个局部变换函数。所有的元胞位于$n$维空间内，其位置可用一个$n$元的整数矩阵$\boldsymbol{Z}^n$来确定。

12.2.3 SLEUTH 模型

SLEUTH 模型由加利福尼亚大学圣巴巴拉分校 Keith C. Clarke 教授开发，是一种应用自适应元胞自动机模拟城市增长及其周围土地利用变化的计算模拟模型。该模型的主要假设是未来现象可以由过去真实演化趋势模拟得到，同时假设历史增长趋势是持续的。SLEUTH 模型是其栅格形式的输入数据首字母缩写的简称。在大型空间数据库和各种分辨率遥感卫星影像数据的支持下，该模型能在宏观和中观尺度上模拟人为因素造成的土地利用变化情况，并在 10 年到 100 年乃至 150 年这样的时间尺度上进行中长期预测。

1. SLEUTH 模型输入数据

SLEUTH 模型至少需要 5 种输入数据。如果要分析土地利用情况，则需要增加土地利用层，共为 6 种输入数据，包括坡度层、土地利用层、排除层、城市范围层、交通道路层和阴影层。

坡度（Slope）层：地形是决定城市发展的基本要素之一，其中地面坡度的影响最广。平坦、宽阔的区域显然更适宜发展城市。坡度通常由数字高程模型（DEM）计算而来（也可使用其他高程源数据），在本模型中，坡度用百分比坡度值表示而不用度数，取值范围为 0%～100%。

土地利用（Land-Use）层：土地利用层编码采用整型编码。在土地利用灰度图中，每个像元值代表一种唯一的土地利用类型，像元值取值范围为 0～255。

排除（Excluded）层：用来定义限制城市化的所有区域。取值范围为 0～255，将可以完全城市化的区域赋值为 0，不能城市化的区域（如水体和国家公园）赋值为 100 或更大的值。对于政策、城市规划等划定的某些区域，如不受保护的湿地、受保护的耕地或菜地等，根据实际情况可以给这些区域赋一个 0～100 的值，代表这些区域具有一定的可城市化的机会。该值越接近 0，可城市化的概率越高；越接近 100，可城市化的概率越低。

城市范围（Urban）层：用二元分类表示，取值范围为 0～255，0 表示非城市区域，可以用任何一个大于 0 且小于 256 的整数表示城市区域。城市范围的确定主要通过数字化不同时期的土地利用现状图、航片或遥感影像获得。

交通道路（Transportation）层：可以是二元形式，也可以用相对权重来表示，如(0,1,2,4)，(0,25,50,100)，或用道路的相对可达性来表示(High, Medium, Low, None)。取值范围为 0～255，0 表示非道路，其他值分别代表不同的相对道路可达性。模型运行至少需要两个不同时期的交通道路层。

阴影（Hillshade）层：为了使模拟的城市空间扩展过程具有更好的空间视觉效果，将阴影层作为一个背景层嵌入输出图像中，但不参与模型的运算。该层通常也从 DEM 中提取。

2. SLEUTH 模型增长规则

SLEUTH 模型由一组输入数据初始化后开始运行，然后对输入数据应用一系列的增长规则来模拟城市扩展及其引起的土地利用变化。该模型共有 5 个增长规则：自发增长、边界增长、新扩展中心增长、道路影响增长及自修改规则。这些增长规则连续作用，在应用每个规则之后，整个元胞空间的状态都被更新。

① 自发增长（Spontaneous Growth）描述的是地面上随机城市化的出现，这意味着在元胞自动机框架里，元胞空间中的任何一个非城市化元胞在任何时间都有一定的（小）概率转化为城市化元胞。

② 边界增长（Edge Growth）是指沿已经存在的城市扩展中心的边界向外扩展，从现有城市区域的核心地带向外增长，体现城市向外扩张的整体倾向。这种增长既沿着新扩展中心增长中产生的新中心传播，也沿着原有的城市扩展中心传播。它由传播系数和坡度系数控制。

③ 新扩展中心增长（New Spreading Center Growth）决定新的自发增长的城市元胞是否将成为新的城市扩展中心。产生这种类型的城市增长的原因是城市社会经济的发展突破原有城区的各种限制条件，一般在紧邻原有城区的附近创新城构，形成城市扩展的新增长点。

④ 道路影响增长（Road-Influenced Growth）。可达性的提高会使城市具有沿路网扩张的

趋势。道路影响增长由存在的交通路网和前面 3 种增长中最近时期城市化的元胞决定。道路影响增长由繁殖系数、道路引力系数、散布系数和坡度系数控制。

⑤ 自修改规则（Self Modification）。增长环是 SLEUTH 模型运行的基本单位。对于每个增长环，其城市增长速率为 4 种不同类型增长方式之和。各增长系数在实际应用中不一定要保持静态。当每个增长环结束后，对城市增长率进行评价。

应用自修改规则，首先确定系统是一个发展的增长期还是稳定期。如果增长率超过其最大临界值，则各系数通过乘以一个大于 1 的数值得到提高，模拟一个系统更快增长的趋势，于是出现“繁荣”状态。如果增长率低于最小临界值，则各系数通过乘以一个小于 1 的数值得到降低，导致增长逐渐停止，就像处在低迷期或饱和期的系统，呈现出“萧条”状态。

3．SLEUTH 模型增长系数

SLEUTH 模型包含 5 个增长系数，其值通过对研究区域模拟结果与历史年份数据的比较进行校准获得。5 个系数的取值范围都为 0～100。

① 散布系数（Dispersion Coefficient）应用于自发增长和道路影响增长过程。在自发增长过程中，散布系数控制着一个像元被随机选择成为可能的城市化元胞的次数。在道路影响增长过程中，散布系数控制沿着交通网中的道路随机移动的像元数（通过一个补丁的应用，这一步不再受道路权重影响）。

② 繁殖系数（Breed Coefficient）应用于新扩展中心增长和道路影响增长过程。在新扩展中心增长过程中，繁殖系数决定一个自发增长形成的城市元胞成为一个新扩展中心的概率。在道路影响增长过程中，繁殖系数决定一个元胞在道路上移动的次数。

③ 传播系数（Spread Coefficient）应用于边界增长。在边界增长过程中，传播系数决定一个扩展中心（在 3 邻域构形中，城市元胞数大于 2 的一个聚类）的任一元胞在其邻域产生另一个城市元胞的概率。

④ 坡度系数（Slope Coefficient）。较低的坡度系数更适宜城市建设，当坡度系数增加到一定值时不再适宜城市建设，该值就是临界坡度系数。在坡度陡峭的区域建设城市的相对压力是动态的，取决于可利用的平坦土地所占的比例和坡度陡峭的区域与已城市化区域的邻近程度。

⑤ 道路引力系数（Road Gravity Coefficient）应用于道路影响增长。在道路影响增长过程中，道路引力系数决定一个选定元胞的最大搜索距离，以此作为图像尺寸的比例。

12.3　深度神经网络

12.3.1　人工神经网络

人工神经网络（Artificial Neural Network，ANN）简称神经网络，是一种模仿生物神经网络的结构和功能的数学模型或计算模型。在大多数情况下，神经网络能在外界信息的基础上改变内部结构，是一种自适应系统。现代神经网络是一种非线性统计性数据建模工具，常用来对输入和输出间复杂的关系进行建模，或者用来探索数据的模式。最近十多年来，神经网络的研究工作不断深入，已经取得了很大的进展，其在模式识别、智能机器人、自动控制、预测估计、生物、医学、经济等领域已成功地解决了许多现代计算机难以解决的实际问题，表现出了良好的智能特性。

神经网络模型从连接方式看，主要分为前馈神经网络和反馈神经网络。在前馈神经网络中，各层网络之间是全连接，而各层的神经元（节点）不进行连接，而是和下层网络中的全部神经元连接。前一层的输出作为该层神经元的输入，信息从输入层传递至隐含层，再从隐含层传给输出层。而反馈神经网络中除向前传递外还会进行反馈，神经元的输入也会受到来自输出的影响。

1. BP 神经网络

反向传播（Back Propagation，BP）神经网络是一种按误差反向传播（简称误差反传）训练的多层前馈网络。它由一个输入层、一个输出层、一个或多个隐含层组成。输入层是外界信号的接入点。隐含层由加法器和转换器两部分组成，加法器对输入层传输过来的反射率信息进行加权计算，转换器对加权计算后的信息采用转换函数变换生成各种信号向下一层传播。隐含层的作用就是实现输入层到输出层的非线性变换。输出层将隐含层传输的信息经函数变换为输出信息输出。BP 神经网络水深反演模型如图 12.3-1 所示。

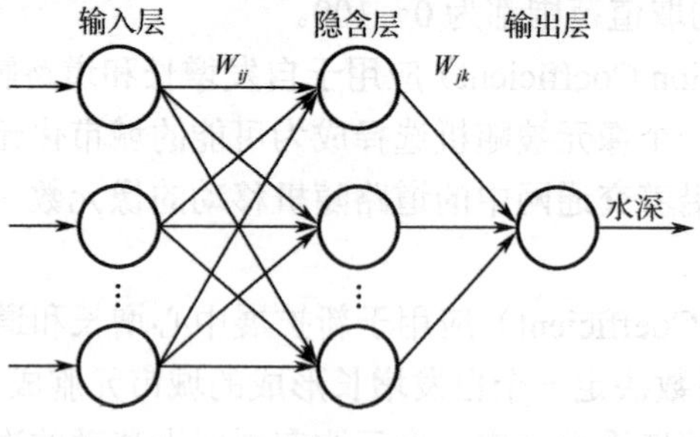

图 12.3-1　BP 神经网络水深反演模型

BP 神经网络由神经元组成，神经元与神经元之间是通过权重连接的。神经元之间的权重通过反向传播调整。当信号正向传播时，信号从输入层进入神经网络模型，经过隐含层的逐层计算传输到输出层，输出层输出值；当信号反向传播时，反演的误差经输出层到隐含层，经过隐含层的逐层计算，并调整层与层之间的权重和阈值，反向传播到输入层。经过多次这样的信号正向和反向传输过程，模型的误差就能大大减小。

BP 神经网络神经元与神经元间的激活函数常用的主要有 Sigmoid 函数、线性函数和阈值型函数。

Sigmoid 函数的表达式为

$$\boldsymbol{f}=\frac{1-\exp(-\boldsymbol{x})}{1+\exp(-\boldsymbol{x})} \tag{12.3-1}$$

式中，$\boldsymbol{f}$ 为输出，$\boldsymbol{x}$ 为输入。

线性函数的表达式为

$$\boldsymbol{f}=\lambda\boldsymbol{x} \tag{12.3-2}$$

式中，$\boldsymbol{f}$ 为输出，$\boldsymbol{x}$ 为输入，系数 λ 可以调节以适应不同的模型。

阈值型函数的表达式为

$$\begin{aligned} f &\triangleq \operatorname{sgn}(x)=\begin{cases}+1, & x\geqslant 0\\ 0, & x<0\end{cases}\\ f &\triangleq \operatorname{sgn}(x)=\begin{cases}+1, & x\geqslant 0\\ -1, & x<0\end{cases}\end{aligned} \tag{12.3-3}$$

式中，f 为输出；x 为输入。输出值只能是 0、1 或-1、1。

2. RBF 神经网络

径向基函数（Radial Basis Function，RBF）神经网络是 Moody 等根据人脑对外界刺激的反应提出的。他发现，人体不同部位的脑细胞对相同的外界刺激的反应是不同的，即各个神经元的作用范围具有局域性。神经元只对一定范围内的刺激有反应，对于不在范围内的刺激，神经元的反应会很小，甚至不反应。RBF 神经网络是由一个输入层、一个输出层、一个隐含层组成的前馈神经网络。信号从输入层进入 RBF 神经网络，经非线性映射到隐含层，再经过线性映射到输出层。RBF 神经网络水深反演模型如图 12.3-2 所示。

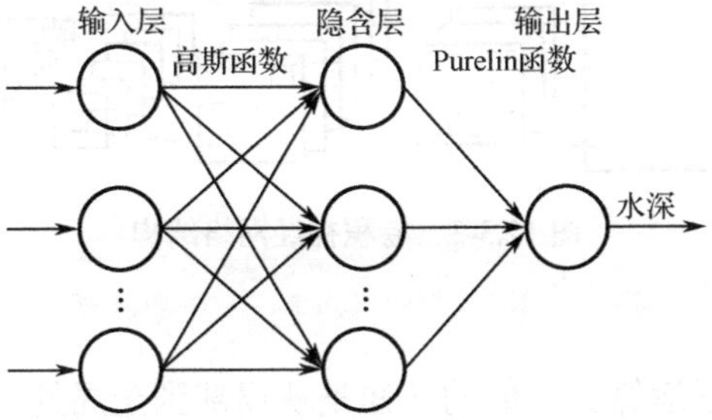

图 12.3-2　RBF 神经网络水深反演模型

RBF 神经网络的学习过程主要分为三个阶段：第一阶段根据输入的数据确定网络的中心点；第二阶段确定输入层、隐含层、输出层神经元的个数和激活函数，并确定激活函数的宽度；第三阶段根据输入数据确定输入层到隐含层、隐含层到输出层的权重及阈值，选择变换函数的参数，提高神经网络的精度。

RBF 神经网络以径向基函数作为隐含层的基。径向基函数将输入层映射到隐含层，所以只要确定了径向基函数的中心点，输入层到隐含层的映射关系就确定了。隐含层到输出层的映射函数是线性函数，变换相对简单。输入层到隐含层的径向基函数的特点是当距离中心点远时，函数呈单调递增或递减趋势，一般采用高斯函数，函数表达式为

$$f_i(x) = \exp\left[\frac{-(x-c_i)^T(x-c_i)}{2\sigma_i^2}\right] \tag{12.3-4}$$

式中，x 为输入；c_i 为均值；σ_i 为标准方差常数；$f_i(x)$ 为隐含层的第 i 个神经元值。

隐含层到输出层采用的是线性映射函数，函数表达式为

$$\boldsymbol{y}_k = \sum_{i=1}^{q} \boldsymbol{w}_{kj} \boldsymbol{f}_i(\boldsymbol{x}) - \theta_{kj} \tag{12.3-5}$$

式中，$\boldsymbol{y}_k$ 是输出；q 是隐含层的神经元个数；θ_{kj} 是隐含层到输出层的阈值；$\boldsymbol{w}_{kj}$ 是从隐含层到输出层的权重和。

因为 RBF 神经网络的映射函数是局部作用的高斯函数，所以只有在输入层落入很小的区域时，函数才不会做出反应，这就避免了 BP 神经网络的容易陷入局部极小值的局限性；RBF 神经网络能够将输入层到隐含层的非线性空间变换成隐含层到输出层的线性空间，具有较强的映射能力；在学习能力上，RBF 神经网络具有自适应能力，能够适应各个方面，而且计算的精度高。因此，RBF 神经网络在工程和研究中应用广泛，主要应用在模式识别、函数逼近、信号分析、医疗诊断、水深反演等各个方面。

12.3.2　卷积神经网络

卷积神经网络（CNN）是一个多层的神经网络，通过在相邻层的神经元间加入一个局部连接来探寻稀疏的局部相关性。卷积神经网络可以看作由特征提取与模式识别组合而成。其基本组成有卷积（Convolution）层、池化（Pooling）层和全连接（Fully Connected）层等，如图 12.3-3 所示。

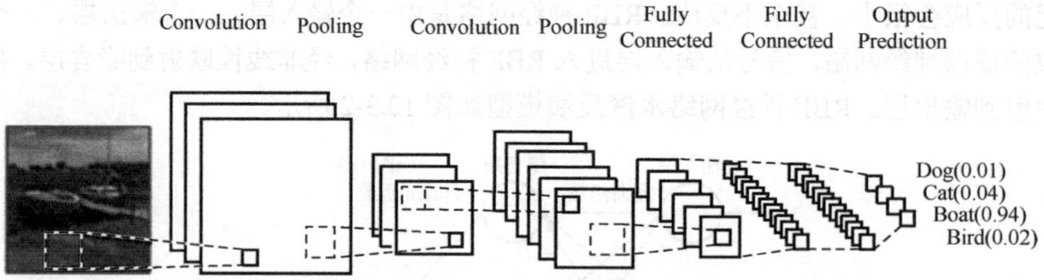

图 12.3-3　卷积神经网络结构

1. 卷积层

卷积是一种重要的数学运算。一般的认知是从局部到全局的，局部的统计特性与其他部分存在关系，所以这种统计特征可以用卷积的形式表示。卷积层又叫特征提取层，它由前一层的特征图与一个可学习的核进行卷积后，加偏置项再经过激活函数得到的输出结果组成。因此该层的每个神经元输入与前一层的局部感受也相连，通过卷积核提取该局部的特征，一旦该局部特征被提取后，它与其他特征间的位置关系也随之确定下来。前一层的特征图经过卷积后形成卷积层的特征图 J，并且卷积层的每个特征图 J 可能与前一层多个特征图连接，卷积计算公式为

$$\begin{aligned} \boldsymbol{Y}^1 &= f(\boldsymbol{D} * \boldsymbol{W}_1 + b_1)(i=1) \\ \boldsymbol{Y}^i &= f(\boldsymbol{Y}^{i-1} * \boldsymbol{W}_i + b_i)(i>1) \end{aligned} \tag{12.3-6}$$

式中，$\boldsymbol{Y}^1$ 为第 1 个卷积层的输出，$\boldsymbol{D}$ 为输入矩阵，$\boldsymbol{W}_1$ 为第 1 个卷积层的权重矩阵，b_1 为第 1 层偏置项；$\boldsymbol{Y}^i$ 为第 i 个卷积层的输出，$\boldsymbol{Y}^{i-1}$ 为第 $i-1$ 个卷积层的输出，$\boldsymbol{W}_i$ 为第 i 个卷积层的权重矩阵，b_i 为附加偏置项；f 为激活函数，$*$ 为卷积核在特征图上的一种运算，即卷积核按照从左到右、从上到下的顺序，其将卷积核中的参数与对应位置图像像素逐位相乘后累加作为一次卷积操作的结果。

以一个 6×6 的图像为例，用 3×3 的卷积核对其进行卷积计算，最后得到的是一个 4×4 的新图像，计算方法为(6−3+1)×(6−3+1)=4×4。4×4 矩阵中第一个值是 6×6 矩阵左上角的矩阵（与卷积核同样大小）与卷积核对应位置的数值相乘之后再相加得到的，其他值的求法类推，让卷积核在原始的图像上一步一步滑动，最后得到这个新的 4×4 图像，如图 12.3-4 所示。

卷积操作会导致输出的图像一直缩小，而且图像边缘的大部分信息会丢失。为了保证输出图像的大小不变，在卷积之前，需要对原始图像的边缘用 0 进行填充（Padding），如图 12.3-5 所示，并保证卷积操作能够包含边缘像素。如果 Padding=1，就相当于填充的宽度是 1，这样就能保证输出的结果边缘信息不会丢失，而且得到的图像与原图大小相同。

Padding 包含 Valid 和 Same 两种类型，其中 Valid 卷积的意思是不填充，也就是 Padding=0；Same 卷积的意思是指填充后卷积得到的结果与原图大小是一样的。例如，图像大小是 $n \times n$，卷

积核大小是 $f\times f$，卷积后得到的图像大小是 $(n-f+1)\times(n-f+1)$。如果我们想让输出图像与原图一样大小，即填充 p 后，$n\times n=(n+2p-f+1)\times(n+2p-f+1)$，$n=(n+2p-f+1)$，$p=(f-1)/2$。通常选择 f 为奇数，这样不仅卷积核会有中心像素点，而且能对称填充。

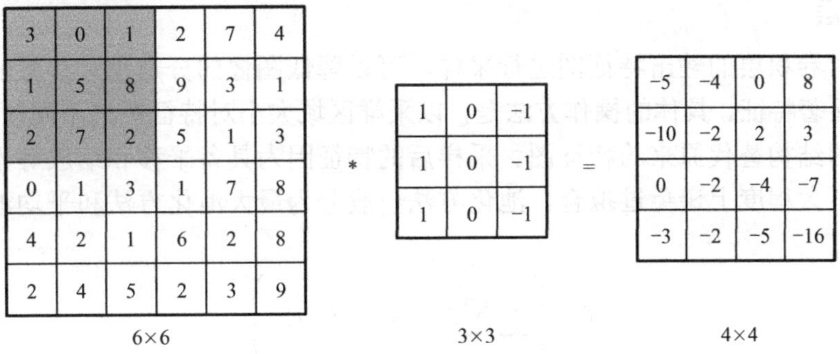

图 12.3-4 卷积计算

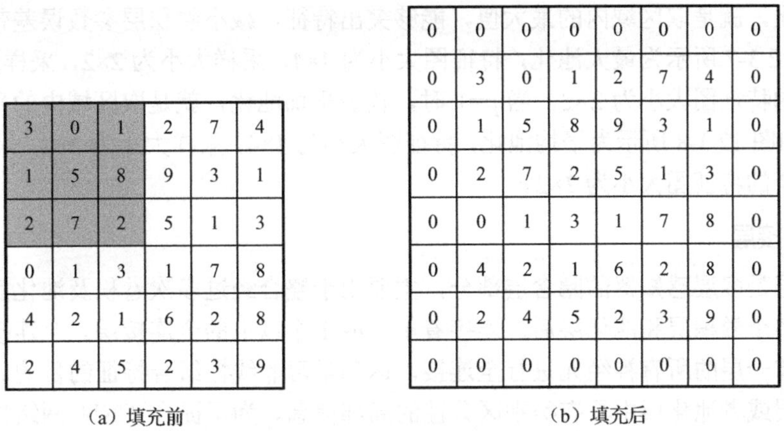

图 12.3-5 用 0 填充边缘

卷积步长通常用 s 表示，代表卷积核在输入图像上滑动的距离，如图 12.3-6 所示，表示一个 7×7 图像与一个 3×3 卷积核进行卷积，步长为 2，最后输出一个新的 3×3 图像。

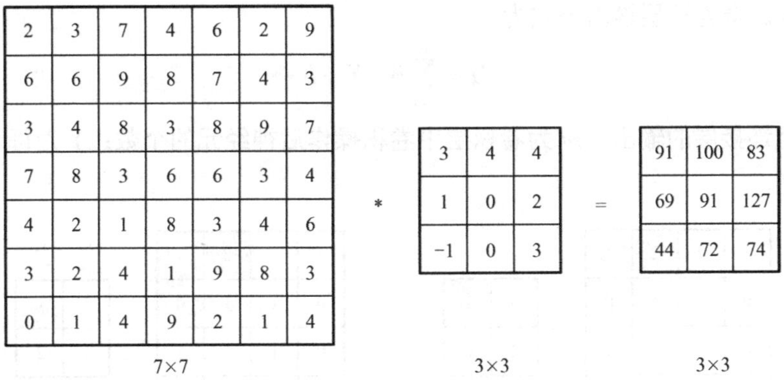

图 12.3-6 步长为 2 的卷积过程

如果输入的图像大小是 $n\times n$，卷积核大小是 $f\times f$，步长是 s，Padding 用 p 表示，得到输出图像大小的公式为

$$\left\lfloor \frac{n+2p-f}{s}+1 \right\rfloor \times \left\lfloor \frac{n+2p-f}{s}+1 \right\rfloor \tag{12.3-7}$$

式中，$\lfloor\ \rfloor$表示向下取整。

2．池化层

池化层对卷积层的输出特征图进行采样，可以降低图像的分辨率和参数的规模，同时保留图像的显著特征。具体的操作方法是，以采样区域大小对特征图的不同区域进行统计，通过统计后的结构替代原来的特征图。采样后的特征因为具备平移和缩放等不变性特点，所以可以在很大程度上避免过拟合。池化方法一般分为最大池化方法和平均池化方法，计算公式为

$$O=\left(\sum\sum I(i,j)^{p}\cdot G(i,j)\right)^{\frac{1}{p}} \tag{12.3-8}$$

式中，O表示输出；I表示输入；G表示高斯核；p可以在1～∞之间设置。当$p\to\infty$时，表示最大池化，就是取区域内的最大值，能够突出特征，减小卷积层参数误差带来的估计量偏移。如图12.3-7所示为最大池化，特征图大小为4×4，采样大小为2×2，采样步长为2，采样后得到新的特征图大小为2×2。当p=1时，代表平均池化，就是取区域内的平均值，能够平滑特征。如图12.3-8所示为平均池化，特征图大小为4×4，采样大小为2×2，采样步长为2，采样后得到新的特征图大小为2×2。

3．全连接层

全连接层是多层感知器的隐含层部分，主要用于整合经过多次卷积及池化后高度抽象化的特征，经多个卷积层和池化层后，连接着1个或1个以上的全连接层。全连接层中的每个神经元与其前一层的所有神经元进行全连接，达到学习非线性组合特征的目的。全连接层可以整合卷积层或者池化层中具有类别区分性的局部信息。为了提升CNN网络性能，全连接层中每个神经元的激活函数一般采ReLU函数。全连接层既涉及前向计算，又涉及反向传播。在前向计算过程中，全连接层的每个输出都可以看成由前一层的每个神经元值乘以一个权重W，最后加上一个附加偏置项b得到，这一过程会产生大量未知参数W和b。在反向传播过程中，分别对上一层输出、权重W、附加偏置项b求导，将误差传播到卷积层和池化层，不断更新W和b。全连接层输出公式为

$$H=\sum_{i=1}^{m}W_i\cdot Y_i+b \tag{12.3-9}$$

式中，H为全连接层的输出；m为卷积层中卷积操作后神经元的个数；Y_i为每个神经元经过卷积后的输出。

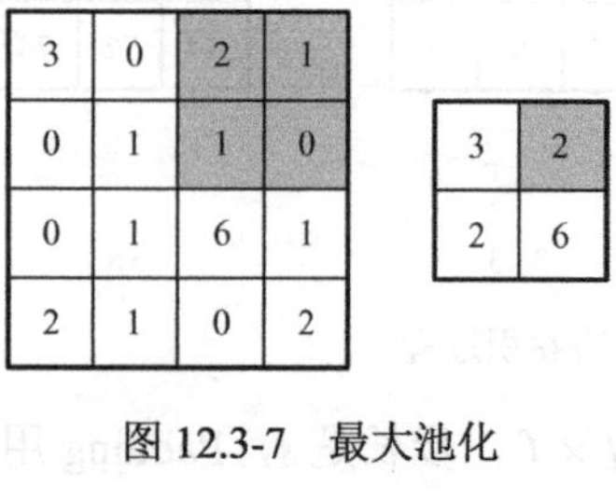

图12.3-7　最大池化

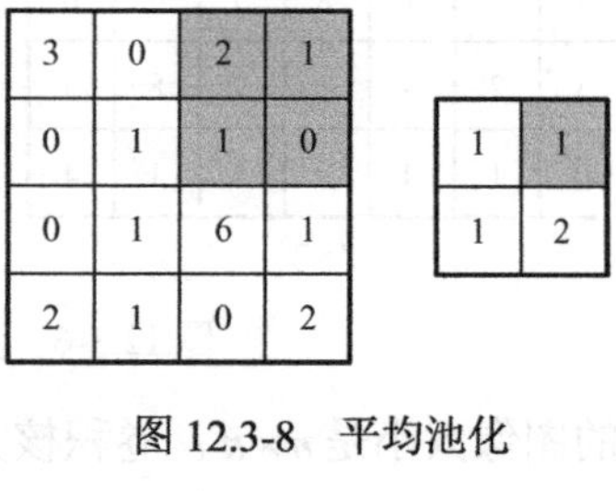

图12.3-8　平均池化

4. 输出层

最后一层全连接层的输出被传递给一个输出层，可以采用 Softmax 进行分类，也称为 Softmax 层。Softmax 是一种多类型分类器，用来预测各类的输出概率，其表达式为

$$p_i = \frac{\exp(y_i)}{\sum_{j=1}^{n}\exp(y_j)} \tag{12.3-10}$$

式中，y_i、y_j 分别为第 i、j 个神经元输出的结果；n 为神经元总个数。

12.3.3 递归神经网络及其变形

1. 递归神经网络

递归神经网络（Recursive Neural Network，RNN）是一种结构中带有循环的神经网络，如图 12.3-9 所示。该网络具有记忆功能，可以把之前输入的信息保留在系统中，并用在之后的计算中。循环允许信息从网络的一个步骤传递到下一个步骤。递归神经网络可以被看作同一网络的多个副本的相连，每个副本把自身所包含的信息传递给下一个副本。这种链式连接揭示了递归神经网络与序列和列表密切相关，它们是处理这些数据的本质结构。递归神经网络的每个状态都可以有数据输入，可以用数学语言来描述记忆向前传递的过程，对于第 t 个时间步长，其系统状态的计算方式为

$$\boldsymbol{h}_t = \boldsymbol{f}(\boldsymbol{U}\boldsymbol{h}_{t-1} + \boldsymbol{W}\boldsymbol{x}_t + b) \tag{12.3-11}$$

式中，$\boldsymbol{x}_t$ 是第 t 个时间步长的输入，若第 t 个时间步长没有输入则不进行计算；$\boldsymbol{f}$ 为激活函数或封装的前馈神经网络，可以是 Tanh 等；$\boldsymbol{U}$ 为隐藏状态矩阵（或称过渡矩阵，与马尔可夫链近似）；$\boldsymbol{W}$ 为权重矩阵；b 为偏置项，递归神经网络中所有神经元的权重是共享的；$\boldsymbol{h}_t$ 是第 t 个时间步长的隐藏状态，它是同一个时间步长的输入 $\boldsymbol{x}_t$ 的函数，由一个 $\boldsymbol{W}$ 修正，加上前一个时间步长的隐藏状态 $\boldsymbol{h}_{t-1}$ 乘以它自己的 $\boldsymbol{U}$。权重矩阵是决定赋予当前输入及过去隐藏状态多少重要性的筛选器。它们所产生的误差将会通过反向传播返回，用于调整权重，直到误差不能再降低为止。

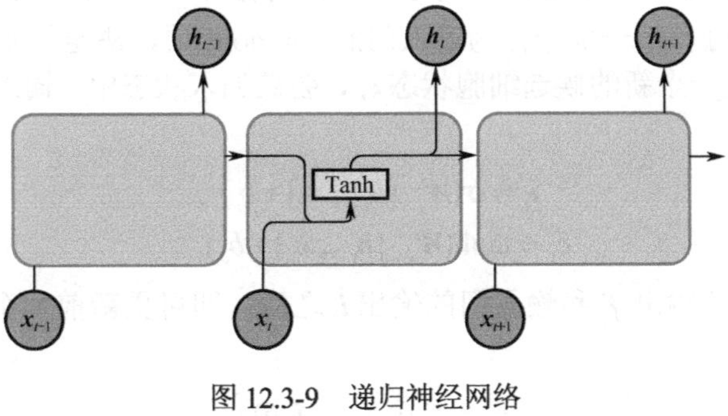

图 12.3-9　递归神经网络

2. 长短期记忆网络

长短期记忆（Long Short-Term Memory，LSTM）网络是递归神经网络的变形，是一种时间循环神经网络，如图 12.3-10 所示。它解决了标准 RNN 中对长期依赖的学习问题。递归神经网络的结构由链状的重复神经网络模块连接而成。长短期记忆网络也具有这样的链状结构，但其重复模块是由三个“门”结构组成的。其中，⊗和⊕代表矢量乘法和加法，所交汇的线代

表网络的连接，分叉的线表示内容经由不同的路径传输出去，σ 和 Tanh 代表激活函数。每条线携带一个完整的向量表示从一个神经元的输出到其他的输入。

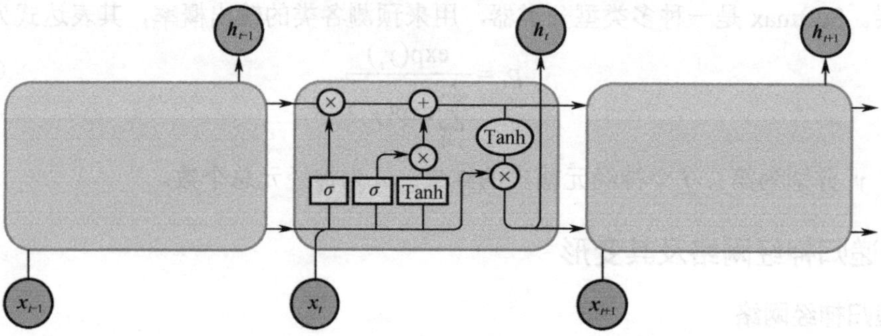

图 12.3-10 长短期记忆网络

长短期记忆网络模块的结构复杂，不同于单一神经网络，整体上除了隐藏状态在随时间流动，细胞状态也在随时间流动。细胞状态代表长期记忆，而隐藏状态代表短期记忆。在每个序列索引位置 t 时刻向前传播的除了和 RNN 一样的隐藏状态 $\boldsymbol{h}_t$，还多了另一个隐藏状态，如图 12.3-10 中顶部贯穿的水平线。这个隐藏状态我们一般称为细胞状态（Cell State），记为 $\boldsymbol{c}_t$。

长短期记忆网络有通过精心设计的"门"结构来去除或增加信息到细胞状态的能力。门由 Sigmoid 层和矩阵对应元素的乘法运算组成，其结果将决定每个部分允许通过多少信息。长短期记忆网络在每个序列索引位置 t 时刻的门一般包括遗忘门、输入门和输出门三种。

遗忘门（Forget Gate）：控制是否遗忘。长短期记忆网络首先决定将何种信息从细胞状态中删除，即以一定的概率控制是否遗忘上一层的细胞状态，这由 Sigmoid 层决定。1 表示全部保留，0 表示全部遗忘，遗忘门的输出 $\boldsymbol{f}_t$ 为

$$\boldsymbol{f}_t = \sigma(\boldsymbol{W}_f \cdot (\boldsymbol{h}_{t-1}, \boldsymbol{x}_t) + b_f) \tag{12.3-12}$$

式中，$\boldsymbol{h}_{t-1}$ 表示历史信息，$\boldsymbol{x}_t$ 表示当前流入细胞中的新信息。$\boldsymbol{x}_t$ 在这里的作用是根据当前输入的新信息来决定要忘记哪些历史信息。

输入门（Input Gate）：负责处理当前序列位置的输入，决定在细胞状态中存储哪些新信息，这里包含两个部分。第一部分称为输入门的 Sigmoid 层，决定需要更新哪些值。第二部分称为 Tanh 层，创建一个新的候选细胞状态 $\tilde{\boldsymbol{c}}_t$，会被加入状态中。输入门的输出 $\boldsymbol{i}_t$ 和候选细胞状态 $\tilde{\boldsymbol{c}}_t$ 分别表示为

$$\boldsymbol{i}_t = \sigma(\boldsymbol{W}_i \cdot [\boldsymbol{h}_{t-1}, \boldsymbol{x}_t] + b_i) \tag{12.3-13}$$

$$\tilde{\boldsymbol{c}}_t = \tanh(\boldsymbol{W}_c \cdot [\boldsymbol{h}_{t-1}, \boldsymbol{x}_t] + b_c) \tag{12.3-14}$$

在获得了遗忘门的输出 $\boldsymbol{f}_t$ 和输入门的输出 $\boldsymbol{i}_t$ 之后，即可更新前一个细胞状态 $\boldsymbol{c}_{t-1}$。$\boldsymbol{c}_t$ 为当前时刻的细胞状态：

$$\boldsymbol{c}_t = \boldsymbol{f}_t \otimes \boldsymbol{c}_{t-1} + \boldsymbol{i}_t \otimes \tilde{\boldsymbol{c}}_t \tag{12.3-15}$$

输出门（Output Gate）：在得到了新的隐藏细胞状态 $\boldsymbol{c}_t$ 后，就得开始输出结果。首先运行一个 Sigmoid 层决定要输出细胞状态的部分 $\boldsymbol{o}_t$，然后对细胞状态进行双曲正切运算，最后与 Sigmoid 层的输出相乘。公式如下：

$$\boldsymbol{o}_t = \sigma(\boldsymbol{W}_o \cdot [\boldsymbol{h}_{t-1}, \boldsymbol{x}_t] + b_o) \tag{12.3-16}$$

$$\boldsymbol{h}_t = \boldsymbol{o}_t \otimes \tanh(\boldsymbol{c}_t) \tag{12.3-17}$$

12.3.4 神经网络遥感水深反演

1．研究区域与数据

研究区域美济礁是一个椭圆形的珊瑚礁，由潟湖、礁坪、裸沙洲、灌草丛被沙洲、沙洲组成，总面积大约为 46km^2，是南沙最大的环礁。其位于中国南海的中东部海域，地处北纬 9° 52′～9° 56′，东经 115° 29′～115° 35′。美济礁位于热带地区，年降水量丰富，符合水产养殖和鱼苗育种的环境要求，为当地经济发展提供了条件，而且政府一直致力于美济礁的建设，因此对其水深的研究是很有必要的。美济礁海域地形复杂、水深波动较大，传统的水深测量方法有一定的困难。而神经网络水深反演方法对研究区域的要求低，可以对该区域完成水深反演。

遥感数据采用 Worldview-02 传感器在 2011 年 3 月 18 日采集的高分辨率图像，如图 12.3-11 所示。成像时间是美济礁的旱季，不受雨水的干扰。图像的拍摄时间是 11:07:30，太阳直射天空、云层比较少，图像的质量不受外界环境影响。图像分辨率为 2m，图像清晰、边界分明，图像的质量比较好。

水深数据是同时间段的实测数据，随机选取 1226 个样本点，这些点均匀分布在整个研究区域中。其中，1000 个样本点作为训练数据，其他的作为测试数据。

2．神经网络遥感水深反演模型

水深反演模型一般由多个遥感波段作为输入数据，水深作为输出数据，而波段与水深之间的映射关系不能确定，因此传统的水深反演模型不能很好地模拟这种非线性关系。神经网络不需要知道先验经验，就能以任意函数逼近，它可以模拟目标值与观测值之间的非线性关系，能够并行处理大量的信息，具备自学习与自组织能力，很适合遥感水深反演。

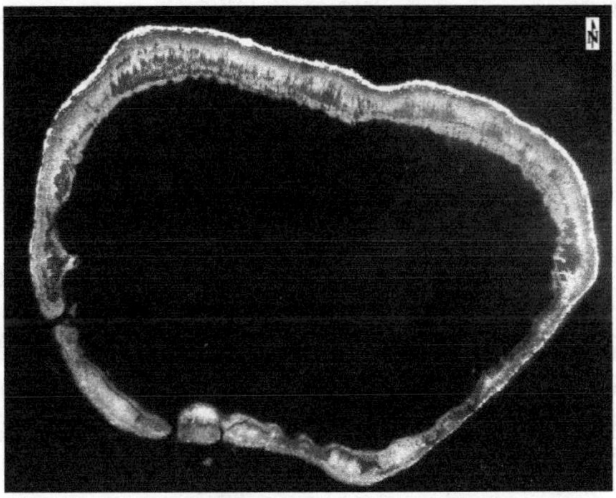

图 12.3-11　美济礁遥感图像

（1）利用 BP 神经网络进行水深反演

输入层的输入向量选择 Worldview-02 遥感图像 8 个波段的反射率数据。其中，Coastal 波段范围为 400～450nm，可用于叶绿素研究和深海探测研究；Blue 波段范围为 450～510nm，水体的反射率最大，水体衰减系数最小，可用于判断水底地形、水深，是水深反演的主要波段；Green 波段范围为 510～580nm，对水体、叶绿素有较强反射，可用于判断水深、识别绿色植物和判断植物生长状况，对水深反演有很大影响；Yellow 波段范围为 585～625nm，可用于植被应用；Red 波段范围为 640～690nm，对植物强吸收，可探测植物叶绿素吸收率进行植物分类；

Red edge 波段范围为 705～745nm，可用于分析植物健康状况；NIR-1/NIR-2 波段范围为 770～895nm/860～1040nm，反射率较低，对水深最为敏感，对水体强吸收，可用于判断水深。

隐含层和激活函数的确定对 BP 神经网络的性能有很大影响。运用控制变量法分别改变隐含层神经元个数、隐含层函数、输出层函数这几个变量进行实验，训练参数如表 12.3-1 所示。图 12.3-12 为隐含层个数、隐含层函数、输出层函数按照表 12.3-1 变化时训练输出的结果，是在训练 BP 神经网络时实测水深与输出水深的回归分析图。随着训练次数的增加，误差逐渐减小。图 12.3-12 中的横坐标表示归一化后的实测水深，纵坐标表示归一化后的输出水深，*R* 表示实测水深与输出水深的相关性。*R* 越大，实测水深与输出水深的相关性越好，网络训练的效果越好。从结果中可知，*R* 的大小受隐含层神经元个数、隐含层函数和输出层函数影响，且当隐含层神经元个数为 17，隐含层函数为 Tansig，输出层函数为 Logsig 时，训练的 *R* 最大，图 12.3-12（c）中大多数的样本点都集中在对角线上，实测水深与输出水深的拟合度最好，BP 神经网络性能最佳。

表 12.3-1　BP 神经网络训练参数

隐含层神经元个数	隐含层函数	输出层函数	*R*
16	Tansig	Logsig	0.99705
17	Tansig	Purelin	0.99665
		Logsig	0.99706
	Logsig		0.99673
18	Tansig	Logsig	0.99685

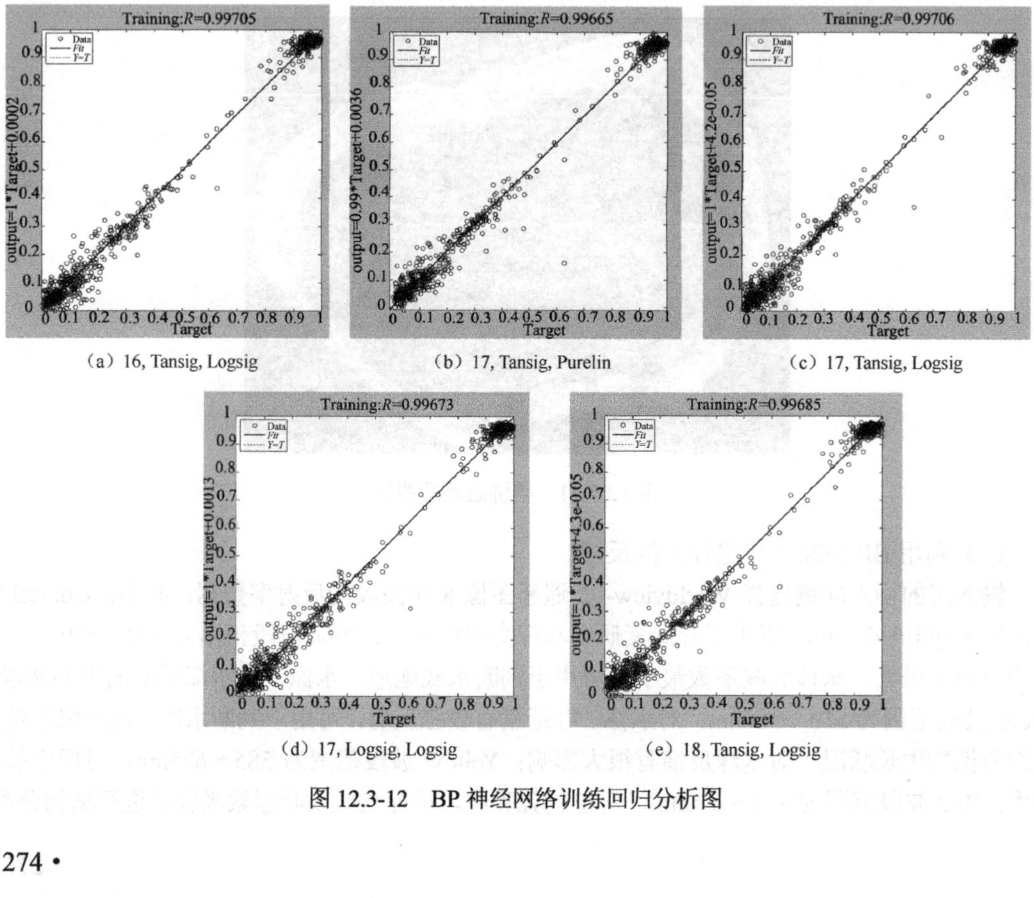

（a）16, Tansig, Logsig　（b）17, Tansig, Purelin　（c）17, Tansig, Logsig

（d）17, Logsig, Logsig　（e）18, Tansig, Logsig

图 12.3-12　BP 神经网络训练回归分析图

BP 神经网络有 3 层，将经过预处理后的遥感图像的 8 个波段的反射率作为输入层神经元，隐含层的神经元个数为 17，输出层神经元为水深，隐含层函数为 Tansig，输出层函数为 Logsig，训练函数为 Trainlm，训练次数为 1000，训练精度为 0.001，学习速率为 0.01。根据这些参数建立 BP 神经网络模型，用该模型反演测试点的水深，生成的水深等值线图如图 12.3-13 所示。

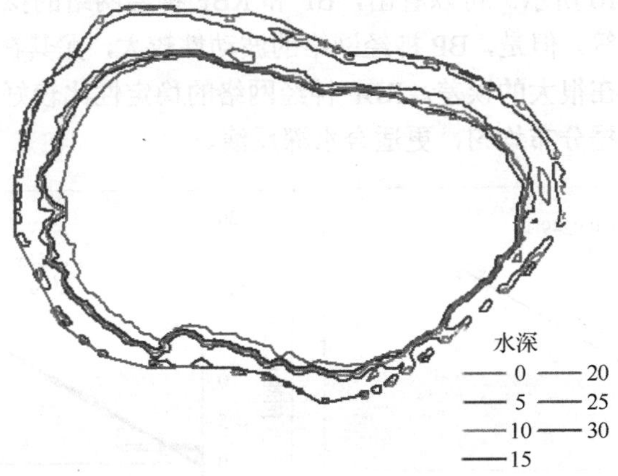

图 12.3-13　BP 神经网络反演结果水深等值线图（单位：m）

（2）利用 RBF 神经网络进行水深反演

输入层神经元也是 Worldview-02 遥感图像的 8 个波段的反射率，目标是实测水深；隐含层函数是具有局部作用的高斯函数；输出层输出水深。输入层的各个反射率作为输入信号经过高斯函数的非线性变换实现 $x \to f_i(x)$ 到达隐含层，经过 Purelin 函数的线性变换实现 $f_i(x) \to y_k$ 到达输出层，以水深值的方式输出。根据以上参数建立 RBF 神经网络水深反演模型。用该模型反演测试点的水深，生成的等值线图如图 12.3-14 所示。

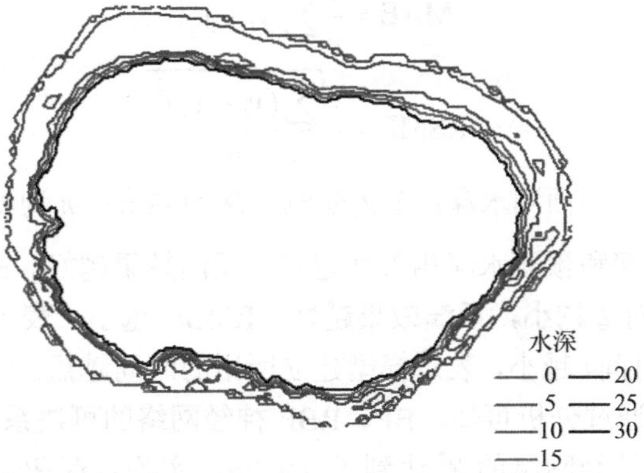

图 12.3-14　RBF 神经网络反演结果水深等值线图（单位：m）

3．精度评价与分析

在神经网络结构上，BP 神经网络需要设置大量的参数，为了获得最佳的神经网络模型，需要用试错法不断改变隐含层神经元个数、隐含层函数、输出层函数，耗费时间。而 RBF 神经网络具有自学习、自组织能力，可以通过一些样本自学习得到最佳的训练网络，不需要太多的人为干预。在样本选择上，因为 BP 神经网络隐含层函数是全局作用的 Sigmoid 函数，因此对训练样本的要求比较高，需要样本能包括事物的全部或大部分特征，而且对一些误差大的样本没有抗干扰能力。RBF 神经网络隐含层函数是局部作用的高斯函数，对样本的要求不是很高。

模型建立好后将经过归一化处理的 226 个测试样本分别输入训练好的 BP 和 RBF 神经网络，反演得到预测水深值后再进行反归一化处理，将反演结果与提取的实测水深进行比较，如图 12.3-15 和图 12.3-16 所示。可以看出，BP 和 RBF 神经网络的拟合效果都比较好，预测水深和实测水深基本相等。但是，BP 神经网络的波动性较大，尤其在 5～20m 水深范围内的反演效果并不理想，存在很大的误差。RBF 神经网络的稳定性比较好，抗干扰能力强，始终保持高拟合度，并且数据分布均匀，更适合水深反演。

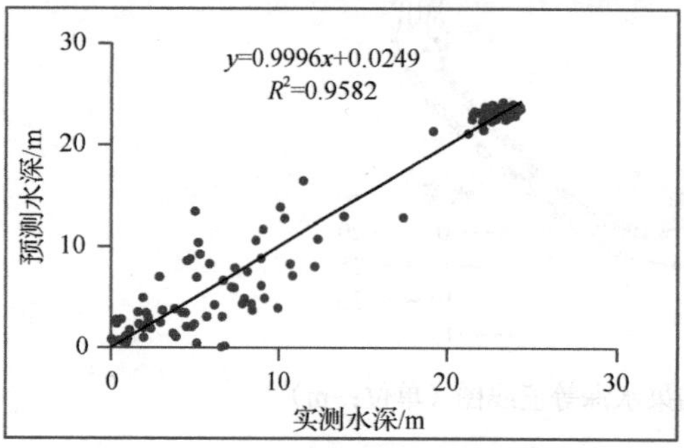

图 12.3-15　BP 神经网络水深反演

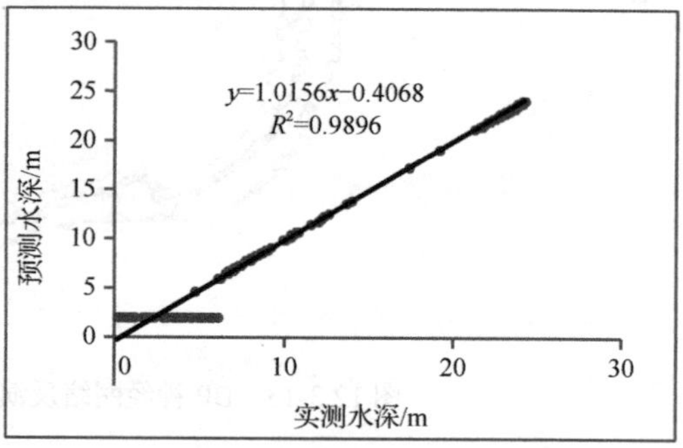

图 12.3-16　RBF 神经网络水深反演

为了使反演结果更加清晰、精确，本文根据一些衡量标准，如可决系数（R^2）、平均绝对误差（MAE）、均方根误差（RMSE）、时间（t）进行定量分析：

$$R^2 = \frac{\sum (y_i - \overline{y})^2 - \sum (y_i - y_j)^2}{\sum (y_i - \overline{y})^2} \tag{12.3-18}$$

$$\text{MAE} = \frac{1}{n}\sum \left| y_i - y_j \right| \tag{12.3-19}$$

$$\text{RSME} = \sqrt{\frac{\sum (y_i - y_j)^2}{n}} \tag{12.3-20}$$

式中，y_i 为实测水深；y_j 为预测水深；$\overline{y}$ 为实测水深的均值；n 为测试的样本个数。可决系数 R^2 越大，表示实测水深和预测水深相关性越好，反演效果越好。MAE 越小，表示实测水深与预测水深误差的绝对值越小，反演效果越好。RMSE 越小，表示预测水深误差的波动性越小，反演效果越好。时间 t 越小，表示模型建立所用的时间越短。BP 和 RBF 神经网络反演结果如表 12.3-2 所示。通过分析可知，BP、RBF 神经网络的可决系数 R^2 虽然都很大，达到了 0.9 以上，但是 RBF 神经网络的 R^2 达到了 0.9896，实测水深和预测水深的相关性更好，且 MAE 和 RMSE 的值小于 BP 神经网络的，所以 RBF 神经网络水深反演的效果更好，误差远小于 BP 神经网络的。RBF 神经网络建立模型需要的时间也比较短，学习速度更快。

表 12.3-2　BP 与 RBF 神经网络反演结果

神经网络	R^2	MAE/m	RMSE/m	t/s
BP	0.9086	1.1691	1.9041	21
RBF	0.9896	0.4122	0.9722	9

12.3.5 基于 LSTM 模型降雨量预测

1. 研究区域及数据

研究选取中国 1937 个气象站点，这些气象站点的分布范围为：北纬 16.50°～52.58°，东经 75.14°～132.58°。气象站点主要分布在海拔 1000m 以下的区域，由于海拔较高，建筑设施投入不便，所以高地区的雨量监测点较少，有 1894 个气象站点位于海拔 1000m 以下的区域，占所有气象站点的 97.78%，仅有 43 个气象站点位于海拔 1000m 以上，且主要分布在西北部的高原区域，占所有气象站点的 2.22%。除此之外，中国南海大部分地区缺少气象站点的降雨量资料，所以本节研究内容不包括中国南海区域。

研究的实验数据来自 1937 个气象站点的降雨量资料，每个气象站点记录了当地 1961—2017 年每天的降雨量。其中，每个气象站点所记录的数据第 1 列为站号；第 2～4 列包含 3 个字段的时间信息（年、月、日）；第 5～7 列包含 3 个字段的降雨数据，即 20:00 至次日 8:00（20～08 时）、次日 8:00 至 20:00（08～20 时）、当天（20～20 时）雨量，在降雨数据中，无降雨用 0 表示，微量降雨用 32700 表示，缺测用 32766 表示，空白用 32744 表示等。降雨量部分原始数据和数据说明如表 12.3-3 和表 12.3-4 所示。

表 12.3-3 降雨量部分原始数据

站号	年	月	日	20～08 时	08～20 时	20～20 时
59948	1961	1	1	0	0	0
59948	1961	1	2	32700	0	32700
59948	1961	1	3	2	0	0
59948	1961	1	4	0	0	0
59948	1961	1	5	32700	1	1
59948	1961	1	6	68	0	68
59948	1961	1	7	0	0	0
59948	1961	1	8	0	0	0
59948	1961	1	9	0	0	0
59948	1961	1	10	32700	0	32700
59948	1961	1	11	0	0	0
59948	1961	1	12	0	0	0
59948	1961	1	13	0	0	0
59948	1961	1	14	0	0	0
59948	1961	1	15	0	0	0
59948	1961	1	16	0	0	0
59948	1961	1	17	0	0	0
59948	1961	1	18	0	0	0
59948	1961	1	19	0	0	0
59948	…	…	…	…	…	…

表 12.3-4 数据说明

数据	类型	说明	数据	类型	说明
32744	通用	空白标志	32700	降雨量	微量
32766	通用	缺测标志	32XXX	降雨量	纯雾露霜
-32766	通用	长整型缺测标志	31XXX	降雨量	雪
-32744	通用	长整型填空数据标志	30XXX	降雨量	雨夹雪
0	降雨量	无降水			

2. 降雨量 LSTM 模型训练

鉴于降雨量在每天的差异较大且关联较小，考虑到实验的合理性和准确性，我们不选择一个气象站点每天的降雨量数据来训练模型。在这一部分我们选取 1996—2016 年 8 月的月降雨量为研究对象来预测 2017 年 8 月的月降雨量。对于模型的准确性，我们利用 2017 年 8 月的降雨量来验证。LSTM 模型的总体流程主要分为三部分：①滑动时间窗口拆分数据集；②训练和测试 LSTM 模型；③对结果进行评估。它们依次为递进关系。研究先以指定的时间步长生成每条数据，完成特征工程的构造，也得到了训练 LSTM 模型的全部数据。将降雨数据分为训练集和测试集，利用训练集确定 LSTM 模型的参数，测试集用于 LSTM 模型的验证、评估和对比。实验采用均方误差（Mean Square Error，MSE）来衡量预测值与实际值之间的偏差。

（1）时间步长的确定

LSTM 模型输入变量是三维变量，包括样本数、特征数和时间步长。输入层设计需要确定时间步长，即模型训练提取的样本数。时间步长的设置是 LSTM 模型能够准确提取序列以前特征的基础。本文在控制 LSTM 模型其他结构不变的情况下，分别对不同时间步长进行实验，时间步长与误差变化如表 12.3-5 所示。

表 12.3-5 时间步长与误差变化

时间步长	4	5	6	7	8	9	10
MSE	12.53	12.25	11.36	11.89	11.45	11.31	11.78

可以看出，时间步长从 4 到 10 的过程中，MSE 不断减小，这说明在时间步长逐步增大的过程中，模型拟合效果越来越好，但是时间步长越大，训练提取的样本数越多，所需的训练时间越长。结合模型拟合效果和训练时长，这里选择 LSTM 模型输入结构的时间步长为 6。

（2）隐含层层数

由于 LSTM 模型输入变量的三维设置，单隐含层的 LSTM 模型已经能够刻画一般非线性函数的映射关系。下面分别建立不同隐含层层数的 LSTM 模型进行参数评估，如表 12.3-6 所示。

表 12.3-6 隐含层层数与误差变化

隐含层层数	1	2	3	4
MSE	12.32	11.83	11.36	11.15

可以看出，不同隐含层层数对应的训练集和测试集的损失函数不同。隐含层层数越少，模型越能更快地拟合数据。隐含层层数越多，结构越复杂，导致训练时间越长，容易出现“过

拟合”的问题。针对训练时长和模型优化程度，这里选择 LSTM 模型的隐含层层数为 3。

（3）隐含层神经元个数

隐含层神经元个数会影响神经网络中反映输入与输出的映射关系，由此影响模型复杂度，从而影响模型训练时长。隐含层神经元个数越多，模型越复杂，神经网络越能高效地提取数据特征用于预测，但是也越容易出现过拟合问题。针对降雨量预测问题，这里分别建立不同隐含层神经元个数的 LSTM 模型，并对参数进行比较分析，如表 12.3-7 所示。

表 12.3-7　隐含层神经元个数与误差变化

隐含层神经元个数	20	30	40	50	60	70	80
MSE	13.96	13.83	11.87	13.90	16.95	14.25	14.15

对表 12.3-7 中的数据进行分析，比较不同隐含层神经元个数下的 MSE：隐含层神经元个数为 40 时 MSE 最小，表示这时模型拟合效果最好。因此，模型的最终隐含层神经元个数确定为 40。

最终确定的模型参数如表 12.3-8 所示。

表 12.3-8　模型参数

参　　数	值
输入神经元个数	1
输出神经元个数	1
时间步长	6
隐含层层数	3
隐含层神经元个数	40
激活函数	Tanh
批量大小	256
训练批次	70
丢弃率	0.5

3. 结果分析

如图 12.3-17 所示为 LSTM 模型降雨量预测值与真实值比较图。从图 12.3-17 中可以看出，LSTM 模型预测值曲线基本拟合真实值曲线。在低强度降雨量区域，误差较小且稳定，能准确预测出降雨量。在高强度降雨量区域，误差较大并会出现预测值明显小于真实值的情况。可见，LSTM 模型预测误差主要集中在高强度降雨量区域，并且误差较大。LSTM 模型对于高强度降雨量区域并不能很好地进行预测，这说明在高强度降雨量区域，影响降雨量的变化因素增多，仅依靠历史降雨量数据并不能很好地对高强度降雨量区域进行预测，需要加入特征变量。

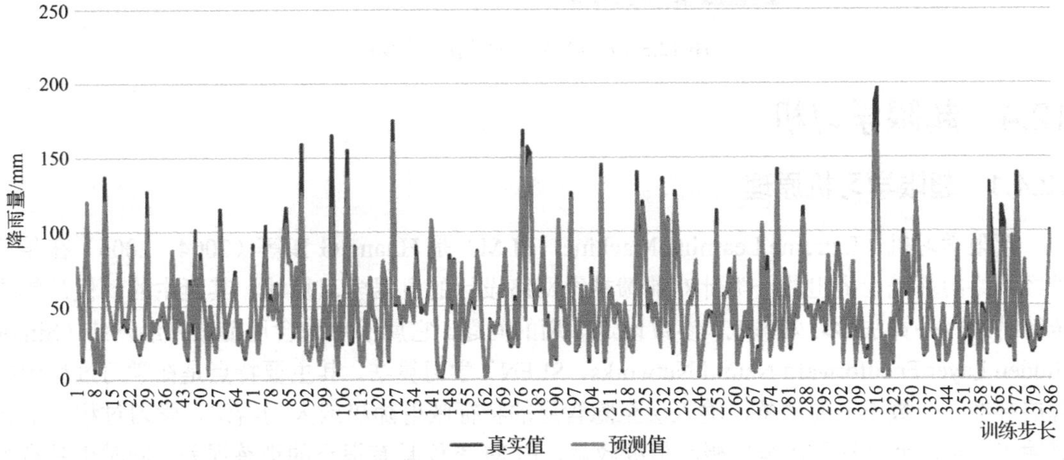

图 12.3-17　LSTM 模型降雨量预测值与真实值比较图（单位：mm）

最后将部分站点的降雨量预测值和真实值导入 ArcGIS，利用 ArcGIS 中的空间分析工具得到降雨量真实值和预测值等值线图，分别如图 12.3-18 和图 12.3-19 所示。比较两图，可以看出，LSTM 模型对大部分地区，特别是靠近东南角地区能做出较为准确的预测，但西南角强降雨量的区域预测有偏差。

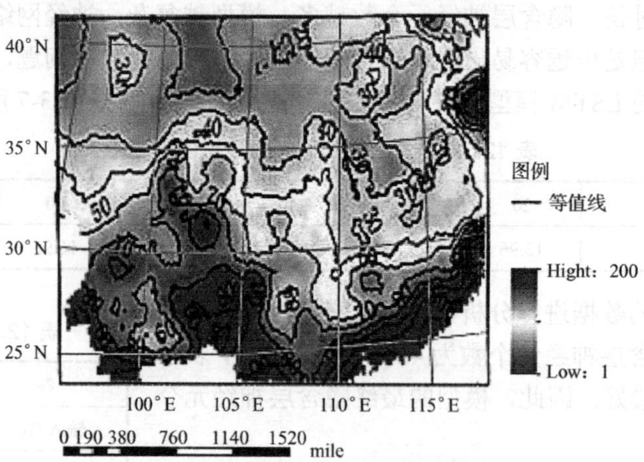

图 12.3-18　降雨量真实值等值线图

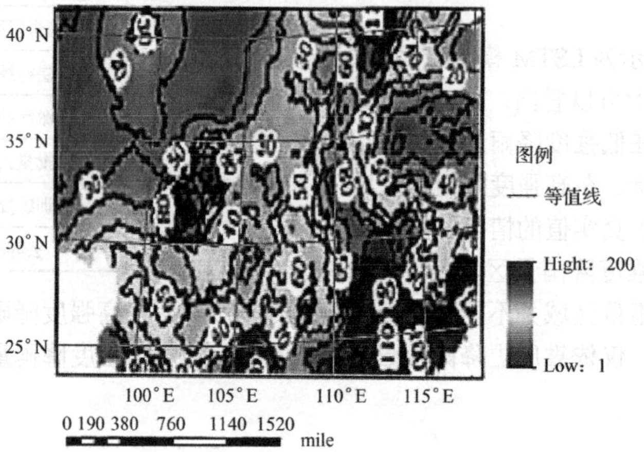

图 12.3-19　降雨量预测值等值线图

12.4　超限学习机

12.4.1　超限学习机原理

超限学习机（Extreme Learning Machine，ELM）是 Huang G. B.等（2004，2006）在传统神经网络的基础上提出的一类针对前馈神经网络设计的机器学习算法，其诞生的动机是解决传统神经网络算法学习效率低、参数设定烦琐的问题。它属于单隐含层前馈神经网络（Single Hidden Layer Feedforward Neural Networks，SLFN）学习算法，其主要特点是在学习过程中隐含层神经元个数不需要调整，输入层至隐含层的特征映射随机或人为给定，学习过程仅需计算输出权重，因此易于在全局极小值处收敛。ELM 不仅具有很小的训练误差，同时也具有很小的输出权重范数。根据 Barlett 的理论，在前馈神经网络中，当训练误差很小时，输出权重的范数小，泛化能力好。因此，与传统的神经网络算法相比，ELM 具有参数设定简单、学习速度快和泛化能力好的优点，其网络结构如图12.4-1所示。

单隐含层前馈神经网络由输入层、隐含层和输出层组成，输入层与隐含层神经元全连接，隐含层与输出层神经元全连接。假定单隐含层神经网络有 N 个任意的样本 $(\boldsymbol{X}_i,\boldsymbol{t}_i)$，含有 L 个隐含层神经元、n 个输入层神经元和 m 个输出层神经元，其中 $\boldsymbol{X}_i=[x_{i1}\ x_{i2}\ \cdots\ x_{in}]^{\mathrm{T}}\in\mathbf{R}^n$，$\boldsymbol{t}_i=[t_{i1}\ t_{i2}\ \cdots\ t_{im}]^{\mathrm{T}}\in\mathbf{R}^m$，可表示为

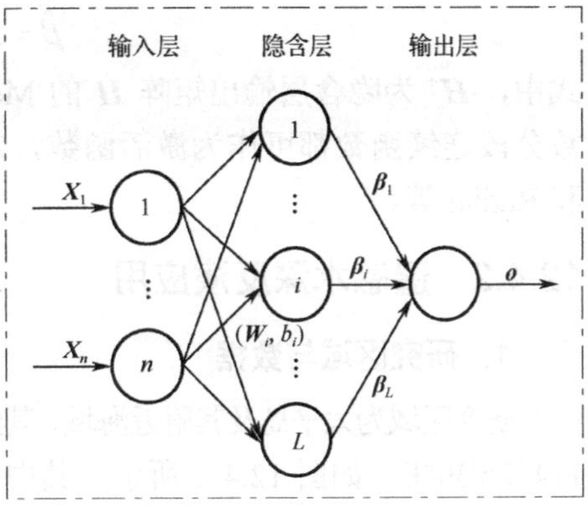

图 12.4-1　ELM 网络结构

$$\sum_{i=1}^{L}\boldsymbol{\beta}_i g(\boldsymbol{W}_i\cdot\boldsymbol{x}_j+b_i)=\boldsymbol{o}_j\quad(i,j=1,2,\cdots,N)\tag{12.4-1}$$

式中，$\boldsymbol{x}_j$、$\boldsymbol{o}_j$ 分别为输入向量和输出向量；$g(\cdot)$ 为激活函数；$\boldsymbol{W}_i=[w_{i1}\ w_{i2}\ \cdots\ w_{in}]^{\mathrm{T}}$ 为输入层到第 i 个隐含层神经元的输入权重矩阵；b_i 为第 i 个隐含层神经元的偏置项；$\boldsymbol{\beta}_i=[\beta_{i1}\ \beta_{i2}\ \cdots\ \beta_{im}]^{\mathrm{T}}$ 为连接第 i 个隐含层神经元的输出权重矩阵。

在 ELM 训练时，$\boldsymbol{W}_i$ 和 b_i 随机产生且保持不变，并以训练误差最小化为目标确定输出权重矩阵 $\boldsymbol{\beta}_i$，假设 ELM 能够以极小误差使输出向量 $\boldsymbol{o}_j$ 无限逼近训练样本期望输出向量 $\boldsymbol{t}_j$，即 $\sum_{j=1}^{L}\left\|\boldsymbol{o}_j-\boldsymbol{t}_j\right\|=0$，则 $\boldsymbol{W}_i$、b_i、$\boldsymbol{\beta}_i$ 存在如下关系：

$$\sum_{i=1}^{L}\boldsymbol{\beta}_i g(\boldsymbol{W}_i\cdot\boldsymbol{X}_j+b_i)=\boldsymbol{t}_j\quad(i,j=1,2,\cdots,N)\tag{12.4-2}$$

可以将其以矩阵的形式表示为

$$\boldsymbol{H\beta}=\boldsymbol{T}\tag{12.4-3}$$

式中，$\boldsymbol{H}=\begin{bmatrix}g(\boldsymbol{W}_1\cdot\boldsymbol{X}_1+b_1) & \dots & g(\boldsymbol{W}_L\cdot\boldsymbol{X}_1+b_L)\\ \vdots & & \vdots\\ g(\boldsymbol{W}_1\cdot\boldsymbol{X}_N+b_1) & \dots & g(\boldsymbol{W}_L\cdot\boldsymbol{X}_N+b_L)\end{bmatrix}_{N\times L}$，$\boldsymbol{\beta}=\begin{bmatrix}\boldsymbol{\beta}_1^{\mathrm{T}}\\ \boldsymbol{\beta}_2^{\mathrm{T}}\\ \vdots\\ \boldsymbol{\beta}_L^{\mathrm{T}}\end{bmatrix}_{L\times M}$，$\boldsymbol{T}=\begin{bmatrix}\boldsymbol{T}_1^{\mathrm{T}}\\ \boldsymbol{T}_2^{\mathrm{T}}\\ \vdots\\ \boldsymbol{T}_L^{\mathrm{T}}\end{bmatrix}_{N\times M}$。

$\boldsymbol{H}$ 为隐含层输出矩阵，$\boldsymbol{\beta}$ 为隐含层与输出层的连接权重矩阵，$\boldsymbol{T}$ 为期望输出矩阵。

根据 Huang G. B.（2008，2010，2012）提出并证明的定理，只要激活函数满足在任意区间上可微，那么随机给定的输入权重矩阵、隐含层神经元的阈值均不需要再调节。对于训练前可以随机选择且在训练过程保持不变的输入权重矩阵 $\boldsymbol{W}_i$ 和隐含层神经元的阈值 b_i，一旦被随机确定，那么隐含层输出矩阵 $\boldsymbol{H}$ 就被唯一确定。训练一个单隐含层前馈神经网络的目标是使模型的预测值与期望输出值之差最小，可表示为 $\min\limits_{\boldsymbol{\beta}}\left\|\boldsymbol{H\beta}-\boldsymbol{T}\right\|$，即找到线性系统 $\boldsymbol{H\beta}=\boldsymbol{T}$ 的关于 $\boldsymbol{\beta}$ 的最小二乘解。公式如下：

$$\left\|\boldsymbol{H}(\boldsymbol{W}_1,\cdots,\boldsymbol{W}_L,b_1,\cdots,b_L)\hat{\boldsymbol{\beta}}-\boldsymbol{T}\right\|=\min_{\boldsymbol{\beta}}\left\|\boldsymbol{H}(\boldsymbol{W}_1,\cdots,\boldsymbol{W}_L,b_1,\cdots,b_L)\boldsymbol{\beta}-\boldsymbol{T}\right\|\tag{12.4-4}$$

根据 Huang G. B.的定理，当隐含层神经元个数 L 和训练样本的个数 N 一致时，矩阵 $\boldsymbol{H}$ 为可逆方阵，那么取 $\boldsymbol{\beta}=\boldsymbol{H}^{-1}\boldsymbol{T}$，对于任意的 $\boldsymbol{W}$ 和 b 可使单隐含层前馈神经网络能够以 0 误差逼近这些训练样本。但通常情况下，隐含层神经元个数会远远小于训练样本的个数，则可以通过求解线性系统 $\boldsymbol{H\beta}=\boldsymbol{T}$ 的极小范数最小二乘解 $\hat{\boldsymbol{\beta}}$ 来代替 $\boldsymbol{\beta}$：

$$\hat{\boldsymbol{\beta}} = \boldsymbol{H}^{+}\boldsymbol{T} = (\boldsymbol{H}^{\mathrm{T}}\boldsymbol{H})^{-1}\boldsymbol{H}^{\mathrm{T}}\boldsymbol{T} \tag{12.4-5}$$

式中，$\boldsymbol{H}^{+}$ 为隐含层输出矩阵 $\boldsymbol{H}$ 的 Moore-Penrose 广义逆矩阵。理论上任何无限可微或非常数分段连续函数都可作为激活函数，常用的激活函数有 Sigmoid、Sine、Hard-limit、Linear 和 Radial 等。

12.4.2 遥感水深反演应用

1. 研究区域与数据

研究区域为太平岛及其附近海域，其经纬度范围为 10° 20′50″N～10° 23′25″N，114° 20′40″E～114°25′30″E，如图 12.4-2 所示。其中右上角为整个研究区域的 WorldView-02 遥感图像，整个研究区域面积约为 $56\mathrm{km}^2$。由于受实验室设备及其他因素限制，本文选取研究区域的一子区域作为实验区域，选取图 12.4-2 中为本例的实验区域。太平岛地理位置十分重要，在航道安全、海洋渔业、国际航空信息等方面都有重要价值，平时可以为过往船只提供各种导航服务，作战时可作为舰艇活动基地和中继站。岛上植被茂盛，保持了良好的水土环境，且岛屿远离大陆，人烟稀少，因此附近海域水质清澈，海水可穿透性强，适合进行水深反演研究。遥感数据采用 12.3 节 Worldview-02 传感器的高分辨率图像，实测水深数据来源于该海域同时期的 S57 海图数据。

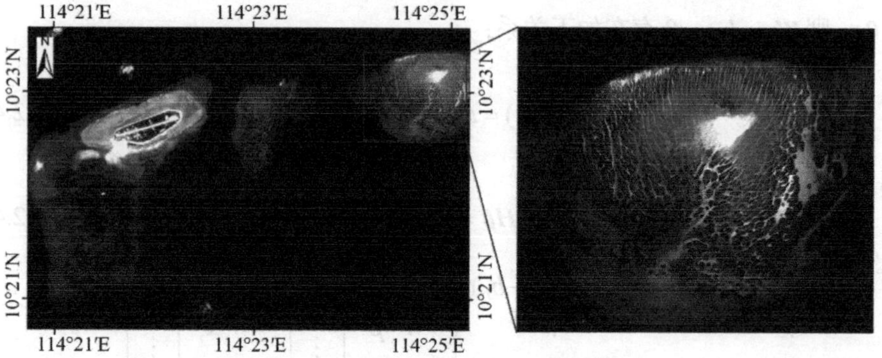

图 12.4-2　研究区域图

2. 神经网络模型遥感水深反演

水深反演实验的输入层采用 WorldView-02 遥感图像的 8 个多光谱波段，空间分辨率为 2.0m。实验共采用 350 组样本数据，按 4∶1 的比例，将 280 组训练数据集用于模型的训练，70 组测试数据集用于检测模型的精度。

选取常用的 Sigmoid 函数作为 ELM 模型的激活函数。隐含层神经元的个数将直接影响 ELM 模型的计算速度和精度，隐含层神经元太少会导致学习能力不足，而太多则导致训练时间过长，甚至出现过拟合现象。为了分析不同隐含层神经元个数对模型精度的影响，假定使用相同的模型参数，令隐含层神经元个数从 1 开始逐渐递增到 51，选取样本的 RMSE（均方根误差）为评价指标，结果如图 12.4-3 所示。当隐含层神经元个数较少时，模型精度不太理想；神经元个数增加后，误差逐渐减小；在神经元个数为 50 时，误差趋于稳定。

为检验 ELM 模型的反演精度，利用 70 组测试数据集进行精度检验（由于测试数据集未参与模型训练，可以将其视为不受模型影响的独立检验样本），反演的水深与实测水深的平均相对误差为 0.2205m，均方根误差为 0.7734m，平均绝对误差为 0.7043m，这说明 ELM 模型反演的水深具有较高的精度，整体误差较小，反演结果可靠。为了直观地反映各实测水深与反演水深的误差和偏离情况，根据模型的水深反演结果，绘制实测水深和反演水深散点图（黑色直线为最佳拟合线）及实测水深和反演水深的对比图，如图 12.4-4 和图 12.4-5 所示。从散点图中可以看出，ELM 模型反演水深的整体误差较小，R^2（可决系数）达到了 0.9258。从对比图中可以看出，ELM 模型的反演水深与实测水深曲线基本一致，偏差较小，反演效果较好。

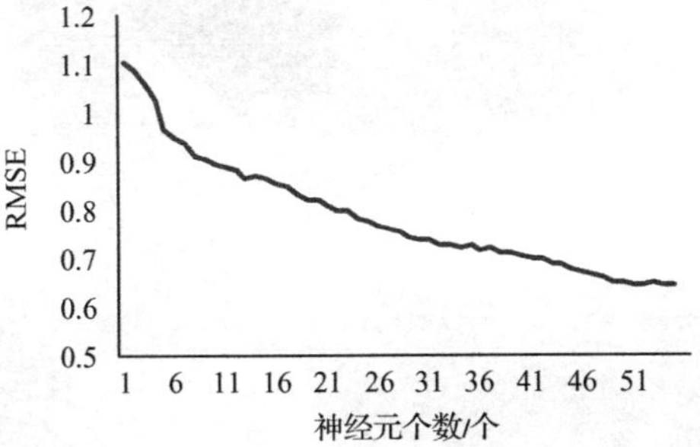

图 12.4-3　ELM 模型精度随隐含层神经元个数变化情况

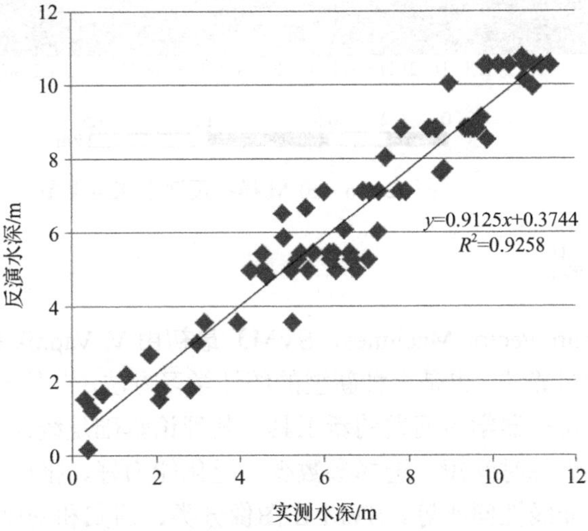

图 12.4-4　ELM 模型实测水深和反演水深散点图

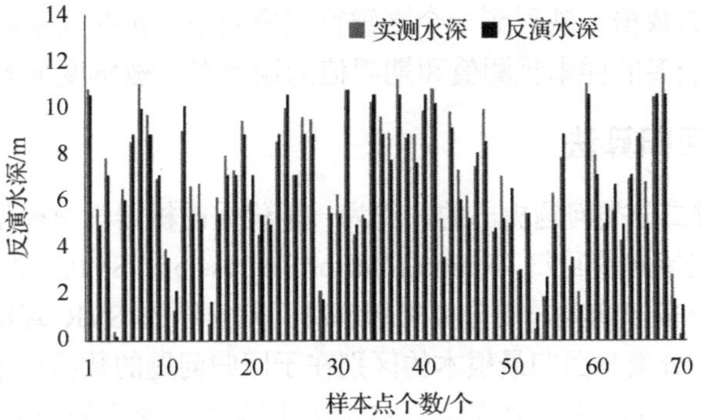

图 12.4-5　ELM 模型实测水深和反演水深对比图

根据精度分析结果，利用建立好的 ELM 模型对实验区海域进行反演水深，反演结果如图 12.4-6 所示。反演水深的实验区域最大水深为 12m 左右，该模型的水深反演图中海陆分界清晰，水深均由岛屿向海水方向呈逐渐增加趋势。与 S57 海图数据进行对比可知，ELM 模型整体反演水深结果与实验区域的实际海况分布趋势一致，反演结果可靠。

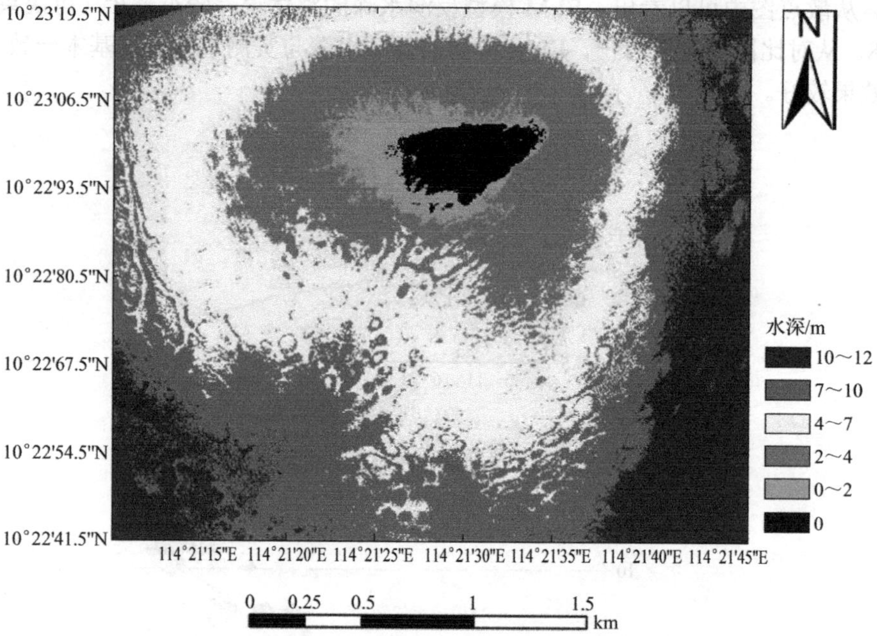

图 12.4-6 ELM 模型反演水深结果图

12.5 支持向量机

支持向量机（Support Vector Machines，SVM）最初由 V. Vapnik 提出，是一种基于统计学习理论的经典机器学习算法，也是一种新型的统计学习方法。它基于结构风险最小化原则，借助最优化方法，是解决机器学习问题的新工具，其理论基础是统计学习理论。它具有拟合精度高、学习能力强、训练时间短、选择参数少、泛化能力好、推广能力强和全局最优等优点，能处理高维问题、非线性问题等。SVM 在图像分类、回归和密度估计等领域应用广泛。SVM 用于分类时的目标是尽可能使更多的样本分类正确。SVM 回归的基本思想是利用非线性函数把原始空间中的数据 x 映射到一个高维特征空间中，再在高维特征空间中进行线性估计。其目标是使尽可能多的样本预测值和期望值的误差在不敏感度损失函数 ε 范围内。

12.5.1 支持向量回归算法

SVM 本身是针对二分类问题提出的，作为一种优秀的机器学习模型，最初被用于解决数据样本分类问题。而支持向量回归（Support Vector Regression，SVR）是 SVM 中一个重要的应用分支。随着现代计算需求增大，用分类思想解决回归问题的 SVR 算法应运而出，而且在很多问题上都表现不错。分类与回归最根本的区别在于回归问题的数据样本属于什么类别是事先不知道的，通过引入不敏感度损失函数 ε，SVM 适用范围从原先的分类问题推广到回归问题。SVR 与 SVM 的区别在于，SVR 的样本点最终只有一类，它所寻求的最优超平面不是 SVM 那样使两类或多类样本点分得“最开”，而是使所有的样本点与超平面的总偏差最小，如图 12.5-1 所示。在使用 SVR 解决实际问题时，需要首先把它转化为一个可以用 SVR 求解的数学模型。假设给定输入数据和学习目标为：$\boldsymbol{X}=\{\boldsymbol{X}_1,\boldsymbol{X}_2,\cdots,\boldsymbol{X}_N\}$，$\boldsymbol{y}=\{y_1,y_2,\cdots,y_N\}$，其中输入数据的每个样本都包含多个特征并由此构成特征空间：$\boldsymbol{X}_i=[x_1,x_2,\cdots,x_N]\in\mathbf{R}^l$，$\boldsymbol{y}\in\mathbf{R}^l$，$n$ 表示样本数量，l 为数据维度。其线性回归函数为

$$f(\boldsymbol{X}_i)=\boldsymbol{w}\boldsymbol{\varphi}(\boldsymbol{X}_i)+b \qquad (12.5\text{-}1)$$

式中，$\boldsymbol{w}$ 为权重向量；φ 为非线性映射；b 为优化参数。SVR 通过将有限维映射到一个高维特征空间来使训练样本线性可分，$\boldsymbol{\varphi}(\boldsymbol{X})$ 为将 $\boldsymbol{X}$ 映射后的特征向量。

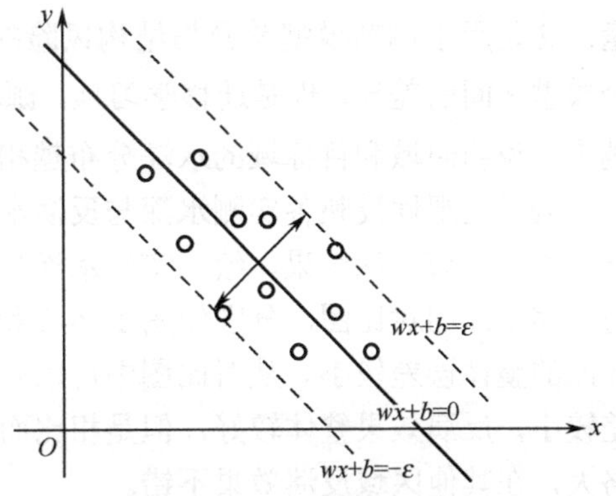

图 12.5-1　SVR 示意

线性回归模型可表示为

$$\min\frac{1}{2}\|\boldsymbol{w}\|^2+C\sum_{i=1}^{n}(\xi_i+\xi_i^*)$$

$$\text{s.t.}\quad \begin{cases}(\boldsymbol{w}\boldsymbol{\varphi}(\boldsymbol{X}_i)+b)-y_i\leqslant\varepsilon+\xi_i\\ y_i-(\boldsymbol{w}\boldsymbol{\varphi}(\boldsymbol{X}_i)+b)\leqslant\varepsilon-\xi_i^*\\ \xi_i,\xi_i^*\geqslant 0,\ i=1,2,\cdots,n\end{cases} \qquad (12.5\text{-}2)$$

式中，ε 为不敏感度损失函数，代表经验风险因素，它的作用是可以忽略实际值周围一定范围内的误差；ξ_i、ξ_i^* 为松弛变量，用来考虑拟合的误差情况；C 为惩罚系数。

对于线性回归模型的最优问题求解，采用拉格朗日函数：

$$\begin{aligned}L=&\frac{1}{2}\|\boldsymbol{w}\|^2+C\sum_{i=1}^{n}(\xi_i+\xi_i^*)-\sum_{i=1}^{n}\alpha_i(\xi_i+\varepsilon-y_i+\boldsymbol{w}\cdot\boldsymbol{X}+b)-\\&\sum_{i=1}^{n}\alpha_i^*(\xi_i+\varepsilon+y_i-\boldsymbol{w}\cdot\boldsymbol{X}-b)-\sum_{i=1}^{n}(\eta_i\xi_i-\eta_i^*\xi_i^*)\end{aligned} \qquad (12.5\text{-}3)$$

对拉格朗日函数通过求导计算并整理得到目标回归函数：

$$f(\boldsymbol{X})=\sum_{i=1}^{n}(\alpha_i-\alpha_i^*)K(\boldsymbol{X}_i,\boldsymbol{X})+b \qquad (12.5\text{-}4)$$

式中，$\alpha_i,\alpha_i^*\geqslant 0$ 是拉格朗日乘数，$K(\boldsymbol{X}_i,\boldsymbol{X})$ 表示核函数，b 为优化参数。

12.5.2　遥感反演水深应用

基于 SVR 的迁移学习反演水深算法根据迁移学习的思想，充分利用源域的样本数据来辅助目标域训练反演水深模型，通过迁移源域数据所含的知识来弥补目标域数据的不足，同时引入 SVM 中的不敏感度损失函数让每个样本点都尽量离回归线最近，从而优化回归效果。在训练中不断地调整每个样本点的权重，若其对结果有效则提高权重，对结果无效则降低权重。并且在目标函数中考虑如何设置惩罚系数和损失函数以控制训练误差，反复迭代后直至满足条件，这样得到最终的反演水深模型。

设定源域 D_s 水深样本数据集为 $\{x_i,y_i\}$，$i=1,2,\cdots,m$，目标域 D_t 水深样本数据集为 $\{x_i,y_i\}$，$i=1,2,\cdots,n$，其中 x_i 为 WorldView-02 遥感图像的 8 个波段反射率，y_i 为 S57 海图数据提取得到的实测水深，由源域数据学习得到的反演水深模型为 $y=f_s(x)$，由目标域数据学习得到的反演水深模型为 $y=f_t(x)$。$(\boldsymbol{w}_s,b_s)$ 和 $(\boldsymbol{w}_t,b_t)$ 分别表示源域和目标域所对应的回归超平面。

基于 SVR 的迁移学习算法的目标函数为

$$\min_{w_s, w_t, b_s, b_t, \xi_i^*} \frac{1}{2}\|\boldsymbol{w}_s\|^2 + \frac{C}{m}\sum_{i=1}^{m}(\xi_i + \xi_i^*) + \frac{1}{2}\|\boldsymbol{w}_t\|^2 + \frac{C}{n}\sum_{i=1}^{n}(\xi_i + \xi_i^*) + \frac{\lambda}{2}\Delta f \tag{12.5-5}$$

式中，$\|\boldsymbol{w}_s\|^2$、$\|\boldsymbol{w}_t\|^2$ 分别表示正则项；C 表示惩罚系数，用于控制模型复杂度和数据集回归误差，C 越大表示有更大的容错度，越小则计算精度越高，但容易过拟合；ξ_i、ξ_i^* 为松弛变量；λ 是用于调节模型差异与结构风险的权衡因子；$\Delta f(f_s, f_t) = \|\boldsymbol{w}_s - \boldsymbol{w}_t\|^2 + (b_s - b_t)^2$ 表示两个模型之间的差异，也是迁移学习项，源域与目标域的差异越小，相似性程度越高，则 Δf 值越小，说明源域和目标域的水深分布越相似，迁移的效果也会越好。

为了直观地反映各实测水深与反演水深的误差和偏离情况，根据基于 SVR 的迁移学习反演模型的反演水深结果，绘制实测水深与反演水深散点图（虚线为最佳拟合线）及实测水深与反演水深的对比图，分别如图 12.5-2 和图 12.5-3 所示。从散点图中可以看出，该模型反演水深的整体误差较小。从对比图中可以看出，该模型反演水深与实测水深曲线基本一致，偏差较小，反演效果整体较好，但是相比而言，该模型在水深低于 4m 的区域内反演结果误差略大，在其他区域反演效果不错。

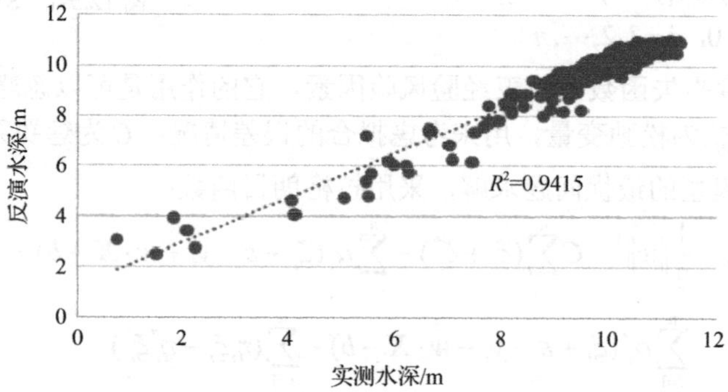

图 12.5-2　实测水深与反演水深散点图

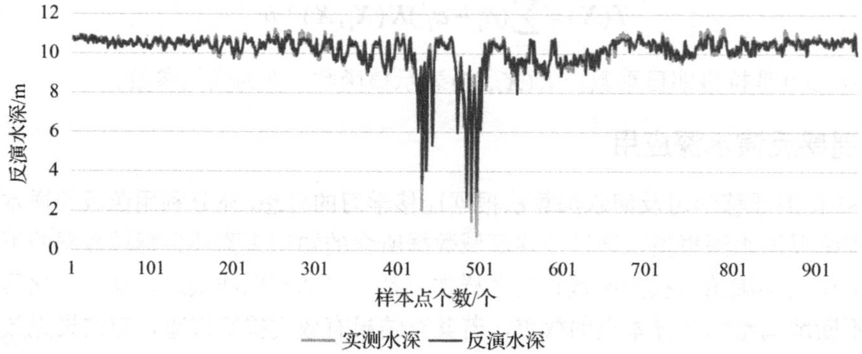

图 12.5-3　实测水深与反演水深对比图

第 13 章　空间统计应用

13.1　经济发展与环境污染 GWR 模型

13.1.1　研究区域及数据

以湖北省经济发展和环境污染为研究对象，环境污染指标选取 2016 年的数据：NO_2 年均浓度（μg/m^3）、SO_2 年均浓度（μg/m^3）、PM10 年均浓度（μg/m^3）；CO 年均浓度（μg/m^3）、O_3 年均浓度（μg/m^3）、PM2.5 年均浓度（μg/m^3）；工业废水排放量（万吨）和 SO_2 排放量（万吨）。其中，各污染气体浓度数据来源于湖北省年度环境质量公报，工业废水排放量和 SO_2 排放量来源于市统计年鉴、市年度环境质量公报和中国城市年鉴。

经济发展指标选取的数据为 2016 年湖北省各地区市 GDP（亿元），数据来源于市统计年鉴。

13.1.2　GWR 模型变量检验

1．自变量与因变量之间是否存在线性关系

GDP 最能反映一个地区的经济发展状况，GDP 与其他各项环境污染经济指标存在严重的共线性。以 2016 年市 GDP 作为因变量（被解释变量），环境污染经济指标作为自变量（解释变量），在建立 GWR（地理加权回归）模型之前，首先需要进行自变量和因变量之间的线性检验及共线性检验。具体方法是对所有指标进行自然对数处理，消除不同量纲的影响后，利用 SPSS 对 2016 年市 GDP 与环境污染指标进行线性相关分析，得到皮尔森线性相关检验的指标，如表 13.1-1 所示，并进行指标选取和检验。通过环境因素对市 GDP 的影响和程度，深度探究经济发展与环境污染的相互关系。

表 13.1-1　GDP 与各年环境指标的显著项

经济发展指标	环境污染指标	皮尔森线性相关检验指标
市 GDP	PM10 年均浓度	0.743**
	SO_2 年均浓度	0.312
	NO_2 年均浓度	0.847**
	CO 年均浓度	−0.128
	O_3 年均浓度	0.486*
	PM2.5 年均浓度	0.683**
	工业废水排放量	0.928**
	SO_2 排放量	0.828**

注：*表示通过 5%显著性水平的检验；**表示通过 1%显著性水平的检验。

由表 13.1-1 可知，2016 年市 GDP 与 NO_2 年均浓度、工业废水排放量均为显著线性相关，这两个指标满足建立地理加权回归模型的因变量与各自变量之间线性相关的前提条件。因此，

选择 NO_2 年均浓度、工业废水排放量两个指标为自变量，构建市 GDP 为因变量的地理加权回归模型，对两个自变量进行共线性检验，结果如表 13.1-2 所示。由表 13.1-2 可知，各自变量的方差膨胀因子均小于 10，各维度的条件指数也均小于 30，表明通过共线性检验。引起多重共线性的主要原因有：在选取多个自变量指标时，其中某个自变量是另一个自变量的滞后；多个自变量随着时间的变化具有相同或相似的变化趋势，存在明显的线性关系。多重共线性会使得模型建立不成功。

表 13.1-2　共线性检验结果

年份	经济发展指标	环境污染指标	方差膨胀因子（VIF）	容差（*T*）	条件指数（CI）	
					维度	值
2016	市 GDP	NO_2 年均浓度	2.974	0.336	2	13.033
		工业废水排放量	2.974	0.336	3	27.438

13.1.3　GWR 模型建立与分析

1．模型的拟合优度和残差检验

2016 年，市 GDP 与 NO_2 年均浓度、工业废水排放量的模型可决系数 R^2 约为 0.886，各地区 R^2 均在 0.88 以上，拟合效果好，如图 13.1-1 所示。地区的标准化残差均在−2.5～2.5 之间，拟合效果理想，如图 13.1-2 所示。利用 Moran 指数对残差进行空间自相关分析，求得 I=−0.3152，P=0.066，未通过显著性检验，残差在空间上呈随机状态分布，表明 GWR 模型整体测算效果良好。

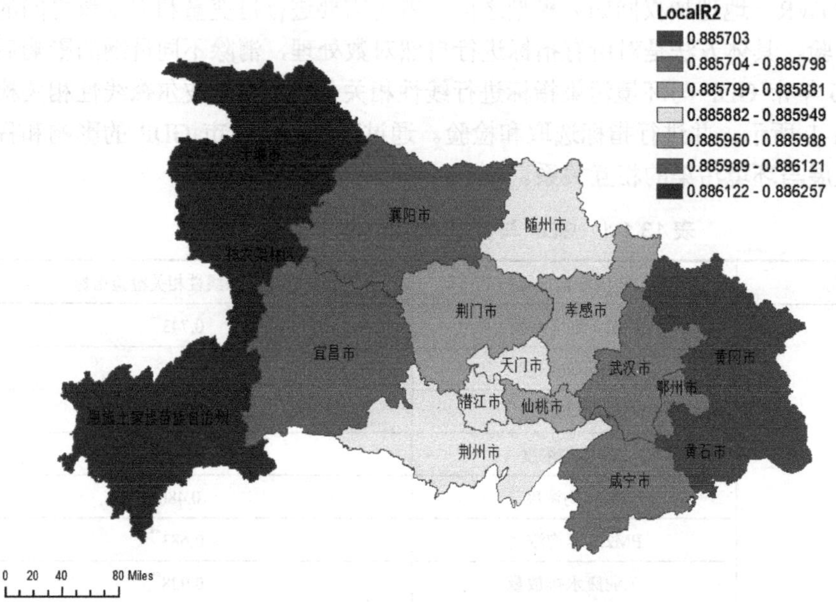

图 13.1-1　2016 年 GWR 模型地区可决系数 R^2

2．模型系数分析

湖北省各地区市 GDP 与 NO_2 年均浓度呈空间正相关，其中十堰市的空间正相关程度最大，黄石市和咸宁市的空间正相关程度最小。西部城市 GDP 与 NO_2 年均浓度之间的空间正相关程度略大于东部城市的，回归系数均为 0.778～0.781。利用 Moran 指数对系数进行空间自相关分析，得到 I=0.644206，且通过 1%显著性水平的检验。市 GDP 与 NO_2 年均浓度的空间正相关关系在空间上具有依赖性，如图 13.1-3 所示。湖北省各地区市 GDP 与工业废水排放量也呈空间正相关。西部城市 GDP 与 NO_2 年均浓度之间的空间正相关程度略大于东部城市的，回归系数均为 0.63～0.64。利用 Moran 指数对系数进行空间自相关分析，得到 I=0.631245，且通过 1%显著性水平的检验，如图 13.1-4 所示。

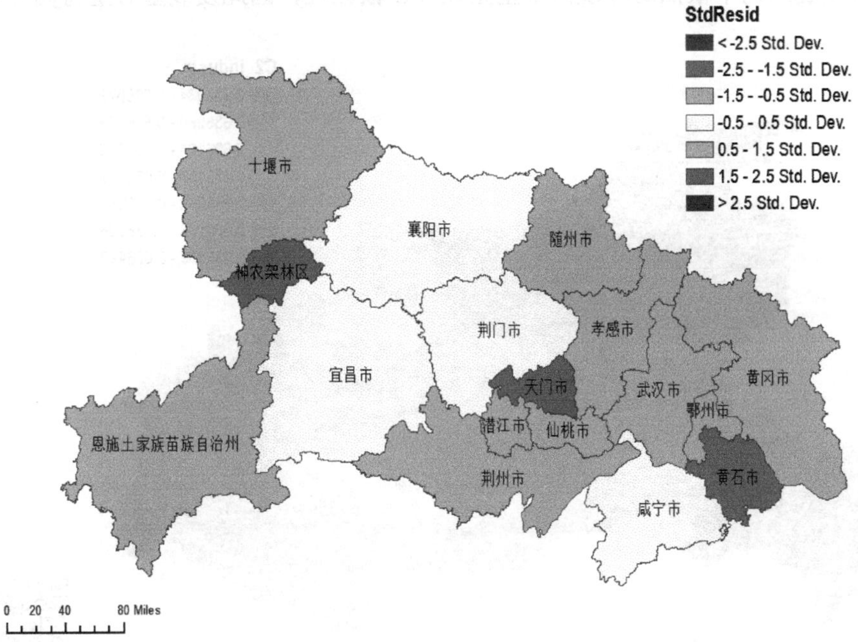

图 13.1-2　2016 年 GWR 模型标准化残差空间分布

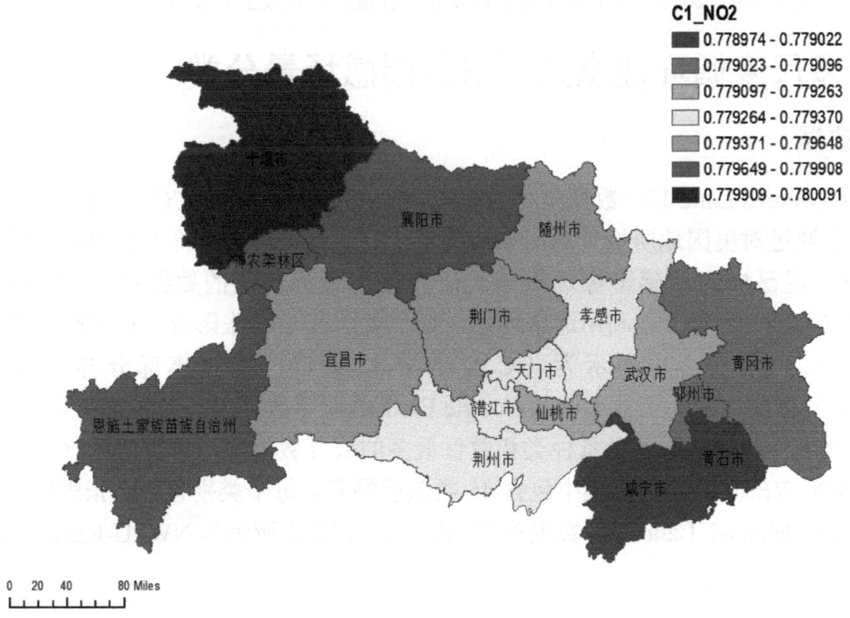

图 13.1-3　2016 年 GWR 模型 NO_2 年均浓度回归系数空间分布

综合以上分析，可以得出结论：①市 GDP 与 NO_2 年均浓度、工业废水排放量在 2016 年均呈空间正相关，污染较严重的地区经济较发达；②NO_2 年均浓度对市 GDP 的影响更大，其之间的关系比工业废水排放量与市 GDP 之间的关系更紧密；③自西向东关系减弱，西部城市经济发展更依赖于环境污染型企业，两指标的联系程度都为自西向东逐渐减小，表明当采取措施对环境进行治理时，西部地区政策的实施效果和对经济的影响更为显著；④为了实现可持续发展，在经济发展的同时避免对环境造成巨大伤害，需要采取措施对环境污染进行治理，湖北省经济发展结构中依然对环境污染型企业存在依赖性，因此发展重心亟待向绿色产业转移。

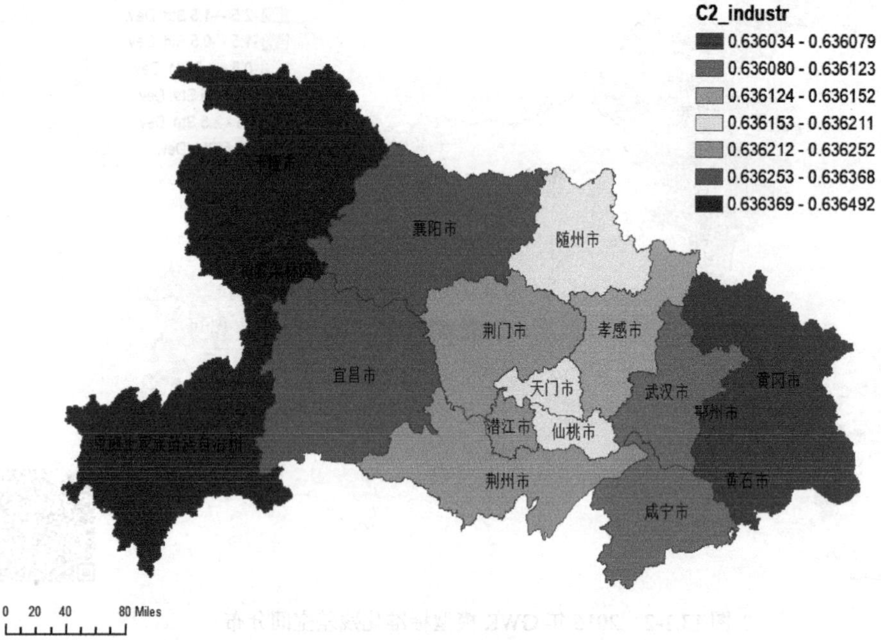

图 13.1-4　2016 年 GWR 模型工业废水排放量回归系数空间分布

13.2　基于多尺度循环注意力网络的遥感场景分类

13.2.1　研究数据

本节选取 UC Merced Land-Use 数据集和 NWPU-RESISC45 数据集。UC Merced Land-Use 数据集由加州大学通过对美国地质调查局国家地图下载的数据进行人工提取获得，该数据集于 2010 年发布，现已成为遥感影像场景分类研究使用最为广泛的数据集。UC Merced Land-Use 数据集中包含 21 类土地利用遥感场景，每个类别有 100 张影像，每张影像的分辨率均为 256×256px。图 13.2-1 所示为 UC Merced Land-Use 数据集部分样本示例。NWPU-RESISC45 数据集由西北工业大学从 Google Earth 的遥感数据中人工截取获得，于 2017 年发布，该数据集是目前包含遥感场景种类和数目最多的公开数据集，可作为遥感影像场景分类的基准。NWPU-RESISC45 数据集中包含 45 类遥感场景，每个类别有 700 张影像，每张影像的分辨率与 UC Merced Land-Use 数据集的相同。图 13.2-2 所示为 NWPU-RESISC45 数据集部分样本示例。

图 13.2-1　UC Merced Land-Use 数据集部分样本示例

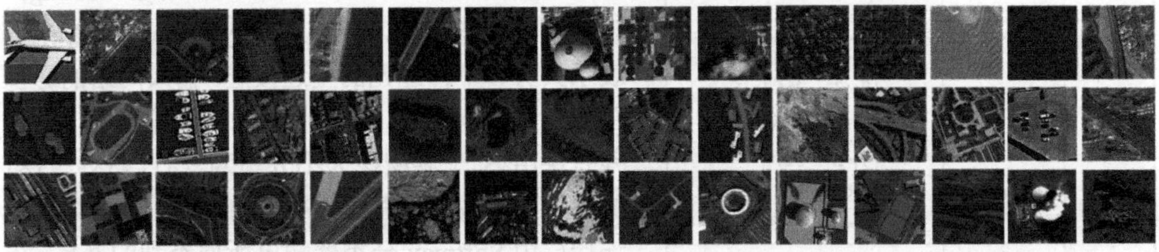

图 13.2-2　NWPU-RESISC45 数据集部分样本示例

13.2.2　场景分类模型

1．基于多尺度循环注意力网络的场景分类模型

基于多尺度循环注意力网络的场景分类模型主要包括三部分：多尺度特征提取、注意力关注区域提取、特征融合与分类，其分类流程图如图 13.2-3 所示。首先，输入模型的不同尺度影像，利用基于 ImageNet 数据集预训练的 ResNet50 提取特征；然后，基于提取的多尺度特征采用注意力机制得到对应影像的关注区域；最后，融合原始影像和关注区域的多尺度特征，得到场景影像最终分类结果。

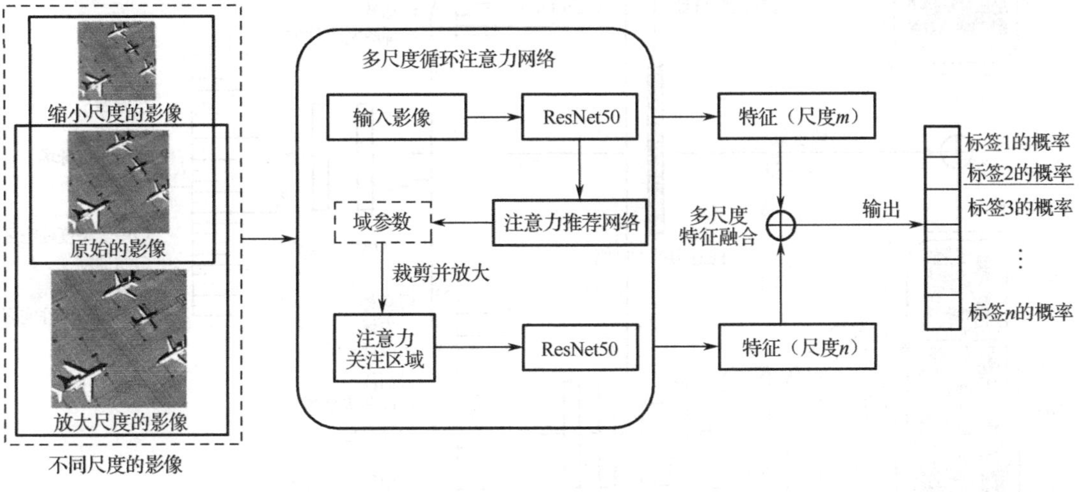

图 13.2-3　分类流程图

选用基于 ImageNet 数据集预训练的 ResNet50 作为分类子网络提取场景影像。ResNet50 引入了残差结构，通过跨层连接形成的残差块减轻网络的训练负担。ResNet50 由多个残差模

表 13.2-1　ResNet50 的网络配置

层数	层名	层描述
50	Conv1	7×7，64，步长 2
		3×3，Max Pool，步长 2
	Conv2_x	$\left\{\begin{matrix}1\times1, & 64\\ 3\times3, & 64\\ 1\times1, & 256\end{matrix}\right\}\times3$
	Conv3_x	$\left\{\begin{matrix}1\times1, & 128\\ 3\times3, & 128\\ 1\times1, & 512\end{matrix}\right\}\times4$
	Conv4_x	$\left\{\begin{matrix}1\times1, & 256\\ 3\times3, & 256\\ 1\times1, & 1024\end{matrix}\right\}\times6$
	Conv5_x	$\left\{\begin{matrix}1\times1, & 521\\ 3\times3, & 512\\ 1\times1, & 2048\end{matrix}\right\}\times3$
	GAP	
	k-d FC	
	Softmax	

块堆叠在一起构成，这种结构的设计将残差设置为学习目标，将网络的输入跳跃式传输至输出，对存在多尺度目标和背景信息的复杂的遥感影像，其特征提取能力更强，在保证信息完整和结果精度高的同时，节约了训练网络的时间成本。ResNet50 的网络配置如表 13.2-1 所示，其中 Conv（Convolution Layer）表示卷积层，Max Pool（Max Pooling Layer）表示最大池化层，GAP（Global Average Pooling）表示全局平均池化，*k-d* FC（Fully Connected Layer）表示具有 *k* 个神经元的全连接层。输入网络的影像首先经过一次卷积，然后经过 16 个残差块，每个残差块由 3 个卷积核大小分别为 1×1、3×3、1×1 的卷积层构成，再进行全局平均池化，最后经过全连接层由 Softmax 分类器输出所属类别的概率。

提出的多尺度循环注意力网络结构如图 13.2-4 所示，算法的具体步骤如下。

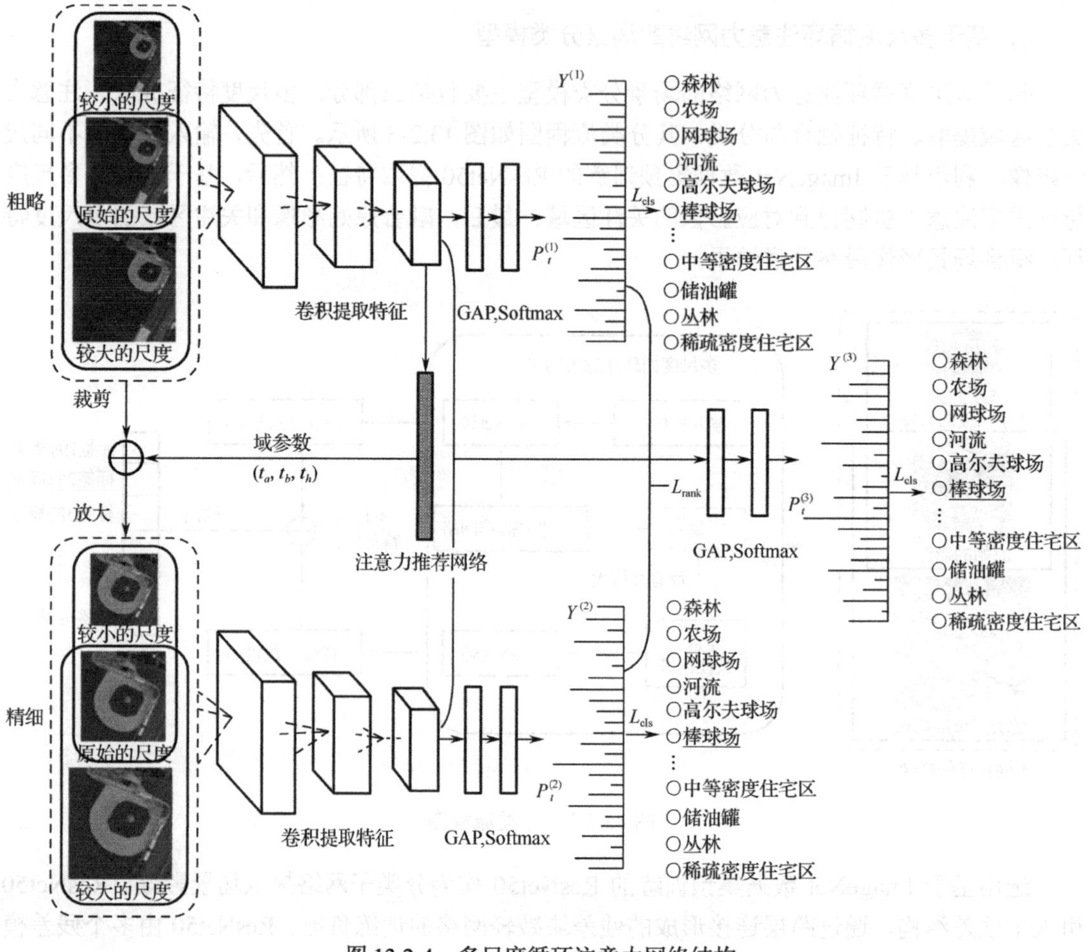

图 13.2-4　多尺度循环注意力网络结构

（1）输入的多尺度影像经过第一层分类子网络进行分类，得到第一层分类子网络预测正确标签的概率 $P_t^{(1)}$。

（2）第一层分类子网络提取的特征通过注意力推荐网络得到关注区域，将关注区域剪裁放大后，输入第二层分类子网络，得到第二层分类子网络预测正确标签的概率 $P_t^{(2)}$。

（3）设定注意力推荐网络的损失函数为 $P_t^{(2)}$，它大于 $P_t^{(1)}$，从而保证注意力推荐网络提取的关注区域更加准确。

（4）通过融合第一层分类子网络与第二层分类子网络提取的特征，完成场景分类任务。

2. 注意力推荐网络

将注意力推荐网络（Attention Proposal Network，APN）引入遥感影像场景分类，利用 APN 实现对场景注意力关注区域的提取。如图 13.2-5 所示，APN 相当于一个能够根据影像的响应修改正方形候选框大小和位置的网络，APN 由两个全连接层组成，输出的通道为候选框中心点的坐标 (t_a,t_b) 及候选框边长的一半 t_h，$\{t_a,t_b,t_h\}$ 为 APN 选定关注区域的参数。

确定影像关注区域的 APN 算法为

$$X^{\text{APN}} = X \odot M(t_a,t_b,t_h) \tag{13.2-1}$$

$$M(.) = [\partial(a-(t_a-t_h)) - \partial(a-(t_a+t_h))] \cdot [\partial(b-(t_b-t_h)) - \partial(b-(t_b+t_h))] \tag{13.2-2}$$

$$\partial(x) = \frac{1}{1+\exp^{-kx}} \tag{13.2-3}$$

式中，X 表示输入 APN 的影像，X^{APN} 表示 APN 选定的关注区域，$\partial(x)$ 相当于 Sigmoid 函数，输出的结果是 0～1 的开区间，这里将神经元个数 k 设为 10。$M(.)$ 的输出同样在 0～1 的范围内，当中心点 (a,b) 在 APN 选定的关注区域内时，$M(.)$ 趋于 1；当中心点 (a,b) 不在 APN 选定的区域内时，$M(.)$ 趋于 0。APN 算法可以解释为：当关注区域在右上角时，中心点会向右上角移动（其余位置同理）；当候选框边缘有大量关注区域时，候选框边长增大；当候选框边缘没有关注区域时，候选框边长减小。得到关注区域后，用双线性插值的方法将区域放大至与输入尺寸相同。

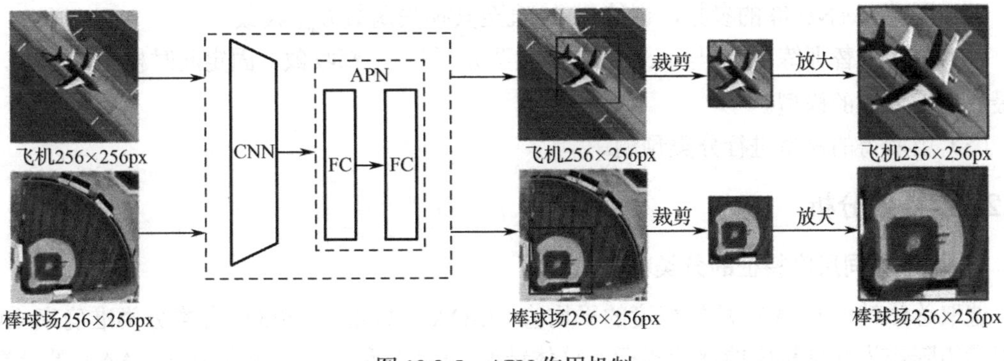

图 13.2-5　APN 作用机制

3. 模型的损失函数

模型的损失函数 $L(x)$ 为

$$L(x) = \sum_{s=1}^{2} \{L_{\text{cls}}(Y^{(s)},Y^*) + L_{\text{rank}}(P_t^{(s)},P_t^{(s+1)})\} \tag{13.2-4}$$

$$L_{\text{rank}}(P_t^{(s)}, P_t^{(s+1)}) = \max\{0, P_t^{(s)} - P_t^{(s+1)} + \text{margin}\} \quad (13.2\text{-}5)$$

式中，$Y^{(s)}$ 表示模型预测的类别；Y^* 表示影像真实的类别；s 表示网络的两个层次；$P_t^{(s)}$ 表示层次为 s 的网络预测正确标签 t 的概率；$P_t^{(s+1)}$ 同理。这里将 margin 设为 0.05，即当高层次网络预测的概率比低层次网络预测的概率至少要高 0.05 时，损失函数收敛，这样的设定可以让网络逐步判定出影像中最具区分性的区域，以获得更加准确的关注区域，以及影像更加精细的多尺度特征。

13.2.3 模型训练

对于 UC Merced Land-Use 数据集，将训练比率设置为 80%，训练样本划分为 80%的训练数据集和 20%的验证数据集。对于 NWPU-RESISC45 数据集，将训练比率设置为 10%，训练样本划分为 80%的训练数据集和 20%的验证数据集。表 13.2-2 所示为两个数据集的相关信息。以两个数据集原始的影像尺度 256×256px 为基准，将影像重采样设置为原始尺度的 0.5～1.5，每次改变 32px，探究合适的尺度与原始尺度进行组合。经过多次实验，最终选定影像尺度变换的区间是[128,288]，共计 6 种尺度组合，即影像大小为 128×128px、160×160px、192×192px、224×224px、256×256px、288×288px。

表 13.2-2 两个数据集的相关信息

数 据 集	场景/个	每类影像数/个	影像总数/个	尺度/px	训 练 比 率
UC Merced Land-Use	21	100	2100	256×256	80%
NWPU-RESISC45	45	700	31500	256×256	10%

采用 ResNet50 与 APN 循环交替训练的方式，模型具体的训练过程如下。

（1）利用预训练的 ResNet50 参数实现多尺度遥感影像场景的特征提取与分类的子网络的初始化。利用 ResNet50 最后一层卷积层中响应值最高的关注区域初始化 APN 的参数 $\{t_a, t_b, t_h\}$。

（2）固定 APN 的参数，训练 ResNet50 网络直至其损失函数 L_{cls} 收敛。

（3）固定 ResNet50 的参数，训练 APN 直至其损失函数 L_{rank} 收敛。

（4）循环交替训练 APN 与 ResNet50，直至 L_{cls} 与 L_{rank} 都收敛，固定此时模型的参数，得到最终用于分类的模型。

（5）用所得的模型进行分类预测。

13.2.4 结果分析

1．基于不同尺度特征的分类精度对比

选取总体精度（OA）、总体精度的平均值（A-OA）、标准差（Std）、各类分类准确率（AA）和混淆矩阵作为模型精度的评价指标。总体精度（OA）和各类分类准确率（AA）的计算公式为

$$\text{OA} = \frac{\text{所有正确分类的样本数}}{\text{所有测试的样本数}} \times 100\% \quad (13.2\text{-}6)$$

$$\text{AA} = \frac{\text{该类正确分类的样本数}}{\text{该类样本总数}} \times 100\% \quad (13.2\text{-}7)$$

为了验证场景影像多尺度特征的融合能够提高网络的分类精度，实验包含多种不同尺度的组合。表 13.2-3 和图 13.2-6 所示为在 UC Merced Land-Use 数据集上的实验结果。其中，S_128_256 表示用尺度分别为 128px 和 256px 的影像同时训练网络，其余同理。从实验结果中可以看出，尺度组合序号为 1～6 时，网络的分类精度在 97.85%～98.51%（不考虑误差）之间变化；尺度组合序号为 1～3 时，分类精度逐渐提高；但尺度持续增大，分类精度开始降低。因此，3 号是最优的尺度组合，该组合取得的分类效果最好。出现这种结果可能是由于持续缩小影像的尺度时，影像的细节部分被削弱，从而导致丢失的信息相对较多，因此 1 号和 2 号尺度组合的分类准确率较低。持续增大影像的尺度会使得其与原始影像的尺度接近，从而导致影像多尺度特征融合的效果减弱，因此 4 号尺度组合的分类精度有所下降。

表 13.2-3　基于 UC Merced Land-Use 数据集的不同尺度组合的分类精度

尺度组合序号	分　类	A-OA
1	S_128_256	(97.85+0.67) %
2	S_160_256	(98.10±0.39) %
3	**S_192_256**	(98.51±0.11) %
4	S_224_256	(98.33±0.14) %
5	S_256	(98.18±0.09) %
6	S_288_256	(98.10±0.039) %

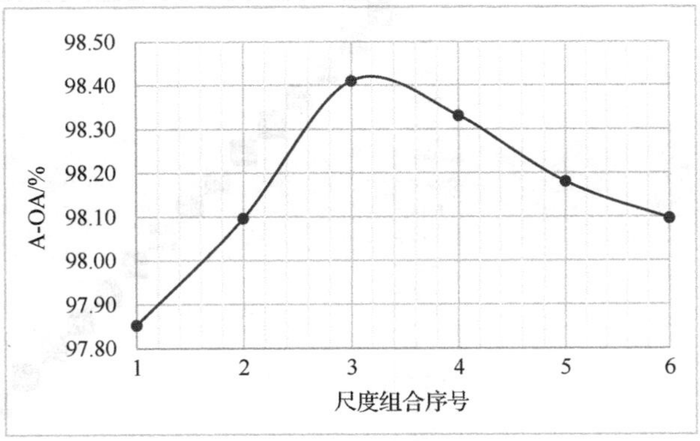

图 13.2-6　分类精度变化曲线图（UC Merced Land-Use 数据集）

表 13.2-4 和图 13.2-7 为在 NWPU-RESISC45 数据集上的实验结果。从实验结果可以看出，3 号尺度组合依旧取得最高的分类精度，与 UC Merced Land-Use 数据集的实验结果相同，即影像尺度为 192px 和 256px 的组合能更好地获得场景的多尺度特征。但是，图 13.2-6 与图 13.2-7 的曲线变化趋势有所不同，这可能是由于 NWPU-RESISC45 数据集包含的场景种类和影像变化丰富，因此目标尺度的变化也更大，而 UC Merced Land-Use 数据集包含的场景相对较少，目标尺度也相对简单，因此其分类精度变化的趋势比较明显。

表 13.2-4　基于 NWPU-RESISC45 数据集的不同尺度组合的分类精度

尺度组合序号	分　类	A-OA
1	S_128_256	(91.04±0.03) %
2	S_160_256	(90.86±0.19) %
3	**S_192_256**	(91.18±0.02) %
4	S_224_256	(90.19±0.31) %
5	S_256	(90.25±0.20) %
6	S_288_256	(90.85±0.27) %

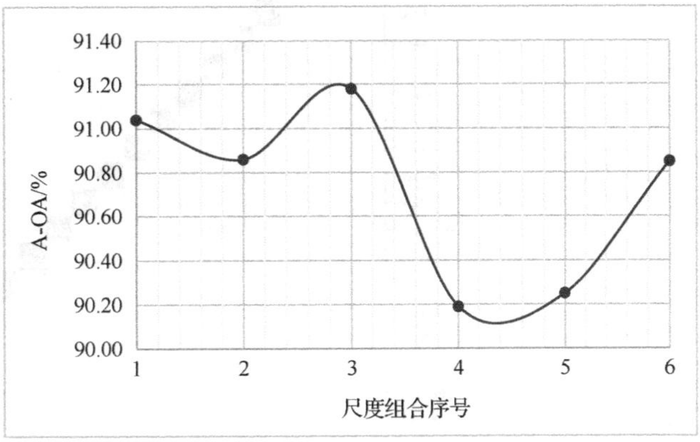

图 13.2-7　分类精度变化曲线图（NWPU-RESISC45 数据集）

2. 类别间的错分率对比

混淆矩阵可以直观地体现每个类别的分类准确率和错分的类别，本文以最优尺度组合

192px 和 256px 为例，将基于单尺度与多尺度特征训练的网络在各类别的分类精度进行对比分析。从 UC Merced Land-Use 数据集基于单尺度模型和基于多尺度模型的混淆矩阵可知，多尺度模型只有 3 个类别的分类准确率低于 100%，这 21 个场景类别的平均分类精度达到 98.57%，如图 13.2-8 所示。多尺度模型能够明显提升建筑（Build）、密集住宅区（Dense R）、高速公路（Runway）3 个类别场景的分类精度，但是对于高尔夫球场（Golf）和中等密度住宅区（Medium R）两个类别的分类效果较差，如图 13.2-9 所示。多尺度模型易将高尔夫球场误分为河流，中等密度住宅区误分为密集住宅区和稀疏密度住宅区，这可能是由于这些类别具有相似的颜色和纹理特征，高尔夫球场和河流都包含植被覆盖物，不同密度的住宅区包含的建筑物相似，多尺度的融合使提取到的细节信息减少，导致特征区分度降低。

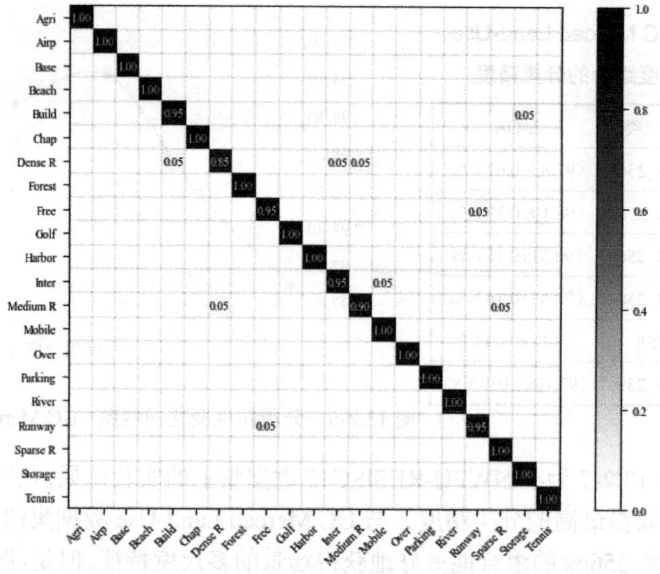

（a）单尺度模型的混淆矩阵（OA=98.1%）

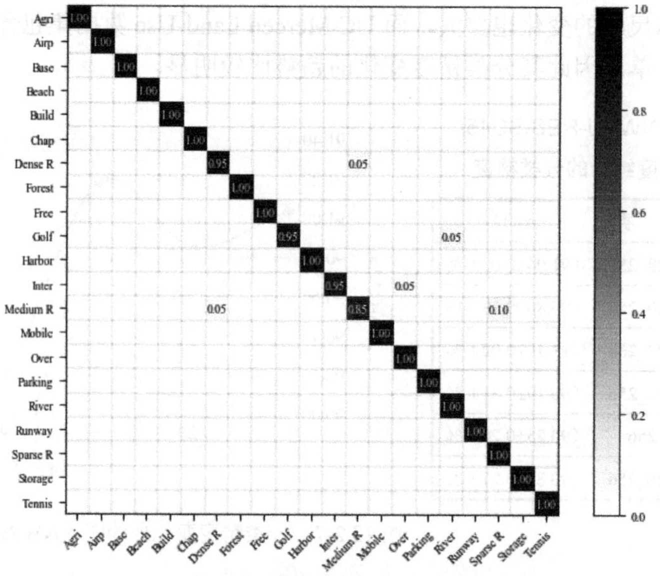

（b）多尺度模型的混淆矩阵（OA=98.57%）

图 13.2-8　在 UC Merced Land-Use 数据集上的分类准确率对比

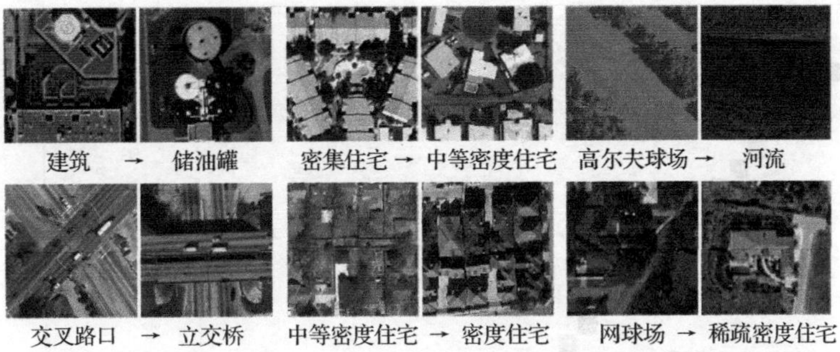

图 13.2-9　在 UC Merced Land-Use 数据集上的易混淆类别

从 NWPU-RESISC45 数据集基于单尺度模型和基于多尺度模型的混淆矩阵可知，多尺度模型有 38 个场景类别的分类准确率都在 90%以上，45 个场景类别的平均分类精度达到 91.18%，如图 13.2-10 所示。多尺度模型对于教堂（Church）、交叉路口（Intersection，简写为 Inter）、船只（Ship）3 个类别的分类精度提升明显。和单尺度模型相比，多尺度模型易将长方形耕地误分为梯田，出现这种结果可能是由于长方形耕地与梯田的代表性地物目标具有相似的边界特征，并且在两个类别中农田都占据了大部分场景，进行尺度融合时丢失了部分细节信息，导致多尺度模型提取到的特征区分度不够。多尺度模型和单尺度模型对于宫殿的识别能力都较差，易将宫殿误分为与之具有相似结构特征的教堂，如图 13.2-11 所示。

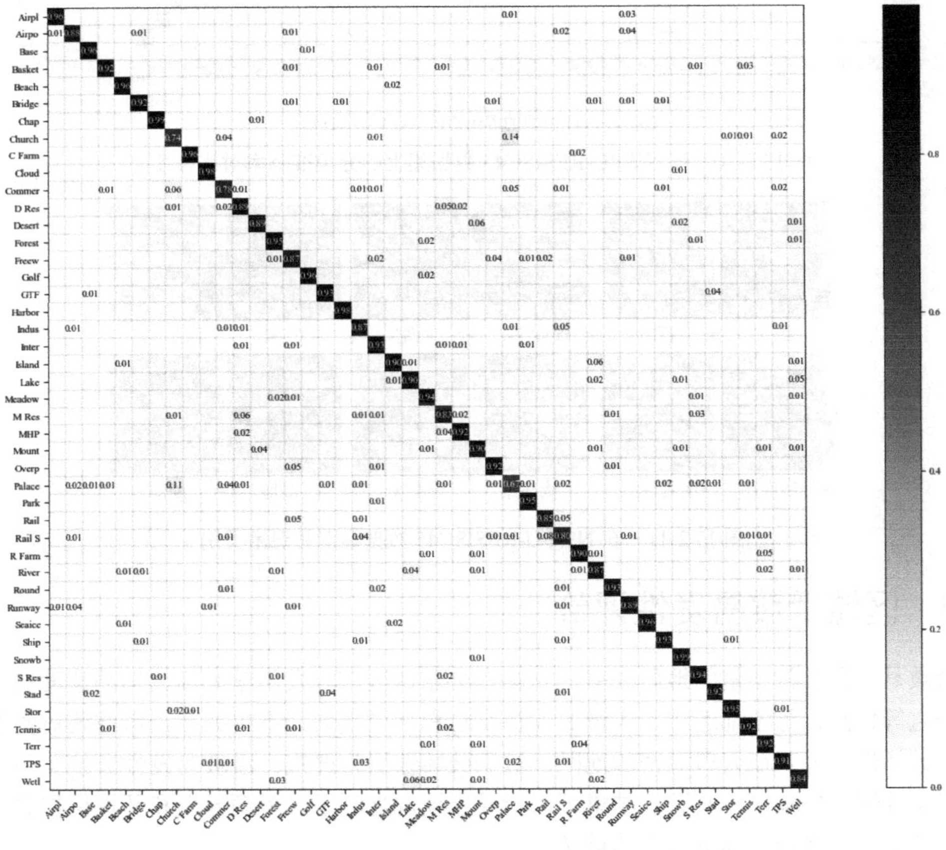

（a）单尺度模型的混淆矩阵（OA= 90.62%）

图 13.2-10　在 NWPU-RESISC45 数据集上的分类准确率对比

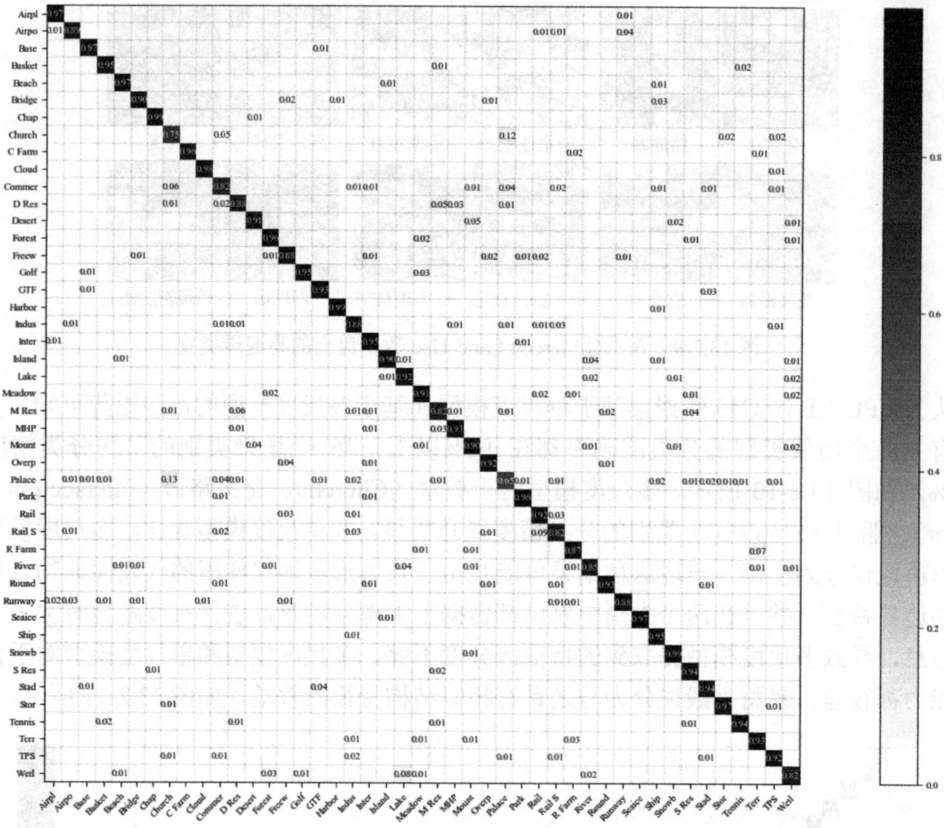

（b）多尺度模型的混淆矩阵（OA= 91.18%）

图 13.2-10 在 NWPU-RESISC45 数据集上的分类准确率对比（续）

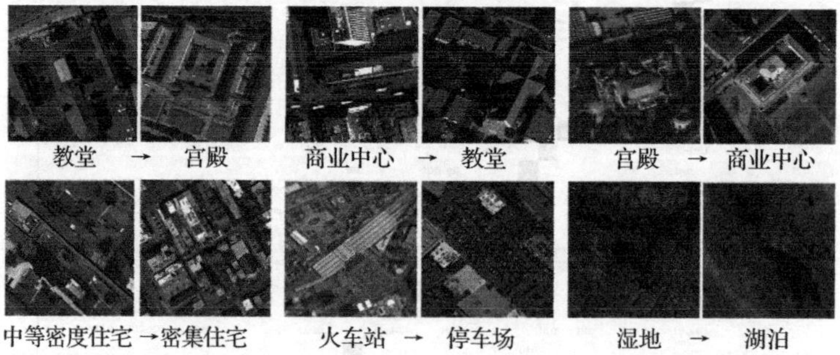

图 13.2-11 在 NWPU-RESISC45 数据集上易混淆类别

13.3 区域滑坡易发性评价

滑坡是一种非常严重的地质灾害，它具有分布地区广、发生频率高、运动速度快、灾害损失严重等特点，每年都造成了大量的人员伤亡和财产损失。不仅如此，滑坡还对资源环境等具有破坏性，尤其在人口稠密的地区，这些破坏性更为严重。滑坡易发性评价是后续危险性和风险性评价的基础。其评价结果可以指导土地规划利用、资源开发和环境保护等。对减少滑坡造成的经济损失具有重要的意义。

滑坡易发性评价正逐渐从定性判断向定量分析的方向发展。目前，专家打分模型、破坏概率模型、神经网络模型等在滑坡易发性评价方面都有较好的应用。信息量模型是一种经典的统计分析模型，其物理意义明确、操作简单，本章将以浙江省淳安县为例，介绍信息量模型在滑坡易发性评价中的应用。

13.3.1 研究区域概况

淳安县位于浙江省西部，属山地丘陵区，地理坐标为 E118°20′24″～119°20′33″，N29°11′20″～30°02′08″。该县雨量充足，温暖湿润，全县年平均温度为17℃，平均无霜期为260天，平均降水量为1720mm，平均雨日为159天。总地势特点是四周高中部低，山脉多呈北东—南西走向，西部有白际山脉，南部有千里岗山脉，北部有昱岭山脉，中部为面积573km^{2}的千岛湖，周边山地海拔一般都在900～1000m。该县域地层属钱塘江地层分区，昌化地层小区，出露的地层主要有元古界前震旦系、元古界震旦系、寒武系、奥陶系、志留系、泥盆系、石炭系、二叠系、侏罗系、白垩系等。淳安县位于古扬子板块东南部，处于浙赣皖交界处的东乡—绩溪断裂带和江山—绍兴断裂带之间，位于钱塘印支褶皱带的中部，发育北东向褶皱带及与其相伴的北东向断裂带是该县区域构造的显著特点。淳安县是浙江省地质灾害点最多的县，共发现地质灾害及其隐患点609处，如图13.3-1所示。由于灾害点集中分布在旅游景区环千岛湖一带，当出现极端降雨时，可能酿成重大地质灾害，严重威胁当地居民的生命财产安全。

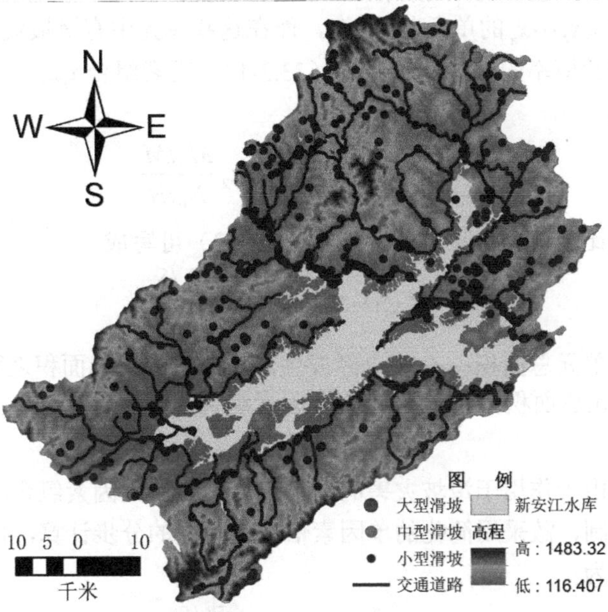

图13.3-1 研究区域概况

13.3.2 信息量模型原理

滑坡灾害现象（y）受多种因素x_i的影响，各种因素所起作用的大小、性质是不相同的。在各种不同的地质环境中，对于滑坡灾害而言，总会存在一种“最佳因素组合”。因此，对于区域滑坡灾害预测要综合研究“最佳因素组合”，而不是停留在单个因素上。信息预测的观点认为，滑坡灾害是否产生与预测过程中所获取的信息的数量和质量有关，可用信息量模型表示：

$$I(y, x_1x_2\cdots x_n) = \mathrm{Log}_2 \frac{P(y, x_1x_2\cdots x_n)}{P(y)} \tag{13.3-1}$$

式中，$I(y,x_1x_2\cdots x_n)$为因素组合$x_1x_2\cdots x_n$对滑坡灾害所提供的信息量（bit）；$P(y,x_1x_2\cdots x_n)$为因素组合$x_1x_2\cdots x_n$条件下滑坡灾害发生的概率；$P(y)$为滑坡灾害发生的概率。

根据条件概率运算，式（13.3-1）可进一步写成

$$I(y,x_1x_2\cdots x_n)=I(y,x_1)+I_{x_1}(y,x_2)+\cdots+I_{x_1x_2\cdots x_{n-1}}(y,x_n) \tag{13.3-2}$$

式中，$I_{x_1}(y,x_2)$为当因素x_1存在时，因素x_2对滑坡灾害提供的信息量（bit）。

式（13.3-2）说明：因素组合$x_1x_2\cdots x_n$对滑坡灾害所提供的信息量等于因素x_1提供的信息量加上因素x_1确定后因素x_2对滑坡灾害提供的信息量，直至因素$x_1x_2\cdots x_{n-1}$确定后x_n对滑坡灾害提供的信息量，说明了信息的可加性特征，从而说明区域滑坡灾害信息预测充分考虑了因素组合的共同影响与作用。

$P(y,x_1x_2\cdots x_n)$和$P(y)$用统计概率来表示，各种因素组合对预测滑坡灾害提供的信息量可正可负，当$P(y,x_1x_2\cdots x_n)>P(y)$时，$I(y,x_1x_2\cdots x_n)>0$；反之，$I(y,x_1x_2\cdots x_n)<0$。概率大于 0 情况表示因素组合$x_1x_2\cdots x_n$对滑坡灾害的发生有利，相反情况则表明这些因素组合不利于滑坡灾害的发生。

区域滑坡灾害的预测是在对研究区域网格单元划分的基础上进行的，根据不同地区具体的地质、地形条件，采用相应的网格形状和网格大小，进一步结合区域滑坡灾害分布图开展信息统计分析。假定某区域内共划分成N个网络单元，已经发生滑坡灾害的单元为N_0个。具有相同因素组合$x_1x_2\cdots x_n$的单元共M个，而在这些单元中有滑坡灾害的单元为M_0个。按照统计概率代表先验概率的原理，根据式（13.3-1），因素组合$x_1x_2\cdots x_n$在该地区内对滑坡灾害提供的信息量为

$$I(y,x_1x_2\cdots x_n)=\log_2\frac{M_0/M}{N_0/N} \tag{13.3-3}$$

如果采用面积比来计算信息量值，则式（13.3-3）可写成

$$I(y,x_1x_2\cdots x_n)=\log_2\frac{S_0/S}{A_0/A} \tag{13.3-4}$$

式中，A为区域内单元总面积；A_0为已经发生滑坡灾害的单元面积之和；S为具有相同因素组合$x_1x_2\cdots x_n$的单元总面积；S_0为具有相同因素组合$x_1x_2\cdots x_n$单元中发生滑坡灾害的单元面积之和。

一般情况下，由于作用于滑坡灾害的因素很多，相应的因素组合状态也特别多，样本统计数量往往受到限制，故采用简化的单因素信息量模型的分步计算，再综合叠加分析，相应的信息量模型改写为

$$I=\sum_{i=1}^{n}I_i=\sum_{i=1}^{n}\log_2\frac{S_0^i/S^i}{A_0/A} \tag{13.3-5}$$

式中，I为预测区某单元信息量预测值；S^i为因素x_i所占单元总面积；S_0^i为因素x_i单元中发生滑坡灾害的单元面积之和。

13.3.3 滑坡易发性评价分析

1. 指标因素状态分级

评价因素的数据可分为连续型数据和离散型数据两种。例如，坡度、坡向等都属于连续型数据，而岩性、斜坡类型等属于离散型数据。各评价因素都有不同的状态，状态相同则对滑坡

的影响相同。本文先以一定步长对连续型数据进行离散化，对比分析离散化后数据的滑坡频率曲线和信息量值曲线，以曲线的显著突变点作为等级划分的临界值，将连续型指标因素状态进行合理分级。

（1）坡度

坡度是反映斜坡地形非常重要的一个指标。理论上，坡度越大则滑坡发生的可能性也越大。但实际上，坡度很大的区域往往是出露的硬岩，滑坡发生的概率并不和坡度完全成正比。本文应用 ArcGIS 10.1 从研究区域的 DEM 中提取坡度。如图 13.3-2 所示，研究区域地形坡度总体较缓，滑坡概率在自然坡度为 6°左右时最大，大于或小于这个坡度时，滑坡概率均逐渐变小。依据曲线突变点，将坡度离散化为 0°～6°、6°～14°、14°～30°、>30°这 4 个等级。

（2）坡向

坡向也是斜坡地形的一个重要指标。不同坡向的日照条件不尽相同，日照条件影响土壤湿度和地表植被，进而影响土体强度。另外，边坡朝向还影响地表实际降雨量，而土体强度和地表降雨量都对滑坡发育有直接影响。如图 13.3-3 所示，坡向为 300°～340°时滑坡发育较多，坡向小于 90°时滑坡发育较少。依据曲线突变点，将坡向离散化为 0°～90°、90°～144°、144°～216°、216°～270°、270°～360°这 5 个等级。

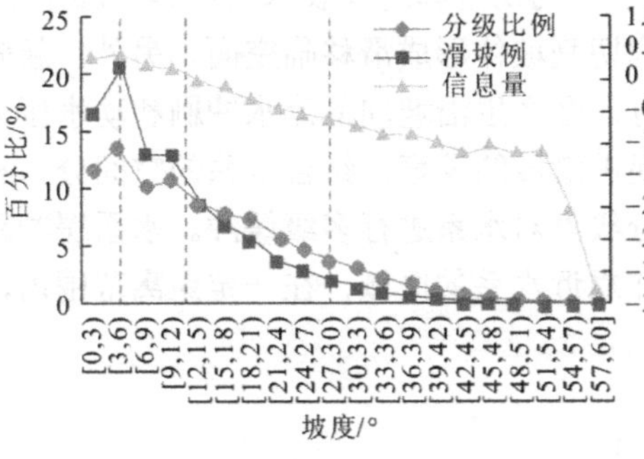

图 13.3-2　各坡度区间分级比例、滑坡比例和信息量分布曲线

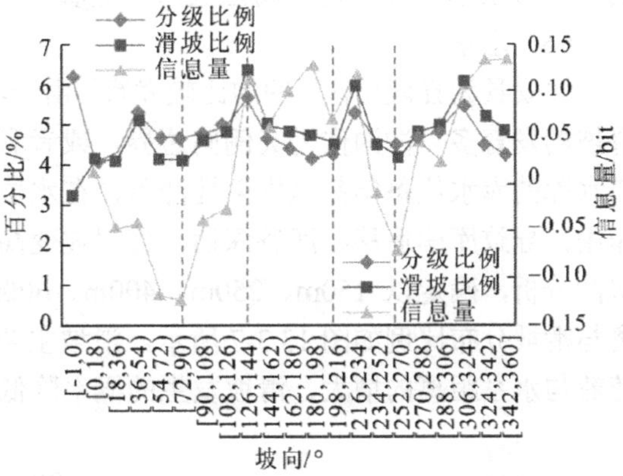

图 13.3-3　各坡向区间分级比例、滑坡比例和信息量分布曲线

（3）高程

地形的高程与人类活动等密切相关，也是影响滑坡发育的重要因素之一。如图 13.3-4 所示，高程为 110～270m 时对滑坡影响最大，其主要原因是该区建筑物和道路密集，是人类工程活动最为强烈的地方。高程大于 270m 时，随着高程的增加，滑坡急剧减少。依据曲线突变点，将高程离散化为 110～270m、270～590m、590～1490m 三个等级。

（4）坡面曲率

坡面曲率反映了地形的凸凹度，其中凸为正，凹为负。一般认为，凹形地面汇水能力强，滑坡发育的可能性大。但是水平凹形边坡的稳定性要高于长直坡，因而并非坡面越凹发生滑坡的可能性越大。如图 13.3-5 所示，研究区域坡面曲率为-1～0m^{-1}，即坡面稍凹时，滑坡发生的概率最大。当坡面曲率大于 0m^{-1} 或小于-1m^{-1} 时，滑坡发生的概率都逐渐降低。

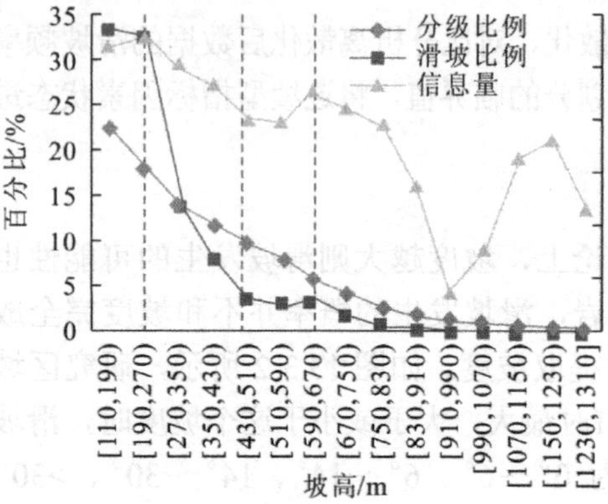

图 13.3-4 各高程区间分级比例、滑坡比例和信息量分布曲线

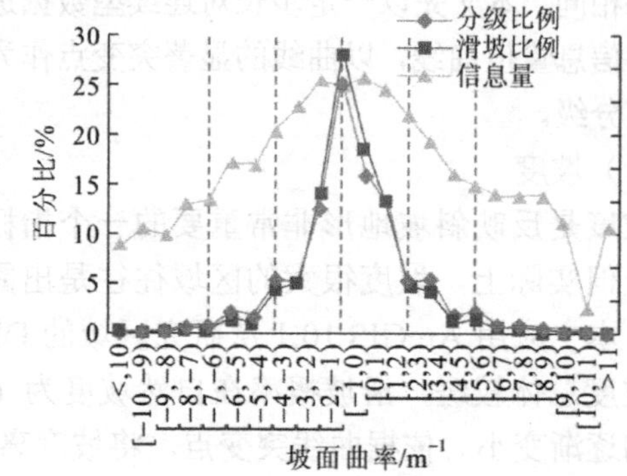

图 13.3-5 各坡面曲率区间分级比例、滑坡比例和信息量分布曲线

（5）构造断层

研究区域发育多处断层。断层对土体的作用类型有层间错动、构造破碎等。因此断层附近裂隙多、岩体破碎，是滑坡较多发育的地区。结合构造的空间分布和缓冲分析，确定以 500m、1000m、1500m 和 2000m 为分级点对断层进行多级缓冲。构造断层距离与滑坡分布比例如图 13.3-6 所示，在一定距离范围内，随着与断层距离的增大，滑坡发生的概率降低。

（6）水系

淳安县为丘陵山区，冲沟比较发育。由于冲沟对坡体的切割和对地表水的汇集下渗作用，滑坡的发育多以冲沟作为其侧向边界，或者利用冲沟切割坡体形成滑移临空面。另外，新安江水库的库水位每年都呈周期性涨落，在水位下降时，会产生沿坡向的流水冲刷和动水压力作用，导致库岸后移、河谷深切，使岸坡变高变陡促进滑坡的发育。结合水系的空间分布和缓冲分析，确定以 150m、250m、400m、600m 为分级点对水系进行多级缓冲。水系缓冲距离与滑坡分布比例如图 13.3-7 所示，滑坡主要发生在靠近水系的区域，在一定距离范围内，随着与水系距离的增大，滑坡发生的概率降低。

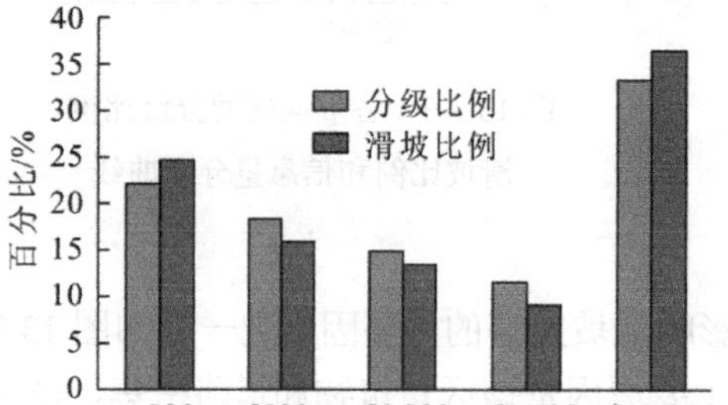

图 13.3-6 构造断层缓冲距离与滑坡分布比例

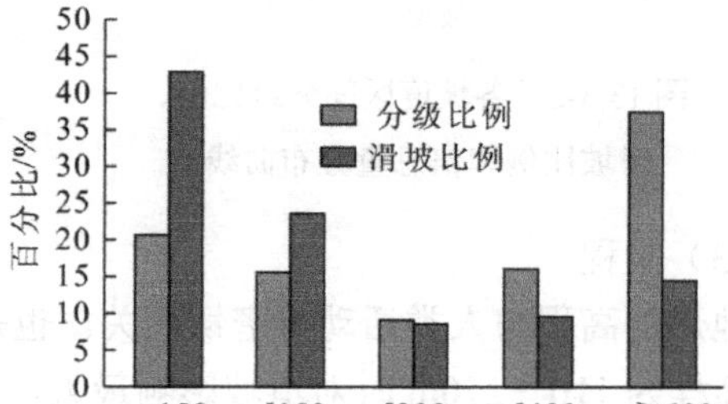

图 13.3-7 水系缓冲距离与滑坡分布比例

（7）道路

道路开挖不可避免地会对地质环境的自然平衡状态产生一定的负面影响。切坡修路破坏了斜坡的自然坡角，形成临空面，造成斜坡应力状态失去平衡，从而可能引发滑坡。结合道路的空间分布和缓冲分析，确定以 200m、400m、600m、800m 为分级点对道路进行多级缓冲。道路缓冲距离与滑坡分布比例如图 13.3-8 所示，大部分滑坡都分布在道路附近，在一定

距离范围内，随着与道路距离的增大，滑坡发生的概率降低。

（8）工程岩组

淳安县出露地层除三叠系、古近系、新近系外，其余各时代地层均有分布。根据工程地质条件可划分为 10 个岩组。工程岩组分级图如图 13.3-9 所示，研究区域主要分布的工程岩组类型为半坚硬薄–中厚层状砂岩、泥（页）岩与半坚硬薄–中厚层状碳酸盐岩、碎屑岩互层岩组。以泥岩、砂岩、页岩为主的地层，岩石易风化、破碎，是地质灾害易发地层。

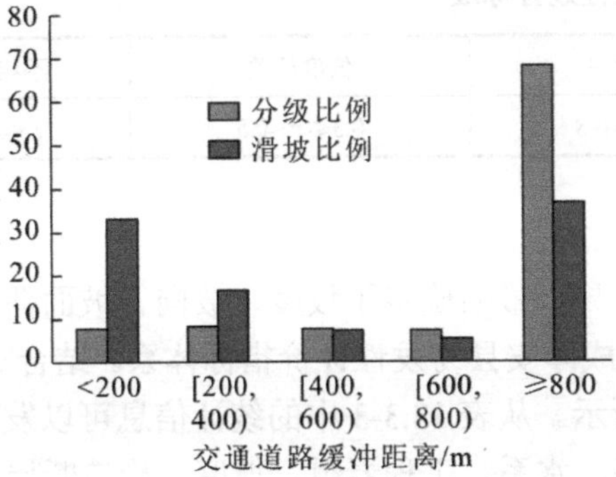

图 13.3-8 道路缓冲距离与滑坡分布比例

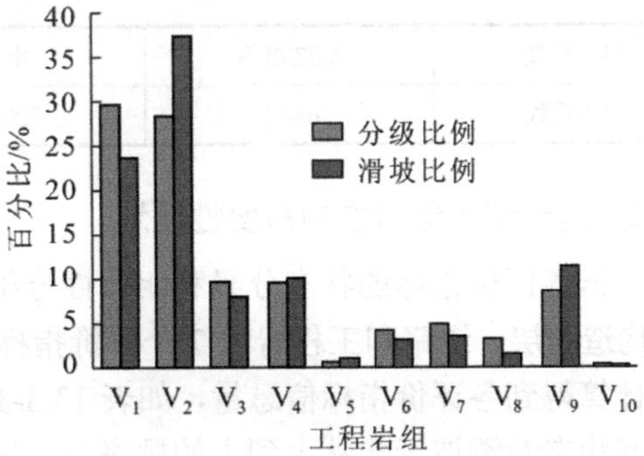

图 13.3-9 工程岩组分级图

（V_1：半坚硬薄–中厚层状砂岩、泥（页）岩；V_2：半坚硬薄–中厚层状碳酸盐岩、碎屑岩互层岩组；V_3：半坚硬薄层–中厚层状钙质泥岩类岩组；V_4：坚硬–半坚硬中厚层状–块状砂岩、砂砾岩组；V_5：坚硬厚层块状碳酸盐岩类岩组；V_6：坚硬厚层状块状熔岩、熔结凝灰岩类岩组；V_7：坚硬块状花岗岩–流纹岩类岩组；V_8：软硬不均薄–中厚层状硅质泥岩类岩组；V_9：软硬不均薄–中厚层状红色碎屑岩类岩组；V_{10}：砂、砾石亚岩组）

2. 指标因素相关性分析

滑坡易发性评价的基础是工程地质类比法，类似的工程地质环境可能发生类似的滑坡作用。在建立易发性评价指标体系的过程中，选取了几类与滑坡发育相关的影响因素与其工程地质环境进行类比，但这些影响因素并不是完全相互独立的，它们存在一定的相关性。然而这里采用的信息量模型的推导需要引入非常严格的假定：各影响因素之间的相互独立性，滑坡发生条件下各影响因素之间的相互独立性。如果不对指标因素进行相关性分析，则它们之间的影响权重会叠加，导致评价结果的准确性降低。为保证评价因素的相互独立性能满足数学模型的需求，需要对各预测因素进行相关性分析。各评价因素的相关性系数如表 13.3-1 所示，可以看出各相关性系数均较小，相对而言，高程与坡度、高程与水系、高程与道路的相关性系数较大。根据表 13.3-2 的相关性划分标准，可认为高程与坡度、高程与水系存在低度相关。基于信息量模型严格的假定条件，剔除高程因素。

表 13.3-1 各评价因素的相关性系数

评价指标	坡度	坡向	高程	坡面曲率	水系	构造断层	道路	工程岩组
坡度	1							
坡向	0.215	1						
高程	0.493	0.109	1					
坡面曲率	0.081	0.054	0.080	1				
水系	0.187	0.039	0.355	0.026	1			

续表

评价指标	坡度	坡向	高程	坡面曲率	水系	构造断层	道路	工程岩组
构造断层	−0.065	−0.025	0.056	−0.015	−0.026	1		
道路	0.061	−0.033	0.275	−0.004	0.238	0.029	1	
工程岩组	−0.022	0.004	−0.024	−0.005	−0.014	−0.009	−0.026	1

表 13.3-2　相关性划分标准

相关程度	高度相关	中度相关	低度相关	不相关
相关系数	$r \geq 0.8$	$0.5 \leq r < 0.8$	$0.3 \leq r < 0.5$	$r < 0.3$

3．基于信息量模型的易发性区划

根据各评价指标的状态分级和相关性分析结果，最后确定了坡度、坡向、坡面曲率、水系、构造断层、道路和工程岩组 7 个评价指标组成淳安县易发性评价指标体系。结合 ArcGIS 10.1 计算得到各评价指标信息量，如表 13.3-3 所示。从表 13.3-3 中的统计信息可以发现，因素按其状态对滑坡影响从大到小的排序为：道路、水系、工程岩组、坡度、构造断层、坡面曲率、坡向。其中，道路缓冲距离小于 200m 和水系缓冲距离小于 150m 区域的信息量最大。其主要原因是，淳安县处于山地丘陵区，道路修建多为切坡修路。切坡增大了斜坡自然坡角，形成临空面，造成斜坡应力状态失去平衡，容易诱发滑坡；同时道路修建的位置大多数在相对高程较低的冲沟附近，这些冲沟为地表水汇集下渗的主要通道，对坡体有冲刷和渗流作用；坡体受水流冲刷后，岩质斜坡发生崩解泥化现象，土质斜坡遇水后软化现象也非常明显，导致其强度大幅降低。研究区域又属于强降雨地区，该作用对坡面影响更大。因此，道路和水系对滑坡的发育有较大的促进作用。

根据研究区域滑坡易发性信息量分布曲线（见图 13.3-10），可按信息量 I 值的大小将研究区域滑坡易发性划分为 5 个级别：低易发区[−4.4,−2.8)、较低易发区[−2.8,−2.0)、中易发区[−2.0,−0.8)、较高易发区[−0.8,0.8)和高易发区[0.8,3.4)。

表 13.3-3　各评价指标信息量

评价指标	状态	信息量/bit	排序	变量	评价指标	状态	信息量/bit	排序	变量
坡度	0～6°	−0.13	22	x_{01}	坡面曲率	<−6m^{-1}	−0.67	37	x_{05}
	6～14°	0.40	5	x_{02}		−6～−3m^{-1}	−0.26	29	x_{06}
	14～30°	−0.18	24	x_{03}		−3～0m^{-1}	0.09	10	x_{07}
	>30°	−0.85	39	x_{04}		0～3m^{-1}	0.08	12	x_{08}
						3～6m^{-1}	−0.34	30	x_{09}
坡向	0～90°	−0.10	21	x_{21}		>6m^{-1}	−0.62	35	x_{10}
	90～144°	−0.01	16	x_{22}	构造断层	<500m	0.12	9	x_{26}
	144～216°	0.06	13	x_{23}		500～1000m	−0.14	23	x_{27}
	216～270°	−0.01	16	x_{24}		1000～1500m	−0.09	19	x_{28}
	270～360°	0.06	13	x_{25}		1500～2000m	−0.23	27	x_{29}
						>2000m	0.09	10	x_{30}

续表

评价指标	状态	信息量/bit	排序	变量	评价指标	状态	信息量/bit	排序	变量
水系	<150m	0.73	2	x_{11}	工程岩组	V_1	−0.22	26	x_{31}
	150～300m	0.40	5	x_{12}		V_2	0.27	7	x_{32}
	300～400m	−0.09	19	x_{13}		V_3	−0.21	25	x_{33}
	400～600m	−0.50	33	x_{14}		V_4	0.04	15	x_{34}
	>600m	−0.94	40	x_{15}		V_5	0.66	4	x_{35}
道路	<200m	1.40	1	x_{16}		V_6	−0.24	28	x_{36}
	200～400m	0.68	3	x_{17}		V_7	−0.39	32	x_{37}
	400～600m	−0.04	18	x_{18}		V_8	−0.80	38	x_{38}
	600～800m	−0.36	31	x_{19}		V_9	0.25	8	x_{39}
	>800m	−0.61	34	x_{20}		V_{10}	−0.62	35	x_{40}

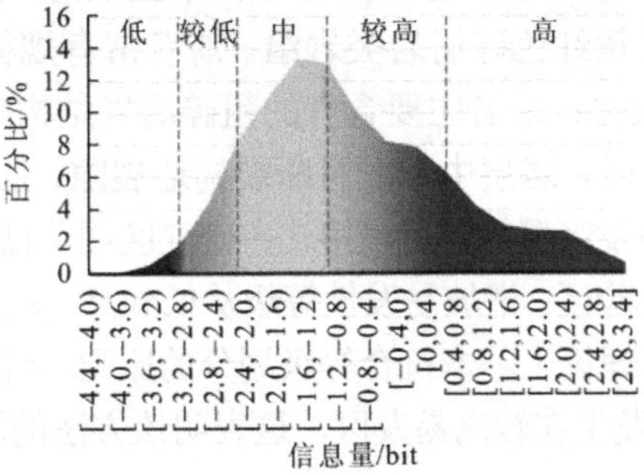

图 13.3-10　易发性信息量分布曲线

13.3.4　预测结果检验和分析

将研究区域信息量栅格按照 I 值的大小重分类，得到淳安县滑坡易发性分区图，如图 13.3-11 所示。根据信息量重分类后的栅格数据，统计结果如表 13.3-4 所示。

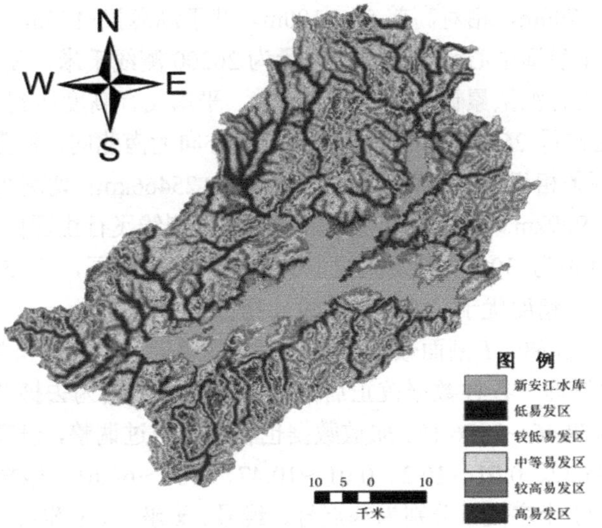

图 13.3-11　淳安县滑坡易发性分区图

表 13.3-4　预测结果栅格统计表

滑坡易发性等级	发生滑坡栅格数（a）	总栅格数（b）	滑坡栅格比例（a/b）/%	滑坡栅格占研究区域总滑坡栅格比例（c）/%	各等级栅格占研究区域总栅格比例（d）/%	滑坡比例（c/d）
低	181	52 608	0.344	0.223	0.857	0.260
较低	2099	683 284	0.307	2.584	11.132	0.232
中	12 166	2 337 288	0.521	14.985	38.079	0.394
较高	27 890	2 092 860	1.33	34.352	34.098	1.008
高	38 854	971 900	4.00	47.856	15.834	3.022

由图 13.3-11 可知，淳安县滑坡易发性较高区域分布特点如下：①研究区域所有乡镇。西北部相对较多，具有分布面广，分布集中的特点。②主要分布在道路附近。单个评价指标信息量最大的是道路，这与实际情况基本吻合，主要原因是，切坡修路意味着一系列强烈的人类工程活动，有利的工程活动可以改善地质环境，增加滑坡的稳定性，然而不利的工程活动会破坏地质环境，甚至可能导致滑坡。③主要分布在半坚硬薄-中厚层状碳酸盐岩、碎屑岩互层岩组和软硬不均薄-中厚层状红色碎屑岩类岩组。前者常有规模不等的断层分布，岩石较破碎，易风化，常造成滑坡等灾害；后者主要含有的粗碎屑岩结构疏松、抗风化能力差，夹层常为软弱层，易形成滑移面。同时，岩层中常发育断裂构造裂隙、层间裂隙等，易引发地质灾害。

由表 13.3-4 可知：中等易发区栅格数量最多，占研究区域总栅格比例的 38.079%，这说明研究区域大部分区域处于中等危险区；滑坡易发性等级从低到高，发生滑坡栅格数和滑坡栅格比例都在逐步增大，其统计结果在理论上基本符合等级划分的原则；研究区域内 47.856%的滑坡发生在高易发区，34.352%的滑坡发生在较高易发区，这表明该方法的滑坡预测精度高达 82.21%。

13.4　航空物探数据分析

13.4.1　研究区域及数据

吐哈盆地东西长 660km，南北宽 60～80km，面积约 40000km^2。盆地内地势北高南低，呈向西南倾斜之势。盆地北界博格达山，南界觉罗塔克山，西界喀拉乌成山，东界哈尔里克山。盆地内海拔 500～700m，相对高差 50～100m。艾丁湖海拔-155m，是亚洲最低洼地。航空物探野外测量任务由航遥中心承担，总工作量为 26200 测线千米，使用 Y-12 飞机进行磁、能谱综合测量。野外飞行测量累计飞行 41 个架次，平均飞行高度达到 65m，测网疏密度为 500m±18.2m，完成工作量 26395 测线千米，航迹线方向为南北向，测量面积为 12733km^2。其中主测线数 149，两条相邻航迹线间隔 500m，长度为 25466km；切割线数为 11，隔 15km 有一条切割线，长度为 929km。形成测网 0.5km×15km，测线飞行由西向东依次顺序进行。总测点数 754579、测点距为 30m，每条测线上的测点数大致相同，约 5000 个。测量总精度±1.52nT，达到“磁测总精度优于±2.0nT”的设计指标。

航空物探数据包括航磁 ΔT 剖面数据以及该地区能谱钾、铀、钍和总道剖面数据。航磁、航放均为经过野外预处理、各种数据校正后的数据。航磁数据为去掉背景场值的相对场 ΔT 剖面数据，值域为-1978.46～2406.15。航放数据也相应地做过调整，研究所使用的 T_c、K、U、T_h 值域分别为 1.5～55.82、0.01～10.2、0.01～10.47、0.01～68.61。数据共有 676411 行，每行为一组数据，含有 11 个字段，分别为基点号、线号、x 坐标、y 坐标、总道、钾道、铀道、钍道、航磁、飞行高度、地质编码，如图 13.4-1 所示。下面以钾道和航磁为例进行分析。

GB195航测数据信息 ： 表

ID	基点号	线号	x坐标	y坐标	总道	钾道	铀道	钍道	航磁	飞行高度	地质编码
1	100138	196	563.97	4671.6	3286.01	3.67	3.35	15.49	-213.41	334	5
2	100139	196	563.97	4671.6	3268.61	3.62	3.19	15.41	-207.21	329	5
3	100140	196	563.97	4671.5	3251.95	3.56	3.12	15.32	-202	324	5
4	100141	196	563.97	4671.5	3234.8	3.56	2.93	15.24	-196.8	318	5
5	100142	196	563.97	4671.4	3220.16	3.54	2.74	15.13	-191.59	312	5
6	100143	196	563.97	4671.4	3195.16	3.46	2.77	16.08	-187.38	307	5
7	100144	196	563.97	4671.3	3184.32	3.42	2.59	16.35	-183.18	303	5
8	100145	196	563.97	4671.3	3172.56	3.43	2.84	16.35	-177.97	300	5
9	100146	196	563.97	4671.2	3149.67	3.31	3.11	15.66	-173.77	298	5
10	100147	196	563.97	4671.2	3098.87	3.23	3.2	15.25	-168.55	297	5
11	100148	196	563.97	4671.1	3058.56	3.11	3.41	15.23	-161.35	297	5

记录: 1 共有记录数: 676411

图 13.4-1　GB195 航测数据信息

13.4.2　航空物探数据空间分布规律

1．正态分布

为了确定航磁数据的统计分布规律，使用 ArcGIS 的 Geostatistics Analyst 扩展模块中的 Histogram 命令绘制其直方图，如图 13.4-2 和图 13.4-3 所示。从直方图的轮廓线形状可以看出属性值是否符合正态分布，若符合正态分布，则可以进行克里金估计，否则需要对数据进行转换使其服从正态分布。

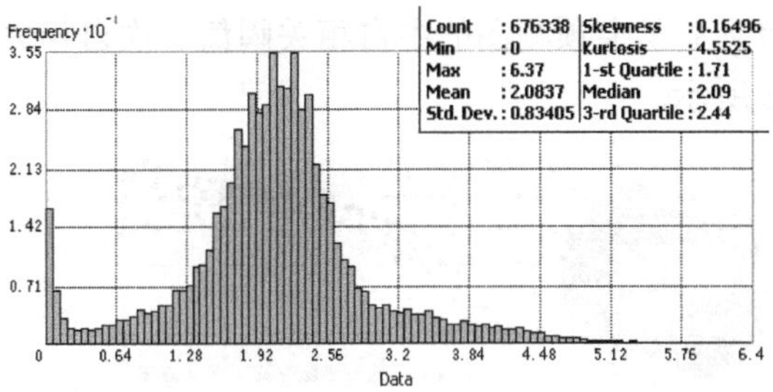

图 13.4-2　钾道 K 直方图

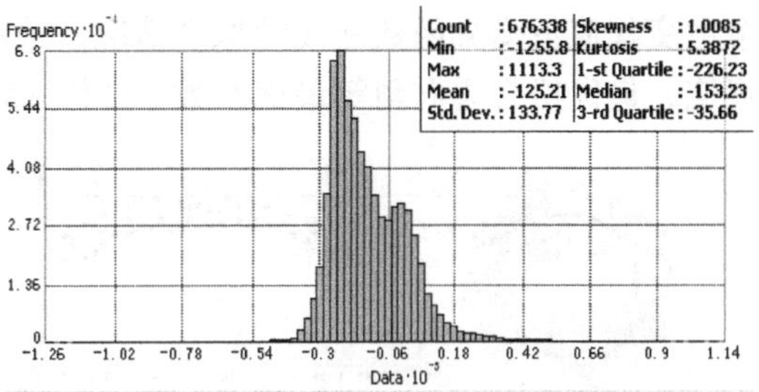

图 13.4-3　航磁 ΔT 直方图

由表 13.4-1 可以看出，钾道 K 基本服从正态分布，航磁 ΔT 为正偏态分布。

表 13.4-1　统计特征参数

参　数	均　值	中　值	偏 斜 度	峰　度	标 准 差
ΔT	−125.21	−153.23	1.0085	5.3872	133.77
K	2.0837	2.09	0.16496	4.5525	0.83405

从航磁 ΔT 直方图可以看出，数据共有 676338 个，航磁数据为-0.3～-0.06 时的频率最大，均值（Mean）等于-125.21。峰度（Kurtosis）是用于描述数据分布高度的指标，正态分布的峰度等于 0，航磁 ΔT 直方图中峰度大于 0，此数据的分布比正态分布高耸且狭窄，数据比正态分布集中于平均值附近。

2．趋势分析

通过 Geostatistics Analyst 扩展模块中的 Trend Analyst 工具可以生成数据的三维透视图，允许从不同视角分析数据的一个全局趋势。样本点的平面位置可以通过在 XOY 平面上的坐标显示，而 Z 轴表示该样本点的值。散点投影在两个垂直面上后可用不同的数学函数拟合来反应趋势变化。A 区域为数据在东西向的投影点，曲线为该方向拟合的趋势线；B 区域为数据在南北向的投影点，曲线为该方向拟合的趋势线，如图 13.4-4 所示。航磁数据在 X、Y 两个方向上均为近似无斜率的直线，无突出的整体趋势。如果数据具有全局趋势，则在分析中必须剔除这种趋势，使之能够满足地统计学中的平稳假设。

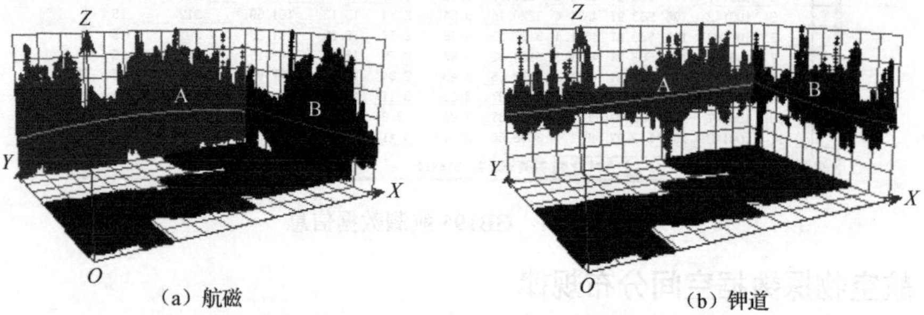

（a）航磁　　（b）钾道

图 13.4-4　钾道和航磁数据在 X 和 Y 方向上的趋势图

13.4.3 航空物探数据结构分析

半变异函数图可以反映出很重要的数据相关性信息，生成航磁 ΔT 和钾道 K 数据半变异函数图，分别从 0°、45°、90°、135° 这 4 个典型方向来分析是否具有方向效应，如图 13.4-5 所示，其中 0° 方向为其主构造方向，随后在最优拟合方向上改变其变程，分别考察 ΔT 的 3 个主变程值下变异函数曲线的拟合情况，最后得到克里金预测图的主自相关阈值、次自相关阈值、最优拟合方向角等最优参数，如图 13.4-6 所示。

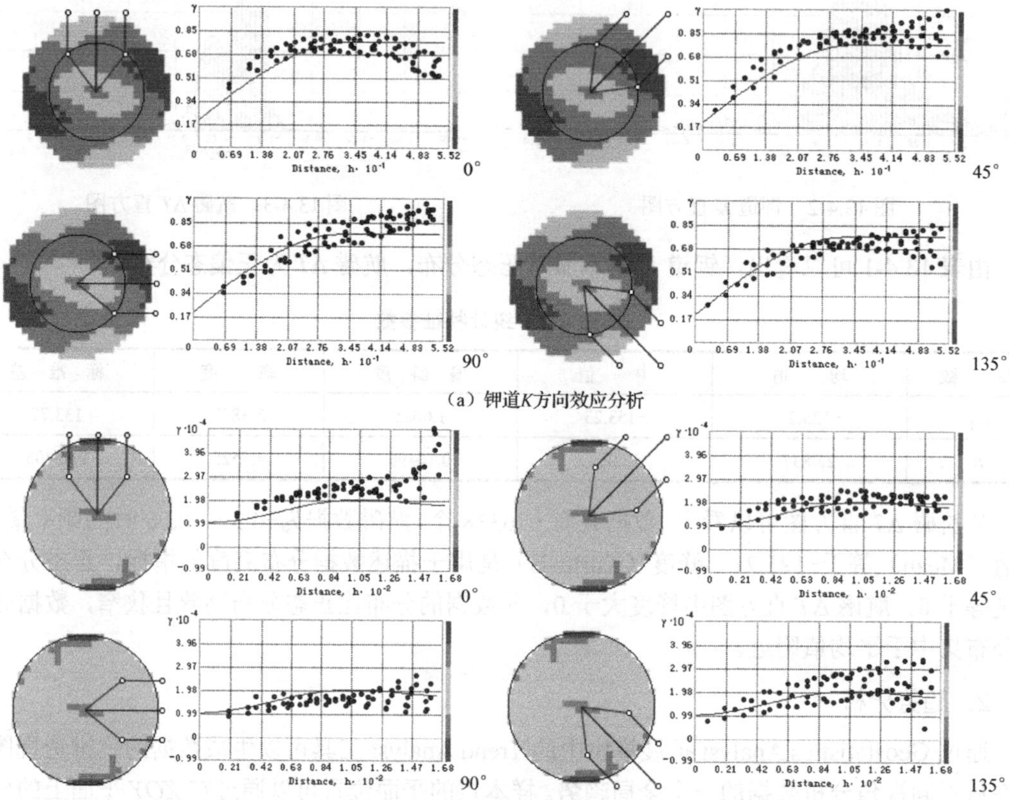

（a）钾道 K 方向效应分析

（b）航磁 ΔT 方向效应分析

图 13.4-5　方向效应分析

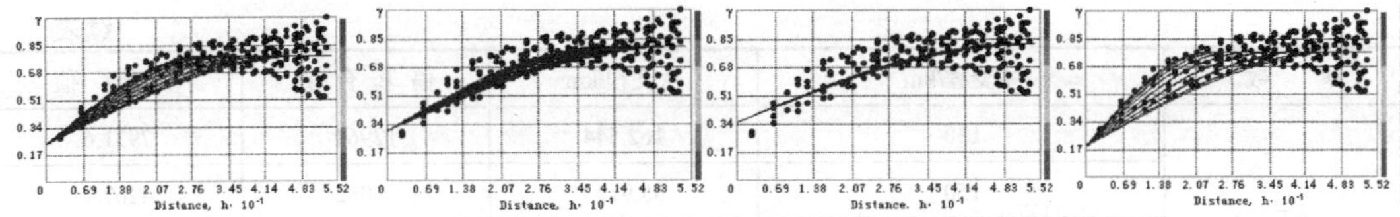

（a）钾道 K 在 109.5°方向上的不同变程（前 3 张图为主变程情况，第 4 张图为最佳变程情况）

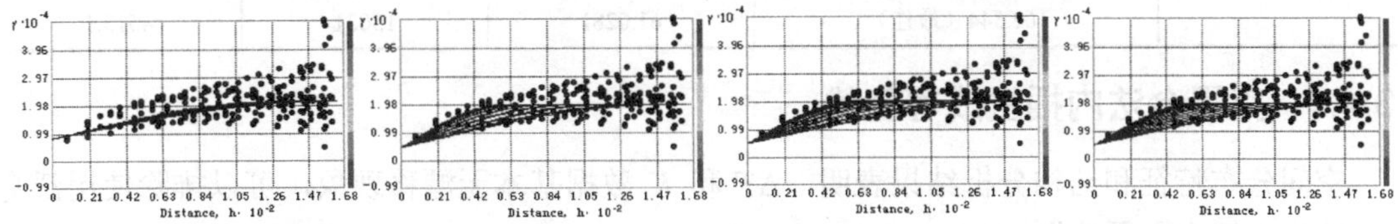

（b）航磁 ΔT 在 97.5°方向上的不同变程（前 3 张图为主变程情况，第 4 张图为最佳变程情况）

图 13.4-6　最优拟合方向不同变程分析

在变异函数理论拟合模型的选择中，根据实验结果得到数据最优拟合模型。ΔT 在方向效应分析时采用孔穴效应模型，在各向异性分析时采用球状模型；K 在方向效应和各向异性分析时均使用球状模型。

在 45°、90°和 135°这 3 个方向的 K 变异函数图中，点对分布方向和范围大体一致，变异函数曲线基本重合，为各向同性；0°方向的变异函数图中，点对分布方向在尾部跟另外两个方向不一致。认为该数据存在各向异性，得到其最优拟合方向为 109.5°。在这个最优拟合方向基础上，改变变程，分别在 100km、120km、140km 的主变程下，研究其他参数（次变程、偏基台值、块金值等）的变化情况，最后得到的最佳主变程为 48.9947km，即该长度以内的点对间距存在空间相关性。

在 45°、90°和 135°这 3 个方向的 ΔT 变异函数图中，点对分布方向和范围大体一致，变异函数曲线基本重合，为各向同性；在 0°方向的变异函数图中，点对分布方向在尾部跟其他 3 个方向不一致，这跟研究区域主构造方向为近东西向有关。经过方向效应分析，最后得到 ΔT 的最优拟合方向为 91.9°。在这个最优拟合方向的基础上，改变变程，分别在 130km、150km、170km 的主变程下，研究其他参数（次变程、偏基台值、块金值等）的变化情况，最后得到在 97.5°方向上的最佳主变程为 162.544km。

根据所做的结构分析，主变程的改变对次变程、偏基台值、块金值有一定的影响，具体的参数值见表 13.4-2。从表中可以看出：K 数据：随着主变程的增大，次变程增大，偏基台值减小，块金值增大；ΔT 数据：随着主变程的增大，次变程、块金值则在 150km 主变程下由减小到增大，偏基台值则由增大到减小。

从这一系列的图表中可以看出，ΔT 的块金值相对于数据本身都较大，说明这些数据在较小的范围内均具有较大的变化性；K 的块金值相对于数据本身都比较小，说明这些数据在较大的范围内均具有较小的变化性。

表 13.4-2　主变程改变后其他参数值

参　数	主变程/km	次变程/km	偏 基 台 值	块 金 值
K	30	50.8597	0.55136	0.23079
	40	53.7913	0.504	0.29625
	50	53.7913	0.46832	0.344
	48.9947（最佳）	53.7913	0.4732	0.33964

续表

参　　数	主变程/km	次变程/km	偏基台值	块金值
ΔT	130	162.544	12969	7931.6
	150	58.9123	15082	4267.1
	170	62.3067	15010	4654.4
	162.544（最佳）	61.0281	15031	4515.1

13.4.4 克里金法内插生成等值线

空间分布特征和结构分析结果表明，ΔT 和 K 数据基本无漂移现象，可以排除使用泛克里金法来内插表面预测图。

ΔT 直方图中的中值和均值差别比较大，峰度大于 0，说明数据的分布比正态分布高耸且狭窄，数据比正态分布集中于均值附近；偏态大于 0，说明在所有数据中，多数数据集中在均值的左边，类似于正偏态分布。但是 ΔT 数据中的正数与负数共存，无法进行对数变换处理，同时，部分数据在局部有异常值存在，则不采用简单克里金法。在航放能谱数据中，K 基本服从正态分布，内插时选择对数变化从而都可以服从正态分布。在各种克里金法中，比较适合普通克里金法。

内插表面的生成是在数据相关处理和结构分析的基础上完成的，ΔT 和 K 数据结构分析结果表明，它们均具有各向异性，因主、次变程的差异，在数据内插过程中，选择椭圆形作为邻域搜索范围搜索邻域点数据，椭圆长短轴为结构分析中得到的最优拟合方向主、次变程的一半，搜索方法采用最近邻法，参与计算的已知点数为 5 个。在步长的选择上，经过反复测试，对比结构分析，选取能获得最佳结构分析效果的步长作为实际计算值，如表 13.4-3 所示。生成的 ΔT 和 K 表面预测图如图 13.4-7 和图 13.4-8 所示。

表 13.4-3　内插表面所使用的其他参数值

项　　目	ΔT	K
步长	6512	13264
步长数	12	12
各向异性系数	3.2536	4.8621

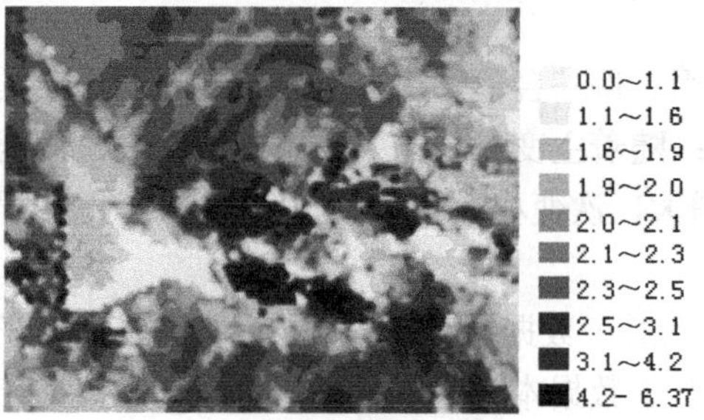

图 13.4-7　K 表面预测图

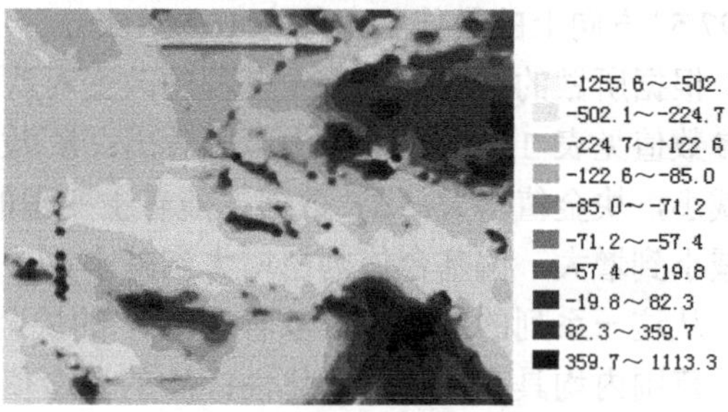

图 13.4-8　ΔT 表面预测图

13.5 固体矿产储量估算

13.5.1 矿产钻孔数据库建立

钻孔数据库的建立是三维地质模型和矿产储量估算的基础。在研究区域内共收集了 27 条勘探线的 148 个钻孔及其样本，钻孔数据库的原始资料包括钻孔的基本位置信息、钻孔空间位置变化的测斜信息和钻孔采样的化验信息分别如表 13.5-1、表 13.5-2、表 13.5-3 所示。钻孔水平面图如图 13.5-1 所示。

表 13.5-1　钻孔基本位置信息表（部分）

工　程　号	开孔坐标/m	开孔坐标/m	开孔坐标/m	最大孔深/m
ZK44011-12	4132040	462403.1	2946.09	623.35
ZK44007-11	4132115	462337.5	2945.43	552.87
…	…	…	…	…

表 13.5-2　测斜信息表（部分）

工　程　号	方　位　角	倾　　角
ZK44011-12	232°	88°
ZK44007-11	53°	84°
…	…	…

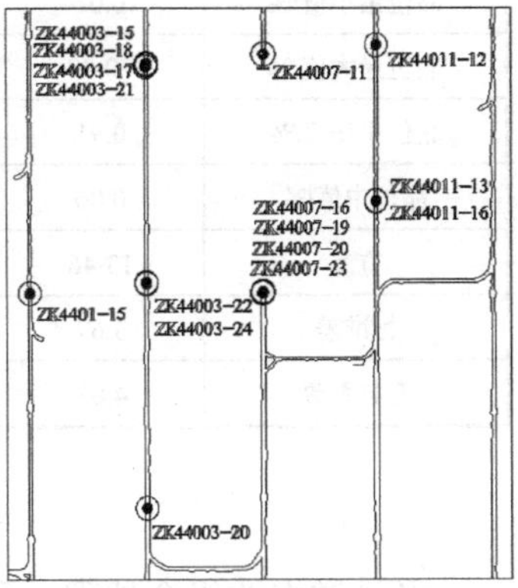

图 13.5-1　钻孔水平面图

表 13.5-3　化验信息表（部分）

工　程　号	从/m	至/m	样长/m	Pb 品位/%	Zn 品位/%	岩　　性
ZK44003-21	391.9	393.41	1.51	0.03	0.02	1
ZK44003-21	393.41	394.91	1.5	0.78	0.63	1
…	…	…	…	…	…	

13.5.2　数据处理与分析

1. 单个样本分析

采样样本原始数据的统计，有利于对品位分布情况大致了解，并对数据的处理方法选择提供了依据。样本数据来源于矿区地质勘探数据，共统计了 4 条勘探线、16 个钻孔点，累计原始样本 3522 个。原始样本 Pb 和 Zn 品位分布直方图如图 13.5-2 所示，原始样本 Pb 和 Zn 品位分布统计表如表 13.5-4 所示。通过原始样本品位分布直方图和原始样本品位分布统计表可以看出，Pb 品位多分布在 0～3%范围内，分布有很长的拖尾现象，且出现单峰分布现象，品位最高值为品位平均值的 70 倍以上，变异系数大。Zn 品位多分布在 0～2%范围内，分布有很长的拖尾现象，且出现单峰分布现象，品位最高值为品位平均值的 23 倍以上，方差大。

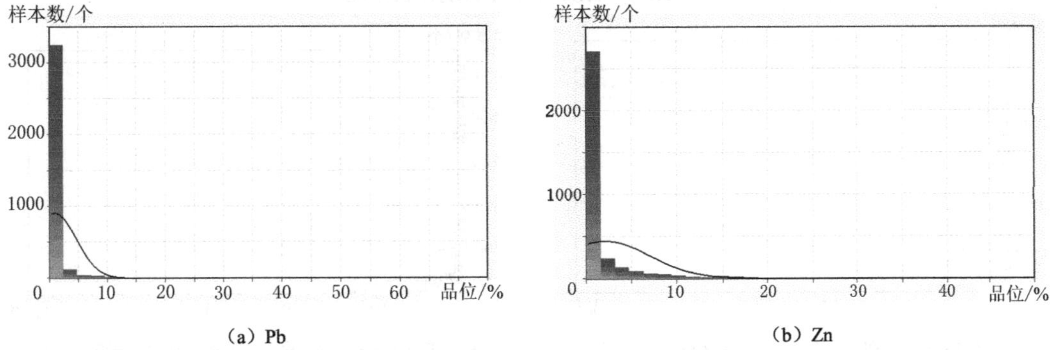

图 13.5-2　原始样本 Pb 和 Zn 品位分布直方图

表 13.5-4　原始样本 Pb 和 Zn 品位分布统计表

原始样本统计	Pb	Zn
品位最小值/%	0.01	0.01
品位最大值/%	70.98	47.09
品位平均值/%	0.91	2.04
品位中值/%	0.06	0.19
方差	13.46	24.89
标准差	3.67	4.99
变异系数	4.03	2.44

2．样本组合处理

样本组合处理就是将几个相邻的样本组合为一个组合样本，而组合样本值的确定通常有两种方法：一是长度加权法，二是重量加权法。重量加权法一般限于不同样本的百分比相差较大的情况，一般较常用的为长度加权法。设 g_i 为第 i 个样本的品位，l_i 为第 i 个样本的样长，$\overline{g}$ 为组合样本的品位，n 为需要组合的样本数，长度加权法公式如下：

$$\overline{g}=\frac{\sum_{i=1}^{n}g_i l_i}{\sum_{i=1}^{n}l_i} \tag{13.5-1}$$

经过样本的组合处理，可以减少样本的数量，从而提高计算效率。样本的重新组合是地统计学进行固体矿产品位估算的前提和基础。样本组合的方法应以不违背原始样本长度划分为原则，即尽量保持大部分原有数据样长不变。

原始样本样长统计直方图如图 13.5-3 所示。该矿区样本样长大多分布在 1.0～1.5m 范围内。由不违背原始样本样长划分原则选择 1.5m 的样长进行样本组合为佳。Pb 样本组合后的统计直方图如图 13.5-4 所示，Zn 样本组合后的统计直方图如图 13.5-5 所示。样本组合处理后，样本数为 2832 个。组合样本 Pb、Zn 品位分布统计表如表 13.5-5 所示。

与未组合处理相比，在保留原始样本的分布特征的同时减少了样本数，提高了后续处理效率。

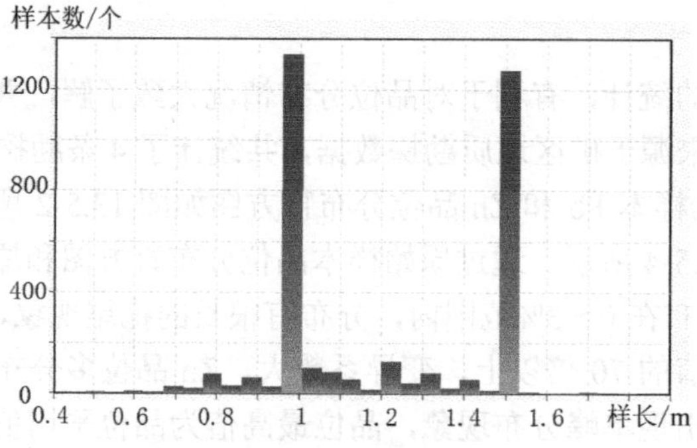

图 13.5-3　原始样本样长统计直方图

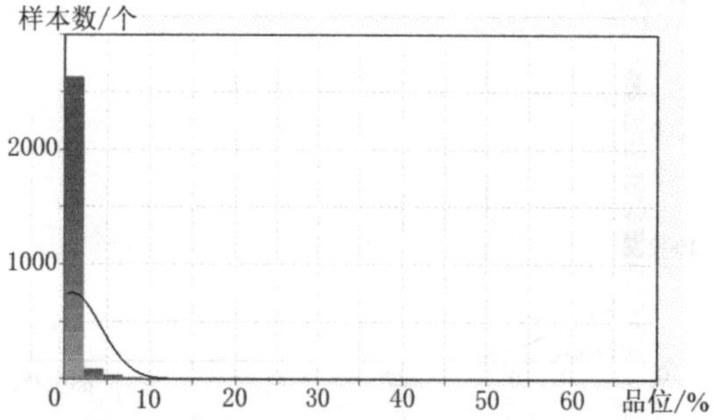

图 13.5-4　Pb 样本组合后的统计直方图

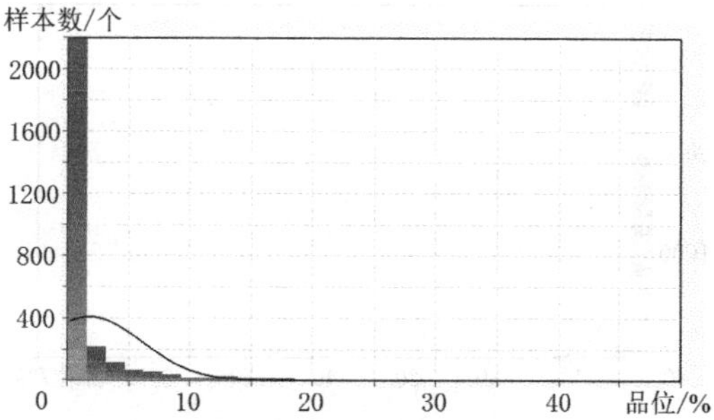

图 13.5-5　Zn 样本组合后的统计直方图

3．特异值处理

表 13.5-5　组合样本 Pb、Zn 品位分布统计表

组合样本统计	Pb	Zn
品位最小值/%	0.01	0.01
品位最大值/%	68.70	46.41
品位平均值/%	0.84	1.79
品位中值/%	0.06	0.19
方差	11.75	18.36
标准差	3.43	4.28
变异系数	4.08	2.40

特异值是部分特别数据与整体数据特征差异明显的数据，一般包括高特异值和低特异值。特异值的存在会影响变异函数结构性，导致矿石金属量评价错误。而盲目地消除特异值可能会忽略矿区的特征。特异值的处理方法主要有截平法和估计邻域法。截平法通过某个阈值将高品位的样本进行替换或直接将高于该阈值的样本剔除。该阈值的选取可以为整体样本品位均值的 6～8 倍或品位平均值+标准差的 2～3 倍等。当对矿床了解甚少时，通常使用 95%置信水平对应的上限值来代替样本品位极值。

该研究矿区的 Pb 品位最高值为 70.98%，是其平均值的 70 倍以上；Zn 品位最高值为 47.09%，是其平均值的 23 倍以上。因此需要进行特异值处理。处理方式采用截平法，特定阈值选取为品位平均值（%）+1.96 倍的标准差（%）。Pb品位阈值 $=0.84\%+1.96\times3.43\%=7.56\%$，Zn品位阈值 $=1.79\%+1.96\times4.28\%=10.18\%$。特异值处理后组合样本 Pb、Zn 品位统计直方图如图 13.5-6 所示。特异值处理后组合样本 Pb、Zn 品位分布统计如表 13.5-6 所示。

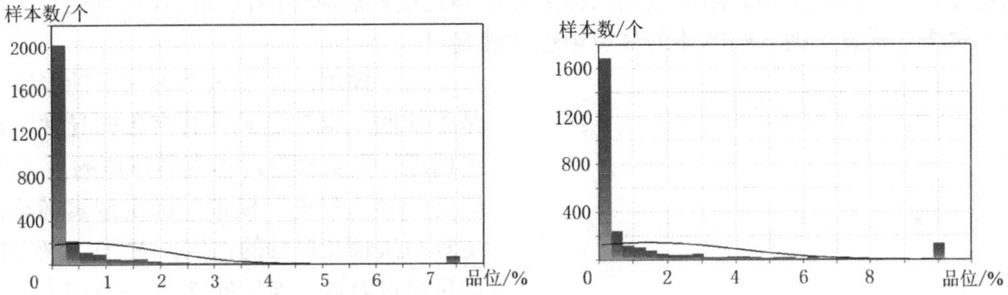

图 13.5-6　特异值处理后组合样本 Pb、Zn 品位统计直方图

表 13.5-6　特异值处理后组合样本 Pb、Zn 品位分布统计

特异值处理后组合样本统计	Pb	Zn
品位最小值/%	0.01	0.01
品位最大值/%	7.56	10.18
品位平均值/%	0.59	1.42
品位中值/%	0.06	0.19
方差	2.04	6.99
标准差	1.43	2.64
变异系数	2.40	1.85

经过特异值处理后，组合样本的方差和变异系数明显减小，更有利于变异函数的分析和构建稳健的变异函数。

4．对数变换

一些矿体的样本品位不符合普通克里金的正态分布要求，但进行对数变换后的数据符合正态分布，即原始样本符合对数正态分布。部分矿体及金属元素品位变换如表 13.5-7 所示，其对数变换为自然对数变换。对数变换的公式为

$$Y(u)=\ln Z(u) \tag{13.5-2}$$

式中，$Z(u)$ 为原始样本品位的区域化变量；$Y(u)$ 是经过对数变换后的区域化变量。有时某些

矿体样本品位进行上述变换后仍然不符合正态分布，但经过式（13.5-2）处理后符合正态分布，也判断为对数正态分布，即

$$Y(u)=\ln(Z(u)+a) \tag{13.5-3}$$

表 13.5-7　部分矿体金属元素品位变换

矿体	IV-2		IV-3		IV-4		IV-5		IV-6	
金属元素	Pb	Zn	Pb	Zn	Pb	Zn	Pb	Zn	Pb	Zn
数据变换	对数变换	对数变换	不做变换	不做变换	对数变换	对数变换	不做变换	不做变换	不做变换	不做变换

13.5.3　实验变异函数及理论拟合

变异函数是对某一方向矿石品位变化的分析，在实际应用中，矿石品位变化在各个方向上各异，因而需要变异函数模型的组合嵌套。所谓嵌套，就是用一个三维椭球体来体现各个方向上品位的变化特点，需要取得椭球体的 3 个方向轴及 3 个方向的变异函数拟合模型。

面方位角为矿体走向，面倾角为矿体的倾角，搜索圆锥参数有角度、展开界限和搜索距离，角度即为圆锥的顶角，展开界限为圆锥上部圆柱体的半径，搜索距离为样本品位影响的范围。根据各个方向的变异函数，找出最符合正态分布的一个方向，确定为主轴变异函数，也就是搜索椭球体的主轴。随即根据同样的方法确定搜索椭球体的次轴，在次轴确定之后，由于三轴相互垂直，搜索椭球体的最短轴也就确定了。

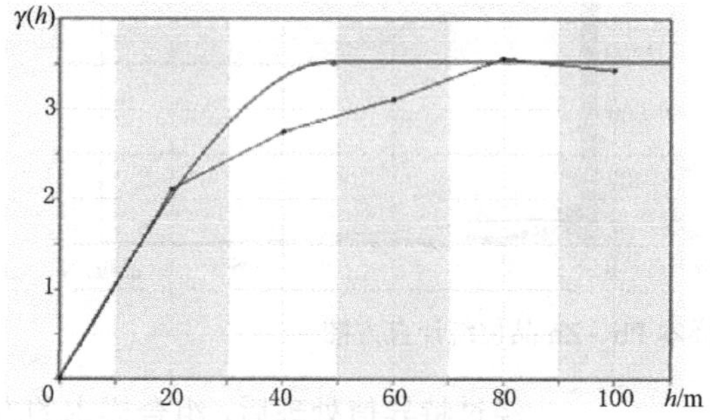

图 13.5-7　主轴变异函数拟合

由于样本品位在各个方向上的影响距离是不同的，也就是矿体具有各向异性，需要利用理论函数模型对搜索椭球体的 3 个轴方向的变异函数进行模拟，确定搜索椭球体的主轴与次轴及短轴的比值。对 IV-2 矿体 Pb 品位经过对数变换后的 3 个轴方向上的变异函数利用球状模型进行拟合，如图 13.5-7、图 13.5-8、图 13.5-9 所示。部分矿体 Pb、Zn 品位变异函数用球状模型拟合所得的理论模型参数如表 13.5-8 所示。

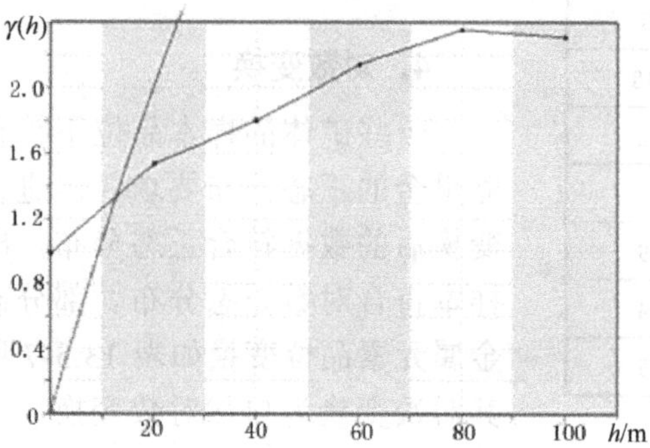

图 13.5-8　次轴变异函数拟合

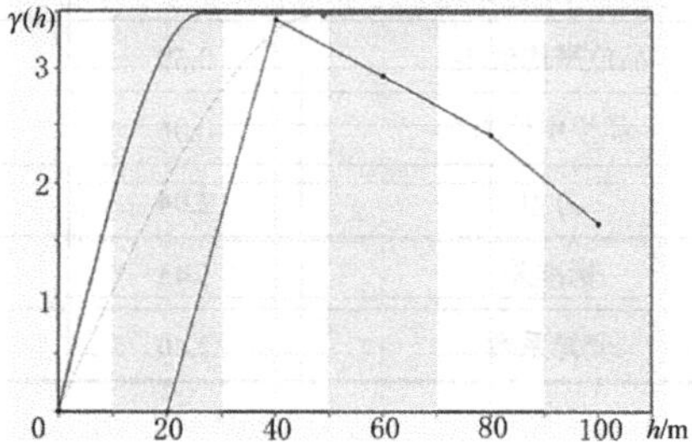

图 13.5-9　短轴变异函数拟合

表 13.5-8 部分矿体球状模型参数

矿体	金属元素	品位基台值/% (c_0+c)	变程 (a) /m	主轴/次轴	主轴/短轴	主轴方位角/°	主轴倾伏角/°	次轴倾角/°	容差/°
IV-2	Pb	2.48	39.22	1.21	1.31	252.5	0	−67.5	45
	Zn	2.62	32.33	1.26	1.16	252.5	0	−67.5	45
IV-3	Pb	1.83	58.36	1	1.04	272.5	0	−45	45
	Zn	7.28	17.87	1.08	1.35	205	0	−67.5	45
IV-4	Pb	2.95	45.32	1.36	1.28	116.7	−13.9	45	45
	Zn	1.38	24.58	1.27	1	250	20	67.5	45
IV-5	Pb	5.03	7.27	1	1	0	90	−90	45
	Zn	0.13	6.42	1	1	0	90	−90	45
IV-6	Pb	0.23	50	1	1	0	90	−90	45
	Zn	0.2	49.13	1	1	0	90	−90	45

13.5.4 储量估算

1. 三维块体模型

三维块体模型将整个矿床分割为许多离散单元，然后利用克里金法对所有离散单元进行估计。块体模型要与矿床的空间位置一致，要保证整个矿床都在块体模型内，如果存在矿体边界约束则应根据边界将块体模型进行细分，以达到更好地模拟矿体形态的效果。块体模型的块体大小取决于原始矿体的大小，块体模型块体大小的比例要与矿体的比例一致，以便更好地划分原始矿体，而一般细分大小是块体大小的1/2。如果不考虑矿体大小，盲目地细分矿体或者矿体细分不够都会对后续克里金估计量结果产生影响。块体大小过大，会导致块体细分不够，估计量精度产生误差。块体大小过小，会导致估计量计算效率不高，计算块体冗杂。

该矿区研究部分矿体的三维块体模型参数见表 13.5-9。

表 13.5-9 部分矿体的三维块体模型参数

矿体	轴向	起始点/m	终止点/m	块体大小/m	细分大小/m	总块体个数
IV-3	X	4131900	4132200	3	1.5	94591
	Y	462200	462400	2	1	
	Z	3390	3520	2	1	
IV-4	X	4131900	4132200	3	1.5	61356
	Y	462100	462400	3	1.5	
	Z	3490	3630	2	1	
	Y	462200	462300	1	0.5	
	Z	3620	3630	1	0.5	

未估计的矿体 IV-2、IV-3、IV-4、IV-5、IV-6 的三维块体模型如图 13.5-10 所示。

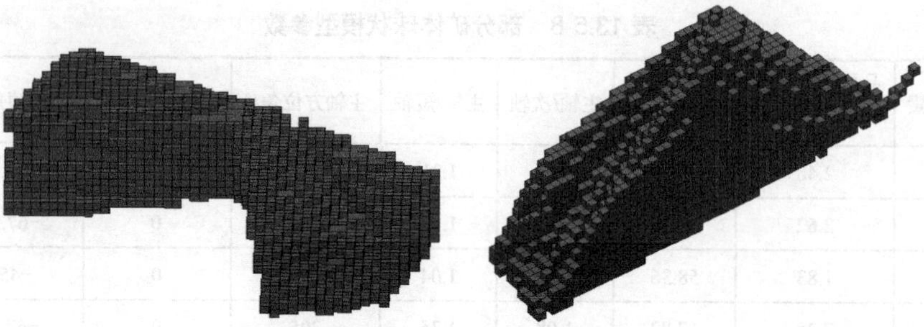

图 13.5-10　未估计的三维块体模型

2. 矿区品位估计

（1）普通克里金法

目前，普通克里金法是国内应用最为广泛的克里金法，其理论与应用也较为成熟。普通克里金法要求样本服从正态分布，如果样本不服从正态分布，则普通克里金法会存在一定的偏差。观察样本是否服从正态分布，可通过 QQ 图来验证，若大部分样本点存在于一条直线上即可判断其服从正态分布。IV-3 矿体 Pb、Zn 品位的 QQ 图分别如图 13.5-11、图 13.5-12 所示。

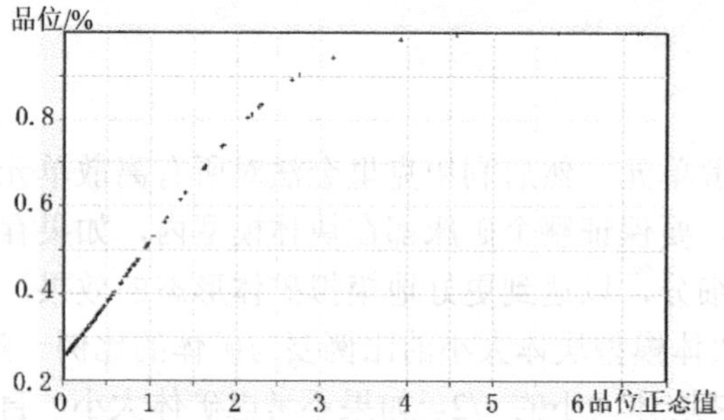

图 13.5-11　IV-3 矿体 Pb 品位 QQ 图

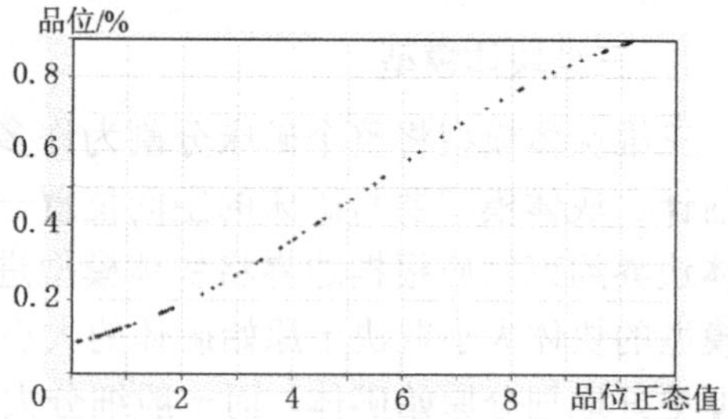

图 13.5-12　IV-3 矿体 Zn 品位 QQ 图

虽然部分样本品位值偏离同一条直线，但数量较少，也可判断为正态分布。通过普通克里金法得到的 IV-3 矿体 Pb、Zn 品位模型分别如图 13.5-13 和图 13.5-14 所示。通过矿体品位模型的建立可以十分清楚地了解高、低品位的分布情况，同时对各品位区间的块体进行储量计算，结果如表 13.5-10 所示。

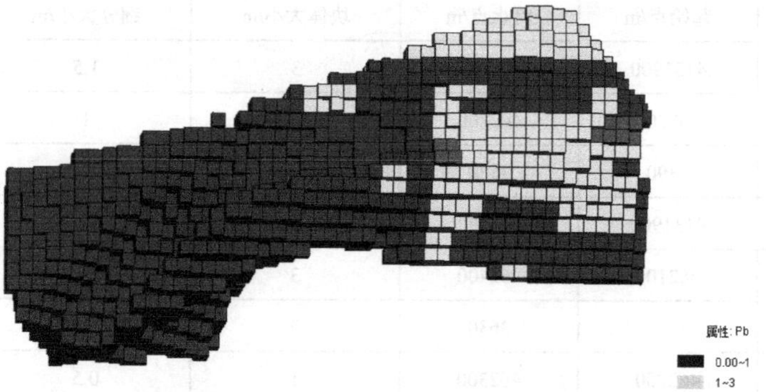

图 13.5-13　IV-3 矿体 Pb 品位模型

图 13.5-14　IV-3 矿体 Zn 品位模型

表 13.5-10　IV-3 矿体 Pb、Zn 储量计算表

金 属 元 素	品位区间/%	体积/m^2	矿石量/t	金属量/t
Pb	0～1	508926	1633652.46	6755.61
	1～3	138415.5	444313.76	7303.47
	3～6	15093	48448.53	1658.89
	合计	662434.5	2126414.74	15717.97
Zn	0～4	226141.5	725914.21	18613.03
	4～8	287169	921812.39	49903.36
	8～12	149124	478688.04	42092.87
	合计	662434.5	2126414.74	110609.26

通过对普通克里金估计结果储量计算分析，该矿体模型储量估算产生了一定的误差。误差来源：样本数据分布不是标准的正态分布，变异函数理论模型拟合误差。

（2）对数正态克里金法

对数正态克里金法要求样本数据服从对数正态分布，其应用过程：首先将样本数据进行对数变换，用对数变换后的数据进行变异函数分析及克里金估计，再将估计结果进行对数逆变换得到正确估计结果。同样，判断样本数据能否使用对数正态克里金法，则先对数据进行对数变换，利用对数处理后的数据用 QQ 图判断大部分样本点是否在同一条直线上。IV-4 矿体 Pb、Zn 品位经对数变换后的 QQ 图分别如图 13.5-15、图 13.5-16 所示。

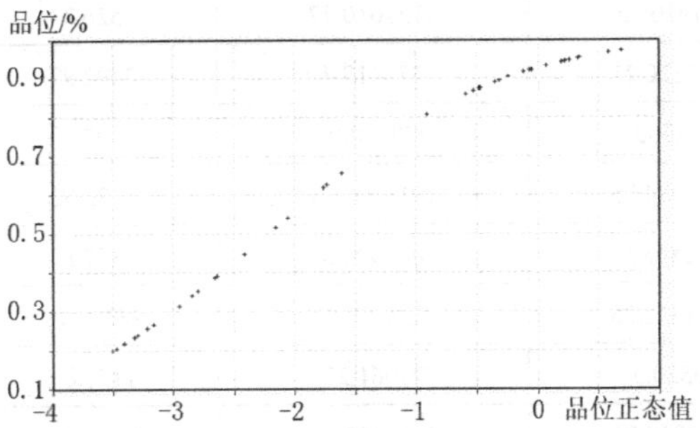

图 13.5-15　IV-4 矿体 Pb 品位经对数变换后的 QQ 图

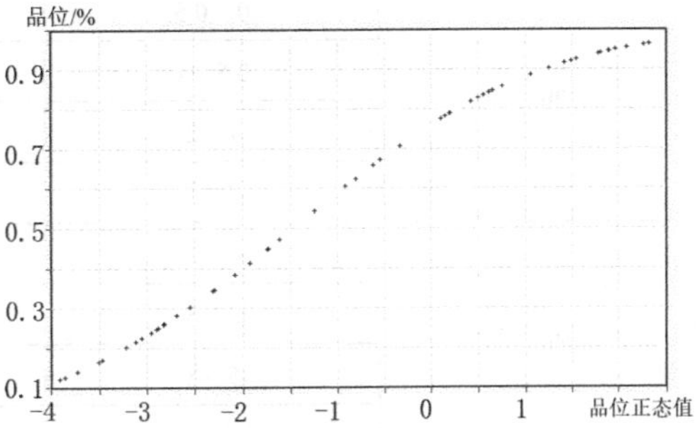

图 13.5-16　IV-4 矿体 Zn 品位经对数变换后的 QQ 图

使用对数正态克里金法计算的 IV-4 矿体 Pb、Zn 品位模型如图 13.5-17、图 13.5-18 所示。

对各品位区间的块体进行储量计算，结果如表 13.5-11 所示。

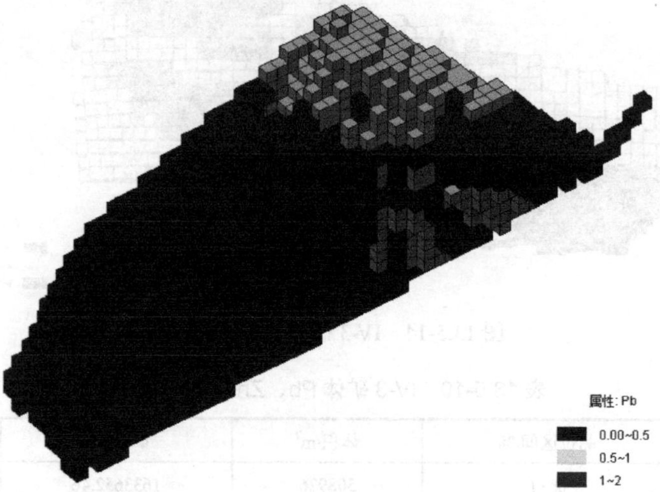

图 13.5-17　IV-4 矿体 Pb 品位模型

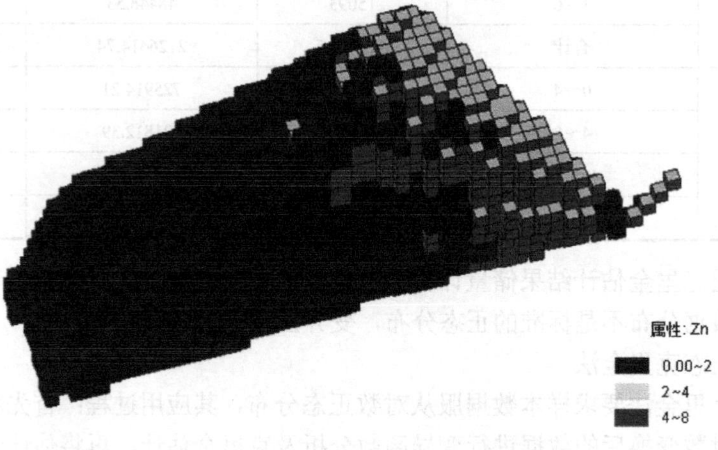

图 13.5-18　IV-4 矿体 Zn 品位模型

表 13.5-11　IV-4 矿体 Pb、Zn 储量计算表

金 属 元 素	品位区间/%	体积/m^2	矿石量/t	金属量/t
Pb	0～0.5	349105.5	1127610.77	1526.34
	0.5～1	161120.25	520418.4	3492.99
	1～2	83709	270380.07	3103.59
	合计	593934.75	1918409.24	8122.92
Zn	0～2	328482	1060996.85	4377.85
	2～5	258932.25	836351.17	28303.18
	5～8	6520.5	21061.22	1137.86
	合计	593934.75	1918409.24	33818.89

参考文献

[1] 毕硕本．空间数据分析[M]．北京：北京大学出版社，2015．

[2] 陈端吕．计量地理学方法与应用[M]．2 版．南京：南京大学出版社，2019．

[3] 崔铁军．地理空间数据库原理[M]．北京：科学出版社，2020．

[4] 晁怡，郑贵洲，杨乃．ArcGIS 地理信息系统分析与应用[M]．北京：电子工业出版社，2018．

[5] 冯益明．空间统计学理论及其在林业中的应用[M]．北京：中国林业出版社，2008．

[6] 刘爱利，王培法，丁园圆．地统计学概论[M]．北京：科学出版社，2012．

[7] 卢宾宾．R 语言空间数据处理与分析实践教程[M]．武汉：武汉大学出版社，2018．

[8] 吕连宏，等．地质统计学在环境科学领域的应用进展[J]．地球科学与环境学报 2006，28（1）：101-104．

[9] 刘湘南．GIS 空间分析[M]．3 版．北京：科学出版社，2021．

[10] 黎夏，刘凯．GIS 与空间分析——原理与方法[M]．北京：科学出版社，2006．

[11] 李艳，等．地统计学在土壤科学中的应用及展望[J]．水土保持学报，2003，17（1）：178-182．

[12] 李延凯．北京市区域经济发展的空间统计分析[D]．北京：首都经济贸易大学，2015．

[13] 曼弗雷德 · M. 费希尔．空间数据分析：模型、方法与技术[M]．北京：中国人民大学出版社，2018．

[14] 毛先成，黄继先．空间分析建模与应用[M]．北京：科学出版社，2016．

[15] DIGGLE P J．空间统计学（翻译版 · 原书第 3 版）[M]．吴良，译．北京：机械工业出版社，2017．

[16] 苏世亮，李霖，翁敏．空间数据分析[M]．北京：科学出版社，2019．

[17] 苏世亮，李霖，翁敏．空间数据分析案例式实验教程[M]．北京：科学出版社，2019．

[18] 汤国安，杨昕，等．ArcGIS 地理信息系统空间分析实验教程[M]．北京：科学出版社，2006．

[19] 王丹丹．空间统计分析及其在农用地分等中的应用[D]．西安：长安大学，2008．

[20] 王劲峰，廖一兰，刘鑫．空间数据分析教程[M]．北京：科学出版社，2021．

[21] 吴信才，郑贵洲，等．地理信息系统设计与实现[M]．北京：电子工业出版社，2015．

[22] 吴信才，等．空间数据库[M]．北京：科学出版社，2009．

[23] 肖革新．空间统计实战[M]．北京：科学出版社，2020．

[24] 肖磊．空间统计模型在经济社会发展中的应用研究[M]．武汉：武汉大学出版社，2020．

[25] 徐建华．计量地理学[M]．北京：高等教育出版社，2014．

[26] 闫秀婧，汪浩然．空间统计学林业应用案例[M]．北京：清华大学出版社，2014．

[27] 张超．计量地理学基础[M]．北京：高等教育出版社，2010．

[28] 周成虎，裴韬，等．地理信息系统空间分析原理[M]．北京：科学出版社，2020.

[29] 朱长青，史文中．空间分析建模与原理[M]．北京：科学出版社，2020.

[30] 张廷斌，等．西藏谢通门县铜金矿带 TM 遥感影像线性体统计分析[J]．成都理工大学学报（自然科学版）2009，36（4）：409-414.

[31] 郑新奇，吕利娜．地统计学（空间统计分析）[M]．北京：科学出版社，2021.

[32] 郑贵洲，胡家赋，晁怡．地理信息系统分析与实践教程[M]．北京：电子工业出版社，2011.

[33] 郑贵洲，晁怡．地理信息系统分析与应用[M]．北京：电子工业出版社，2010.

[34] 张志强．中国各省市固定资产投资的空间计量研究[D]．北京：首都经济贸易大学，2017.

[35] BICKEL P, DIGGLE P, FIENBERG S, et al. Springer Series in Statistics[M]. Springer Heidelberg Dordrecht London New York, 2009.

[36] DANIEL A, GRIFFITH, JEAN H P, et al. Non-standard Spatial Statistics and Spatial Econometrics[M]. Springer Heidelberg Dordrecht London New York, 2011.

[37] O′SULLIVAN D, UNWIN D.Geographic Information Analysis[R]. New Jersey: John Wiley & Sons, Inc. Hoboken, 2009.

[38] GETIS A, ORD J K. The analysis of spatial association by use of distance statistics[J]. Geographical Analysis,1993,25:276-276.

[39] GOOVAERTS P. Geostatistics for Natural Resources Evaluation[M]. New York: Oxford University Press, 1997.

[40] SILVERMAN B W. Density Estimation for Statistics and Data Analysis[M]. Chapman & Hall Press, 1986.

[41] HUBERT L, ARABIE P. The assessment spatial autocorrelation through constrained multiple regression[J]. GeographicalAnalysis, 1991, 23: 95-113.

[42] JEAN-Paul Chilès, Pierre Delfiner.Geostatistics Modeling Spatial Uncertainty[R]. New Jersey: John Wiley & Sons, Inc., 2012.

[43] LESAGE J, KELLEY P R. Introduction to Spatial Econometrics[M]. Chapman & Hall Press, 2009.

[44] LEE L F, YU J.Estimation of spatial autoregressive panel data models with fixed effects[J]. Journal of Econometrics, 2010(154): 165-185.

[45] ROSENBERG M S, ANDERSON C D. PASSAGE: pattern analysis, spatial statistics and geographic exegesis. Version 2[J]. Methods in Ecology and Evolution, 2011, 2(3): 229-232.

[46] WEATHERILL G, BURTON P W. Delineation of shallow seismic source zones using k-means cluster analysis, with application to the Aegean region[J]. Geophysical Journal International, 2009, 176(21): 565-588.